བོད་ཡིག་གནའ་དཔེ་ཡོངས་བཤེར་སྲུང་སྐྱོབ་དཔེ་ཚོགས། （༡）
藏文古籍普查保护系列丛书（1）

བོད་ཡིག་གནའ་དཔེའི་རྣམ་བཤད།

པད་མ་བཀྲ་ཤིས་ཀྱིས་བརྩམས།

བོད་ལྗོངས་མི་དམངས་དཔེ་སྐྲུན་ཁང་།

图书在版编目（CIP）数据

藏文古籍概论：藏文/白张著.－－拉萨：西藏人民出版社，2013.11(2019.4重印)
ISBN 978-7-223-03986-4

Ⅰ.①藏… Ⅱ.①白…Ⅲ.①藏语－古籍－文献学－藏语 Ⅳ.①G256

中国版本图书馆CIP数据核字（2013）第161975号

藏文古籍概论

编　　著：白　　张
责任编辑：巴桑旺庆
版面设计：巴桑旺庆
责任校对：次仁央宗
封面设计：格桑罗布
出版发行：西藏人民出版社（拉萨市林廓北路20号）
印　　刷：四川大自然印刷有限公司
开　　本：787×960　1/16
印　　张：23.5
字　　数：162千
版　　次：2013年11月第1版
印　　次：2019年4月第2次印刷
印　　数：3,000-6,000
书　　号：ISBN 978-7-223-03986-4
定　　价：60.00元

འགོ་བརྗོད།

རི་མཐོ་ས་གཙང་སྤུ་རྒྱལ་བོད་ཀྱི་ཡུལ་འདིར་སྔོན་གྱི་མེས་པོ་དག་གི་སྐུ་དྲིན་ལས་གནའ་དཔེའི་ནང་དོན་དང་གྲངས་འབོར་སོགས་གང་གིས་ཐད་ནས་ཀྱང་ཕུན་སུམ་ཚོགས་པོ་ཞིག་ཡོད་པ་ནི་སྐྱེ་བོ་ཀུན་གྱིས་མཐོང་ཆོས་སུ་གྱུར་བ་ལགས། ཡིན་ན་ཡང་ལོ་རྒྱུས་དང་དུས་ཀྱི་དབང་གིས་བོད་ཡིག་གནའ་དཔེ་འབོར་ཆེན་ཞིག་མེ་ལྕེའི་ཞལ་དུ་ཕྱིན་ཟིན། ད་ལྟ་ལྷག་ལུས་བསྡད་པའི་གནའ་དཔེ་དེ་དག་སྲུང་སྐྱོབ་ལེགས་པོ་ཡོང་ཆེད། ཧྲང་དང་རྒྱལ་ཁབ་ཀྱི་དགོངས་དོན་བོད་རང་སྐྱོང་ལྗོངས་ཀྱིས་ལག་བསྟར་བྱས་ཏེ་སྤྱི་ལོ་2006ལོ་ནས་འགོ་བཙུགས་ཏེ་བོད་ལྗོངས་སུ་གནའ་དཔེ་ཡོངས་བཤེར་དང་སྲུང་སྐྱོབ་ཀྱི་ལས་ཀ་དངོས་སུ་འགོ་བཙམས་པ་རེད། འོན་ཏེ་གནའ་དཔེ་ཡོངས་བཤེར་དང་སྲུང་སྐྱོབ་བྱེད་པའི་ལས་རིམ་གྱི་ཁྲོད་དུ་གནའ་དཔེ་ཡོངས་བཤེར་གྱི་ལས་འགན་ལྡི་བ་དང་ཡོངས་བཤེར་བྱ་མཁན་གྱི་མི་སྣ་མི་ལྡང་བ། ཡོངས་བཤེར་བྱ་མཁན་གྱི་གནའ་དཔེ་རིག་པའི་ཤེས་བྱ་དམན་པའི་རྐྱེན་བཅས་ཀྱིས་རང་ལྗོངས་ཀྱི་ས་ཁུལ་དྲུག་དང་གྲོང་ཁྱེར་གཅིག་ཏུ་གནའ་དཔེ་ཡོངས་བཤེར་དང་སྲུང་སྐྱོབ་ཀྱི་མི་སྣ་གསོ་སྐྱོང་གི་སྦྱོང་བརྡར་འཛིན་གྲྭ་གཉེར་དགོས་པ་བྱུང་། སྦྱོང་བརྡར་གྱི་འཛིན་གྲྭ་གཉེར་སྐབས་དེ་དག་ལ་འོས་ཤིང་འཚམས་པའི་སློབ་དེབ་ཞིག་ཁོ་བོས་མི་རིགས་སློབ་ཆེན་ཁག་གི་བོད་རིག་པའི་སློབ་གླིང་དུ་བཀའ་འདྲི་ཞུས་ཀྱང་དེ་དག་ཏུ་བོད་ཡིག་གནའ་དཔེའི་སྐོར་གྱི་འཆད་ཁྲིད་སློབ་ཚན་ཡོད་ཀྱང་བོད་ཡིག་གནའ་དཔེ་རིག་པའི་སྐོར་གྱི་སློབ་དེབ་གཅིག་གྱུར་ཞིག་ཡོད་པ་མ་ཐོས་ལ་སྔོན་གྱི་གནའ་དཔེའི་ཁྲོད་དུའང་འབད་པས་བཙལ་འཚོལ་བགྱིས་ཀྱང་། དེང་གི་གནའ་དཔེ་རིག་པའི་གཞུང་ལུགས་དང་འཚམས་པ་ཞིག་དུས་ཐུང་ཞིག་གི་ནང་དུ་རེ་བའི་འབྲས་བུ་དུས་ཐོག་ཏུ་སྨིན་ཐུབ་པ་མ་བྱུང་། དེར་བརྟེན་གནས་ཚུལ་དེ་དག་ལ་དམིགས་ཏེ་གཅིག་ནས་རང་ལྗོངས་ཀྱི་གནའ་དཔེ་ཡོངས་བཤེར་དང་སྲུང་སྐྱོབ་ཀྱི་ལས་ཀ་བདེ་བླག་ངང་སྒྲུབ་ཐུབ་པ་དང་། གཉིས་ནས་མི་རིགས་སློབ་ཆེན་ཁག་གི་བོད་རིག་པའི་སློབ་གླིང་གི་སློབ་མ་དག་ལ་གནའ་དཔེ་རིག་པའི་སྐོར་གྱི་དཔྱད་

ཞུ་ཡིག་ཀཤག་ཁྲོག་རྩལ་འགྱུར།

གཞི་ཞིག་ཏུ་རེ་བའི་འདུན་པས་བསྐུལ་ཏེ། ཕོ་བོས་དེ་སྔའི་ཞིབ་འཇུག་སློབ་མའི་དཔྱད་རྩོམ་གྱི་རྩོམ་གདན་ཐོག་ཉེ་བའི་ལོ་ཤས་རིང་བོད་ལྗོངས་ཀྱི་གནའ་དཔེ་ཡོངས་བཤེར་གྱི་ལས་ཡུལ་དངོས་སུ་བཞུགས་ཏེ་གནའ་དཔེ་གཙོགས་ཆེན་དངོས་སུ་མཐོང་རེག་བྱུང་བ་དེ་དག་གནའ་དཔེ་རིག་པའི་གཞུང་བཞིན་ཐོ་འགོད་བགྱིས་པའི་རིང་ཐོབ་པའི་ལས་ཀའི་ཉམས་མྱོང་དག་གིས་དཔྱད་རྩོམ་གྱི་མ་ལྡང་བའི་གནས་རྣམས་ཁ་བསྐངས་ཏེ། གོང་གི་གནད་དོན་དེ་དག་ལ་དམིགས་ཏེ་རྩོམ་ཡིག་འདི་བྲིས་པ་ཡིན། རྩོམ་ཡིག་འདིས་མེད་པ་ཁ་སྐོང་ཞེས་སྨྲ་བའི་སྤོབས་པ་བྲལ་ཡང་ཚད་ངེས་ཅན་ཞིག་ནས་བོད་ཀྱི་གནའ་དཔེར་ཞིབ་འཇུག་གནང་མཁན་དག་ལ་ཉེ་བའི་ལོ་འགའ་ནང་ང་རང་གི་གནའ་དཔེ་ཞིབ་འཇུག་བྱ་ཐབས་དང་ཞིབ་འཇུག་གི་འབྲས་བུ་འདི་ལྟ་བུ་ཞིག་གོ་ཞེས་ཉམས་མྱོང་བརྗེ་རེས་ཀྱི་ལེགས་སྐྱེས་ཅུང་བཟང་པོ་ཞིག་ཕུལ་བར་སེམས། འོན་ཏེ་གནའ་དཔེ་རིག་པ་ཞེས་པ་དེ་ནི་ཁེར་རྐྱང་དུ་གནས་པའི་རིག་གཞུང་ག་གེ་མོ་ཞིག་མ་ཡིན་པར་དེར་རིག་ཚན་མང་པོ་ཞིག་སྟེ། པར་གཞི་རིག་པ་དང་ལོ་རྒྱུས་རིག་པ། སྐད་བརྡ་རིག་པ་དང་མཛེས་རྩལ་རིག་པ། ནང་དོན་རིག་པ་དང་རྩོམ་རིག་རིག་པ་སོགས་ཀྱི་ནང་དོན་འདུས་ཡོད་སྐབས། བོད་ཀྱི་གནའ་དཔེར་མཁྱེན་རྒྱ་ཡངས་པའི་སྐྱེ་བོ་རྣམས་ཀྱིས་འཛོལ་ནོར་འཕྲུགས་དང་ཆད་འཕྱུར་ཞུས་སོགས་གང་མཆིས་པ་སྒྲོན་པོར་སྨྲ་བའི་རེ་བ་སྙིང་ནས་ཞུ་ཞུ། །

རྩོམ་པ་པོས།

དཀར་ཆག

ལེའུ་དང་པོ། གནའ་དཔེའི་མཚན་ཉིད་དང་ཁྱབ་ཚད།

གཅིག གནའ་དཔེའི་མཚན་ཉིད།

བོད་ཡིག་གནའ་དཔེ་ནི་མི་དབང་སངས་རྒྱས་རྒྱ་མཚོས་བཻ་དཀར་གཡའ་སེལ་དུ་བཀའ་འདི་དག་འབྲི་བའི་གཞི་ནི་ཤྲཱི་ག་ཤིང་ཤུན་རས་དང་ཤོག་བུ་སོགས་དཀར་པོའམ་ཆོས་མ་གང་ཡང་རུང་བ་ལ་གླེགས་བམ་མམ་ལེགས་སྦྱར་སྐད་དུ་པོ་སྟི་ཀ་[1]ཞེས་གསུངས་པའི་དོན་དང་མཚུངས་པར་བོད་ཡིག་གི་ཐོག་ནས་བོད་ཀྱི་སྲོལ་རྒྱུན་རིག་གནས་སོགས་བརྗོད་བྱར་བྱས་སྟེ་དུས་རབས་མི་འདྲ་བའི་ནང་དུ་བྱུང་བའི་འབྲི་རྗེས་ཏེ། སེམས་ཅན་གྱི་རུས་པ་དང་པགས་པ། ཁྲམ་བྱང་དང་ཤིང་ཤུན། རྡོ་རིང་དང་ཅོང་། གོས་ཆེན་དང་ཤོག་བུ་སོགས་ཀྱི་སྟེང་དུ་བྲིས་ཤིང་། དཔེ་གཟུགས་ལྟེབས་མགོ་མ་དང་ཤོག་དྲིལ། སྣ་རིང་དང་ལྟེབས་འགྲིག་མ་ལྟེབས་ཟུར་མ་སོགས་དུས་རབས་མི་འདྲ་བའི་ནང་དུ་བྱུང་བའི་དཔེ་གཟུགས་སུ་སྡེབས་ཡོད་པ་སྟེ་སྤྱི་ལོ་1949ལོའི་ཡར་སྔོན་དུ་བྱུང་བའི་དཔེ་རྙིང་ལ་ཟེར། དེ་དག་ལ་རིན་ཐང་ཁག་གསུམ་ཡོད་པ་སྟེ་རིག་དངོས་ཀྱི་རིན་ཐང་སྟེ་གཙོ་བོ་ལོ་རྒྱུས་རིང་ཐུང་གི་ཐད་ནས་བརྗོད་པ་དེ་དང་གཅིག གཉིས་སྒྱུ་རྩལ་རིན་ཐང་སྟེ་གནའ་དཔེའི་དཔེ་གཟུགས་དང་ཡིག་གཟུགས། སྣག་ཤོག་དང་དབུ་ཤོག་ལྷ་སྐུ། སྒྲིལ་ཆས་དང་ཞལ་ཁེབས་སོགས་ཀྱི་ཁྱད་ཆོས་ཐད་ནས་བརྗོད་ཀྱི་ཡོད། གསུམ་གནའ་དཔེའི་དཔེ་རྒྱུན་ཤིན་ཏུ་དཀོན་པ་དང་པར་གཞི་མི་འདྲ་བའི་ཐད་ནས་ཞིབ་འཇུག་གི་རིན་ཐང་བཅས་གསུམ་ཚང་བ་ལ་གནའ་དཔེ་ཞེས་བརྗོད་དོ།

[1] མི་དབང་སངས་རྒྱས་རྒྱ་མཚོས་མཛད། བསྟན་བཅོས་བཻཌཱུཪ་དཀར་པོའི་དྲིས་ལན་འཁྲུལ་སྣང་གཡའ་སེལ། ཤོག་གྲངས་273་ལས་དྲངས།

གཉིས། གནའ་དཔེའི་བྱུང་བ།

བོད་ལ་གནའ་དཔེ་ཆེས་ཕུན་སུམ་ཚོགས་པོ་ཞིག་ཡོད་པ་སྟེ་བོད་བཙན་པོའི་དུས་ཀྱི་ཡིག་ཆ་བཅོས་ལྷད་མེད་པར་གྲགས་པ་རིགས་བཞི་སྟེ། ཆོས་གཞུང་བྲིས་མ། རྡོ་དང་བྲག་དང་ཅོང་དྲིལ་ལ་བརྐོས་པའི་ཡི་གེ ཏུན་ཧོང་གི་གཏེར་ཡིག ལི་ཡུལ་གྱི་ཁྲམ་བྱང་བཅས་ཡིན། དེ་དག་གི་ཁྲོད་ནས་ཆོས་གཞུང་ནི་བོད་ཀྱི་རྒྱལ་རབས་ཉེར་བདུན་པ་སྟེ་ལྷ་ཐོ་ཐོ་རི་གཉན་བཙན་གྱི་སྐུ་དུས་སུ་ལོ་ཙཱ་བ་ལི་ཐེ་སེ་དང་པཎྜི་ཏ་བློ་སེམས་འཚོ་གཉིས་ཀྱི་བསྣམས་ཕེབས་ཏེ་[1]རིམ་བཞིན་བོད་ལ་དར་བ་ཞིག་ཡིན། ཆོས་གཞུང་བྲིས་མ་ནི་གཙོ་བོ་ཆོས་རྒྱལ་རྣམས་ཀྱི་སྐུ་དུས་སུ་འབྲི་རྫས་སྣག་ཤོག་ལ་གཙིགས་ཆེན་གནང་སྟེ། རང་རང་སོ་སོར་མཐོ་བའི་ཤེར་ཕྱིན་ཡུམ་རྒྱས་འབྲིང་བསྡུས་གསུམ་བཞེངས་གནང་བ་སྟེ་ཡུམ་ཆེན་མོ་ཤེས་རབ་ཀྱི་ཕ་རོལ་ཏུ་ཕྱིན་པ་རྒྱས་པ་ཤོ་ལོ་བྱེ་བ་ཕྲག་བརྒྱ་ཡོད་པ་དྲི་ཟའི་རྒྱལ་པོའི་ཐུགས་དམ་གྱི་རྟེན་དུ་བཞུགས་ཤིང་། རྒྱས་པའི་འབྲིང་པོ་ཤོ་ལོ་འབུམ་ཕྲག་བརྒྱ་ཡོད་པ་ནི་ལྷའི་དབང་པོ་བརྒྱ་བྱིན་གྱི་ཐུགས་དམ་རྟེན་དུ་བཞུགས་པ། རྒྱས་པའི་བསྡུས་པ་ཤོ་ལོ་འབུམ་ཡོད་པ་ཀླུའི་རྒྱལ་པོའི་ཐུགས་དམ་གྱི་རྟེན་དུ་བཞུགས་པ་བཅས་ཡིན་པར་གྲགས། དེང་སང་གི་ཡུམ་འབུམ་པ་ལ་ལེའུ་བཞི་ཡོད་པ་ནི་ཉི་ཁྲི་དང་ཁྲི་བརྒྱད་སྟོང་སོགས་ནས་ཁ་བསྐངས་པ་ཡིན། ཤེར་ཕྱིན་བོད་དུ་སྤྱན་འདྲེན་པ་ལ་མཁས་པ་འགས་སློབ་དཔོན་ཆེན་པོ་ཁ་ཆེ་བ་ཞེས་བྱ་བ་མི་བརྗེད་པའི་གཟུངས་ཐོབ་པ་དེས་ཡུམ་འབུམ་པ་བློ་ལ་བཟུང་ནས། གླེགས་ཤིང་གཉིས་སྒོ་རྒྱབ་གཉིས་ལ་བཀལ་ནས་སྤྱན་འདྲེན་པར་བཞེད་མོད་ཀྱང་། ཡོངས་སུ་གྲགས་པ་ནི་བཙད་པོ་ཁྲི་སྲོང་ལྡེ་བཙན་སྐབས་ཆངས་ཁམས་པ་གོ་ཆས་འབུམ་ཕྱུགས་ལ་བཟུང་ནས་བསྒྱུར་བས་ཆངས་ཀྱི་འབུམ་འགྱུར་དུ་གྲགས་པ་ཡིན། ཆོས་རྒྱལ་ཁྲི་སྲོང་ལྡེ་བཙན་ཐེག་ཆེན་གྱི་ཆོས་ལ་གུས་དད་ཤིན་ཏུ་ཆེ་བས་ཉིད་ཀྱི་མཚལ་ཁྲག་དང་ར་དཀར་མོའི་འོ་མ་སྦྱར་ནས་བྲིས་པ་དུམ་བུ་བཞི་བྱུང་བ་ལ་རེག་ཟིག་དམར་པོར་གྲགས་པ་དང་། སྟོན་ལྷ་ས་གོང་གི་ས་ཕག་མཆོད་རྟེན་གྱི་ནང་དུ་བཞུགས་པར་བཤད། དེ་དང་མཚན་མཐུན་པ་མཁན་སློབ་ཆོས་གསུམ་གྱི་ཞབས་མཚལ་གྱིས་བཞེངས་པའི་འབུམ་དམར་སྤྱིལ་སྐུ་དྲི་མེད་ལྷུན་པོས་གཏེར་ནས་སྤྱན་དྲངས་པ་

(1) ནེའུ་པཎྜི་ཏ་སྨོན་ལམ་རྒྱལ་ཁྲིམས་ཀྱིས་མཛད། སྔོན་བྱུང་གཏམ་གྱི་མེ་ཏོག་ཕྲེང་བ། བོད་ལྗོངས་བོད་ཡིག་དཔེ་རྙིང་དཔེ་སྐྲུན་ཁང་གི་དཔར་མ། ཤོག་གྲངས་17་ལས་དྲངས།

ཞིག་ཀོང་པོ་བུ་ཆུ་ན་བཞུགས་ཟེར། སྲས་མནྜ་དང་ཉང་ཨཙྪི་ཕྱ་རོ་གཉིས་སོགས་ཀྱིས་རྒྱ་གར་ནས་དཔེ་བླངས་ཏེ་བསྒྱུར་བའི་ཚེ། ཕོ་བྲད་རྣམས་འབངས་ལ་ཁྲལ་བསྡུས་ནས་བསྒྱུར་བས་དཔྱ་འབུམ། བཙན་པོའི་དབུ་སྐྲ་དང་རམས་བསྲེས་པའི་རེག་ཟེག་སྔོན་པོ་དུམ་པ་བཞི་པ་ལ་ལྕགས་ཐུར་བརྒྱུས་བས་ལྕགས་ཐུར་མ་ཡང་གྲགས་པ་སྔོན་བསམ་ཡས་སུ་བཞུགས་སྐད། རེག་ཟེག་སྔོ་དམར་གཉིས་རྫུ་འཕྲུལ་གྱིས་ཡབ་ཡོབ་ཏུ་བསྒྱུར་བས་ན་དེའི་མིང་དུ་འདོགས་པར་གསུངས་པའང་འདུག་ཅིང་བླ་གྱུར་ཆུང་བར་ངོས་འཛིན་མཛད་པ་ཡིན། དེ་གཉིས་ཟིན་བྲིས་ལྷ་བུ་སྔོམས་ཚིག་གི་ཚུལ་ལས་འགྲེལ་ཀང་ཐམས་ཅད་མི་རྒྱས་ཅིང་བསྡུས་དག་པར་བརྟེན་འཇིག་རྟེན་གྱི་མིག་གཅིག་ཕུར་གྱུར་བ་པ་གོར་བཻ་རོ་ཙ་ནས་རྒྱ་དཔེ་དང་བསྡུན་ཏེ་སླར་ཡང་ཞུ་ཆེན་མཛད་དེ་འགྲེས་ཀང་ཆད་པ་རྣམས་བསབས། ཚིག་སྡ་བསྡུས་པ་རྣམས་བསྒྲིངས་ཏེ་བརྗོད་ཅིང་གོ་བདེ་བར་བྱས་ནས་བསྒྱུར་བ་དུམ་པོ་དྲུག་ཡོད་པ་གླེགས་ཤིང་ལ་པར་བཀབ་བཅོས་པས་པར་བཀས་ཅན་དང་། གསུང་རབ་ཀྱི་ཁྲོད་དུ་ཕ་ཕྱང་གི་ཚང་བཅས་པས་ཕ་ཕྱང་ཅན་དུ་གྲགས་ཤིང་བླ་འགྱུར་འབྲིང་པོར་ངོས་འཛིན། འབྲོམ་བཟའ་བྱང་ཆུབ་སྨན་གྱིས་རབ་བྱུང་རྣམས་ལ་བསྙེན་བཀུར་བའི་གདུགས་ཚོད་ཐོན་པའི་ཚེ་ཚར་རེ་སྒྲོག་པར་འགྱེད་བདེ་བའི་ཆེད་དུ་བམ་པོ་རེ་ལ་ཤོག་དྲིལ་རེ་བྱས་པ་འཇུག་སྟོད་ལ་བརྟེན་ནས་ཤ་སྒྲོ་ཅན་དུ་མིང་བཏགས་ཏེ་མཆིམས་ཕུ་ན་བཞུགས་པར་གསུངས། འདི་དུས་ལོ་པཎ་རྣམས་ཀྱིས་འཕན་ཡུལ་གྱི་སྐད་ཀ་བ་ན་མོ་ཆེར་སྔ་འགྱུར་ཐམས་ཅད་ལ་སླར་ཡང་ཞུས་ཆེན་མཛད་དེ་འགྲེས་ཀང་ཐམས་ཅད་རྒྱས་ཤིང་གསལ་བར་བཅོས་པས་དུམ་བུ་བཅུ་དྲུག་ཅན་དུ་གྱུར་བ་འཇུག་སྟོད་ཤ་སྒྲོ་ཅན་དུ་ཡང་གྲགས་ཤིང་བླ་འགྱུར་ཆེན་མོར་ངོས་འཛིན་མཛད། གཞན་ཡང་ཉང་དང་ལྕེ་ཁྱི་འབྲུག་འགོས་ཆོས་གྲུབ་སོགས་ལོ་ཙཱ་བ་ཁྱོན་བསྡོམས་དྲུག་གིས་བསྒྱུར་ཡོད་པར་གྲགས། དེ་ཡང་སྔ་དུས་འབུམ་ནི་རྒྱལ་པོས་བཞེངས་པ་མ་གཏོགས་འབངས་ཀྱིས་བཞེངས་པར་མི་ནུས་པས། ཆོས་རྒྱལ་ཁྲི་ལྡེ་གཙུག་བརྟན་གྱི་བླ་འབུམ་སྐྱ་པོ། མངའ་བདག་སད་ན་ལེགས་མཛིང་ཡོན་གྱི་སྨུག་འབུམ། ལྷ་སྲས་གཙང་མའི་བྱེ་འབུམ། ཆོས་རྒྱལ་ཁྲི་རལ་པ་ཅན་གྱི་དྲུག་འབུམ། ལྷ་གནམ་ལྡེའི་ལྷས་འབུམ་ཞལ་དམར་ཅན། དར་མ་འུ་དུམ་བཙན་གྱི་འབུམ་ཤོག་སེར་མ་ཙམ་ལས་གཞན་མ་འཕེལ་བ་ན། རྗེས་སུ་བློན་པོ་དང་ཁྲིམ་

བདག་དང་པ་ཅན་རྣམས་ཀྱིས་བཞེངས་པའི་འབུམ་ཚར་བཅུ་དགུ་ཙམ་བྱུང་།[1] ཞེས་པ་ལས་འབུམ་རིགས་མི་འདྲ་བ་ཇི་ཙམ་ཞིག་བཞེངས་ཡོད་པ་གསལ་ལ་དེ་དང་དུས་མཚུངས་ལོ་པཎ་སྐུ་དྲིན་ཅན་རྣམས་ཀྱིས་རྒྱ་བལ་ལི་སོགས་ནས་གསུང་རབ་ལག་པའི་སོར་མོ་ནང་དུ་བཀུག་ནས་བསྒྲངས་དཀའ་བའི་གསུང་རབ་བོད་སྐད་དུ་བསྒྱུར་གནང་ཡོད། དེ་དག་དཀར་ཆག་ཏུ་བཏབ་པ་སྟེ་དཀར་ཆག་འཕང་ཐང་མ་དང་། མཆིམས་ཕུ་མ། ལྡན་དཀར་མ་སོགས་བྱུང་། དེ་རྗེས་བསྟན་པ་ཕྱི་དར་འགོ་ནས་བཟུང་ཁྱད་པར་ཡུམ་ཆེན་མོ་སྟོན་རྗེས་མ་གཏོགས་འབངས་ཀྱིས་བཞེངས་མི་ནུས་པ་ལས་ཕྱིས་སུ་འབངས་ཀྱིས་བཞེངས་པའི་འབུམ་ཚར་བཅུ་དགུ་ཙམ་བྱུང་བ་ནས་འཕེལ་བའི་རྒྱུན་ལས་ཡར་ཀླུང་ཇོ་བོས་བཞེངས་པའི་ཤོ་ལོ་ཀ་ཅིག་འབུམ་སྟོང་ཡོད་པ་ཞིག་དང་། རྗོག་ལོས་བལ་ཡུལ་ཕམ་མཐིང་གི་གཙུག་ལག་ཁང་ནས་ཏིང་འཛིན་གསུམ་གསར་དུ་རྙེད་པ་སོགས་བམ་པོ་སུམ་བརྒྱ་དང་ལེའུ་དོན་གཉིས་བྱུང་བའི་རྗོག་འགྱུར་ལེགས་པར་གྲགས། རྒྱ་ནག་འཇམ་ཀག་པགྐྲིས་ཆ་རྐྱེན་བསྐྱར་བ་ལ་བརྟེན་ནས་དབུས་པ་བློ་གསལ་སོགས་ཀྱིས་སྟོན་མཆིམས་ཀྱིས་བཞེངས་པའི་འདུལ་བ་ལུང་དང་མདོ་སྡེའི་སྐོར་ལ་བླ་མ་གྲུ་སྒང་རྩ་བའི་ཐུགས་དམ་མདོ་མང་འཛམ་གླིང་རྒྱན། ཤོག་ཆུང་གི་གཙུག་ལག་ཁང་གི་མདོ་མང་དུམ་པ་དྲུག་ཅུ་རྩ་གཉིས་ཡོད་པ། སྨོན་དཀྱོ་ཞེས་གྲགས་པའི་མདོ་མང་། འབྲང་མཚམས་ཕུག་ཆུང་མ་ཞེས་གྲགས་པའི་མདོ་མང་། དགའ་འབར་མ་ཞེས་གྲགས་པའི་མདོ་མང་། མངའ་བདག་མགོན་ནེའི་ཐུགས་དམ་མདོ་མང་མཐོང་སྨོན་འོན་ཀེ་རུར་བཞུགས་པ་དང་འདར་ཕྱུར་གྱིས་བཞེངས་པའི་མདོ་མང་འདར་ཕྱུར་མར་གྲགས་པ་གཙང་ཆུ་མིག་རིང་མོར་བཞུགས། ཆོས་ཀྱི་རྒྱལ་པོ་འཕགས་པའི་ཐུགས་དམ་ལྷ་མིའི་རྒྱན་མཆོག སྤྱན་གསུམ་གྱི་གཙུག་ལག་ཁང་ན་བཞུགས་པའི་མདོ་མང་། ཞྭ་ལུ་གསེར་ཁང་ན་བཞུགས་པའི་མདོ་མང་གཞི་མ། དཔལ་སྣར་ཐང་ན་བཞུགས་པའི་མདོ་མང་གསེར་གཞུང་མ་མཆིམས་ནམ་མཁའ་གྲགས་ཀྱི་ཐུགས་དམ་དང་། ཕྱུག་གཞུང་མ་དང་དགོན་གསར་མ་དེ་རྣམས་ནི་མདོ་མང་གི་བྱུང་བ་རགས་རིམ་ཙམ་ཞིག་ཡིན། ཐུགས་ཀྱི་ཐད་ལ་བླ་མ་གྲུ་སྒང་རྩ་བའི་ཐུགས་དམ་རྒྱུད་འབུམ། འོད་དཀར་སྤྱན་གསུམ་གྱི་གཙུག་ལག་ཁང་ན་བཞུགས་པའི་རྒྱུད་འབུམ། འདར་འཕྱུར་གྱི་ཐུགས་དམ་རྒྱུད་འབུམ། དགེ་བཤེས་སྐྱེ་མེད་སྟོན་པས་བཞེངས

(1) གསེར་ཏོག་བློ་བཟང་ཚུལ་ཁྲིམས་རྒྱ་མཚོའི་གསུང་པོད་ད་པ། སྐུ་འབུམ་དཔར་མ། ཤོག་གྲངས་29ལས་དྲངས།

པའི་རྒྱུད་འབུམ། སྣག་ལུང་རྒྱུད་འབུམ། དཔལ་ས་སྐྱའི་གདན་སར་བཞུགས་པའི་རྒྱུད་འབུམ་སོགས་ནི་བོད་དུ་སྔེ་སྔོད་གསུམ་གྱི་ཁོངས་སུ་གཏོགས་པ་དེ་དག་ཇེ་ལྟར་དར་བའི་སྐོར་སྟོན་གྱི་མཁས་པའི་གཞུང་ལ་ཁུངས་བཙལ་ཏེ་འདིར་རགས་ཙམ་ཞིག་བཤད་ཁུལ་བགྱིས་པ་དེ་ཡིན། དེ་རྗེས་དུས་རབས་14པར་བྱོན་པའི་གསུང་རབ་སྒྲུབ་བཙམ་ལྡན་རིགས་པའི་རལ་གྲིའི་སྐུལ་སློང་གིས་ཁོང་གི་སློབ་མ་རྣམས་ཀྱིས་བོད་ཡུལ་གྱི་ས་ཆ་ཁག་ཏུ་སྐྱུལ་ནས་དེ་དག་ཏུ་བཞུགས་པའི་གསུང་རབ་ཁག་འཚོལ་བསྡུ་བགྱིས་ཏེ་གུང་བསྒྲིགས་ནས། བཀའ་བསྟན་གྱི་དཀར་ཆག་ཉི་མའི་འོད་ཟེར་ཞེས་པ་དེ་མཛད་པ་དང་སྒྲགས་དཔལ་སྣར་ཐང་གི་བཀའ་འགྱུར་བཞེངས་པ་ལ་མ་དཔེ་བཙལ་ནས་མཁས་པའི་དབང་པོ་བུ་སྟོན་གྱིས་ཆོས་འབྱུང་རིན་པོའི་མཛོད་ཞེས་པ་སོགས་མཛད་པ་ལས་བཀའ་བསྟན་དཀར་ཆག་དབྱར་གྱི་ཤ་མོ་ཇོལ་བ་ཇེ་བཞིན་མང་དུ་བྱུང་། མ་དཔེ་སྣར་ཐང་གི་བཀའ་འགྱུར་ལས་བུ་དཔེ་འགོས་ལོ་གཞོན་ནུ་དཔལ་གྱིས་ཞུ་དག་གནང་བའི་ཚལ་པའི་བཀའ་འགྱུར། ལོ་ཆེན་ཐུགས་རྗེ་དཔལ་བས་ཞུ་དག་བགྱིས་པའི་རྒྱལ་རྩེ་ཐེམ་སྤངས་མ་སོགས་བྱུང་། མ་དཔེ་རྒྱལ་རྩེ་ཐེམ་སྤངས་མར་བཙལ་ཏེ་རྒྱལ་མཆོག་ལྔ་པའི་ཆེན་པོ་དགོངས་རྫོགས་སུ་བཀའ་འགྱུར་བྲིས་མ་སྐྱ་བྲིས་དང་དངུལ་བྲིས་སོགས་བཀའ་བསྟན་མང་དུ་འཕེལ། དུས་རབས་13ནས་བོད་ཀྱི་མཁས་པ་གནམ་གྱིས་ས་བཀབ་པ་ལྟ་བུར་བྱོན་པ་དེ་དག་གིས་རང་རང་ཕ་བླ་མ་དམ་པའི་གསུང་རབ་ལ་འགྲེལ་རྩོམ་གནང་བ་ལས་བོད་ལ་བྲིས་དང་དཔར་མའི་གསུང་རབ་བྲག་རི་བརྩེགས་བརྩེགས་འདྲ་བ་བྱུང་ཡོད་པ་བཅས་ནི་གསུང་རབ་ཀྱི་བྱུང་བ་ཉུང་ངུ་ལགས་སོ།

ལེའུ་གཉིས་པ། གནའ་དཔེའི་དཔེ་གཟུགས་སྐོར།

བོད་ལ་སྔོན་གྱི་སྐྱེ་བོ་དམ་པ་གནམ་གྱིས་ས་བཀབ་པ་ལྟ་བུར་བྱོན་པ་དེ་དག་གི་སྐུ་དྲིན་ལས་སྐྱེ་བོ་ཕལ་པའི་བསམ་ཡུལ་ལས་འདས་པའི་གནའ་དཔེ་འབོར་ཆེན་ཞིག་འབྲི་བཞེངས་གནང་ཡོད་པ་དེ་དག་ད་ལྟ་བོད་ཀྱི་རི་ཁྲོད་དང་དགོན་སྡེ། མི་སྒེར་དང་དཔེ་མཛོད་ཁང་། རྟེན་རྫས་བཤམས་སྟོན་ཁང་དང་ཡིག་ཚགས་ལས་ཁུངས་སོགས་སུ་བཞུགས་ཡོད། དེ་དག་གི་དཔེ་གཟུགས་རྣམ་པ་ཡང་གླེགས་བམ་སྣ་རིང་གི་རྣམ་པ་ཁོ་ན་ཙམ་མ་ཡིན་པར་སྣ་མང་ཕུན་སུམ་ཚོགས་པོ་ཡོད་པ་སྟེ། ཤོག་དྲིལ་དང་ཁྲམ་བྱང་། ལྟེབས་ཟུར་མ་དང་ལྟེབས་མགོ་མ་ད་དུང་ལྟེབས་འགྲིག་མ་སོགས་ཀྱང་བྱུང་ཡོད་གཤིས། འདིར་གནའ་དཔེའི་དཔེ་གཟུགས་དེ་དག་གི་བྱུང་བ་དང་ཁྱད་ཆོས་སོགས་རིམ་པས་བཤད་པར་བྱའོ།

གཅིག ཤོག་དྲིལ།

ཤོག་དྲིལ་གྱི་རྣམ་པ་དེ་ནི་བོད་ལ་མཐོ་བོད་བཙན་པོའི་སྐུ་དུས་ནས་ཡོད་པའི་དཔེ་གཟུགས་ཀྱི་རྣམ་པ་ཞིག་ཡིན་པ་སྟེ་རྒྱལ་རབས་གསལ་བའི་མེ་ལོང་དུ། བོད་ཀྱི་བློན་པོ་མགར་སྟོང་བཙན་ཐང་གི་རྒྱལ་སར་ཕེབས་ནས་སྲས་མོ་ཝུན་ཤིང་ཀོང་ཇོ་བོད་ཀྱི་རྒྱལ་པོ་སྲོང་བཙན་གྱི་བཙུན་མོར་ལེན་སྐབས། ཐང་གི་རྒྱལ་པོར་ལན་བཏབ་པའི་ཆེད་དུ་སྔོན་ནས་བོད་ཀྱི་བཙན་པོས་ཤོག་དྲིལ་ཁག་གསུམ་བསྐུར་ཡོད་ཅེས་པ་དང་ད་དུང་འབྲོམ་བཟའ་བྱང་ཆུབ་སྨན་གྱིས་རབ་བྱུང་རྣམས་ལ་བསྙེན་བཀུར་བའི་གདུགས་ཚོད་ཐོན་པའི་ཚེ། ཚར་རེ་སྒྲོག་པར་འགྱེད་བདེ་བའི་ཆེད་དུ་བམ་པོ་རེ་ལ་ཤོག་དྲིལ་རེ་བྱས་པ་འཇུག་སྟོད་ལ་བརྟེན་ནས་ཤ་སྒྲོ་ཅན་[1]ཞེས་སོགས་བོད་ཀྱི་ཡིག་ཚང་དུ་འཁོད་ཡོད་པ་མ་ཟད་ད་ལྟ་ང་ཚོས་དངོས་སུ་མཇལ་ཐུབ་པའི་མཐོ་བོད་བཙན་པོའི་སྐབས་ཀྱི་ཤོག་དྲིལ་ཏུན་ཧོང་ནས་ཐོན་པའི་ཡིག་ཆ་

(1) ཤེས་རབ་ཀྱི་ཕ་རོལ་དུ་ཕྱིན་པའི་བམ་པོ་དང་། ལེའུ་དང་། ཤད་དང་། ཚིག་དང་། གྲངས་བཞུགས་པའི་ཚད་བསྟན་པ། སེ་ར་དགོན་དུ་བཞུགས། ཁྲིས་མ་ཁྲུ་ཚད་མ། ཤྭེབ་གྲངས་5ལས་དྲངས།

ཤོག་དྲིལ་གྱི་དཔེ་རིས།

རྒྱལ་ཁབ་དཔེ་མཛོད་ཁང་དང་ཕྱི་རྒྱལ་གྱི་དཔེ་མཛོད་ཁང་ཁག་ཏུ་ཉར་ཚགས་གནང་བ་དེ་དག་ལས། ཤོག་དྲིལ་གྱི་དཔེ་གཟུགས་དེ་དུས་རབས་8~9པའི་སྐབས་ནས་བོད་ལ་ཡོད་པའི་དཔེ་གཟུགས་ཞིག་ཡིན་པ་ངེས་པ་རྟེན་མེད་ཀྱང་། གལ་པོ་ཆེ་ལ་ནན་ཏན་ཟེར་བ་བཞིན་ད་ལྟ་བོད་ལྗོངས་རྟེན་རྫས་བཤམས་མཛོད་ཁང་དུ་བཞུགས་པའི་བོད་བཙན་པོའི་སྐུ་དུས་སུ་བཏབ་པའི་དཀར་ཆག་ཆེན་པོ་གསུམ་གྱི་ཡ་གྱལ་ཏེ། སྔོན་དུས་ཡར་ལུང་འཕྱོང་ཀ་མེད་ན་བཞུགས་པའི་བཀའ་དང་མདོ་ཕྱོགས་གཙོ་ཆེ་བའི་དཀར་ཆག་ཆོས་རྒྱལ་ལོ་པཎ་རྣམས་ཀྱིས་སྒྲིགས་པ་ཞེས་པའི་དཀར་ཆག་དེའི་སྔོན་གྱི་མ་དཔེའི་དཔེ་གཟུགས་ནི་རྒྱ་གར་འཕགས་པའི་ཡུལ་ནས་དར་ཁྱབ་བྱུང་བའི་གླེགས་བམ་གྱི་དཔེ་གཟུགས་དེ་མ་ཡིན་པར་བོད་ཀྱི་ས་སྐྱེས་རྡོ་སྐྱེས་ཀྱི་དཔེ་གཟུགས་ཤོག་དྲིལ་གྱི་རྣམ་པ་ཅན་ཞིག་ཡིན་པ་ནི་དཔེ་རྟེན་དེའི་མཛད་བྱང་ལས། ཆོས་སྒྱུར་མཁན་བྱང་ཆུབ་སེམས་དཔའི་སྤྲུལ་པ་དབའ་ཡེ་ཤེས་དབང་པོ། བྱང་ཆུབ་སེམས་དཔའ་ཏ་སྐད་ཅན་གྱི་སྤྲུལ་པ་འབའ་ཁྲི་བཞེར་སང་ཤི་ཏ། སྤང་རྒྱ་ར་ལེགས་གཟིགས། དགེ་སློང་ལ་སྤྲ་བ་ངན་ལམ་རྒྱལ་བ་མཆོག་དབྱངས། དཔལ་ཁོར་བེ་རོ་ཙ་ན། སྤུབས་ནམ་མཁའི་སྙིང་པོ། སངས་རྒྱས་འོད་སྲུངས་ཀྱི་སྤྲུལ་པ་དམ་པའི་ཆོས་ཀྱི་དབུ་བརྙེས་པའི་རྒྱལ་པོ་ཆེ་གཅིག་ལ་སྐྱེ་བ་གཉིས་བཞེས་པའི་ལྷ་ཐོ་དེ་སྙན་བཙན། འཕགས་པ་སྤྱན་རས་གཟིགས་དབང་ཕྱུག་གི་སྤྲུལ་པ་བོད་ཀྱི་ཆོས་ཀྱི་སྲོལ་འདྲེན་པའི་རྒྱལ་པོ་ལྷ་སྲས་སྲོང་བཙན་སྒམ་པོ། འཕགས་པ་འཇམ་དཔལ་དབྱངས་ཀྱི་སྤྲུལ་པ་བོད་ཡུལ་དུ་ཆོས་རྒྱས་པར་སྒྱུར་མཁན་འཕྲུལ་གྱི་རྒྱལ་པོ་ཁྲི་སྲོང་ལྡེ་བཙན། རྒྱ་བོད་ཧོར་གསུམ་དང་མཇལ་བསྡུམས་བྱས་ནས་བོད་ཡུལ་དུ་ཆོས་ཁྲིམས་འཆའ་མཁན་ལྷ་སྲས་ཁྲི་སྲོང་ལྡེ་བཙན། དཔལ་ཕྱག་ན་རྡོ་རྗེའི་སྤྲུལ་པ་མདོ་སྙིང་རྗེ་པད་མ་དཀར་པོའི་ནང་དུ་གྲོང་ཁྱེར་རྡོ་འཛོག་ཅེས་བྱ་བར་ཁྱིམ་བདག་རལ་པ་ཅན་ཞེས་བྱ་བ་འབྱུང་། དེས་ཀྱང་ངའི་བསྟན་པ་རྒྱས་པར་བྱེད་ཀྱིས། ཀུན་དགའ་བོ་སྨྲ་ངན་མ་བྱེད

ཅིག་ཅེས་བཅོམ་ལྡན་འདས་ཀྱིས་ལུང་བསྟན་ཡོད་པ། བོད་ཡུལ་དུ་དམ་པའི་ཆོས་སྒྱུར་འགྲོ་བསྒྱུར་ནས་ཞུ་ཆེན་སྐད་གསར་བཅད་ཀྱིས་གཏན་ལ་ཕབ་པའི་ལྷ་སྲས་ཁྲི་གཙུག་ལྡེ་བཙན་རལ་པ་ཅན།(815-836) རྒྱ་གར་གྱི་མཁས་པ་ཆེན་པོ་པཎྜི་ཏ་སུ་རེན་དྲ་བོ་དྷི། དོན་སྒྱུར་གྱི་ལོ་ཚ་བ་ཆེན་པོ་ཅོག་རོ་ཀླུའི་རྒྱལ་མཚན། རྒྱ་གར་གྱི་པཎྜི་ཏ་མཁས་པ་ཆེན་པོ་འཛི་ན་མི་ཏྲ། སྒྲ་སྒྱུར་གྱི་ལོ་ཚ་བ་ཆེན་པོ་སྐ་བ་དཔལ་བརྩེགས། རྒྱ་གར་གྱི་པཎྜི་ཏ་ཤུ་ནེ་ཤ་རྨ། ཞུ་ཆེན་གྱི་ལོ་ཚ་བ་ཆེན་པོ་བན་དྷེ་ཡེ་ཤེས་སྡེ། དེ་རྣམས་ནི་ཤོག་དྲིལ་ཆེན་པོའི་སྨད་ན་སྐུ་གཟུགས་བྲིས་པ་རྣམས་ཀྱི་ཁ་ཡིག་ཡིན། སྐུ་དེ་རྣམས་ལའང་བཙན་པོའི་སྐུ་ལྷ། ཁ་ཡིག་མེད་པའི་སྐུ་གཅིག་མ་གཏོགས་པ་རྣམས་རབ་ཏུ་བྱུང་བའི་སྐུ་གཟུགས་སུ་སྣང་། ཞེས་དང་ཡང་མ་དཔེ་ནས་བུ་དཔེར་འབྲི་བཤུས་མཁན་གྱིས་གསལ་བཤད་དུ་དཀར་ཆག་འདི་ནི་སྔོན་གྱི་ཤོག་དྲིལ་ཆེན་པོ་ན་འདུག་པ་ཇི་ལྟ་བ་བཞིན་དུ་བྲིས་པས་ཤིན་ཏུ་ཡིད་ཆེས་པ་ལགས་སོ་(1)ཞེས་

ཏུན་ཧོང་ནས་ཐོན་པའི་གནའ་བོའི་ཤོག་དྲིལ།

(1)དཀར་ཆག་འཕང་ཐང་མ། བོད་ལྗོངས་རྙིང་རྫས་བཤམས་མཛོད་ཁང་དུ་བཞུགས། བྲིས་མའི་ཞབས་ཤོག་ལས་དྲངས།

མཛོད་བྱུང་དུ་འཁོད་པའི་ཤོག་དྲིལ་ཞེས་པ་དང་ད་དུང་སྤྱི་ལོ་2009ལོར་མངའ་རིས་སུ་གནའ་དཔེ་ཡོངས་བཤེར་དུ་འགྲོ་སྐབས་འཁོར་ཚགས་དགོན་གྱི་ལོ་རྒྱུས་འཁོད་པའི་དཔེ་རྙིང་དཔྱད་གཞིའི་རིན་ཐང་ཤིན་ཏུ་ཆེ་བ་ཞིག་མཇལ་བྱུང་བ་དེའང་ཤོག་དྲིལ་གྱི་དཔེ་གཟུགས་སུ་འདུག དེས་ན་གོང་གི་གནས་ཚུལ་དེ་དག་ལས་བོད་དུ་གནའ་དཔེ་ཤོག་དྲིལ་གྱི་དཔེ་གཟུགས་སུ་སྤེབས་པའི་ལུགས་སྲོལ་དེ་ནི་བོད་བཙན་པོའི་སྐུ་དུས་ནས་བྱུང་ཡོད་པ་ཞིག་ཡིན་པ་ཟད་དུས་རབས་13པའི་ཡར་སྔོན་དུའང་ཤོག་དྲིལ་གྱི་རྣམ་པའི་དཔེ་གཟུགས་བཀོལ་སྤྱོད་གནང་གི་ཡོད་པ་ཤེས་སོ།

གཉིས། གླེགས་བམ།

དེ་ཡང་གླེགས་བམ་སྣ་རིང་གི་དཔེ་གཟུགས་འདི་ཐོག་མར་ལྷ་ཐོ་ཐོ་རི་གཉན་བཙན་གྱི་སྐུ་དུས་སུ་བོད་ལ་དར་ཡོད་པའི་སྐོར་ལ། ནེའུ་པཎྜི་ཏ་སྨོན་ལམ་ཚུལ་ཁྲིམས་ཀྱིས་བོད་ཀྱི་རྒྱལ་པོ་ལྷ་ཐོ་ཐོ་རི་གཉན་བཙན་གྱི་སྐུ་དུས་སུ་ལོ་ཙཱ་བ་ལི་ཐེ་སེ་དང་པཎྜི་ཏ་བློ་སེམས་འཚོ་གཉིས་ཀྱི་བསྣམས་ཕེབས།[1]ཞེས་གསུངས་པ་ལས་བོད་རྒྱལ་ལྷ་ཐོ་ཐོ་རི་གཉན་བཙན་གྱི་སྐུ་དུས་སུ་བོད་ལ་དམ་པའི་ཆོས་དར་བ་དང་ཆབས་ཅིག་གླེགས་བམ་གྱི་དཔེ་གཟུགས་དེ་ཡང་བོད་ལ་དར་བ་ཞིག་ཏུ་སེམས། དེ་རྗེས་གླེགས་བམ་དེ་ཡང་གསུང་རབ་ཀྱི་འཕེལ་འགྱུར་དང་བསྟུན་ཏེ་གླེགས་བམ་གྱི་ཆེ་ཆུང་དེ་ཡང་བོད་ཀྱི་ཁྱད་ཆོས་ལྡན་པའི་གླེགས་བམ་ཞིག་ཏུ་གྱུར། ཆེས་ཐོག་མའི་གསུང་རབ་གླེགས་བམ་གྱི་ཆེ་ཆུང་གི་སྐོར་ལ། བཻ་དཀར་གཡའ་སེལ་ལས་ཁུངས་ན། བཀའ་དེ་དག་འདྲི་བའི་གཞི་ནི་གྲོ་ག་ཤིང་ཤུན་རས་དང་ཤོག་བུ་སོགས་དཀར་པོའམ་ཚོས་མ་གང་ཡང་རུང་བ་ལ་གླེགས་བམ་མམ་ལེགས་སྦྱར་དུ་པུསྟི་ཀ་ཞེས་འབོད་པ་དེའི་ཚད་ནི་རྒྱུད་སྡེ་གོང་མ་འགར་སོར་བཅུ་གཉིས་པའམ་བཅུ་དྲུག་ཏུ་བཤད་པ་དང་། བརྒྱད་སྟོང་པ་ལས་ཚད་མེད་པར་གསུངས་པའི་པུསྟི་ཀ་དེར་ནི་ལྷག་པ་ཚུལ་ཁྲིམས།[2] ཞེས་གསུངས་པ་

---

(1) ནེའུ་པཎྜི་ཏ་སྨོན་ལམ་ཚུལ་ཁྲིམས་ཀྱི་མཛད། སྔོན་གྱི་གཏམ་མེ་ཏོག་ཕྲེང་བ། བོད་ལྗོངས་བོད་ཡིག་དཔེ་རྙིང་དཔེ་སྐྲུན་ཁང་གི་2005ལོའི་དཔར་མ། ཤོག་གྲངས་17ལ་གསལ།

(2)མི་དབང་སངས་རྒྱས་རྒྱ་མཚོས་མཛད། བསྟན་བཅོས་བཻཌཱུར་དཀར་པོའི་དྲིས་ལན་འཁྲུལ་སྣང་གཡའ་སེལ། ཞོལ་དཔར་མ། ཤོག་གྲངས་273་ལས་དྲངས།

ལས་ང་ཆོས་ཐོག་མའི་གསུང་རབ་གླེགས་བམ་གྱི་རིང་ཚད་དུ་སོར་མོ་བཅུ་གཉིས་སམ་བཅུ་དྲུག་ཡོད་པ་དེ་ཤེས། དེ་རྗེས་དུས་རབས་20པར་ བྱོན་པའི་གསུང་རབ་སྨྲ་བ་དགེ་འདུན་ཆོས་འཕེལ་མཆོག་གིས་རྒྱལ་ཁམས་རིག་པས་བསྐོར་བའི་གཏམ་རྒྱུད་གསེར་ཐང་དུ། རྒྱ་དཔེ་ནི་ཕལ་ཆེར་ཏ་ལའི་ལོ་མར་བྲིས་པས་ཏ་ལའི་ལོ་མ་དེ་ཞེང་དུ་སོར་གསུམ་བཞི་ལས་ལྷག་པ་མི་ཡོང་བས་སྒོ་གང་རིང་བྱེད་ནུས་པ་ཙམ་ལས་ཞེང་ཆེན་པོ་གང་ལ་འོང་། རྗེ་མི་ལས་ཕྱུགས་རྫི་ལ་མར་པ་འདྲི་སྐབས། བུ་ཆུང་དར་མ་མདོ་སྡེས་ཀྱང་། འོ་དེད་ཀྱི་ཕ་རྗེ་ལ་ཟེར་བ་ཡིན་པ་འདྲ། དེ་ཡིན་ན་རྒྱ་གར་ནས་པོ་ཏི་ཕྲ་ལ་རིང་བ་མང་པོ་འཁྱེར་མ་ལ་བཀལ་ནས་འོངས་པ་ཞིག་ཡོད་ཅེས་སྨྲས་པ་ཡིན། [1]ཞེས་འཁོད་པའི་ནང་གི་སྔོན་གླེགས་བམ་གྱི་ཞེང་ཚད་དུ་སོར་

དཔེ་གཟུགས་གླེགས་བམ་གཟུགས།

གསུམ་བཞི་ལས་ལྷག་པ་མི་ཡོང་ཞེས་གསུངས་པ་བཅས་ལ་ང་ཆོས་ཁུངས་བཙལ་ཏེ་ཕྱོགས་བསྡོམས་ཤིག་བྱས་ཚེ། སྔོན་གྱི་གླེགས་བམ་ཚད་གཞི་ཅི་ཞིག་ཡིན་པ་གསལ་པོ་ཞིག་ཤེས་ཐུབ་པ་སྟེ། སྔོན་གྱི་གླེགས་བམ་ཡིན་ན་དེ་དག་གི་དཀྱུས་སུ་གཡའ་སེལ་དུ་གསུང་པ་ལྟར་སོར་མོ་བཅུ་གཉིས་ནས་བཅུ་དྲུག་དང་ཞེང་ཚད་དུ་དགེ་འདུན་ཆོས་འཕེལ་གྱིས་གསེར་ཐང་དུ་གསུང་པ་བཞིན་སོར་གསུམ་བཞི་ཡིན་ནོ་ཞེས་པའི་སྐད་ཆ་དེ་གཉིས་ལས་རང་རེ་བོད་ཀྱི་ཆེས་ཐོག་མའི་གསུང་རབ་གླེགས་བམ་གྱི་ཆེ་ཆུང་དེ་ཡང་དཀྱུས་སུ་སོར་མོ་བཅུ་གཉིས་ནས་

(1) མཁས་དབང་དགེ་འདུན་ཆོས་འཕེལ་གྱི་མཛད། རྒྱལ་ཁམས་རིག་པས་བསྐོར་བའི་གཏམ་རྒྱུད་གསེར་གྱི་ཐང་མ། ནུབ་བྱང་མི་རིགས་སློབ་ཆེན་གྱི་དཔར་མ། ཤོག་གྲངས་9ལས་དྲངས།

བཅུ་དྲུག་(29cm)དང་ཞེང་དུ་སོར་གསུམ་བཞི་ཙམ་(7cm)ཡོད་པའི་རྒྱ་དཔེ་ལྟ་བུ་ཞིག་ཡིན་ངེས་ལགས། དེ་ལྟར་བརྗོད་དགོས་དོན་ནི་བོད་ཀྱི་གནའ་དཔེའི་དཔེ་གཟུགས་གླེགས་བམ་གཟུགས་དེ་རྒྱ་གར་གི་དཔེ་གཟུགས་གླེགས་བམ་ལ་མ་དཔེ་བྱས་ནས་བཞེངས་པའི་དབང་གིས་ད་ལྟ་ཡང་གླེགས་བམ་ཐ་སྙད་དུ་རྒྱ་སྐད་ཀྱི་པུ་སྟི་ཀ་ཞེས་སྨྲས་པས་ཀྱང་དོན་གོ། དེ་རྗེས་སྤྱི་ཚོགས་འཕེལ་འགྱུར་གྱི་དབང་གིས་དཔེ་གཟུགས་དེ་ཡང་བསྟན་པ་སྔ་དར་ལས་བསྟན་པ་ཕྱི་དར་གྱི་དུས་སུ་ཕྲོས་འཇོག་དབང་གིས་འཕེལ་རྒྱས་སུ་ཕྱིན་ཡོད་པ་སྔོན་བོད་ཀྱི་གནའ་དཔེའི་ཐ་སྙད་ཀྱིས་ཀྱང་གསལ་བཤད་ཐུབ་པ་སྟེ། ལག་ངར་ཙམ་དང་དཔེ་ཐུང་ཁྲུ་ཚད་མ་ཞེས་འབོད་སྲོལ་བྱུང་ཡོད་བསྟན་པ་ཕྱི་དར་ནས་འགོ་བཙམས་ཏེ་དུས་རབས་རིམ་པར་འབྲི་བཞེངས་གནང་བའི་གླེགས་བམ་ནི་སྔོན་གྱི་དཔེ་གཟུགས་དེ་ལས་རིམ་བཞིན་ཆེ་རུ་སོང་བ་སྟེ་མདའ་ཚད་མ་དང་ར་ལུང་གི་འབུམ་ཉག་མོ་ཆེ། དགའ་ལྡན་ཕུན་ཚོགས་གླིང་གི་དྲིལ་རྒྱབ་མ། དུས་རབས་13སྐབས་འགྲོ་མགོན་ཆོས་རྒྱལ་འཕགས་པས་ས་སྐྱའི་གཙུག་ལག་ཁང་གི་གསུང་རྟེན་དུ་བཞེངས་པའི་གླེགས་བམ་ལྷུགས་ལུང་མ་སྟེ་རིང་ཚད་ལ་སྨིད་1.34དང་ཞེང་ཚད་ལ་སྨིད་1.09སོགས་ལས་བོད་ཀྱི་གླེགས་བམ་གྱི་ཚད་གཞི་དེའང་རིམ་བཞིན་གྲ་རྒྱས་སུ་སོང་ཡོད་པ་ནི་སྔོན་གྱི་གླེགས་བམ་གྱི་ཐ་སྙད་མི་འདྲ་བ་དེ་དག་ལས་ཤུགས་ལ་རྟོགས་ཐུབ་བོ།

གསུམ། ལྷེབས་མགོ་མ།

དཔེ་གཟུགས་ལྷེབས་མགོ་མ་དེ་ནི་བོད་ཀྱི་གསུང་རབ་ཀྱི་ངོས་ནས་བརྗོད་ན་ཙུང་ཟད་མཐོང་དཀོན་པའི་དཔེ་གཟུགས་ཀྱི་རྣམ་པ་ཞིག་ཡིན་རུང་རྩ་བ་ནས་མཇལ་དུ་མེད་པ་ཞིག་མ་ཡིན་ལ་ད་ལྟ་མཇལ་ཐུབ་པའི་དཔེ་གཟུགས་ཞིག་ཀྱང་ཡིན། མངའ་རིས་མཐོ་ལྡིང་དགོན་དུ་བཞུགས་པའི་དུས་རབས་12པའི་བྲིས་མ་གུ་གེའི་རྒྱལ་རབས་ཟླ་རིགས་མ་དང་འོན་ཀེ་རུར་བཞུགས་པའི་དུས་རབས་14-15པའི་བོད་ཀྱི་གསོ་རིག་སྙོར་དང་ནག་ཆུའི་འབྲོང་རྡུར་དགོན་གྱི་བོན་གྱི་ཆོ་ག་ཕྱག་ལེན། ནོར་གླིང་གྲུ་འཛིན་ཕོ་བྲང་དུ་བཞུགས་པའི་མཁས་གྲུབ་དུ་མའི་གསུང་འབུམ་རྣམས་ཀྱི་གླེགས་བམ་སོ་སོར་ཆོས་ཚན་ཛེ་བཞུགས་དཀར་ཆག

ནོར་བུའི་དོ་ཤལ་བཞུགས་སོ་ཞེས་པ་སྟག་བྲག་པཎྜི་ཏ་ངག་དབང་གསུང་རབ་མཐུ་སྟོབས་བསྟན་པའི་རྒྱལ་མཚན་གྱིས་བསྡུ་སྒྲིག་མཛད་པ་སོགས་བརྗོད་དོན་མི་འདྲ་བའི་གནའ་དཔེ་དེ་དག་གི་དཔེ་གཟུགས་ནི་ལྷེབས་མགོ་མའི་གཟུགས་སུ་འདུག   བོད་ལ་དཔེ་གཟུགས་ལྷེབས་མགོ་མ་དེ་དར་ནས་ད་བར་ལོ་ངོ་ཆིག་སྟོང་ལྷག་ཙམ་གྱི་ལོ་རྒྱུས་ཡོད་པ་ནི་དགའ་ཐང་འབུམ་པ་ཆེ་ནས་ཐོན་པའི་བོན་གྱི་སྐོར་དང་མངའ་རིས་མཐོ་ལྡིང་གསེར་གྱི་གཙུག་ལག་ཁང་དུ་བཞུགས་པའི་གུ་གེའི་རྒྱལ་རབས་བླ་རིགས་མ་སོགས་དཔེ་རྙིང་དེ་དག་གི་རྩོམ་པ་པོའི་མཚན་ནམ་ཡི་གེ་པ་སུ་ཡིན་རེ་ཞིག་ཁ་ཚོན་གཅོད་དཀའ་ཡང་ནང་དོན་དང་བརྡ་དག་ཐ་སྙད་དང་བྲིས་གཟུགས་བཅས་ལ་དཔྱད་ཚེ།   ཡིག་རྙིང་དེ་དག་ནི་བསྟན་པ་ཕྱི་དར་གྱི་སྐབས་ཏེ་དུས་རབས་11སམ་དེའི་སྔོན་དུ་བྱུང་བའི་ཡིག་གཟུགས་སུ་འདུག   གཏམ་ཤུལ་དགའ་ཐང་འབུམ་པ་ཆེ་ནས་གསར་དུ་རྙེད་པའི་བོན་གྱི་གནའ་དཔེ་བདམས་བསྒྲིགས་ཞེས་པར་དགའ་ཐང་འབུམ་པ་ཆེའི་གནའ་དཔེ་ཉུང་ཤས་ཤིག་ནི་སྤུ་རྒྱལ་བཙན་པོའི་དུས་ཀྱི་ཡིག་རྙིང་ཡིན་པར་སྣང་།   ལྟག་དོན་གནའ་ཡིག་དེ་རིགས་ཁྲོད་ཀྱི་བོན་དཔེའི་བརྗོད་དོན་གཙོ་བོ་ནི་ལོ་ངོ་ཆིག་སྟོང་གི་བོན་གྱི་ཤེས་རིག་སྐོར་ཡིན་པ་དང་། རྗོད་བྱེད་ཀྱི་ཚིག་ནི་ཏུན་ཧོང་གི་གཏེར་ཡིག་གི་ཁྱད་ཆོས་དང་འདྲ་མཚུངས་སུ་ཡོད་ལ་བྲིས་གཟུགས་ཀྱང་རྙིང་ཉམས་ལྡན་པ་ཞིག་འདུག་པས་ཧ་ལམ་སྤུ་རྒྱལ་བཙན་པོའི་དུས་སྐད་དུ་བྱུང་བའི་བོན་གྱི་

དུས་རབས་18པའི་དཔེ་གཟུགས་ལྷེབས་མགོ་མ།

དགེ་སྙིང་ཡིན་པར་འདུག་[1]ཅེས་གསུངས་པ་ལྟར་ན་ལྟེབས་མགོ་མའི་དཔེ་གཟུགས་དེ་ཡང་བོད་ལ་བྱུང་ནས་ལོ་ངོ་ཆིག་སྟོང་ལྷག་གི་ལོ་རྒྱུས་ཡོད་པ་དང་ལྟེབས་མགོ་མ་དེ་གཙོ་བོ་རྒྱུན་དུ་བསླམས་བདེ་བ་དང་སྤྱོད་གོ་ཆེ་བའི་དཔེ་གཟུགས་ཤིག་ཡིན་གཤིས་དེའི་སྟེང་དུ་གཙོ་བོ་ཆོ་ག་ཕྱག་ལེན་དང་འདོན་ཆ། དཀར་ཆག་དང་ལོ་རྒྱུས། སྨར་རྩིས་སོགས་རྒྱུན་སྤྱོད་ཆེ་བའི་ནང་དོན་དག་བྲིས་པར་སེམས་སོ།

བཞི། ལྟེབས་འགྲིག་མ།

ལྟེབས་འགྲིག་མའི་དཔེ་གཟུགས་དེ་མང་བ་ཆེ་བ་ཞིག་ནི་སྔོན་གྱི་བཀའ་ཤོག་དང་འཕྲིན་ཡིག་གི་སྟེང་དུ་རྒྱུན་དུ་སྤྱོད་པའི་དཔེ་གཟུགས་ཀྱི་རྣམ་པ་ཞིག་ཡིན། དེའི་དྲིལ་སྟངས་ཀྱི་ཐད་ལ་དུས་རབས་20པར་བྱོན་པའི་འཇུ་མི་ཕམ་རྣམ་རྒྱལ་རྒྱ་མཚོས་ལྟེབས་ལུགས་ལ་ཞེ་

ལི་ཐང་བཀའ་འགྱུར་དཔེ་གཟུགས་ལྟེབས་མགོ་མའམ་ཤོག་གཅིག་མ།

---

(1) པ་སངས་དབང་འདུས་དང་གླང་ཙ་ནོར་བུ་ཚེ་རིང་གིས་སྒྲིགས། གཏམ་རྒྱལ་དགའ་ཐང་འབུམ་པ་ཆེ་ནས་གསར་དུ་རྙེད་པའི་བོད་ཀྱི་གནའ་དཔེ་བདམས་བསྒྲིགས། བོད་ལྗོངས་བོད་ཡིག་དཔེ་རྙིང་དཔེ་སྐྲུན་ཁང་གི་2007ལོར་དཔར། ཤོག་གྲངས་7་ལས་དྲངས།

ས་ཐོབ་པ་རྣམས་ལ་སྨད་ནས་ཡར་དྲིལ། དེ་ཡང་ཉིས་ལྡེབ་ཆེན་པོ་མེད་པ་སྡེ་ནས་དྲིལ། དེ་མིན་ལ་ཡི་གེའི་མཇུག་ནས་ཡར་ཕྱེད་དུ་དྲིལ། བཀའ་ཤོག་ལ་མཇུག་གི་ལྡེབ་རེ་གཉིས་པར་ཉིས་ལྡེབ་བྱ། ཞེ་ས་ཅི་ཙམ་ཆེ་བ་དེ་ཙམ་ཤོག་དྲིལ་ལྡེབས་ཆུང་། བཀའ་ཤོག་ལྟ་བུ་ལ་ལྡེབས་ཞེང་ཆེ་……[1] ཞེས་གསུང་པ་ལས་གནའ་དཔེ་ལྡེབས་འགྲིག་དེའང་རང་གི་འདོད་པ་གཞིར་བཟུང་ནས་དྲིལ་བ་ཞིག་མ་ཡིན་པར་བཀའ་ཤོག་བསྐུར་ཡུལ་གྱི་གནས་དང་ཐོབ་ཐང་སོགས་ལ་གཞིགས་ནས་ལྡེབས་ལུགས་འཕྲུས་སྣ་ཚང་པོ་ཡོད་པ་དུས་རབས་20པའི་སྔོན་ནས་ཡོད་པ་དེ་ཤེས། དེ་ཕུད་པའི་ད་དུང་ཆོས་གཞུང་བཀའ་བསྟན་ལྟར་ན་བོད་བརྒྱ་དང་གཉིས་ཀྱི་རང་བཞིན་ཅན་དེ་ཡང་། བོད་སོ་སོ་ལྡེབས་འགྲིག་མའི་རྣམ་པའི་གཟུགས་སུ་ཡོད་པ་སྟེ་ད་ལྟ་རང་རེ་རྣམས་ཀྱིས་མཇལ་ཡུལ་དུ་མཆིས་པ་དཔལ་ལྡན་འབྲས་སྤུངས་དགོན་དང་ཆབ་མདོ་ས་ཁུལ་འགྲོ་འདྲེན་དགོན་དུ་བཞུགས་པའི་ལི་ཐང་བཀའ་འགྱུར་དེ་དཔེ་གཟུགས་ལྡེབས་འགྲིག་མའི་གཟུགས་སུ་འདུག དེ་ལ་ཀྲན་རབས་པ་རྣམས་ཀྱིས་བཀའ་འགྱུར་ཤོག་གཅིག་མ་ཞེས་ཀྱང་བརྗོད་གནང་གི་འདུག བཀའ་འགྱུར་ཤོག་གཅིག་མ་དེ་ནི་ལི་ཐང་དཔར་མ་ཡིན་གཤིས་བཀའ་འགྱུར་དེ་ནི་ཀརྨ་པ་ཞྭ་དམར་སྐུ་ཕྲེང་དྲུག་པ་གར་དབང་ཆོས་རྗེ་དབང་ཕྱུག་གིས་(1585-1635)གཙོ་སྐྱོང་གནང་ཏེ་འཇང་ས་ཐམ་རྒྱལ་པོས་སྦྱིན་བདག་མཛད་དེ་ཚལ་པའི་བཀའ་འགྱུར་ལ་མ་དཔེ་བཙལ་ནས་དཔར་དུ་བཏབ་པ་ཞིག་ཡིན། བཀའ་འགྱུར་དེ་དཔེ་གཟུགས་ལྡེབས་འགྲིག་མཐའམ་ཤོག་གཅིག་མའི་རྣམ་པ་ཞིག་ཡིན་ཙང་ལྡེབ་གྲངས་གོང་འོག་མི་འགྲུག་པའི་ཁྱད་ཆོས་དང་པོད་སོ་སོར་སྦྲེལ་ཆས་གོས་ཆེན་འབྲུག་རིས་ཀྱིས་བརྒྱན་པའི་དཔེ་ཁུག་སོགས་བསྒྲོན་འདུག

༧། ལྡེབས་ཟུར་མ།

ལྡེབས་ཟུར་མ་ནི་སྔོན་གྱི་ལྡེབས་མགོ་མ་དང་མི་འདྲ་བར་གཙོ་བོ་གནའ་དཔེ་དེའི་གཡས་ཟུར་ནས་རྒྱུན་བུ་དང་འགྲེང་བུ་སོགས་ཀྱི་བཙེམས་ཏེ་ཕྱོགས་གཅིག་ཏུ་བསྡེབ་པ་དེ་ལ་ཟེར། ལྡེབས་ཟུར་མར་ཡང་སྔོན་གྱི་ཤོག་དྲིལ་མ་དང་འདྲ་བའི་ལོ་རྒྱུས་ཡོད་པ་སྟེ་སྤྱི་ལོ་

(1)འཇུ་མི་ཕམ་དགེ་ལེགས་རྒྱ་མཚོའི་གསུང་འབུམ་པོད་ཅ་པ། སྡེ་དགེའི་དཔར་མ། ལྡེབ་གྲངས་ 467ལས་དྲངས།

2006ལོར་བོད་ལྗོངས་མཚོ་སྨད་རྫོང་གཏམ་ཤུལ་དགའ་ཐང་འབུམ་པ་ཆེ་ནས་ཐོན་པའི་བོན་གྱི་དཔེ་ཞུང་ཤས་ཤིག་སྔེ་གནག་རབས་ཞེས་བྱ་བ་དང་རྣེལ་དྲི་འདུལ་བའི་ཐབས། ཤ་རུ་ཤུལ་སྟོན་གྱི་རབས། སྨན་དཔྱད་སྐོར་བཅས་ཡིན། དེ་དག་ཚང་མ་དཔེ་གཟུགས་ལྟེབས་ཟུར་མར་སྒྲུབ་པ་ཤ་སྟག་རེད་འདུག སྤྱི་ལོ་2011ལོར་མངའ་རིས་སུ་གནའ་དཔེ་ཡོངས་བཤེར་ལ་འགྲོ་དུས་མཐོ་ལྡིང་གསེར་གྱི་གཙུག་ལག་ཁང་དུ་མཆོད་རྟེན་ནས་ཐོན་པའི་དུས་རབས་11-12པའི་གསུང་རབ་བྲིས་མ་ཐེ་སྙེད་ཅིག་འདུག དེ་དག་གི་ཁྲོད་ནས་ནང་དོན་ཚོ་ག་ཕྱག་ལེན་ཡིན་པ་མི་ཞུང་ཞིག་གི་དཔེ་གཟུགས་ནི་ལྟེབས་ཟུར་མར་བསྟེབས་པ་ཞིག་རེད་འདུག ལྟེབས་ཟུར་མ་དེ་ནི་སྔོན་དུ་བརྗོད་པའི་ལྟེབས་མགོ་མ་ལྟ་བུའི་ཤོག་རྒྱ་ཆེན་པོ་མེད་པར་

དུས་རབས་9-10པའི་དུས་ཀྱི་ལྟེབས་ཟུར་མའི་དཔེ་རིས།

ལྟེབས་ཟུར་མའི་ཤོག་རྒྱ་ནི་ལག་ངར་ལས་ཅུང་ཟད་ཅིག་ཆེ་བར་འདུག ལྟེབས་མགོ་མ་དང་ལྟེབས་ཟུར་མ་དེ་གཉིས་སྔོན་གྱི་དུས་སུ་ལྡེབ་གྲངས་འགོད་པའི་སྲོལ་དེ་མེད་པར་སྣང་། གང་ཡིན་ཟེར་ན་དཔེ་གཟུགས་དེ་གཉིས་མགོ་དང་ཟུར་ནས་རྒྱུན་བུ་བརྒྱུས་ཏེ་གཞི་གཅིག་ཏུ་བསྟེབས་པའི་རྐྱེན་གྱིས་ཡིན། དཔེ་གཟུགས་དེ་གཉིས་ལ་ནང་དོན་ཕན་ཚུན་མི་འབྲུགས་པར་བདག་གཉེར་བྱེད་བདེ་བའི་དགེ་མཚན་ཆེན་པོ་ཞིག་ལྡན་ཡོད། མདོར་ན་གནའ་དཔེའི་དཔེ་གཟུགས་ཀྱི་སྐོར་ལ་གསུང་རབ་སྐྲ་བ་དགེ་འདུན་ཆོས་འཕེལ་གྱི་གསུང་ལས་མཇུག་བསྡོམས་ཞུས་ན། རྒྱ་གར་ལྷོ་ཕྱོགས་རྣམས་ཀྱིས་ཏ་ལའི་འདབ་མར་ལྕགས་ཁབ་ཀྱི་རྩེ་མོས་ཡི་གེ་བྲི་བར་འདུག་སྟེ་ཀློག་བདེ་བ་མི་སྣང་མོད། ཡི་གེ་ནམ་ཡང་ཆུད་མི་ཟ། སིངྒ་ལར་ཡང་སྔེ་སྔོད་ཀྱི་གླེགས་བམ་རྣམས་ལྕགས་ཁབ་ཀྱིས་འབྲི་ཡི་འདུག གཞན་ཡུལ་དབུས་དང་བལ་

ཡུལ་ནས་བྱུང་བ་རྣམས་ནི་སྐྱག་ཚའི་ཡི་གེ་ཤ་སྟག་ཏུ་སྣང་། ཕྱིར་དེབ་ལྗིབ་མ་རིང་པོ་བྲི་བའི་སྲོལ་འདི་དང་པོ་ཏ་ལའི་ལོ་མར་བྲིས་པ་ལ་བརྟེན་ཏེ་རྒྱ་གར་དང་བོད་ཡུལ་སོགས་ལ་དར་བར་འདུག་ཅིང་། རྒྱ་གར་རྣམས་ཤོག་བུའི་མིང་ལ་ད་དུང་ཡང་ལོ་མ་ཟེར། གཞན་སྔོན་རང་རེ་རྣམས་ཀྱི་ཁྲིམས་ཡིག་སོགས་ཤོག་དྲིལ་ལ་ཡོད་དམ་སྙམ་ཞིང་། དེབ་བྱེད་པའི་སྲོལ་ནི་དང་པོ་རྒྱ་ནག་དང་། དེ་ནས་ཏ་ཟིག་སོགས་སུ་གནའ་དུས་ཤིག་ནས་དར་བར་ཡིན་མོད། རང་རེ་ལ་སྲོལ་ཡེ་མ་བྱུང་། དེབ་ཀྱི་སྟེང་དུ་བྲིས་པའི་རྒྱལ་རབས་ཀྱི་ཡི་གེ་སོགས་ལ་དེབ་ཐེར་ཞེས་སྐྱེ་རིག་དང་ཏ་ཟིག་རྣམས་ཀྱིས་འབོད་པའི་བརྡ་སོག་ཡུལ་དུ་སླེབས་ཏེ་དེབ་ཐེར་དང་དེ་ནས་བོད་ཀྱིས་ཀྱང་བརྡ་ཆད་དེ་བླངས་ཏེ་རྒྱལ་རབས་ལ་དེབ་ཐེར་སོགས་སུ་བྲིས་སོ།[1] ཞེས་པས་དཔེ་གཟུགས་ཀྱི་རྣམ་པ་མི་འདྲ་བ་བོད་ལ་ཡུལ་ལུང་གང་ནས་དར་ཡོད་མེད་ཀྱི་སྐོར་ལ་གནད་བཀྲ་ཚོག་གཅིག་གིས་འཆུན་པ་ལྟ་བུ་ཞིག་གསུངས་འདུག་གོ།

(1) དགེ་འདུན་ཆོས་འཕེལ། རྒྱལ་ཁམས་རིག་པས་བསྐོར་བའི་གཏམ་རྒྱུད་གསེར་གྱི་ཐང་མ། ནུབ་བྱང་མི་རིགས་སློབ་ཆེན་གྱི་དཔར་མ། ཤོག་གྲངས་ 200ལས་དྲངས།

ལེའུ་གསུམ་པ། གནའ་དཔེའི་འབྲི་རྗས་སྐོར།

བོད་ཀྱི་གནའ་དཔེ་དེ་ཡང་མི་རིགས་གཞན་གྱི་གནའ་དཔེ་དང་འདྲ་བར་འབྲི་རྗས་རིགས་མི་འདྲ་བ་བེད་སྤྱོད་གནང་ནས་བྲིས་པ་སྟེ་བོད་ཀྱི་དགོན་སྡེ་ཁག་དང་མི་སྒེར་གྱི་ཕྱག་ཏུ་ཉར་ཚགས་གནང་ཡོད་པ་མི་ཉུང་བ་ཞིག་ད་ལྟའང་མཇལ་རྒྱུ་འདུག་ལ། མི་དབང་སངས་རྒྱས་མཆོས་ཀྱང་གྲོ་ག་ཤོག་ཤུབ་རས་དང་ཤོག་བུ་སོགས་དཀར་པོའམ་ཚོས་མ་ཞེས་པས་ཀྱང་གནའ་དཔེའི་འབྲི་རྗས་ཤིང་ཤུན་དང་རས། རྡོ་ལེབ་དང་ཅོང་། སེམས་ཅན་གྱི་རུས་པ་དང་པགས་པ་བཅས་ཡོད་པ་སོགས་སྐྲའི་ནང་དུ་བསྡུས་པར་སེམས།

གཅིག སེམས་ཅན་གྱི་པགས་རུས།

སེམས་ཅན་གྱི་པགས་པ་དང་རུས་པའི་སྟེང་དུ་ཡི་གེ་འབྲི་བའི་སྲོལ་དེ་ནི་གདོད་མའི་

དུས་རབས་9-10པའི་དུས་ཀྱི་ལུག་གི་སོག་པར་བྲིས་པའི་ཡིག་རྙིང་།

དུས་ཀྱི་ཟིན་ཐོ་བཀོད་སྟངས་ཞིག་ཡིན། དེ་ལྟར་འབྲི་དགོས་དོན་ནི་གཙོ་བོ་ཤིང་ཤུན་དང་རས་ཤོག་སོགས་བཀོལ་སྤྱོད་བྱེད་མ་ཐུབ་པའི་རྐྱེན་གྱིས་འབྲི་རྫས་དེ་དག་གི་དོད་དུ་སེམས་ཅན་གྱི་པགས་པ་དང་རུས་པ་བེད་སྤྱད་པར་མངོན། བོད་ལ་མཚོན་ནས་བཤད་ན་བོད་རང་ཁོངས་ནས་རུས་པའི་སྟེང་བྲིས་པའི་ཡི་གེ་ད་ཕན་ཐོན་སྐྱོང་མེད་ཀྱང་ཤིན་ཅང་གི་ས་ཁུལ་ནས་ལུག་གི་སོག་པའི་སྟེང་དུ་བོད་ཡིག་བྲིས་པ་རྙེད་སོན་བྱུང་ཡོད་པ་སྟེ། སྤྱི་ལོ་1973ལོར་རོའོ་ཆང་རྫོང་མི་ལན་ཁུལ་གྱི་བོད་ཀྱི་མཁར་རྫོང་རྙིང་པའི་ནང་ནས་རྙེད་སོན་བྱུང་བ་ཞིག་ཡིན། འདི་ནི་སྤྱི་ལོ་618-907ནང་དུ་བོད་ཡིག་བྲིས་པའི་ལུག་གི་སོག་པ་ཞིག་ཡིན་ཞིང་དེའི་ཞེང་ཚད་ལི་སྨིད་2.3-10.7དང་རིང་ཚད་ལི་སྨིད་17.5ཡོད་པ་དང་། ལུག་གི་སོག་པའི་སྟེང་བོད་ཡིག་ཡིག་འཁྱེར་དྲུག་ཅན་ཞིག་བྲིས་ཡོད། ལུག་གི་སོག་པའི་སྟེང་དུ་བྲིས་པའི་བོད་ཡིག་གི་འབྲི་གཟུགས་དང་བརྡ་ཆད་རྙིང་པ་བེད་སྤྱད་ནས་བྲིས་པའི་རྐྱེན་གྱིས་བོད་ཡིག་དཔེ་རྙིང་ཞིབ་འཇུག་པ་དག་གི་བོད་བཙན་པོའི་སྐབས་ཀྱི་ཡིག་ཚགས་ཤིག་ཡིན་པར་ངོས་འཛིན་གནང་གི་འདུག དེས་ན་བོད་ལ་གནའ་དུས་མི་རིགས་གཞན་དང་འདྲ་བར་སེམས་ཅན་གྱི་རུས་པའི་སྟེང་དུ་སྐབས་དེའི་དུས་བྱུང་བའི་གནད་དོན་གལ་ཆེན་དག་ཟིན་ཐོ་བཀོད་སྲོལ་ཡོད་པ་དེ་ཤེས་ཐུབ། སེམས་ཅན་གྱི་པགས་པའི་སྟེང་དུ་བྲིས་པའི་ཡིག་ཚང་ནི་ད་ལྟ་མངའ་རིས་ས་ཁུལ་མཚོ་ཆེན་རྫོང་ཁོངས་ཀྱི་དགོན་སྡེར་ཡང་ཉར་ཚགས་བྱས་ཡོད་ཅེས་སྤྱི་ལོ་2011ལོར་མངའ་རིས་སུ་བོད་ཡིག་གནའ་དཔེ་བརྟག་དཔྱད་དང་གནའ་དཔེ་སྐྱོང་བདར་གྱི་འཛིན་གྲྭ་གཉེར་སྐབས་གོ་ཐོས་བྱུང་།

གཉིས། རྡོ་རིང་དང་ཅོང་།

རི་མཐོ་ས་གཙང་སྤུ་རྒྱལ་བོད་ཀྱི་ཡུལ་འདིར་སྔོན་གྱི་མེས་པོ་དག་གིས་བློ་གྲོས་ལ་བརྟེན་ནས་སྐབས་དེ་དུས་ཀྱི་ཆབ་སྲིད་དང་དཔལ་འབྱོར། ཆོས་ལུགས་དང་རིག་གནས་སོགས་ཀྱི་མཛད་ཕྱོགས་སྲིད་ཇུས་གལ་འགངས་ཆེ་བ་མང་པོ་ཞིག་ཆེ་ཆེ་རབས་རབས་སུ་མ་ནུབ་པར་གནས་པའི་ཐབས་སུ་རྡོ་རིང་དང་ཅོང་ལ་བརྐོས་པ་མ་ཟད་རྡོ་རིང་གི་རྨང་གདན་ཡང་རུས་སྦལ་དང་གཡུང་དྲུང་། མེ་ཏོག་པད་མ་སོགས་ལ་བཅོས་ཡོད། རྒྱུ་མཚན་ནི་བོད་ཀྱི་

དུས་རབས་9-10པའི་དུས་ཀྱི་ཅོང་གི་སྟེང་དུ་བརྐོས་པའི་ཡིག་རྟེང་།

རིག་གནས་ལས་ཞུས་ན་རུས་སྦལ་ལ་ཚོ་རིང་། གཡུང་དྲུང་ནི་མི་འགྱུར་སྲ་ཞིང་བརྟན་པའི་མཚོན་དོན་ཡིན་པའི་རྐྱེན་གྱིས་ཡིན། ད་བར་བོད་ཀྱི་ཡུལ་ལས་རྙེད་སོན་བྱུང་བའི་རྡོ་རིང་དང་བྲག་བརྐོས་ཀྱི་ཡི་གེ་ཛ་ཙམ་ཞིག་ཡོད་པའི་སྐོར་ལ། བོད་ཀྱི་གནའ་རབས་རྡོ་རིང་སྐོར་ཞེས་པ་ལས་ཞུས་ན། རྡོ་རིང་དང་རྡོ་ལ་བརྐོས་པའི་ཡི་གེ་ཕྱོགས་བསྡོམས་ཉི་ཤུ་རྩ་བཞི་ཙམ་ཡོད། ཉི་ཤུ་རྩ་བཞི་དེའི་ནང་ལ་གཙོ་བོ་སྤུ་རྒྱལ་བཙན་པོའི་དུས་ཀྱི་རྡོ་རིང་དང་རྡོའི་ཡི་གེ་ཉི་ཤུ་རྩ་གཅིག་དང་བསྟན་པ་ཕྱི་དར་སྐབས་ཀྱི་རྡོ་རིང་ཡི་གེ་གསུམ་ཙམ་ཡོད། རྡོ་རིང་ཐོག་མ་དེ་རྒྱལ་པོ་ཁྲི་སྲོང་ལྡེའུ་བཙན་(742-797)གྱི་སྐུ་དུས་སུ་བཞེངས་པའི་རྡོ་རིང་ཡིན། ཁྲི་སྲོང་ལྡེའུ་བཙན་གྱི་སྐུ་དུས་སུ་བཞེངས་པའི་རྡོ་རིང་བཞི་དང་། ཁྲི་སྲོང་ལྡེའུ་བཙན་གྱི་སྲས་

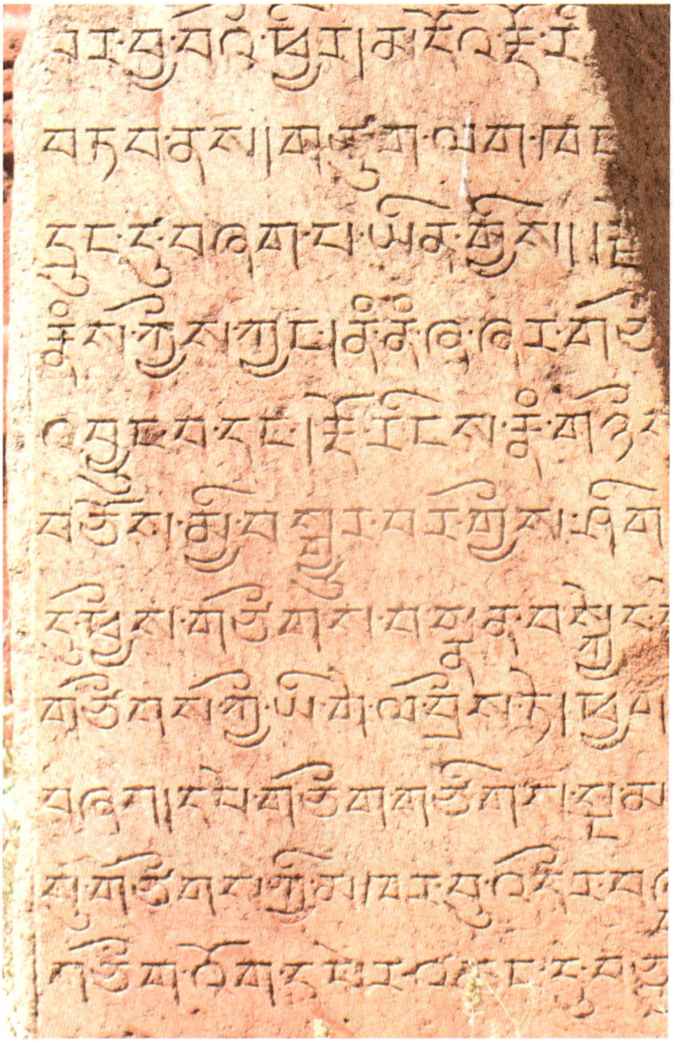

དུས་རབས་9-10པའི་དུས་ཀྱི་རྡོ་རིང་སྟེང་དུ་བརྐོས་པའི་ཡིག་རྙིང་།

ཁྲི་ལྡེ་སྲོང་བཙན་(798-815)དུས་ཀྱི་རྡོ་རིང་དགུ། ཁྲི་རལ་པ་ཅན་(815-836)དུས་ཀྱི་རྡོ་རིང་ལྔ། དེ་མིན་ད་དུང་དུས་གཏན་འཁེལ་མེད་པའི་རྡོ་བརྐོས་ཡི་གེ་གསུམ་ཙམ་ཡོད་པ་རེད།[(1)]ཅེས་གསུངས་པ་ལས་བོད་དུ་རྡོ་རིང་དང་རྡོ་བརྐོས་ཀྱི་ཡི་གེ་ཇི་ཙམ་ཡོད་མེད་དང་དེ་དག་དུས་ནམ་ཞིག་ལ་བྱུང་ཡོད་མེད་གོང་གི་སྐད་ཆ་དེ་ལས་རགས་ཙམ་ཞིག་ཤེས་ཐུབ། ཙོང་གི་ཡི་གེ་ནི་བསམ་ཡས་གཙུག་ལག་ཁང་གི་ཙོང་། ཐྲག་ཡེར་པའི་ཙོང་། ཁྲ་འབྲུག་གི་ཙོང་བཅས་གསུམ་ནི་བོད་རྒྱལ་ཁྲི་ལྡེ་སྲོང་བཙན་(798-815)སྐུ་དུས་བྱུང་བའི་ཙོང་དང་། ད་དུང་ད་ཐེངས་གསར་དུ་རྙེད་པའི་ཐག་རིང་དགའ་ལྡན་གཙུག་ལག་ཁང་གི་ཙོང་དེ་བསྡེབས་པས་ཁྱོན་ཙོང་གི་ཡི་གེ་བཞི་ཡོད་པ

(1)པ་སངས་དབང་འདུས། བོད་ཀྱི་གནའ་རབས་རྡོ་རིང་སྐོར། བོད་ལྗོངས་སློབ་གྲྭ་ཆེན་མོའི་རིག་གཞུང་དུས་དེབ2009-1 ཤོག་གྲངས་2ལས་དྲངས།

བཅས་ཡིན།

ཇོ་རིང་དང་ཅོང་དེ་དག་གི་ནང་དོན་ནི་བོད་བཙན་པོའི་རྒྱལ་རབས་ཀྱི་ཆབ་སྲིད་དང་དཔལ་འབྱོར་གྱི་ལམ་ལུགས། དམག་དོན་གྱི་སྒྲིག་གཞི། སངས་རྒྱས་ཆོས་ལུགས་ཀྱི་མཛད་ཕྱོགས། རྗེ་བློན་ཁག་གི་མཛད་རྗེས་དང་རུས་རྒྱུད་བྱུང་རྩལ། ཐང་བོད་དབར་གྱི་མནའ་འབྲེལ། མཆོད་ཡོན་སྦྱིན་བདག་གི་སྨོན་ཚིག་སོགས་འདུས་ཡོད། དེ་དག་གི་སྟེང་དུ་བཀོད་པའི་ནང་དོན་ནི་དུས་ཕྱིས་ཀྱི་ཡིག་མཁན་སོགས་ཀྱི་བསྲེ་ལྷད་མེད་སྟབས། དུས་རབས་8-10པའི་དབར་གྱི་བོད་ཀྱི་སྤྱི་ཚོགས་ལམ་ལུགས་དང་དཔལ་འབྱོར། དམག་དོན་སྒྲིག་གཞི། རིག་གནས་སོགས་ཅི་འདྲ་ཞིག་ཡིན་མིན་བརྟར་ཞིབ་གཅོད་པའི་ཡིག་ཆ་གལ་འགངས་ཆེ་བ་ཞིག་ཡིན། དཔེར་ན། སྐབས་དེ་དུས་ཀྱི་བོད་ཡིག་གི་ཡིག་གཟུགས་དང་བརྡ་སྤྲོད་སོགས་ལའང་ཞིབ་འཇུག་གི་རིན་ཐང་ཆེན་པོ་ལྡན་ཡོད་པ་སྟེ། ཆབ་མདོ་ཁུལ་དུ་བཞུགས་པའི་གནའ་དཔེ་བྲིས་མ་ཤེར་ཕྱིན་པོད་ང་པ་ཅན་ཤོག་ཁ་ལི་རྨིད་72ནས་27 ཡིག་གཟུགས་དབུ་ཆེན་འཁྱུག་ཡིག་ཅན་དེ་དང་འཕན་པོ་ཞྭ་ལྷ་ཁང་གི་ཇོ་རིང་ཡི་གེ་གཉིས་ཀ་གཅིག་ཏུ་བཞག་སྟེ་ཡིག་གཟུགས་ལ་བསྡུར་བ་བྱེད་སྐབས། ཏ་ལམ་དེ་གཉིས་ཡིག་མཁན་གཅིག་གི་སོར་མོའི་འདུ་བྱེད་ལས་ཐོན་པ་ལྟ་བུའི་ཚོར་སྣང་ཞིག་རང་བཞིན་གྱིས་སྐྱེས་ཀྱི་འདུག དཔེར་ན་ཡིག་གཟུགས་དབུ་ཅན་འཁྱུག་ཡིག་དང་ཚེགགི་འབྲི་སྟངས་ནི་དེང་ལྟར་ཡི་གེའི་མགོ་དང་མཉམ་པའི་ཐིག་ཐིན་ནས་བྲིས་པ་ཞིག་མ་ཡིན་པར། ཚེགས་དེ་ཅུང་ཟད་གཅིག་དམའ་ས་ཐིན་ནས་ཡི་གེའི་སྐེད་མཚམས་སུ་བྲིས་པ་ལྟ་བུ་ཞིག་སྣང་། ཤད་ཀྱི་མདུན་དུའང་སུམ་རྟགས་གཞུང་གི་དགོངས་དོན་ལ་བཀུར་བསྟི་མ་གནང་བར་ཚང་མར་ཚེག་བྲིས་ནས་འདུག དེས་ན་ཞྭ་ལྷ་ཁང་གི་ཇོ་རིང་དེ་ནི་ཁྲི་ལྡེ་སྲོང་བཙན་སད་ན་ལེགས་(798-815)ཀྱི་སྐུ་དུས་སུ་སྨྱང་ཏིང་འཛིན་བཟང་པོ་ལ་གནང་བ་ཞིག་ཡིན་པ་ནི་ཇོ་རིང་གི་མགོར་སྔོའི་རྒྱལ་པོ་ལྷས་མཛད་པ། འཕྲུལ་གྱི་ལྷ་བཙན་པོ་ཁྲི་ལྡེ་སྲོང་བཙན་གྱི་བཀས་ཞེས་པས་ཁྲི་ལྡེ་སྲོང་བཙན་གྱིས་798ལོ་ནས་815ལོ་བར་སྲིད་བསྐྱངས། དེའི་རིང་ལ་འབྲུག་ལོ་གཉིས་ཐོན་སྐབས་འབྲུག་ལོ་གང་ཞིག་ཡིན་སྙམ་ན། ཇོ་རིང་དེའི་ཡིག་ཕྲེང་22-23བར་དུ་བན་དེ་ཏིང་ངེ་འཛིན་སྙིང་ཉེ་ཞིང་ཞོ་ཤ་ཆེན་པོ་ཕུལ་བའི་ཕྱིར། བཀའ་དྲིན་འབྲུག་ལོ་ཕྱི་མ་ལ། ཕོ་བྲང་

འོན་ཅང་དོ་ན་བཞུགས་པའི་ཚེ། གཙིགས་གསར་དུ་བསྐྱེད་དོ།[1] ཞེས་པའི་ནང་དུ་འབྲུག་ལོ་ཕྱི་མ་ཞེས་བྱུང་བ་ལྟར་ན་དེ་ནི་སྤྱི་ལོ་812ལོ་[2]ཡིན་པ་རྒྱལ་ཁབ་ཕྱི་ནང་གི་མཁས་པ་རྣམས་ཀྱིས་ངོས་འཛིན་གཅིག་གྱུར་དུ་ཡོད་གཤིས། དེས་ན་ཆབ་མདོ་ཁུལ་དུ་བཞུགས་པའི་ཤེར་ཕྱིན་བྲིས་མ་པོད་ང་པ་ཅན་དེ་ཡང་ཁྲི་ལྡེ་སྲོང་བཙན་གྱི་ཡས་མས་སུ་འབྲི་བཤུས་བྱས་པའི་གནའ་དཔེ་ཞིག་ཡིན་པའི་རྨོངས་ཚོད་ཞིག་སྔོན་ལ་སྐྱེས། ལྷག་དོན་དུ་གནའ་དཔེ་དེ་འབྲི་བཤུའི་ཡིག་མཁན་ཐོག་ནས་བརྗོད་ན་ཤེས་རབ་ཀྱི་ཕ་རོལ་དུ་ཕྱིན་པ་སྟོང་ཕྲག་བརྒྱའ་པ་དུམ་བུ་བཞི་པ་བམ་པོ་དྲུག་གོ། ཤང་སྟག་བརྟན་གིས་བྲིས། འཛོན་པ་ཞུས། སྟག་བརྟན་ཡང་ཞུས། འཕན་ལེ་སྐྱེས་སུམ་ཞུས་ཞེས་དང་ཤེས་རབ་ཀྱི་ཕ་རོལ་དུ་ཕྱིན་པ་སྟོང་ཕྲག་བརྒྱའ་པ་དུམ་བུ་བཞི་པ་བམ་པོ་བདུན་ནོ། ཤང་སྟག་བརྟན་གིས་བྲིས། སྟག་ལེགས་ཞུས། ལྷ་ལེགས་ཡང་ཞུས། ལྷ་སྣང་སུམ་ཞུས་[3]ཞེས་བྱུང་བ་དེས་ཐར་ལས་ལྷག་པའི་བདེན་དཔང་ཞིག་རྙེད་ཐུབ་པ་ནི། སྐབས་འདིའི་ཡིག་མཁན་ཤང་སྟག་བརྟན་དང་ཞུས་དག་མཁན་སྟག་བསྟན་དང་ལྷ་ལེགས་བཅས་ཀྱི་མིང་ཡང་ཏུན་ཧོང་གི་ཆོས་བཤུ་བྲིས་མ་ཤེས་རབ་ཀྱི་ཕ་རོལ་དུ་ཕྱིན་པའི་མཛོད་བྱང་དུ་ཐོན་ཡོད་པ་སྟེ།T0071 T0076 T0120 T0121 T0128 T0145[4]ལ་སོགས་པའི་ཞུས་དང་པོ་དང་གཉིས་པའི་ནང་དུ་ལྷ་ལེགས་ཀྱི་མཚན་རེ་མོས་སུ་ཐོན་པ་དང་། ད་དུང་ཡིག་མཁན་ཤང་སྟག་བརྟན་གྱིས་གནའ་དཔེ་མ་དཔེ་ནས་བུ་དཔེར་ཕབ་པ་ཞུ་དག་མཁན་གྱིས་ཤོག་རེ་བཏང་བ་ཏུན་ཧོང་T0334སྟག་བརྟན་གྱི་རོའོ།[5]ཞེས་བྱུང་བ་བཅས་ལས་ཆབ་མདོ་ཁུལ་དུ་བཞུགས་པའི་ཤེར་ཕྱིན་པོད་ང་པ་དེའང་ཁྲི་ལྡེ་སྲོང་བཙན་གྱི་སྐུ་དུས་སུ་བཞེངས་པའི་གནའ་དཔེ་ཞིག་ཡིན་པ་དེ་བས་ར་སྤྲོད་གསལ་པོ་ཐུབ། དེས་ན་རྗེ་རིང་དང་ཙོང་གི་སྟེང་དུ་བྲིས་པའི་ཡི་གེས་བོད་ཀྱི་ལོ་རྒྱུས་རིག་པ་དང་སྐད་བརྡ་རིག་པ་སོགས་ལའང་དཔྱད་པ་བྱེད་པའི་ནུས་པ་ཆེན་པོ་ཡོད་པ་རང་

---

(1) 王尧编著《吐蕃金石录》文物出版社1982年版121、123页。

(2)【美国】李方桂 柯蔚南著 王启龙译《古代西藏碑文研究》西藏人民出版社2005年版180页。

(3)ཆབ་མདོ་ཁུལ་དུ་བཞུགས་པའི་ཤེས་རབ་ཀྱི་ཕ་རོལ་དུ་ཕྱིན་པ། ཤོག་གྲུ། 72/27cm ཡིག་འཕྲེང་12ཅན། པོད་ང་པ་བྲིས་མ། ལྡེབ་གྲངས་45ལས་དྲངས།

(4) 曹雪梅 张延清《甘肃省图书馆藏敦煌梵夹装藏文写经考录》202页。

(5) 曹雪梅 张延清《甘肃省图书馆藏敦煌梵夹装藏文写经考录》202页。

བཞིན་གྱིས་རྟོགས། རྗེ་རིང་གི་ཡི་གེ་དེ་དག་གིས་བོད་ཀྱི་སངས་རྒྱས་ཆོས་ལུགས་ལ་ཞིབ་འཇུག་བྱེད་པའི་དཔྱད་གཞི་ཆེན་པོ་ལྡན་པ་སྟེ། ཆབ་མདོའི་ལྡན་མ་བྲག་རྩའི་རྗེ་བརྐོས་ནི་འཕགས་པ་བཟང་པོ་སྤྱོད་པ་དུམ་བུ་གཅིག་དང་མཚོ་སྔོན་ཕྱིས་མདོའི་རྗེ་བརྐོས་ནི་བཟང་སྤྱོད་སྨོན་ལམ། མཚོ་སྔོན་སྐྱེ་རྒུ་མདོའི་ལེབ་ཁོག་གི་རྗེ་བརྐོས་ནི་ཚེ་དཔག་མེད་མདོ་དུམ་བུ་གཅིག་བརྐོས་པ་བཅས་ལས་བོད་ལ་དུས་རབས་8-9པའི་ནང་དུ་སངས་རྒྱས་ཆོས་ལུགས་ཀྱི་གནས་སྟངས་དང་སྐབས་དེ་དུས་ཆོས་ལུགས་ཀྱི་གཞུང་ཅི་ཞིག་དར་ཁྱབ་བྱུང་ཡོད་མེད་སྐོར་ལ་ཞིབ་འཇུག་གི་རིན་ཐང་ཆེན་པོ་ལྡན་ཡོད། དེ་མིན་སྐུ་བརྙན་འབྲི་བརྐོས་ཀྱི་སྒྱུ་རྩལ་སྐོར་ལ་ཡང་ཞིབ་འཇུག་བྱེད་པའི་རིན་ཐང་ཆེན་པོ་ཡོད་པ་སྟེ། ལྡན་མ་བྲག་རྩའི་རྣམ་པར་སྣང་མཛད་དང་། ཉེ་བའི་སྲས་ཆེན་བརྒྱད་བརྐོས་ཡོད་པ་དང་མཚོ་སྔོན་ས་ཁུལ་གྱི་ཕྱིས་མདོའི་བྲག་བརྐོས་ཡི་གེ་ལ་སྐུ་གཙོ་རྣམ་པར་སྣང་མཛད་དང་དེ་མིན་ལྷ་མགྲོན་མང་པོ་དང་ལྷན་དུ་གཡས་གཡོན་དུ་སྤྱན་དཀར་གྱི་རི་མོ་དང་། མེ་ཏོག་པད་མ། འབྲུག དེ་བཞིན་མཁའ་འགྲོ་མ་སོགས་བརྐོས་ཡོད། དེ་དག་གི་སྐུ་བརྙན་གཙོ་བོ་ནི་རྣམ་པར་སྣང་མཛད་བརྐོས་ཡོད་པ་བཅས་ལ་བལྟས་ན། ང་ཚོས་གནད་འགག་གཅིག་འགྲེལ་ཐུབ་པ་སྟེ་བོད་ཡིག་དཔེ་སྙིང་གི་དབུ་ཞབས་ལྷ་སྐུ་དང་དགོན་སྡེ་ཁག་གི་རྟེན་གཙོ་དེ་རྣམ་པར་སྣང་མཛད་ཡིན་ན་དེ་དག་ལ་ལོ་རྒྱུས་རིང་པོ་ཡོད་པའི་གདེང་འཛོག་བྱ་ཐུབ་བོ།

གསུམ། ཁྲམ་བྱང་།

གཅིག ཁྲམ་བྱང་གི་གོ་དོན་དང་ནང་དོན།

ཁྲམ་བྱང་གི་ཐོག་ཏུ་ཡི་གེ་འབྲི་བའི་སྲོལ་དེ་ཡང་ཆེས་གནའ་བོའི་ཡིག་ཚགས་འགོད་ཐབས་ཀྱི་ལུགས་ཤིག་ཡིན། དེ་ནི་སྐབས་དེ་དུས་ད་ལྟའི་དུས་རབས་བཞིན་ཤོག་བུའམ་འབྲི་རྫས་གཞན་མ་དར་བའི་རྐྱེན་གྱིས་ཡིན། ཁྲམ་བྱང་གི་ཐོག་ཏུ་བོད་ཡིག་བྲིས་པའི་ཡིག་ཚགས་ནི་ཤིན་ཅང་གི་རོང་ལན་དང་ཏུན་ཧོང་། མཚོ་སྔོན་གྱི་དུར་ལན་སོགས་ནས་ཐོན་པ་དེ་དག་ཡིན། ཁྲམ་བྱང་དེ་དག་ནི་བོད་བཙན་པོའི་སྐབས་ཀྱི་གནས་ཚུལ་བཀོད་པའི་ཁྲམ་བྱང་ཤ་སྟག་ཡིན། དེས་ན་ཐོག་མར་ཁྲམ་བྱང་གོ་དོན་རིབ་ཙམ་ཞིག་འགྲེལ་ན། དགེ་བཤེས་ཆོས་ཀྱི་

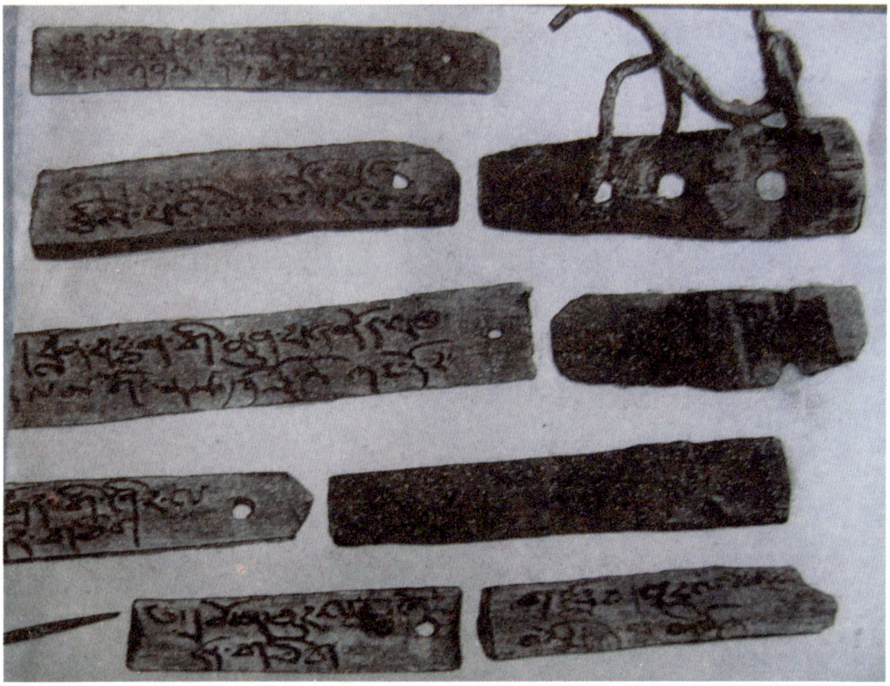

དུས་རབས་9-10པའི་དུས་ཀྱི་ཁྲམ་བྱང་སྟེང་དུ་བྲིས་པའི་ཡིག་རྙིང་།

གྲགས་པས་མཛད་པའི་བརྡ་དག་ནང་དུ་བྱང་བུ་ཞེས་པ་ནི་ཤིང་ལེབ་བྱང་བུ་རིས་ཅན་ལ་ཟེར་བ་དང་ཡང་བོད་རྒྱ་ཚིག་མཛོད་ཆེན་མོ་རུ་བྱང་བུ་ཞེས་པ་ནི་ཤིང་དང་རས་ཤོག་གྲུ་བཞི་ནར་མོ་དྲས་པའི་ཚལ་བུ་ཞེས་གསུངས་པ་དེ་གཉིས་ལས་ང་ཚོས་ཁྲམ་བྱང་གི་གོ་དོན་ཤེས་ཐུབ་པ་སྟེ། ཤོག་བུ་མ་དར་བའི་ཡར་སྔོན་དུ་སྐབས་དེའི་སྲི་ཚོགས་ཀྱི་གནད་དོན་གལ་ཆེན་དག་ཤིང་གྲུ་བཞིའི་སྟེང་དུ་བྲིས་ཏེ་ཉར་ཚགས་བྱས་པ་དག་ལ་ཁྲམ་བྱང་ཞེས་བརྗོད་དོ། ཁྲམ་བྱང་གི་ནང་དོན་ནི་ཤིན་ཅང་དང་ཏུན་ཧོང་སོགས་ནས་རྙེད་སོན་བྱུང་བའི་བྱང་བུ་དག་ལ་གཞིགས་ན། བཙན་པོའི་དམག་དོན། དཔལ་འབྱོར། ཁྲིམ་ལུགས། ཆོས་ལུགས་སོགས་བཀོད་པའི་བྱང་བུ་ཤ་སྟག་ཡིན། དཔེར་ན་དཔལ་འབྱོར་གྱི་སྐོར་ལ་བྱང་བུ། 2.73RMF19:9ཀྱི་ཞིང་དོར་གཅིག་བམ་བུ་རྗེའི་ཞིང་དོར་གཅིག། རྩིས་པའི་ཞིང་དོར་ཕྱེ་དང་གཉིས། གསས་བཙན་གྱིས་དཀར་རུ་རྨོས་པ། མཐོང་ཁྱབ་གླིངས་ནས་དོར་གཉིས། ཞིང་ལག་དོར་གཅིག་[1]ཞེས་པ་ལྟ་བུ་ནི་མངའ་

(1)王尧藏学文集（卷三）吐蕃简牍综录 藏语文研究。中国藏学出版社2012年6月版14页。

འབངས་སོ་སོར་བགོས་འགྲེམས་བྱུང་བའི་ས་ཞིང་གི་རྒྱ་ཁྱོན་ཆེ་ཆུང་དོར་ལ་རྩིས་པའི་བདག་དབང་ལག་ཁྱེར་ལྟ་བུ་ཡིན། ཡང་གཞུང་ཕྱོགས་ནས་བཤད་ན་ཉ་སྡེའམ་ཡུལ་སོ་སོར་དུས་ཐོག་ཏུ་མི་གྲངས་ཞིབ་བཤེར་བྱེད་བདེ་ཡོང་ཆེད་བཟོས་པའི་མ་ལམ་སྟེ་དེང་དུས་ཀྱི་ཐེམ་ཐོ་ལྟ་བུ་ཞིག་ཡིན་ཚོད་འདུག་ཅེས་གསུང་རབ་སྨྲ་བ་དུང་དཀར་བློ་བཟང་འཕྲིན་ལས་མཆོག་གིས་གསུངས། ད་དུང་དམག་རྐང་ངམ་དཔྱ་ཁྲལ་སྐོར་ལ་བྱང་བུ་60.73RMF1:3 སློན་ལེགས་ཁྲིམ་བཞིར་ལ་སྟོགས་པས། ནོབ་ཆུང་ཕེབས་ནས་ཁྲལ་ཕུལ་བའ། མདའ་གྲོང་གཡོལ་ནས་ཁལ་གཉིས། གྲོ་ཁལ་གསུམ།[1]ཞེས་པས་འབངས་ལ་བྱང་བུ་དེ་རིགས་སྤྲད་དེ་མི་གྲངས་དང་ས་ཞིང་གི་རྒྱ་ཁྱོན། ཐོན་འབབ་ལེགས་ཉེས་སོགས་ལ་གཞིགས་ཏེ་དུས་ཐོག་ཏུ་དཔྱ་ཁྲལ་དང་དམག་རྐང་བསྡུ་ལེན་བྱ་ཡི་ཡོད་པའི་སྐོར་ཡིན། ཁྲམ་བྱང་གི་སྐོར་རྒྱས་པར་གཟིགས་འདོད་ན་སྐུ་ཞབས་དབང་རྒྱལ་གྱིས་བྲིས་པའི་ཁྲམ་བྱང་གི་སྐོར་ཞེས་པ་དེར་གཟིགས་པར་འཚལ་ལོ།

གཉིས། ཁྲམ་བྱང་ཁྱད་ཆོས།

ཁྲམ་བྱང་ལ་གནའ་དཔེའི་རིན་ཐང་ཅི་ཞིག་ཡོད་དམ་ཞེས་ན། ཁྲམ་བྱང་ནི་མཐོ་བོད་བཙན་པོའི་སྐབས་ཀྱི་ཡིག་ཆའི་གྲས་ཤིག་ཡིན། བཙན་པོའི་རྒྱལ་རབས་སྐབས་ཀྱི་ཡིག་ཆ་གཙོས་ཆེན་གསུམ་སྟེ། རྡོ་རིང་དང་ཅོང་གི་ཡི་གེ། ཏུན་ཧོང་ནས་རྙེད་པའི་ཤོག་དྲིལ། ཤིན་བྱང་དང་མཆོ་སྔོན་གཏེར་ལེན་ཁ་ནས་རྙེད་པའི་ཁྲམ་བྱང་བཅས་ཡིན། དེ་དག་གི་ནང་ནས་ང་ཚོས་ཤིན་ཅང་དང་ལི་ཡུལ་སོགས་ནས་ཐོན་པའི་བོད་ཀྱི་ཡིག་རྙིང་ཁྲམ་བྱང་དེ་དག་ལ་གནའ་དཔེ་རིག་པའི་གཞུང་ལུགས་ལས་དཔྱད་ན་དང་པོ་ཕྱིའི་དཔེ་གཟུགས་ཀྱི་ཁྱད་ཆོས་ཏེ། ༡ ཁྲམ་གྱི་རྒྱབ་མདུན་ངོས་གཉིས་པོར་གཞོག་བརྒྱབ་ཤུལ་གྱི་རྟགས་མངོན་གསལ་དོད་པོ་ཡོད། ༢ ཁྲམ་དེ་རིགས་མང་ཆེ་བའི་གཡས་ངོས་སུ་མིག་བུ་རེ་ཕུག་ཡོད། ༣ ཁྲམ་འགའ་ཞིག་གི་གཡས་ངོས་སུ་ཀོང་ཀོང་གྲུ་བཞི་རེ་བཟོས་ཡོད་པའི་དཀྱིལ་དུ་ཤུར་ཁའམ་མིག་བུ་རེ་བརྟོད་ཡོད་པ་བཅས་ནི་གནའ་དཔེའི་དཔེ་གཟུགས་ཀྱི་ཁྱད་ཆོས་དང་། གཉིས་པ་ནང་གི་བརྗོད་བྱའི་ཐད་ནས་ཞུས་ན་ཁྲམ་བྱང་དེ་དག་ནི་གཙོ་བོ་བོད་བཙན་པོའི་རྒྱལ་རབས་སྐབས་ཀྱི་དམག་དོན། དཔལ་འབྱོར། ཁྲིམས་ལུགས། ཆོས་ལུགས་ཀྱི་སྐོར་སོགས་ཡིན་པས་དེ་

[1] 王尧藏学文集（卷三）吐蕃简牍综录 藏语文研究。中国藏学出版社2012年6月版30页。

དག་ལ་གནའ་དཔེའི་ཞིབ་འཇུག་གི་རིན་ཐང་ཆེན་པོ་ལྡན་ཡོད། གསུམ་པ་ད་ལྟ་ང་ཚོས་མཐོང་ཐུབ་པའི་ཁྲམ་བྱང་དེ་དག་ནི་བོད་བཙན་པོའི་སྐབས་ཀྱི་ཁྲམ་བྱང་ཁོ་ན་ལས་དུས་ཕྱིས་ཀྱི་ཁྲམ་བྱང་མིན་པས་དེ་དག་ལ་རིག་དངོས་སམ་ལོ་རྒྱུས་ཀྱི་རིན་ཐང་ཆེན་པོ་ལྡན་ཡོད། དེར་ལྟར་བརྗོད་དོན་ནི། སྤྲེའུ་ལོ། ····བཙན་པོ་ལྷས་ཁྲམ་དམར་པོ་ཤོག་ཤོག་སེར་པོ་ལ་སྤོས་པར་ལོ་ཚིག[(1)]ཅེས་པའི་དོན་ལས་སྤྱི་ལོ་744ལོར་བཙན་པོས་བཀས་བཅད་ནས་དམག་དོན་སོགས་དང་འབྲེལ་བའི་ཡིག་ཆ་ཁག་ཁྲམ་དམར་པོར་འགོད་པའི་སྲོལ་དེ་ཤོག་བུ་སེར་པོར་བཀོད་པའི་ལམ་ལུགས་སུ་བསྒྱུར་སྐབས། རྗེས་སུ་རིམ་པས་བཞིན་ཁྲམ་བྱང་དེ་ཡང་ཉུང་དུར་སོང་བའི་རྒྱུ་མཚན་གྱིས་ཡིན་ནོ།

བཞི། གྲོ་ག་ཤིང་ཤུན།

བོད་ཀྱི་ཡུལ་འདིར་ཤོག་བུ་བཟོ་བའི་ལས་རྩལ་དེ་མ་དར་བའམ་ས་ཁྱབ་ཇོ་ཁྱབ་ཏུ་མ་སོང་བའི་ཡར་སྔོན་དུ་གནའ་དཔེ་འབྲི་བྱེད་ཀྱི་རྫས་དར་གོས་དང་ཁྲམ་བྱང་སོགས་སྔོན་ཐོན་གྱི་མི་རིགས་གཞན་ལ་བྱུང་བ་ཇི་བཞིན་བོད་ལ་ཡང་བྱུང་ཡོད། མི་དབང་སངས་རྒྱས་རྒྱ་མཚོས་མཛད་པའི་བཻ་དཀར་གཡའ་སེལ་དུ་གྲོ་ག་ཤིང་ཤུན་རས་དང་ཤོག་བུ་དཀར་པོའམ་ཚོས་མ་སོགས་གང་ཡང་རུང་བ་ལ་གླེགས་བམ་མམ་པུསྟི་ཀ་ཞེས་བརྗོད་ཅེས་གསུངས་པ་ལྟར། སྔོན་ཡུལ་ལུང་ཁག་ཏུ་ཤོག་བུ་བཟོ་བའི་ལག་རྩལ་ས་ཁྱབ་ཇོ་ཁྱབ་ཏུ་མ་སོང་བའི་ཡར་སྔོན་དུ་གསུང་རབ་ཁག་འབྲི་བཤུ་བྱེད་སའི་འབྲི་ཤོག་སྣེ་བྱང་བུ་དང་རས་དང་པགས་པ། གྲོ་ག་ཤིང་ཤུན་སོགས་ཀྱི་སྟེང་དུ་འབྲི་བཤུ་གནང་སྟེ་གཞི་གཅིག་ཏུ་སྡེབ་པ་ལ་གླེགས་བམ་ཞེས་བརྗོད་པས་ཀྱང་སྟག་ཤུན་ཐོག་གསུང་རབ་འབྲི་སྲོལ་ཡོད་པ་དེ་ཤེས། གྲོ་ག་ཤིང་ཤུན་དང་སྟག་ཤུན་གཉིས་དོན་གཅིག་མིང་གི་རྣམ་གྲངས་ཡིན་ཏེ། བཻ་དཀར་གཡའ་སེལ་དུ་གསུངས་པའི་གྲོ་ག་ཤིང་ཤུན་དང་ང་ཚོའི་ཁ་རྒྱུན་དུ་ཆགས་པའི་སྟག་ཤུན་གཉིས་དོན་གཅིག་མིང་གི་རྣམ་གྲངས་ཡིན་པ་ནི་དགེ་བཤེས་ཆོས་ཀྱི་གྲགས་པས་མཛད་པའི་ཚིག་མཛོད་ལས་གྲོ་ག་ཞེས་པ་ནི་ཤིང་སྟག་པའི་ཤུན་པ་ཤོག་བུ་འདྲ་བ་ཞེས་

(1) དབང་རྒྱལ་དང་བསོད་ནམས་སྐྱིད། ཏུན་ཧོང་ནས་ཐོན་པའི་བོད་ཀྱི་ལོ་རྒྱུས་ཡིག་ཆ། མི་རིགས་དཔེ་སྐྲུན་ཁང་གི་1992ལོའི་དཔར་མ། ཤོག་གྲངས་29ལ་གསལ།

དང་བརྡ་ཡིག་བློ་གསལ་མགྲིན་རྒྱན་ལས་སྟག་ཤུན་ནམ་ཤིང་ཤུན་ཞགས་ལ་གྲོ་བ་ཟེར་ཞེས་པས་ཀྱང་གྲོ་ག་ཤིང་ཤུན་དང་སྟག་ཤུན་དོན་གཅིག་ཡིན་པ་ཤེས། གྲོ་ག་ཤིང་ཤུན་ནམ་སྟག་ཤུན་དེ་ལ་གསུང་རབ་བྲིས་ན་དམིགས་བསལ་གྱི་ཁྱད་ཆོས་ཁ་ཤས་ཐོན་ཐུབ་པ་སྟེ། སྟག་ཤུན་གྱི་ངོས་འཇམ་ཤ་ལྷན་ཞིང་ངོས་དེའི་སྟེང་དུ་ཆེད་མངགས་ཐིག་རྒྱག་མི་དགོས་པར་རང་བཞིན་གྱི་ཤིང་རྩ་ཞིག་གསལ་གྱི་ཡོད་པས་ཡི་གེ་བས་ཐིག་དེ་བསྟུན་ནས་ཡི་གེ་འབྲི་བཤུ་གནང་བ་ཡིན་ན་ཡིག་གཟུགས་དྲ་མཉམ་ལ་ཐིག་གིས་ཡི་གེའི་མགོ་ཟིན་ནས་ཡི་གེ་འཛོང་པོ་ཞིག་ཡོང་གི་ཡོད། ཡི་གེ་བྲིས་ཟིན་རྗེས་སྨག་ནོག་མེད་ཅིང་བརྟན་དང་གཤེར་གྱིས་གནོད་སྐྱོན་མི་ཕྱུང་བ། འབྱུས་མི་ཟ་བ། འཁྱེར་ན་ཡང་བ། ལོ་རྡོ་སྟོང་ཕྲག་ཉར་ཚགས་ཐུབ་པའི་ཁྱད་ཆོས་ཡོད། དེར་བརྟེན་གྲོ་ག་ཤིང་ཤུན་སྟེང་དུ་བོད་ཡིག་དང་ལེགས་སྦྱར་གྱི་ཡི་གེ་བྲིས་ཏེ་ཤོག་དྲིལ་གྱི་རྣམ་པ་དང་ལྡེབས་མགོ་མ་དང་སྣ་རིང་གྱི་རྣམ་པ་སོགས་སུ་བྱས་ནས་མཆོད་རྟེན་ཁག་གི་གཟུངས་བཞུགས་སུ་ཕུལ་ཡོད་པའི་གནའ་དཔེ་གཙོགས་ཆེན་གྲས་ད་ལྟའང་མཇལ་རྒྱུ་འདུག བོད་ཀྱི་ལོ་པཎ་རྣམས་ཀྱིས་རྒྱ་གར་འཕགས་པའི་ཡུལ་སོགས་ནས་གྲོ་ག་ཤིང་ཤུན་ཐོག་བྲིས་པའི་རྒྱ་དཔེ་བོད་དུ་བསྣམས་ཕེབས་ཡོད་པ་ནི་ལྷོ་བྲག་མར་པ་ལོ་ཙྪ་བའི་རྣམ་ཐར་དང་ལོ་ཆེན་རིན་ཆེན་བཟང་པོའི་རྣམ་ཐར་ལས་ཀྱང་རྟོགས་ཐུབ་པ་སྟེ། ལོ་ཙྪ་བ་རིན་ཆེན་བཟང་པོའི་(958-1055)རྣམ་ཐར་འབྲིང་པོ་ལས་དེ་ནས་ཁ་ཆེ་རུ་ལོ་ཙམ་སོང་རྗེས་པས་ལོ་བདུན་སོང་འདུག་གོ ཡབ་ཡུམ་མཇལ་དུ་འགྲོ་དགོངས་ནས། གདམས་ངག་རྣམས་གྲོ་ག་གསེར་པོ་ལ་བྲིས་རྒྱའི་པེ་བུམ་མཛད་བྱོན་པར་འདོད་པ་ལས། ཐུར་ཡུལ་དུ་ལུང་བསྟན་དུས་སུ། རྒྱ་གར་ཤར་ནུབ་ཆུ་བཞིན་འབྲུག་(འབྲུག)ཟེར་བ་དེ་དྲན་ནས། དཔེ་ཆ་རྣམས་བླ་མ་ཏ་ཏ་ག་རའི་ཕྱག་ཏུ་བཞག་ནས། རྒྱ་དཀར་ཤར་ཕྱོགས་ལ་བྱོན་[1]ཞེས་པས་རྒྱ་དཔེ་སྟག་ཤུན་ཐོག་བྲིས་པའི་གླེགས་བམ་དེ་རིགས་ལོ་ཙྪ་བ་རིན་ཆེན་བཟང་པོ་ཁ་ཆེའི་ཡུལ་དུ་སློབ་གཉེར་ལ་ཕེབས་དུས་གྲོ་ག་ཤིང་ཤུན་ལ་བྲིས་གནང་ཏེ་ལོ་ཆེན་ཁོང་རང་གི་ཁ་ཆེའི་ཡུལ་གྱི་བླ་མ་ཏ་ཏ་ག་རའི་ཕྱག་ཏུ་བཅོལ་གནང་སྟེ་རྒྱ་གར་ཤར་ཕྱོགས་སུ་སློབ་གཉེར་ལ་བྱོན་ཡོད་པ་སྟེ་ཁོང་གི་རྣམ་ཐར་འབྲིང་པོ་ལས་ཤེས་ལ། རྗེས་སུ་ཡང་བསྐྱར་ཁ་ཆེར་ཕེབས་ནས་རྒྱ་དཔེ་བསྣམས་ཡོད་པ་ཡང་ཁོང་གི་རྣམ་ཐར་ལས། རྒྱ་གར་ཤར་ཕྱོགས་སུ་ནི། བླ་མ་ལོ་

(1)图齐著；魏正中、萨尔吉主篇《梵天佛地》上海古籍出版社、意大利亚非研究院，2010年，第二卷，218页。

དུས་རབས་11-12པའི་དུས་ཀྱི་གྲོ་ག་ཤིང་ཤུན་རྒྱ་དཔེ།

ཙྭ་བ་ཆེན་པོ་ལ་མཚན་བན་སྡེ་ཡེ་ཤེས་སྡེ་ཡས་ཞེས་གྲགས་སོ། དེ་ནས་རྒྱ་གར་ནས་ཁ་ཆེ་རུ་བྱོན་ནས་པཎྜི་ཏ་ཏྲ་ཏ་ཀ་ར་བར་མའི་ཕྱག་ནས་དཔེ་ཆ་རྣམས་བླངས། ཆོས་དཔོན་ཚད་རྣམས་(བསྒྲུམས)ནས་བྱོན། མ་དཔོན་པ་རྣམས་ཏྲ་ཏ་ཀ་རའི་ཕྱག་ཏུ་བཞག་གོ། དེ་ཡན་ཆད་ལ་རྒྱ་དཀར་དང་ཁ་ཆེ་རུ་ལོ་བཅུ་སོང་བདའ་སྐད། ཁ་ཆེ་ནས་ཀཧང་འགྱོགས་དང་གྲོགས་བྱོན། [1]ཞེས་པས་ཁོང་གིས་སྟག་ཤུན་དཔག་བྲིས་པའི་གསུང་རབ་རྣམས་ཁ་ཆེ་ནས་བོད་ཡུལ་དུ་བསྒྲུམས་ཕེབས་པ་ལོ་ཙྭ་བ་ཁོང་གི་རྣམ་ཐར་དུ་འཁོད་ཡོད་པ་མ་ཟད་ད་ལྟ་མཐོ་ལྡིང་གསེར་གྱི་གཙུག་ལག་ཁང་དུ་བཞུགས་པའི་གྲོ་ག་ཤིང་ཤུན་དཔག་བྲིས་པ་རྒྱ་དཔེ་དང་བོད་དཔེ་བྲིས་མ་ལྡེབས་མགོ་ཅན་ཞིག་ཀྱང་དངོས་སུ་མཐོང་བ་ལས་གྲོ་ག་ཤིང་ཤུན་སྟེང་གནའ་དཔེ་འབྲི་སྲོལ་ཡོད་པ་དེ་རྟོགས་སོ། །

ལྔ། ཤོག་བུ།

བོད་ལ་ཤོག་བུ་དར་བ་ནས་བཟུང་བོད་ཀྱི་གསུང་རབ་ཁག་ཤོག་བུའི་སྟེང་དུ་བྲིས་བཞེངས་གནང་བ་དེ་ནི་སྔོན་དཔོན་གྱི་མི་རིགས་གཞན་དང་འདྲ་བར་བོད་ཀྱི་རིག་གནས་འཕེལ་རྒྱས་སུ་འགྲོ་བ་ལ་གོམ་སྟབས་བླ་ན་མེད་པ་ཞིག་སྤོས་ཐུབ་པ་བྱུང་ཡོད། ད་ལྟ་རང་རེ་རྣམས་ཀྱིས་མཐོང་དུ་ཡོད་པའི་གསུང་རབ་བྲག་རི་བརྩེགས་བརྩེགས་འདྲ་བ་དེ་དག་བརྒྱ་ཆ་དགུ་བཅུ་ཡན་ཤོག་ཐོག་ཏུ་བྲིས་དང་དཔར་པའི་གསུང་རབ་ཤ་སྟག་ཡིན། ཤོག་ཐོག་ཏུ་

(1) 图齐著；魏正中、萨尔吉主篇《梵天佛地》上海古籍出版社、意大利亚非研究院，2010年，第二卷，218页。

གྲིས་པའི་གསུང་རབ་ཀྱི་ངོས་ནས་བརྗོད་ན་འབྲི་ཤོག་ཁག་མི་འདྲ་བ་མང་པོ་ཞིག་བེད་སྤྱོད་གནང་ནས་འབྲི་ཡི་ཡོད་པ་སྟེ། འོན་ཀྱང་ཉར་བཞུགས་པའི་མངའ་བདག་མགོན་ནེའི་མདོ་མངས་མཐོང་སྨོན་གྱི་འབྲི་ཤོག་སྟེ་མཛད་བྱང་ལས་གོང་པོ་ཅི་ཚགས་ཀྱི་ཤོག་བུ་ངོ་མཚར་ཆེ་ཞེས་དང་རྒྱ་མཚོ་གྲོང་མཁར་ཆོས་སྡེར་བཞུགས་པའི་ཤེར་ཕྱིན་གྱི་འབྲི་ཤོག་སྟེ་མཛད་བྱང་ལས་ཁྲིང་པོའི་ལྷབ་ཤོག་ངོ་མཚར་ཆེ་ཞེས་སོགས་བྱུང་བ་ལ་གཞིགས་ན་དུས་རབས་12པའི་སྐབས་ནས་གོང་པོ་ཁྲུལ་གྱི་ཤོག་བུ་བེད་སྤྱད་དེ་གནའ་དཔེ་འབྲི་བཤུས་བྱས་པ་དང་ད་དུང་སྤྱང་སྟོད་ར་ལུང་ནེ་ཏོག་མདངས་འཕྲོག་དགོན་གྱི་འབུམ་ཤོག་མོ་ཆེའི་འབྲི་ཤོག་སྟེ་གནའ་ཤོག་ཡིན་པ་གནའ་དཔེ་དེའི་མཛད་བྱང་ལས་ཁ་གསལ་པོ་ཞིག་རྟོགས། དེ་མིན་རྒྱ་ཤོག

དུས་རབས་13-14པའི་དུས་ཀྱི་མཐིང་ཤོག་རྒྱ་དཔེ།

དང་། སྐྱེམ་ཤོག་དང་འབྲུ་ཤོག ཟྭ་ཤོག་དང་སྐེ་ཤོག གཙང་ཤོག མཐིང་ཤོག་སོགས་ཀྱི་ཤོག་བུ་རིགས་མི་འདྲ་བ་ཁག་འབྲི་ཤོག་ཏུ་བྱས་ཏེ་གསུང་རབ་འབྲི་བཞེངས་གནང་ཡོད་པ་སྟེ། རྒྱལ་རྩེ་ཐེམ་སྤངས་མ་དཔེར་བྱས་པའི་རྒྱལ་མཆོག་ལྔ་པ་ཆེན་པོ་དགོངས་རྫོགས་སུ་བཞེངས་པའི་བཀའ་འགྱུར་ཏེ། སྤྱི་ལོ་1682ལོར་ཚ་བ་མཛོ་སྣང་དུ་རྒྱུ་འགྲོ་འབྲུ་ཁལ་བཞི་ཁྲི་ཆིག་སྟོང་ལས་གྲུབ་པའི་བཀའ་འགྱུར་སྐུ་པོད་བཞེངས་གནང་བ་དེའི་སྐུ་རྒྱུར་གན་ཤོག་དང་མཉམ་ཚོད་ཀྱི་ཤོག་བུ་ཐེ་ཁ་བརྒྱད་ཁྲི་ཆིག་སྟོང་ཉིས་བརྒྱ་བརྒྱད་ཅུ་སོང་ཞེས་དང་སྤྱི་ལོ་1683ལོར་ཤེལ་དཀར་དུ་བཀའ་འགྱུར་སྐུ་པོད་རྒྱུ་འགྲོ་འབྲུ་ཁལ་བཞི་ཁྲི་སུམ་སྟོང་ཆིག་བརྒྱ་ཞེ་གསུམ་ལས་གྲུབ་པ་གསར་བཞེངས་གནང་སྐབས་སྐུ་པོད་ལ་ལྟོས་པར་ངོས་ཤིན་ཏུ་གཙང་བའི་སྐུ་རྒྱུའི་སྐོར་ལ་གན་ཤོག་ཐེ་ཁ་བརྒྱད་ཁྲི་ཉིས་སྟོང་སུམ་བརྒྱ་དྲུག་ཅུ་ཞེས་དང་སྤྱི་ལོ་1682ལོར་འོལ་ཁར་བཀའ་འགྱུར་གསེར་ཆོས་འཛམ་གླིང་རྒྱན་གཅིག་རྒྱུ་འགྲོ་འབྲུ་ཁལ་ཆིག་འབུམ་བརྒྱད་ཁྲི་དྲུག་སྟོང་བདུན་བརྒྱ་དོན་གསུམ་ལས་གྲུབ་པ་གསར་བཞེངས་གནང་བར་རྒྱ་ཤོག་ཐེ་ཁ་སྟོང་ཕྲག་གཉིས་དང་བདུན་བརྒྱ་ལྔ་བཅུ་ང་བདུན། གན་

ཤོག་བྲེ་ཁ་སུམ་ཁྲི་ཆིག་སྟོང་ཉིས་བརྒྱ་བཞི་བཅུ་ཞེ་བཞི། མོན་ཤོག་བཅུ་ལྔེབ་དྲུག་སྟོང་དགུ་བརྒྱ་བཅུ་དྲུག ལྷབ་ཤོག་ཆོས་ཤོག་གཉིས་རེ་ཐོན་པ་བཅུ་ལྔེབ་བཞི་བཅུ་ཞེ་བདུན། གཙང་ཤོག་ལམ་ཤོག་འདྲིས་པ་བྲེ་ཁ་ཉིས་བརྒྱ་ཉེ་ཤུ་རྩ་གཅིག གཙང་ཤོག་དཀྱུས་མ་བྲེ་ཁ་ཆིག་སྟོང་བཞི་བཅུ་ཞེ་ལྔ། ལག་གདན་ཤོག་ལྡེ་ཉིས་བརྒྱ་ཉེ་ཤུ་རྩ་བརྒྱད་བཅས་དང་སྤྱི་ལོ་1683-

དུས་རབས་17པའི་ཤོག་བུ་མར་གད་དངུལ་བྲིས་གནའ་དཔེ།

1690ལོར་བཟད་དུ་མཐིང་ཤོག་ལ་དངུལ་ཞུན་གྱི་བཀའ་འགྱུར་རྒྱ་འགྲོ་འབྲུ་ཁལ་བརྒྱད་ཁྲི་དགུ་སྟོང་སུམ་བརྒྱ་ཞེ་བཞི་ལས་གྲུབ་པ་གསར་བཞེངས་གནང་བ། སྤྱི་ལོ་1684ལོ་ཤིང་བྱི་ཟླ་བ་བདུན་པའི་ཚེས་ཉེར་བརྒྱད་ལ། བཟད་གཞི་གར་རྒྱལ་བའི་བཀའ་འགྱུར་རོ་ཅོག་རྒྱལ་རྩེ་ཐེམ་སྤངས་མ་གཞིར་བཞག་གི་སྟེང་དུ་ཐུ་འགྱུར་གཙོ་བསྡུས་ཀྱི་པོད་གསུམ་བསྣན་པ་བཅས་བཻཌཱུར་ཞུན་མའི་མདངས་ཀྱིས་སྤྲུད་པའི་ཤོག་བུ་ཆུ་ཞེང་གབ་པར་རིན་ཆེན་གཉིས་པས་ལས་གྲུབ་པའི་པོ་ཏི་བརྒྱ་དང་བཅུ་བཞི་བཞེངས། སྤྱི་ལོ་1685ལོར་ཤིང་གླང་ལོའི་ཟླ་བ་བདུན་པའི་ཚེས་གཅིག་ལ་ཤར་འོལ་དགའ་སྟག་རྩེར་རྒྱལ་བའི་བཀའ་འགྱུར་རོ་ཅོག་ཤོག་བུ་འཛམ་བུ་ཆུ་བོའི་གསེར་སྤྲངས་ལ་འགྲན་པར་བཟོད་པའི་རྡོ་ཅེའི་ཐོག་རིན་པོ་ཆེ་གསུམ་པ་བཞུ་བཏུལ་ལེགས་པར་བགྱིས་པའི་པདྨ་རཱ་གའི་མདངས་འཕྲོག་པའི་ཡི་གེ་མངོན་པར་བཀྲ་བ་གསར་བཞེངས་ཀྱི་མ་ཕྱི་རྒྱལ་རྩེ་ཐེམ་སྤངས་མ་སོར་བཞག་བརྒྱ་དང་བཅུ་གཅིག དེ་སྟེང་རྗེ་བླ་མ་སྲིད་ཞིའི་གཙུག་རྒྱན་མཆོག་ནས་རྙིང་རྒྱུད་པོ་ཏི་གསུམ་བསྣོན་པ་གནང་བ་བཅས་བཞེངས་[1]ཞེས་གསུངས་པ་དེ་དག་ལས་བོད་ཡིག་གནའ་དཔེའི་འབྲི་ཤོག་གི་ངོས་ནས་འཆད་ན་འབྲི་ཤོག་རིགས་མི་འདྲ་བ་ཁག་སྟེ་གན་ཤོག ཁྱིང་པོའི་ལྷབ་ཤོག ཀོང་པོ་ཅེ་ཚགས་

(1) དྲིན་ཅན་རྩ་བའི་བླ་མ་ངག་དབང་བློ་བཟང་རྒྱ་མཚོའི་ཐུན་མོང་ཕྱིའི་རྣམ་ཐར་དུ་ཀུ་ལའི་གོས་བཟང་གླེགས་བམ་གསུམ་པའི་འཕྲོས་བཞི་པ། བྲིས་མ། ཞེབ་གྲངས་223ལས་དྲངས།

ཀྱི་ཤོག་བུ། འབྲུ་ཤོག ལྕོ་ཤོག གཙང་ཤོག གྱིན་ཤོག་དང་རྒྱ་ཤོག་སོགས་དང་རིན་ཆེན་གྱིས་བཏུལ་བའི་གསེར་ཤོག དངུལ་ཤོག མཐིང་ཤོག་སོགས་སྣ་མང་ཕུན་སུམ་ཚོགས་པོ་ཡོད་པ་དེ་དག་ཤེས། ད་ལྟ་ང་ཚོས་མཇལ་ཐུབ་པའི་ཤོག་བུ་ཐོ་ཤོས་ཏེ་དུས་རབས་8པའི་སྐབས་ཀྱི་ཤོག་བུ་ད་ལྟ་ཚྭ་ཁ་ས་ཁུལ་གྲོ་མཁར་ཆོས་སྡེ་དང་ཆབ་མདོ་ཁུལ་དུ་བཞུགས་པའི་ཤེར་ཕྱིན་ཡུམ་སྐྱ་བྲིས་དེ་ཡིན་མོད་ཀྱང་མཐིང་ཤོག་ཡང་དུས་རབས་8སྐབས་ནས་ཡོད་པ་སྟེ། བཙན་པོ་ཁྲི་སྲོང་ལྡེ་བཙན་གྱི་སྐུ་རིང་ལ། ཤོག་བུ་མཐིང་ག་ལ་གསེར་གྱིས་བྲིས་ནས། གསེར་གྱི་སྒྲོམ་བུར་བསྐུལ་པའི་བཀའ་གཙོགས་ཀྱི་ཡི་གེ་བསམ་ཡས་ལྷུན་གྱིས་གྲུབ་པའི་གཙུག་ལག་ཁང་གི་དཀོར་མཛོད་དུ་བཞག་པ་ལས་དཔེ་བགྱིས་ཏེ་བྲིས་པ།[1] ཞེས་བཙན་པོ་ཁྲི་སྲོང་ལྡེ་བཙན་གྱི་སྐུ་དུས་ནས་བོད་ལ་མཐིང་ཤོག་བཟོ་བའི་ལག་རྩལ་ཡོད་པ་བསམ་ཡས་ཀྱི་རྡོ་རིང་ཡི་གེ་ལས་ཤེས་རྟོགས་བྱུང་། དེས་ན་གོང་དུ་བརྗོད་པའི་འབྲི་རྫས་མི་འདྲ་ཁག་ལས་དུས་རབས་མི་འདྲ་བའི་ནང་དུ་འབྲི་རྫས་ཅི་འདྲ་ཞིག་བེད་སྤྱོད་གནང་ཡོད་པ་དེ་ར་སྤྱོད་བྱུང་། གནའ་དུས་བོད་ལ་ཤོག་བུ་བཟོ་བའི་ལག་རྩལ་མ་དར་བའི་སྔོན་ལ་སེམས་ཅན་གྱི་པགས་པ་དང་རུས་པ། རྡོ་དང་ཤིང་ཁྲམ་སོགས་ཀྱི་སྟེང་དུ་ཡི་གེ་འབྲི་ཡི་ཡོད་དེ་དག་གི་སྟེང་དུ་འབྲི་བཀོས་བྱས་པ་ཡིན་ན་ཡི་གེ་དེ་དག་གི་ནང་དོན་རྣམས་ཉར་ཚགས་ཡུན་རིང་བའི་ལེགས་ཆ་ལྡན་ཡོད་མོད་ཀྱང་དེ་དག་ཁྱེ་བས་འཁྱེར་མི་བདེ་བ་སོགས་ཀྱི་གཞན་ཆ་ཡང་ལྡན་ཡོད། དར་གོས་ཆེན་གྱི་སྟེང་ཡི་གེ་འབྲི་བ་དེ་ནི་གོང་གི་འབྲི་རྫས་དེ་དག་ལས་ཁུར་ཟད་འཁྱེར་བདེ་བའི་ཁྱད་ཆོས་ལྡན་ཡང་ཆེས་རྒྱུས་སྤྱོས་ལྡན་པའི་ལམ་སྲོལ་ཞིག་ཡིན་པ་སྟེ་གཙོ་བོ་གོང་གི་བཙན་པོ་དང་གཞུང་ས་ཁག་ནས་བཏང་བའི་ལུགས་སྲོལ་ཞིག་ཡིན། དར་གོས་ཆེན་ནི་སྤྱིར་བཏང་གི་ཤོག་བུ་དང་བསྡུར་ན་རིན་ཐང་ཆེ་བ་ཞིག་ཡིན་གཤིས་དེ་སྤྱིར་བཏང་གི་མི་ཕལ་པས་ཉོ་ཐབས་བྲལ་བའི་རྐྱེན་གྱིས་འབྲི་རྫས་དེ་ས་ཁྱབ་རྡོ་ཁྱབ་ཏུ་ཕྱིན་མེད། བོད་ལ་ཤོག་བུ་བཟོ་བའི་ལག་རྩལ་དར་བ་ནས་བཟུང་སྤྱིར་གྱི་ཆ་ནས་བོད་ཀྱི་གནའ་དཔེ་ཁག་ཤོག་བུའི་སྟེང་དུ་འབྲི་བའི་སྲོལ་དེ་དར་བ་རེད།

(1) གཉའ་གོང་དཀོན་མཆོག་ཚེ་བརྟན་གྱིས་བརྩམས། བོད་ཀྱི་བརྡ་རྙིང་ཡིག་ཆ་བདམས་བསྒྲིགས། ཀྲུང་དབྱང་མི་རིགས་སློབ་ཆེན་གྱི་དཔར་མ། ཤོག་གྲངས་136ལས་དྲངས།

ལེའུ་བཞི་པ། གནའ་དཔེའི་སྒྲིལ་ཆས་སྐོར།

སྤྱིར་གྱི་ཆ་ནས་གསུང་རབ་ཀྱི་གླེགས་བམ་ཞིག་ཡིན་ཕྱིན་དེ་དག་སོ་སོར་ནང་གི་ཁྱད་ཆོས་རྒྱ་རིམ་པ་བདུན་གྱི་བཏབ་པ། （གཞུང་ཆེན་གྱི་ཚིག་དོན་བམ་པོ་སོགས་ཀྱི་གོ་རིམ་མི་འཁྲུག་པར་བྱེད་པའི་རྟགས་སམ་རྒྱ་རྣམ་པ་བདུན་ཏེ། ཚིག་གི་རྒྱ། ཤད་ཀྱི་རྒྱ། ལེའུའི་རྒྱ། བམ་པོའི་རྒྱ། སྣེ་ཐིག་གི་རྒྱ། གདོང་ཡིག་རྒྱའམ་སྤྱན་ཁྱེར་གྱི་རྒྱ་བཅས།） དེ་ཕུད་པའི་ད་དུང་ཕྱིའི་ཁྱད་ཆོས་དམིགས་བསལ་ཅན་ཞིག་ཡོད་པ་སྟེ། གླེགས་བམ་གྱི་ནང་དོན་ཕན་ཚུན་མི་འཁྲུག་པ་སོ་སོར་འཛོམ་བདེ་བའི་གདོང་དར་བཞི་བརྩེགས་ཏེ་དེང་ཐོན་ཐོག་སྟོང་སྐུད་ཀྱི་ཕར་ཕྱིན་བཀོད་པའི་ཀ་ཐོ་ཅན་ནས་ཀ་རས་སྣོང་ཤུན་མར་རིན་ཆེན་སྣ་ལྔའི་ཁུ་བས་བྲིས་པའི་ཆོས་ཚན། དེ་དག་གི་ཤོག་ལྡེབ་སྔ་ཕྱི་མི་འཁྲུག་པ་དང་རྡུལ་དྲིགས་སོགས་འགོག་ཐུབ་པའི་དཔེ་རས་སྤུས་ལེགས་གྲུ་ཅོ་ལྷ་ལྷན་ནས་སྤྱིར་བཏང་གི་རས་གཞི། ཀུན་དགའ་ར་བར་འཛོག་སྒྲིག་བདེ་བ་དང་གཞུང་གི་ཤོག་ལྡེབ་ལ་ལྟེབས་སྙིགས་སོགས་འགོག་པའི་གླེགས་ཤིང་གཙོས་ཆེན་པ་སོ་ཅན་ནས་ཤིང་དཀྲུས་མ། དེ་དག་ཁ་འཐོར་དུ་མི་འགྲོ་བ་དང་དཔེ་ཆ་བས་བསྡམས་བདེ་བའི་སྐུ་རགས་སེ་ཏ་ཧོ་ནས་སྐྱེ་རྒྱ། དངུལ་ཟངས་ལྕགས་ལས་བཟོས་པའི་ཆབ་མགོར་རི་མོ་མ་ཎི་ཡིག་དྲུག་དང་ཧྲཱི་པར། མཆོད་རྟེན་དང་སྐུ་བརྙན་ཀྱིས་བརྒྱན་པ་བཅས་ནི་ཕྱིའི་སྒྲིལ་ཆས་ཀྱི་ཁྱད་ཆོས་ཡིན།

གཅིག གླེགས་ཤིང་།

1 གླེགས་ཤིང་གི་བྱུང་བ།

བོད་ཀྱི་གསུང་རབ་གླེགས་བམ་གྱི་ཕྱིའི་སྒྲུབ་ཆ་ནི་གོང་དུ་བརྗོད་ཟིན་པ་ལྟར་ལགས་ཤིང་ཕྱིའི་སྒྲུབ་ཆ་དེ་དག་གི་ནང་ནས་སྐབས་དོན་དང་འབྲེལ་ཏེ་དང་པོ་གླེགས་ཤིང་གི་སྐོར་ལ་ཞུས་ན། བོད་ཀྱི་གནའ་དཔེར་གླེགས་ཤིང་བསྒྲོན་རྒྱུ་དེ་དུས་རབས་ཅི་ཙམ་ཞིག་ལ་འགོ་ཚུགས་པ་ཡིན་ནམ་ཞེས་ན། དེ་ནི་དུས་རབས་8-9པའི་སྔོན་ནས་ཡོད་པ་ཞིག་རེད་

དུས་རབས་9པའི་སྐབས་ཀྱི་ཆོས་འཁོར་སོགས་བཀོས་པའི་གླེགས་ཤིང་དཔེ་རིས།

སྣམ། ཏུན་ཧོང་ནས་ཐོན་པའི་བོད་ཀྱི་ཡིག་རྙིང་དེ་དག་ནི་རྒྱལ་ཁབ་ཕྱི་ནང་གི་བོད་རིག་པ་སྨྲ་བ་དག་གིས་དུས་རབས་8-9བར་གྱི་ཡིག་ཆ་ཞིག་ཡིན་པའི་ངོས་འཛིན་གནང་གི་ཡོད་གཤིས། ཀན་སུའུ་ཞིང་ཆེན་རྟེན་རྫས་བཤམས་མཛོད་ཁང་དུ་ཏུན་ཧོང་ནས་ཐོན་པའི་གནའ་དཔེ་ཧྲི་སྙིད་ཅིག་ཤར་ཚགས་གནང་ཡོད། དེ་དག་ཐོག་མར་བཤམས་མཛོད་ཁང་དེར་འབྱོར་བའི་སྐབས་སུ་གསུང་རབ་དེ་དག་ལ་རང་རང་སོ་སོར་གཡུ་ཁ་རང་འཁྲིག་ཏུ་སོང་བ་ལྟ་བུའི་གླེགས་ཤིང་རེ་རེ་འདུག [1]ཅེས་པ་དང་སུད་སིའི་ཨའེ་མི་ཧའེ་ལེགས་（瑞士艾米海勒）ཀྱིས་མཛད་པའི་བོད་ཀྱི་ནང་བསྟན་སྒྱུ་རྩལ་ཞེས་པའི་དེབ་དེའི་ནང་དུ་དུས་རབས་9པའི་སྐབས་ཀྱི་གླེགས་ཤིང་ཞིག་ངོ་སྤྲོད་གནང་ཡོད་པ་སྟེ་འདི་ལྟར། གླེགས་ཤིང་དེའི་ཆེ་ཆུང་ནི་རིང་ཚད་ལི་སྨིད་66དང་ཞེང་ཚད་ལི་སྨིད་19 གླེགས་ཤིང་དེའི་མདུན་ངོས་སུ་ཆུ་སྐྱེས་པདྨ་འདབ་བརྒྱད་ཀྱིས་བརྒྱན་པའི་ཆོས་འཁོར་གསུམ་ཡོད། གླེགས་ཤིང་གི་དབུར་ངོས་སུ་སྐུ་བརྙན་བཀོས་ཡོད། སྐུ་བརྙན་དེ་ནི་སངས་རྒྱས་རྣམ་པར་སྣང་མཛད་ཀྱི་ཕྱག་རྒྱ་ཅན་ཞིག་ཡིན། སྐུ་བརྙན་དེའི་གཞོགས་གཡས་གཡོན་དུ་རི་དྭགས་གཉིས་ཏེ་སེངྒེ་ཡིན། གླེགས་ཤིང་འདི་དུས་རབས་9པའི་ནང་བཞེངས་གནང་བ་རེད་ཅེས་གསུང་འདུག[2] དེ་ལྟར་ཡིན་ཙ་ན་གླེགས་ཤིང་དེའི་སྟེང་དུ་བཀོས་པའི་ཆུ་སྐྱེས་པདྨ་མས་བརྒྱན་པའི་ཆོས་འཁོར་གྱི་རི་མོ་དེ་དང་ཆ་མཚུངས་པ་ཞིག་དུས་རབས་8-9པའི་བར་གྱི་ཏུན་ཧོང་ཡིག་རྙིང་གི་ཞབས་ཤོག་སྟེང་དུའང་བྲིས་འདུག [3]ལ་ད་དུང་གལ་པོ་ཆེ་ལ་ནན་ཏན་ཟེར་བ་ལྟར་ཟླ་འབུམ་གྱི་ལེའུ་དང་བམ་པོ། ཚིག་སོགས་ཀྱི་ཚད་བསྟན་པ་ཞེས་པར་ད་ལྟ་གཡོ་ཙ་ཁྲ་སྣ་ན

(1) ཀྲུང་གོའི་བོད་ཤེས་རིག 2009ལོའི་དུས་དེབ་བཞི་པ། ཤོག་གྲངས་29ལས་དྲངས།
(2) 瑞士 艾利凯勒《西藏佛教艺术》[M] 文化艺术出版社2008年1月55页。
(3) Crstina Scherrer-Schaub and George Bonani,Establishing a typology of the old Tibetan manuscripts:a multidisciplinary approach, China Tibetology publishing house ,Press,2008 P134

དུས་རབས་17སྐབས་ཀྱི་མཁན་སློབ་ཆོས་གསུམ་བྲིས་པའི་གླེགས་ཤིང་།

བཞུགས་སོ། དེ་ཡང་འགྱུར་མ་རྒྱས་ནས་ཕྱིས་སྤྱི་ལོ་763ལོའི་རྒྱལ་བུ་མུ་ཏིག་བཙན་པོའི་ཐུགས་དམ་དུ་བརྫངས་སྐད། ལྕགས་ཐུར་ཅན་དེ་དང་བེད་པ་ཏར་བསྟུན་ཅིང་སྨྲ་གོར་བེ་རོ་ཙ་ནས་ཞུ་ཆེན་བྱས་ནས་ཆེ་ལོང་༧་གཏན་ལ་ཕབ་ནས་དྲུག་དུམ་པ་༧་བྲིས་པར་གདའ། པན་བེ་ཏ་ལ་མ་ཐུགས་ཀྱང་སྟར་གྱི་བས་འགྱུར་མ་ལས་རྒྱས་སྐད། གླེགས་ཤིང་ལས་མཚན་དུ་ཐོགས་པ་རྒྱལ་པོའི་ཐུགས་དམ་པར་གབ་ཅན་ཞེས་གྲགས། དེ་ལ་ཐུགས་ཆེས་ནས་ཐུགས་དམ་དུ་མཛད། ཐ་འགྱུར་འབྲིང་པོ་བྱ་བ་ལགས།[1]ཞེས་གསུངས་པ་ལ་བལྟས་ན། བེ་རོ་ཙ་ན་ནི་བོད་རྒྱལ་ཁྲི་སྲོང་ལྡེ་བཙན་གྱི་(742-797)སྐུ་དུས་སུ་བྱོན་པའི་ལོ་ཙཱ་བ་ཞིག་ཡིན་པ་དང་གཅིག གཉིས་ལྷག་དོན་དུ་གླེགས་ཤིང་ལས་མཚན་ཐོགས་པ་པར་གབ་ཅན་ཞེས་བྱུང་བ་ལས། བོད་ཀྱི་གནའ་དཔེར་དུས་རབས་8པའི་ཡར་སྔོན་ནས་གླེགས་ཤིང་བསྒྲོན་སྲོལ་ཡོད་པ་དེ་དངོས་རིགས་དང་གཞུང་ལུགས་གཉིས་ཀྱི་ཐོག་ནས་བསྒྲུབ་པ་ཞིག་ཡིན་ནོ།

2 གླེགས་ཤིང་གི་རྒྱུ་སྤུས།

སྤྱིར་བཏང་བྱས་པ་ཡིན་ན་བོད་ཀྱི་གསུང་རབ་གླེགས་བམ་ལ་རྒྱུ་སྤུས་གང་རུང་ཞིག་གི་གླེགས་ཤིང་བཟོས་ཏེ་གླེགས་བམ་ལ་བསྒྲོན་ནའང་མ་འགྲིག་པ་ཞིག་མེད། གང་ཡིན་ཟེར་ན་གླེགས་ཤིང་གི་བྱེད་ནུས་ལ་བསམས་ཚེ། གླེགས་ཤིང་དེས་གླེགས་བམ་དེའི་གཞུང་དངོས་ཀྱི་ལྡེབ་གྲངས་སྔ་ཕྱི་མ་འཛོལ་བ་དང་ལྡེབས་སྐྱིགས་མི་ཡོང་བ། གླེགས་བམ་དེར་འབུ་སྲིན་དང་བརླན་གཤེར་སོགས་ཀྱི་གནོད་པ་འགོག་པ། གླེགས་བམ་དེ་དག་ཀུན་དགའ་ར་བའི་ནང་བཞག་སྟེ་ཉར་ཚགས་སོགས་བྱེད་བདེ་བའི་དགོས་པ་བཅས་ཡིན་གཤིས། དེ་

(1) ཤེས་རབ་ཀྱི་ཕ་རོལ་དུ་ཕྱིན་པའི་བམ་པོ་དང་། ལེའུ་དང་། ཤད་དང་། ཚིག་དང་། གྲངས་བཞུགས་པའི་ཚད་བསྟན་པ། དཔེ་རྙིང་བྲིས་མ་ཁྲུ་ཚད་མ། ལྡེབ་གྲངས་5ལས་དྲངས།

དག་གི་རྒྱུ་སྒྱུས་ལ་དམིགས་བསལ་གྱི་རེ་བ་དོ་ནན་པོ་རང་མེད་སྐམ། འོན་ཏེ་བོད་ཀྱི་གསུང་རབ་གླེགས་བམ་གྱི་གླེགས་ཤིང་དེའང་རང་རང་སོ་སོའི་འཕོས་འགྱུར་དང་བསོད་ནམས་ཀྱི་ཚོགས་ནྲབས་པོ་ཆེ་བསག་པའི་སླད་དུ་ཤིང་ལག་ཏུ་འགྱུར་ཚད་ལས་བཟོས་པ་ཞིག་མ་ཡིན་པར། གླེགས་ཤིང་དེའི་རྒྱུ་སྒྱུས་ཀྱི་ཐད་ལ་དཔེ་མི་སྲིད་པའི་དོ་གལ་གནང་ཡོད་པ་སྟེ། ད་ལྟ་ཕོ་བྲང་པོ་ཏ་ལར་བཞུགས་པའི་བཀའ་བསྟན་གྱི་གྲས་ཏེ་རྒྱལ་མཆོག་ལྔ་པ་ཆེན་པོའི་དགོངས་རྫོགས་སུ་བཞེངས་པའི་བཀའ་བསྟན་ཁག་གི་གླེགས་ཤིང་སྟེ། སྤྱི་ལོ1683ལོར་སྡེ་སྲིད་དཀར་མི་འགྱུར་རྡོ་རྗེས་བཞེངས་པའི་བཀའ་འགྱུར་རྒྱལ་རྩེ་ཐེམ་སྤངས་མ་སོར་བཞག་གི་པོ་ཏི་བརྒྱ་དང་བཅུ་གཅིག་ལ་སྟག་པང་གི་གླེགས་ཤིང་མཚལ་རྩེ་མ་གདོང་མདུན་སྟེང་འོག་ལ་གསེར་ཤོག་དང་རྒྱབ་ལ་གསེར་འགྱུར་གྱི་ལྷ་སྐུ་རྒྱབ་མཐའ་དབུས་ཀྱི་འབྲེད་གསེར་ཤོག་མ། སྤྱི་ལོ1682ལོར་ཚ་བ་མཇོ་སྒང་དུ་བཞེངས་པའི་བཀའ་འགྱུར་སྐུ་པོད་རྒྱལ་རྩེ་ཐེམ་སྤངས་མ་སོར་བཞག་གི་པོ་ཏི་བརྒྱ་དང་བཅུ་གཅིག་གི་གླེགས་ཤིང་སྟག་པང་གི་གླེགས་ཤིང་ཕྱི་མཚལ་རྩེ་འཛམ་སང་དང་ནང་བ་ནླ་གདོང་ངོས་སྟེང་འོག་ལན་ཚ་དང་སྒལ་ཐིག་གི་བཅད་གསེར་ཤོག སྤྱི་ལོ1682ལོར་སྡེ་རྫོང་དུ་བཞེངས་པའི་བཀའ་འགྱུར་རྒྱལ་རྩེ་ཐེམ་སྤངས་མ་སོར་བཞག་གི་སྐུ་ཆོས་པོ་ཏི་བརྒྱ་དང་བཅུ་གཅིག་ལ་ཤུག་པང་གི་གླེགས་ཤིང་ཕྱི་མཚལ་རྩེ་སྒལ་ཐིག གདོང་ངོས་རྒྱབ་མདུན་སྟེང་འོག་གི་ལྷུས་བརྒྱན་པའི་གླེགས་ཤིང་། སྤྱི་ལོ1682-1690ལོར་བདེ་མོ་གསང་ཕུགས་ཆོས་འཁོར་དུ་བཀའ་འགྱུར་རིན་པོ་ཆེ་རྒྱལ་རྩེ་ཐེམ་སྤངས་མ་སོར་བཞག་གི་སྐུ་ཆོས་པོ་ཏི་བརྒྱ་དང་བཅུ་གཅིག་ལ་སྟག་པང་གི་གླེགས་ཤིང་མཚལ་རྩེ་འཛམ་སང་། རྒྱབ་མདུན་གྱི་གདོང་ངོས་སྟེང་འོག་ལ་ལྷུ་མ་དང་སྒལ་

དུས་རབས་12-13སྐབས་ཀྱི་བལ་ལུགས་སྐྱུ་རྩལ་ལྡན་པའི་གླེགས་ཤིང་།

ཐིག་བཅས་པ་གསེར་ཤོག སྤྱི་ལོ་1682ནས་1690ལོ་བར་བཟང་མཐོང་སྨོན་གཞིས་ཀར་རྒྱལ་རྩེ་ཐེམ་སྤངས་མ་སོར་བཞག་ཐོག་སྙིང་མ་རྒྱུད་འབུམ་དང་བཅས་པར་དངུལ་ཞུན་གྱི་བཀའ་འགྱུར་ལ་མོན་སེང་ལས་གྲུབ་པའི་གླེགས་ཤིང་ཕྱི་རྒྱབ་མཐའ་བཅད། སྤྱི་ལོ་1682-1690ལོར་འོལ་དགའ་སྟག་རྩེར་རྒྱལ་རྩེ་ཐེམ་སྤངས་མའི་འདྲ་ཚོག་བཀའ་འགྱུར་ཕལ་ཆེར་གྱི་མ་ཕྱི་སོར་བཞག་པོ་ཏི་བརྒྱ་དང་བཅུ་གཅིག སྙིང་མ་རྒྱུད་པོ་ཏི་གསུམ་དང་བཅས་པར་སྟག་པང་གི་གླེགས་ཤིང་མཚལ་རྩེ་གདོང་མདུན་སྟེང་འོག་ལ་གསེར་ཤོག་དང་། རྒྱབ་སྣེ་སྟེང་འོག་ལ་གསེར་འགྱུར་གྱི་ལྷུ། སྙལ་རྒྱབ་མཐའ་དབུས་ཀྱི་འབྲེད་གསེར་ཤོག བཟང་མཐོང་སྨོན་གཞིས་ཀར་བཞེངས་པའི་བཀའ་འགྱུར་མ་དཔེ་རྒྱལ་རྩེ་ཐེམ་སྤངས་མར་སེང་སླུག་གི་གླེགས་ཤིང་བཅད་འབུར་བཀོས་རིམ་པ་གསུམ་ལྡན་གསེར་རིས་འཚོལ་རྒྱག་གིས་མཚན་པ། སྔོ་རོང་རྫོང་དུ་བཞེངས་པའི་བཀའ་འགྱུར་སྐུ་ཡོད་ལ་གླེགས་ཤིང་མཚལ་རྩེ་གདོང་དུ་ལྷུ་ཡིག་དྲུག་གསེར་ཤོག་གིས་མཚན་པ་སོགས་བཟོས་[1]ཞེས་དང་ད་དུང་ས་སྐྱ་དགོན་གྱི་གླེགས་ཤིང་པེར་དོ། བོད་ལྗོངས་རྟེན་རྫས་བཤམས་མཛོད་ཁང་གི་ཚེ་དཔག་མེད་མདོའི་གླེགས་ཤིང་བ་སོ་ཅན་དང་ཤིང་གི་མ་མར་སྤྲ་སོར་སྤོ་ཚལ་ཕལ་ཆེར་མཐོང་སྣག་དང་མཐར་རྣམས་མདོག་འགྱུར་ཙམ་ལས་མེད་ཡོད་འདུག་ཀྱང་། ད་ལམ་མཐའ་དབུས་ཀུན་ཏུ་ནེ་ལྕི་ལས་གྲུབ་པའི་ནམ་མཁའི་མདོག་ལ་ས་བརྩེགས་ཡང་ཆུང་ཞེང་རྒྱུ་འགྲོ་ཁོ་ན་གསོས་བརྟན་གྱི་རིན་པོ་ཆེ་དང་པོ་མ་ཧེ་ཞེས་བཙོ་སྦྱངས་གསེར་གྱིས་བྲིས་པ་སྔོ་གར་དུ་འབུར་དེ་ལ་རིན་པོ་ཆེའི་ཕྲ། གླེགས་ཤིང་སེང་ངམ་སླིང་པོས་སྒྲེ་བར་གདོང་བཀོས་ཕྲ་དང་བཅས་པས་མཚོན་ཁྱད་མཚར་ཅན།[2]ཞེས་གསུངས་པ་སོགས་ལས་བོད་ཀྱི་གནའ་དཔེའི་གླེགས་ཤིང་རྒྱུས་སྤུས་གང་འདྲ་ཞིག་ཡིན་པ་ཁ་གསལ་པོ་ཞིག་རྟོགས་ཐུབ།

3 གླེགས་ཤིང་གི་རི་མོ།

བོད་དུ་རི་མོའི་འབྲི་རྒྱུན་དར་བ་ནས་བཟུང་ཏེ་ནང་བསྟན་གྱི་སྐུ་གསུང་ཐུགས་རྟེན་ལ་སྤྲུ་རྩལ་གྱི་རི་མོས་ཕྱུག་པར་བྱས་ཡོད། གསུང་རབ་གླེགས་བམ་ནི་ནང་བསྟན་སྐུ་གསུང་

(1) དྲིན་ཅན་རྩ་བའི་བླ་མ་ངག་དབང་བློ་བཟང་རྒྱ་མཚོའི་ཐུན་མོང་ཕྱིའི་རྣམ་ཐར་དུ་ཀཱུ་ལའི་གོས་བཟང་གླེགས་བམ་གསུམ་པའི་འཕྲོས་བཞི་པ། བྲིས་མ། ཤོག་གྲངས་223ལས་དྲངས།

(2) དྲིན་ཅན་རྩ་བའི་བླ་མ་ངག་དབང་བློ་བཟང་རྒྱ་མཚོའི་ཐུན་མོང་ཕྱིའི་རྣམ་ཐར་དུ་ཀཱུ་ལའི་གོས་བཟང་གླེགས་བམ་གསུམ་པའི་འཕྲོས་བཞི་པ། བྲིས་མ། ཤོག་གྲངས་ 224ལས་དྲངས།

སྤྱི་ལོ་1533ལོར་བཞེངས་པའི་སྨན་ལུགས་རི་མོའི་སྒྱུ་རྩལ་གྱི་དཔེ་རིས།

ཐུགས་གསུམ་གྱི་ཡ་གྱལ་ཞིག་ཡིན་ཙང་།   སྔོན་གྱི་མེས་པོ་དག་གིས་རང་རང་གི་འཁོས་འཁྱེར་ལ་གཞིགས་པའི་རི་མོ་བ་མཁས་པ་རྣམས་གདན་དྲངས་ནས།   དུས་རབས་དེའི་ནང་དུ་དར་ཁྱབ་ཆེ་བའི་རི་མོ་བཀོ་འབྲི་གནང་ཡོད།   བོད་ཀྱི་རི་མོའི་སྒྱུ་རྩལ་མི་འདྲ་བའི་དབང་གིས་རི་མོ་ལའང་གྲུབ་མཐའ་མི་འདྲ་བ་ཁག་ཁ་ཤས་བྱུང་ཡོད་པ་སྟེ།   སྨན་ལུགས། མཁྱེན་ལུགས། ཁྱེའུ་སྒང་ལུགས། ཀརྨ་སྒར་བྲིས་སོགས་ཡིན། དེས་ན་སྐབས་དེ་དུས་ཡུལ་སོ་སོར་རི་མོའི་དར་སྲོལ་མི་འདྲ་བའི་དབང་གིས་ནང་བསྟན་གྱི་ཐུགས་རྟེན་ཙམ་མ་ཡིན་པར་གསུང་གི་རྟེན་ལ་ཡང་རི་མོའི་གྲུབ་མཐའ་མི་འདྲ་བའི་ཤུགས་རྐྱེན་ཐེབས་ཡོད་པ་སྟེ། སྤྱི་ལོ་1533ལོར་མངའ་རིས་གུང་ཐང་སྒང་པོ་ཆེར་གསུང་རྟེན་ཀུན་མཁྱེན་གློང་ཆེན་རབ་འབྱམས་པའི་ཐེག་མཆོག་རིན་པོ་ཆེའི་མཛོད་བཀོས་བཞེངས་གནང་སྐབས་གསུང་པོད་དེའི་དབུ་ཞབས་ལྷ་སྐུའི་སྒྱུ་རྩལ་ལ་སྤྲུལ་སྐུ་སྨན་ཐང་པའི་རི་མོའི་སྒྱུ་རྩལ་གྱི་ཉམས་ལྡན་པ་ཞིག་ཡིན། རི་མོ་དེ་ནི་སྨན་ལུགས་འཛིན་མཁན་མཁས་པ་དྲི་མེད་ཀྱིས་མཛད་པའི་བརྩམས་ཆོས་ཤིག་ཡིན་པ་རི་མོ་བ་རྣམས་ཀྱིས་བལྟས་ན་ཤེས་སླ་མོད་ཀྱང་རི་མོའི་ཤེས་བྱ་དམན་པ་དག་གི་གསུང་རབ་གི་མཛད་བྱང་ལས་རྟོགས་ཐུབ་པ་སྟེ། ཨོཾ་ཧཱུཾ༔ ཐེག་མཆོག་འདི་ཉིད་

དཔར་དུ་བསྐྲུན་པ་ལ། གཙོ་(བཙོ་)རིག་ལས་བིཤ་ཀརྨ་ཡིས། རིང་ནས་མངགས་ཞིང་དགོས་དུས་ཕན་པ་ནི། །མངའ་རིས་ཡིག་དཔོན་རྡོ་རྗེ་དཔལ་ཞེས་པའི། །སློབ་མའི་ཐ་ཆུང་གཙང་པ་འོད་ཟེར་གྱིས། །སྟོད་ཆ་བྲིས་ཤིང་དེ་ཡི་ལྷག་མ་རྣམས། །དགེ་སློང་སྒྲོལ་མ་སྐུ་མཆེད་གཉིས་ཀྱིས་བྲིས། །ལེ་ལྷའི་རི་མོ་སྤྲུལ་སྐུ་སྨན་ཐང་པའི། །བརྒྱུད་འཛིན་མཁས་པའི་འབྱུང་གནས་གུང་ཐང་བ། །མཁས་པ་དྲི་མེད་སོར་མོའི་སྒྱུ་རྩལ་པོ། །ལེ་ལྷ་སྟོད་ཆའི་

སྤྱི་ལོ་1533ལོར་བཞེངས་པའི་སྨན་ལུགས་རི་མོའི་སྒྱུ་རྩལ།

བར་བཀོས་རིག་བྱེད་ནི། །མཁས་པ་ཆེན་པོ་བསོད་ནམས་བཀྲ་ཤིས་ཡིན། །དེ་མཚམས་སྟོད་ཆ་དགེ་སློང་པད་མ་དང་། །དགེ་སློང་མཁའ་འགྲོ་གཉིས་ཀྱི་ལེགས་པར་བཀོས། །དགེ་སློང་ཤེར་དཔལ་དགེ་སྦྱོང་ནམ་མཁའ་དང་། །དགེ་སློང་བཟང་པོ་རྒྱལ་མཚན་རྣམ་གསུམ་གྱིས། །སྨད་ཀྱི་ཆ་རྣམས་ལྷག་བསམ་དག་པས་བཀོས། །དགེ་སློང་ཡི་དམ་དཔོན་མོ་ཆོས་དབང་དང་། །དགེ་བཤེས་སྐྱབས་པ་དགེ་བཤེས་ཚེ་འཕེལ་དང་། །དགེ་བཤེས་མང་ཐོས་བརྩུ་དཔོན་རྡོ་རྒྱལ་དང་། །དགེ་བཤེས་མཁའ་འགྲོ་དགེ་བཤེས་ཆོས་སྐྱབ་གིས། །བར་གྱི་ཆ་རྣམས་

དག་པས་བཀོས། །[1]ཞེས་གསུང་འདུག་པ་འདིར་གཞིགས་ན། ཀུན་མཁྱེན་ཀློང་ཆེན་པའི་གསུང་ཐེག་མཆོག་མཛོད་དེ་གུང་ཐང་དུ་དཔར་ལ་བཀོ་བའི་སྐབས་སུ་སྟོ་ཁ་སྟོ་བྲག་སྨན་ཐང་ཁུལ་དུ་དུས་རབས་14པའི་ནང་དུ་འཁྲུངས་པའི་སྨན་ལྷ་དོན་གྲུབ་ཞུ་བ་དེས་གསར་གཏོད་གནང་བའི་རི་མོའི་སྒྱུ་རྩལ་ཞིག་ཡིན། རྗེས་སུ་རྒྱལ་བ་དགེ་འདུན་གྲུབ་པས་སྤྱིན་བདག་གནང་སྟེ་བཀྲ་ཤིས་ལྷུན་པོའི་འདུ་ཁང་དང་བཅས་པའི་ལྡེབས་རིས་ཀྱི་རི་མོ་རྣམས་འབྲི་བར་མཛད་པ་ལས་སྨན་པའི་གྲགས་པ་གངས་ཅན་གྱི་ལྗོངས་འདིར་ཁྱབ། དུས་རབས་16པའི་དུས་དཀྱིལ་དུ་སྨན་ཐང་པའི་རི་མོའི་སྒྱུ་རྩལ་དེ་ནུབ་ཕྱོགས་ཀྱི་མངའ་རིས་གུང་ཐང་ཁུལ་དུ་དར་ཁྱབ་བྱུང་ཡོད་གཤིས། མངའ་རིས་གུང་ཐང་རྒྱལ་པོ་ཁྲི་ཀུན་བཟང་ཉི་མདའ་གྲགས་པ་དཔལ་བཟང་པོ་སྐྱེས1514-1560ལོ་བར་སྤྱིན་བདག་བྱས་ནས་དཔར་ལ་བཀོ་སྐབས་སྨན་ཐང་པའི་རི་མོ་མཁས་པ་དྲི་མེད་དང་འོད་ཟེར་གཉིས་གདན་ཞུ་གནང་

དུས་རབས་17-18སྐབས་ཀྱི་ཤེར་ཕྱིན་ཡུམ་བྲིས་པའི་གླེགས་ཤིང་།

ནས་མཛད་པ་ཞིག་ཡིན། རི་མོ་དེ་དག་གི་འབྲི་རྒྱུན་ལ་བལྟས་པ་ཡིན་ན་དེ་ཙུང་ཟད་མཐོང་དཀོན་པའི་སྨན་ཐང་པའི་བྲིས་ཆ་ཐུ་ཙམ་ཞིག་ཡིན་[2]ཞེས་གསུངས། དེ་ལྟར་གསུངས་དོན་ནི་དུས་རབས་15-16ཡས་མས་སུ་དབུས་གཙང་ཁུལ་དུ་སྨན་ལུགས་ཀྱི་རི་མོའི་འབྲི་རྒྱུན་དེ་ཤིན་ཏུ་ནས་དར་ཁྱབ་ཆེན་པོ་ཡོད་སྐབས་གུང་ཐང་དཔར་མའི་དབུ་ཞབས་ལྷ་སྐུ་དང་བཀྲ་ཤིས་ལྷུན་པོ་དང་ཕོ་བྲང་པོ་ཏ་ལའི་ལྡེབས་རིས་སོགས་སུ་སྨན་ལུགས་ཀྱི་རི་མོའི་སྒྱུ་རྩལ་གྱིས་ཉམས་འགྱུར་ངོམས་ཤིང་ཡོད་མོད་ཀྱང་། ལྡེབས་རིས་ཀྱི་སྒྱུ་རྩལ་དང་གནའ་དཔེའི་རི་མོའི་སྒྱུ་རྩལ་གཉིས་བསྡུར་ན་ལྡེབས་རིས་ཀྱི་རི་མོའི་སྒྱུ་རྩལ་ལ་ཡུལ་དུས་ཀྱིས་ཉམས་གསོའི་དབང་གིས་འཕེལ་འགྱུར་མང་པོ་ཞིག་བྱུང་བར་སེམས། དེ་དང་འདྲ་བར་ཡུལ་ལུང་སོ་སོར་

(1)ཀུན་མཁྱེན་ཀློང་ཆེན་རབ་འབྱམས་པས་མཛད། ཐེག་མཆོག་མཛོད། གུང་ཐང་དཔར་མའི་དཔར་བྱང་ལས་དྲངས།
(2)《西藏绘画史》【德】大卫 °杰克逊著向红茄谢续胜熊文彬 译西藏人民出版社。

རི་མོ་དར་ཁྱབ་མི་འདྲ་བའི་དབང་གིས་གསུང་རབ་གླིགས་ཤིང་གི་རི་མོའི་སྒྱུ་རྩལ་ཡང་མི་འདྲ་བ་བྱུང་ཡོད། སྔོན་གོང་དཀར་རྫོང་རྗེ་གདན་པ་ཀུན་དགའ་རྣམ་རྒྱལ(གྲུབ་ཐོབ་རྒྱལ་པོ 1432—1496)སྐབས་གོང་དཀར་རྫོང་དུ་བཞེངས་གནང་བའི་ས་སྐྱ་གོང་མ་ལྔའི་གསུང་འབུམ་དང་རྗེ་ཙོང་ཁ་པའི་གསུང་འབུམ་དགའ་ལྡན་དཔར་རྙིང་དག་ལ་རི་མོས་བརྒྱན་པའི་གླིགས་ཤིང་མཆིས་ན། གླིགས་ཤིང་དེ་དག་གི་རི་མོའི་འབྲི་རྒྱུན་ཐད་ལ་མཁྱེན་ལུགས་ཀྱི་རི་མོའི་ཉམས་འགྱུར་བཞུགས་ཡོད་པ་སྨོས་ཅི་དགོས།

4 གླིགས་ཤིང་གི་རི་མོ་བཀོ་འབྲིའི་ངོས།

གླིགས་ཤིང་ཐོག་ཏུ་རི་མོ་བཀོ་འབྲི་བྱེད་པའི་སྲོལ་དེ་དར་བ་ནས་བཟུང་། གླིགས་ཤིང་གི་ཕྱི་ནང་གཉིས་དང་གཡས་གཡོན་གྱི་གདོང་བཅས་ལ་རི་མོ་བཀོ་འབྲི་གནང་གི་ཡོད། གླིགས་ཤིང་ཕྱི་ངོས་སུ་མང་ཆེ་ཤོས་སུ་རི་མོ་འབུར་བཀོས་ཅན་མང་ཆེ་བ་ཡིན། ད་ལྟ་ང་ཚོས་མཐོང་འཕེལ་ཤོས་ཀྱི་འབུར་བཀོས་ནི་ཤེར་ཕྱིན་ཡུམ་དང་སངས་རྒྱས་སྟོང་སྐུ་དང་ཚེ་ལྷ་རྣམས་གསུམ། རྒྱལ་སྲིད་སྣ་བདུན། བཀྲ་ཤིས་རྟགས་བརྒྱད་སོགས་ཡིན། ནང་གི་རི་མོ་ལ་འབྲི་འབུར་བཀོས་གཉིས་ཀ་ཡོད་ཙང་། སྤྱིར་རིན་ཆེན་སྣ་ལྔའི་རྒྱུ་ཆས་འབྲི་བཞེངས་གནང་བའི་གླིགས་བམ་གྱི་གླིགས་ཤིང་ཞིག་ཡིན་ན། སྟེང་གི་གླིགས་ཤིང་ནང་དུ་དུས་གསུམ་སངས་རྒྱས་དང་བྱང་ཆུབ་སེམས་དཔའི་སྐུ་བརྙན། འོག་གི་གླིགས་ཤིང་དུ་ཕྱིར་བཏང་བྱས་ན་ཆོས་སྐྱོང་སྲུང་མ་ཁག་གི་སྐུ་བརྙན་བཀོས་འབྲི་བྱས་པ་མཐོང་བ་མང་། མདུན་གྱི་གླིགས་ཤིང་ནང་དུ་འབྲི་བཞེངས་གནང་བའི་རི་མོ་དེའི་ངོ་གདོང་དུ་གོས་ཆེན་སྣ་ལྔའི་ཞལ་ཁེབས་བཏང་གནང་བ་ཡང་མཇལ་རྒྱུ་འདུག གླིགས་ཤིང་དེ་གྲས་ནི་བསྟན་པ་ཕྱི་དར་ཏེ་དུས་རབས་12པའི་སྐབས་དར་བ་ནས་བཟུང་རིམ་བཞིན་དར་ཁྱབ་བྱུང་བ་ཞིག་མངོན། དེའི་གདོང་གཡས་གཡོན་དུ་འབུར་བཀོས་ཀྱི་པོད་དེའི་པོད་གྲངས་མཚོན་བྱེད་ཀྱི་ཀ་མད་གོ་རིམ། ནང་དོན་མདོ་སྔགས་གང་ཡིན་མིན་དང་། སྐུ་ཡི་མཚོན་དོན་དུ་དུས་གསུམ་སངས་རྒྱས་ཀྱི་སྐུ་བརྙན་སོགས་དང་ཐུགས་ཀྱི་མཚོན་བྱེད་དུ་མཆོད་རྟེན། དེ་མིན་སྤྲིན་རིས་གྱིས་བརྒྱན་པའི་རྫི་པར་དང་ལྕུའི་མ་ཊི་ཡིག་དྲུག་བཀོས་པ་ཡང་ཡོད་པ་མི་དབང་རྟགས་བརྗོད་དུ། གླིགས་ཤིང་གསེར་ཤོག་གིས་ཡོངས་སུ་རྫོགས་པར་གཡོགས་པ་ལ་ཚོན་བཀྲ་སྣ་ཚོགས་པས་མིག་གི

དུས་རབས་17-18སྐབས་ཀྱི་མི་ལའི་སྣང་བརྙན་བརྐོས་པའི་གླེགས་ཤིང་།

བདུད་རྩེར་བྱས་ཤིང་། དེའི་གདོང་བརྐོས་ཀྱང་ལྕགས་ལས་དཀྱིལ་ཞིང་གསེར་སྦྱངས་ཀྱིས་གཡོགས་པ་མེ་ཏོག་འཁོར་རྒྱུགས་ཀྱི་དབུས་སུ་ཨོ་ཨ་མ་ར་ཙི་ལྷཱ་ནྲི་ཡེ་སྭཱ་ཧཱ་ཞེས་པའི་རི་མོས་མཚར་དུ་དངར་བར་བྱས་ཡོད།[1] ཅེས་པ་དང་ཧྲ་ཚག་བསྟན་པའི་མགོན་པོས་གསུངས་དོན། གླེགས་ཤིང་རྣམས་གསེར་སྦྱངས་ཞུན་མའི་སྣང་བར་བརྒྱུར་མི་དཀས་པོ་དབུ་ཆེན་མགོན་པོ་དང་བྱིངས་འཆི་མེད་ཅན་མི་གཉིས། དེའི་སྟེང་རི་མོ་རྒྱུགས་མི་བརྐོས་པ་དར་རྒྱས་དང་རྩེ་ཙ་ཀློ་བཟང་རབ་རྒྱས། ཟུར་འཕྱོངས་དབུ་མཛད་པདྨ་སོགས་མི་གསུམ། གདོང་ཤན་བཟོ་ལས་པ་ཚག་པ་དབུ་མཛད་རྡོ་རྗེ་དང་རྡོར་ཕུན་སོགས་བྱིངས་མི་བཞི། གོས་དར་ཞལ་ཁེབས་འཚེམ་མི་བཟོ་ཁང་དབུ་ཆེན་ལྷ་དང་བྱིངས་གྲས་མི་བཅུ་བཞི་[2] ཞེས་པས་སྔོན་གྱི་གླེགས་ཤིང་སྟེང་གསེར་ཞུན་དང་རི་མོ། གོས་དར་ཞལ་ཁེབས་སོགས་ཡོད་པ་ཤུགས་ལས་རྟོགས་སོ།

5 གླེགས་ཤིང་ལས་གསུང་རབ་ངོས་འཛིན།

གླེགས་ཤིང་གི་སྟེང་དུ་སྒྲུ་རྩལ་མཁན་གྱི་སོར་མོའི་འདུ་བྱེད་ལ་བརྟེན་ཏེ། གསུང་རབ་དེའི་བརྗོད་བྱའི་དོན་དང་འབྲེལ་བ་དམ་ཟབ་ཡོད་པའི་ལྷ་སྐུ་དང་གསུང་རབ་དེའི་མཛད་པ་པོའམ་འགྲེལ་བྱེད་ཀྱི་མཁན་པོ་སུ་ཞིག་ཡིན་མིན་བཀོ་འབྲིའི་བརྗོད་བྱར་བཟུང་ནས། གསུང་རབ་དེའི་གླེགས་ཤིང་དུ་རི་མོའི་ལམ་ནས་གསོན་ཉམས་ལྡན་པར་འབྲི་བརྐོས་བྱས་

(1) མདོ་མཁར་ཞབས་དྲུང་ཚེ་རིང་དབང་རྒྱལ་གྱིས་བརྩམས། མི་དབང་རྟོགས་བརྗོད། སི་ཁྲོན་མི་རིགས་དཔེ་སྐྲུན་ཁང་གི་2002ལོའི་དཔར་མ། ཤོག་གྲངས་596ལས་དྲངས།

(2) ཧྲ་ཚག་བསྟན་པའི་མགོན་པོའི་གསུང་འབུམ་པོད་ན་པའི་ལྡེབ་གྲངས་8ལས་དྲངས།

ཡོད་སྟབས། གླེགས་ཤིང་དེ་གསུང་རབ་གང་ཞིག་གམ་གྲུབ་མཐའ་གང་ཞིག་གི་གསུང་རབ་གླེགས་ཤིང་ཡིན་མིན་ཤེས་ཐུབ་པ་སྟེ། བོད་ཀྱི་ནང་བསྟན་སྒྱུ་རྩལ་ཞེས་པར་གླེགས་ཤིང་ཅིག་ངོ་སྤྲོད་གནང་ཡོད་པ་སྟེ་གླེགས་ཤིང་དེའི་ཆེ་ཆུང་ལི་སྨིད་69/22 དུས་རབ་14པའི་ནང་གི་གླེགས་ཤིང་ཡིན་ཞིང་། གླེགས་ཤིང་དེ་ནི་ཕལ་ཆེར་བཀའ་བརྒྱུད་པའི་གསུང་རབ་ཀྱི་གླེགས་ཤིང་ཞིག་ཡིན་པར་སེམས། རྒྱུ་མཚན་ནི་གླེགས་ཤིང་དེའི་གཡས་ངོས་སུ་རྗེ་བཙུན་མི་ལ་བཞད་པའི་རྡོ་རྗེའི་སྣང་བརྙན་ཡོད། གཡོན་ངོས་སུ་རྗེ་བཙུན་འཇམ་དཔལ་དབྱངས་ཀྱི་རྣམ་སྤྲུལ་ཏེ་ཞལ་གསུམ་ཕྱག་བཞི་པ་རྡོ་རྗེ་སྐྱིལ་ཀྲུང་དུ་བཞུགས་པ། གཡོན་ངོས་ཀྱི་སྒོ་ཁྱིམ་དུ་རྡོ་རྗེ་འཛིན་པ་སྟེ་ཕྱག་ན་རྡོ་རྗེ་དང་། གཡས་ངོས་ཀྱི་སྟེང་དུ་གསུང་རབ་བསྣམས་པ་ཞིག་ཡོད། གཙོ་འཁོར་གྱི་གཡས་གཡོན་གཉིས་སུ་ཏིང་ངེ་འཛིན་གྱི་ཕྱག་རྒྱ་འཛིན་པ། རྗེ་བཙུན་

དུས་རབས་15-16ཤེར་ཕྱིན་ཡུམ་ལྷ་མགྲོན་གྱིས་བསྐོར་བའི་གླེགས་ཤིང་།

འཇམ་དཔལ་དབྱངས་རྡོ་རྗེ་སྐྱིལ་ཀྲུང་དུ་བཞུགས་པ་དེ་ལས་གསང་སྔགས་ཀྱི་རྡོ་རྗེ་ཕུར་པའི་རྟོགས་བརྗོད་ཀྱི་འབྲེལ་བ་མཚོན། རྗེ་བཙུན་འཇམ་དཔལ་དབྱངས་ཀྱི་གཡོན་སྟེང་དུ་འཇམ་དཔལ་ཕྱག་གཉིས་རལ་གྲི་འཛིན་པ། གླེགས་ཤིང་གི་དབུས་སུ་སྟོན་པ་ཤཱཀྱ་ཐུབ་པ་དང་དེ་མིན་གཡོན་ངོས་སུ་རྡོ་རྗེ་འཆང་དང་འཕགས་པ་ཡོན་ཏན། གཡས་ངོས་མ་ཊི་ཡིག་དྲུག གླེགས་ཤིང་དེའི་གཡས་ཕྱོགས་སུ་རྣམ་མགུར་ལ་མངའ་བརྙེས་པའི་མི་ལ་བཞད་པའི་རྡོ་རྗེ། མི་ལ་བཞད་པའི་རྡོ་རྗེའི་དབུ་སྟེང་དུ་དཀོན་མཆོག་གསུམ་གྱི་མཚོན་དོན་དང་བོད་ཀྱི་མཁས་པ་གཉིས་པ་ཡོད།[1]ཅེས་པ་ལ་ང་ཚོས་བསམ་གཞིགས་ནན་པོ་ཞིག་གནང་བ་ཡིན་ན། གླེགས་ཤིང་དེའི་རི་མོའི་བརྗོད་བྱའི་ནང་དོན་ནི་སྟོན་པ་ཤཱཀྱ་ཐུབ་པ་དང་འཇམ་དཔལ་

(1)瑞士 艾利凯勒《西藏佛教艺术》[M] 文化艺术出版社2008年1月144页

དབྱངས་ཕུད་པའི་ཚེ་གཅིག་ལུས་གཅིག་ལ་གྲུབ་པ་ཐོབ་པའི་མི་ལ་བཤད་པའི་རྡོ་རྗེའི་སྐུ་བརྟན་བསྐོས་ཡོད་གཞིས། གླེགས་ཤིང་དེ་རྒྱ་ཆེ་ས་ནས་ཞུས་ན་བཀའ་བརྒྱུད་པའི་གསུང་རབ་ཀྱི་གླེགས་ཤིང་ཞིག་དང་དོགས་ས་ནས་ཞུས་ན་མི་ལ་བཤད་པའི་རྡོ་རྗེའི་གསུང་འབུམ་གྱི་གླེགས་ཤིང་ཡིན་པར་སེམས།

ཡུང་ལོའི་བཀའ་འགྱུར་བོད་རྒྱ་ཤན་སྦྱར་གྱི་ཆོས་ཚན་བཀོད་པའི་གླེགས་ཤིང་།

གླེགས་ཤིང་འདི་ནི་དུས་རབས་15-16པའི་ནང་དུ་བཞེངས་པའི་གླེགས་ཤིང་ཞིག་ཡིན་སྙམ། གླེགས་ཤིང་དེའི་དབུས་སུ་ཤེར་ཕྱིན་ཡུམ་དང་དེའི་གཡས་གཡོན་གཉིས་སུ་སྐུ་བརྟན་གྱིས་བརྒྱན་ཡོད། གཡས་ངོས་ནས་གཡོན་གྱི་གྲལ་དང་པོར……ན་མོ། སྨྲ་ངན་མེད་པའི་དཔལ་ལ་ན་མོ། རིན་ཆེན་འོད་འཕྲོ་ལ་ན་མོ། རྒྱལ་བའི་དབང་པོ་ལ་ན་མོ། ཏིང་ངེ་འཛིན་གྱི་དབང་པོ་ལ་ན་མོ། དཔལ་མེ་དམ་པའི་དཔལ་ལ་ན་མོ། ཉི་མའི་དཀྱིལ་འཁོར་ལ་ན་མོ། ……

……། གཡས་ངོས་ནས་གཡོན་ངོས་ཀྱི་གྲལ་གཉིས་པ། བྱང་ཆུབ་སེམས་དཔའ་འོད་ཟེར་ཀུན་ནས་འབྱུང་བ་ལ་ན་མོ། བྱང་ཆུབ་སེམས་དཔའ་སྨྲ་ངན་མེད་པ་ལ་ན་མོ། བྱང་ཆུབ་སེམས་དཔའ་སྤྱོད་པའི་བློ་གྲོས་ལ་ན་མོ། ……………ན་མོ། གཡས་ངོས་ནས་གཡོན་ངོས་ཀྱི་གྲལ་གསུམ་པར………ན་མོ། ………ན་མོ། …………ན་མོ། …………ན་མོ། …………ན་མོ། ………

་་ན་མོ། [1]ཞེས་མཚན་བྱང་དང་ལྡན་པར་བྲིས་འདུག གླེགས་ཤིང་དེའི་ཆེ་ཆུང་དང་རི་མོའི་བརྗོད་བྱ་སོགས་ལ་བལྟས་ན་དུས་རབས་15-16པར་བཞེངས་པའི་ཤེས་རབ་ཀྱི་ཕ་རོལ་ཏུ་ཕྱིན་པ་ཤེར་ཕྱིན་ཡུམ་གྱི་གླེགས་ཤིང་ཞིག་ཡིན་ངེས་ལགས། གང་ཡིན་ཟེར་ན། གླེགས་ཤིང་དེའི་ནང་དུ་བྲིས་པའི་ཤེར་ཕྱིན་ཡུམ་གཙོ་འཁོར་དང་བཅས་པར་དུས་རབས་ 15-16བར་གྱི་རི་མོའི་སྒྱུ་རྩལ་གྱི་ཁྱད་ཆོས་ལྡན་པ་ཞིག་དང་། ཤེར་ཕྱིན་ཡུམ་དམ་པ་དེའི་ཕྱག་གཡོན་དུ་པུ་ཏི་ཞིག་བསྣམས་ཡོད་པ་དེ་ནི་ཤེར་ཕྱིན་གྱི་པུ་ཏི་ཞིག་ཡིན་པའི་ཆ་ནས་གླེགས་ཤིང་དེ་ཤེར་ཕྱིན་ཤོག་མོ་ཆེ་ཞིག་གི་གླེགས་ཤིང་ཡིན་པ་དེ་བས་ངེས་པ་རྙེད། ད་ལྟ་རང་རེ་རྣམས་ཀྱིས་མཇལ་ཐུབ་པའི་ཤེར་ཕྱིན་པོད་ཀྱི་བམ་པོའི་རྫོགས་མཚམས་དང་། གླེགས་ཤིང་སྟེང་དུ་སྤྱིར་གྱི་ཆ་ནས་ཤེར་ཕྱིན་ཡུམ་བཀོད་པ་ཤ་སྟག་ཏུ་འདུག དེ་དང་འདྲ་བར་མདོ་སྡེ་བསྐལ་བཟང་གི་གླེགས་ཤིང་ཡིན་ན་སྤྱིར་གྱི་ཆ་ནས་སངས་རྒྱས་སྟོང་སྐུ་བཀོས་པ་ཞིག་ཡིན་མོད། འོན་ཏེ་ཆབ་མདོ་ཁུལ་དུ་དུས་རབས་17-18པར་བཞེངས་པའི་མདོ་སྡེ་བསྐལ་བཟང་མང་པོ་ཞིག་གི་གླེགས་ཤིང་དུ་རྒྱལ་སྲིད་སྣ་བདུན་དང་བཀྲ་ཤིས་རྟགས་བརྒྱད་བཀོས་པའི་དར་སྲོལ་ཞིག་བྱུང་འདུག ནང་པའི་སྐུ་གསུང་ཐུགས་རྟེན་གྱི་སྟེང་དུ་གོང་གི་རི་མོ་དེ་དག་བཀོད་པའི་སྲོལ་ནི་རྒྱ་བོད་གཉིས་ཀྱི་ཡུལ་དུ་དུས་ཐ་མ་ཞིག་ནས་བྱུང་ཡོད་པར་སྣང་སྟེ། རྒྱ་གར་འཕགས་པའི་ཡུལ་དུ་སྤྱི་ལོའི་དུས་རབས་དང་པོའི་ནང་དུ་བཞེངས་པའི་མཆོད་རྟེན་ཞིག་རོ་ཞིག་ནས་རྙེད་སོན་བྱུང་བའི་རྡོ་བཀོས་ཀྱི་སྟེང་དུ་རྒྱལ་སྲིད་སྣ་བདུན་བཀོད་འདུག་ཅེས་རྒྱ་གར་གྱི་མཛེས་རྩལ་ཞེས་པའི་ནང་དུ་བཤད་འདུག བོད་ལ་ཨུ་ཤང་རྡོའི་ཕོ་བྲང་གི་ཤུལ་དུ་ལུས་པའི་རྡོ་རིང་ཀེད་ཆགས་སུ་སོང་བ་ཞིག་གི་རྒྱབ་མདུན་གང་ཡིན་མ་ཤེས་ཀྱང་ཕྱོགས་གཅིག་ལ་རྒྱལ་སྲིད་སྣ་བདུན་དང་ཕྱོགས་གཞན་ཞིག་ལ་བཀྲ་ཤིས་རྟགས་བརྒྱད་བཀོས་པ་མཇལ་རྒྱུ་འདུག དེར་བརྟེན་བཀྲ་ཤིས་རྟགས་བརྒྱད་དང་རྒྱལ་སྲིད་སྣ་བདུན་བཀོས་པའི་སྲོལ་དེ་དུས་ཐ་མ་ཞིག་ནས་བྱུང་ཡོད་པར་སྣང་།

5 གླེགས་ཤིང་གི་ཡི་གེ།

གླེགས་ཤིང་ཁ་ཤས་ཀྱི་ནང་ངོས་སུ་གཞུང་དེ་དང་འབྲེལ་བ་དམ་པོ་ཡོད་པའི་སྐུ་བརྙན་

(1)གླེགས་ཤིང་དེའི་སྟེང་དུ་བཞུགས་པའི་ལྷ་མགྲོན་རྣམས་ཀྱི་མཚན་བྱང་ཡིན།

ཕུད་པའི་གཞུང་དེའི་དཀར་ཆག་དང་སུའི་ཕྱག་དམ་ཡིན་མིན་སོགས་བྲིས་ཡོད་པ་སྟེ། དཔལ་ཞ་ལུ་དགོན་གྱི་བཀའ་འགྱུར་ལྷ་ཁང་དུ་བཞུགས་པའི་ཤེར་ཕྱིན་ཞིག་གི་གླེགས་ཤིང་ནང་ངོས་སུ་༄།། ཨེ་མ་ཧོ།། མི་མཆོག་དགེ་སློང་རིན་ཆེན་བཀྲ་ཤིས་ཀྱི་ཕྱག་དམ་ཉེ་ཁྲིའི་གླེགས་ཤིང་གི་ཞབས་པད་····རིན་ཐབས་པ་བཀོས།····ཡོངས་ཀྱི་མཆོད་གནས་མཉེས། ཡོན་བདག་བཀྲ་ཤིས་བདེ་ལེགས་ཤོག། དགེའོ། [1]ཞེས་དང་སེ་ར་ཐེག་ཆེན་གླིང་དང་ཕོ་བྲང་པོ་ཏ་ལར་བཞུགས་པའི་ཡུང་ལོའི་བཀའ་འགྱུར་གྱི་གླེགས་ཤིང་ནང་ངོས་སུ་བོད་རྒྱ་ཡིག་རིགས་གཉིས་ཀྱི་ཐོག་ནས་པོད་སོ་སོའི་དཀར་ཆག་བཀོས་ཡོད་པ་འདི་ལྟར། ༄། རྒྱུད་ཀྱི་ཞ་དུམ་ཉེ་ཤུ་རྩ་གཅིག་པ།། ལྷ་མོ་སྒྱུ་འཕྲུལ་དྲྭ་བ་ཞེས་བྱ་བའི་རྒྱུད།། གསང་བ་སྙིང་པོའི་དེ་ཁོ་ན་ཉིད་སྒྱུ་འཕྲུལ་བླ་མ་ཆེན་པོ།།འཕགས་པ་འཇམ་དཔལ་ལས་བཞིའི་འཁོར་ལོ་གསང་བ་རྒྱུད།། དེ་

དུས་རབས་14-15སྐབས་ཀྱི་སྐུ་བརྙན་གྱིས་བརྒྱན་པའི་གླེགས་ཤིང་།

བཞིན་གཤེགས་པ་ཐམས་ཅད་ཀྱི་དགོངས་པ་བླ་ན་མེད་པ་གསང་བའི་ཏ་མཆོག་རོལ་པའི་རྒྱུད་ཆེན་པོ།། དཔལ་ཧེ་རུ་ཀ་སྙིང་རྗེ་རོལ་པའི་རྒྱུད་གསང་བ་ཟབ་མོའི་མཆོག་ཅེས་བྱ་བ།། ཐམས་ཅད་བདུད་རྩི་ལྷའི་རང་བཞིན་དངོས་གྲུབ་ཆེན་པོ།། ཉེ་བའི་སྙིང་པོ་མཆོག་ཅེས་བྱ་བ།། འབྲས་བུ་ཆེན་པོ་ལྔ་བསྐལ་བའོ།། བདེ་གཤེགས་རིགས་ལྔ་ཅེས་བྱ་བ།། བདུས་རྩི་སྦྱོད་པའི་ཐབས།། བདུད་རྩི་བུམ་པའི་ལུང་།། མཁའ་འགྲོ་མ་མེ་ལྕེ་འབར་བའི་རྒྱུད།།དྲགས་སྔགས་འདུས་པ་རྡོ་རྗེ་རྩེ་བའི་རྒྱུད་ཞེས་བྱ་བ།། འཇིག་རྟེན་མཆོད་བསྟོད་སྒྲུབ་པ་རྩ་བའི་རྒྱུད་ཞེས་བྱ་བ།།རྣམས་བཞུགས་སོ།秘密经第二十一圈，大幻化网佛母续，密心珍宝性幻化无上本续，胜者文殊四行密轮本性，一切如来无上秘密慈念游岁良玛本性，吉祥

---

(1) འདི་ནི་དཔལ་ཞ་ལུ་དགོན་དུ་བཞུགས་པའི་གླེགས་ཤིང་ཕྱི་ངོས་སུ་བཀོས་ཤིན་ཏུ་ངོ་མཚར་ཅན་གྱིས་བརྒྱན་པ་དེའི་ནང་དུ་གསེར་ལས་བྲིས་པའི་ཡི་གེ་དེ་ཡིན།

རྒྱ་ཡིག་ཤེར་སྙིང་བཀོད་པའི་གླེགས་ཤིང་།

号鲁噶慈悲游岁堪深蜜意本续，一切忠皆成就五甘露胜近心藏本续，能超五大果本续，五智如来方便成就甘露本续，指修甘露本续，集金刚急行咒根本本续，世间供赞修习根本续[1]དེས་ན་དཔལ་ཞ་ལུ་དགོན་གྱི་གླེགས་ཤིང་ནང་དོན་གྱི་བརྗོད་བྱར་བལྟས་ན། གླེགས་ཤིང་དེ་ལས་ཞ་ལུའི་མི་མཆོག་རིན་ཆེན་བཀྲ་ཤིས་ཀྱི་ཐུགས་དམ་དུ་བཞེངས་པའི་ཤེར་ཕྱིན་པོད་ཉི་ཁྲིའི་གླེགས་ཤིང་ཡིན་པ་དེ་གསལ། གླེགས་ཤིང་དེའི་ཕྱི་དོན་གྱི་ཞིབ་ཚགས་ཆེ་བའི་བརྐོས་རྒྱག་མཁན་གྱི་མཚན་དང་ཡོན་བདག་སུས་བྱས་ཡོད་མེད་བསྟན་པ་དེ་ཡིན། པོ་ཏ་ལ་དང་སེ་ར་དགོན་དུ་བཞུགས་པའི་གླེགས་ཤིང་ནང་དུ་བོད་རྒྱ་ཤན་སྦྱར་གྱི་ཐོག་ནས་ཆོས་ཚན་གྱི་དཀར་ཆག་བཀོད་པ་དེ་ནི་ཡུང་ལོའི་བཀའ་འགྱུར་རྒྱུད་པོད་ཞ་པ་དེའི་གླེགས་ཤིང་ཡིན་པ་བཅས་གསལ་པོར་ཤེས་ཐུབ་པ་ནི་གླེགས་ཤིང་དེའི་ཆེ་ཆུང་དང་ཚོན་རྩི། ལྷག་དོན་དུ་ཡུང་ལོའི་སྐབས་སུ་བོད་ཡིག་གནའ་དཔེ་རྒྱ་ནག་ཏུ་དཔར་ལ་བཏབ་པའི་གནའ་དཔེ་མཐའ་དག་གི་དཔར་བྱང་དུ་ཧོར་དཔར་མ་དང་མི་འདྲ་བར་བོད་རྒྱ་ཤན་སྦྱར་གྱིས་དཀར་ཆག་དང་དཔར་བྱང་སྦྱར་བའི་ཁྱད་ཆོས་འདུག

གླེགས་ཤིང་ལེ་ཚིད་60/18 འདིའི་ནང་དོན་སུ་"揭谛，揭谛，波罗揭谛，波罗僧揭谛，菩提心萨婆诃。"ཞེས་རྒྱ་ཡིག་འདི་ལྟར་བྲིས་འདུག རྒྱ་ཡིག་ཡི་གེ་བཅུ་དྲུག་དེར་ཞིབ་འཇུག་བྱས་པ་ལྟར་ན། དེ་ནི་ལེགས་སྦྱར་སྐད་རྒྱ་ནག་སྐད་དུ་སྒྲ་བསྒྱུར་བྱས་ནས་བྲིས་པ་ཞིག་རེད་འདུག ལེགས་སྦྱར་དེ་ནི་ཤེར་ཕྱིན་སྙིང་པོའི་ཞབས་ཤོག་གི་ལེགས་སྦྱར་སྟེ་ཏུན་ཧོང་pt448ཤེར་ཕྱིན་སྙིང་པོར་揭谛，揭谛，འག་ཏེ། འག་ཏེ་སྟེ་བོད་ཡིག་གི་དོན་ནི། སོང་ཞིག་སོང་ཞིག (སོང་ཤིག་སྔ་མ་ནི་ལམ་ལྔའི་ནང་ནས་ཚོགས་ལམ་དང་། སོང་ཤིག་ཕྱི་

(1)མིང་ཡུང་ལོ་ཁྲི་ལོ་8པ་སྟེ་སྤྱི་ལོ་1410ལོར་ཀརྨ་པ་བདེ་བཞིན་གཤེགས་པས་གཙོ་སྐྱོང་གནང་སྟེ་ཚལ་པའི་བཀའ་འགྱུར་ལ་མ་དཔེ་བཙལ་ཏེ་ནན་ཅིང་དུ་མཚལ་དཔར་བཏབ། ཁྱོན་གླེགས་བམ་106ཡོད། གླེགས་བམ་སོ་སོའི་ཆོས་ཚན་དཀར་ཆག་བོད་རྒྱ་ཤན་སྦྱར་གྱི་ཐོག་ནས་གླེགས་ཤིང་གི་ནང་དོན་སུ་བཀོད་འདུག འདི་ནི་བཀའ་འགྱུར་དཔར་དུ་བརྐོས་པའི་ཐོག་མ་ཡིན།

མ་ནི་སྤྱོར་ལམ་སྟེ་དེར་སོང་ཤིག་ཅེས་པའི་དོན་ཡིན།)波罗揭谛，པ་ར་འགཱ་ཏེ། བོད་ཡིག་དོན་ནི་ཕ་རོལ་དུ་སོང་ཞིག(ཕ་རོལ་མཐོང་ལམ་དུ་སོང་ཤིག)波罗僧揭谛， པ་ར་སང་འགཱ་ཏེ། བོད་ཡིག་དོན་ནི། ཕ་རོལ་ཏུ་ཡང་དག་པར་སོང་ཞིག(ཕ་རོལ་སྒོམ་ལམ་དུ་ཡང་དག་པར་སོང་ཤིག)菩提心萨婆诃。བྷོ་དྷི་སྭཱ་ཧཱ། བོད་ཡིག་ཏུ་ཕ་རོལ་དུ་བྱང་ཆུབ་ཏུ་གཞི་ཚུགས། (བྱང་ཆུབ་ཆེན་པོ་སངས་རྒྱས་ཀྱི་སར་སོང་ཤིག) ཞེས་པའི་དོན་ཡིན་གཤིས།[1]དེས་ན་རྒྱ་ཡིག་བྲིས་པའི་གླེགས་ཤིང་དེ་ནི་ཤེར་ཕྱིན་སྙིང་པོ་ཞིག་གིས་གླེགས་ཤིང་ཡིན་པ་ངེས་འཛིན་བྱས་ན་བདེན་པར་སེམས་སོ།

གཉིས། གླེགས་ཐག

1 གླེགས་ཐག་གི་བྱུང་བ།

གླེགས་བམ་གྱི་གླེགས་ཐག་གམ་སྐུ་རགས་དེ་ནི་གསུང་རབ་གླེགས་བམ་གྱི་སྒྲིལ་ཆས་ཁྲོད་ནས་བརྗོད་ན་བྱུང་སྔ་ཤོས་དེ་ཡིན། གང་ཡིན་ཟེར་ན། གླེགས་བམ་གྱི་སྐུ་རགས་བྱེད་ནུས་ནི་ཐོག་མར་གསུང་རབ་དེ་དག་ཁ་འཐོར་དུ་མི་འགྲོ་བའི་སླད་དུ་གསུང་རབ་གླེགས་བམ་དང་ལྷན་ཅིག་ཏུ་གོམ་འགྲོས་བསྒྱུར་ནས་བྱུང་། གླེགས་བམ་ཁ་འཐོར་དུ་མི་འགྲོ་བར་བྱེད་ནུས་ཐོན་པའི་སྒྲིལ་ཆས་ཀྱི་ངོས་ནས་བརྗོད་ན་གླེགས་ཤིང་དང་དཔེ་རས་སོགས་ཡོད་ཙང་དེ་དག་གི་བྱེད་ནུས་སྐུ་རགས་དང་བསྡུར་བ་ཡིན་ན་སྐུ་རགས་དེ་གཙོ་བོ་ཡིན། འོ་ན་གླེགས་ཐག་གིས་གནའ་དཔེ་ཁ་འཐོར་དང་དཔེ་རྙོག་ཇི་ལྟར་འགོག་ཐུབ་བམ་ཞེས་ན། དེ་ཡང་གནའ་དཔེའི་ཐད་དུ་གསལ་བའི་སྔོར་ཐིག་ལས་ཞུས་ན་དོན་གོ་ཆེ་བ་ཡིན་ཏེ། ཐོག་མར་རྒྱ་གར་འཕགས་པའི་ཡུལ་དུ་དུས་རབས་1-2པའི་ནང་དུ་གསུང་རབ་ཁག་གླེགས་བམ་དུ་བསྒྲུབ་དུས། གསུང་རབ་དེ་དག་གི་སྟེང་དུ་ལྡེབ་གྲངས་དང་མཚན་བྱང་འགོད་སྲོལ་མེད་སྐབས་གསུང་རབ་བྲིས་མ་དེ་དག་གོང་འོག་འཁྲུགས་པ་དང་། ཐ་ན་གསུང་རབ་ཀྱི་ལྡེབ་གྲངས་རྒྱབ་མདུན་ནམ་ཉིན་སྲིབ་ཀྱང་འབྱེད་དཀའ་བའི་གནས་ཚུལ་ཐོན་གྱི་ཡོད། གནས་ཚུལ་དེ་དག་མི་ཡོང་བའི་སླད་དུ་གསུང་རབ་ཀྱི་མདུན་ནམ་ཉིན་ངོས་དེ་ངོས་འཛིན་སླ་བའི་ཆེད་དུ། ལྡེབ་གྲངས་ཀྱི་མདུན་ངོས་འགོ་འཚུགས་མ་ཐག་ཏུ་ཨོཾ་ཡིག་བྲིས་ཡོད་ཙང་གསུང་

[1] 法藏敦煌pt448(藏译汉文般若心经)

དུས་རབས་18པར་བཏགས་པའི་གླེགས་ཐག་འདོམ་པ་བརྒྱད་ཅན།

རབ་ཏེ་ཙམ་འཁྲུགས་ཀྱང་། ང་ཚོས་གསུང་རབ་ཀྱི་ཉིན་སྲིབ་དེ་ལམ་སེང་དབྱེ་བ་འབྱེད་ཐུབ་པ་ནི་གསུང་རབ་སླ་བ་དགེ་འདུན་ཆོས་འཕེལ་གྱིས་ཀྱང་དབུ་ཤོག་གི་དང་པོ་ལ་ཨོཾ་ཞིག་བྲིས་པ་མ་གཏོགས་གཞན་ལྡེབ་རེ་རེའི་མགོ་ལ་ཏིང་ཀྱུག་སོགས་བྲིས་པ་ཡང་མི་སྣང་བས་ཁ་ཚོར་ཆེ་ལྡེབ་ཀྱི་ཉིན་སྲིབ་གང་ཡིན་ཀྱང་མི་ཤེས།(1) ཞེས་པས་ང་ཚོས་ལྡེབ་གྲངས་ཀྱི་ཉིན་སྲིབ་ཐད་ཀར་དུ་ངོས་འཛིན་ཐུབ། གནས་ཚུལ་དེ་ལྟར་མི་ཡོང་བའི་སླད་དུ་བོད་ཡིག་དཔེ་རྙིང་བྲིས་མ་ཆེས་མང་གྲས་ཀྱི་ལྡེབ་གྲངས་ཀྱི་མདུན་དུ་བོད་ཡིག་ན་དང་རྒྱབ་ངོས་སུ་བོད་ཡིག་བ་ཡིག་བྲིས་པའང་གནས་ཚུལ་དེ་འགོག་པའི་ཆེད་དུ་ཡིན་པ་ནི་ན་ཡིག་གིས་ལྡེབ་གྲངས་ཀྱི་ཉིན་ངོ་དང་བ་ཡིག་གིས་ལྡེབ་གྲངས་ཀྱི་སྲིབ་ངོ་མཚོན་པ་རེད། གལ་ཏེ་སྔོན་དུ་གསུངས་པ་ལྟར་གླེགས་བམ་ལ་ལྡེབ་གྲངས་མེད་ན་ཉིན་སྲིབ་ཀྱི་དབྱེ་བ་ཇི་ཙམ་ཁ་གསལ་པོ་བཟོས་ཀྱང་བོད་ཀྱི་ལྡེབ་གྲངས་གོ་རིམ་སྒྲིག་ཐབས་བྲལ། དེར་བརྟེན་གླེགས་བམ་གྱི་ལྡེབ་གྲངས་མ་འཛོལ་སླད་དུ་ལྡེབ་གྲངས་ཀྱི་སྟེང་དུ་གསལ་བའི་སྒོར་ཐིག་མིག་ཕྱུག་དེའི་ནང་དུ་འབྲེང་པོ་དང་རྩེད་སྐུད་བརྒྱུས་ཏེ་གླེགས་བམ་གྱི་གོ་རིམ་ཟིན་གྱི་ཡོད་པ་སྟེ། རྒྱལ་ཁམས་རིག་པས་བསྐོར་བའི་གསེར་ཐང་དུ། ཤིང་ཏ་ལའི་ལོ་མ་ལེགས་པར་འཕྱུལ་བ་ན་དཔེ་རིང་གི་ཚད་དུ་བཅད། ལྡེབ་རེ་རེ་བཞིན་སུམ་ཆའི་མཚམས་ནས་ཁུང་བུ་གཉིས་ཤག་ཕུག དེ་བཞིན་གླེགས་ཤིང་ལ་ཡང་ཕུག་ནས་ནང་དུ་སྐུད་པ་རིང་པོ་ཞིག་དྲངས་ཏེ་མདུན་དུ་མདུད་པ་བོར་ནས་སྐྱེད་པར་བཅིངས་ཏེ་འཇོག བཀའ་པོད་སྐྱེ་རགས་སུ་བཅིངས་བྱ་བ་དེ་འདྲ་ནས་བྱུང་

(1)དགེ་འདུན་ཆོས་འཕེལ་གྱིས་མཛད། རྒྱལ་ཁམས་རིག་པས་བསྐོར་བའི་གཏམ་རྒྱུད་གསེར་གྱི་ཐང་མའི་སྟོད་ཆ། ནུབ་བྱང་མི་རིགས་སློབ་ཆེན་གྱི་དཔར་མ། ཤོག་གྲངས་199ལས་དྲངས།

པ་མིན་ནམ་སྙམ། གླིག་རན་ཚོ་ཐག་པ་རན་པར་སློད་ནས་ལྷེབ་རྣམས་དལ་བུས་བསྒྱུར་ཏེ་འདོན། དེའི་ཕྱིར་ལྷེབ་འཁྲུག་དོགས་མེད་པས་རྒྱ་དཔེ་ཕལ་ཆེར་ལ་ཁ་ཡིག་གམ་ལྷེབ་གྲངས་

སྐུ་བརྙན་དང་རྡོ་རྗེ་བཀོད་པའི་ཆབ་མགོ

མ་བཀོད་པ་དེ་ཡིན། ཞེས་གསུངས་པས་ཀྱང་གསུང་རབ་ཀྱི་ལྷེབ་གྲངས་འགོད་སྲོལ་མ་བྱུང་བའི་ཡར་སྔོན་དུ་གསུང་རབ་ལྷེབ་ཀྱི་ཉེན་སྲིབ་དང་ལྷེབ་གྲངས་མི་འཁྲུག་པའི་བྱེད་ནུས་གཙོ་བོ་ཟིན་མཁན་དེ་ནི་སྒོར་ཐིག་ནང་དུ་བརྐྱུས་པའི་རྒྱུན་བུའམ་སྐེང་སྐུད་དེ་ཡིན། བོད་ལ་མཆོན་ན་ཁྲི་སྲོང་ལྡེའུ་བཙན་གྱི་(742-797)སྐུ་དུས་སུ། ལྷངས་ཁམས་པ་གོ་ཆས་འབུམ་ཐུགས་ལ་བཟུང་ནས་བོད་ལ་ཕེབས། དེ་རྗེས་བཙན་པོའི་དབུ་སྙཱ་དང་རམས་ལ་སྣུག་ཚ་བྱས་ནས་བྲིས་པས། རེག་ཟིག་སྔོན་པོ་ཞེས་ཀྱང་མཚན་བཏགས་སྟེ། བཞི་དུམ་པ་ཡིན་སྐད། ལོ་དྲུག་གླིག་འདོན་བྱས། སྐུ་ཚིངས་མ་ཚིངས། ཐུགས་ཀྱི་ཐུར་མ་ལ་བརྐྱུས་པས་མིང་ཡང་ཐུགས་ཐུར་ཅན་དུ་གྲགས་སྟེ། སྔོན་བསམ་ཡས་ན་བཞུགས་པའི་ཐུགས་ཐུར་ཅན་ནོ།[(1)] ཞེས་པ་ལྟར་ན་ཁྲི་སྲོང་ལྡེའུ་བཙན་གྱི་(742-797)སྐུ་དུས་སུ། འབུམ་དེ་ལོ་དྲུག་གླིག་འདོན་རྒྱུན་མཐུད་བྱས་སྐབས་ཉེན་ལྟར་རྒྱུན་བུ་དེ་མིག་ཕུག་ནང་དུ་བརྐྱུས་འཛིན་བྱ་རྒྱུ་དེ་ནི་ལས་སླ་ཏིག་ཏུ་མཐོང་ནས་མིག་ཕུར་མ་བརྐྱུས་པར་ཕྱི་ཙུ་བཞག་སྟེ་འབུམ་དེ་གླིག་འདོན་སྐབས་བདེ་ཡོང་ཆེད་མིག་ཕུག་ཏུ་ཐུགས་ཐུར་བརྐྱུས་ནས་ལྷེབ་གྲངས་ཀྱི་གོ་རིམ་ཟིན་པས་འབུམ་ཐུགས་ཐུར་ཞེས་བྱུང་བར་བལྟས་ན། སྐབས་དེ་དུས་བོད་ཡིག་གནའ་དཔེའི་ལྷེབ་གྲངས་འགོད་སྲོལ་དེ་

(1)ཤེས་རབ་ཀྱི་ཕ་རོལ་དུ་ཕྱིན་པའི་བམ་པོ་དང་ལེའུ་དང་ཤད་དང་། ཚིག་དང་གྲངས་བཞུགས་པའི་ཚད་བསྟན་པ། དཔེ་རྙིང་བྲིས་མའི་ལྷེབ་གྲངས་5ལས་དྲངས།

རྡོ་པར་བཀོད་པའི་ཆབ་མགོ

བྱུང་སྐབས། བོད་ཀྱི་རྒྱལ་པོ་ཁྲི་སྲོང་ལྡེའུ་བཙན་གྱི་(742-797)རྗེས་ནས་གནའ་དཔེ་གློག་འདོན་སྐབས་བདེ་ཡོང་ཆེད་གཅིག་བོད་ཡིག་གནའ་དཔེའི་ལྡེབ་གྲངས་འགོད་པའི་སྲོལ་དེ་བྱུང་བ་དང་སྔགས་གསུང་རབ་ཀྱི་མིག་ཕུར་བརྒྱུས་པའི་རྒྱུན་བུ་དེ་རིམ་པས་བཞིན་ཕྱི་ལ་བཅིངས་པའི་སྲོལ་དེ་མགོ་འབུད་པར་སེམས། བོད་ཀྱི་རྒྱལ་པོ་ཁྲི་གཙུག་ལྡེ་བཙན་ཁྲི་རལ་པ་ཅན་(815-836)གྱི་སྐབས་སུ་མིག་ཕུར་བརྒྱུས་པའི་རྒྱུན་བུ་དེར་གླེགས་ཐག་ཅེས་བེད་སྤྱོད་གཏོང་སྲོལ་བྱུང་ཟིན་པ་སྟེ། Pt1128ཧྭའི་ལོ་ལ་དར་མ་ཤེས་རབ་འབུམ་པ་ སྡེ་བརྒྱད། ཤ་ཙུར་བྲིས་ནས། ཤ་ཙུ་གཞིར་བཞག་པ་དང་། བདེ་གམསུ་བརྫངས་པའི་ཕྱི་ཆས་དང་། གླེགས་ཐག་དང་། མེན་ཏྲི་ལ་སྒྲོགས་པ། ལས་གོད་ཅེས་གསོལ་བ་ནི། །དཔྱ་ལས་སྦྱོར་ཆག་པར་བླ་ནས་འཐད་པ་འམ། འདི་བཞིན་གོད་སར། རྩེ་རྗེ་གནས་བརྟན་དང་། དར་མ་འདྲི་བ་རྣམས། གྱི་ སུག་རྒྱ་འཆང་བ་ཡང་མ་མཆིས་པས། སྐྱེས་འདིའ་ཚེ་ཡང་གོད་དུ་མ་སྐལ། སྔད་ཀྱི་བསྟན་བརྗེས་བཟང་པོ་ཞིག་མཆིས་ན། གོད་དུ་སྐལ་ཚང་ཚད་མས་དབྲི་བར་བགོས་སོ།[(1)] ཞེས་དཔྱ་

(1)敦煌法藏本peltib128 上海古籍出版社。

ཆད་པའི་རྩིས་ཐོ་ལས་དར་མ་ཤེས་རབ་འབུམ་པ་སྦྱི་བརྒྱད། ཤ་ཅུར་ཡིག་མཁན་གྱིས་བྲིས་ཏེ་ཤ་ཅུའི་གོམས་སྲོལ་གཞིར་བཞག ཤེར་ཕྱིན་འབུམ་དེ་དག་ཡུལ་བདེ་ཁམས་སུ་བཙྫངས་པའི་ཕྱི་ཆས་ཏེ་གླེགས་བམ་གྱི་ཕྱིའི་སྒྲིལ་ཆས་གླེགས་ཐག་དང་མེན་ཏྲི་སྔེ་དཔེ་རས་བཅས་དགོས་ཞེས་འཁོད་པས་ལས་དུས་རབས་9པའི་སྐབས་ནས་བོད་ལ་གླེགས་ཐག་ཅེས་པ་དེ་བྱུང་ཟིན་པ་ར་སྨྲོད་ཐུབ། དེ་ནས་གནའ་དཔེའི་གོ་རིམ་དེ་ལྗེབ་གྲངས་ཀྱིས་ཟིན་པའི་རྗེས་སུ་གནའ་དཔེ་གློག་འདོན་སྤྱབས་བདེ་དང་བཀོལ་སྤྱོད་བདེ་བའི་ཆེད་དུ་གླེགས་ཐག་དེ་ཕྱི་ཉ་བཅིངས་པ་མ་ཟད་དེ་དང་ལྷན་ཅིག་ཏུ་གླེགས་ཐག་གི་སྣེ་གཅིག་ཏུ་དངུལ་དང་ལྕགས་རིགས་སོགས་ཀྱི་རྒྱུ་ཆ་ལས་བཟོས་པའི་ཆབ་མགོ་ཡང་མི་འདྲ་བ་རེ་རེ་བཏགས་པའི་སྲོལ་དེ་བྱུང་། ཆབ་མགོ་དེ་དག་གི་སྟེང་དུ་ཡི་གེ་དང་སྐུ་བརྙན་མི་འདྲ་བ་བཀོས་ཡོད་པ་སྟེ་ཡི་གེར་ཆ་བཞག་ན་མ་ཎི་ཡིག་དྲུག་དང་སྐུ་བརྙན་ལ་ཆ་བཞག་ན་སྟོན་པའི་སྐུ་བརྙན་དང་མཆོད་རྟེན། རྫོ་པར། ཕྱུ་སྐྱེས་པད་མ། རྡོ་རྗེ་རྒྱ་གྲམ་སོགས་བཀོས་འདུག དེ་དག་སོ་སོར་མཚོན་བྱེད་རེ་རེ་ཡོད་མོད་ཀྱང་སྐུ་བརྙན་དང་མཆོད་རྟེན་ཟུང་དུ་བཀོད་པའི་མཚོན་དོན་ནི་ཕྱུ་སྐྱེས་པདྨས་གསུང་གི་རྟེན་དང་། སྐུ་བརྙན་དེས་སྐུའི་རྟེན། མཆོད་རྟེན་དེས་ཐུགས་ཀྱི་རྟེན་སོགས་མཚོན་གྱི་ཡོད་ཅེས་གསུངས་སྲོལ་འདུག

2 གླེགས་ཐག་གི་རྒྱུ་སྤུས།

གསུང་རབ་འབྲི་བཞེངས་གནང་མཁན་གྱི་སྦྱིན་བདག་ཆོས་རང་རང་གི་འཁོས་འཐྱོར་ལ་གཞིགས་པའི་གསུང་རབ་ཀྱི་སྐུ་རགས་ལའང་སྣ་མིན་སྣ་ཚོགས་སུ་སྣང་སྟེ། སྤྱིར་བཏང་གི་སྐུ་རགས་རྒྱུན་བུ་ནས་གཙོགས་ཆེན་གྱི་སྐུ་རགས་དར་སྐུད་ཀྱི་ཚོན་སྣ་ལྡས་ལན་བུར་བསྒྲིལ་བ་སོགས་ཡོད། དཔེར་ན་རྒྱལ་བ་ལྔ་པ་ངག་དབང་བློ་བཟང་རྒྱ་མཚོའི་དགོངས་རྫོགས་སུ་བཞེངས་པའི་བཀའ་འགྱུར་ཁག་གི་སྐུ་རགས་སྟེ། སྤྱི་ལོ1683ལོ་སྟེ་ཆུ་ཕག་ལོར་ཤར་འོལ་ཁ་སྟག་རྩེར་བཞེངས་པའི་བཀའ་འགྱུར་གྱི་གླེགས་ཐག་སི་ཏ་ཧོར་དམར་པོའི་གླེགས་ཐག་དགུས་འདོམ་པོ་བརྒྱད་ལྷག་ཙམ་ཡོད་པར་རག་ཚགས་གསེར་གྱི་གླེགས་ཆབ་མིག་གཉིས་རྫེ་པར་ཧོར་མགོ་མ་དང་བསགས་པ་རྣམས་བཟོ་བཀོད་ཕུན་སུམ་ཚོགས་པ། དེའི་ཞོར་སྣན་སླའི་མདོ་ཚོག་པོ་ཏེ་གསུམ་གྱི་སྐུ་རགས་སུ་ལིང་དམར་བཞི་ལྗེབ་ཀྱི་གླེགས་ཐག་ལྕགས་ཀྱི་

ཆབ་མིག་གཉིས་མ་དང་། སྤྱི་ལོ་1682-1690ལོར་ཡར་གསུམ་ལྷུན་པོ་རྩེའི་ཉེ་འདབ་བཟད་མཐོང་སྨོན་གཞིས་ཀར་བཞེངས་པའི་བཀའ་འགྱུར་གྱི་སྐུ་རགས་སུ་ཆེད་དུ་མངགས་པའི་སི་ཏ་ཧ་དམར་པོའི་གླིགས་ཐག་དཀྲུས་འདོམ་བརྒྱད་མ། རྒྱ་རག་ཚ་ཟེར་ཅན་གྱི་ཆབ་མགོ་མིག་གཉིས་མ། སྤྱི་ལོ་1682-1690ལོར་ཤར་འོལ་དགའ་སྟག་རྩེར་བཞེངས་པའི་བཀའ་འགྱུར་གྱི་སྐུ་རགས་སུ་སི་ཏ་ཧ་ཁྲ་བོའི་གླིགས་ཐག་རག་གི་ཆབ་མགོ་མིག་གཉིས་ཅན། སྤྱི་ལོ་1686ལོ་སྟེ་མེ་སྟག་བཟད་མཐོང་སྨོན་གཞིས་ཀར་བཞེངས་པའི་བཀའ་འགྱུར་གྱི་སྐུ་རགས་སུ་སི་ཏ་ཧ་དམར་པོའི་གླིགས་ཐག ས་སྤྲེལ་འཕྱོངས་རྒྱས་འཕྱིང་བ་སྟག་རྩེར་བཞེངས་པའི་བཀའ་འགྱུར་གྱི་སྐུ་རགས་སུ་སི་ཏ་ཧ་ཁྲ་བོའི་གླིགས་ཐག་དཀྲུས་འདོམ་བརྒྱད་ཁྲུ་གང་ཙམ་རེ་ཡོད་པ། རག་གི་ཆབ་མགོ་མིག་གཉིས་འབྱར་བ། སྤྱི་ལོ་1682ལོ་སྟེ་ཆུ་ཁྱི་ལོར་ཚ་བ་མཇོ་སྒང་དུ་བཞེངས་པའི་བཀའ་འགྱུར་སྐུ་ཆོས་ཀྱི་སྐུ་རགས་སུ་སྐྱི་རྒྱའི་གླིགས་ཐག་པར་མ་ལྕགས་ཆབ་མིག་གཉིས་མ། སྔོ་རོང་རྫོང་དུ་བཞེངས་པའི་བཀའ་འགྱུར་གྱི་སྐུ་རགས་སུ་སྐྱི་རྒྱའི་གླིགས་ཐག་ལནྡྲའི་པར་མ་ལྕགས་ཆབ་མིག་གཉིས་མ། སྤྱི་ལོ་1683ལོ་སྟེ་ཆུ་ཕག་ལོར་ཤེར་དཀར་མི་འགྱུར་རྡོ་རྗེ་རྫོང་དུ་བཞེངས་པའི་བཀའ་འགྱུར་གྱི་སྐུ་རགས་སུ་སྐྱི་རྒྱའི་གླིགས་ཐག་པར་མ་ལྕགས་ཆབ་མིག་གཉིས་མ། སྤྱི་ལོ་1684ཤིང་བྱི་ལོར་ཤ་པ་མདོར་མི་འགྱུར་ལྷུན་གྲུབ་རབ་བརྟན་དུ་བཞེངས་པའི་བཀའ་འགྱུར་གྱི་སྐུ་རགས་སུ་སྐྱི་རྒྱའི་གླིགས་ཐག་པར་མ། ལྕགས་ཀྱི་གླིགས་ཆབ་མིག་གཉིས་མ། དེ་མིན་ད་དུང་ཅོ་ནའི་ཡུལ་དུ་གསུང་པའི་འཇམ་དབྱངས་ཀྱི་ སྦྱོར་ཐང་དང་ཞང་ཞུང་མཁྱེན་རབ་ཀྱིས་གསུངས་པའི་ཀླུ་འབུམ་དང་རྗེ་ཙོང་ཁ་པའི་གསུང་འབུམ་སོགས་པོ་ཏི་གོ་བཞི་ཡོད་པ་དེ་དག་ནས་པོ་ཏི་ཉེ་ཤུ་རྩ་བརྒྱད་ལ་སི་ཏ་ཧ་དམར་པོའི་གླིགས་ཐག་རག་ཆབ་ཅན། པོ་ཏི་བཅུ་གཅིག་ལ་སི་ཏ་ཧ་དཀར་པོའི་གླིགས་ཐག་དངུལ་གྱི་ཆབ་གཅིག པོ་ཏི་བཅོ་ལྔ་ལ་སི་ཏི་ཧ་ལྔང་གུའི་གླིགས་ཐག་དངུལ་ཆབ་གོང་མཚུངས། པོ་ཏི་ཉེ་ཤུ་ལ་སི་ཏ་ཧ་སྔོན་པོའི་ཧང་གི་གླིགས་ཐག་དངུལ་ཆབ་གོང་མཚུངས། པོ་ཏི་ཉེ་ཤུ་ལ་སི་ཏ་ཧ་ལྕུ་ཧང་གི་གླིགས་ཐག་དངུལ་ཆབ་གོང་མཚུངས་[1]ཞེས་པ་སོགས་ལས་བོད་ཀྱི་གསུང་རབ་ཀྱི་སྐུ་རགས་དང་ཆབ་མགོ་བཅས་རྒྱུ་སྤུས་ཅི་ཞིག་ཡིན་པ་རྒྱལ་མཆོག་ལྔ་

(1) དྲིན་ཅན་རྩ་བའི་བླ་མ་ངག་དབང་བློ་བཟང་རྒྱ་མཚོའི་ཐུན་མོང་ཕྱིའི་རྣམ་ཐར་དུ་ཀཱུ་ལའི་གོས་བཟང་གླེགས་བམ་གསུམ་པའི་འཕྲོས་བཞི་པ། བྲིས་མ། ཤོག་གྲངས་ 223ལས་དྲངས།

པ་ཆེན་པོའི་དགོངས་རྫོགས་སུ་བཞེངས་པའི་བཀའ་འགྱུར་གྱི་སྐུ་རགས་ལས་ཁ་གསལ་ཞིག་རྫོགས་ཐུབ་པོ།

གསུམ། གདོང་དར།

1 གདོང་དར་གྱི་བྱུང་བ།

གསུང་རབ་ཀྱི་སྒྲིལ་ཆས་སུ་ཚུད་པའི་གདོང་དར་དེ་ནི་དུས་རབས་སྔ་མོ་ཞིག་ནས་བྱུང་ཡོད་བཟོ་མི་སྣང་། སྔོན་གྱི་གདོང་དར་ཡིན་ན་གསུང་རབ་དེའི་དབུ་ཤོག་དང་ལྷན་ཅིག་ཏུ་སྒྲིར་ནས་འདུག སཱ་སྐྱ་བྱང་དགོན་ཉམས་གསོ་བྱེད་སྐབས་སཱ་སྐྱ་བྱང་དགོན་གྱི་དཔེ་མཛོད་ཆེན་པོ་གསུམ་དུ་གྲགས་པའི་ཡ་གྱལ་སྒོ་ཙུམ་དཔེ་མཛོད་ཁང་ནས་ཐོན་པར་གྲགས་པའི་གསུང་རབ་ཁག་ཅིག་ལ་སྔོན་གྱི་གདོང་དར་གང་ཡིན་པ་དེ་དག་གཞན་གྱིས་བཟོ་བཅོས་མེད་པར་སྔར་བཞིན་སྣང་། དེ་དག་གསུང་རབ་ཀྱི་དབུ་ཤོག་དང་ལྷན་ཅིག་ཏུ་འབྲེལ་འདུག་ལ་ད་དུང་ཀ་མད་ཀྱི་པོད་གྲངས་བཟུང་བའི་ཚབ་ཏུ་གདོང་དར་གྱི་སྟེང་དུ་ཕར་ཆེན་བཏབ་པའི་བྱ་ཁྱུང་ཁྱུང་དཀར་པོ་བརྒྱབ་སྟེ་པོད་གྲངས་ཟིན་པའང་འདུག གདོང་དར་ནི་གོང་དུ་བརྗོད་པའི་སྒྲིལ་ཆས་ཁག་དང་བསྡུར་ན་ཅུང་ཟད་ཞིག་ཕྱིས་ནས་དར་བར་མཐོང་། གང་ཡིན་ཟེར་ན། ད་ལྟ་ང་ཚོས་མཇལ་ཡུལ་དུ་མཆིས་པའི་གསུང་རབ་མང་པོ་ཞིག་སྔོན་གྱི་མཆོད་རྟེན་དང་ས་འོག་ནས་ཐོན་པ་ཞིག་རེད་འདུག གསུང་རབ་དེ་དག་ལ་སྐུ་རགས་ཕུད་པའི་དྲིལ་ཆས་གཞན་ཡོད་པའི་སྲོལ་མི་སྣང་། དེ་སྔ་ར་ལུང་དགོན་དུ་གནའ་དཔེ་རྟོག་ཞིབ་ལ་བསྐྱོད་སྐབས་སུ། དགོན་པའི་འདུ་ཁང་གི་རྩིག་ཁུག་ཞིག་ཏུ་དཔེ་རྙིག་མང་པོ་ཞིག་ལུད་ལྟར་སྤུངས་འདུག དེ་དག་ཙུང་ཟད་ཞིག་གོ་རིམ་བསྒྲིགས་སྐབས་དགོན་དེའི་འགན་ཁུར་མཁན་སྐུ་ཞབས་ལགས་དང་བཀའ་མོལ་བྱུང་བ་ལྟར་ན། དཔེ་རྙིང་དེ་དག་ནི་ར་ལུང་དགོན་དང་ཐག་མི་རིང་བའི་སར་བཀྲ་ཤིས་སྒོ་མང་མཆོད་རྟེན་ཞིག་འདུག་པ། དེའི་ནང་ནས་ཐོན་པའི་དཔེ་རྙིང་ཞིག་རེད་ཅེས་གསུངས་ཀྱི་འདུག ང་ཚོས་དཔེ་རྙིང་དེ་དག་བསྒྲིགས་སྐབས་སུ་དཔེ་རྙིང་དེ་དག་ལ་དྲིལ་ཆས་སོགས་ཡོད་མེད་ཀྱི་བཀའ་དྲི་ཞུས་པས་ཁོང་ཚོས་དཔེ་རྙིང་དེ་དག་མཆོད་རྟེན་གྱི་ནང་ནས་ཐོན་དུས་པོ་ཏི་སོ་སོ་རྒྱན་བུས་བསྡམས་ཡོད་པ

དུས་རབས་17སྐབས་ཀྱི་གདོང་དར་ལྷ་བརྩེགས་ཅན།

ཙམ་ལས་དེ་དག་ལ་སྒྲིལ་ཆས་གཞན་ཡོད་པའི་གསུང་སྒྲོས་མི་གདའ་བ་དེ་དང་གཅིག ད་དུང་2011ལོར་མངའ་རིས་ས་ཁུལ་དུ་གནའ་དཔེ་ཡོངས་བཤེར་ལ་འགྲོ་སྐབས་སྤུ་ཧྲེང་རྫོང་འཁོར་ཆགས་དགོན་པའི་ནང་དུ་བཞུགས་པའི་དཔེ་རྙིང་དེ་དག་ཀྱང་ཐོག་མར་གྱུང་གོག་གི་འོག་ནས་ཐོན་སྐབས་སྒྲིལ་ཆས་སོགས་གང་ཡང་མི་སྣང་ཞེས་པ་སོགས་ལས་བོད་ཀྱི་གསུང་རབ་ལ་དུས་རབས་10པའི་ནང་དུ་གདོང་དར་བསྒྲོན་པའི་སྲོལ་དེ་བྱུང་བར་སེམས།

2 གདོང་དར་གྱི་རྒྱུ་སྐུས།

བོད་ཀྱི་གསུང་རབ་ལ་གདོང་དར་བསྒྲོན་སྲོལ་བྱུང་བ་དེ་ལས་ང་ཚོས་ཤུགས་ལ་གནས་ཚུལ་གཞན་ཞིག་རྟོགས་ཐུབ་པ་ནི་བོད་ཀྱི་ཡུལ་ལུང་ཁག་ཏུ་གསུང་རབ་ཏ་ཅང་གིས་འབོར་ཆེན་པོ་ཞིག་བྱུང་ཟིན་པ་དེ་ཤེས། གསུང་རབ་དེ་དག་ལ་དྲིལ་ཆས་གཞན་རྣམས་བསྒྲོན་ནས་ཀུན་དགའ་ར་བའི་ནང་དུ་གྲལ་ལ་མངའ་བ་བཞིན་འཛོག་སྐབས། གསུང་རབ་དེ་དག་གི་ནང་དོན་གང་ཞིག་ཡིན་པ་དེ་དག་གདོང་དར་གྱི་སྟེང་དུ་ཤིན་ཏུ་བསྡུས་པའི་སྒོ་ནས་བྲིས་ཏེ་ཀ་མད་ལ་གོ་རིམ་བཅོལ་ཏེ་ཀུན་དགའ་ར་བར་བསྒྲིགས་ཏེ་ལྷ་གློག་དང་བདག་གཉེར་

སྣ་བའི་ཆེད་དུ་ཡིན། དེ་བཞིན་དུ་གསུང་རབ་དེ་འབྲི་བཞེངས་གནང་སྐབས་སྤྱིན་བདག་གི་འཁོས་འགྱུར་ལ་གཞིགས་པའི་གསུང་རབ་དེ་དག་ལ་གདོང་དར་རབ་འབྲིང་ཐ་གསུམ་སྟེ་གདོང་དར་ལྔ་བརྩེགས་ནས་ལན་གཅིག་མའི་བར་དུ་བསྒྲོན་སྲོལ་བྱུང་ཡོད་པ་སྟེ། ལྔ་པ་ཆེན་པོའི་དགོངས་རྫོགས་སུ་བཞེངས་པའི་བཀའ་འགྱུར་ཁག་གི་གདོང་དར་ཏེ་སྤྱི་ལོ་1683ལོ་སྟེ་ཆུ་ཕག་ལོར་ཞར་འོལ་དགའ་སྟག་རྩེར་རྒྱལ་བའི་བཀའ་འགྱུར་བཞེངས་པ་དེ་དག་གི་གདོང་དར་བཞི་བརྩེགས་ཀྱི་སྟེང་ནས་རིམ་པས་དིང་ཕོན་དམར་ཁྲ་ཚོན་སྣ་ཚོགས་གསེར་མ་ནང་ཤ་ལིང་ལྷང་། གོས་སྐྱེར་འཇམ་སེང་ནང་ཤ་བྱུང་དར་སྔོན་པོ། གོས་དམར་འཇམ་སང་ཐོག་དར་སྐྱུད་དམར་པོའི་ཕར་ཆེན་གྱི་ག་ཐོ་མཚན་བྱུང་ནང་ཤ་ལིང་སྐྱེར། ག་རས་སྔོང་ཤུན་མར་སོ་སོའི་བཞུགས་བྱང་འཁོད་པ། ཞལ་ཁེབས་གདོང་དར་རྣམས་ལ་ཚོན་སྤེལ་གྱི་མཐའ་བཅད་སྟོང་སྐྱུད། སྤྱི་ལོ་1684ལོ་སྟེ་ཤིང་བྱི་ལོར་ཡར་གསུམ་ལྷུན་པོ་རྩེའི་ཉེ་འདབས་བཟད་མཐོང་སྨོན་གཞིས་ཀར་བཞེངས་པའི་བཀའ་འགྱུར་གྱི་གདོང་དར་བཞི་བརྩེགས་ཀྱི་སྟེང་ནས་རིམ་པས་ཁ་ཐེ་གཞི་ལྷང་ཚོན་ཁྲ་གསེར་མེད་ཞྭགས་སྒྲོག་སྒོ་ཁྲིམ་འབྲུག་ཚང་ཉལ་ཅན་ནང་ཤ་ལིང་ལྷང་། བཟང་གོས་དམར་པོ་འཇམ་སང་ནང་ཤ་ལིང་དམར། བཟང་གོས་སྐྱེར་ཁ་འཇམ་སང་ཐོག་སྟོང་སྐྱུད་དམར་པོའི་ཕར་ཆེན་གྱི་ག་ཐོ་མཚན་བྱུང་ཡོད་པའི་ནང་ཤ་ལིང་སྐྱེར། ག་ཅེ་སྔོང་ཤུན་མར་ཆོས་ཚན་བཞུགས་བྱང་འཁོད་པ། ཞལ་ཁེབས་གདོང་དར་ཚང་མར་ཚོན་སྤེལ་གྱི་མཐའ་བཅད་སྐྱུད་ཏ། ཤིང་སྣང་ཞར་འོལ་དགའ་སྟག་རྩེར་བཀའ་འགྱུར་བཞེངས་པ་ལ་གདོང་དར་ལྔ་བརྩེགས་ཀྱི་སྟེང་ནས་རིམ་པས་ཁ་ཐེ་གཞི་ལྷང་གསེར་མེད་

དུས་རབས་མི་འདྲ་བའི་གདོང་དར་སྣ་ཚོགས།

དང་། གོས་དམར་ལྷོང་སང་བཅས་པའི་ནང་ཤ་ལིང་ལྷོང་། གོས་སྐྱེར་འཇམ་སང་ནང་ཤ་ལིང་དམར། གོས་སྔོན་འཇམ་སང་ཐོག་སྟོང་སྐུད་གསེར་པོའི་ཕར་ཆེན་གྱི་ཀ་ཐོ་མཚན་བྱང་ཡོད་པ་ནང་ཤ་དར་ཟོ་སྐྱ། ཀ་ཅི་སྔོང་ཤུན་མར་ཇོ་ཅེའི་མེ་ཏོག་ལྷུལ་བརྩེགས་བྲིས་ཐོག་ཆོས་ཚན་བཞུགས་བྱང་ཡོད་པ། ཞལ་ཁེབས་གདོང་དར་གྱི་མཐའ་བཅད་སྟེང་སྐུད་ཆེན་སྤེལ་གྱི་སྐུད་ཏ། སྤྱི་ལོ1689ལོར་སྡེ་ས་སྤྲེལ་འཕྲོང་རྒྱས་འཁྱིང་དབར་སྟག་རྩེར་བཞེངས་པའི་བཀའ་འགྱུར་གྱི་གདོང་དར་ལྷ་བརྩེགས་ཀྱི་སྟེང་ནས་རིམ་པས་ཁ་ཐི་རྙིང་མ་གཞི་ལྷང་ཟུགས་སྒྲོག་ཆ་བདུན་རས་གཞི་མི་འགྲེང་ཐོར་བུ་ཡོད་པའི་ལྷང་ལིང་གི་ནང་ལྷན། གོས་དམར་འཇམ་སང་ལིང་ལུའི་ནང་ལྷན། གོས་སྐྱེར་འཇམ་སང་ལིང་ཟེ་ཧུན་གྱི་ནང་ལྷན། གོས་སྔོན་འཇམ་སང་ཐོག་སྟོང་སྐུད་གསེར་པོའི་ཕར་ཕྱིན་གྱི་ཀ་ཐོ་མཚན་བྱང་དང་འཁོད་པའི་ལིང་སྔོན་གྱི་ནང་ལྷན། ཀ་ཅི་སྔོང་ཤུན་མར་བཞུགས་བྱང་འཁོད་པ། སྤྱི་ལོ1682ལོར་སྡེ་ཆུ་ཁྱི་ལོར་ཚྭ་བ་མཛོ་སྒང་དུ་བཀའ་འགྱུར་སྐུ་པོད་བཞེངས་པར་གདོང་དར་གསུམ་བརྩེགས་ཀྱི་ནང་རིམ་པས་ཁ་ཐི་རྙིང་པ་གཞི་དམར་གསེར་དང་ནང་ཤ་ཀ་རས། གོས་སྔོན་འཇམ་སང་ཐོག་སྟོང་སྐུད་གསེར་པོའི་འཕར་ཆེན་ཀ་ཐོ་མཚན་བྱང་ཡོད་པའི་ནང་ཤ་ཀ་རས་སྟོང་སྐུད་དཀར་དམར་གྱི་མཐའ་བཅད། ཀ་རས་ཐོག་ཆོས་ཚན་བཞུགས་བྱང་འཁོད་པ། སྤྱི་ལོ1683ལོར་སྡེ་ཆུ་ཕག་ལོར་ཤེར་དཀར་མི་འགྱུར་རྡོ་རྗེ་རྫོང་དུ་བཀའ་འགྱུར་བཞེངས་པར་གདོང་དར་གསུམ་བརྩེགས་ཀྱི་སྟེང་ལ་ཁ་ཐི་གཞི་དམར་ནང་ཤ་བྱང་དར་ལུ་ཧྲང་། དེ་འོག་གོས་སྐྱེར་འཇམ་སང་ཐོག་སྟོང་སྐུད་དམར་པོའི་ཀ་ཐོ་མཚན་བྱང་ཡོད་པ་ནང་ཤ་སྨན་རྙིང་། དེ་འོག་ཀ་རས་སྔོང་ཤུན་མར་ཆོས་ཚན་བཞུགས་བྱང་འཁོད་པ་[1]ཞེས་པ་སོགས་ལས་ང་ཚོས་བོད་ཀྱི་གསུང་རབ་ལ་གདོང་དར་རབ་འབྲིང་ཐ་གསུམ་ཡོད་པའང་གཅིག་ཤེས་ཀུན་གྲོལ་ཐུབ་བོ།

བཞི། ཞལ་ཁེབས།

ཞལ་ཁེབས་དེ་ནི་གསུང་རབ་ཀྱི་དབུ་ཤོག་ནང་མར་ཡོད་པ་ཞིག་ཡིན། ཆེས་ཐོག་མའི་

---

(1) དྲིན་ཅན་རྩ་བའི་བླ་མ་ངག་དབང་བློ་བཟང་རྒྱ་མཚོའི་ཐུན་མོང་ཕྱིའི་རྣམ་ཐར་དུ་ཀཱུ་ལའི་གོས་བཟང་གླེགས་བམ་གསུམ་པའི་འཕྲོས་བཞི་པ། བྲིས་མ། ལྷེབ་གྲངས་ 223ལས་དྲངས།

ཞལ་ཁེབས་ནི་ཤོག་བུས་དོད་བྱས་པ་ཞིག་ཡིན། དེའི་བྱེད་ནུས་ནི་གཙོ་བོ་གསུང་རབ་དེའི་དབུ་ཤོག་ནང་མའི་སྟེང་དུ་གསེར་དངུལ་གྱི་ཁུ་བས་བྲིས་པའི་དཔེ་མིང་འབུར་བྲིས་དང་དེའི་གཡས་གཡོན་དུ་གསུང་རབ་དེའི་ནང་དོན་དང་འབྲེལ་བའི་དབུ་ཞབས་ལྷ་སྐུ་འབུར་མ་སོགས་ལ་གེགས་སྲུང་དང་ཟོན་སྐྱོར་ཡོང་བའི་ཆེད་དུ་ཆེད་མངགས་བསྒྲོན་པ་ཞིག་ཡིན། དེ་རྗེས་རིམ་གྱིས་དཔལ་འབྱོར་འཕེལ་རྒྱས་ཕྱིན་པ་དང་སྦྲགས་གསུང་རབ་ཀྱི་ཞལ་ཁེབས་དེ་ཡང་རིམ་པ་བཞིན་གྲ་རྒྱས་སུ་ཕྱིན་ཡོད་པ་སྟེ། སྤྱི་ལོ་1683ལོ་སྟེ་ཆུ་ཕག་ལོར་ཤར་འོལ་དགའ་སྟག་རྩེར་བཞེངས་པའི་བཀའ་འགྱུར་གྱི་ཞལ་ཁེབས་ལྷ་བརྩེགས་ཀྱི་སྟེང་མ་བྱིངས་ཆེ་དིང་ཕོན་ཚོན་ཚོགས་མ་དང་ཁ་འཕྲོས་ཐོར་བུ་ཏོར་གཞི་དམར། དེ་འོག་རིམ་བཞིན་བཟང་གོས་སྔོ་སྐྱེར་དམར་བཅས། ལྷ་པ་བཞི་པའི་ནང་ཤ་ལ་བྱང་དར་དམར་པོ། དབུ་གཉིས་པ་གསེར་རྐྱང་གར་འཛོངས། ཞལ་ཁེབས་གསུམ་བརྩེགས་ཀྱི་སྟེང་ནས་རིམ་པས་སྟག་ཤུན་

དུས་རབས་17སྐབས་ཀྱི་གནའ་དཔེ་ཞལ་ཁེབས་ལྷ་བརྩེགས་ཅན།

གསེར་ཚོན་རྒྱ་བྱ་རིས་ནང་ཤ་ལིང་ལྷུང་། ལིང་སྐྱེར། ལིང་དམར། སྤྱི་ལོ་1684ལོ་སྟེ་ཤིང་བྱི་ལོར་ཡར་གསུམ་ལྷུན་པོ་རྩེའི་ཉེ་འདབས་བཟང་མཐོང་སྒོན་གཞི་ཀར་བཀའ་འགྱུར་

དུས་རབས་17སྐབས་ཀྱི་གནའ་དཔེ་ཞལ་ཁེབས་ལྷ་བརྩེགས་ཅན།

བཞེངས་པའི་ཞལ་ཁེབས་བཞི་བརྩེགས་ཀྱི་སྟེང་མའི་གྲས། དབུ་དང་པོ་བཅུ་གསུམ་གྱིས་གཙོས་བཅུ་བདུན་ལ་དིང་ཡོན་གཞི་ལུ་ཚོན་ཁྲ་གསེར་གྱི་སྤྲོས་རྒྱ་རིས་གི་ཇེ་དང་མེ་ཏོག་བཞི་བཅུ་ཞེ་གཅིག་ལ་ཁ་ཐེ་དམར་ཚོན་ཁྲ་སྣོ་ཁྲིམ་པདྨ་ལྕགས་སྒྲོག་མ་གི་ཇེ་འབྲུག་བདུན་གྱི་རི་མོ་གསེར་ཚོན་ཅན། སུམ་ཅུ་སོ་བརྒྱད་ལ་ཁ་ཐེ་གཞི་དམར་གསེར་མེད་སྣོ་ཁྲིམ་ལྕགས་སྒྲོག་མེ་ཏོག་མ། བཅོ་བརྒྱད་ལ་ཁ་ཐེ་གཞི་དམར་གསེར་ཚོན་རི་མོ་ཅན་རྣམས་དང་། ཞལ་ཁེབས་གཉིས་པ་ནས་རིམ་པས་བཟང་གོས་སྔོ་སྐྱེར་དམར་བཅས་འཇམ་སང་། ནང་ཤ་ལིང་སྐྱེར་ཁས་བྱས་པ་ཞེ་མཚུངས། སྤྱི་ལོ་1685ལོ་སྡེ་ཤིད་སླང་ཤར་འོལ་དགའ་སྟག་རྩེར་བཀའ་འགྱུར་བཞེངས་པའི་ཞལ་ཁེབས་བཞི་བརྩེགས་ཀྱི་སྟེང་མའི་གྲས། དབུ་དང་པོ་དྲུག་ལ་དིང་ཡོན་གཞི་ལུ་གསེར་ཚོན། དེ་འཁྲོས་བདུན་ལ་ཁ་ཐེ་གཞི་དམར་གསེར་མེད་ཆ་བདུན་པདྨ་རིས། ཕྱིངས་བརྒྱ་དང་གཅིག་ལ་ཁ་ཐེ་གཞི་དམར་གསེར་ཡོད་ཆ་བདུན་རས། རིམ་པས་གོས་སྔོ་སྐྱེར་དམར་གསུམ་འཇམ་སང་གི་ནང་ཤ་ཕྱིང་དར་དམར་པོ་བྱས་པ། ན་བཟའ་གོས་དམར་ཁ་བཞི་བསྒྲིགས་མཆོད་དམར། སྤྱི་ལོ་1689ལོ་སྡེ་ས་སྤྲེལ་འཕྲོངས་རྒྱས་འཕྱིང་བར་སྟག་རྩེར་བཀའ་འགྱུར་བཞེངས་པར་ཞལ་ཁེབས་བཞི་བརྩེགས་ཀྱི་སྟེང་ནས་རིམ་པས་ཏོར་ཧྲུས་གཞི་ལུ། བཟང་གོས་དམར་སེར་སྔོ་གསུམ་གྱི་འཇམ་སང་གི་སྔོན་པོར་ལིང་ཟེ་ཧུན་གྱི

ནང་ལྡན། སྒྲོག་འཁྲུད་པགས་བསེ། དབུ་གཉིས་པ་གར་འཛོངས་དང་ན་བཟའ་གོས་སྔོན་ཁ་བཞི་བསྒྲིགས། སྤྱི་ལོ་1682ལོ་སྟེ་ཆུ་ཁྲི་ལོར་ཚ་བ་མཇོ་སྒང་དུ་བཀའ་འགྱུར་བཞེངས་པར་ཞལ་ཁེབས་གསུམ་བརྩེགས་ཀྱི་སྟེང་ནས་རིམ་པས་ཁ་ཐེ་རྙིང་མ་གསེར་ཚོན་པ། ལིང་ཛོ་སྐྱ། དར་ལྡང་། དེ་བྱིངས་པོ་ཏི་རྣམས་ཀྱི་ཞལ་ཁེབས་གཉིས་བརྩེགས་ཀྱི་སྟེང་མ་ཁ་ཐེ་གཞི་དམར་གསེར་ཚོན་མ། དར་སྔོན། སྟོང་སྐུད་ཛོ་དམར་གྱི་མཐའ་བཅད་ཨུ་ཏིག་ཚེམས་དང་ཆུ་ཕག་ལོར་ཤེལ་དཀར་མེ་འགྱུར་རྡོ་རྗེའི་རྫོང་དུ་བཀའ་འགྱུར་བཞེངས་པར་ཞལ་ཁེབས་གསུམ་བརྩེགས་ཀྱི་སྟེང་ནས་རིམ་བཞིན་དིང་ཕོན་གཞི་དམར་གསེར་མེད། ལིང་སྐྱེར། བྱང་དར་སྔོན་པོ། སྤྱི་ལོ་1684ལོ་སྟེ་ཤིང་བྱི་ལོར་ཤོ་མདོར་བཀའ་འགྱུར་བཞེངས་པའི་ཞལ་ཁེབས་གསུམ་བརྩེགས་ཀྱི་སྟེང་ནས་རིམ་པས་ཁ་ཐེ་གཞི་དམར་གསེར་མེད། གོས་སྔོན་འཇམ་སང་། ལིང་ལྡང་། སྟོང་སྐུད་ཛོ་དམར་དཀར་གསུམ་གྱི་མཐའ་བཅད་[1]ཅེས་པ་སོགས་ལས་རང་ཉིད་ཀྱི་འཁོས་འཁོར་ལ་གཞིགས་པའི་རབ་འབྲིང་ཐ་གསུམ་གྱི་ཞལ་ཁེབས་དང་དཔེ་རས་བསྒྲོན་སྲོལ་ཡོད་པ་དེའང་ཤེས་སོ། གོང་གི་དཔེ་རིས་དེ་ནི་དཔལ་ལྡན་ས་སྐྱ་དགོན་གྱི་གཙུག་ལག་ཁང་ཆེན་མོའི་ཆོས་བརྩེགས་བྲག་རི་མའི་གྲལ་དུ་བཞུགས་པའི་ཞལ་ཁེབས་ལྷ་བརྩེགས་ཅན་གྱི་བཀའ་འགྱུར་བསྟན་འགྲོའི་དཔལ་མགོན་ཞེས་གྲགས་པ་དེ་ཡིན། བཀའ་འགྱུར་དེར་པོད་བརྒྱ་དང་བརྒྱད་ཡོད། དེ་དག་ཚང་མའི་དབུ་ཤོག་གི་ལྡེབ་གྲངས་ནང་མར་ཆོས་གཞི་མི་འདྲ་བ་ཛོ་དཀར་དམར་སེར་ལྗང་ཁུ་མདོག་ལྡན་གྱི་གོས་ཆེན་སྟེང་རི་མོ་གཅིག་མཚུངས་ཀྱི་བྱ་འབྲུག་ཁ་སྦྱོད་ཀྱིས་བརྒྱན་པ་ལྷ་གོ་རིམ་ལྡན་པར་ཚེམས་བཟོ་བས་བཙེམས་ནས་ཞལ་ཁེབས་སུ་བསྒྲོན་འདུག བཀའ་འགྱུར་ཡོངས་སུ་རྫོགས་པ་གན་ཤོག་མཐིང་ཤོག་གི་ངོས་ལ་ཡིག་མཁན་དབུ་ཆེན་སྣེ་མོ་བློ་བཟང་རྣམ་རྒྱལ་དང་གཡེ་ཡོན་ཏན་བག་གྲོས་གཙོས་སྐབས་དེ་དུས་ཀྱི་དབུས་གཙང་གི་ཡིག་མཁན་མཁས་པ་བརྒྱ་ལ་ཉེ་བ་དཔལ་ལྡན་ས་སྐྱར་སྐོང་ཚོགས་གནང་སྟེ། སོར་མོའི་འདུ་བྱེད་ལས་ཐོན་པའི་བཀའ་འགྱུར་ཆེས་ཐུས་མ་ཞིག་རེད་འདུག བཀའ་འགྱུར་བསྟན་འགྲོའི་དཔལ་མགོན་དེའི་པོད་བརྒྱ་དང་བརྒྱད་ཅན་གྱི་དབུར་ས་སེར་པོ། སྤྲིན་དཀར་པོ། གནམ་སྔོན་པོ། ཆུ་ལྡང་ཁུ། མེ་དམར་པོ་བཅས་

(1) དྲིན་ཅན་རྩ་བའི་བླ་མ་ངག་དབང་བློ་བཟང་རྒྱ་མཚོའི་ཐུན་མོང་ཕྱིའི་རྣམ་ཐར་དུ་ཀུ་ལའི་གོས་བཟང་གླེགས་བམ་གསུམ་པའི་འཕྲོས་བཞི་པ། བྲིས་མ། ལྡེབ་གྲངས་ 223ལས་དྲངས།

ཀྱིས་ཁ་དོག་མཚོན་བྱེད་སྔོ་དཀར་དམར་སེར་ལྗང་ཁུ་མདོག་ཅན་གྱི་སྙིང་བྱ་འབྲུག་ཁ་སྦྱོད་ཀྱི་རི་མོས་བརྒྱན་པ་དེ་ལས་བཀའ་འགྱུར་བསྟན་འགྲེའི་དཔལ་མགོན་དེ་བཞེངས་སྐབས། སྦྱིན་བདག་འཁོས་འབྱོར་ལྡན་པ་ཞིག་གིས་གནང་ཡོད་པ་ནི་ཞལ་ཁེབས་ལྷ་བརྩེགས་ཅན་དེ་ལས་ཤེས་ནུས། བཀའ་འགྱུར་དེའི་སྦྱིན་བདག་ནི་ས་སྐྱའི་གདུང་བརྒྱུད་ཚར་དུ་དངར་བའི་རིགས་སུ་འཁྲུངས་ཤིང་། རང་གི་ཡབ་རྗེ་སྔགས་འཆང་གྲགས་པ་རྒྱལ་མཚན་དང་གྲུབ་པའི་འཁོར་ལོ་སྒྱུར་བ་འཇམ་དབྱངས་དབང་པོའི་མཚན་ཅན། རྡོ་རྗེ་འཆང་རྒྱལ་བ་གསུམ་པ་ཆེན་པོའི་མཚན་ཅན་གསུམ་གྱིས་གཙོས་པའི་བླ་མ་ལག་པའི་སོར་མོ་ནང་དུ་བཀུག་ནས་བགྲངས་དཀའ་བ་ཞིག་ནས་མདོ་སྔགས་རིག་གནས་མཐའ་དག་ལ་མཁས་པར་གྱུར་ནས་ས་སྐྱའི་གདན་ས་པའམ་བདག་ཆེན་གྱི་མཛད་འཕྲིན་ལོ་གྲངས་སུམ་ཅུ་བརྒྱལ་བར་བཞེས་པ་པོ་སྔགས་འཆང་ངག་དབང་ཀུན་དགའ་བསོད་ནམས་གྲགས་པ་རྒྱལ་མཚན་གྱི་ཡུམ་མཆོག་བསྟན་འཛིན་བསོད་ནམས་བཟང་མོས་གནང་སྟེ་བཞེངས་གནང་བ་ཞིག་ཡིན་འདུག ཤིང་མོ་སྦྲུལ་གྱི་ལོ་འདི་ཉིད་ལ་བཀའ་དྲིན་མཉམ་མེད་ས་སྐྱ་པ། སྔགས་འཆང་བླ་མ་ངག་གི་དབང་། །ཀུན་དགའ་བསོད་ནམས་རིན་ཆེན་གྱི། །ཡུམ་མཆོག་ཐུགས་རྗེའི་བདག་ཉིད་ཅན། །བསྟན་འཛིན་བསོད་ནམས་

དུས་རབས་17སྐབས་ཀྱི་གནའ་དཔེ་ཞལ་ཁེབས་ལྷ་བརྩེགས་ཅན།

བཟང་མོ་ཡིས། །ལྷག་བསམ་ཐུགས་བསྐྱེད་རྨད་བྱུང་བ། །གཅིག་ཏུ་དགེ་བའི་མཛད་འཕྲིན་ལས། །སྟོན་པ་བདེ་བར་གཤེགས་པ་ཡིས། །གསུང་རབ་འགྱུར་རོ་འཚལ་འདི་བཞེངས། །[1]ཞེས་ཡུམ་མཆོག་བསྟན་འཛིན་བསོད་ནམས་བཟང་མོ་ཉིད་ནས་བདེ་བར་གཤེགས་པའི་བསྟན་

(1) ཡུམ་མཆོག་བསྟན་འཛིན་དཔལ་སྒྲོན་གྱིས་བཞེངས་པའི་བཀའ་འགྱུར་བསྟན་འགྲེའི་དཔལ་མགོན་གྱི་དཀར་ཆག་བྲིས་མ། ཤོག་གྲངས་6ལས་དྲངས།

པ་ལ་མི་ཕྱེད་པའི་དད་པ་ཐོབ་ཅིང་། ཐེག་པ་གསུམ་གྱི་ཆོས་ལ་ཉེ་བར་བཞུགས་ནས་སོ་སོའི་བརྟུལ་བཞུགས་དང་། བསམ་པ་དང་། བསྒོམ་པ་ཇི་ལྟར་ནུས་པའི་ཐུགས་འདུན་ནན་ཏན་མཛད་ཅིང་། བདེ་བར་གཤེགས་པའི་གསུང་རབ་རིན་པོ་ཆེ་དགེ་བ་དང་ལེགས་པ་ཐམས་ཅད་ཀྱི་འབྱུང་གནས་ཉེས་པ་ཐམས་ཅད་དྭངས་ནས་འཕྲིན་པ། ལྷ་དང་བཅས་པའི་འཇིག་རྟེན་ཐམས་ཅད་ལ་ཡང་དག་པའི་སྣང་བ་བསྐྱེད་པའི་སྒྲོན་མེ་ཆེན་པོ་ཡིན་པར་དགོངས་ནས། རང་གི་ཡབ་ཡུམ་རྣམས་ཀྱི་སྐུ་དྲིན་དང་སྲས་ཀྱི་དམ་པ་སོགས་ཀྱིས་དྲིན་ལས་ཉིད་ཀྱི་སྐུ་ལུས་ཀྱི་བརྒྱན་བཟང་དགུ་ཡོད་དོ་ཚོག་ཕལ་ཆེ་བ་ཕྱོགས་གཅིག་ཏུ་སྤུངས་ཏེ་གསེར་

དུས་རབས་17སྐབས་ཀྱི་གནའ་དཔེ་ཞལ་ཁེབས་ལྷ་བརྩེགས་ཅན།

ཞོ་ཆིག་སྟོང་བདུན་བརྒྱ་དོན་བརྒྱད་རེ་བའི་རིན་པོ་ཆེའི་དོ་ཤལ། གཡུ། མུ་ཏིག སྤོས་ཤེལ་ལྷ་སྒྲོལ། བསྲུང་ཁྲ། སྙན་གོང་སོགས་གྱི་ནོམ་པ་དང་། གཞན་ཡང་ཤོག་རིན་དུ་གོས་བཟང་སྒྲིགས་ཡུག་གསུམ། ཟློན་ཇ་བཟང་ངན་ཁོར་དྲུག་བཞི། སྤོས་ཤེལ་བདུན་བྱུ་རུ་ཉེ་ཤུ་ཡོད་པའི་མགུལ་རྒྱན། གསེར་སྒྱེ། གསེར་པད། སྙན་རྒྱན་གསེར་ཁོམ་བཅས་ཡང་སྙན་རྒྱན་གཡུ་གཅིག་དང་དུང་ཁ་མ་གཉིས། དངུལ་གྱི་ཨེ་སྐོར་ཕྲ་ལྷན་བརྒྱད་དང་གདུ་བུ་གཉིས། འཇོ་མོ་ལྷ་བཅས་ལ་དངུལ་སྲང་བརྒྱ་དང་དྲུག་ཅུ་རེ་དགུ་ཞོ་དགུ་རེ་བ་ཕུན་ཚོགས་ཡོངས་འདུའི་གཉེར་ཁང་དུ་ཐེབས་སུ་གནང་། ཕྱག་མཛོད་དུ་ཟློན་ཇ་འཁོར་དྲུག་གཉིས། མར་དོ་གཉིས། པོད་ཀ་བརྒྱ་དང་བཅུ་གཅིག་གི་དབུ་ཤོག་རྣམས་ལ་ཞལ་ཁེབས་གོས་བཟང་བྱུས་ཡག་ལྷ་ལ་དངུལ་སྲང་བརྒྱ་དང་སུམ་ཅུ་སོ་ལྔ་རེ་བ། གདོང་དར་གོས་བཟང་ཁྱད་པར་ཅན་གྱི་རྒྱུ་ཚོགས། ན་བཟའ་སྣ་ཚོགས་ཉིས་སྟག གླེགས་ཤིང་མཚལ་ཅན། གསེར་རིས་རྣམས་ལ་གསེར་ཞོ་སུམ་ཅུ་སོ་ལྔ། གསེར་དངུལ་ཟངས་ལྕུགས་དར་རས་རམ་སྣག་སོགས་སྣ་ཚང་དགུ་རྣམས་ཀྱི་གཞི་

བླངས། མཇུག་ཏུ་གསལ་བ་ལྟར་སྐྱེ་བོ་དད་པ་ཅན་གྱི་བསྐུར་སྟི་རིམ་འགྲོའི་ཚུལ་དུ་ཕུལ་བའི་གསེར་ཞོ་བརྒྱ་ཕྲག་གསུམ་ཙམ་དང་བཅས། ཤིང་མོ་སྦྲུལ་གྱི་ལོ་གཡེ་སྟེ་མོ་བཅས་ནས་ཡི་གེ་འབྲི་བའི་གཙུག་ལག་ལ་ཤིན་ཏུ་སྦྱངས་ཤིང་རབ་ཏུ་མཁས་པ་གཡེ་པ་བསྟན་འཛིན་བག་གྲོ་དང་སྟེ་མོ་བློ་བཟང་རྣམ་རྒྱལ་ཞེས་བྱ་བ་ལ་སོགས་པ་ཡི་གེ་པའི་ཚོགས་བརྒྱ་ཕྲག་ལྔག་ཙམ་དང་གཞིས་སྐྱེས་སྟེ་མོ་བཅས་ཀྱི་ཤོག་འདུལ་བ་སུམ་ཅུ་སྐོར། ལ་སྟོད་ཤེལ་དཀར་དང་རྒྱལ་རྩེ་སོགས་ནས་གཙོ་སྦྱངས་བཅད་གསུམ་གྱི་གསེར་འདུལ་བ་བཅུ་སྐོར། གཞིས་སྐྱེས་ཀྱི་ཤིང་བཀོས་པ་བཞི་དང་། མཆོན་རྩེ་བ་ལྔ་དྲུག་ཙམ། གཞན་ཡང་དྲས་པ་ལ་སོགས་པ་བཟོ་ལ་ཤིན་ཏུ་སྦྱངས་པའི་སྐྱེ་བོ་མང་པོ་བོས་ནས།[1] ཞེས་འཁོད་པ་ལས་བཀའ་འགྱུར་དེར་ཞལ་ཁེབས་ཆེས་རྒྱས་ཤོས་ལྷ་བརྩེགས་གཏོང་ཐུབ་པ་བྱུང་ཡོད།

ལྔ། དཔེ་རས།

བོད་ཀྱི་གསུང་རབ་ལ་རང་རང་གི་འཁོས་འཚོར་ལ་གཞིག་པའི་དཔེ་རས་དར་གོས་ལྷ་སྐྱིལ་ཅན་ནས་སྤྱིར་བཏང་གི་བྱང་དར་ལན་གཅིག་མ་བསྐྱོན་གནང་བ་མཇལ་རྒྱུ་འདུག མ་གཞི་བྱས་ན་དཔེ་རས་རྒྱུ་སྤུས་རང་ལ་དམིགས་བསལ་གྱི་རེ་བ་དོ་ནན་པོ་རང་མེད་སྙམ། གང་ཡིན་ཟེར་ན། དཔེ་རས་ཀྱི་བྱེད་ནུས་གཙོ་བོ་ནི་གནའ་དཔེ་དེར་རྡུལ་དྲེག་མི་ཡོང་བ་

ཤེར་ཕྱིན་གླེགས་ཤིང་གི་འདུམ་སྐམ།

---

(1) ཡུམ་མཆོག་བསྟན་འཛིན་དཔལ་སྒྲོན་གྱིས་བཞེངས་པའི་བཀའ་འགྱུར་བསྟན་འགྲོའི་དཔལ་མགོན་གྱི་དཀར་ཆག་ཁྲིས་མ། ཤོག་གྲངས་11ལས་དྲངས།

ལི་ཐང་བཀའ་འགྱུར་གྱི་ན་བཟའ།

དང་ཅོ་ཅོ་དང་འབྲུའི་གནོད་པ་མི་ཡོང་བའི་ཆེད་དུ་བསྒྲོན་པ་ཞིག་ཡིན། བོད་ཀྱི་གསུང་རབ་ལ་དཔེ་རས་བསྒྲོན་པའི་སྲོལ་དེ་དུས་ནམ་ཞིག་ལ་དར་བ་ཡིན་ནམ་ཞེ་ན། ང་རང་གི་ལྟ་ཚུལ་ལྟར་ན་དེ་ནི་དུས་རབས་8-9སྐབས་ནས་ཡོད་པ་ཞིག་ཡིན་སྙམ། གང་ཡིན་ཟེར་ན། ཏུན་ཧོང་Pt1128ཧའི་ལོ་ལ་དར་མ་ཤེས་རབ་འབུམ་པ་སྤེ་བརྒྱད། ཤ་ཅུར་བྲིས་ནས། ཤ་ཅུ་གཞིར་བཞག་པ་དང་། བདེ་གམསུ་བཞུགས་པའི་ཕྱི་ཆས་དང་། གླེགས་ཐག་དང་། མེན་ཏྲི་ལ་སྩོགས་པ། ཞེས་དཔྱ་ཚད་པའི་རྩིས་ཐོ་ཞིག་གི་སྟེང་དུ་གསལ་བ་ལྟར་ཁྲི་གཙུག་ལྡེ་བཙན་ཁྲི་རལ་པ་ཅན་གྱི་(815-836)སྐུ་རིང་ལ་ཤ་ཅུར་ཤེར་ཕྱིན་འབུམ་བཞེངས་ནས་ཡུལ་བདེ་ཁམས་སུ་བཞུགས་པའི་ཕྱི་ཆས་ཏེ་ཕྱིའི་སྒྲིལ་ཆས་ཏེ་གླེགས་ཐག་དང་དཔེ་རས་ཏེ་མེན་ཏྲི་ཞེས་བྱུང་བ་ལས་བོད་ཡིག་གནའ་དཔེར་དུས་རབས་8-9པའི་སྐབས་ནས་དཔེ་རས་ཀྱིས་སྒྲིལ་སྲོལ་ཡོད་པ་དེ་ཤེས། ད་དུང་ཤེར་ཕྱིན་གྱི་བམ་པོ་དང་ལེའུ། ཚིག་དང་གྲངས་ཀྱི་ཚད་བསྟན་པ་ཞེས་པར་དེ་ནས་དུས་ཕྱིས་ཆོས་སྐོར་འོན་ཅང་དོ་བཞེངས་པའི་མཐའ་བཞིའི་དགྲ་ལས་རྒྱལ་བའི་ཁྲི་གཙུག་ལྡེའུ་བཙན་རལ་པ་ཅན་གྱིས། རྒྱ་བོད་ཀྱི་མཁས་པ་མང་པོ་སྤྱན་དྲངས་ནས། དམ་པའི་ཆོས་མཐའ་དག་གི་ཞུ་ཆེན་མཛད་དོ། ཁྱད་པར་ཕ་རོལ་ཕྱིན་པའི་ཕྱོགས་ལ། རྒྱ་གར་དབུས་ཀྱི་པན་བི་ཏ་ཆེན་པོ། སུ་ན་ལེན་དྲ་བོ་དི་དང་། ཤཱག་ཀྱ་པྲ་བ་དང་། བོད་ཀྱི་ལོ་ཙཱ་བ་ཆེན་པོ་འཕན་ཡུལ་སྣད་ཀྱི་དཀའ་བ་དཔལ་བརྩེགས་དང་། ལྕེ་བ་ལྷམ་པ་ཡིན་ཡང་ཟེར་ལ་བསྙོད་འབྲིང་འཚམས་པ་ཡིན་ནམ་ཡང་ཟེར་ཏེ། ཅོག་རོ་ཀླུའི་རྒྱལ་མཚན་ལ་སོགས་པས་འཕན་ཡུལ་སྣད་ཀྱི་སྐ་བའི་ན་མོ་ཆེའི་སྟེང་དུ། སྐད་གསར་བཅད་ཀྱིས། སང་གྲི་ཏའི་སྐད་དང་སྒྱུར་ནས་གཏན་ལ་ཕབ་པོ། ཕ་རོལ་དུ་ཕྱིན་པའི་གཞུང་ཐམས་ཅད་

ལ་ཞུ་ཆེན་མཛད་པས་འགྱུར་རྒྱས་སྟེ། སླ་འགྱུར་ཆེན་པོ་བྱ་བར་གྲགས་སོ། དེ་ཡང་དྲུག་དུམ་པ་ཡིན་ཟེར་རོ། ན་བཟའ་ལས་མཚན་དུ་ཐོགས་པ་ཤ་སྒྲོ་ཅན་ཞེས་བྱ་བར་གྲགས་ཏེ། ད་ལྟ་འོན་ཅང་མདོ་ན་བཞུགས་སོ།[1]ཞེས་པ་དེ་ལས་བོད་ཀྱི་བཙན་པོ་ཁག་གི་སླ་འབུམ་དུ་གྲགས་པའི་ཤེར་ཕྱིན་འབུམ་དེར་འགྱུར་གྱི་རྒྱས་བསྡུས་དབང་གིས་སླ་འབུམ་བསྡུས་པ་དང་འབྲིང་པོ། རྒྱས་པ་སྟེ་བཙན་པོ་ཁྲི་རལ་པ་ཅན་གྱི་སྐུ་དུས་སུ་བསྒྱུར་ཞུས་བགྱིས་པའི་སླ་འབུམ་རྒྱས་པ་སྟེ་ད་ལྟ་འབྲས་སྤུངས་དགོན་དུ་བཞུགས་པ་དེར་སྔོན་ན་བཟའ་ཤུལ་ཡོད་པ་སྟེ། ན་བཟའ་ལས་མཚན་ཐོགས་པ་ཤ་སྒྲོ་ཅན་ཞེས་གྲགས་པ་ལྟར་ན། སྐབས་དེ་དུས་བཙན་པོ་ཁྲི་རལ་པ་ཅན་གྱི་སླ་འབུམ་དེར་ན་བཟའ་དུས་རབས་13པའི་ནང་གི་གསུང་རབ་ལྟར་སྤུས་ལེགས་ཀྱི་གོས་ཆེན་མེད་ཀྱང་ཡུལ་དུས་ཀྱི་ཐོན་འབབ་དང་བསྟུན་ཏེ། ན་བཟའ་ཀོ་བ་མཉེས་ནས་ཤུལ་ཡོད་ཙང་ཤ་སྒྲོ་ཅན་ཞེས་ཐོགས་པར་རེད། ན་བཟའ་ཤ་སྒྲོ་ཅན་གྱི་གནའ་དཔེ་གཅེས་ཆེན་དེ་འདྲ་ད་ལྟ་དཔལ་ལྡན་འབྲས་སྤུངས་དང་ས་སྐྱ་དགོན་སོགས་སུ་ཡོད་ཅེས་དེ་གའི་ལས་གཉེར་མཁན་པོ་དག་གི་ཞལ་ལས་ཐོས་པ་མ་ཟད། བོད་ལྗོངས་རྟེན་རྫས་བཤམས་མཛོད་ཁང་དུ་བཞུགས་པའི་ཀུན་མཁྱེན་ཀློང་ཆེན་རབ་འབྱམས་པས་མཛད་པའི་ཆོས་དབྱིངས་མཛོད་ཕྲིས་མ་དེའི་ན་བཟའ་ཤ་སྒྲོ་ཅན་གྱི་དཔེ་གཟུགས་དེ་དང་ལྷག་དོན་དུ་ལྷོ་ཁ་མཚོ་སྣ་རྫོང་གི་ཞེ་པོ་དགོན་དུ་བཞུགས་པའི་དཀར་ཆག་ཚོགས་ཀྱི་གྲོས་མེ་ལས(ལྷོ་དར་རྒྱལ་མོའི་དར་ཁ་ཅིག་ཞུ་ཧེ་ཧེ་འཛུམ།)ཞེས་པའི་ལྡེབ་གྲངས་5ཅན་དེའི་ན་བཟའ་ཤ་སྒྲོ་ཅན་སྔོན་གྱི་

(1) ཤེར་ཕྱིན་གྱི་བམ་པོ་དང་ལེའུ། ཆོས་དང་གདངས་ཀྱི་ཚད་བསྡུན་པ། ཁྲིས་མ། ལྡེབ་གྲངས་7ལས་དྲངས།

འབུམ་ཤ་སྒྲོ་ཅན།

དཔེ་རིས་སུ་བཀོད་པ་དེ་དངོས་སུ་མཇལ་བ་ལས་དེ་བས་ཀྱང་ངེས་པ་རྙེད། དེར་བརྟེན་བོད་ཀྱི་གསུང་རབ་ལ་དུས་རབས་8པའི་སྐབས་ནས་སྐབས་དེའི་སྤྱི་ཚོགས་ཀྱི་དཔལ་འབྱོར་དང་ཡུལ་དུས་ཀྱི་ཐོན་འབབ་སོགས་ལས་གསུང་རབ་ལ་ན་བཟའ་འམ་དཔེ་རས་བསྒྲོན་སྲོལ་ཡོད་པ་དེ་ཤེས། དེ་རྗེས་དུས་རབས་13པའི་སྐབས་ནས་བཟུང་བོད་ཀྱི་གསུང་རབ་ལ་ན་བཟའ་གོས་ཆེན་སྲུས་ལེགས་བསྒྲོན་པའི་སྲོལ་དེ་དར་ཁྱབ་ཤིན་ཏུ་ཆེན་པོ་བྱུང་ཡོད་པ་ས་སྐྱར་བཞུགས་པའི་ཐུགས་འཆང་ངག་དབང་ཀུན་དགའ་རྣམ་རྒྱལ་གྱི་ཡུམ་མཆོག་བསྟན་འཛིན་བསོད་ནམས་བཟང་པོས་བཞེངས་པའི་བཀའ་འགྱུར་བསྟན་འགྱུར་གྱི་ན་བཟའ་དང་། དུས་རབས་16པར་དཔལ་ལྡན་འབྲས་སྤུངས་དགོན་དང་ཕོ་བྲང་པོ་ཏ་ལར་བཞུགས་པའི་ལྔ་པ་ཆེན་པོའི་སྐུ་སྔར་གྱི་གསུང་དཔེ་ཁག་ལ་དཔེ་རས་ལྷ་སྦྲེལ་དུ་བྱས[1]ཞེས་པ་ལས་དཔེ་རས་རྒྱས་ཤོས་དེ་ཅི་ཞིག་ཡིན་པ་ཤེས། དེ་མིན་བོད་ཀྱི་གསུང་རབ་ལ་གྲུབ་མཐའ་མི་འདྲ་བའི་དབང་གིས་དཔེ་རས་ཡང་ཁ་དོག་མི་འདྲ་བ་བསྒྲོན་སྲོལ་ཡོད་པ་སྟེ། དགེ་ལུགས་ཡིན་ན་སེར་པོ། རྙིང་མ་ཡིན་ན་དམར་པོ། བོན་པོ་ཡིན་ན་སྔོན་པོ་སོགས་འདུག དེ་དག་དུས་ནམ་ཞིག་ལ་དར་ཡོད་མེད་མ་ཤེས་ཙུང་སོ་སོའི་ཁྱད་ཆོས་སུ་སྣང་།

གོས་ཆེན་སྲུས་ལེགས་ཀྱི་ན་བཟའ།

(1) དྲིན་ཅན་རྩ་བའི་བླ་མ་ངག་དབང་བློ་བཟང་རྒྱ་མཚོའི་ཐུན་མོང་ཕྱིའི་རྣམ་ཐར་དུ་ཀཱུ་ལའི་གོས་བཟང་གླེགས་བམ་གསུམ་པའི་འཕྲོས་བཞི་པ། ཁྲིས་མ། ཤེལ་གྲངས་ 223ལས་དྲངས།

ལེའུ་ལྔ་པ། གནའ་དཔེའི་མཚན་བྱང་སྐོར།

གཅིག མཚན་བྱང་གི་མཚན་ཉིད་དང་དགོས་པ།

གནའ་དཔེའི་མཚན་བྱང་ཞེས་པ་ནི་གསུང་རབ་ཀྱི་དཔེ་མིང་ལ་ཟེར་གྱི་ཡོད། ཆོས་རིགས་དང་བྱ་དངོས་གང་ཞིག་ཡིན་རུང་དེ་དག་ལ་རང་རང་སོ་སོར་འོས་ཤིང་འཚམས་པའི་མཚན་བྱང་ངམ་ཞལ་བྱང་རེ་རེ་ཡོད་དགོས་པ་སྟེ། མདོ་ལང་ཀར་གཤེགས་པ་ལས། མིང་དུ་གདགས་པར་མ་བྱས་ན། །འཇིག་རྟེན་ཐམས་ཅད་རྨོངས་པར་འགྱུར། །དེ་བས་རྨོངས་པ་བསལ་བའི་ཕྱིར། །མགོན་པོས་མིང་དུ་གདགས་པར་མཛད། །ཞེས་གསུངས་པ་ལྟར་ན་བོད་ཀྱི་སྔོན་བྱོན་སྐྱེས་ཆེན་དམ་པ་རྣམས་ཀྱིས་མཛད་པའི་གནའ་དཔེ་ལའང་རང་རང་སོ་སོའི་བརྗོད་བྱའི་གཞུང་དང་གོ་བསྡུར་ནས་དཔེ་མིང་རེ་རེ་བཏགས་དོན་ནི། གནའ་དཔེ་འཕོར་ཆེན་དེ་དག་དོ་དམ་དང་ཉར་ཚགས་སོགས་བྱེད་བདེ་བའི་དགོས་པ་ཞིག་ཡིན། སྔོན་གྱི་མཁས་པ་དག་གིས་རང་རང་གིས་མཛད་པའི་གསུང་རབ་ལ་དཔེ་མིང་འདོགས་གནང་སྐབས་རང་གི་འདོད་པ་གང་ཡོད་དང་སེམས་ལ་གང་དྲན་དུ་བཏགས་པ་ཞིག་མ་ཡིན་པ་ནི་དཔལ་སྤྲུལ་འཇིགས་མེད་དབང་པོས་(1808—1887)གསུངས་པར་བསྟན་བཅོས་ལ་མཚན་གསོལ་བའི་དགོས་པ་དབང་པོ་རབ་ཀྱིས་སྨན་པས་ལག་རྩ་བལྟས་པས་ལུས་འགོ་མཐུག་གི་ནད་ཐམས་ཅད་ཤེས་པ་ལྟར་མཚན་དོན་ལ་བརྟེན་ནས་གཞུང་དབུ་ཞབས་ཀྱི་དོན་ཐམས་ཅད་ཁོང་དུ་ཆུད་པའི་དགོས་པ་ཡོད་དོ། འབྲིང་གིས་དམག་མིས་མདའ་བྱང་ལྟར་ཕྱོགས་གར་གཏོགས་ཤེས་པའི་དགོས་པ་ཡོད། ཐ་མས་སྨན་གྱི་ཁ་བྱང་ལྟར་མིང་དོན་གྱི་འབྲེལ་བ་གོ་སྟེ་གླེགས་བམ་འཚོལ་སླ་བ་སོགས་ཀྱི་དགོས་པ་ཡོད་[1]ཅེས་པ་ལས་མཚན་བྱང་གི་དགོས་པ་ཡིག་ཚོགས་མང་པོས་འགྲེལ་མི་དགོས་པར་གནད་བཀྲ་ཚིག་གཅིག་གིས་འཆུན་པ་ལྟ་བུ་ཞིག་གསུངས་པ་སྟེ་གླེགས་བམ་བྲག་རི་བརྩེགས་བརྩེགས་འདྲ་བའི་ཁྲོད་ནས་འཚོལ་

(1) རྫ་དཔལ་སྤྲུལ་གྱི་གསུང་འབོད་དང་པོ། སི་ཁྲོན་མི་རིགས་དཔེ་སྐྲུན་ཁང་གི་1992ལོའི་དཔར་མ། ཤོག་གྲངས་124ལས་དྲངས།

སླ་བ་དང་དཔེ་མིང་ལས་གཞུང་ཡོངས་ཀྱི་བརྗོད་དོན་ཤེས་ཐུབ་པའི་នུས་པ་ཡོད་པ་དེ་ཡིན་ནོ།

གཉིས། མཚན་བྱང་གི་བྱུང་བ།

བཀའ་བསྡུ་དང་པོ་དང་གཉིས་པ་གསུམ་པ་སོགས་མ་བྱས་པའི་ཡར་སྔོན་དུ་གསུང་རབ་ལ་མཚན་བྱང་ཟུར་དུ་བཏགས་མེད་པར་མངོན། གང་ཡིན་ཟེར་ན། ཐོག་མར་རྒྱ་གར་འཕགས་པའི་ཡུལ་དུ་དུས་རབས་1-2པའི་ནང་དུ་གསུང་རབ་ཁག་གླེགས་བམ་དུ་བསྒྲུབ་དུས་གསུང་རབ་དེ་དག་གི་སྟེང་དུ་ལེབ་གྲངས་དང་མཚན་བྱང་འགོད་སྲོལ་མེད་སྐབས་གསུང་རབ་བྲིས་མ་དེ་དག་གོང་འོག་འཁྲུགས་པ་དང་ཐ་ན་གསུང་རབ་ཀྱི་ལེབ་གྲངས་རྒྱབ་མདུན་ཡང་འཆེད་དཀའ་བའི་གནས་ཚུལ་ཐོན་གྱི་ཡོད། གནས་ཚུལ་དེ་དག་མི་ཡོང་བའི་སླད་དུ་གསུང་རབ་ཀྱི་མདུན་ངོས་དེ་ངོས་འཛིན་སླ་བའི་ཆེད་དུ་ལེབ་གྲངས་ཀྱི་མདུན་ངོས་འགོ་འཛུགས་མ་ཐག་ཏུ་ཨོཾ་ཡིག་ལ་བཙོལ་གནང་གི་ཡོད་ཙང་། གསུང་རབ་ཇི་ཙམ་འཁྲུགས་ཀྱང་ང་ཚོས་གསུང་རབ་ཀྱི་མདུན་ངོས་དང་རྒྱབ་ངོས་གཉིས་སྐབས་བདེའི་སྒོ་ནས་འབྱེད་

སམ་བོད་རྒྱ་གསུམ་གྱི་མཚན་བྱང་སུམ་འབེད་ཅན།

ཐུབ་པ་ནི། གསུང་རབ་སླ་བ་དགེ་འདུན་ཆོས་འཕེལ་གྱིས་དབུ་ཤོག་གི་དང་པོ་ལ་ཨོཾ་ཞིག་བྲིས་པ་མ་གཏོགས་གཞན་ལེབ་རེ་རེའི་མགོ་ལ་ཏིང་ཀྱོག་སོགས་བྲིས་པ་ཡང་མི་སྣང་བས་ཁ་ཐོར་ཚེ་ལེབ་ཀྱི་ཉེན་སྲིབ་གང་ཡིན་ཀྱང་མི་ཤེས།[(1)] ཞེས་པ་ལས་དུས་རབས་1-2སྐབས་སུ་གསུང་རབ་ཁག་ཡི་གེ་བས་རེག་ཟིག་ཏུ་དབབ་པའི་སྐབས་ལ་དཔེ་མིང་ཟུར་དུ་བྲིས་མེད་

(1) མཁས་དབང་དགེ་འདུན་ཆོས་འཕེལ་གྱིས་མཛད། རྒྱལ་ཁམས་རིག་པས་བསྐོར་བའི་གཏམ་རྒྱུད་གསེར་གྱི་ཐང་མ་སྟོད་ཆ། ནུབ་བྱང་མི་རིགས་སློབ་ཆེན་གྱི་དཔར་མ། ཤོག་གྲངས་119ལས་དྲངས།

པར་སྐྲུང་། རྗེས་སོར་གསུང་རབ་ཀྱི་ཐོག་ཏུ་ལྡེབ་གྲངས་འགོད་སྲོལ་བྱུང་བ་དང་སྦྲགས་ལྡེབ་གྲངས་རྣམས་གཅིག་ཏུ་སྡེབས་པ་ལས་གསུང་རབ་དེའི་ནང་དོན་རྟོགས་སླ་བའི་ཆེད་དུ་གསུང་རབ་དེའི་མཚན་བྱང་དབུ་ཤོག་ཏུ་བྲིས་པར་མངོན། དེའི་རྗེས་ནས་གསུང་རབ་ཁག་གི་མཚན་དབུ་ཤོག་ཏུ་འགོད་པའི་སྲོལ་དེ་རྒྱུན་འཛིན་གནང་བ་དང་སྦྲགས་དུས་རབས་13ནས་བཟུང་སྔན་གཞུང་གི་འཆད་ཉན་རྒྱ་ཆེར་འཕེལ་བའི་སྐབས་ཀྱིས་སྔན་ངག་གིས་ཕན་ཞུགས་པའི་མཚན་བྱང་སྙན་ཆ་ལྡན་ཞིང་ཚིགས་བཅད་ཀྱིས་ལམ་ནས་ཀྱང་འབྲི་སྲོལ་བྱུང་། དུས་རབས་16པའི་རྗེས་ནས་བོད་ཀྱི་གསུང་རབ་ཁག་ལ་ཡིག་རིགས་གཅིག་པོ་ན་མ་ཡིན་པར་མཚན་བྱང་གསུམ་འབེད་དང་ཤན་སྦྱར་སོགས་བྱུང་[1]ཞེས་པ་དེ་དག་ལས་བོད་ཀྱི་དཔེ་རྙིང་གི་མཚན་བྱང་གི་འགྱུར་བ་རགས་ཙམ་ཞིག་ཤེས་ཐུབ་བོ།

གསུམ། མཚན་བྱང་གི་དབྱེ་བ།

གསུང་རབ་ཀྱི་མཚན་བྱང་དབྱེ་བ་ནི་ཕྱོགས་མང་པོའི་ཐད་ན་འཛོག་རྒྱུ་ཡོད་པ་ཞིག་ཡིན་རུང་འདིར་གཙོ་བོ་ཡིག་རིགས་དང་ལུས། ཁ་དོག་བཅས་གསུམ་གྱི་ཐད་ནས་རིམ་པ་བཞིན་ངོ་སྤྲོད་ཞུས་ན།

1 ཡིག་རིགས་ཐད།

མཚན་བྱང་སུམ་འབེད་དང་མཚན་བྱང་ཤན་སྦྱར་མ། མཚན་བྱང་ལན་གཅིག་མ་བཅས་ནི་ཡིག་རིགས་ཀྱི་སྟེང་ནས་བཞག་པ་ཡིན། མཚན་བྱང་སུམ་འབེད་ཅན་ནི་གསུང་རབ་ཀྱི་མཚན་བྱང་དོན་གཅིག་དེ་ཡིག་རིགས་མི་འདྲ་བ་ཁག་གསུམ་གྱི་ཐོག་ནས་འབྲི་གནང་མཛད་པ་སྟེ། སྔོན་གྱི་གསུང་རབ་ཁག་གི་མཚན་བྱང་སུམ་འབེད་ཅན་ཡིན་ཚེ་ཕྱིར་གྱི་ཆ་ནས་ལཉྫ་དང་ཝརྟུ། བོད་ཡིག་བཅས་ཡིག་རིགས་ཁག་གསུམ་ཡིན།

གོང་དུ་བཀོད་པའི་མཚན་བྱང་སུམ་འབེད་ཅན་དེ་ནི་ས་པཎ་གྱིས་མཛད་པའི་སྡོམ་གསུམ་རབ་དབྱེའི་མཚན་བྱང་ཡིན། དེ་མིན་ད་དུང་ཁམས་སྡེ་དགེའི་གདན་ས་བ་སངས་

རྒྱས་བསྟན་པས་དཔང་ལོ་ཙྪ་བ་བློ་གྲོས་བརྟན་པ་དང་ལོ་ཆེན་རིན་ཆེན་བཟང་པོ་སོགས་ཀྱི་ཕྱག་བྲིས་ལ་གདུགས་ནས་བཞེངས་པའི་བརྒྱད་སྟོང་སུམ་འབིད་ཅན་དེ་ནི་མཆན་ཙམ་སུམ་འབིད་ཅན་ཡིན་པ་མ་ཟད་གཞུང་ཡོངས་སུ་རྫོགས་པ་སུམ་འབིད་ཀྱི་ལམ་ནས་དཔར་ལ་བསྐོས་གནང་བ་ཞིག་ཡིན།

མཆན་བུ་སུམ་འབིད་ཅན།

སཾ་བོད་རྒྱ་སུམ་གྱི་མཆན་བུ་སུམ་འབིད་ཅན་ཡང་མཇལ་རྒྱུ་ཡོད་པ་ཞིག་ཡིན། དེ་རིགས་ཀྱི་གནའ་དཔེ་ནི་རྒྱ་ནག་གི་ཡུལ་དུ་བཞེངས་པ་ཞིག་ཡིན། དཔེར་ན་འཕགས་པ་བདེན་པའི་མདོའི་མཆན་བུ་འདི་ལྟ་བུ་སཾ་བོད་རྒྱ་གསུམ་གྱི་མཆན་བུ་སུམ་འབིད་ཅན་གྱི་གྲས་ཤ་སྟག་ཡིན། གཉིས་པ་མཆན་བུ་ཤན་སྦྱར་མ་ནི་སཾ་སྐྲིཏ་དང་བོད་སྐད་གཉིས་ཀྱི་ཐོག་ནས་མཆན་བུ་གསོལ་ཡོད་པ་དེ་ལ་ཤན་སྦྱར་མ་ཞེས་ཟེར། དཔེར་ན་སློབ་དཔོན་དབྱིག་གཉེན་གྱིས་མཛད་པའི་མངོན་པ་མཛོད་ཀྱི་ཚིགས་ལེའུར་བཅད་པ་དེ་ལ་རྒྱ་གར་སྐད་དུ། ཨབྷིདྷརྨ་ཀོ་ཥ་ཀཱ་རི་ཀ་དང་། བོད་སྐད་དུ་ཆོས་མངོན་པ་མཛོད་ཀྱི་ཚིག་ལེའུར་བཅད་པ་ཞེས་པ་ལྟ་བུ་ཡིན། གསུམ་པ་དཀྱུས་མ་ལན་གཅིག་ནི་དུས་རྒྱུན་ང་ཚོ་བོད་ཀྱི་གནའ་དཔེ་ལ་རྒྱུས་མངའ་ལོན་པའི་སྐྱེ་བོ་ཞིག་ཡིན་ཚེ་དཀའ་བའི་གནས་ཤིག་མ་ཡིན་ཏེ། བོད་ཀྱི་སྐད་ཕོ་ནའི་སྟེང་ནས་མཆན་བུ་གསོལ་ཡོད་པ་སྟེ་རྟེན་འབྲེལ་བསྟོད་པ་སོགས་བརྗོད་ཀྱིས་མི་ལངས་བས་སོ། འོ་ན་གོང་དུ་བརྗོད་པ་ལྟར་མཆན་བུ་སུམ་འབིད་ཅན་དང་ཤན་སྦྱར་མ་སོགས་བྲིས་དགོས་དོན་གང་ཡིན་ནམ་ཞེས་ན། གསུང་རབ་རིག་པའི་གཞུང་ལས་བརྗོད་ན་གསུང་རབ་ཀྱི་གཞི་ཁུངས་བརྗོད་པ་ཞིག་ཡོད་པས་དེའི་ཐད་ནས་ཞུས་ན་གཞུང་དེའི་ཁུངས་ཡང་དག་པར་བརྗོད་པའི་དགོས་པ་དང་མཛད་པ་པོ་རང་ཉིད་ཀྱི་ངོས་ནས་འཆད་ན་སྐད་གསུམ་མཁྱེན་པའི་འཇིག་རྟེན་མིག་དང་འདྲ་བའི་ལོ་ཙྪ་བ་ཆེན་པོའི་གོ

།ལཀྵྨི་དང་ཨརྡུའི་ཡི་གེ་ཏ་ཀ་ཞི་དེ་ཕ་ཡ་ཞེས་བྱ་བ་བཞུགས་སོ།

མཚན་བྱང་སུམ་འབེད་ཅན།

གནས་བབྱུང་ཡོད་པའང་ཤུགས་ལ་རྟོགས་ཐུབ་པ་སྟེ། རྗེ་དགེ་འདུན་གྲུབ་ཀྱིས་བསྟན་བཅོས་ཀྱི་མཚན་སཾ་སྐྲི་ཏའི་སྐད་དུ་སྨོས་པ་ལ་ནི་གཞུང་ཁུངས་བཙུན་པར་བསྟན་པའི་དགོས་པ་ཡོད་པ་དེ་དུས་གསུམ་སངས་རྒྱས་ཐམས་ཅད་འཚང་རྒྱ་བའི་གནས་རྡོ་རྗེ་གདན་ཡིན། རྒྱ་གར་རིག་པའི་འབྱུང་གནས་ཏེ་རྒྱ་སྐད་སྨོས་པས། རྒྱ་གར་མར་འདུག་སྐམ་ནས་དངོས་པོ་ལ་བསྟན་བཅོས་དེ་ཙམ་ལས་མེད་ཀྱང་འབྱུང་ཁུངས་བཟང་བས་ཉན་བཤད་ལ་འཇུག་པ་སྟེ། དཔེར་ན་ཚོང་པ་ཀུན་གླུང་ཁམས་ཀྱི་ནས་ཡོད་བྱས་ནས་བྱུང་ས་བཟང་བས་འཚོང་ལ་འཇུག་པ་དང་འདྲའོ། རྒྱ་སྐད་མེད་ན་དངོས་པོ་ལ་བསྟན་བཅོས་ལེགས་ཀྱང་བོད་མའོ་སྐམ་ནས་ཉན་བཤད་ལ་མི་འཇུག་སྟེ། ཕུ་གསུམ་པའི་ནས་ཡོད་བྱས་ན་དངོས་པོ་ལ་ནས་བཟང་ཡང་ངན་ནོ་སྐམ་ནས་ཚོང་ལ་མི་འཇུག་པ་བཞིན་ནོ། [1]ཞེས་དང་རྒྱ་ནག་གི་མཁས་པ་ཅིས་ཤན་ལིན་(季羡林)གྱིས་རྒྱ་གར་མི་རིགས་ནི་ཤེས་རིག་ལྡན་པའི་མི་རིགས་ཤིག་ཡིན་ཙང་གནའ་དུས་ངོ་མཚར་མཚར་སྡུག་གི་རིག་གནས་མཚན་ཉིད་རིག་པ། རང་བྱུང་གི་ཚན་རིག་སོགས་ཚང་མ་ཆུ་ཚད་མཐོན་པ་ཞིག་གཏོད་ཡོད། དེས་འཛམ་གླིང་རིག་གནས་ལའང་ལེགས་སྐྱེས་ཆེན་པོ་ཕུལ་ཡོད་[2]ཅེས་གསུངས་པས་ཀྱང་གོང་གི་མཚན་བྱང་སུམ་འབེད་ཅན་དང་ཤན་སྦྱར་མའི་གལ་ཆེའི་རང་བཞིན་སོགས་གང་ཡིན་དེ་དག་དཔེ་དོན་སྤེལ་མར་གསུངས་པས་ཀྱང་གོ་བ་གནད་དུ་འཁེལ། མཚན་བྱང་སུམ་འབེད་ཅན་དང་ཤན་སྦྱར་མ་ནི་དུས་ནམ་ཞིག་ལ་བོད་དུ་དར་བ་ཡིན་ནམ་ཞེ་ན་གསུང་རབ་སྒྲ་བ་དགེ་འདུན་ཆོས་འཕེལ་གྱིས་དེ་ཡང་རང་རེ་རྣམས་ཀྱི་སུམ་ཅུ་བྱ་བ་བྲི་བའི་སྲོལ་འདི་སྔོན་གྱི་ལོ་ཙཱ་བ་ཉི་ཟླ་འདྲ་བ་དེ་དག་གི་རིང་ནས་བཟུང་། དུས་ཕྱིས་ཀྱི་རིགས་རལ་དང་གློང་ཆེན། བུ་སྟོན། རྗེ་ཡབ་སྲས་ལ་སོགས་པའི་བར་དུ་ནི་མེད། དེ་ནས་རབ་བྱུང་བཅུ་གཅིག་པའི་ནང་ཙམ་ན། གཞུང་སའི་སྐུ་དྲག་ཆེན་པོ་རྣམས་ཀྱིས་འགོ་མཛད་པའི་སྤྱིའི་ས་རིས་ཙམ་སྤྱངས་པའི་མཁས་

(1) རྗེ་དགེ་འདུན་གྲུབ་ཀྱིས་མཛད། མངོན་པ་མཛོད་ཀྱི་འགྲེལ་པ། རྒྱ་གར་རྡི་ལའི་དཔར་མ། ཤོག་གྲངས་3ལས་དྲངས།
(2) 季羡林： 佛教十五题，中华书局2006年，209页。

པ་ཐམས་ཅད་ཀྱིས་རང་རང་གི་གླེགས་བམ་རྩིག་ངོས་དང་སྒོ་འགྲམ་སོགས་ཐམས་ཅད་དུ་སུམ་ཀྲང་ཚད་མེད་པར་བྲི་བའི་སྲོལ་དེ་མཆེད།[1]ཅེས་པ་སོགས་ལས་མཚན་བྱང་སུམ་འབེད་ཅན་དེ་རབ་བྱུང་བཅུ་གཅིག་སྟེ་དུས་རབས་16པའི་ནང་དུ་བོད་ལ་དར་བ་རེད་ཅེས་གསུངས་པ་ལ་ཐུགས་ཞེན་དུ་མད་དོ།

2 ལུས་ཀྱི་ཐད།

གསུང་རབ་ཀྱི་མཚན་བྱང་ལུས་ཀྱི་སྒོ་ནས་དབྱེ་བ་བཞག་ན་ཁག་གཉིས་ཡོད་དེ། གཅིག་ནི་ཚིག་ལྷུག་དང་གཞན་ཞིག་ནི་ཚིགས་བཅད་ཀྱི་རྣམ་པ་ཅན་ཞིག་ཡིན། ཚིག་ལྷུག་གི་རྣམ་པ་ནི་རྒྱུན་དུ་ནས་མཐོང་འབེལ་བའི་མཚན་བྱང་ཞིག་ཡིན་དཔེར་ན་བློ་བཟང་རྒྱ་མཚོའི་སྤྲིན་ནམ་ཅོ་ནེ་བླ་མ་རིན་པོ་ཆེས་(1870—1932)མཛད་པའི་རྟེན་འབྲེལ་བསྟོད་པའི་འགྲེལ་པ་སྤྲེལ་བསྟོད་མ་ལྟ་བུ་ཡིན། གཞན་ཚིགས་བཅད་ཀྱི་རྣམ་པ་ནི་མཁས་པ་སོ་སོས་རང་རང་དགོས་པའི་དབང་གིས་གསུང་རབ་ལ་མཚན་བྱང་སྙན་ཆ་དོད་པོ་དང་བློ་ལ་བཟུང་བདེ་བའི་སླད་དུ་ཚིགས་བཅད་ཀྱི་རྣམ་པའི་ཐོག་ནས་མཚན་བྱང་སྙན་པོ་བཏགས་ཡོད་པ་སྟེ། བློ་བཟང་ཆོས་ཀྱི་དབང་ཕྱུག་གམ་སྐལ་བཟང་གར་དབང་གི་གསུང་རབ་སྟེ་ནམ་མཁའ་རྣལ་འབྱོར་གར་གྱི་དབང་པོ་ཡིས། །འཁྲུལ་སྣང་རོལ་བར་ཤར་བའི་རྫུན་ཆོས་ལས། །རྗེ་བཙུན་སེང་ལྡེང་ནགས་སྒྲོལ་སྒྲུབ་པའི་ཐབས། །འཕྲིན་ལས་གནས་ལྡན་ཙྡན་མ་ནི་བཞུགས། །བསྟན་པར་མི་བྱེད་དམ་ཚིག་རྡོ་རྗེའི་རྒྱ། །[2]ཞེས་པ་འདི་ལྟར་བྲིས་མཛད་མོད་ཀྱང་དོན་ཚུར་རྟོག་གཅིག་ཏུ་དྲིལ་ན་སེང་ལྡེང་ནགས་ཀྱི་སྒྲོལ་མའི་སྒྲུབ་ཐབས་ཞེས་པ་དེ་ཡིན། གཞན་ཡང་ཕོ་བྲང་པོ་ཏ་ལར་བཞུགས་པའི་འཇམ་དབྱངས་ཐུབ་བསྟན་རྒྱ་མཚོའི་(1866—)གསུང་རབ་ཀྱི་མཚན་བྱང་སྟེ། སྙིང་དང་འདྲ་བའི་སློབ་མ་ལ། །སྙིང་ནས་གདམས་པའི་བསླབ་བྱ་ནི། །སྙིང་གཏམ་བཅུ་གསུམ་ཞེས་བྱ་བ། །སྙིང་གི་རི་མོ་མཆོན་བྱེད་ལགས། །[3]ཞེས་མཚན་བྱང་སྙན་ངག་གི་རྒྱན་ལས་སྐོར་བའི་རྒྱན་གྱི་ཐོག་ནས་ཤིན་ཏུ་

(1) དགེ་འདུན་ཆོས་འཕེལ་གྱིས་མཛད། རྒྱལ་ཁམས་རིག་པས་བསྐོར་བའི་གཏམ་རྒྱུད་གསེར་གྱི་ཐང་མ། ནུབ་བྱང་མི་རིགས་སློབ་ཆེན་གྱི་དཔར་མ། ཤོག་གྲངས་235ལས་དྲངས།

(2) པེ་ཅིང་དཔེ་མཛོད་ཁང་དུ་བཞུགས་པའི་བོད་དཔེ་ཨང་རྟགས་4150ལས་དྲངས།

(3)གསུང་འབུམ་དཀར་ཆག བོད་ལྗོངས་མི་དམངས་དཔེ་སྐྲུན་ཁང་གི་1998ལོའི་དཔར་མ། ཤོག་གྲངས་676ལས་དྲངས།

སྣན་ཆ་ལྡན་པའི་དཔེ་མིང་ཞིག་བཏགས་གནང་འདུག དེ་དང་འདྲ་བ་སྨིན་གླིང་ལོ་ཆེན་རྣམ་གླིས་མཛད་པའི་གསུང་འབུམ་གྱི་མཚན་བྱང་ལའང་ཚིགས་བཅད་ཀྱི་ལམ་ནས་མཚན་བྱང་གསོལ་བ་མང་པོ་ཞིག་མཇལ་རྒྱུ་འདུག དེ་ལྟར་རྣ་བར་སྣན་ཞིང་ཡིད་འགུགས་པའི་དཔེ་མིང་ཡོད་ཚོ་རྒྱ་ཆེའི་གསུང་རབ་རིག་པའི་ཕྱག་ལས་གནང་མཁན་དང་དཔེ་ཆ་བ་དག་གི་ཡིད་རང་དབང་མེད་པར་འཕྲོག་ཐུབ་ཙ་ན་རྒྱ་ཆེའི་དཔེ་ཆ་བ་དང་གློག་པ་པོས་ཆེད་མངགས་དཔེ་མིང་དེ་དག་ཡིད་ལ་བཙན་པོས་མ་བཟུང་ཀྱང་མཚན་བྱང་ཐད་ཀར་ཡིད་ལ་ཡོང་སླ་བའི་སྐད་དུ་ཡིན་པ། སྔོན་གྱི་སྐྱེས་ཆེན་དམ་པ་རྒྱན་དྲུག་མཆོག་གཉིས་ལ་སོགས་ཀྱིས་མཛད་པའི་རྒྱ་གཞུང་མང་པོ་ཞིག་ཚིགས་བཅད་ཀྱི་ལམ་ནས་སུག་བྲིས་གནང་བ་ཡང་རྒྱུ་མཚན་དེ་ལས་མ་འདས་སོ་ཞེས་སྔོན་བྱོན་སྐྱེ་བོ་དམ་པའི་གསུང་རབ་དག་ལས་བྱུང་བའོ། མཚན་བྱང་ཚིགས་བཅད་མ་སྣན་ཆ་དང་ལྡན་པ་དེ་དག་མང་ཆེ་བ་ཞིག་བོད་ལ་དུས་རབས་13པའི་རྗེས་ནས་དར་བ་ཞིག་ཡིན་པར་སེམས། གང་ཡིན་ཞེས་ན་ཆོས་རྗེ་ས་པཎ་གྱིས་སྙན་གཞུང་ཐོག་མར་བོད་ཀྱི་མཁས་འཛུག་ཏུ་ངོ་སྤྲོད་གནང་བ་དང་རྗེས་སུ་ཤོང་དཔང་རྣམ་གཉིས་ཀྱིས་སྙན་གཞུང་མེ་ལོང་མ་བོད་དུ་བསྒྱུར་ཏེ། འཆད་ཉན་གྱི་ལམ་དུ་དྲངས་གནང་སྐབས་བོད་ལ་ཡང་གནའ་དཔེའི་ལུས་ཙམ་མ་ཡིན་པར་གནའ་དཔེའི་མཚན་བྱང་ཡང་སྙན་ཆ་ལྡན་པ་མང་པོ་ཞིག་ཞར་དང་ཞོར་ལ་ཐོན་པ་རེད།

3 གསུང་རབ་གཅིག་ལ་མཚན་དུ་མ་ཡོད་པ།

གསུང་རབ་གཅིག་ལ་མཚན་གྱི་རྣམ་གྲངས་དུ་མ་ཡོད་པ་སྟེ། དཔེར་ན་དཔེ་ཆ་གཅིག་སྟེ་ཆོས་འབྱུང་མཁས་པའི་དགའ་སྟོན་ལྟ་བུ་ཡིན་ན། གསུང་རབ་མཛད་པ་པོ་ཁོང་རང་གིས་བཏགས་གནང་བའི་མཚན་ནི་ཆོས་འབྱུང་མཁས་པའི་དགའ་སྟོན་ཞེས་བརྗོད་ཀྱི་ཡོད་པ་དང་དཔེ་ཆ་བས་དེར་མཛད་པ་པོ་རང་ཉིད་ཀྱི་འབྲུངས་ཡུལ་ལམ་ལུང་པའི་མིང་དཔེ་ཆའི་མཚན་བྱང་ལ་འདོད་སྲོལ་ཡོད་པ་སྟེ་ཆོས་འབྱུང་མཁས་པའི་དགའ་སྟོན་ལ་དགེ་ཆོས་རིན་པོ་ཆེས་རྒྱལ་ཁམས་རིག་པས་བསྒྲོར་བའི་གཏམ་རྒྱུད་གསེར་གྱི་ཐང་མའི་ནང་དུ་ལྷོ་བྲག་ཆོས་འབྱུང་ཞེས་འདོད་གནང་གི་འདུག ཡང་ན་མཛད་པ་པོའི་མཚན་ཐོག་ནས་འདོད་པ་སྟེ་ལྷོ་བྲག་དཔའ་བོའི་ཆོས་འབྱུང་ཞེས་འདོད་པ་སོགས་ཡིན། འོན་ཏེ་དེ་དག་འགལ་

བ་ནི་མ་ཡིན་སྟེ་དཔའ་བོའི་ཆོས་འབྱུང་ཡིན་ནའང་འདྲ་ལྡེ་བྲག་ཆོས་འབྱུང་ཡིན་ན་ཡང་རེད། དོན་གྱི་བབ་ས་ནི་དཔའ་བོ་གཙུག་ལག་ཕྲེང་བས་མཛད་པའི་ཆོས་འབྱུང་མཁས་པའི་དགའ་སྟོན་ཡིན་པ་ནི་རྟོགས་ཐུབ། དེ་འདྲ་མཚན་གྱི་རྣམ་གྲངས་མང་པོ་ཞིག་གསོ་རིག་གི་གསུང་རབ་ཁག་ལ་ཡང་ཡོད་པ་སྟེ་གོང་སྨན་དཀོན་མཆོག་བདེ་ལེགས་ཀྱིས་མཛད་པའི་

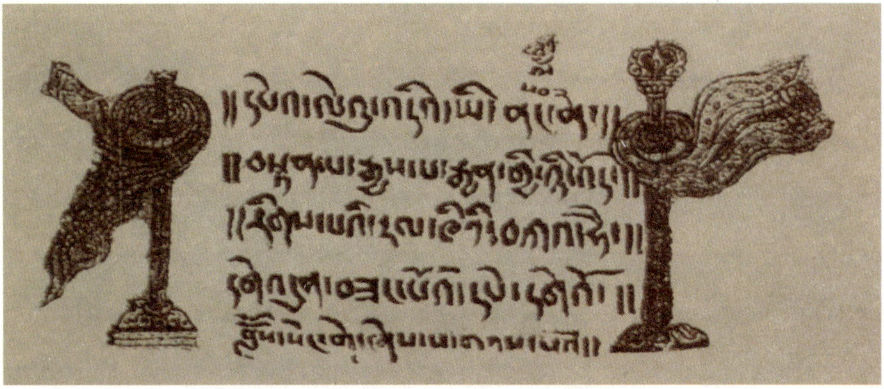

བཅོམ་ལྡན་རིགས་པའི་རལ་གྲིའི་གསུང་མཚན་བྱང་།

གསོ་རིག་དགོས་པ་ཀུན་འབྱུང་ལ་གསོ་རིག་གི་ཕྱག་ལས་གནང་མཁན་ཚོས་པོད་དམར་ཞེས་ཞུ་ཡི་འདུག དེ་འདྲ་ཡོང་དོན་ཡང་རྗེས་འཇུག་གི་སློབ་མ་དང་དཔེ་ཆ་བ་དག་གི་ངག་རྒྱུན་དུ་ཆགས་ནས་བྱུང་བ་ཞིག་ཡིན། དཔེར་ན་དགེ་ལུགས་པའི་དཔེ་ཆ་བ་དག་གིས་རྗེ་ཙོང་ཁ་པ་བློ་བཟང་གྲགས་པས་མཛད་པའི་རྟེན་འབྲེལ་བསྟོད་པ་ལ་ངག་རྒྱུན་དུ་ལེགས་བཤད་སྙིང་པོ་ཆུང་བ་ཟེར་བ་དང་དྲང་ངེས་ལེགས་བཤད་སྙིང་པོ་ལ་ལེགས་བཤད་སྙིང་པོ་ཆེ་བ་ཞེས་ཞུ་བ་ལྟ་བུ་ཤིན་ཏུ་མང་བས་གཞན་རྣམས་དེས་རིགས་བསྒྲེའོ།

4 ཁ་དོག་ལས་གསུང་རབ་ཀྱི་མཚན།

རྒྱ་བའི་ཁ་དོག་བཞིས་གནའ་རྫོམ་གྱི་མཚན་བྱང་གསལ་ཡོད་པ་སྟེ་ལོ་རྒྱུས་དང་གསོ་བ་རིག་པ། ཤེར་ཕྱིན་ཡུམ་སོགས་ཀྱང་ཡོད་པ་སྟེ་ལོ་རྒྱུས་ཀྱི་དེབ་ཐེར་ལས་འཆད་ན། དགེ་འདུན་ཆོས་འཕེལ་གྱིས་མཛད་པའི་དེབ་ཐེར་དཀར་པོ་དང་ཚལ་པ་ཀུན་དགའ་རྡོ་རྗེས་མཛད་པའི་ལོ་རྒྱུས་དེབ་ཐེར་དམར་པོ། སུམ་སྲིད་སངས་རྒྱས་རྒྱ་མཚོས་མཛད་པའི་དགེ་ལྡན་

ཆོས་འབྱུང་ལ་དེབ་ཐེར་སེར་པོ། འགོས་ལོ་གཞོན་ནུ་དཔལ་གྱིས་མཛད་པའི་ལོ་རྒྱུས་དེབ་ཐེར་སྔོན་པོ་བཅས་ཡིན། གསོ་བ་རིག་པ་སྡེ་གོང་སྨན་དཀོན་མཆོག་བདེ་ལེགས་ཀྱིས་མཛད་པའི་པོད་དམར། པོད་ནག པོད་ཁྲ་དང་དུང་སྔེ་སྲིད་སངས་རྒྱས་རྒྱ་མཚོས་མཛད་པའི་བཻཌཱུརྱ་སྔོན་པོ་སོགས་ཡིན། བོན་གྱི་གནའ་རྩོམ་སྡེ་གླུ་འབུམ་ནག་པོ། གླུ་འབུམ་ཁྲ་བོ། གླུ་འབུམ་དཀར་པོ་སོགས་བརྗོད་པ་ཡང་མཇལ་རྒྱུ་འདུག འོ་ན་ལོ་རྒྱུས་དེབ་ཐེར་ཁག་ལ་མཚན་བྱང་དེ་ལྟ་བུ་ཞིག་བཏགས་དགོས་དོན་གང་ཡིན་ནམ་ཞེས་ན། དགེ་འདུན་ཆོས་འཕེལ་གྱིས་ཕྱོགས་ལྷུང་ཞེན་པས་དམར་པོ་མ་བྱས་ཤིང་། །ངོས་བསྲུང་ཚིག་གིས་སྔོན་པོར་མ་བྱས་ལ། །ཕྱིས་བྱུང་གཏམ་གྱིས་སེར་པོར་མ་བྱས་པ། །དེ་ཕྱིར་འདི་ནི་དེབ་ཐེར་དཀར་པོ་ཡིན། །ཞེས་གསུངས་པ་ལས་བརྗོད་བྱའི་དོན་གྱི་གནད་འགག་ཤེས་ཐུབ་པ་སྟེ། ལོ་རྒྱུས་ཀྱི་བདེན་པའི་རང་བཞིན་སྲོང་པོའི་མདའ་ལྟར་བརྗོད་པ་ལས་འཁྱོག་འཁྱོག་བཙན་པོས་བཀུག་པའི་གཞུ་ལྟར་མ་ཡིན་པར་བསྟན་པས་ན། དཀར་པོ་ཞེས་པའི་མཚན་བྱང་ཐུལ་བ་ཡིན་ཞེས་པ་ལས་བོད་ཀྱི་མཁས་པ་རྣམས་ཀྱིས་ཁ་དོག་གི་མཚོན་བྱེད་དང་མཛེས་ཆོས་ཀྱི་རང་བཞིན་གང་ཡིན་པ་སོགས་ཞོར་དུ་གསལ་པོ་ཞིག་རྟོགས་ཐུབ། གང་ཡིན་ཟེར་ན། བོད་ལ་ནང་ཆོས་དར་བ་ནས་བཟུང་ཁ་དོག་ནག་པོ་དེ་ལ་ཁ་དོག་གཞན་ལྟར་མཉེས་པོ་གནང་གི་མི་འདུག ཁ་དོག་ནག་པོའི་མཚོན་བྱེད་ནི་ངན་པའི་རང་བཞིན་དང་འཇིགས་སུ་རུང་བ་བའི་དོན་དང་ནག་ནོག་གི་དྲི་མ་སོགས་ཀྱི་མཚོན་དོན་དུ་འཛོག་གི་འདུག དེ་ཡང་གསང་སྔགས་རྙིང་རྒྱུད་དང་རོལ་མོའི་བསྟན་བཅོས་སུ་ཁ་དོག་དཀར་དམར་གང་ལ་ཡང་ཉེ་བའི་ཉོན་མོངས་པ་མེད་པ་མཚོན་པའི་ཕྱིར། ནག་པོའི་ར་རི་མེད་པ་ནི་ངེས་པ་དགོས་སོ[1]ཞེས་པས་ཀྱང་མཚོན། འོ་ན་བོད་ལ་གསུང་རབ་ཀྱི་མཚན་བྱང་སྔོ་དམར་སོགས་ཁ་དོག་གི་མཚན་བྱང་འདོགས་པའི་སྲོལ་དེ་དུས་ནམ་ཞིག་ལ་བྱུང་བ་ཡིན་ནམ་ཞེས་ན། ནང་ཆོས་མ་དར་བའི་གོང་རོལ་ནས་བོད་ཀྱི་ཡུལ་དུ་བོན་གྱི་ཆོས་ལུགས་དར་ཡོད་ཅེས་མཁས་པ་རྣམས་ཀྱིས་གསུངས་པ་ལྟར་ན། ཁ་དོག་གི་ཐོག་ནས་མཚན་བྱང་གསོལ་བ་དེ་ཡང་ཆེས་སྔ་མོ་ཞིག་ནས་དར་ཡོད་པ་ཤེས། གང་ཡིན་ཟེར་ན། བོན་གྱི་བསྟན་བཅོས་ཁྲོད་དུ་གླུ་འབུམ་དཀར་ནག་ཁྲ

(1) གསང་སྔགས་རྙིང་རྒྱུད་དང་རོལ་མོའི་བསྟན་བཅོས། བོད་ལྗོངས་དཔེ་རྙིང་དཔེ་སྐྲུན་ཁང་གི་1996ལོའི་དཔར་མ། ཤོག་གྲངས་340ལས་དྲངས།

གསུམ་ཞེས་པའི་མཚན་བྱང་བྱུང་བ་དེའི་རྐྱེན་གྱིས་སོ། དེ་རྗེས་དུས་རབས་7-8ནང་དུ་བྱུང་བའི་ཁྲམ་བྱང་ལའང་ཁ་དོག་ལྡང་ཁུའམ་དཀར་སྐྱ་སོགས་བྱུང་བ་དང་། ནང་ཆོས་དར་རྗེས་ཆོས་རྒྱལ་མེས་དབོན་རྣམ་གསུམ་གྱི་ཡ་རྒྱལ་ཆོས་རྒྱལ་ཁྲི་སྲོང་ལྡེའུ་བཙན་གྱི་སྐུ་དུས་སུ། ཐང་ས་ཁམས་པ་གོ་ཆས་རྒྱ་གར་འཕགས་པའི་ཡུལ་དུ་བྱོན་ནས་འདུམ་བྲུགས་ལ་ཟིན་གནང་སྟེ། རྗེས་སུ་བོད་དུ་ཕེབས་རྗེས་འདུམ་བྲུགས་ལ་ཟིན་ཡོད་པ་དེ་དག་རེག་ཟིག་ཏུ་ཕབ་པ་དེ་ལ་འདུམ་བྲུགས་འགྱུར་མ་ཞེས་གྲགས་པ་དང་། དེར་བཙན་པོས་ཐེག་ཆེན་ཆོས་ལ་གུས་པ་ཆེན་པོས་ཉིད་ཀྱིས་མཚལ་ཁྲག་དང་ར་དཀར་པོའི་འོ་མ་སྦྱར་ནས་བྲིས་པ་རེག་ཟིག་དམར་པོར་གྲགས་པ་སྟེ། བཙན་པོའི་དབུ་སྐྲའི་གཞོབ་རམ་དང་ར་དཀར་མོའི་འོ་མ་ལ་སྦྱར་ནས་བྲིས་པ་རེག་ཟིག་སྔོན་པོར་གྲགས་[1]ཞེས་དང་དེ་རྗེས་ལུ་གུ་རྒྱུད་དུ་སྤེལ་བ་ལྟར་དུས་རབས་14པའི་རྗེས་ཀྱི་ལོ་རྒྱུས་དེབ་ཐེར་ཁག་གི་མཚན་བྱང་ཁ་དོག་གི་ཐོག་ནས་བཏགས་ཡོད་པ་དེ་ལས་བོད་ལ་ཆེས་སྔ་མོ་ཞིག་ནས་དར་ཡོད་པ་ཤེས་སོ།

5 ཁམས་དང་འབྱུང་བ་ལས་མཚན་བྱང་།

བསྟན་བཅོས་ཀྱི་མཚན་བྱང་ཁམས་དང་འབྱུང་བ་དཔེར་ལེན་ཏེ་མཚན་བྱང་གསོལ་བ་སྟེ། གུང་ཐང་བསྟན་པའི་སྒྲོན་མེས་(1762—1823)མཛད་པའི་ཆུ་ཤིང་བསྟན་བཅོས། ཚེ་ནེ་གྲགས་པ་བཤད་སྒྲུབ་(1675—1748)ཀྱིས་མཛད་པའི་ནམ་མཁའི་བསྟན་བཅོས། ནོམ་ཆེ་མཁན་པོས་མཛད་པའི་མེའི་བསྟན་བཅོས་དང་ལྕགས་ཀྱི་བསྟན་བཅོས། རྫམ་སུ་རས་མཛད་པའི་སའི་བསྟན་བཅོས་སོགས་ཡིན། མཚན་བྱང་དེ་ལྟར་འདོགས་དགོས་དོན་ནི་བོད་ཀྱི་མཁས་པ་སྔ་མ་དག་གིས་རང་བྱུང་ཁམས་ཀྱི་ཁོ་ར་ཁོར་ཡུག་ལ་ཉམས་ཞིབ་དང་བརྟག་དཔྱད་ཞིབ་མོ་གནང་སྟེ། རང་བྱུང་ཁམས་ཀྱི་ས་ཆུ་མེ་རླུང་སོགས་ཀྱི་ངོ་བོ་དང་ཡུལ་དུས་དབང་གིས་དེ་དག་གི་བྱེད་ནུས་ལ་འགྱུར་བ་གང་ཡོད་པ་སོགས་ཉམས་ཞིབ་དང་ཞིབ་འཇུག་དམིགས་ཕྱིན་པ་བྱས་ཤིང་དེ་དག་གི་བྱེད་ནུས་དགྲ་གྲོགས་བརྩིས་ཡོད་པ་སྟེ། ས་དགྲ་མེ་ཡིན་མེ་དགྲ་ཆུ། །ཆུ་དགྲ་རླུང་ཡིན་རླུང་དགྲ་ས། །ས་ནི་མེ་ལ་ནུས་པ་མེད། །མེ་ནི་ཆུ་ལ་ནུས་པ་མེད། །ཆུ་ནི་རླུང་ལ་ནུས་པ་མེད། །རླུང་ནི་ས་ལ་ནུས་པ་མེད། །ས་ཆུ་ཕན་ཚུན་གྲོགས་

(1) ཀོང་སྤྲུལ་ཡོན་ཏན་རྒྱ་མཚོ། ཤེས་བྱ་ཀུན་ཁྱབ། མི་རིགས་དཔེ་སྐྲུན་ཁང་གི་1982ལོའི་དཔར་མ། ཤོག་གྲངས་227ཏུ་གསལ།

པ་སྟེ། །མི་རླུང་ཕན་ཚུན་གྲོགས་པོ་ཡིན། །ཞེས་པ་སོགས་ལས་རྫོགས། གསུང་རབ་དེ་དག་ནི་སློབ་གསོའི་རང་བཞིན་ཆེ་བའི་གསུང་རབ་ཤ་སྟག་ཡིན་སྟབས་སྐྱོ་པོ་བློ་མཆོག་དམན་གང་རུང་ཞིག་གིས་དེ་དག་གི་ནང་དོན་རྟོགས་པ་ལ་གསུང་རབ་ཀྱི་མཚན་བྱང་ལས་ཀྱང་ནུས་པ་བླ་ལྷག་ཞིག་ཐོན་ཡོད།

6 གནའ་དཔེའི་མཚན་བྱང་འབྲི་ཚུལ་ཁག་བཤད་པ།

གནའ་དཔེ་ཡོད་དོ་ཅོག་གི་མཚན་བྱང་ཕྱུག་དཔེའི་དབུ་ཕྱོགས་སུ་ཡོད་པའི་ངེས་པའང་མ་མཆིས་སྟེ་སྙིང་མ་རྒྱུད་འབུམ་དཀར་ཆག་ཐོག་གསལ་བ་ལྟར་ན། བཀའ་དང་བསྟན་བཅོས་ཀྱི་མཚན་བྱང་འབྲི་ཚུལ་ལའང་དབུ་ལྷེབ་ཀྱི་རྒྱབ་དང་མདུན། བསྟན་བཅོས་ཀྱི་མཇུག་ཏུ་འབྲི་བ་བཅས་འབྲི་ཚུལ་མི་འདྲ་བ་གསུམ་དུ་ཡོད་པ་ལས་ཕལ་ཆེ་བ་བསྟན་བཅོས་ཀྱི་མདུན་དང་འགའ་ཞིག་མཇུག་ཏུ་བྲིས་པའང་ཡོད་[1]ཅེས་གསུངས་པ་ལས་དཔེ་མིང་ནམ་རྒྱུན་ལྟར་གཞུང་གི་དབུ་ཤོག་ཏུ་འབྲི་གནང་མ་མཛད་པར་མཇུག་ཤོག་ཏུ་བྲིས་པའང་ཡོད་པ་དེ་གསལ་བཤད་བྱས་ཡོད། ངེས་ན་མཚན་བྱང་མཇུག་ཤོག་ཏུ་ཡོད་པ་གཅིག་དཔེ་ཞུས་ན། ཐིག་ལེ་མཐོང་བརྫོལ་ཡང་ཏིག་ནག་པོའི་རྒྱུད། ལྷེབ་གྲངས་121ཟུར་མཆན་དུ། རྒྱུད་འདིའི་མཚན་བྱང་མཇུག་ཤོག་ན་གསལ།[2]ཞེས་པ་དང་དེ་མིན་འཇམ་དཔལ་འདུས་པའི་རྒྱུད་ལས་བསྡུས་པའི་རྩ་རླུང་ཐིག་ལེའི་རྒྱུད། ལྷེབ་གྲངས་117ཟུར་མཆན་དུ། རྒྱུད་འདིའི་མཚན་བྱང་ལེའུའི་མཇུག་ན་གསལ། ཞེས་པ་དཔེ་དེ་གཉིས་ཀྱིས་མཚན་བྱང་མཇུག་ན་ཡོད་པ་དེ་གསལ་བཤད་བྱེད་ཐུབ།

བཞི། མཚན་བྱང་ལས་མཛད་པོ་བརྟག་པ།

དེ་ཡང་ཐོག་མར་དཔེ་དང་བཅས་ཏེ་བཤད་ན་གོ་བདེ་བ་སྟེ་སྐུ་གཟུགས་ཀྱི་མཚན་ཉིད་རྒྱན་གྱི་མེ་ཏོག་[3]ཅེས་པའི་གསུང་རབ་འདི་དུས་རབས་13པའི་ནང་དུ་བྱོན་པའི་བོད་ཀྱི་

(1)སྙིང་མ་རྒྱུད་འབུམ་དཀར་ཆག མི་རིགས་དཔེ་སྐྲུན་ཁང་གི་དཔར་མ། ཤོག་གྲངས་56ལ་གསལ།

(2) སྙིང་མ་རྒྱུད་འབུམ་དཀར་ཆག མི་རིགས་དཔེ་སྐྲུན་ཁང་གི་དཔར་མ། ཤོག་གྲངས་122ལ་གསལ།

(3)བཅོམ་ལྡན་རིགས་པའི་རལ་གྲིའི་གསུང་པོད། འབྲས་སྤུངས་དགོན་དུ་བཞུགས་པའི་དཔེ་རྟགས། ཕྱི་ཡ་པའི་ཞལ་བྱང་ཡིན།

གསུང་རབ་སྨྲ་བ་བཙོམ་ལྡན་རིགས་རལ་གྲིས་མཛད་པ་ཞིག་ཡིན། གསུང་རབ་དེ་ནི་འབྲས་སྤུངས་དགོན་དུ་བཞུགས་ཡོད། མཚན་བྱང་དངོས་ནི་སྐུ་གཟུགས་ཀྱི་མཚན་ཉིད་ཅེས་པ་དེ་ཡིན་ཞིང་དེའི་མཇུག་ཏུ་རྒྱན་གྱི་མེ་ཏོག་ཅེས་སྦྱར་གནང་ཡོད་པ་དེ་ནི་གསུང་རབ་དེའི་མཚན་བྱང་གི་ཁྱད་ཆོས་ཤིག་ཡིན་པར་སེམས། མཛད་པ་པོ་ཁོང་རང་གིས་དགའ་དད་གནང་སའི་གཞུང་ཆེན་ནམ་བླ་མ་དམ་པ་ཆེ་གེ་མོས་སྦྱར་གནང་བའི་གསུང་རབ་གང་ཞིག་གི་མཚན་ཟུར་ཞིག་ཡིན་སྙམ། གང་ཡིན་ཟེར་ན་མཁས་དབང་ཚེ་ཏན་ཞབས་དྲུང་མཆོག་གིས་གསུངས་དོན། རྩོམ་གྱི་གཞུང་ཁུངས་ཡང་དག་སྟོན་པའི་སྐད་དུ་ངས་སུམ་རྟགས་སྐོར་གྱི་བརྩམས་བྱ་ཁག་ལ་མཚན་བྱང་འདི་ལྟར་བྲིས་ཡོད། ཐོན་མིའི་ཞལ་ལུང་། ཐོན་མིའི་དགོངས་རྒྱན། ཐོན་མིའི་མཛུབ་རིས་ལ་སོགས་པ་ཡིན་ཞེས་དང་མཁན་སློབ་བར་ལ་སྒྱུ་རྩལ་གྱི་ཐྲེང་ཐག་དཔྱད་པ་འདི་ནི་གཙོ་བོ་སློབ་དཔོན་དང་དེའི་དངོས་སློབ་བམ་ཡང་སློབ་སོགས་བར་གྱི་རྩོམ་གྱི་ཁ་བྱང་སྦྱོར་ཚུལ་ལ་བྱ། དེའང་རྩོམ་པ་པོ་སོ་སོས་རང་གི་ཐོབ་ཐང་དང་རྩོམ་གྱི་རིན་ཐང་། རྩོམ་གྱི་ནང་དོན་ལྟར་ཁ་བྱང་འགོད་ཀྱི་ཡོད། དཔེར་ན་ཨ་ལག་ཤར་གདོང་གིས་མཛད་པའི་བསྟོད་ཚིག་སྔན་ངག་ངོ་མཚར་བའི་གཏམ་རྟོགས་བརྗོད་གཡུ་ཡི་མེ་ཏོག་ཅེས་པ་ནི་ཁོང་གི་སློབ་དཔོན་ཚེ་ཏན་ཞབས་དྲུང་མཆོག་གིས་མཛད་པའི་ངོ་མཚར་གཏམ་རྟོགས་བརྗོད་དངུལ་གྱི་མེ་ཏོག་ལས་ཐུགས་ལ་འཁྲུངས་ཤིང་། ཚེ་ཏན་ཞབས་དྲུང་མཆོག་གི་ཁ་བྱང་ནི་ཁོང་གི་སློབ་དཔོན་སྐྱེས་སྟེང་བློ་བཟང་དཔལ་ལྡན་གྱིས་མཛད་པའི་ངོ་མཚར་གཏམ་རྟོགས་བརྗོད་གསེར་གྱི་མེ་ཏོག་ཅེས་པ་ལས་བློ་ལ་འཁྲུངས། འདི་ཡང་རྩོམ་པ་པོ་སོའི་ཐོབ་ཐང་གཅིག་ལས་གཅིག་དམའ་བ་དང་གསུང་རབ་ཀྱི་ནང་དོན་གཅིག་ལས་གཅིག་དམན་པ། ཚིག་སྦྱོར་ཐད་གཅིག་ལས་གཅིག་ཉམས་པ་སོགས་མ་ཡིན་པར། གཙོ་བོ་རིགས་གཅིག་ལ་བསླེས་ནས་མཁན་སློབ་བར་རིག་གནས་རྒྱུན་འཛིན་གྱི་སྤྱོད་བཟང་སྟེལ་ཞིང་། བཀུར་བསྟི་དང་བརྩེ་དུང་མཚོན་པ་སོགས་ཀྱི་སྣང་ཚུལ་ཞིག་ཡིན།[1] ཞེས་པ་འདི་ལྟ་བུ་ཞིག་མིན་ནམ་སྙམ། གང་ལྟར་ཀྱང་གསུང་རབ་སྨྲ་བ་བཙོམ་ལྡན་རིགས་པའི་རལ་གྲིས་མཛད་པའི་གསུང་རབ་ཆེས་མང་པོ་ཞིག་གི་མཚན་བྱང་གི་མཇུག་དེར་ཚིག་རྒྱན་ཏེ་རྒྱན་གྱི་མེ་ཏོག་ཅེས་སྦྱར་གནང་ཡོད་པ་དེ་ནི་ཁོང་གི་གསུང་རབ་ཀྱི་ཐུན་མོང་མ་ཡིན་པའི་མཚན་

(1)དཔྱད་རྩོམ་འདེམས་བསྒྲིགས། (1986-1996) ཀྲུང་གོ་བོད་ཀྱི་ཤེས་རིག་དཔེ་སྐྲུན་ཁང་གི་དཔར་མ། ཤོག་གྲངས་640ལས་དྲངས།

བྱང་གི་ཁྱད་ཆོས་ཤིག་སྟེ་དཔེར་ན།

དམིགས་བསལ་རྟགས།	མཚན་བྱང་།	ཡིག་གཟུགས།	ཤོག་གྲངས།
ཕྱི་རྩ།114	བདེན་ཉིད་ཀྱི་བསྡུས་དོན་རྒྱན་གྱི་མེ་ཏོག	དཔེ་ཚུགས།	4
ཕྱི་ཚ།12	ཤེས་རབ་ཀྱི་ཕ་རོལ་ཏུ་ཕྱིན་པའི་འགྲེལ་བཤད་རྒྱན་གྱི་མེ་ཏོག	དཔེ་ཚུགས།	314
ཕྱི་ཚ།91	ཕར་ཕྱིན་རྒྱན་གྱི་མེ་ཏོག	འབྲུ་ཚ།	149
ཕྱི་ཚ།132	མདོ་སྡེ་རྒྱན་གྱི་མེ་ཏོག	དཔེ་ཚུགས།	14
ཕྱི་ཛ།61	ཆོས་མངོན་པ་ཀུན་ལས་བཏུས་པའི་རྒྱན་གྱི་མེ་ཏོག	འབྲུ་ཚ།	171
ཕྱི་ཞ།19	ཚད་མ་རྣམ་པར་ངེས་པའི་རྒྱན་གྱི་མེ་ཏོག	དབུ་ཅན།	267
ཕྱི་མ།21	སྐུ་གཟུགས་ཀྱི་ཕྱག་ཚད་རྒྱན་གྱི་མེ་ཏོག	དཔེ་ཚུགས།	
ཕྱི་ར།74	རྡོ་རྗེ་གདན་རྣམ་པར་བཤད་པ་རྒྱན་གྱི་མེ་ཏོག	དཔེ་ཚུགས།	13
ཕྱི་ལ།154	འཕགས་པའི་བདེན་པ་བཞི་རྣམ་པར་བཤད་པ་རྒྱན་གྱི་མེ་ཏོག	དཔེ་ཚུགས།	19

དེས་ན་ང་ཚོས་གོང་དུ་བཀོད་པའི་མཚན་བྱང་དག་གི་མཇུག་གི་ཚིག་རྒྱན་རྒྱན་གྱི་མེ་ཏོག་ཅེས་པ་སྙོ་ལ་ཡོད་ཚེ། དཔེ་ཐོར་དང་དཔེ་རྙིག་ཏུ་སོང་བའི་གནའ་དཔེ་འགའ་ཞིག་ལག་ཏུ་འཇོར་ཏེ་ལེགས་སྒྲིགས་བྱ་སྐབས་དཔྱད་གཞིའི་ཡིག་ཆ་མང་པོ་ཞིག་ལ་སྐྱབས་བཅོལ་

མི་དགོས་པར་ཁྱད་ཆོས་དེ་ཉིད་ལས་×××××རྒྱན་གྱི་མེ་ཏོག་ཅེས་པ་དེ་མཛལ་བ་ཙམ་གྱིས་གནའ་དཔེ་དེ་དུས་རབས་13པའི་ནང་དུ་བྱོན་པའི་བོད་ཀྱི་གསུང་རབ་སྨྲ་བའི་དབང་པོ་བཅོམ་ལྡན་རིགས་པའི་རལ་གྲིའི་གསུང་ཡིན་པར་ཐག་བཅད་ཆོག ང་ཚོ་གསུང་རབ་རིག་པའི་ཕྱུག་ལས་གནང་མཁན་དག་གི་ཇོག་ཇོག་གཅིག་གིས་འགྲུལ་བ་ན་ཤེས་བྱ་ཐམས་ཅད་ཤེས་པར་འགྱུར་ཞེས་པ་ལྟར་གསུང་རབ་ཀྱི་མཚན་བྱང་ཁྱད་ཆོས་ཆུང་ངུ་ལའང་གཙོས་མཐོང་བྱ་དགོས་པ་དེ་གལ་ཆེན་ཡིན་པ་ཤེས།

དཔལ་ལྡན་འབྲས་སྤུངས་དང་ས་སྐྱ་དགོན་དུ་བཞུགས་པའི་གནའ་དཔེ་མི་ཉུང་བ་ཞིག་ཞལ་ཁ་ཕྱེ་བའི་གོ་སྐབས་ཐོབ་སྐབས། གནའ་དཔེ་དེའི་དབུ་ཤོག་ཏུ་བྲིས་པའི་མཚན་བྱང་མང་པོ་ཞིག་གནའ་དཔེ་དེ་འབྲི་བཞེངས་གནང་སྐབས་མཚན་བྱང་དེ་དབུ་ཤོག་གི་ཉིན་ངོར་བྲིས་པ་ཞིག་མ་ཡིན་ལགས། གསུང་རབ་དེའི་གཞུང་དངོས་ཀྱི་ཡིག་གཟུགས་དང་སྣག་མདོག་སོགས་དབུ་ཤོག་ཏུ་བྲིས་པའི་མཚན་བྱང་གི་ཡིག་གཟུགས་དང་སྣག་མདོག་གཅིག་མཚུངས་སུ་མི་འདུག དེར་བརྟེན་དབུ་ཤོག་གི་ཉིན་ངོར་བྲིས་པའི་མཚན་བྱང་དེ་ནི་རང་གི་བུ་སློབ་བམ་ཕྱིས་ཀྱི་དཀར་ཆག་བསྒྲིགས་མཁན་དག་གིས་གཞུང་དེའི་ཞབས་ཤོག་ཏུ་བཞུགས་པའི་མཇུག་བྱང་དུ་འཁོད་པའི་མཚན་བྱང་ལ་ཁུངས་བཙལ་ཏེ་བྲིས་པར་སྣང་། དཔེར་ན་འབྲས་སྤུངས་སུ་བཞུགས་པའི་དཔེ་སྙིང་མང་པོ་ཞིག་གི་དབུ་ཤོག་གི་ཉིན་ངོར་བྲིས་པའི་མཚན་བྱང་དེ་ནི་རྒྱལ་མཆོག་ལྔ་པ་ཆེན་པོ་དགོངས་པ་རྫོགས་རྗེས། ཁོང་གི་སྐུ་སྐོར་གྱི་དཔེ་མཛོད་ཁང་གི་དཔེ་སྙིང་ལ་དཀར་ཆག་འགོད་སྐབས་[1]དཀར་ཆག་འགོད་མཁན་གྱི་བྲིས་པའི་མཚན་བྱང་ཞིག་ཡིན་པར་སེམས། དཔེར་ན། བཅོམ་ལྡན་རིགས་པའི་རལ་གྲིའི་གསུང་པོད་དཀར་ཆག་བསྟན་པ་རྒྱས་པའི་ཉིན་བྱེད་ཞེས་པ་དེའི་དབུ་ཤོག་གི་ཉིན་ངོར་མཁས་པ་ཆེན་པོ་བཅོམ་ལྡན་རིགས་པའི་རལ་གྲིའི་དཀར་ཆག་བསྟན་པ་རྒྱས་པའི་ཉིན་བྱེད་བཞུགས་སོ། དེར་བལྟ་བར་བྱའོ། ཏེ་ཏེ། ཞེས་བྲིས་གནང་འདུག དེ་ལྟར་བྲིས་པ་ནི་མཛད་པ་པོ་ཁོང་རང་གིས་གཞུང་དེ་བརྩམས་པའི་དུས་དེར་བྲིས་པའི་མཚན་བྱང་ཞིག་མ་ཡིན། རྗེས་སུ་ཁོང་གི་རྗེས་འཛིན་བུ་སློབ་རྣམས་ཀྱིས་གསུང་པོད་དེ་འབྲི་བཤུས་བྱ་སྐབས། རང་རང་གིས་གུས་པས་

(1) དྲིན་ཅན་རྩ་བའི་བླ་མ་ངག་དབང་བློ་བཟང་རྒྱ་མཚོའི་ཐུན་མོང་ཕྱིའི་རྣམ་ཐར་དུ་ཀཱུ་ལའི་གོས་བཟང་གླེགས་བམ་གསུམ་པའི་འཁྲོས་བཞི་པ། བྲིས་མ། ཤོག་གྲངས་ 223 ལས་དྲངས།

སྤྱིར་བའི་མཚན་བྱང་ཞིག་ཡིན། སྔོན་གྱི་མཁས་པ་གནམ་གྱིས་ས་བཀབ་པ་ལྟ་བུར་བྱོན་པ་དེ་དག་གིས་ལྷུགས་རྩོམ་མང་པོ་ཞིག་སྤེལ་གནང་ཡོད་ཙང་དེ་དག་གི་སྟེང་དུ་མཚན་བྱང་བཀོད་པའི་སྐབས་ལ་རང་གིས་རང་ལ་བསྟོད་པའི་ཚིག་དེ་མཁས་པ་ག་གེ་མོས་ཞེས་པ་མཐལ་ཡུལ་དུ་མ་མཆིས་པའི་རྒྱུན་གྱིས་སོ། དཔེར་ན་ལྡེའུ་ཆོས་འབྱུང་འདི་ནི་ཐོག་མར་མཁས་པ་ལྡེའུས་སྤྱི་ལོའི་དུས་རབས་12པའི་དུས་དཀྱིལ་ལ་བརྩམས་པ་དང་། དེ་རྗེས་དུས་རབས་13་པའི་སྟོད་ཆར་མཁས་པ་ཇོ་ནམ་གྱིས་ཞུས་འགྲེལ་གནང་ཞིང་། དུས་སྐབས་དེ་རང་ལ་མཁས་པ་གཞན་ཞིག་གིས་སླར་ཡང་འགྲེལ་སྟོན་མཛད་པ་ཞིག་ཡིན་པ་ཞེ་སའི་ཚིག་དང་མཆོད་བརྗོད་ཀྱི་འགྲེལ་བཤད་ནང་གང་ཟག་གང་གིས་བཙལ་ན། སྔོན་བྱུང་རིག་པའི་གནས་ལ་མཁས་པའི་དགེ་བཤེས་ཇོ་འབུམ་དང་། ད་ལྟར་མཁས་པ་ཇོ་ནམ་[1]ཞེས་གཉིས་ཀར་གུས་བཀུར་གྱི་རྣམ་འགྱུར་འཕོད་པ་ལས་ཆོས་འབྱུང་དེ་མཁས་པ་གཉིས་ཀྱི་འབད་བརྩོན་ལ་བརྟེན་ནས་ལེགས་གྲུབ་བྱུང་བ་མཚན་བྱང་དང་མཇུག་བྱང་ལས་གསལ་བཤད་ཐུབ། དེས་ན་གནའ་དཔེའི་མཚན་བྱང་དེ་དག་ལས་གནའ་དཔེ་དེ་འབྲི་བཤུས་གནང་བའམ་ཡང་ན་མཛད་པ་པོ་རང་གིས་ཟིན་བྲིས་བཏབ་པའི་མ་དཔེ་གང་ཞིག་ཡིན་མིན་དེ་ཡང་གསུང་རབ་ཀྱི་མཚན་བྱང་དེ་ལས་རྟོགས་ཐུབ་བོ། །

(1) མཁས་པ་ལྡེའུས་མཛད། རྒྱ་བོད་ཀྱི་ཆོས་འབྱུང་རྒྱས་པ། བོད་ལྗོངས་བོད་ཡིག་དཔེ་རྙིང་དཔེ་སྐྲུན་ཁང་གི་2010ལོའི་དཔར་མ། ཤོག་གྲངས་173ལས་དྲངས།

ལེའུ་དྲུག་པ། གནའ་དཔེ་བྲིས་མའི་སྐོར།

དཔར་གྱི་རིག་པ་དེ་མ་དར་བའི་ཡར་སྔོན་ནམ་རིག་པ་དེ་དར་ནས་བོད་ཀྱི་ཡུལ་ལུང་གང་སར་ས་ཁྲབ་རྗེ་ཁྲབ་ཏུ་མ་སོང་བའི་བར་ལ་བྱིན་རླབས་ཆེ་བ་དང་བསོད་ནམས་ཀྱི་ཚོགས་རླབས་པོ་ཆེ་བསགས་པའི་ཆེད་དུ། ཤང་མཚལ་དང་གསེར་དངུལ་གཡུ་བྱུར་སོགས་ཀྱི་ཁུ་བས་སྣག་ཚ་བགྱིས་ཏེ་མཐིང་ཤོག་དང་ནག་ཤོག ཀོང་ཤོག རྒྱ་ཤོག་སོགས་ཀྱིས་སྟེང་དུ་ཡིག་མཁན་གྱི་སོར་མོའི་འདུ་བྱེད་ཕོ་ནར་བཙོལ་ནས་ཡིག་གཟུགས་དབུ་ཆེན་དང་། འཁྱུལ་ཡིག་དང་དབུ་མེད་སོགས་ཀྱིས་བྲིས་བཞེངས་གནང་བའི་གསུང་རབ་ཁག་ལ་གསུང་རབ་བྲིས་མ་ཞེས་བརྗོད་ཀྱི་ཡོད།

གཅིག གནའ་དཔེ་འབྲི་བཞེངས་ཀྱི་ featured་དཔེ།

གསུང་རབ་དེ་དག་བྲིས་བཞེངས་གནང་དུས་གསུང་རབ་དེའི་མ་དཔེའམ་བླ་དཔེ་དེ་དག་དགོན་སྡེའམ་མི་སྒེར་གྱི་ཕྱུག་ནས་གཡར་པོ་ཞུས་ཏེ། དེ་དག་ལ་མ་དཔེ་བགྱིས་ནས་འབྲི་བཞེངས་གནང་དགོས་ཀྱི་ཡོད་སྐབས། ཐོག་མར་དགོན་སྡེའམ་མི་སྒེར་གྱི་ས་ནས་བླ་དཔེའམ་མ་དཔེ་ཇི་ལྟར་གཡར་པོ་ཞུས་པའི་སྐོར་ལ་ཏུན་ཧོང་ནས་ཐོན་པའི་ཤོག་དྲིལ་p.t.999བཙན་པོ་ཁྲི་རལ་པ་ཅན་གྱི་སྐུ་དུས་སུ་ཚེ་དཔག་མེད་མདོ་བཞེངས་པའི་ཐོ་ཡིག་ལས་ལུང་ཧྲུང་སིསི་（龙兴寺）གཙུག་ལག་ཁང་གི་དར་མའི་མཛོད་དུ་བྲུབས་པ་ལས། རྒྱའི་ཚེ་དཔག་ཏུ་མྱེད་པ་བམ་པོ་བརྒྱ་དང་སུམ་ཅུ་རྩ་ལྔ་དང་། བོད་ཀྱི་བམ་པོ་བཞི་བརྒྱའ་བརྒྱད་ཅུ་ སྟེ། སྤྱི་སྡོམ་བམ་པོ་དྲུག་བརྒྱ་རྩ་ལྔ། གནས་བརྟན་བན་དེ་ཧྥོང་བེལ་（洪辯）དང་དབང་མཆོག་（旺乔）གིས་གཐད་དེ་གོད་ནས། དར་མའི་ཉུབ་མ་(དོ་དམ་)པ་བན་དེ་ཡུན་ཧེའི་（云海）དང་ལི་དམ་འགུང་（李丹贡）དར་མའི་གོད་དང་གཏན་ཚིགསུ་

འཆང་དུ་སྐྱལད་ཏེ། སྐད་གྲིས་དར་མའི་སྤྱི་རྩིས་ནི་མཛད་པའི་ཚེ། གོད་རྒྱ་འདི་དང་གོད་ཡིག་ལྷ་དཔེའང་མཆིས་པ་དང་གདུགས་ནས། མཐུན་ན་གོད་སྐྱལ་བར་བགྱིས་ཏེ། གཏན་ཚིགས་ཤུག་རྒྱ་ཅན་འཆང་དུ་སྐྱལད་པ།[1] ཞེས་གོང་དུ་དྲངས་པའི་ནང་དོན་ལས་བོད་ཀྱི་བཙན་པོ་ཁྲི་རལ་པ་ཅན་གྱི་སྐུ་དུས་སུ་ཚེ་དཔག་མེད་མདོ་བཞེངས་སྐབས། ཚེ་དཔག་མེད་མདོའི་ལྷ་དཔེའམ་མ་དཔེ་གཡར་པོ་ཞུ་སའི་དགོན་སྡེ་ནི་ལུང་ཧྲུང་སའི་ (龙兴寺) གཙུག་ལག་ཁང་གི་དར་མའི་(ཧྭ་ཤང་)མཛོད་ནས་གཡར་པོ་ཞུས་པ་ཡིན་ཞིང་། གཡར་པོ་ཞུ་སའི་མ་དཔེ་དེ་དག་གི་བམ་གྲངས་ཏེ་རྒྱའི་ཚེ་དཔག་མེད་བམ་པོ་བརྒྱ་དང་སུམ་ཅུ་རྩ་ལྔ་དང་བོད་ཀྱི་བམ་པོ་བཞི་བརྒྱ་བརྒྱད་ཅུ་སྟེ། སྤྱི་སྡོམ་བམ་པོ་དྲུག་བརྒྱ་རྩ་ལྔ་ཞེས་པས་བམ་གྲངས་ཅི་ཙམ་ཞིག་གཡར་པོ་བྱུང་བ་དེ་གསལ་ཞིང་། སྐབས་དེ་དུས་གསུང་རབ་དོ་དམ་པ་ཤུས་གནང་ཡོད་མེད་ནི་གནས་བརྟན་བན་དེ་སྟོང་བེལ་དང་དབང་མཆོག་གི་གཏད་དེ་གོད་ནས། དར་མའི་(ཧྭ་ཤང་)ཙུབ་མ་པ་(དོ་དམ་པ་)བན་དེ་ཡུན་ཧེའི་ཧེ་ (云海) དང་ལི་དམ་འགུང་ (李丹贡) དར་མའི་གོད་དང་གཏན་ཚིགས་ཤུག་རྒྱ་ཅན་འཆང་དུ་སྐྱལད་ཏེ། ཞེས་པས་སྐབས་དེ་དུས་འབྲི་བཞེངས་ལ་མཁོ་བའི་ལྷ་དཔེ་ཚེ་དཔག་མེད་མདོ་བན་དེ་སྟོང་འབེལ་དང་དབང་མཆོག་གཉིས་ཀྱིས་སྤྲད་པའི་ཐོ་འགོད་བཞིན་དར་མའི་དོ་དམ་པ་ཡུན་ཧེའི་ཧེ་དང་ལི་དམ་འགུང་གཉིས་ཀྱིས་དཔེ་མཛོད་ཁང་ནས་ཕྱུག་དཔེ་བཞེས་ཏེ་རྩིས་སྤྲོད་གནང་བྱུང་བ་དང་། རྗེས་སུ་མ་དཔེ་ཞལ་བཤུས་ཟིན་རྗེས་ཕྱིར་སྤྲོད་རྩིས་ལེན་ཞུ་དུས་སུའང་སྐད་གྲིས་དར་མའི་སྤྱི་རྩིས་མཛད་པའི་ཚེ། གོད་རྒྱ་འདི་དང་། གོད་ཡིག་ལྷ་དཔེའ་མཆིས་པ་དང་གདུགས་ནས། མཐུན་ན་གོད་རྩལ་བར་བགྱིས་ཏེ། གཏན་ཚིགས་ཤུག་

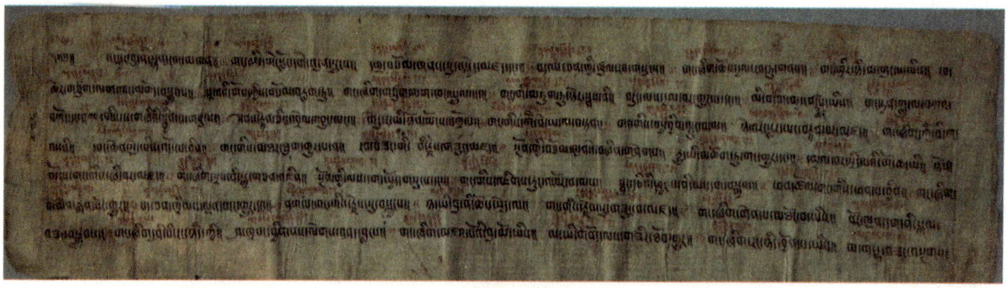

དུས་རབས་བཅུ་དྲུག་པའི་གནའ་དཔེ་བྲིས་མ།

(1) 法藏敦煌藏文文献pt999.

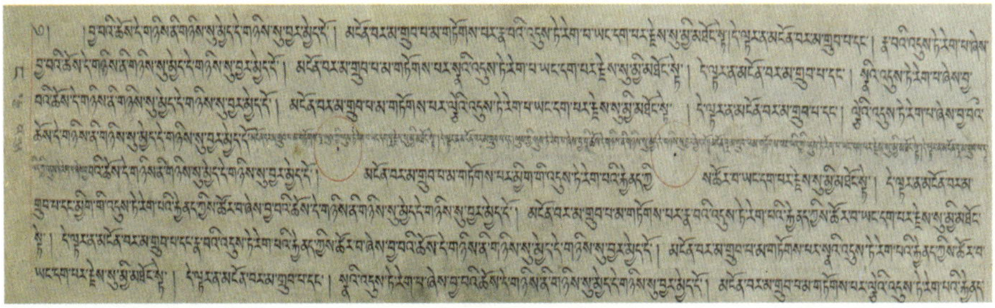

ཐྲིས་སྒྲུབ་ཅན་གྱི་དཔེ་རིས།

རྒྱ་ཅན་འཆང་དུ་སྐུལ་ཡོད་པ།ཞེས་པས་དེ་སྔ་དར་མའི་མཛོད་ནས་ལྷ་དཔེ་གཡར་པོ་ཞུས་པ་དེ་གོང་བཀོད་རྟགས་ཐམ་ཡོད་པའི་ཐོ་ཡིག་དང་གཏུགས་ནས་ཆད་ལུས་མེད་པར་ལྷ་དཔེ་ཕྱིར་སྤྲད་བྱུང་ན། ལྷ་དཔེ་རྩིས་ལེན་ཞུས་ཏེ་གཏན་ཚིགས་སུག་རྒྱ་ཅན་སྟེ་རྟགས་ཐམ་བཀོད་པའི་ཡི་གེ་ཕྱིར་སྤྲོད་བྱ་དགོས་པ་གསལ་བ་དང་གལ་ཏེ་ལྷ་དཔེ་དུས་ཐོག་ཏུ་ཕྱིར་སྤྲོད་མ་ཐུབ་ཚེ། རྒྱམའི་དོ་དམ་བས་ཡིག་ཐོག་ནས་ལྷ་དཔེ་གཡར་མཁན་གྱི་མིའི་མིང་དང་ལྷ་དཔེའི་མཚན་བྱང་སོགས་ཐྲིས་ནས་དུས་ཐོག་ཏུ་ཕྱིར་སྤྲོད་བྱ་དགོས་པ་བརྡ་གཏོང་གི་ཡོད་[1]ཅེས་པ་སོགས་ལས་དུས་རབས་8-9་ནང་དུ་འབྲི་བཞེངས་ལ་མཁོ་བའི་ལྷ་དཔེ་གཡར་པོ་ཞུ་དུས་སྒྲིག་སྲོལ་དོ་ནན་པོ་དང་ལམ་ལུགས་འཐུས་སྒོ་ཚང་པོ་ཅིག་འདུ་ཞིག་ལག་བསྟར་གནང་ཡོད་པ་རྟོགས་སོ།

གཉིས། གནའ་དཔེའི་འབྲི་ཤོག་དོ་དམ།

གསུང་རབ་འབྲི་བཞེངས་ཀྱི་ལྷ་དཔེའམ་མ་དཔེ་དགོན་སྡེ་དང་མི་སྒེར་གྱི་ལག་ནས་གཡར་པོ་ཞུས་ཟིན་རྗེས། གསུང་རབ་འབྲི་བཞེངས་ལ་བྱང་བ་རྒྱབ་པའི་སྡེ་ཁག་སྟེ་ཡི་གེ་མཁན་དང་ཞུས་དང་ཞུས་བར་ཞུས་སུམ་ཞུས་བཅས་ཀྱིས་གྲུབ་པའི་གནའ་དཔེ་འབྲི་བཞེངས་མཁན་ལ། ལྷ་དཔེའི་ལྷེབ་གྲངས་དང་བསྟུན་ཏེ་འབྲི་ཤོག་གི་ཤོག་བུ་མཁོ་འདོན་གནང་སྟེ་གནའ་དཔེ་འབྲི་བཞེངས་མཁན་གྱིས་འབྲི་བཤུས་དག་གསུམ་གནང་སྟེ་ཆད་ལྷག་མེད་པའི་སྒོ་ནས་གཞུང་སའམ་གསུང་རབ་འབྲི་བཞེངས་ཀྱི་འགོ་དཔོན་ཕྱོགས་སུ་རྩིས་སྤྲོད་རྩིས་ལེན་གནང་དགོས་ཀྱི་ཡོད་པ་མ་ཟད་ཆད་ལྷག་གི་ཐོ་འགོད་ཀྱང་གནང་གི་ཡོད་

(1) 方广锠：中国写本大藏经研究：上海古籍出版社，2000年版，140页。

པ་སྟེ། 《རྟའི་ལོ་ནས་སྤྱིལ་པོ་བར་གསུང་རབ་བཤུས་པའི་སྣན་ཞུ་》(TLTD,2-15)དང་《ཆོས་བཤུ་ཁང་གི་ཐེམ་ཐོ་》(TLTD,2-14)ཞེས་པས་མཚོན། དཔེར་ན་p.cha.3243(p. t22o4)1

01 ⋯⋯གཏད་པའ་གླེགས་བུ་དཔེའ་བརྒྱད་ཙུ་རྩ་དྲུག ། དོ་ལྷ་སྦྱིན

02[ལ]གཏད་གླེགས་བུ་དཔེའ་བརྒྱད་ཙུ་རྩ་ལྔ། འིམ་ལྷ་ལེགས་ལ་གཏད་པ་དཔེའ་གླེ[གས]།

03 [བུ]བརྒྱད་ཙུ་རྩ་ལྔ། །ཁང་རྨ་ལེགས་ལ་གཏད་པ་གླེགས་བུ་དཔེའ་བརྒྱད་ཙུ་རྩ་ལྔ།

04 ལི་ལུག་ལུག་ལ་གཏད་པ་དཔེའ་གླེགས་བུ་བརྒྱད་ཙུ་རྩ་ལྔ། །ལི་ནང་དུ་དུམ་བུ་གཉིས།

05 འིམ་ ཨོ་བམ་དར་ཙེའི་འདྲི་ཐྲོ་ཐོག་མ་ལ་ཡུག་ང་བཅུ་དཔེའ་མཆིས།

2 01 ། ། སྣོན། ཀླུ་བཏང་གྱུ་[]་ཏ་[]་མ་དགུ་[]ཆ་[]⋯⋯། བམ་[]་[]གླེགས་བུ་དཔེའ་བཞི་བཅུ་རྩ

02 [ག]ཏད། །

03⋯⋯ཨེ⋯⋯ཨེ⋯གླེགས་བུ⋯⋯བཞི་ཙུ་རྩ་གཉིས་གཏད། ། ཅང་ལོག་ལོག་དྭ།

04 ⋯⋯འག⋯⋯ཆ⋯ག⋯⋯ཆ⋯⋯ཏ⋯⋯། །གཏད་པ⋯⋯ནམ་པ་ན་ཆད་པས་རྩ་ཞྭས་[]མ⋯⋯ཞན་ཏུ་ན་

05 ལ་ཤམས། རྒྱབ་ཆད་ཀྱི་བཆད་ལགས།

301 ། ། [སླ]ང་གི་ལོའི་དགུན་སླ་ར་བ་ཚེས་ཉེ་ཤུ་ལྔ་ལ། ལག་སྣང་བ་བརྩེ་སྡེ་རྒྱུད་པ། བན་ཏེ་ཁང་དཔལ་ལྡན་བམ་པོ་དྲུག། །བན་དེ་སྒྲོན་མ་བམ་པོ་ག[]

02⋯⋯ལོན་བམ་པོ་གཙིག། འན་ཙེ་ཧ་བམ་པོ་གསུམ། བན་དེ་སེང་ཙེ་ཀང་བམ་པོ་དགུ། བམ་ཐོང་ཐེང་བམ་པོ་གཆིག། ཁང་འགོའ་[ཙེ]།

03 ⋯⋯ག། །ཁང་ཏིག་ཏིག་བམ་པོ་གཉིས། ཅང་ཙེ་དམ་བམ་པོ[]། []འང་ཙེ་བམ་པོ་ལྔ། བན་དེ་སོང་[] ཀུ[][]ག་བམ་[པོ་]གཉིས།

401 ། ། དགུན་སླ་འབྲིང་པོ་ཚེ་ལ། ལག⋯⋯། །བན་དེ་ཙེ་ཤན་བམ་པོ་བཅུ་དགུ་ཆད། བན་དེ་

02 བམ་པོ་བཅུ་བཞི་ཆད། བན་དེ་ལྱུང་ཙེ་སུ་[]⋯⋯། ། བན་དེ་དམ་ཚོང་[བམ་པོ]་བཅུ་[]དྲུག་ཆད།

03 བམ་པོ་བཅུ་བཞི་ཆཱུ། །ཁྲིང་ཙེ་དམ⋯⋯གླེ། །འན་[]ཧྭ་བམ་པོ་གཙིག་ཆད། ཅང་ལྷེང་ཡར་བམ་[པོ་]

04 ཆད། །ལེང་ཧོ་ཞུན་ཙེ་བམ་པོ་ལྔ་ཆད། ། བན་དེ་[][][]བམ་པོ་[]ཆད། །བན་དེ་ཤེན་དར་བམ་པོ་བཞི་ཆད། །

05 འན་ཧྲི་ཧྭ་བམ་པོ་གཉིས་ཆད། །བན་དེ་ཕུག་འགི་[བམ་པོ]གསུམ་ཆད།

501 །།དགུན་སླ་འབྲིང་པོ་ཚེས་བཅོ་ལྔ་ལ། ལ་[ག]་ས་ཤང་ཕུལ་ཏེ། ཆད་པའ།།ལི་ལུག་ལུག་བ[མ]

02 [པོ]ཆད།འགོ་གི་འེང་བཞི་ཆད། །བན་[དེ་] []ང་ཐོང་བམ་པོ་གཉིས་ཆད། །ལུ་ཆེ་ཧེང་།

03 [][]ག་[]ན་བཞི་ཆད། །ཁང་རིག་རིག་ག[]ཆད། །སག་གུན་ཆེ་བཞི་ཆད། །ཡི་[]

04 [][]ཆིག་ཆད། །ཅང་སྟག་ལོད་གཉི[]ཆད། །ཏ་སྟག་ལོད་བཞི་ཆད། །ཤི་འད[]

05 དྲུག་ཆད། །ཏ་འེང་འདོ······། ས་[]ཏྲ་ཏྲ་ཆད་བཞི། ཕང་[]ག[]ག་ཆ་[]

06 ལྷེན······། །ཅང·······འིམ་ཆེང་འདོ་ཉི་ཤུ[]།

07 ··········ལྷེང་ཡིར······ཏ་ཞུན··········

08 []ཙུ······[]། །ཅང་ཡེན་འདོ་ལ་ཆད་ཅུ་ལྔ། །བན་དེ་ཤེན་ཇོ།

09 ། །བན་དེ་ཤིན········[]ན་ཆད། བན་དེ་ཤང······བམ་པོ[]ཆད། བན་དེ་[]ན

10 ·········ཅུ། བན་དེ་ཆོས་ཆོས་གྲུབ་ལ་དེབ་ཆད། །བན་དེ་དམ་ཚོང་ལ་གཉིས་ཆད། །བན་དེ་ཕབ་
རིང་[]

11 བན་དེ་[]འེང་ལ་ལྔ་བཅུ་རྩ་དྲུག་ཆད། བན་དེ་[][]ལ་དྲུག་ཆད། །བན་དེ་འན་ཕབ་ཇ[]

12 བཅུ་རྩ་གཉིས་ཆད། །བན་དེ་ཅི་ཤན་ལ་དྲུག་ཆད། །བན་དེ་ཤ[]ག་དམ་འགི་ལ་དྲུག་ཅུ་ཆད

13 ·········རྒྱན་ལ་ལྔ་ཆད། །བན་དེ་[]······། །བན་དེ··········

14 ·········ཆད། བན་དེ་ཤེན་བེན་ལ་ཉི་ཤུ་རྩ[]ཆད། །བན་དེ་[][]སྟག[][]། བན་དེ[]

15 ··········། །བན་དེ་ཧྲི་གེང་ལྔ་ཆད། བན་དེ······། །བན་དེ་དམ་ཆེང་

16 ·········།ཕང་ལུག་ཆེ་ལ་ལྔ་བཅུ་རྩ་དྲུག་ཆད། །[]ན་ལེགས་གོང་ལ་གསུམ་ཅུ་ཆད།

17 []དར་ལ་ཅུ་དགུ་ཆད། །སག་[][]བམ་པོ་ཉི་ཤུ་རྩ་གཅིག་ཆད། །

6 01 []མ་འདོ་དབྱིད······[]ཆས་ཚུན་ཆད་དང་དབྱར་སླ་འབྲིང་པོ་ཆོས་ཉི་ཤུ་བདུན་ཕན་ཆད་དར་
བམ་པོ་ཉི་ཤུ་རྩ

7 01སྟག་གི་ལོའི་དབྱར་འབྲིང་ཆོས་བཅུ་བདུན་ལ་ལགས་ཐང་བརྩིས་ཏེ། ཆད་པ། ཡིང་།

02······། །བམ་པོ་བཅུ་ཆད། ། ··········བམ་པོ་བཅུ་ཆད།······

03·········། ། དམ་ཐོང་ཐོང་བམ་པོ་གསུམ་ཆད། ཅང་ལྷེང་ཡིར་བམ་པོ་བཅུ་ཆད། །[]

04······། []ཀླུ་ལེགས་བམ་པོ་ལྔ་ཆད།········ཞན་འེ་ཙུ་རྒྱལ་དར་མ་བམ་པོ་བཅུ······།

05 དང་དུ[]རྒྱའི་དར་མ་བམ་པོ་བདུན་ཆད་སོ། སོང་གུན་རྒྱའི་དར་མ་བམ་པོ་བདུན་ཆད། །དེང་ཏག་
ཚེ

06 []མ་བམ་པོ་བཅུ······།དེང་འི·······བམ་པོ་དྲུག་ཆད། །ཇིག་དན་ཙེ་རྒྱའི་ད[ར་མ]

07 []ཆད། ལེའུ་སེའུ་རྒྱ་ཕྱེད་དང་གཉིས་ཆད། །འགོ་གྲུ་གཟིགས་བསམ་པོ་ལྔ་ཆད། །ཅང་རྟེ[]།········

08 དར་[]བམ་པོ་བཞི་ཆད། །[]ག[]ག་བཟད་ལ་བམ་པོ་གསུམ་ཆད། བམ་སྟག་སླེབ[]

09 སུམ་ཆད། འན་ཙན་ཟིགས་བམ་པོ་གཅིག་ཆད། ཡོན་ཙན་སླེབས་བམ་པོ་ལྔ་ཆད། །[]

10 བཞེར་བམ་པོ……རྫོ་ཙུ……པོ……ད། །ཧྣ[]ཧྣ……

11 | །ཕྱང་སྐྲ་གུ་བམ་པོ་དྲུག་ཆད། ལུ་ཛྲ་ཛྲ་བམ་པོ་དྲུག་ཆད། །ཅང་ཞུན……

12 ……པོ་དྲུག་ཆད། །སོང་ལུག་ལུག་བམ་པོ་དྲུག་ཆད། ……འན་རྒྱའི་དར་མ་བམ་པོ……

13 ……| ཅང་ཁྲི་འ་ཡིར་རྒྱའི་དར་མ་བམ་པོ་ཕྱེད་དང་གཉིས་ཅན། །ཕོང་ཙྭན་ཅེ་བམ་[]

14 ……བསྙོན་སྒྲེ་བཙེ་མན་བམ་པོ་ཆད་པ། བརྒྱའ་སུམ་ཙུ་ཙ་གཉིས་འ……

15 ……པོ་ཤེ་ཤུ་ཆད། །དབྱར་སླ

8 01 །དབྱར་སླ་བ་[]ཆུངས་ཆོས་བདུན་ལ་ལགས་ཐང་བརྩིས་ཏེ་ཆད་པ། རྒྱའི་དར་མའ

02 ……[]ང་ཞན་ཡེཙུ་བམ་པོ་བདུན་ཅད། །དེན་ཀྭང་དམ་ལ་བམ་པོ་དྲུག་ཅད། །དེང་འེང་ཅོ།

03 ……ཤེང་ཅེ……པོ་དྲུག་ཅད། །དང་སྟག་ཅེ་ལ་བམ་[]……

04 ……ཅད། །སོང་ལུག་ལུག་བོད་ཀྱི་དར་མ……

05 ……མ་བཙུ་ཙ་བཞི་ཆད་པའ

06 ……ཕྱུལ་བའི་ཆད……

07 ……[][]……| །ཁང་ཏེ[]

08 ……ཏེ་བརྩོས

9 01……ཏེ། ཆད་པ། ཁང་

02 ཆེ་ལ་བཞ། །ད་[]སྟག་ཆ[][][]།

03 ……ཤེ་ཤུ་བརྒྱད་ཆད། །འགོ

04……ཕན་སྟག་གས

10 01……དུས། །འེམ་ལྷ་བཞེར་བམ་[]གསུམ

02……[][]བམ་པོ་གསུམ། །བསྙོམ……བམ……

11 01……སྟོན་སླ་ར་བ་ཆོས་བཅུ་བདུན་ལ། ལགས[]ང……| །ཁང་ཏིག་ཏིག་ལ་བམ་པོ

02……བམ་པོ་གཉིས། | ཧེན་ལེགས་གོང་མབ་པོ་གསུམ། | ཅང་སྟག་[]……ཧྣ་འོ་ལ་བམ་པོ

03……[]ག་བམ་པོ་གཅིག་ཆད། །ཅང་ཡེཙུ་ཡེཙུ་བམ་པོ་གཅིག་ཆད། | ……བམ་པོ་བཞི

04……ན་ཆེ་ལ་བམ་པོ་བཞི་ཆད། | སོང་ལྷུ[]……ཧ་ཆེ་ལ་བམ་པོ……

05……ཡིར་ལ་བམ་པོ་བཞི་ཆད། །ཕོངས……ལ་བམ་པོ་དྲུག་ཆད། །འན་བཙན་ཟིགས་ལ

06……ཆད། །རྫོཙུ་ཅང་ཞི་ལ་བམ་པོ་བདུན་ཆད། །འགོ་གེག་ཐོང་ལ་བམ་པོ་བདུན་ཆད། །[]མ་ལྷ

07……ཆད། ཧྣའ་ཧྣ་ཧྣ་ལ་བམ་པོ་བདུན་ཆད། []ང་སྟག་གུ་ལ་བམ་པོ་བདུན་ཆད། ལུ་ཛྲ་ཛྲ་ལ

08……ཀུན་ལ་བམ་པོ་གཉིས་ཆད། །ཆ……བམ་པོ་དགུ་བཙུ་བྱུང་།།

12 01························ན

02·········ན་ལ་བརྟན་[]གཅིག་ཆད། །ཇིན་ལེགས་ཀོང་བམ་པོ་གསུམ་ཆད། །སོ་ཏ་ཏ······བམ

03·······ཆད། །ལིང་ཧོ་ཞུན་ཚེ་བམ་པོ་བ[]ད་ཆད། །ལ་[][]གོ་ལོན་བམ་པོ་གཉིས

04···············སྟག་ཆེ་ལ་བམ་

05··············ཆང་ཡེའུ་ཡེའུ་བམ་པོ་ག[]ཆད

06[]རྒྱུད་ཆད། ཏ་སྟག་སླེབས་བམ་པོ

1301··········ས་ལགས་ཐང་བརྩེགས་སྟེ་ཆད་ལ། །ཁང་

02·············བམ་པོ་དྲུག། །ཇིན་སྟག་བཞེར་ལ་བམ་པོ་ག··········

03·············[][][]ལ་བམོ་པོ་གཉིས། །······ག······

04············[]མ་པོ་གསུམ། །སག་ཞུན་ཞུན་ལ་བམ་པོ་གསུམ················

05··········ཏ་སྟག་སླེབས་བམ་པོ་གསུམ། །ལུ་སེའུ་ །[1]ཞེས་དང་

1ཏ་དང་ལུག་གི་ལོ། ལྷ་སྲས་ཀྱི་སྐུ་ཡོན་དར་མ་ཤེས་རབ་འབུམ་པ། བྲི་བའི་ཡི་གེ་པ།

2 རྣམས་ཀྱི་ཁོང་ན་ཤོག་ཆད་ཅི་མཆིས་པ། རིང་ལུགས་སྟག་བཟང་ཙེ་དམ་དང་། གཡུ་བཞེར་

3 བརྟན་ཀོང་གི་གཡ་སྟར། ཤོག་ཤོག་མཚོས་པའི་དཀར་ཆག་དང་། དར་མ་ཕྱུལ་བའི་བྱུལ་

4 ཡིག་ཏུ་བརྩིས་པ་ལས་རོ་གྲོན་དང་ལེགས་ཚས་བརྟོན་པའི་སྐད་ན། ཡི་གེ་པའི་ཁོང་ན་

5 ཤོག་ཤོག་ཆད་པའི་ཡང་དག་པའི་མིང་བྱུས། བློན་རྒྱལ་གཟིགས་དང་། ཧོ་དོག་བློན་བཙན་བཞེར་

6 ལ་ཞུས་པ་ལས། ཤོག་ཆད་འདི་རྣམས་དེ་ཚན་སོ་སོའི་ལྕ་བཅུ་ཀང་དང་འོག་སྣ་ལ་

7 གཉེར་བ་གཏན་པ་ཆོས་ལ། ཅུབ་མ་བ་ཇེའུ་བརྟན་ཀོང་གིས་ནི་ཐོན་དུ་སྐོསྡེ། སྦྲེའུ་ལོ་

8 སྟོན་སླ་ར་བ་སུམ་ཚན་ཆད་ཀྱིས་གཉེར་འགྲུམས་སྒོལ་ཅིག་ཅེས་མཆིད་གྱིས་བཅས་ནས་

9 གཉེར་ཡིག་དཀར་ཆག་ཏུ་བྲིས་པ། གཉེར་བས་ཀྱང་ངོ་ཟློག་ཕོད་པར་འཚོལ་ཏེ། ཤོག་

10 ཤོག་འགྱུར་ན་དངོས་སུ་བསྡུ། ཤོག་ཤོག་མ་འགྱུར་རམ། རང་ར···ང་འཚལ་བ་ཞིག

11 མཆིས་ན་ཕུ་ནུ་ཉེ་ཏུང་གཅིག་བྱུངས་ཏེ། བཙོན་ཅར་སྒོལ་ལ། སྐུ་ཡོན་སར་བཙོན་དུ་ཚོག

12 སྟེ། ཡིགེ་པ་དངོས་ཀྱིས་ནི། ཤོག་ཤོག་གི་གཉེར་འགྲུམས་སྒལ་གཉེར་མ་འབྲུམས

13 ཀྱི་བར་དུ་ཕྱུགས་ནོར་ལ་སྐོགས་པ་གཏའ་ཉེ་རི་གྲོགས་ལ། ཅུབ་མ་བ་ལ་གཏོད

14 ཅིག གཉེར་བས་ངོ་ཟློག་མ་ཕོད་དམ། གཉེར་མ་གཏུས་པར་གྱུར་ན། ལི་ཅེང་

15 རྣམས་ཀྱང་ཤོག་ཤོག་ཡུག་རེ་ཕྱག་བཅུ་བཅུའི་ཐང་ཏུ་རྒྱབ་ཆད་གྱིས་ཤོད་པར་གཅད།

16 ལི་ཅེང་གི་རྣམས་ཀྱང་གདུགས་རེ་ལན་རེ་སྐུ་ཡོན་སར་འཕྲུན་ཅད་སྐོགས་ལ། ཤོག་ཤོག

(1) 高田时雄：关于吐蕃期敦煌写经事业的藏文资料3-4页。

17 འབྲུལ་སྟོབས་ཆེ་ཆུང་ཡང་རྩེ་ཞིང་མཆིས་ཞིག སྟོང་སར་གྱི་སྡེ་ལ། ལིང་ཏོ་ཆེའུ་ཚན།ཏའ་སྟགས་ལེགས་ལ། རྟའི་ལོ་ལ་ཤོག་ཤོག་ཡུག་ལྔ། ལུག་གི་ལོ་ལ། ཡུག་སུམ་ཆུ་རྩ་དྲུག་ཆད། ཅང་རིག་ཅེ་ལ་རྟའི་ཤོག་ཤོག་ཡུག་བཅུ་ཆད།[1] ཞེས་པ་སོགས་ལས་དུམ་བུ་དང་པོ་གཉིས་པ་ནི་ང་ཚོས་གསུང་རབ་འབྲི་བཞེངས་ཀྱི་མ་དཔེའམ་ཀླ་དཔེའི་བམ་ཚད་དང་བསྡུར་ནས་ཧྨཙྨའི་ཤོག་མཛོད་ནས་ཀླ་དཔེའི་ལྷེབ་གྲངས་དང་མཉམ་པའི་འབྲི་ཤོག་རྩིས་ལེན་ཞུས་པ་དེ་བསྟན་འདུག སྐབས་དེ་དུས་གསུང་རབ་འབྲི་བཞེངས་ཀྱི་ཤོག་ཚད་ཀྱི་ཐ་སྙད་དེ་གླེགས་བུ་དཔེའ་དང་ཤོག་ཤོག་ཡུག་རིངས། ཤོག་ཤོག་ཡུག་ཐུང་ཞེས་པ་སོགས་ཐོན་ཡོང་གི་འདུག ཐ་སྙད་དེ་དག་ལས་གླེགས་བུ་དཔེའི་ཞེས་པས་སྐབས་དེ་དུས་གསུང་རབ་འབྲི་བར་བྱ་བའི་དཔེ་གཟུགས་དེ་གླེགས་བམ་སྒྲ་རིང་གི་དཔེ་གཟུགས་ཀྱི་ཤོག་ཁ་ནི་ལི་སྨིད་27×76ཡིན་པར་སེམས། གང་ཡིན་ཟེར་ན་བོད་བཙན་པོའི་སྐབས་ཀྱི་གསུང་རབ་བྲིས་མ་བསྟོན་མེད་ཡིན་པ། ཏུན་ཧོང་ནས་ཐོན་པའི་ཤེར་ཕྱིན་སྟོང་ཕྲག་བརྒྱ་པ་དང་ཚེ་དཔག་མེད་མདོ་སོགས་དང་ད་དུང་སྟོ་ཁ་ས་ཁུལ་གྲོ་མཁར་ཆོས་སྡེ་དང་དཔལ་ལྡན་འབྲས་སྤུངས། ཆབ་མདོ་ཁུལ་དུ་བཞུགས་པའི་བཙན་པོའི་ཟླ་འབུམ་[2]དུ་གྲགས་པ་དེ་དག་གི་ཤོག་ཁ་ལི་སྨིད་27×76དང་ཡིག་གཟུགས་འཁྲུལ་ཡིག ཡིག་ཕྲེང་12ཅན། བམ་པོའི་རྫོགས་མཚམས་སུ་ཛེའུ་སྟག་ལེགས་བྲིས། དཔལ་དབྱངས་ཞུས། ཕབ་ཏང་ཡང་ཞུས། དེའུ་ཨང་སུྃ་ཞུས་ཞེས་པ་སོགས་བམ་པོ་དེ་འབྲི་བཤུ་མཁན་གྱི་ཡིག་མཁན་དང་། ཞུས་དང་ཞུས་བར་ཞུས་སུམ་ཞུས་བཅས་ཀྱི་མཚན་སོགས་གང་ཅིའི་ཐད་ནས་གཙུ་ཁ་རང་འགྲིག་ལྟ་བུར་སོང་འདུག་པས་ན། ང་རང་གི་བལྟ་ཚུལ་ལྟར་ན་སྔོན་གྱི་གླེགས་བུ་དཔེའ་ཞེས་པའི་དེའི་རིང་ཚད་ཡང་ལི་སྨིད་27×76ཡིན་པར་འཁྲུམས། དེ་མིན་པའི་ད་དུང་ཤོག་ཤོག་ཡུག་ཅེས་བྱུང་བ་དེ་ཡང་ཤོག་བུའི་རིང་ཚད་ཅིག་ཡིན་ཏེ་རྒྱུ་མཚན་ནི། བོད་བཙན་པོའི་སྐབས་ཀྱི་གསུང་རབ་བྲིས་མ་ཡོད་དོ་ཅོག་གླེགས་བམ་དཔེ་གཟུགས་མ་ཡིན་པ་ད་དུང་ཤོག་དྲིལ་རྣམ་པའི་དཔེ་གཟུགས་ཀྱང་ཡོད་པས་ཡིན། དུས་རབས་12པའི་ནང་དུ་འབྲི་བཤུས་བགྱིས་པའི་དཀར་ཆག་འཕང་ཐང་མ་དེ་ཡང་སྔོན་གྱི་མ་

(1)托马斯：刘忠、杨铭译敦煌西域古藏文社会历史文献，民族出版社，2003年版.423-424页。

(2) གྲོ་མཁར་ཆོས་སྡེར་བཞུགས་པའི་ཟླ་འབུམ་པོད་བཞི་དང་འབྲས་སྤུངས་དགོན་དུ་བཞུགས་པའི་ཟླ་འབུམ་པོད་གཅིག ཆབ་མདོ་ཁུལ་དུ་བཞུགས་པའི་ཟླ་འབུམ་དེ་དག་ཚང་མ་ཤོག་རྒྱ་གཅིག་མཚུངས་སྟེ། ཤོག་ཁ་ལི་སྨིད་27×76དང་ཡིག་གཟུགས་འཁྲུལ་ཡིག ཡིག་འཕྲེང་12ཅན། བམ་པོའི་རྫོགས་མཚམས་སུ་ཛེའུ་སྟག་ལེགས་བྲིས། དཔལ་དབྱངས་ཞུས། ཕབ་ཏང་ཡང་ཞུས། དེའུ་ཤིང་སུྃ་ཞུས་ཞེས་སོགས་འཀོད་འདུག

དཔེ་ཤོག་དྲིལ་ཞིག་ལ་བཙོལ་ནས་བྱ་དཔེར་བཏབ་པ་ཞིག་ཡིན་པ་ནི་འབྲི་བཤུས་ཀྱི་ཡིག་མཁན་གྱིས། དེའི་མཛོད་བྱང་དུ་ཨུདཀར་ཆག་འདི་ནི་སྔོན་གྱི་ཤོག་དྲིལ་ཆེན་པོ་ན་འདུག་པ་ཇི་བཞིན་དུ་བྲིས་པས་ཤིན་ཏུ་ཡིད་ཆེས་པ་ལགས་སོ་[1]ཞེས་པས་སྔོན་དུས་ཤོག་བུ་ཡུག་ཡུག་ཏུ་གསུང་རབ་འབྲི་བཤུ་བགྱིས་ཏེ་ཤོག་དྲིལ་གྱི་དཔེ་གཟུགས་སུ་འཛོག་སྲོལ་ཡོད་པ་དེ་རྟོགས་ཐུབ། ད་དུང་སྔོན་གྱི་ཟིན་ཐོ་དེར་གསུང་རབ་ཀྱི་འཇལ་ཚད་དེ་བམ་པོ་གྲངས་སུ་བཙོལ་ནས་བྲིས་གནང་འདུག གནའ་དཔེའི་འབྲི་བཤུ་དང་གློག་འདོན་གང་བྱས་རུང་དེ་དག་གི་ཚད་གཞི་བམ་གྲངས་སུ་བཙོལ་བའི་སྲོལ་དེ་ནི་ཕྱར་རྒྱ་གར་འཕགས་པའི་ཡུལ་ནས་དར་བ་ཞིག་མ་ཡིན་ལ། བོད་ཀྱི་ཡུལ་ནས་དར་བའི་གནའ་དཔེའི་ཚད་གཞི་ཞིག་རེད་འདུག་ཅེས་ཕྱི་རྒྱལ་གྱི་མཁས་པ་ལེགས་སྦྱར་སློབ་ཕན་ཧྲི་ཁང་གིས་ཞིབ་འཇུག་བྱས་ནས་གསུངས་འདུག་ལ།[2]མ་ཟད་བོད་ཀྱི་སྔོན་གྱི་མཁས་པ་རྣམས་ཀྱི་གཞུང་དུའང་བམ་པོ་ཞེས་པ་ནི་སྔོན་གྱི་ལོ་ཙཱ་བ་རྣམས་ཀྱིས་བྱས་སོ་ཞེས་པ་དང་དུས་རབས་9པའི་སྔོན་གྱི་བོད་དཔེ་རྣམས་ལ་བམ་པོ་དང་ཤ་ལོ་ཀ་ཞེས་པའི་ཚིག་དེ་ཐོན་མེད། དཔེར་ན་གནུབས་སངས་རྒྱས་ཡེ་ཤེས(844-)ཀྱི་བསམ་གཏན་མིག་སྒྲོན་ཞེས་པར་བམ་པོ་དང་ཤ་ལོ་ཀ་ཞེས་པའི་ཚད་དེ་ཐོན་མེད། ཡིག་མཁན་གྱིས་འབྲི་བཤུ་བྱ་སྐབས་བམ་པོ་ཞེས་པ་དེ་དོར་བ་ཞིག་མིན་ན་ཞེས་པ་[3]སོགས་ཀྱིས་དེའི་དོན་རྟོགས། འདི་ནི་གསུང་རབ་འཇལ་ཚད་ཀྱི་ནང་ནས་ཆེས་ཡང་དག་པ་ཞིག་དང་ཚན་རིག་དང་ལྡན་པའི་འཇལ་ཚད་ཅིག་ཡིན་འདུག སྔོན་གྱི་གཞུང་ག་གེ་མོ་ཞིག་གི་ནང་དོན་དེ་ཡོངས་སུ་རྫོགས་ཡོད་མེད་དེ་ལྡེབ་གྲངས་སུ་བཙོལ་ཚེ་ཆེས་ཡང་དག་པ་ཞིག་མ་ཡིན་ཏེ། གསུང་རབ་འབྲི་བཤུ་མཁན་གྱི་འབྲི་བར་བྱ་བའི་གཞུང་དེ་སྔོན་གྱི་ས྄་དཔེའམ་མ་དཔེ་ལས་འཕྲུལ་ཡིག་ཆེ་བའམ་ཆུང་བ་ཞིག་གིས་ཡིག་གཟུགས་ཀྱི་ཐོག་ནས་བཤུས་པ་ཡིན་ན། གཞུང་དེའི་ལྡེབ་གྲངས་ཀྱང་རང་བཞིན་གྱིས་འཕར་ཆགས་ཡོང་སྲིད་པས། སྔོན་གྱི་ས྄་དཔེའི་ལྡེབ་གྲངས་དང་ཆུ་ཞེང་གཏབ་པ་ཞིག་མ་བྱུང་ན་གཞུང་ཆ་ཡོངས་སུ་རྫོགས་ཡོད་མེད་ཀྱང་ཐག་གཅོད་དཀའ་བར་འགྱུར། དེས་ན་བཙན་པོའི་སྐབས་སུ་བཏབ་པའི་

(1) བོད་ལྗོངས་རྟེན་རྫས་བཤམས་མཛོད་ཁང་དུ་བཞུགས་པའི་དཀར་ཆག་འཕང་ཐང་མ་བྲིས་མའི་མཇུག་བྱང་ལས་དྲངས།

(2) 范德康著刘翠兰译《小议藏文中bam po一词的意义和用法》《藏学学刊》第五期 四川大学出版社。

(3) 范德康著刘翠兰译《小议藏文中bam po一词的意义和用法》《藏学学刊》第五期 四川大学出版社。

དཀར་ཆག་འཕང་ཐང་མ་དང་ལྡན་དཀར་མ་སོགས་ཀྱི་ནང་དུ་ཡང་གསུང་རབ་ཀྱི་ནང་དོན་ཚད་གཞི་དེ་བམ་གྲངས་སུ་བཅོལ་གནང་བའང་ཡང་དག་ཚད་མའི་སྲང་ལ་གཞལ་ཏེ་བྱུང་བ་ཞིག་ཡིན། དེ་ལྟར་བཀོད་དགོས་དོན་ནི་འབྲི་བཞེངས་མཁན་གྱིས་གསུང་རབ་དེའི་ནང་དོན་ཙམ་མ་ཟད་སྨག་ཤོག་གི་སྤུས་ཚད་ཀྱང་འགན་འཁྲི་དང་དུ་བླངས་ཡོད་པ་དེ་ཤེས། ད་ལྟ་ཀན་སུའུ་ཞིང་ཆེན་རྟེན་རྫས་བཤམས་མཛོད་ཁང་དུ་ཉར་ཚགས་སུ་རྩུད་པའི་སྔོན་ཏུན་ཧོང་གི་དཔེ་རྙིང་ཁྲོད་དུ་སོང་བའི་ཤོག་རོ་དེ་དག་གི་ཞབས་ཤོག་དང་སྤྱིན་ཁྱེར་གྱི་གཡས་གཡོན་གང་རུང་དུ་མཆན་འདི་ལྟར་བཏབ་ཡོད་པ་སྟེ། Db.t0611བཙན་ལེགས་ཀྱི་རོ་ཤོག་ཤོག་ངན་ཏེ་ཕྱུང་ངོ་།ཞེས་དང་Db.t2922མཐའ་རལ་པ་རོར་ཕྱུང་ངོ་ཞེས་དང་Db.t0338སྨག་ཚ་བཟང་ངན་བལྟ།[1]ཞེས་སོགས་བྱུང་། དེ་དག་ལ་བསམས་ན་བོད་བཙན་པོའི་སྐབས་གསུང་རབ་འབྲི་བཞེངས་གནང་དུས། གསུང་རབ་ཀྱི་ནང་དོན་ཙམ་མ་ཡིན་པར་སྨག་ཤོག་གི་སྤུས་ཚད་ལའང་གཙིགས་མཐོང་བླ་ལྷག་ཏུ་བྱས་ཡོད་པ་སྟེ། ཆོས་ཤོག་སྤུས་ཀ་ངན་པ་དང་མཐའ་རལ་བ་སོགས་ཀྱི་རྐྱེན་པས་ལྷེབ་གྲངས་དེ་དག་བོད་དེའི་ནང་ནས་ཕྱིར་ཞུ་དག་མཁན་པོས་བཏོན་ཏེ་ཤོག་རོར་བཏང་བའི་དོན་ཡིན། ཞུ་དག་མཁན་པོས་ཤོག་རོར་བཏང་བ་དེ་དག་མ་དཔེར་བཟུང་ནས་ཡང་བསྐྱར་ཧྲྀཏྲ་མའི་ཤོག་མཛོད་ནས་ཤོག་རོར་སོང་བ་དེ་དང་གྲངས་མཉམ་པའི་འབྲི་ཤོག་ལེན་ཏེ་ཨུ་མཐུད་འབྲི་བཤུའི་ལས་བགྱིས་དགོས་ཤིང་། གལ་ཏེ་འབྲི་ཤོག་ལ་གྲོན་ཆུང་མ་བྱས་པར་སྨང་མེད་དུ་འཛོག་པའམ་ཁེ་བཟང་གི་དོན་དུ་གཞན་ལ་བཙོང་སྟེ། གོང་གི་གྲངས་དང་མཉམ་པའི་ཤོག་བུ་རྩིས་སྤྲོད་བྱེད་མ་ཐུབ་ཚེ་ཚབས་ཆེ་ཆུང་ལ་གཞིགས་པའི་ཆད་པ་གཅོད་ཀྱི་ཡོད་པ་སྟེ།

1ཧྭ་དང་ལུག་གི་ལོ། ལྷ་སྲས་ཀྱི་སྐུ་ཡོན་དར་མ་ཤེས་རབ་འབུམ་པ། བྲི་བའི་ཡི་གེ་པ།

2 རྣམས་ཀྱི་ཁོང་ན་ཤོག་ཆད་ཅི་མཆིས་པ། རིང་ལུགས་སྟག་བཟང་ཅི་དམ་དང་། གཡུ་བཞེར་

3 བརྟན་གོང་གི་གཡ་སྤྱར། ཤོག་ཤོག་མཉེས་པའི་དཀར་ཆག་དང་། དར་མ་ཕྱུལ་བའི་བྱུལ་

4 ཡིག་ཏུ་བསྩིས་པ་ལས་རོ་གྲོན་དང་ལེགས་ཚས་བརྟོན་པའི་སླད་ན། ཡི་གེ་བའི་ཁོང་ན་

5 ཤོག་ཤོག་ཆད་པའི་ཡང་དག་པའི་མིང་སྨྲས། སློན་རྒྱལ་གཟིགས་དང་། ཏོ་དོག་སློན་བཙན་བཞེར་

(1) 敦煌研究院编 敦煌吐蕃文化学术研讨会论文集 甘肃民族出版社2009年版 395页。

6 ལ་ཞུས་པ་ལས། ཤོག་ཆད་འདི་རྣམས་དེ་ཚན་སོ་སོའི་ལྔ་བཅུ་ཀ་ང་དང་འོག་སྣ་ལ་
7 གཉེར་བ་གཏན་པ་ཆོས་ལ། ཉུབ་མ་བ་ཐེའུ་བརྟན་ཀོང་གིས་ནི་སྔོན་དུ་སྐོར།ཞེས་པ་ལས་
རྟོགས་ཐུབ་བོ། ཆོས་ཤོག་ལ་གཙོས་མཐོང་གནང་བའི་གནས་ཚུལ་དེ་དུས་རབས་8-9པའི་
ཏུན་ཧོང་ཙམ་མ་ཟད། བོད་རྗེ་བཙན་པོའི་རྒྱུད་པ་མངའ་བདག་མགོན་ནེའི་སྐུ་དུས་སུ་མདོ་
མང་མཐོང་སྨོན་བཞེངས་པའི་སྐབས་སུའང་། སྔོན་ལྟར་སྣག་ཤོག་ལ་དང་དོད་གནང་ཡོད་
པ་སྟེ་མདོ་མང་མཐོང་སྨོན་དེའི་མཛད་བྱུང་ལས་ཀོང་པོ་ཅི་ཚགས་ཤོག་བུ་ངོ་མཚར་ཆེ། རྒྱ་
ནག་ཧོང་ཀུན་སྣག་ཚ་ངོ་མཚར་ཆེ་[1]ཞེས་པས་ཀྱང་སྔོན་གྱི་ལམ་སྲོལ་བཟང་པོ་དེ་གྲ་མ་
ཉམས་པར་གནས་ཡོད་པ་དེ་རྟོགས།

གསུམ། འབྲི་བཞེངས་ཀྱི་ལམ་ལུགས།

གསུང་རབ་འབྲི་བཞེངས་ལ་སྤྱིར་གྱི་ཆ་ནས་མི་སྣ་ཁག་བཞི་ཙམ་ཚང་དགོས་པ་སྟེ་གསུང་རབ་འབྲི་བཤུ་མཁན་གྱི་ཡིག་མཁན་དང་། ཞུས་དང་ཞུས། བར་ཞུས། སུམ་ཞུས་བཅས་ཡིན། དེ་དག་ལས་གསུང་རབ་འབྲི་བཤུ་མཁན་དེ་འཕྲུལ་ཡིག་ལ་མཁས་པ་སོགས་ཀྱི་ནུས་པ་ལྡན་དགོས་པ་མ་ཟད་ད་དུང་གསུང་རབ་འབྲི་བཤུའི་ལས་ལ་དད་ཞེན་དང་སྣང་ཆུང་མེད་པ། ཡིག་མཁན་གྱིས་གསུང་རབ་དེ་འབྲི་བཞེངས་ཀྱི་རིང་ལ་ཆང་དང་སྲོག་གཅོད་ཀྱི་ལས་སྤྲངས་དགོས་པ་བཅས་ཡིན། གལ་ཏེ་དེ་དག་ལག་བསྟར་མ་བྱས་ཚེ་ཉེས་པ་ཐོག་གི་ཡོད། དེ་དག་སོ་སོའི་ལས་འགན་མི་འདྲ་བའི་དབང་གིས་ཐོག་མར་ཡིག་མཁན་གྱིས་འབྲི་བཤུས་ཟིན་པའི་གསུང་རབ་དེ་དག་རྣམ་ཚའི་མཛོད་དུ་གདན་འདྲེན་མ་ཞུས་གོང་ལ་ཞུ་དག་རིམ་པ་ཚང་བར་བརྒྱུད་དགོས། དེ་བརྒྱུད་ཟིན་པའི་རྗེས་རྣམ་ཚའི་མཛོད་དུ་གདན་འདྲེན་ཞུ་ཡི་ཡོད། ཞུ་དག་མཁན་གྱིས་འབྲི་བཤུས་ཟིན་པའི་གསུང་རབ་དེ་དག་གི་ཡིག་གཟུགས་དང་ཡི་གེའི་དག་ཆ། ཡིག་བྲེང་གི་ཆད་ལྷག་སོགས་ཞུ་དག་རིམ་པ་གསུམ་བརྒྱུད་དགོས་ཀྱི་ཡོད་སྟབས་གསུང་རབ་དེ་དག་གི་སྤུས་ཚད་ཀྱང་རང་བཞིན་གྱིས་འགན་ལེན་ཐུབ་ཀྱི་ཡོད། སྐབས་རེ་ཡིག་མཁན་དང་ཞུ་དག་བར་ལ་ཡང་སྒྲིག་གཞི་དོ་ནན་པའི་རྐྱེན་གྱིས་འགལ་ཟླ་

(1) འོན་ཀེ་ཙ་ལྷ་ཁང་དུ་བཞུགས་པའི་མངའ་བདག་མགོན་ནེའི་ཐུགས་དམ་མདོ་མངས་མཐོང་སྨོན་གྱི་མཛད་བྱུང་ལས་དྲངས།

ཡང་ཐོན་གྱི་ཡོད་པ་སྟེ་ཏུན་ཧོང་ཡིག་ཆ་Db.t03996ལྔ་བརྒྱ་སོ་བཞི་དང་སོ་དྲུག་བར་ན་གླེགས་བུ་ངོ་གཅིག་དང་ཕྲེང་ཕྱེད་ཆད་པ། དཔེའུ་གདུག་སྟེ་བྲི་འཚལ། Db.t0462འབྲུ་ཆད་དྲུག་ཙུ་རྩ་བདུན་བྱུང་སྟེ། དམ་ཡིན་ཕྱུངོ། Db.t1028ལེགས་བུ་གཆིག་ཕྲེང་གསུམ་ལྷགསོ། Db.t0995ལེགས་བུ་ངོ་གཆིག་ལྷགསོ། Db.t0405ཙང་ལྷ་ལོད་རོ་བར་ཞུས་པས་ཕྱུངོ། ཕྲེང་གཅིག་ལྷག་པ་དང་ཞུས་དང་བར་ཞུས་ལོང་བ་གཉིས་གྱིས་མ་མཐོང་ནས་སུམ་ཞུས་པས་ཤད་གྱིས་མནན་ནོ།[1]ཞེས་པས་ཡིག་མཁན་གྱི་འབྲི་བཤུ་བྱ་དུས་ཡིག་འབྲུ་ཆད་ལྷག་དང་ཡིག་ཕྲེང་ཆད་ལྷག་གི་གནས་ཚུལ་བྱུང་བས་ཞུ་དག་པས་ཤོག་རོར་བཏང་བ་དང་། དེ་མིན་ཡིག་ཕྲེང་ཆད་ལྷག་གི་གནས་ཚུལ་ཞུས་དང་ཞུས་དང་བར་ཞུས་ལོང་བ་གཉིས་ཀྱི་མ་མཐོང་ནས། སུམ་ཞུས་པས་ཤད་ཀྱི་མནན་ནོ་ཞེས་པ་སོགས་ཀྱིས་ཞུ་དག་པར་གྱི་འགལ་ཟླ་སྟེ། དང་ཞུས་དང་བར་ཞུས་ལོང་བ་ཞེས་པའི་ཚིག་དེ་རང་བཞིན་གྱིས་ཐོན་པ་དང་ཡིག་མཁན་དང་ཞུ་དག་པར་འགལ་བ་སྟེ་Db.t 0392ཕང་གླུ་ལེགས་ཀྱི་རོ་འདི་ཡང་ཆབ་སྲི་ཆེ་ལ་བཙོར་ཙུང་བ་ཞིག་པ་ལས། སྲི་སྐྱུག་གཉིས་ཞུ་ཆེན་བགྱིས་ནས། རོལ་དབྱུང་བ་ལགས་སོ། སྐྱུན་པ་གཉིས་སྐྱུག་པ་ལ་གསོལ། ཞེས་པ་ནི་ཡིག་མཁན་གྱིས་ཞུ་དག་མཁན་ལ་འཁང་རའི་ཚིག་སྨྲས་པ་སྟེ་ཡིག་མཁན་གྱིས་འབྲི་བཤུས་བགྱིས་པའི་གསུང་རབ་དེར་གནད་འགག་ཆེ་བ་འཕྱུག་མེད་པ་སྟེ། འབྲི་བཤུས་ཟིན་པའི་ཤོག་བུའི་སྟེང་དུ་རྒྱ་ཙུང་ཟད་འཐེམ་པའི་གནས་ཚུལ་དེ་བཙོས་སུ་ཙུང་བ་ཞིག་ཡིན་སྟབས་ཧྲམའི་མཇོད་དུ་བཞག་ཚིག་མོད་ཀྱང་། སྲི་སྐྱུག་ཞུ་ཆེན་གཉིས་ཀྱིས་ཞུ་དག་སྐབས་ལྡེབ་ཤོག་ངོས་སུ་རྒྱ་ཐིགས་འབབ་ཤུལ་ལས་ཤོག་རོར་བཏང་འདུག་པས། ཞུ་དག་སྨྱོན་པ་གཉིས་སྐྱུག་པ་བཟོ་ཞེས་པའི་དོན་ལས་ཡིག་མཁན་དང་ཞུ་དག་པར་གྱི་འགལ་ཟླ་དེ་གསལ་བཤད་བྱས་ཡོད། ང་ཚོས་འཁང་རའི་ཚིག་འདི་ལྟ་བུ་ཞིག་མཐོང་སྐབས་གསུང་རབ་འབྲི་བཤུའི་ལས་དེ་ལ་ལྟག་སྒོ་དང་ངོ་བསུ། འགེབས་སྲུང་སོགས་ཀྱི་གནས་ཚུལ་ཡེ་ནས་མེད་པར་ཡིག་མཁན་དང་ཞུ་དག་ཁག་སོ་སོའི་ལས་འགན་ཅི་འདྲ་ཞིག་ཡིན་པ་སེམས་ལ་བརྟན་པོར་བཅངས་ཏེ། སྨ་བཙོས་དང་རང་རང་གི་དགའ་དགའ་ཁྱེར་ཕྱོགས་ཀྱི་ངོ་བསུའི་གནས་ཚུལ་ལྷད་ཡེ་ནས་མེད་པའི་ལམ་ལུགས་བཙན་པོ་ཞིག་ཆགས་ཡོད་པ་དེ་རྟོགས། གལ་ཏེ་གསུང་རབ་འབྲི་བཤུས་ཀྱི་ལས་དེ་དུས་བཀག་བཟོས་

(1) 敦煌研究院编 敦煌吐蕃文化学术研讨会论文集 甘肃民族出版社2009年版395页。

དུས་རབས་9-10ཤོག་རོར་བཏང་བའི་ལྷེབ་གྲངས།

པའི་ནང་དུ་ལེགས་སྦྱུབ་མ་ཐུབ་པ་ཚོ་གནས་ཚུལ་ཆེ་ཆུང་ལ་ཞིག་པའི་ཆད་པ་ཕོག་གི་ཡོད། ཡིག་མཁན་གྱི་ཡིད་གསུམ་འབྲི་བཤུའི་ལས་ལ་མ་བཞག་པར་ཞུ་དག་མཁན་པོས་ཤོག་རོར་ཕྱུང་བ་ཡིན་ན་ཤོག་རོའི་མང་ཉུང་ལ་གཞིགས་པའི་ཆད་པ་ཕོག་གི་ཡོད་པ་སྟེ་ཏུན་ཧོང་ཡིག་རྙིང་Db.t0394 རོ་ཕྱུང་བ་ལ་མ་ཐུག་པ་འདི། གང་གིས་ཕྱུང་བ་ཆད་པས་ཆེར་གཅད་དོ་ཞེས་དང་Db.t 0390 ཁྲིའི་ལོའི་དཔྱིད་ཟླ་འབྲིང་པོའི་ངོ་ལ། ཟླུ་ལ་རྟེན་ལ་རོ་གཐད་དེ། དུསུ་བཞིན་ཤེས་པ་ན་ཆད་པས་ཆོད་པར་གཅད་དོ་[1]ཞེས་པ་ནི་ཁྲི་ལོ་སྟེ་སྤྱི་ལོ་830དཔྱིད་ཟླ་འབྲིང་པོ་ལ་ཟླུ་ལ་རྟེན་ལ་ཤོག་རོ་གཏད་དེ་དུས་འགྱངས་མེད་པར་ཆད་པ་གཙོད་དགོས་ཞེས་པ་གསུངས་སོ། དེ་ལྟར་ཆད་པ་གཙོད་དགོས་དོན་ནི་གཅིག་ནས་སྐབས་དེར་འབྲི་ཤོག་དཀོན་པོ་ཡིན་སྟབས་ཤོག་རོར་ཇི་ཙམ་ཕྱུང་བ་དེ་ཙམ་གྱིས་ཤོག་བུ་འགྲོ་ཆེ་བ། ཤོག་རོར་ཇི་ཙམ་ཕྱུང་བ་དེ་ཙམ་གྱིས་གསུང་རབ་འབྲི་བཤུས་བཟོས་པའི་དུས་བཀག་ལས་ནར་འགྱངས་སུ་སོང་བས་ན། ཡིག་མཁན་དང་ཞུ་དག་མཁན་གྱི་གླ་ཆ་དང་ཟས་རིན་སོགས་ཀྱང་དེ་ཙམ་གྱི་འགྲོ་སྒོ་ཆེ་སྟབས་དེ་དག་མི་ཡོང་བའི་སླད་དུ་ཆད་པ་གཙོད་པའི་ལམ་ལུགས་དེ་བཟོས་པ་རེད་སྙམ།

དུས་རབས་10-13ཙམ་གྱི་ནང་དུ་བོད་སིལ་བུར་འཐོར་བའི་དུས་ཡུན་ལོ་སུམ་བརྒྱ་ཙམ་ཞིག་གི་ནང་དུ་སྔོན་མ་ཇི་བཞིན་གསུང་རབ་འབྲི་བཞེངས་གནང་མཁན་ཡོད་པ་དེབ་ཐེར་སྔོན་པོ་སོགས་ལས་བཤད་འདུག་ཅིང་། འབྲི་བཞེངས་ཀྱི་ལམ་ལུགས་དེ་དུས་རབས་8-9དང་བསྡུར་ན་ཅུང་ཟད་ཉམས་པའི་ངང་ཚུལ་ཞིག་འདུག ཆ་མཚོན་ནི་ད་ལྟ་ང་ཚོས་མཐོང་ཐུབ་པའི་དུས་རབས་10-12ནང་འབྲི་བཞེངས་བགྱིས་པའི་དཔེ་རྙིང་དེ་དག་གི་མཇུག་བྱང་ལ་བལྟ་དུས། ཞུ་དག་རིམ་པ་གསུམ་ཕྱིན་པའི་ཟིན་ཐོ་བཀོད་མེད་པ་སྟེ་འོན་ཀེ་

(1)敦煌研究院编 敦煌吐蕃文化学术研讨会论文集 甘肃民族出版社2009年版395页。

ཅུར་དུས་རབས་12པར་འབྲི་བཞེངས་གནང་བའི་དཔེ་རྙིང་ཤེར་ཕྱིན་ཞིག་གི་ལེའུ་ རྫོགས་མཚམས་སུ་འགོས་ཤག་སྲས་ཀྱི་བྲིས་ཞེས་དང་སྔོ་ཁ་གྲོ་མཁར་ཆོས་སྡེར་བཞུགས་པའི་ཤེར་ཕྱིན་གྱི་མཛོད་བྱང་དུ་ཨ་ག་(ཨང་གི་)བརྒྱ་བདུན་གྱི་བར་ནས་བཅོ་བརྒྱད་ཀྱི་བར་དུ་བཅུ་གཅིག་ཆད་དོ། གྲོ་བོ་གྲུམ་གྱིས་ཞུས་ཏེ་དག་པར་མཆིས་ཞེས་དང་དེ་མིན་མངའ་རིས་རྩ་མདའ་རྫོང་གི་ཡིབ་རི་དགོན་དུ་བཞུགས་པའི་ཤེར་ཕྱིན་བྲིས་མའི་མཛོད་བྱང་དུའང་བམ་གྲངས་ནོར་བ་ཡོད་དོ། ༄། །ཡིག་དཔོན་དར་མ་སྐྱེས་བྲིས་པ་ལགས་ཞེས་པ་སོགས་ཀྱི་མཛོད་བྱང་དང་ཤེར་ཕྱིན་གྱི་བམ་པོའི་རྫོགས་མཚམས་བཅས་ལ་བལྟས་ན། བཙན་པོའི་སྐབས་ལྟར་བམ་པོའི་རྫོགས་མཚམས་སུ་ཡིག་མཁན་དང་ཞུས་དང་ཞུས་གཉིས་ཞུས་གསུམ་ཞུས་གནང་

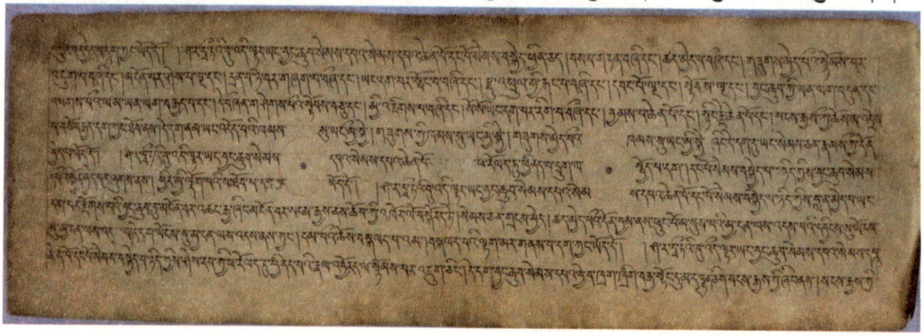

དུས་རབས10-12སྐབས་བཞེས་པའི་གནའ་དཔེ།

མཁན་གྱི་མཚན་བྱང་འཁོད་མེད་ལ། ད་དུང་གོང་དུ་བརྗོད་པ་ལྟར་ན་བམ་གྲངས་ནོར་བ་ཡོད་ཅེས་དང་ཨང་གི་བརྒྱ་དང་བདུན་གྱི་བར་ནས་བཅོ་བརྒྱད་ཀྱི་བར་དུ་བཅུ་གཅིག་ཆད་དོ་ཞེས་པ་སོགས་ལ་བལྟས་ན། འབྲི་བཞེངས་ཀྱི་ལམ་ལུགས་དོ་ནན་པོ་ལག་བསྟར་བྱས་པའི་དབང་དུ་བཏང་ན། གོང་གི་ལྷེབ་གྲངས་དེ་དག་བཙན་པོའི་སྐབས་ལྟར་ཤོག་རོར་གཏོང་དགོས་ངེས་ཀྱི་གནས་ཞིག་ཡིན། དུས་རབས་11-15པའི་ནང་དུ་འབྲི་བཞེངས་གནང་བའི་བཀའ་བསྟན་སྐུ་ཆོས་མང་པོ་ཞིག་ད་ལྟ་བོད་ཀྱི་དགོན་སྡེ་དང་རི་སུལ་ཁག་ཏུ་བཞུགས་ཡོད་པ་དེ་དག་མཇལ་བའི་སྐབས། ཞིབ་ཕྲ་གཟིགས་པ་ཡིན་ན་ལྷེབ་གྲངས་མི་ཉུང་ཞིག་གི་སྟེང་དུ་ཡིག་ཕྲེང་ཀང་འཁྱོར་བྱུང་བ་ཡིག་མཁན་དང་ཞུས་མཁན་གྱིས་མཁྱེན་ནས། ལྷེབ་གྲངས་དེ་ཤོག་རོར་མ་བཏང་བར་ཡིག་ཕྲེང་ཆད་ལྷག་དང་ཀང་འཁྱོར་བྱུང་བ་དེ་དག་ཐད་ཀར་བསུབ་ནས་དེའི་སྟེང་དུ་སྔོན་གྱི་ཡིག་གཟུགས་ལས་ཅུང་ཟད་ཆུང་བ་ཞིག་གི་ཐོག་ནས་བྲིས་

པ་དང་གལ་ཏེ་ནང་དོན་ཆད་ཆེ་ནང་དོན་ཆད་ས་དེར་བསྒོམས་རྟགས་ཤིག་བསྟན་ཏེ། དེའི་འགྲམ་དུ་ཡིག་གཟུགས་ཆུང་ངུས་དེའི་ནང་དོན་བསྟན་པའང་འདུག དེས་ན་གོང་གི་གནས་ཚུལ་དེ་དག་ལ་བསམ་གཞིགས་ཤིག་བྱས་ཆོ། དཔེ་རྙིང་འབྲི་བཞེངས་ཀྱི་ལམ་ལུགས་བཙན་པོའི་སྐུ་དུས་ལྟར་དོ་དམ་པོ་ལག་བསྟར་བྱུང་མེད་པ་དེ་བསྟན་འདུག

དུས་རབས་15པའི་ནང་དུ་འབྲི་བཞེངས་གནང་བའི་སྐུ་ཞང་གྲགས་པ་རྒྱལ་མཚན་གྱི་ཕྱུགས་དམ་བཀའ་འགྱུར་གསེར་བྲིས་དཔལ་ཞ་ལུ་དགོན་གྱི་བསེ་སྒོ་མ་ན་བཞུགས་པ་དེ་ཡང་། བཀའ་འགྱུར་འབྲི་བཤུ་གནང་སྐབས་ཡིག་མཁན་དག་ལ་རེ་བ་དོ་ནན་གནང་བ་སྟེ། ཞུས་མཚམས་རྣམས་ལ་བཅོས་སུ་དོགས་ནས་ཕྱུགས་དམ་གྱིས་མནན། པོ་ཏི་རེ་རེའི་འགོར་དཔོན་ཡིག་རྣམས་ལ་སྔན་བསྐྱུལ་བའི་བཀའ་ཤོག་ཤིན་ཏུ་ནན་ཆེ་བ་ཐྱར་གྱི་ལོ་རྒྱུས་དང་བཅས་པ་བཀོད་སྣང་ངོ་། དཔེའི་ད་དྲག་དང་བ་དྲག ས་ད་བ་ཙམ་ཡང་བྲིས་སུབ་དཀའ་ངལ་ལ་མ་གཟིགས་པར་མཛོད། ཅེས་གསུངས་པས་ཀྱང་གནའ་དཔེ་འབྲི་བཞེངས་ཀྱི་སྐབས་སུ་ཡིག་མཁན་དག་ལ་རེ་བ་དོ་ནན་པོ་བཏོན་པ་དེ་གནའ་ནས་ད་བར་འགྱུར་བ་མེད་པར་སེམས། གུང་ཐང་རྒྱལ་རབས་ལས་བརྗོད་ན་གུང་ཐང་རྒྱལ་རབས་སུམ་ཅུ་སོ་གསུམ་གྱི་རིང་ལ་བཀའ་བསྟན་དང་གསུང་འབུམ་མི་ཉུང་བ་ཞིག་འབྲི་བཞེངས་བྱུང་བ་གུང་ཐང་རྒྱལ་རབས་སུ་གསལ་ལ། གུང་ཐང་རྒྱལ་རབས་བཀྲ་ཤིས་ལྡེའི་སྐུ་དུས་སུ་བསྟན་འགྱུར་བཞེངས་པ་སྟེ། ཚོགས་ཀྱི་ཞིང་མཆོག་ནི་ཕན་བདེའི་འབྱུང་གནས་སངས་རྒྱས་ཀྱི་བསྟན་པ་རིན་པོ་ཆེ་ཁོ་ན་ཡིན་ཅིང་། ཡིག་ཚོགས་ཀྱང་ཆེ་ལ་མཐའ་དག་ཚང་བ་ཡང་དཀོན་པས་བསྟན་བཅོས་བོད་དུ་བསྒྱུར་རོ་འཚལ་བཞེངས་ན་དཀོན་བཞིན་ཕན་ཡོན་ཆེ་ཞེས་གསོལ་བས་དེ་ཕྱུགས་ལ་འཇུག་ཅིང་དགྱེས་པ་ཡི་བཀའ་ཡང་དག་པའི་དགོངས་འགྲེལ་བསྟན་བཅོས་ཀྱི་གླེགས་བམ་རྣམས་བཻཌཱུརྱ་ཡི་ཁ་དོག་ལྟ་བུའི་གན་ཤོག་ལ་བཙོ་མ་གསེར་གྱི་ཡང་ཞུན་གྱིས་ལེགས་པར་བཞེངས་པ་ལ་མཁས་པའི་ཁྱུ་མཆོག་མཁན་ཆེན་བྱང་ཆུབ་རྩེ་མོ་དང་། བོ་དོང་ལོ་ཙྪ་བ་ཤེས་རབ་མེ་ལྷེ་དཔོན་སློབ་དག་དང་། གཞན་ཡང་སྨྲ་རང་གི་ལོ་ཙྪ་བ། འཛངས་པ་ལོ་ཙྪ་བ་སོགས་མཁས་པར་གྱུར་པ་དུ་མས་ཚིག་འབྲུ་ལྷག་ཆད་ཀྱི་ཞུ་བཏགས་དང་། གོ་རིམ་ཕྱོགས་མ་འཁྲུག་པ་སོ་སོར་བཀོད་པ་སོགས་ཡིག་གཉེར་དོ་དམ་ཡང་དག་པ་མཛད་ཅིང་། གླེགས་བམ་དེ་རྣམས་གསེར་ཆུ་བྱུག་པའི་གླེགས་ཤིང་། སི་ཐ་ཏུའི་གླེགས་ཐག ཟབ་ཆེན་གྱི་གཏན

ཁེབས། རས་བཟང་པོའི་ཕྱི་སྒྲིལ་སོ་སོར་ན་བཟའ་གསུམ་སྨྲུག་བཅས་སྐྲུབ་ནས་ཆུ་མོ་ཡོས་ཀྱི་ལོ་དབྱར་ཟླ་འབྲིང་པོ་ས་ག་ཟླ་བའི་ཡར་ངོ་གཟའ་བཟང་པོ་ལ་རབ་ཏུ་གནས་པ་དང་བཅས་ལེགས་པར་གྲུབ་པར་མཛད་དོ།[1] ཞེས་གསུངས་པ་དེར་གཞིགས་ན། སྐབས་དེ་དུས་བཀྲ་ཤིས་ལྷེས་བསྟན་འགྱུར་བཞེངས་པའི་སྐབས་ལ་ཞུ་དག་གནང་མཁན་མཁན་ཆེན་བྱང་ཆུབ་རྩེ་མོ་དང་། བོ་དོང་ལོ་ཙཱ་བ་ཤེས་རབ་མི་ལྡེ་དཔོན་སློབ་དང་། ཕུ་རང་ལོ་ཙཱ་བ་དང་འཛངས་པ་ལོ་ཙཱ་བ་སོགས་གདན་འདྲེན་ཞུས་ཏེ། གཞུང་གི་ཚིག་འབྲུ་ལྷག་ཆད་ཀྱི་ཞུ་དག་དང་གོ་རིམ་མ་འཁྲུག་པ་སོ་སོར་བཀོད་པ་སོགས་ཡིག་གཉེར་དོ་དམ་ཡང་དག་གནང་ཞེས་པས་དཔེ་སྙིང་འདྲི་བཤུའི་ལས་ཀར་དོ་དམ་ནན་པོ་གནང་གི་ཡོད་པ་དེ་རྟོགས།

དུས་རབས་15པར་ཤར་འོལ་ཁ་སྟག་རྩེར་མི་དབང་སངས་རྒྱས་རྒྱ་མཚོའི་སྐུ་དུས་བཀའ་འགྱུར་མཐིང་ཤོག་གསེར་བྲིས་བཞེངས་དུས་ཀྱི་དཀར་ཆག་ཏུ་སྔག་ཤོག་དབུ་ཆེན་དང་ཡིག་མཁན་དབུ་ཆེན། ཤིང་བཟོ་དབུ་ཆེན། འཚེམ་བཟོ་དབུ་ཆེན། ལྷ་བྲིས་དབུ་ཆེན། ལྕགས་བཟོ་དབུ་ཆེན་སོགས་ཏ་ཙང་འཕྲུལ་སྣོ་ཚང་བ་ཞིག་གྲ་སྒྲིག་ཟིན་རྗེས་གཞི་ནས་བཀའ་བསྟན་འབྲི་བཞེངས་ཀྱི་ལས་ཀ་གནང་གི་ཡོད་པ། ལྷ་པ་ཆེན་པོའི་དགོངས་རྫོགས་སུ་བཞེངས་པའི་བཀའ་འགྱུར་ཁག་དང་མི་དབང་སངས་རྒྱས་རྒྱ་མཚོའི་སྐུ་དུས་སུ་བཞེངས་པའི་བཀའ་འགྱུར་གསེར་བྲིས་མ། དཔལ་ས་སྐྱ་དགོན་དུ་བཞུགས་པའི་ཐུགས་འཆང་ངག་དབང་ཀུན་དགའ་རྣམ་རྒྱལ་གྱི་ཡུམ་མཆོག་བསྟན་འཛིན་བསོད་ནམས་བཟང་མོས་བཞེངས་པའི་བཀའ་འགྱུར་གསེར་བྲིས་མ་དེ་དག་མཇལ་བ་ཙམ་གྱིས་ཤེས་པ་སྟེ། མི་དབང་སངས་རྒྱས་རྒྱ་མཚོའི་སྐུ་དུས་སུ་བཞེངས་པའི་བཀའ་འགྱུར་མཐིང་ཤོག་གསེར་བྲིས་བཞེངས་སྐབས་ཡིག་མཁན་གོང་སྟོད་ཨོ་རྒྱན་དོར་བུ། སྟོད་སྨད་ཚེས་བཀྲ་ཤིས། སྣང་ཏོག་བློ་བཟང་པདྨ། ལྷུན་གྲུབ་དོར་བུ་བཅས་གཞིས་གསོས་པའི་ཨེ་ནས་མཁས་བསླུས་པོ་ནའི་ཡིག་མཁན་བརྒྱ་དང་བཅོ་བརྒྱད། ཞུས་ཆེན་ཨེ་པ་ལྷ་མོ་རྒྱལ་པོ་དང་སྒྲོལ་མ་ཚེ་རིང་ཅན་དྲུག་ཞེས་པ་དང་འདྲ་བར་བཀའ་འགྱུར་བསྟན་འགྲོའི་དཔལ་མགོན་གྱི་ཡིག་མཁན་དབུ་ཆེན་སྐེ་མོ་བློ་བཟང་རྣམ་རྒྱལ་དང་ཨེ་ཡོན་ཏན་བག་གྲོ་སོགས་ཡིག་མཁན་བརྒྱ་དང་བཅོ་དྲུག་ཅེས་བྱུང་བ་ལས་དཔེ་སྙིང་བྲིས་

(1) ཀཿཐོག་རིན་འཛིན་ཚེ་དབང་ནོར་བུས་མཛད། རྒྱལ་བའི་བསྟན་པ་རིན་པོ་ཆེ་བྱང་ཕྱོགས་སུ་འབྱུང་བའི་རྩ་ལག་བོད་རྗེ་ལྷ་བཙན་པོའི་གདུང་རབས་ཚིག་ཉུང་དོན་གསལ་ཡིད་ཀྱི་མེ་ལོང་། ཀྲུང་གོའི་བོད་རིག་པ་དཔེ་སྐྲུན་ཁང་2006ལོའི་དཔར། ཤོག་གྲངས་75ལས་དྲངས།

བཞེངས་གནང་དུས་སྒྲིག་གཞི་དོ་ནན་པོ་ཡོད་པ་ཤེས་ཐུབ་མོད་ད་དུང་གལ་པོ་ཆེ་ལ་ནན་ཏན་ཟེར་བ་ལྟར། རྒྱ་ཤོག་སྔོན་པོའི་ཁ་དོག་ཟེལ་གྱིས་གནོན་པའི་ཏད་རམས་སྤུས་ལེགས་ཀྱིས་ཚོས་བྱས་པའི་ཆོས་ཤོག་དངོས་གཙང་བའི་གསེར་གཞུ་བཏུལ་ཤིན་ཏུ་ཙ་ང་བ་ཐོན་ཆེ་བས་མགྱོགས་པ་གཙོ་བོར་མ་བཏོན་པར་བྲིས་ཁྱད་ཐོན་པ་ལྟོ་དཀར་འབུར་དོད་དབུ་ལྟར་མདོ་སྔགས་ཀྱི་གང་འོས། གླེགས་ཤིང་སེང་དང་ཙན་དན་ལ་བརྐོས་ཀྱི་བྱེ་བྲག་ངོ་མཚར་ཆེ་བ་ལ་རིན་པོ་ཆེ་དུ་མའི་ཕྲ་ཚོམས་བཀོད་ཅིང་གདོང་དར་དང་ཞལ་ཁེབས་རྒྱ་ཧོར་གྱི་གན་གོས་ཁྱད་དུ་འཕགས་པ་ལྷ་བརྩེགས། སེ་ཏ་ཏུའི་གླེགས་ཐག ཆབ་ཅོ་རྒྱ་བཟོ་ཚགས་མ་དང་བཅས་བཞེངས་པའི་དོ་དམ་གཙོ་བོ་ཆོས་ཀྱི་རྒྱལ་པོ་ཙོང་ཁ་པ་ཆེན་པོའི་བསྟན་པ་ལ་དད་ཞེན་ཆེ་ཅན་རི་སྒོ་ཤག་སྡེ་པ་དཀོན་མཆོག་དར་རྒྱས་རིགས་བྱེད་མཁར་ལྷ་མགོན་དར་རྒྱས། ཁྱུས་ཆེན་ཨེ་པ་ལྷ་མོ་རྒྱལ་པོ་དང་སྒྲོལ་མ་ཚེ་རིང་ཅན་དྲུག ཤོག་ལས་པ་པོ་ཧོ་ཁྲི་ཕྲུག་དང་དཀར་རྒྱལ་ཅན་ཉི་ཤུ་ཐམ་པ། ཧོག་དཀར་བ་གོང་སྟོད་ཨོ་རྒྱན་ནོར་བུ། སྟོད་སྲིད་ཆོས་བཀྲ་ཤིས། སྨང་ཧོག་བློ་བཟང་པདྨ། ལྷུན་གྲུབས་ནོར་བུ་བཅས་བཞིས་གཙོས་པའི་ཨེ་ནས་མཁས་བསྡུས་ཁོ་ནའི་ཡིག་མཁན་བརྒྱ་དང་བརྒྱད། དབུ་ཀ་པ་རྣམས་ཀྱི་དབུ་ལྷ་འབུར་དོད་བཞེང་མི་ཨེ་པ་ལྷ་འཛོམས་དང་བཙུན་ཆུང་། དེ་ཕྱིན་དབུ་ལྷ་བྱིངས་འདྲི་མི་རབ་བརྟན་དང་སྟོ་རགས་བསྟན་འཛིན་ནོར་བུ། ཞལ་ཁེབས་བཟོ་མི་གྲ་ཕྱི་བསོད་ནམས་དོན་འགྲུབ་སྤུན་གཉིས། གཉེར་ཚང་གི་དགོས་ཆ་སྦྲོད་མི་རྫོང་སྡོད་ཞོལ་ཁང་འགྲོ་ཕན་དང་བདེ་འབྱོར་བྱང་པ་ཚེ་རིང་མགོན་པོ་རྣམས་ཀྱིས་[1]ཞེས་པ་ལས་དུས་17པའི་ནང་དུ་བཀའ་བསྟན་འབྲི་བཞེངས་གནང་བའི་སྐབས་ཀྱི་སྒྲིག་གཞི་ཧ་ཅང་དོ་ནན་པོ་དང་ཚགས་དམ་པོ་ཡོད་པ་གོང་དུ་བཀོད་པའི་མཛད་བྱང་ཁག་ལས་རྟོགས་སླའོ།

བཞི། ཡིག་མཁན་གྱི་གླ་ཆ།

སྤྱིར་ན་ལས་ཀ་གང་ཞིག་བྱས་ཀྱང་དེ་དག་གི་ལས་བབ་དབང་གིས་གླ་ཆ་སྤྲོད་པའི་སྲོལ་

(1) ནོར་གླིང་དུ་བཞུགས་པའི་མི་དབང་སངས་རྒྱས་རྒྱ་མཚོས་སྤྱི་ལོ་1683ལོར་བཞེངས་པའི་བཀའ་འགྱུར་གསེར་བྲིས། དཀོན་བརྩེགས་ཆ་པའི་ལྡེབ་གྲངས་420ལས་དྲངས།

ཞིག་སྔ་མོ་ནས་བྱུང་ཡོད། དེས་ན་གནའ་དཔེ་འབྲི་བཤུས་བགྱིས་པའི་ལས་ཀ་དེར་ཡང་ལས་ཀའི་ལས་བབ་དབང་གིས་གླ་ཆ་སྤྲོད་སྲོལ་ཡོད་པ་དེ། སྔོན་དུ་བྲིས་པའི་ཏུན་ཧོང་ནས་ཐོན་པའི་ཆོས་འབྲི་བཤུས་བགྱིས་པའི་ཟིན་ཐོ་ཞེས་པའི་ནང་དོན་ལས་ཤེས་ཐུབ་མོད་ཀྱང་། ཙུང་ཟད་ཅིག་ཞིབ་པ་བརྗོད་ན། བཙན་པོ་ཁྲི་རལ་པ་ཅན་དེའི་སྐུ་རིང་ལ། གྲ་ཤོད་གཉིས་བྱ་བ

དུས་རབས་13སྐབས་ཀྱི་ཞུས་མ་ཕྱིན་པའི་གནའ་དཔེ།

ཡི་གེའི་མཁན་པོ་གཉིས་བྱུང་སྟེ། རྗེ་ལ་ཡི་གེའི་སྟངས་ཕུལ་བས། སེང་གེ་གནམ་ལ་མཆོངས་འདྲ་བ་དང་། སྦ་ཏིག་ལྟར་ལ་བརྒྱུས་པ་འདྲ་བ་གཅིག་བྱུང་སྟེ། རྗེ་ས་བདག་རྒྱལ་པོའི་ཐུགས་དམ་འབྲི་བར་བཟང་བས། ཞའི་གཙུགས་ཀྱི་རྗེ་རིང་གི་འགྲམ་དུ་ཡི་གེའི་དཔེ་གཅིག་བཏབ་ནས་བཞག གསེར་ཡིག་ནི་དགེ་རྒྱས་བྱེ་མ་གླིང་གི་བཟང་པོ་སྤྱོད་པ་དང་། ཡེར་པའི་ཕུང་པོ་གསུམ་པའི་མདོ། མདོ་སྡེ་བཞུགས་པའི་གསེར་འབུམ་དེ་རྣམས་འབྲི་བའི་དུས་སུ་རྗེས་རྗེས་གནང་བ་ནི། བསུ་བ་ཞུ་རྟེན། གདན་གཡས་གྲལ། གཏང་རག་གི་འབུལ་བ་བསམ་གྱིས་མི་ཁྱབ་པ་གནང་། རྗེ་སར་ཞིང་དོར་གཅིག སྐྱོ་རོགས་སུ་རྗེད་འཛོ་སྣ་ཚོགས་པ་གནང་ངོ། བོད་ཡུལ་དུ་གསུང་རབ་མང་དུ་བྲིས་ཤིག་ཅེས་བཀའ་སྩལ་ཏོ།[1]ཞེས་གསུངས་པར་བལྟས་ན། བོད་ཀྱི་བཙན་པོ་ཁྲི་རལ་པ་ཅན་གྱི་སྐུ་དུས་ནས་གནའ་དཔེ་འབྲི་བཤུས་ཀྱི་ཡིག་མཁན་རྣམས་ལ་མཐོང་ཆེན་གནང་སྟེ། ཐོག་མར་བསུ་བ་ཞུ་རྟེན་གྱི་ལག་རྟགས་སོགས་འབུལ་བ་དང་གདན་གཡས་གྲལ་དུ་བཞུགས་སུ་བཅུག་ནས། གཏང་རག་གིས་ཚིམས་པར་བྱས་པ་དང་འཚོ་རྟེན་ས་ཞིང་དོར་གཅིག་གི་ས་སོགས་ཀྱི་གླ་ཡོན་འདོད་པ་མཐུན་པ་གནང་བ་དེ་ནི་བསྟན་པ་སྔ་དར་སྐབས་ཀྱི་གནའ་དཔེ་འབྲི་བཤུའི་ཡིག་མཁན་གྱི་གླ་ཡོན་ཅི་འདྲ་ཡིན་

(1) ཉང་ཉི་མ་འོད་ཟེར་གྱིས་མཛད། ཆོས་འབྱུང་མེ་ཏོག་སྙིང་པོ་སྦྲང་རྩིའི་བཅུད། བོད་ལྗོངས་བོད་ཡིག་དཔེ་རྙིང་དཔེ་སྐྲུན་ཁང་གི་2010ལོར་དཔར་མ། ཤོག་གྲངས་386ལས་དྲངས།

པའི་གནས་ཚུལ་ཡིན། བསྟན་པ་ཕྱི་དར་གྱིས་སྐབས་སུ་གནའ་དཔེ་འབྲི་བཤུས་དང་སློག་པ་ཡིན་ན་དུས་རབས་དེའི་དཔལ་འབྱོར་ཐོན་འབབ་གཞིར་བཞག་སླ་ཆ་འབུལ་གྱི་ཡོད། དཔེར་ན་ལྷ་བླ་མ་ཡེ་ཤེས་འོད་ཀྱི་རྣམ་ཐར་དུ། ཤེས་རབ་ཀྱི་ཕ་རོལ་ཏུ་ཕྱིན་པ་ལ། བམ་པོ་རེ་རེ་ལ་ནོ་ཕྱེད་དང་2བྲས་དུ་རྩིས་ནས། སྲང་དྲུག་ཅུ་རྩས་ཕྱེད་དང་གསུམ། ཉི་ཁྲི་ལྔ་སྟོང་པ་ལ་སྲང་བཅུ་ལྔ་དང་ནོ་ལྔ། ཁྲི་བརྒྱད་སྟོང་པ་ལ་སྲང་བཅུ་གཅིག་དང་ནོ་2། ཁྲི་པ་ལ་སྲང་དྲུག་དང་ནོ་2། བརྒྱད་སྟོང་པ་ལ་སྲང་ལྔ། གསུང་རབ་གློག་པའི་ཚེ། ཅི་ལྟ་བ་བཞིན་དུ་བྱུང་ན་ཤེས་རབ་ཀྱི་ཕ་རོལ་ཏུ་ཕྱིན་པ། ཚར་1ལ་སྲང་1། ཉི་ཁྲི་ལྔ་སྟོང་པ་ལ་ནོ་གཉིས། ཁྲི་བརྒྱད་སྟོང་པ་ལ་ནོ་ཕྱེད་དང་། ཁྲི་པ་ལ་ནོ་རེ་འབུལ། དེ་ལས་ཚར་མང་དུ་གློག་ན། ཉི་ཁྲི་པ་ལ་ནི་4སྲང་། ཁྲི་བརྒྱད་སྟོང་པ་ལ་ལྔ་སྲང་། ཁྲི་པ་ལ་བཅུ་སྲང་། བརྒྱད་སྟོང་པ་ལ་བཅུ་གཉིས་སྲང་། (1) ཞེས་བྲིས་པ་དེར། ཕྱི་རྒྱལ་གྱི་མཁས་པ་ཕན་ཧྲ་ཁང་གིས་ཞིབ་བརྩིས་བརྒྱབ་ནས་གསུང་དོན། གནའ་དཔེ་འབྲི་བཤུ་བྱེད་མཁན་ལ་བམ་པོ་རེ་རེ་ནས་ནོ་1.5འཐོབ་ཀྱི་ཡོད། དེར་བརྟེན་ཡིག་མཁན་ལ་ཁྱོན་བསྡོམས་ནོ་200འཐོབ་ཀྱི་ཡོད། གལ་ཏེ་དེ་ལ་སྲང་62.5ཡོད་ན། སྲང་གཅིག་ལ་ནོ་3.2འཐོབ་ཀྱི་འདུག (2) ཅེས་གསུངས་འདུག དེ་མིན་དུས་རབས་16པའི་ནང་དུ་གཞུང་ས་ཁག་ནས་བཀའ་འགྱུར་གསེར་ཆོས་དང་སྐུ་ཆོས་འབྲི་བཞེངས་གནང་སྐབས་རྒྱ་འགྲོ་ཅི་ཙམ་ཞིག་ཡིན་པའི་སྐོར་ལ། ཕོ་བྲང་པོ་ཏ་ལའི་ཕོ་བྲང་དམར་པོའི་ཁྱམས་སྐོར་གཉིས་པའི་ལྡེབས་རིས་ཀྱི་ནང་དོན་ནི་རྒྱལ་དབང་ལྔ་པ་ངག་དབང་བློ་བཟང་རྒྱ་མཚོའི་སྐུ་ཚེ་གང་པོའི་འཕྲིན་ལས་བརྗོད་བྱར་བྱས་ཏེ། སྟོ་བྲག་བསྟན་འཛིན་ནོར་བུ་སོགས་ལྷ་བྲིས་པ་རྣམས་ཀྱི་བཀོད་པ་ཞིག་ཡིན། ཁྱམས་སྐོར་དེའི་ལྡེབས་རིས་ཀྱི་བརྗོད་བྱ་ཁག་ཨང་རྟགས་དང་ལྷན་གཅིག་ཏུ་མཚན་བྱང་རེ་རེ་བྲིས་ཡོད་པ་ལས་གསུང་རབ་འབྲི་བཞེངས་ཀྱི་རྒྱ་འགྲོའི་སྐོར་གྱི་མཚན་བྱང་ནི། ༤༢ཚ་བ་མཛོ་སྒང་དུ་རྒྱ་འགྲོ་ཁལ་བཞི་ཁྲི་ཆིག་སྟོང་ཉིས་བརྒྱ་རེ་དྲུག་ལས་གྲུབ་པའི་བཀའ་འགྱུར་སྐུ་པོད་བཞེངས་གནང་བ། ༤༢ལྷོ་རྫོང་དུ་བཀའ་འགྱུར་སྐུ་ཆོས་རྒྱ་འགྲོ་ཁལ་བཞི་ཁྲི་ལྔ་བརྒྱ་ལས་གྲུབ་པ་གསར་བཞེངས་གནང་བ། ༡༠༧ཤེལ་དཀར་དུ་བཀའ་འགྱུར་སྐུ་པོད་རྒྱ་འགྲོ་འབྲུ་ཁལ་བཞི་ཁྲི་སུམ་སྟོང་ཆིག་བརྒྱ་ཞེ་གསུམ་ལས་

(1) ལྔ་རིགས་པ་གྲགས་པ་རྒྱལ་མཚན། (1415-1486)གྱིས་མཛད་པའི་ལྷ་བླ་མ་ཡེ་ཤེས་འོད་ཀྱི་རྣམ་ཐར་རྒྱས་པ། བྲིས་མ།

(2)范德康著刘翠兰译《小议藏文中bam po一词的意义和用法》《藏学学刊》第五期 四川大学出版社。

གྲུབ་པ་གསར་བཞེངས་གནང་བ། ༡༠༠འོལ་ཁར་བཀའ་འགྱུར་གསེར་ཆོས་འཛམ་གླིང་རྒྱན་གཅིག་རྒྱ་འགྲོ་འབྲུ་ཁལ་ཆིག་འབུམ་བརྒྱད་ཁྲི་དྲུག་སྟོང་བདུན་བརྒྱ་དོན་གསུམ་ལས་གྲུབ་པ་གསར་བཞེངས་གནང་བ། ༡༣༨བཟད་དུ་མཐིང་ཤོག་ལ་དངུལ་ཞུན་གྱི་བཀའ་འགྱུར་རྒྱ་འགྲོ་ཁལ་བརྒྱད་ཁྲི་དགུ་སྟོང་སུམ་བརྒྱ་ཞེ་བཞི་ལས་གྲུབ་པ་གསར་བཞེངས་གནང་བ། ༡༣༩ཤོ་མདོར་བཀའ་འགྱུར་སྐུ་ཡོད་རྒྱ་འགྲོ་འབྲུ་ཁལ་བཞི་ཁྲི་ཆིག་སྟོང་བརྒྱད་བརྒྱ་བཅོ་ལྔས་གྲུབ་པ་གསར་བཞེངས་གནང་བ། ༡༥༠དེ་མོ་གསང་སྔགས་ཆོས་རྫོང་དུ་བཀའ་འགྱུར་སྐུ་ཆོས་ཤོ་མདོ་དང་མཚུངས་པར་གསར་བཞེངས་གནང་བ། ༡༥༡ཚ་བ་མཛོ་སྣང་དུ་བཀའ་འགྱུར་སྐུ་ཡོད་རྒྱ་འགྲོ་འབྲུ་ཁལ་བཞི་ཁྲི་ཆིག་སྟོང་ཉེར་བཞི་ལས་གྲུབ་པ་གསར་བཞེངས་གནང་བ། ༡༦༢འོལ་ཁར་རྫ་རྩེའི་བཀའ་འགྱུར་གསར་བཞེངས་གནང་བ། ༢༥༨འཕྱོངས་རྒྱས་སུ་ཤོག་ལྷང་ཐོག་རིན་ཆེན་བཞི་པའི་ཁུ་བས་བཀའ་འགྱུར་རོ་ཚོག་གསར་བཞེངས་གནང་བ། ༢༦༡འཕྱིང་བ་སྟག་རྩེར་བཀའ་འགྱུར་སྐུ་ཡོད་ཉིས་བརྒྱ་སུམ་བཅུ་རྒྱ་ཤོག་ལ་གསེར་ཞུན་མའི་བཀའ་གཉིས་པ་ཡོད་དགུ་བཅུ་གོ་བཞི་བཅས་ལ་རྒྱ་འབྲུ་ཁལ་ཆིག་འབུམ་དྲུག་ཁྲི་བརྒྱད་བཞི་བརྒྱ་སོ་གཅིག་ལས་གྲུབ་པ་གསར་བཞེངས་གནང་བ་[1]ཞེས་ལྡེབ་རིས་ཀྱི་ལམ་ནས་བཀའ་བསྟན་བཞེངས་པའི་རི་མོའི་ཞབས་སུ་མཚན་བྱང་བཀོད་འདུག དེ་དག་ལས་དུས་རབས་17པར་སྐུ་ཆོས་བཞེངས་སྐབས་སུ་རྒྱ་འགྲོ་ཅི་ཙམ་ཞིག་ཡིན་མིན་སྐོར་ལ། ལྡེབས་རིས་ཀྱི་མཚན་བྱང་༡༠༧ཤེལ་དཀར་དུ་བཀའ་འགྱུར་སྐུ་ཆོས་བཞེངས་པའི་རྒྱ་འགྲོའི་སྐོར་ཙང་ཟད་རྒྱས་པར་བཀོད་ན། ཆུ་ཕག་ལོ་སྟེ་1683ལོར་ཤེལ་དཀར་མི་འགྱུར་རྡོ་རྗེའི་རྫོང་དུ་བཀའ་འགྱུར་རིན་པོ་ཆེ་མ་ཕྱི་རྒྱལ་རྩེ་ཐེམ་སྤྲངས་མ་སོར་བཞག་གི་པོ་ཏི་བརྒྱ་དང་བཅུ་གཅིག སྙིང་རྒྱུད་པོ་ཏི་གསུམ། སྤྱིན་ཆེན་གསེར་འོད་ཀྱི་པོ་ཏི་གཅིག་བཅས་སྐུ་ཆོས་ཡིག་གཟུགས་བཟང་དག་ཤུལ་དུ་ཕྱིན་པ། ཞལ་ཁེབས་གསུམ་བརྩེགས་ཀྱི་སྟེང་ན་རིམ་བཞིན་དེང་ཕོན་གཞི་དམར་གསེར་མེད། ལིང་སྐྱེར། བྱང་དར་སྔོན་པོ། གདོང་དར་གསུམ་བརྩེགས་ཀྱི་སྟེང་ལ་ཁ་ཐེ་གཞི་དམར་ནང་ཤ་བྱང་དར་ལུ་ཏང་། དེ་འོག་གོས་སྐྱེར་འཛམ་སང་ཐོག་སྟོང་སྐུད་དམར་པོའི་འཕར་ཕྱིན་ཀ་ཐོ་མཚན་བྱང་ཡོད་པར་ནང་ཤ་སྨན་སྙིང་། དེ་འོག་དཀར་

---

(1) ཕོ་བྲང་པོ་ཏ་ལའི་ཕོ་བྲང་དམར་པོའི་ཁྱམས་སྐོར་གཉིས་པའི་ལྡེབས་རིས་ལས་བཀའ་བསྟན་བཞེངས་པའི་ལྡེབས་རིས་ཀྱི་མཚན་བྱང་ཡིན།

རས་སྙོང་ཤུན་མར་ཆོས་ཚན་བཞུགས་བྱང་འཕོད་པ།   སྟག་པང་གི་གླེགས་ཤིང་མཚལ་རྩེ་མ་གདོང་མདུན་སྟེང་འོག་ལ་གསེར་ཤོག་དང་རྒྱབ་ལ་གསེར་འགྱུར་གྱི་ལཉྫ་ཙན་སྐལ་རྒྱབ་མཐའ་དབུས་ཀྱི་འབྲེད་གསེར་ཤོག་མ། སྐྱེ་རྒྱའི་གླེགས་ཐག་དཔར་མ་ལྕུགས་ཆབ་མིག་གཉིས་མ་དང་བཅས་པ་རྣམས་ཀྱི་སྐུ་རྒྱུའི་སྐོར་ལ། གན་ཤོག སྨུམ་དྲིག སྒྲོན་དྲིག ཚལ་དཀར། སྤོས་དཀར། རྒྱ་ཞུན། སྣ་སེར། ཆུ་བུན། བྱང་བུལ། ཐྲ་རྩི། མཐིང་ཤུན། ཐར་ཤུན། དཀར་རག དཀར་

དུས་རབས་17སྐབས་བཀའ་བསྟན་བཞེངས་པའི་རྣམ་པ།

མདངས། མཚལ་དབུས་ཞོ་ཆིག་སྟོང་དྲུག་ཅུ་སྐོར། གསེར་འགྱུར། ལྕུགས། མར། བལ། སྤྲིན། དིང་ཐོན་གསར་པ་གཞི་དམར་གསེར་མེད། ཁ་ཐི་གཞི་དམར། གོས་སྐྱེར་སྦོ་དམར་དཀར། སྨན་ཅོ། ལིང་སྐྱེར། བྱང་དར་སྔོན་པོ། ཤུ་ཏང་། ཀ་རས་སྙོང་ཤུན། གསེར་ཤོག སྟོང་ཏིམ། མགོན། རི་གོ། སྟག་སྤང་། སྔོ་རས་རྣམས་ལས་གྲུབ་པའི་དོ་དམ་སྣེ་མོ་དགོན་པའི་རྡོ་རྗེ་རྒྱལ་མཚན་དང་ཁྲིམ་གསར་བསམ་གྲུབ། ཤོག་ལས་དོ་དམ་པ་གཉིས་དང་ཤོག་ལས་པ་བཅུ་གསུམ། སྔོ་གར་བ་གཉིས་དང་བྲིས་ཤིག་ཞུས་གསུམ་བཅས་མ་གྲངས་སུམ་སོ་གཉིས་དང་། ལྷ་བྲིས་པ། ཤིང་བཟོ་བ། སྦྱོ་བཟོ་བ། པར་རྐོས། མགར་བ། ཟ་མ། ཚང་མ། ཚང་རྩིས་པ། གོས་བཟོ་བ་རྣམས་རེ་ཡོད་ཀྱི་ཕོགས་དཔོས་ཆ་སྤྲོད་མི་ཤེལ་དཀར་རྫོང་སྡོད་སྣང་མཁར་གྲོང་སྡོད་པ་ཀུན་དགའ་རབ་བརྟན་དང་།   མཚལ་མིག་པ་རྒྱ་མཚོ་དབང་ཕྱུག་གཉིས་ཀྱིས་ངོ་ཁུར་བྱས་ཤིང་སྐུ་རྒྱུ་སོགས་སྟོན་ཡོན་ཁྲོན་བསྐོལ་བར་དངུལ་སྲང་ཉིས་སྟོང་སུམ་བརྒྱ་དགུ་བཅུ་གོ་དྲུག་ཞོ་བརྒྱད་སྐར་

དྲུག་བྱུང་བར་འབྲུ་གཤར་ཁལ་བཞི་ཁྲི་སུམ་སྟོང་བརྒྱ་བཞི་བཅུ་ཞེ་གསུམ་བྲེལ་བཅུ་ཕྱུལ་ཕྱེད་དང་ལྷག་བཅས་རྣམས་ལས་བསྐྱུན་[1]ཞེས་པ་ལས་སྤྱི་ལོ་1683ལོར་ཤེལ་དཀར་རྫོང་སྔེ་ཕྱུགས་སུ་རྒྱལ་མོ་རི་དེར་ཕོ་བྲང་བཙན་ཆ་ཡོད་པ་སྔེ་ཁུང་རབ་གསལ་སོགས་ཀྱིས་སྤྲས་པའི་བ་གམ་གསུམ་ལྡན་ཡོད་པ་ཞིག་བཟོས་ནས། རི་འདི་ལ་ཤེལ་དཀར་ཞེས་གྲགས་ཏེ། རྒྱལ་མཚན་རྫོང་འདི་བཏབ་པའི་ཚེ་ཕྱོགས་ནས་བལྟས་པས་ཤེལ་དཀར་གྱི་ཀ་ཡོལ་ཁ་ཕྱུག་ཏུ་ཡོད་པ་འདྲ་བ་ཞིག་བྱུང་བས་ཤེལ་དཀར་ཞེས་གནས་གཞི་རྫོང་ཆོས་ཀུན་ལ་དེ་ལྟར་ཐོགས་སོ། ཡང་མཁའ་འགྲོའི་རྒྱལ་མོ་རྡོ་རྗེ་གཡུ་སྒྲོན་གནས་པས་དང་པོར་རྒྱལ་མོ་རི། དེ་ནས་ཤེལ་དཀར། དེ་རྗེས་ཕོ་བྲང་ཡོངས་རྫོགས་གྲུབ་ཚེ་མདུན་དབྱིབས་རྗེ་བཙུན་སྒྲོལ་མ་རི་ཞེས་ཀྱང་གྲགས་ལ། འགའ་ཞིག་རྫ་མོས་ཤེལ་དཀར་གྱི་ཟས་བྱིན་པ་དང་། ཤེལ་གྱི་དཀར་ཡོལ་ས་འོག་ནས་བྱུང་ཚུལ། ཡ་རབས་ཤེས་ཕྱུག་གི་བརྒྱུད་དྷ་སི་ཆོས་རིན་གྱི་བཏབ་པས་ཤེ་ཁང་སོགས་ཟེར་ཀྱང་ཁུང་མ་མཐོང་སྔེ་ཤེར་དཀར་ཞེས་པ་རང་འཐད་དོ།[2]ཞེས་པ་དེར་བཀའ་འགྱུར་སྐྱུ་ཆོས་བཞེངས་སྐབས་ཡིག་མཁན་དང་ཞུ་དག དབུ་ལྷ་འབྲི་མི། སྣག་ཤོག་བཏུལ་མཁན། གོས་དར་ཞལ་ཁེབས་འཚེམས་མཁན། གླེགས་ཤིང་དང་ལྕགས་མགོ་བཟོ་མཁན་བཅས་ཁྲོན་གཅིག་ཏུ་བསྒྲིལ་པའི་རྒྱུ་འགྲོ་ཇི་ཙམ་ཞིག་ཕྱིན་པའི་སྐོར་ཁ་གསལ་ཞིག་གསུངས་འདུག

(1) དྲིན་ཅན་རྩ་བའི་བླ་མ་ངག་དབང་བློ་བཟང་རྒྱ་མཚོའི་ཐུན་མོང་ཕྱིའི་རྣམ་ཐར་དུ་ཀཱུ་ལའི་གོས་བཟང་གླེགས་བམ་གསུམ་པའི་འཕྲོས་བཞི་པ། བྲིས་མ། ཤོག་གྲངས་348ལས་་དྲངས།

(2) ཤེལ་དཀར་བ་ངག་དབང་སྐལ་ལྡན་རྒྱ་མཚོས་མཛད། ཤེལ་དཀར་ཆོས་འབྱུང་ལེགས་བཤད་ནོར་བུའི་མེ་ལོང་སྐལ་བཟང་མགྲིན་རྒྱན། དཔར་མ། ལྡེབ་གྲངས་14ལས་དྲངས།

ལེའུ་བདུན་པ། གནའ་དཔེ་བྲིས་མའི་མཛོད་བྱང་།

གཅིག མཛོད་བྱང་གི་མཚན་ཉིད།

མཛོད་བྱང་ནི་གསུང་རབ་དེ་ཐོག་མར་མཛད་པ་པོར་སྐུལ་སློང་གི་ས་བོན་ཐད་ཀར་བསྐྲུན་གནང་མཁན་གྱི་བླ་སློབ་དང་མཆོད་ཡོན་སྦྱིན་བདག ལྷགས་རྩོམ་མཁན། ལྷགས་རྩོམ་གྱི་དུས་ཡུན། ལྷགས་རྩོམ་གྱི་ལུང་ཁུངས་རྒྱབ་རྟེན། ལྷགས་རྩོམ་གྱི་རིག་ཟིག་མཁན་ཏེ་ཡི་གེ་བ། ཞུས་དག་མཁན། དབུ་ཞབས་ལྷ་སྐུ་འབྲི་མཁན། ཉེར་མཁོའི་སྣག་ཤོག་རྒྱུ་སྤུས་དང་ཡུལ་དུས་སོགས་ཁ་གསལ་གཏིང་གསལ་ཞིག་བཀོད་པ་དེ་ལ་རྒྱ་བོད་ཀྱི་གསུང་རབ་རིག་པ་སྨྲ་བ་དག་གིས་གསུང་རབ་ཀྱི་མཛོད་བྱང་ཞེས་བརྗོད་གནང་གི་འདུག་པས་དེ་ལྟར་ཐད།

གཉིས། མཛོད་བྱང་གི་བྱུང་བ།

མཛོད་བྱང་གི་བྱུང་བ་རྒྱ་གར་འཕགས་པའི་ཡུལ་ལས་ཞུས་ན་རྒྱ་གར་ལ་སྟོན་པ་སངས་རྒྱས་ཤཱཀྱ་ཐུབ་པ་སྐུ་མྱ་ངན་ལས་འདས་རྗེས་རྒྱ་གར་འཕགས་པའི་ཡུལ་གྱི་ཆོས་རྒྱལ་ཏེ། མ་ག་དྷའི་རྒྱལ་པོ་མ་སྐྱེས་དགྲ་དང་ཆོས་རྒྱལ་མྱ་ངན་མེད་ལ་སོགས་པས་སྦྱིན་བདག་གནང་སྟེ་བཀའ་བསྡུ་ཐེངས་གཉིས་ཙམ་ཞིག་བྱུང་མོད་ཀྱང་བཀའ་བསྡུ་བགྱིས་པའི་གསུང་རབ་དེ་དག་གི་མཇུག་ཏུ་མཛོད་བྱང་བཀོད་གནང་མེད་པར་སྣང་། གལ་ཏེ་ཡོད་པའི་དབང་དུ་བཏང་ནའང་བསྡུ་བསྒྲིགས་ཙམ་དུ་ཟད། དེ་ནས་བཀའ་བསྡུ་གསུམ་པ་གནང་མཁན་རྒྱལ་པོ་ཀ་ནི་ཀ་(140-170)ཡི་སྐུ་དུས་སུ་བྱོན་པའི་སློབ་དཔོན་རྟ་དབྱངས་ཀྱིས་རང་ཉིད་ཀྱི་ཕྱུལ་བྱུང་རྣམ་དཔྱོད་ལ་བརྟེན་ནས། སྟོན་པའི་སྐྱེས་རབས་ཀྱི་ཞབས་ཤོག་ཏུ་རང་ཉིད་ཀྱི་མཚན་བྱང་བཀོད་པའི་སྲོལ་དེ་གཏོད་པ་ནས་བཟུང་། འཕགས་ཡུལ་གྱི་ནང་བསྟན་གསུང་རབ

ཀྱི་མཇུག་ཏུ་མི་སྣེར་གྱི་མཚན་བྱང་འགོད་པའི་སྲོལ་དེ་དར་བ་རེད། དེའི་ཡར་སྔོན་དུ་ནང་བསྟན་གསུང་རབ་ཀྱང་རྒྱ་གར་གྱི་རྩོམ་རིག་གཞན་དང་འདྲ་བར་མཛད་པ་པོའི་མཚན་བྱང་མི་གསལ་བའམ་ཡང་ན་བསྡུ་སྒྲིག་གི་རྣམ་པའི་ཚུལ་དུ་ཟད།(1) ཅེས་འཛར་པན་གྱི་ནང་བསྟན་མཁས་པ་སན་ཁོའོ་དབྱིས་(山口益)ཀྱིས་ཤེར་ཕྱིན་བསམ་བློའི་འཕེལ་རྒྱས་ཞེས་པར་གསུངས་པ་དང་རྒྱ་ནག་གི་མཁས་དབང་ཅིན་ཁེ་མུ་（金克木）ཡིས་རིག་གནས་ཀྱི་དགའ་སྟོན་དུ། ལོ་ཆེན་གཞོན་ནུའི་སྲོག་（鸠摩罗什）(344-413)གིས་ནང་བསྟན་མཁས་པ་སློབ་དཔོན་རྟ་དབྱངས་དང་ཀླུ་སྒྲུབ། འཕགས་པ་ལྷ་བཅས་ཀྱི་རྣམ་ཐར་རྒྱ་ཡིག་ཏུ་བསྒྱུར་གནང་བ་རེད། མཁས་པ་དེ་གསུམ་ནི་སྤྱི་ལོའི་དུས་རབས་ཡས་མས་ཀྱི་མཁས་པ་ཡིན་ཞེས་དང་ཐུའུ་ལོ་ཕན་ནས་ཐོན་པའི་ཡིག་རྙིང་བགྲེས་ཟད་ཆེ་བ་དེ་དག་ལ་ཞིབ་འཇུག་བྱས་རྗེས། བགྲེས་ཟད་དུ་ཕྱིན་པའི་ཡིག་རྙིང་དེ་དག་ནི་ནང་བསྟན་ཟློས་གར་གྱི་གཞུང་ཞིག་ཡིན། དེར་ཞིབ་གྲངས་མང་པོ་མེད་ཀྱང་དོན་སྙིང་ཟབ་མོ་ལྡན་པ་ཞིག་ཡིན། དེས་རྒྱ་གར་རྩོམ་རིག་ལོ་རྒྱུས་ཐོག་གལ་ཆེའི་གནས་བབས་བཟུང་ཡོད་པ་བརྗོད་མི་དགོས་ལ་ཐ་སྐྱུག་ཤོས་ལའང་རྒྱ་གར་ཟློས་གར་གཞུང་ལུགས་གྲགས་ཅན་ཟློས་གར་བཤད་པ་དང་། བརྩམས་ཆོས་ཞོའོ་ཉི་ཁྲ་《小尼车》ཞེས་པ་དེ་གཉིས་སྤྱི་ལོ་ཡས་མས་དེ་རང་རྒྱལ་གྱི་དྲན་རྒྱལ་རབས་ཀྱི་བརྩམས་

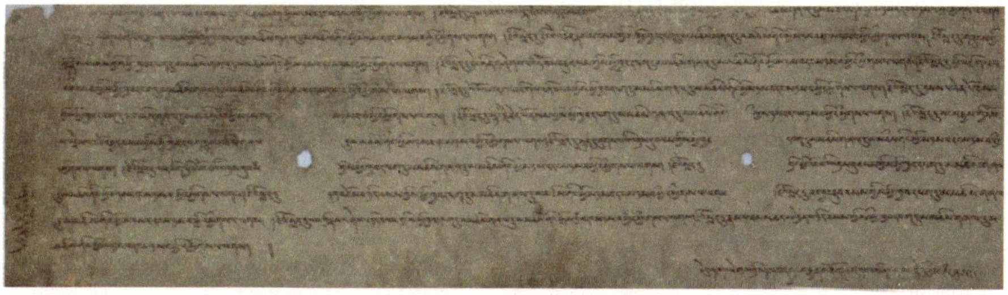

དུས་རབས་8-9པའི་དུས་ཀྱི་གནའ་དཔེ་ཐྲིས་མའི་མཛད་བྱང་།

ཆོས་ཤིག་ཡིན་པ་བདེན་དཔང་ཐུབ། ཟློས་གར་བགྲེས་ཟད་སོང་བ་དེ་དག་གི་ཁྲོད་དུ་ལུས་པའི་ཟློས་གར་གཞུང་གཅིག་གི་མཛད་བྱང་དུ་ཡེ་ཤེས་ཀྱི་སྤྱན་མངའ་བའི་རྟ་དབྱངས་ཀྱིས་ཞེས་སྦྱར་ཡོད། དེ་ནི་སྟན་ངག་གཞུང་གྲགས་ཅན་སངས་རྒྱས་ཀྱི་སྐྱེས་རབས་ཞེས་མཛད་མཁན་དེ་ཡིན་པ་ཐག་ཆོད།(2)ཅེས་གསུང་པ་ལས་སློབ་དཔོན་རྟ་དབྱངས་ཀྱིས་སངས་རྒྱས་

(1)【日】山口益著肖平 杨金萍译，《般若思想史》上海古籍出版社2004年版，13页。
(2) 金克木著《文化卮言》中国人民大学出版社，2006年版，323页。

ཀྱི་སྐྱེས་རབས་ཞེས་པ་དེ་མཛད་ནས་དེའི་མཛད་བྱུང་དུ་རང་ཉིད་ཀྱི་མཚན་བྱུང་ཐོག་མར་བཀོད་པ་དེ་ནས་བཟུང་། རྒྱ་གར་དུ་རིམ་པས་བཞིན་ས་ལ་སྨུམ་འཁྱིམ་པ་བཞིན་གཞུང་སོ་སོའི་ཞབས་ཤོག་ཏུ་མཛད་པ་པོའི་མཚན་འགོད་པའི་སྲོལ་དེ་བྱུང་། སློབ་དཔོན་དཔའ་བོས་མཛད་པའི་སྐྱེས་རབས་སོ་བཞི་དེ་བོད་ལ་བཙན་པོ་ཁྲི་ལྡེ་སྲོང་བཙན་སད་ན་ལེགས་མཇིང་ཡོན་(798-815)གྱི་སྐུ་དུས་སུ་ལོ་ཙཱ་བ་དབས་མཉྫུ་ཤྲཱི་ཝརྨ་སྟེ་རང་རིགས་ཀྱིས་འཇམ་དཔལ་གོ་ཆ་ཞེས་པས་རྒྱ་གར་གྱི་སྐད་ནས་བོད་སྐད་དུ་བསྒྱུར་ཡོད། བོད་ལ་གསུང་རབ་སྒྲ་བ་བཅོམ་ལྡན་རིགས་རལ་གྲིས་བཙན་པོ་ཁྲི་སྲོང་ལྡེ་བཙན་(755-797)གྱི་སྐུ་ཚེའི་སྟོད་ལ་བསྒྱུར་བ་རྣམས་ལ་ཕལ་ཆེ་བ་ལ་འགྱུར་བྱང་མ་བཏབ་པར་སྣང་ལ། སྐུ་ཚེའི་སྨད་ནས་ནི་འགྱུར་བྱང་བཏབ་ནས་སྣང་ངོ་། དེ་ལ་བན་དྷེ་ཡེཤེ་ལགས་པས་བསྒྱུར་ཞེས་པ་ལགས་པའི་སྒྲ་སྨོས་པ་རྣམས་ནི། དེ་ལོ་ཙ་(ཙཱ་)བ་མང་པོས་མཐུད་ནས་བསྒྱུར་ཏེ། ལོ་ཚ་བ་ཞུ་ཆེན་རྩོ་(གཙོ་)བོ་དེའི་མིང་སྨོས་པ་ཡིན། སོགས་པའི་སྒྲ་མེད་པ་རྣམས་ནི་དེ་ཉིད་ཀྱི་ཡིན། ཞུ་ཆེན་གྱི་ལོ་ཚ་ཞེས་བྱ་བ་ནི། དེའི་ཚེ་མཁས་པ་མཐར་ཕྱིན་པ་དེས་ཞུས་དག་བྱས་ན་ཡིད་ཆེས་པའི་གནས་ཡིན་པའམ། ཡང་ན་རྒྱ་དཔེའ་ལས་བོད་སྐད་དུ་བཏོན། བོད་དཔེའ་ལས་རྒྱ་སྐད་དུ་བཏོན་ན་ཐེབ་སྦྱོར་སྒྲ་དང་མཐུན་པར་འོང་བ་སྟེ། འདི་ནི་ཐིད་པའང་ཤིན་ཏུ་དཀའོ། [1]ཞེས་གསུངས་པ་ལས་རྒྱ་བོད་ཀྱི་ཡུལ་དུ་གསུང་རབ་བྲིས་མའི་མཇུག་ཏུ་མཛད་བྱང་འགོད་སྲོལ་དུས་ནམ་ཞིག་བྱུང་བའི་སྐོར་རོ།

གསུམ། དུས་རབས་མི་འདྲ་བའི་མཛད་བྱང་།

དེས་ན་ཁོ་བོས་བོད་ཀྱི་གནའ་དཔེ་སྲུང་སྐྱོབ་ཀྱི་ལས་ཀ་དེ་བསྒྲུབ་པའི་ནང་དུ་གསུང་རབ་བྲིས་མ་མི་ཉུང་བ་ཞིག་མཇལ་བའི་སྐལ་བ་བཟང་པོ་ཐོབ་པར་བརྟེན། ད་ཐེངས་ཁོ་བོས་འདིར་བྲིས་མ་དེ་དག་ལས་དུས་རབས་མི་འདྲའི་ཚབ་མཚོན་གྱི་མཛད་བྱང་ཁག་ཅིག་ཡིག་ཚོགས་ལ་མ་བསྒྲོས་པར་འདིར་བཀོད་པ་དང་སྦྱགས་དཔྱད་པ་ཞུ་ཞུལ་བགྱིས་པ་སྟེ། ཐོག་མར་དུས་རབས་8-9པའི་ནང་དུ་བཞེངས་པའི་ལྷ་འབུམ་གྱི་མཛད་བྱང་སྟེ། ཤེར་ཕྱིན་བོད་

(1) བཅོམ་ལྡན་རིགས་པའི་རལ་གྲིས་མཛད་པའི་བསྟན་པ་རྒྱས་པའི་ཉིན་བྱེད། བྲིས་མ། ཤོག་གྲངས་197ཊ་གསལ།

ཁ་པའི་ལེའུ་རྫོགས་མཚམས་སུ་ཁོང་གཡུ་ལེགས་བྲིས། དམ་ཚོང་ཞུས། སློན་མ་ཡང་ཞུས། སེང་གེ་སྟེས་སུཾ་ཞུས་ཞེས་དང་སོང་སྟག་སྐྱེས་བྲིས། དམ་ཚོང་ཞུས། ཕབ་ཧིང་ཡང་ཞུས། ཇོ་ཀྱིན་སུཾ་ཞུས། [1]ཤེར་ཕྱིན་པོད་ཀ་པའི་ལེའུ་རྫོགས་མཚམས་སུ་ཇེའུ་སྟག་ལེགས་བྲིས། དཔལ་དབྱངས་ཞུས། ཕབ་ཧང་ཡང་ཞུས། དེའུ་ཨོང་སུཾ་ཞུས་ཞེས་དང་སོང་སྟག་སྐྱེས་ཀྱིས་བྲིས། དཔལ་དབྱངས་ཞུས། དཔལ་འཛིན་གྱིས་ཡང་ཞུས། རྡོ་རྗེ་མཛོད་སུཾ་ཞུས་[2] ཞེས་དང་འོན་ཀེ་རུར་བཞུགས་པའི་ཤེར་ཕྱིན་གྱི་མཛད་བྱང་དུ་འགོས་ཤག་སྲས་ཀྱིས་བྲིས་[3]ཞེས་དང་སྦྲད་ཤི་ལ་སྦྲད་ཉས་བྲིས་[4]དང་འཕན་ཡུལ་སླན་གྱིས་བྲིས་པ་ལ་མ་འཕྱ་ཤིག་[5]ཅེས་དང་༄།། ནམ་པ་ཟ་དབང་ཕྱུག་མཆོས་ཡུན་གྱི་དགེ་བའི་རྩ་བར་དགོངས་སྟེ། དུམ་བུ་འདི་བཞེངས་སུ་གསོལ་སྟེ། ཞུས་དག་[6]ཅེས་སོགས་གོང་དུ་ཞུས་པའི་ཤེར་ཕྱིན་ཁག་ནི་དུས་རབས་9-10པའི་ནང་དུ་བྲིས་བཞེངས་གནང་བའི་གསུང་རབ་བྲིས་མ་ཤ་སྟག་གི་མཛད་བྱང་ཡིན། གོང་གི་

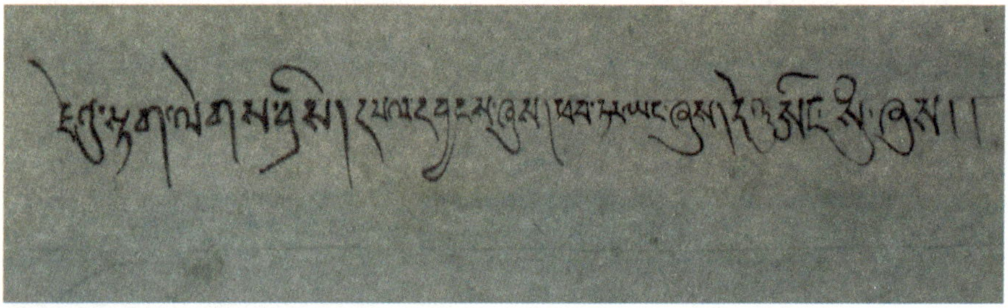

དུས་རབས་8-9པའི་དུས་ཀྱི་ཡིག་མཁན་དང་ཞུས་དག་མཁན་གྱི་མཚན་བྱང་།

མཛད་བྱང་དེ་དག་ནི་ཚིག་སྦྱོར་གྱིས་མ་བརྒྱན་པར་ཐད་ཀར་ཤེར་ཕྱིན་བྲིས་ཞུས་གནང་མཁན་དག་གི་མཚན་པོ་ན་ལས་གཞན་པའི་སྨོན་ལམ་སོགས་བཀོད་མི་འདུག དེ་ནི་དུས་རབས་9-10པའི་ནང་དུ་ཤོག་བུ་དཀོན་པའམ་རྒྱལ་བློན་འཁོར་གྱིས་མ་གཏོགས་འབུམ་བཞེངས་མི་ཐུབ་པའི་རྐྱེན་གྱིས་ཡིན་པར་སེམས་ཏེ་དུས་རབས་9-10པའི་ནང་དུ་ཏུན་ཧོང་

(1)འབྲས་སྤུངས་དགོན་དུ་བཞུགས་པའི་བཙན་པོ་ཁྲི་ལྡེ་སྲོང་བཙན་གྱི་ཐུགས་དམ་སླ་འབུམ་པོད་ཁ་པ་ལས་དྲངས།
(2) གྲོ་མཁར་ཆོས་སྡེར་བཞུགས་པའི་བཙན་པོའི་སླ་འབུམ་པོད་ཀ་པ་དང་ག་པའི་མཛད་བྱང་ལས་དྲངས།
(3) འོན་ཀེ་རུ་བཞུགས་པའི་ཤེར་ཕྱིན་གྱི་མཛད་བྱང་ལས་དྲངས།
(4) འོན་ཀེ་རུ་བཞུགས་པའི་ཤེར་ཕྱིན་གྱི་མཛད་བྱང་ལས་དྲངས།
(5) འོན་ཀེ་རུ་བཞུགས་པའི་ཤེར་ཕྱིན་གྱི་མཛད་བྱང་ལས་དྲངས།
(6) འོན་ཀེ་རུ་བཞུགས་པའི་ཤེར་ཕྱིན་གྱི་མཛད་བྱང་ལས་དྲངས།

དང་བོད་དུ་བྲིས་བཞེངས་གནང་བའི་ཤེར་ཕྱིན་ཁག་གི་ཤོག་ཁ་ལི་རྨིད་72/27 ཡིག་ཕྲེང་12ཅན། ཡིག་གཟུགས་འཁྲུལ་ཡིག་ཅན་བཅས་ཡིན། དེ་ལྟར་ཡོང་དོན་ནི་ཡིག་མཁན་གྱིས་འབྲི་བཤུས་བྱ་བའི་ཤེར་ཕྱིན་དེ་བླ་དཔེ་གཞི་གཅིག་ལ་མ་དཔེ་བཙོལ་ནས་འབྲི་ཞུས་གནང་དགོས་སྐབས། རྒྱ་རྨའི་ཤོག་མཛོད་ནས་བླ་དཔེའི་བམ་ཚད་ལ་བརྟེན་ནས་ཤོག་བུ་ལེན་པ་དང་མཐར་ཞུས་དག་ཕྱིན་པའི་རྗེས་སུ། རྒྱ་རྨའི་མཛོད་དུ་རྩིས་སྤྲོད་རྩིས་ལེན་བྱ་སྐབས་སྤྲོད་གྱི་ལྷེབ་གྲངས་དང་གབ་པ་ཞིག་དགོས་པའི་དབང་གིས་བྲིས་བཤུས་བགྱིས་སྐབས་བམ་པོའི་རྫོགས་མཚམས་ལ་ཉེ་བའི་སྐབས་དེར། ཡིག་མཁན་གྱིས་རང་ཉིད་ཀྱི་འབྲི་ཤོག་དང་འབྲི་བཤུས་ཀྱི་ནང་དོན་རྫོགས་ལ་ཉེ་བ་དང་བསྟུན་ཏེ་ཤོག་བུ་ལྷུང་ངེས་ཀྱི་གནས་ཚུལ་ཡོད་ཚེ་ལྷེབ་ཤོག་དེར་འཁྲུལ་ཡིག་ཚགས་དམ་པོ་མེད་པ་བྲིས་པའང་མང་པོ་ཞིག་མཇལ་རྒྱུ་འདུག དེར་བརྟེན་དུས་རབས་9-10པའི་ནང་དུ་འབྲི་ཤོག་དཀོན་པ་དང་རྒྱལ་བློན་གྱིས་མ་གནོགས་འབུམ་བཞེངས་མི་ཐུབ་པའི་སྐབས་ཀྱིས་མཛད་བྱུང་ཡང་ཉག་རྙོག་མེད་པར་སྐབས་ཏ་ཅང་གིས་བདེ་པོ་ཞིག་སྣང་ངོ་། འཇར་པན་གྱི་གསུང་རབ་སླུ་བ་ཐན་གྲི་ཧོང་(藤枝晃)གིས་གསུངས་པར། དུས་རབས་9-10པའི་མཛད་བྱུང་མང་པོ་ཞིག་ནི་ཆེས་སྐབས་བདེ་ཞིང་ཐ་ན་འབྲི་མཁན་གྱི་མིང་ཁོ་ན་ལས་མེད་པ་ཀྱང་ཡོང་གི་འདུག གཞུང་སར་འབྲི་བཤུས་བགྱིས་པའི་གནའ་དཔེའི་མཛད་བྱུང་དུ་ལོ་རབས་དང་འབྲི་བཤུ་མཁན། ཤོག་བུའི་མང་ཉུང་། དཔེ་གཟུགས། ཞུས་དང་ཞུས་བར་ཞུས་སུམ་ཞུས། ལྡེབས་ཞུས་མཁན་དང་བལྟ་སྐྱུལ་མཁན་གྱི་མཚན་སོགས་བཀོད་པ་དེ་ནི་ཆེས་ཡང་དག་པའི་ཐང་ཁྲིའི་ཡི་འབྲི་བཤུས་བགྱིས་པའི་མཛད་བྱུང་ཡིན་ནོ། [1]ཞེས་པས་གནད་དོན་མང་པོ་ཞིག་ཤེས་ཐུབ།

དུས་རབས་11-12པའི་ནང་དུ་གསུང་རབ་འབྲི་བཤུ་བྱས་པའི་མཛད་བྱུང་ནི།༄། ཀྱི་བསྐལ་པ་བཟང་པོ་ལགས་། །ལྷ་ཆོས་ཁྱད་དུ་འཕགས་། །ཤག་ཐུབ་ངོ་མཚར་ཆེ་། །ཡུལ་ཅིག་གཡུ་རུ་ལགས་། །།དཀྱིལ་མོ་ཁྱད་དུ་འཕགས་། །མཆོ་རྡོ་ངོ་མཚར་ཆེ་། །ཡོན་བདག་བཞལ་པ་ལགས་། །གཡུང་སེང་ཁྱད་དུ་འཕགས་།། ནོར་རྫས་ངོ་མཚར་ཆེ་།། །ཁྱིང་པོའི་ལྷབ་ཤོག་ངོ་མཚར་ཆེ་།། དཀར་འཛམ་ཁྱད་དུ་འཕགས་།། ཡང་སྟོན་ངོ་མཚར་ཆེ་།། རྒྱ་ཡི་སྟོང་ཀུན་ལགས་།། ཁ་དོག་ཁྱད་དུ་འཕགས་།། གཡུ་ལོ་ངོ་མཚར་ཆེ་།། མཆོད་གནས་མཁས་རྒྱ་ལགས་།། འཁྲུལ་ཆེན་ཁྱད་

(1) 藤枝晃《敦煌出土烦人长安宫廷写经》京都，1961年，657-667页。

དུ་འཕགས་༎ ཐུག་ཡིག་ངོ་མཚར་ཆེ་༎ བྲུ་ཡི་ཇོ་བརྩོན་ལགས་༎ ཇོ་གསས་ཁྱད་དུ་འཕགས་༎ གཉེར་པ་ངོ་མཚར་ཆེ་༎ གསུམ་པ་སྟོན་པ་ལགས་༎ སྐྱུས་མ་ཁྱད་དུ་འཕགས་༎ པོ་ཏི་ངོ་མཚར་ཆེ་༎ མཆོད་གནས་དྲུ་འབགར་ལགས་༎ ལྷ་ཆོས་ཁྱད་དུ་འཕགས་༎ གསེར་འབུམ་ངོ་མཚར་ཆེ་༎ བཞལ་སྟོན་ཇོ་ཡུ་ལགས་༎ སེར་བ་ཁྱད་དུ་འཕགས་༎ ཡིག་སྣ་ངོ་མཚར་ཆེ་༎ དཔོན་ཆེན་ཏེ་དྲུ་ལགས་༎ འཕྲུལ་ཆེན་ཁྱད་དུ་འཕགས་༎ ཐུག་ཡིག་ངོ་མཚར་ཆེ་༎ མཆོད་གནས་ཇོ་གཙུག་ལགས་༎ གཏོང་ཕྱོར་ཁྱད་དུ་འཕགས་༎ ཡིག་བརྒྱལ་ངོ་མཚར་ཆེ་༎ ཆོག་པར་ལྷ་པ་ལགས་༎ ཟློབ་ཕྱོགས་ཁྱད་དུ་འཕགས་༎ ཆོག་ཤད་ངོ་མཚར་ཆེ་༎ [1]ཞེས་པའི་མཛད་བྱང་འདིའི་ནང་དུ་དམྱལ་མོ་ཁྱད་དུ་འཕགས། མཚོ་དྲུ་ངོ་མཚར་ཆེ་ཞེས་བྱུང་བ་ལྟར་ན་འགོས་ལོ་གཞོན་ནུ་དཔལ་བ་དང་རྒྱལ་བ་ལྷ་པ་ངག་དབང་བློ་བཟང་རྒྱ་མཚོས་ཡར་ཀླུངས་ཀྱི་སྨད། མ་ཡུལ་ལྷོངས་ཀྱི་འདབས་སུ་བྲུའི་རྒྱལ་པོ་གཤོག་བཟང་དང་འདབ་བཟང་གི་རིགས་ལས་མཆེད་པའི་བྲུ་ཤ་ཀ་ལ་སྲས་རྡོ་རྗེ་ལེགས་པ་དང་རྡོ་རྗེ་དབང་ཕྱུག་གཉིས་བྱུང་བ་གཉལ་(དམྱལ་མོ་)ཕྱོགས་སུ་ཐོན། རྒྱ་མཚོ་གྲོང་མཁར་(མཚོ་དྲུ་)བཏབ། གཙུང་གི་སྲས་བླ་མ་བྲུ་ནག་ཆེན་པོ་རིན་ཅེན་འོད་འབྲུངས། ཁ་ཆེ་པཎ་ཆེན་(1127-1225)དང་མཇལ་ནས་སྤྱོད་རྒྱུད་དཀྱིལ་འཁོར་བཅུ་གཉིས་ཞུས། གཞན་ཡང་རྒྱལ་བ་ཐོག་རྟགས་པ། སྐྱོ་འོད་འབྱུང་། འཇད་ཏ་མིག་པ་སོགས་བླ་མ་མང་དུ་བསྟེན་པས་ཐོས་བསམ་སྒོམ་པ་ལྷུར་བཞེས་མཛད། ཁྱད་པར་སྡུ་གྲི་སྐོར་གསུམ་སོགས་ཡི་དམ་ཆོས་སྐྱོང་རྩལ་དུ་ཐོན་པས་ཡང་རྩེའི་གཙུག་ལག་ཁང་ལས་ཀྱང་གཉན་པ་གྲགས་ཆེ། [2]ཞེས་གསུངས་པ་ལ་བལྟས་ན་རྒྱ་མཚོ་གྲོང་མཁར་ནི་བྲུ་ཤ་ཀས་དུས་རབས་12པར་ཕྱུག་བཏབ་པའི་དགོན་སྡེ་ཞིག་ཡིན་པ་མ་ཟད་སྐབས་དེ་དུས་ཆོས་ཕྱོགས་ཀྱི་ཐད་ནས་ཀྱང་ཕོ་བྲང་ཡང་རྩེར་ལས་ཀྱང་སྙན་པའི་གྲགས་པ་ཆེ་བར་མངོན། ཆོས་རྒྱལ་བྲུ་པའི་རྒྱུད་པ་སྟེ་བྲུ་ཇོ་བརྩོན་སྐབས་སུ་གསེར་འབུམ་བྲིས་བཞེངས་གནང་བའི་སྐོར་མཛད་བྱང་དུ་གསལ། རྒྱ་མཁྲི་སྣང་དུ་བཞུགས་པའི་ཤེར་ཕྱིན་འབུམ་པོད་ག་པའི་མཛད་བྱང་དུ།

……བསྟན་པ་ལ་༎ ༎དམ་པའི་ལྷ་ཆོས་དགའ་༎ ༎འབྲི་ཀློག་རྣམ་པ་གཉིས་༎ ༎དར་བ་ངོ་མཚར་ཆེ་༎

---

(1)གྲོ་མཁར་ཆོས་སྡེར་བཞུགས་པའི་ཤེར་ཕྱིན་ཞིག་གི་མཛད་བྱང་ལས་དྲངས།

(2) འགོས་ལོ་གཞོན་ནུ་དཔལ་གྱིས་མཛད། དེབ་ཐེར་སྔོན་པོ་སྨད་ཆ། སི་ཁྲོན་མི་རིགས་དཔེ་སྐྲུན་ཁང་གི་1986ལོའི་དཔར་མ། ཤོག་གྲངས་1266ལས་དྲངས།

།།གྱེ་རེ་ལྷ་ཕྱིངས་འདིར།། །།ཡོན་བཙུན་དབང་ཡོན་གྱིས།། །།ཐུགས་དམ་ཁྱད་འཕགས་བཞེངས།། །།ཕྱག་རྟེན་ངོ་མཚར་ཆེ།།

།། ཤོག་གུ་དུང་ལང་འདི།། །།རིན་ཆེན་གསེར་གྱིས་བླུས།། །།ཀར་འཛམ་ཕུ་མེད་འདི།། །།ཤོག་ཆགས་ངོ་མཚར་ཆེ།།

།། རྒྱ་གར་སྐད་དུ་ལ།། །།ཁྱད་འཕགས་བཞེངས་པ་ཡིས།། །།དཔོན་གཞོན་ཁོང་ལ་ཞུས།། །།མཁས་པ་ངོ་མཚར་ཆེ།།

།།ག་པ་ཆོས་རྫོང་ལ།། །།རྒྱལ་ཚ་ཤོག་འབུམ་ངས།། །།ལྷག་ཆད་མེད་པར་བྲིས།། །།ལེགས་པ་ངོ་མཚར་ཆེ།།

།།མར་ནག་བརྟེན་འགྲུས་འབུམ།། །།འོད་གསེར་གཞོན་ནུ་དང་།། །།རྒྱལ་བདེ་ཁྲུམ་བཙུན་ཕུན།། །།ཞབས་ཏོག་ངོ་མཚར་ཆེ།།

།།ཡོན་མཆོད་འཁོར་བཅས་དང་།། །།ཟ་མ་བྲུས་པ་རྣམས།། །།ཚེ་འདི་བཀྲ་ཤིས།། །།ཕྱི་མ་བྱང་ཆུབ་ཐོབ་པར་ཤོག།། ཏེ་ཏེ།། [1]ཞེས་འབུམ་དེ་འབྲི་བཞེངས་གནང་དུས་ཡིག་མཁན་རྒྱལ་ཚ་ཤོག་འབུམ་གྱིས་བགྱིས་ནས་འབྲི་བཞེངས་གནང་བ་དེ་གསལ་ལ། སྐད་ཆའི་ཚིག་འགྲོས་ལ་བལྟས་པ་ཡིན་ན་གྲོ་མཁར་ཆོས་སྡེའི་མཛད་བྱང་ཇི་བཞིན་ཚིག་གི་ཆ་ཡ་སྡེབ་སྟངས་གཅིག་མཚུངས་སུ་འདུག དེ་དག་གི་ཁྱད་འཕགས་ཚིག་བརྗོད་པའི་སྐབས་ངོ་མཚར་ཆེ་ཞེས་དུས་རབས་12-13བར་གྱི་སྐད་ཆ་རང་གི་ཁྱད་ཆོས་ལྡན་འདུག དེ་མིན་འོན་ཀེ་ཏུར་བཞུགས་པའི་མདོ་མངས་མཐོང་སྨོན་གྱི་མཛད་བྱང་སྟེ། ༄།།ཀྱེ་སྟོད་ཀྱི་འཇིག་རྟེན་ཆུང་གིས་བརྟེག །འཛམ་གླིང་སོགས་ཀ་སངས་རྒྱས་བྱོན་པའི་གླིང་། །རི་མཐོ་ས་གཙང་སྤུ་རྒྱལ་བོད་ཀྱི་ཡུལ། །བོད་ལ་སྐུ་དྲིན་ཆེ་བ་མེས་དབོན་རྣམ་པ་གསུམ། །ཡུལ་ལས་ཁྱད་དུ་འཕགས་པ་འོན་གྱི་སྟ་ནམ་ས། །སའི་རྒྱ་མདུད་བཀྲ་ཤིས་བླ་གད་ན། །དཔའ་རྩལ་རྒོ་དྲག་འཛོམ་པ་བླས་ཅུ་ཁྲེ་ཅབ་འབར། །རྒོ་འཛངས་གསལ་གཤོག་འཕྱུང་བ་ལོང་ལོང་འགྲོ་མ་བཟའ། །ཆུང་ནས་ན་ལ་སུམ་རྒྱས་པ་རྒེ་དཔལ་གཙུག་ཏོར་སྐྱབས། །སྲིད་ལམ་ཡིད་དུ་འོང་བ་ངན་རྒེ་མེན་ཏོག་རྒེ། །དད་པ་སྐྱོངས་མེད་པའི་ཡོན་དག་འཁོར་བཅས་རྣམས། །སྟོང་ཕྲག་བརྒྱ་པ་བཞེངས་པའི་བྱིན་རླབས་ཀྱིས། །བདེ་སྐྱིད་ཕུན་སུམ་ཚོགས་ཤིང་བྱང་ཆུབ་འཐོབ་པར་ཤོག། ། །། སྟོང་

(1) རྒྱ་མ་ཁྲི་སྒང་དུ་བཞུགས་པའི་ཤེར་ཕྱིན་འབུམ་བྲིས་མ་བོད་ཁ་པའི་མཛད་བྱང་ལས་དྲངས།

ཁམས་ཁ་ལོ་བསྒྱུར་བའི་གླུས་ཙ་ལྷ་དཔལ་དང་། ། དགྲ་རྣམས་འདུལ་བའི་ནུ་འོ་ནམ་ག་དང་། །གཉེན་ལ་གདུང་སེམས་མཛད་པའི་ཡོན་དག་འཕགས་པ་སྐྱབས། །ཕ་སྤུན་ཕྱི་སྐོར་ནང་སྐོར་ཕོ་ཉེ་མོ་ཉེ་རྣམས། ། ཟ་མ་ཟེ་ཚུང་བཟང་ངོ་དངོས་ཅག་རབ་ཏུ་ཐ།། ། སྐོང་པོ་ཅིག་ཚགས་ཞོ་གུ་ངོ་མཚར་ཆེ། །རྒྱའི་ཧོང་ཀུན་སྣག་ཚ་ངོ་མཚར་ཆེ། །དེཔ་བས་དོན་དག་ཡིག་མཁན་ངོ་མཚར་ཆེ། །ཆུས་པ་ཉེ་སྐྲགས་ཡིག་དཔོན་ངོ་མཚར་ཆེ། །གཉེར་དང་ཞུ་ཧིག་བླ་མ་ཞང་གིས་མཛད། །སྐུ་དྲིན་ཆེ་ཡིས་ཡོན་བདག་དགྱེས་པར་བསྐོངས། །པོ་ཧི་དེ་ལྟར་འབྲི་བ་ཞང་བཙུན་དཀོན་ལ་འབར། [1]ཞེས་དང་ཤཱཀྱ་སྟོང་གསུམ་སྤྱི་ཕུད་ཤག་ཀྱ་ཐུབ་པའི་ཞིང་། །འཛམ་གླིང་མངའ་རིས་བོད་ཀྱི་རྒྱལ་ཁམས་འདིར། །རི་མཐོ་ས་གཙང་གངས་ཀྱི་རྒྱུད་ཀྱིས་བསྐོར། །ཡུལ་ལས་ཁྱད་པར་འཕགས་པ་འོན་མོ་སླུང་རིངས་འདིར། །ཕྱི་ལས་ཁྱད་པར་འཕགས་པ་མངའ་བདག་མགོན་ནེ་བྱུང་། །ཞང་བློན་ཁྱད་པར་འཕགས་པ་ཞང་སྟོན་སྒྲ་བན་

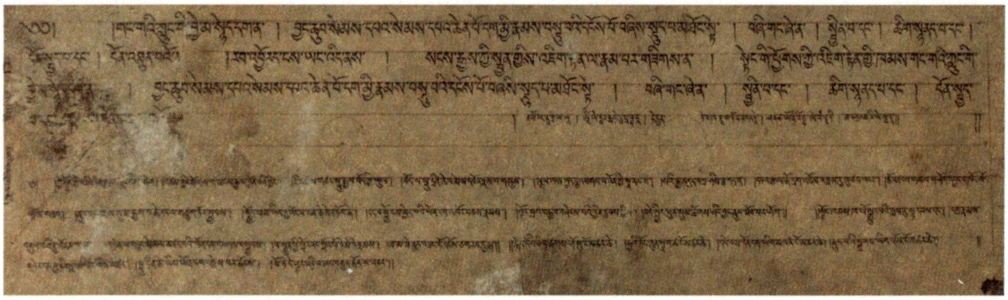

དུས་རབས་12-13སྐབས་ཀྱི་མངའ་བདག་མགོན་ནེའི་ཐུགས་དམ་གྱི་མཛད་བྱུང་།

བྱུང་། །ཆོས་དཀོར་ཁྱད་དུ་འཕགས་པ་ལྷ་ཁང་ཀེར་ཙ་བྱུང་། །ཆོས་མཁན་ཁྱད་དུ་འཕགས་པ་དགེ་བཤེས་འོར་སྟོན་བྱུང་། །དགེ་འདུན་རྣམས་གྲོ་གྲོ་གློ་གློ་ནས། ། མདོ་མངས་མཐོང་སྨོན་ཞལ་གྲིས་བཞེས་སོ་སྐད། །ཤོའུ་ཁྱད་འཕགས་ཁེང་པོའི་དུང་རང་ལགས། །སྣག་ཚ་ཁྱད་པར་འཕགས་པ་རྒྱའི་ཧོང་སྣག་ལགས། །ཡིག་མཁན་ཁྱད་དུ་འཕགས་པ་གཡོར་པོའི་མཁས་བརྡམས་ཡིན། ། འདི་ལ་སྨོད་ན་མཐོའ་དོགས་ཡིན་པས་མ་ཉན་ཅིག། ། ལྷ་ཁང་ཀེ་ཙ་སྲིད་པའི་ཆུ་བོ་ལ། །གནས་བརྟན་གག་པ་གྲང་རྟན་ཟམ་པ་བཙུགས། །གནས་བརྟན་གཞོན་འོད་ཟམ་ཐུས་ཕན་ཚུན་བྱས། །གཟའ་སྤྱི་རྣམས་པོ་ཕར་འགྲོ་ཚུར་འགྲོ་བྱེད། །མཆོད་གནས་རྣམས་

(1) འོན་ཀེ་ཙར་བཞུགས་པའི་མངའ་བདག་མགོན་ནེའི་སྐུ་དུས་སུ་བཞེངས་པའི་མདོ་མངས་མཐོང་སྨོན་གྱི་མཛད་བྱང་ལས་དྲངས།

པོ་ཡར་འགྲོ་མར་འགྲོ་བྱེད། །དགེ་བཤེས་འབྲོ་སྒོམ་དད་པའི་སྦྱོང་པ་ལ།། མཆོད་གནས་དགེ་འདུན་རྣམས་ཀྱིས་བསྙེན་བཀུར་བྱེད་རེ་སྤྱོའ། །མཆོད་གནས་ཁུ་རིངས་ཡི་གེ་གཟབ་རེ་སྤྱོའ། །པོ་ཏི་ཕ་དུམ་འདིའ་ཡིས་བྱིན་རླབས་ཀྱིས། །ཡོན་མཆོད་གཉིས་པོ་འཛམ་དཔལ་ཞལ་མཐོང་ཤོག། །དབུ་མཁན་ཁྱད་དུ་འཕགས་པ་སླུང་སྟོན་གཟུང་འབར་ཡིན། ཞུས་མཁན་ཤེས་རབ་ཅན་གྱི་སྲུངས་སུམ་བན་དེ་ལགས། །གཞོན་ལ་ཁྱུག་པ་ཆེ་བའི་མི་ཚུང་གཉེར་པ་ཡིན། །བཟང་ལ་ནར་ཆགས་གཟའ་བ་རྣམས་པོ་ཡིན། །མཁས་ལ་རྐྱེན་པ་ཡར་ལུངས་མཆོད་གནས་ལགས། །[1]ཞེས་དང་།༄།ཀྱེ་ཡོན་དག་ཁྱད་པར་འཕགས་པ་ཀླུ་ཏུ་ཁུ་ཚབ་གྱིས།།ཆབ་ཤོག་ཁྱད་པར་འཕགས་པ་སྐོང་པོའི་ཚིག་ཚགས་བསླུས། །སྣག་ཚ་ཁྱད་པར་འཕགས་པ་རྒྱའི་སྟོང་ཁུན་བྱས།། བཅོད་གནས་ཁྱད་དུ་འཕགས་པ་ཡར་ལུངས་མཁས་བཙུན་བྲིས། །མཆོད་གནས་ཞལ་འདེགས་པའི་འབྲོ་ཟ་ལོ་ལེང་དང་། །རེམ་ལ་ཙལ་ཆེ་བའི་ཡོན་དག་དགེགས་དཔལ་དང་། །ཟ་མ་དགེ་འདོགས་བྱེད་པའི་ཡོན་དག་ལྷགས་དཔལ་ནམ་མཁའ་དང་། །དེའི་ཆབས་ནས་འདེགས་པའི་ཉེ་དུང་འབྲེལ་བ་རྣམས། །འཕྲུལ་ཆེན་ལུགས་སུ་འདུག་པའི་འཆེམས་ཚུང་བདག་རོལ་དང་། །གཉེར་དང་ཞུ་ཏིག་མཛད་པའི་བླ་མ་སྟོན་དང་། །དད་པ་སྐྱེ་ངས་མེད་པའི་དག་ཏང་ཞལ་རྣམ། །བླ་མེད་བྱང་ཆུབ་སྙིང་པོ་མྱུར་དུ་ཐོབ་པར་ཤོག། །ཞུ་ཏི་མཆོད་ནས་པ་ཀྱིད་འབར་ས་མ་ཞང་གྱིས་བྱས་པས་དགེའོ། ། [2]ཞེས་དང་དེ་མིན་ད་དུང་༄། །གླིང་བཞིའི་གླིང་མཆོག་འཛམ་བུ་གླིང་། །འཛམ་གླིང་གསེར་གྱི་ལྟེ་བ་རྡོ་རྗེ་གདན། །དབྱིབས་མཛེས་དབྱིབས་བཟང་བྱ་རྒོད་ཕུང་པོ་རི། །ཉམས་དགའ་བཀྲའ་ཤིས་སེར་ཀྱའི་གྲོང་ཁྱེར་ན། །མྱིའི་རྒྱལ་པོ་རྒྱལ་པོ་སྲས་གཙང་སྲས། །ཡོན་ཏན་དུ་མ་ལྡན་པའི་རྒྱལ་སྲས་དོན་གྲུབ་འཁྲུངས།། ཐུགས་ལྡ་ཐུགས་རྗེར་ལྡན་པའི་རྒྱལ་སྲས་དོན་གྲུབ་དེས།། སྒྲོད་ལ་བདུད་བཏུལ་མཐོ་རས་མངོན་སང་རྒྱས། །བདེན་བཞིའི་ཆོས་ཀྱི་འཁོར་ལོ་བར་ནས་སེར་བསྐོར། །གང་ཟག་ཁྱད་འཕགས་གཟུགས་ཅན་སྙིང་པོ་དང་། །ཆོས་ཀྱི་ཁྱད་འཕགས་ལྡ་སྡེ་བཟང་སྐྱོགས་ཀྱིས། །ཡུལ་བཞིས་ས་སྐོར་འོན་མོ་སླུང་རིས་ན།། ཏུས་ལ་ཁྱད་དུ་འཕགས་པ་ཀླུ་ཏུ་དཀར་ནག་གཉིས། །གྲོང་ལས་ཁྱད་འཕགས་ས་གཤིས་ས་གད་ན། །ཡོན་བདག་ཁྱད་འཕགས་ཁུ་ཚབ་ཏང་

---

(1) འོན་ཀེ་ཏུར་བཞུགས་པའི་མངའ་བདག་མགོན་ནེའི་སྐུ་དུས་སུ་བཞེངས་པའི་མདོ་མངས་མཐོང་སྨོན་གྱི་མཛད་བྱང་ལས་དྲངས།

(2) འོན་ཀེ་ཏུར་བཞུགས་པའི་ཤེར་ཕྱིན་བྲིས་མའི་མཛད་བྱང་ལས་དྲངས།

ཞལ་གྱིས། །དགེ་བ་ཡིད་ཆེས་སྡིག་པའི་དོན་རྟོགས་ནས། །ཕྱག་དམ་སྟོང་ཕྲག་བརྒྱ་པ་བཞེངས་སུ་གསོལ། །སྟོང་ཕྲག་བརྒྱ་པ་བཞེངས་པའི་བྱིན་རླབས་ཀྱིས། །བླ་མེད་བྱང་ཆུབ་མྱུར་དུ་ཐོབ་པར་ཤོག། [1]ཞེས་དང་། དུང་ཨ།ཨེ་མ་ཧོ།། གླིང་བཞི་ཁྱད་པར་འཕགས།། །སྟོང་འི་འཛམ་གླིང་ལགས།། །སོག་ག་ངོ་མཚར་ཆེ།། །ལྷ་ཆོས་དར་བར་ཤོག། །གནས་རབ་ཁྱད་པར་འཕགས། །རྒྱ་གར་རྡོ་རྗེ་ལགས། །ཆོས་དཀོར་ངོ་མཚར་ཆེ། །ལྷ་ཆོས་རྒྱས་པར་ཤོག། ༄༅། །སྟོན་པ་ཁྱད་པར་འཕགས། ༄། །བཅོམ་ལྡན་ཤཱཀ་ཐུབ་ལགས། ༄། །ལྷ་ཆོས་ངོ་མཚར་ཆེ། ༄། །ཀུན་ལ་སྟོན་པར་ཤོག། ༄། །ཡུལ་བཟངས་ཁྱད་པར་འཕགས། ༄། །འོན་མོ་ལུང་རིང་ལགས། ༄། །འཚལ་རྒྱང་ངོ་མཚར་ཆེ། ༄། །ཡོངས་སྤྱོད་བྱེད་པར་ཤོག། ༄། །ཤོའ་ཝ་ཁྱད་པར་འཕགས།། ༄། །དུང་རང་ཡང་སྐྱོན་ལགས།། ༄། །ཤོག་རྒྱུ་ངོ་མཚར་ཆེ།། ༄། །ཀར་ལྡངས་ཆེ་བར་ཤོག། ༄། །སྣག་ཚ་ཁྱད་པར་འཕགས།། ༄། །རྒྱའི་སྟོང་ཀུན་ལགས།། ༄། །ཁ་ཏོག་ངོ་མཚར་ཆེ།། ༄། །སྣག་ལོར་འཁྲུངས་པ་ལགས། ༄། །ཡོན་བདག་ཁྱད་པར་འཕགས། ༄། །མི་ནང་རུ་རེ་ལགས། ༄། །ཞོ་གཤ་ངོ་མཚར་ཆེ། ༄། །ཀུན་ལ་གྲགས་པར་ཤོག། ༄། །ནང་པ་ཁྱད་པར་འཕགས། ༄། །ཤཱཀ་ཀྱ་བརྩོན་འགྲུས་ལགས། །ཞབས་ཏོག་ངོ་མཚར་ཆེ།། ༄༅། །ཐོག་པ་པུ་ལ་འདེབས་པའི་སྨོན་ཆུང་དར་གྲགས་དང་། །ཟ་མ་ཟེ་ཆུང་མཛད་པའི་ཉེ་འཁྱུང་འབྲེལ་བ། །རྒྱ་ལ་མཁར་དུ་གསྟེགས་པའི་སྒྲུར་གཡོར་ཕྱོར་འདུས་དང་། ། ཡི་དམ་རྒྱས་པ་འབྲི་བའི་སྨོན་གྲགས་ཡབས་ཀྲུས་དང་། །མཆོད་ཡོན་ཞབས་ཏོག་མཛད་པའི་ཤཱཀ་ཀྱ་བརྩོན། ༄༅། །འདི་བཞེངས་པའི་བསོད་ནམས་ཀྱིས། །བླ་ན་མེད་པའི་བྱང་ཆུབ་ཐོབ་པར་ཤོག། །ཧེ་ཧེ་ཀྲ་ཤིས།། [2]ཞེས་དང་ཀྱི་ལྷག་ཆད་ནོར་དང་གསུམ་མ་རིག་འཁྲུལ་དང་བཞི་སྐུ་ལ་བཟོད་པར་གསོལད། [3]ཞེས་པ་སོགས་གོང་དུ་བརྗོད་པའི་མཛད་བྱང་ཁག་གི་ནང་དུ་བོད་རྗེ་མཐའ་མ་གླང་དར་མའི་རྒྱུད་པ་དྲུག་པ་སྟེ་མངའ་བདག་མགོན་ནེའི་སྐུ་དུས་སུ་ཡུལ་ལས་ཁྱད་དུ་འཕགས་པ་འོན་གྱི་སྣ་ནམ་ས་དང་ཡུལ་བཟངས་ཁྱད་པར་འཕགས། འོན་མོ་ལུང་རིངས་ལགས་དང་ཡུལ་ལས་ཁྱད་པར་འཕགས་པ་འོན་མོ་ལྱུང་རིངས་འདིར། །སྤྱི་ལས་ཁྱད་པར་འཕགས་པ་མངའ་བདག་མགོན་ནེ་བྱུང་། །ཞང་བློན་ཁྱད་པར་འཕགས་པ་ཞང་སྟོན་སྒྲ་བན་བྱུང་། །ཆོས་དཀོར་ཁྱད་དུ

(1) འོན་ཀེ་རུར་བཞུགས་པའི་མངའ་བདག་མགོན་ནེའི་སྐུ་དུས་སུ་བཞེངས་པའི་མདོ་མངས་མཐོང་སྨོན་གྱི་མཛད་བྱང་ལས་དྲངས།

(2)འོན་ཀེ་རུ་བཞུགས་པའི་ཤེར་ཕྱིན་ཁྲིས་མའི་མཛད་བྱང་ལས་དྲངས།

(3) འོན་ཀེ་རུ་བཞུགས་པའི་ཤེར་ཕྱིན་ཁྲིས་མའི་མཛད་བྱང་ལས་དྲངས།

འཕགས་པ་ལྷ་ཁང་ཀེར་ཏུ་བྱུང་། ཞེས་པ་སོགས་ལས་ལྷོ་ཁ་སྣེ་གདོང་རྫོང་ཁོངས་འོན་སྐྱིད་པ་ཤང་དུ་ཡོད་པའི་ཀེ་རུ་ལྷ་ཁང་དེ་མངའ་བདག་མགོན་ནེའི་སྐུ་དུས་ཙུག་བཏབ་པ་དང་མདོ་མངས་མཐོང་སྨོན་དེ་བྲིས་བཞེངས་གནང་དུས་སྟག་ཤོག་ལ་དམིགས་བསལ་གྱིས་དང་དོད་གནང་ཡོད་པ་སྟེ་རྐོང་པོ་ཅི་ཚགས་ཤོག་བུ་ངོ་མཚར་ཆེ།། རྒྱའི་ཏོང་ཀུན་སྟག་ཚ་ངོ་མཚར་ཆེ།། ༄།།ཤོའུ་ཝུ་ཁྱད་པར་འཕགས།། ༄།།དུང་རང་ཡང་སྙན་ལགས།། ༄།།ཤོག་རྒྱུ་ངོ་མཚར་ཆེ་།། ༄།།ཀར་ལྷངས་ཆེ་བར་ཤོག་།། ༄།།སྟག་ཚ་ཁྱད་པར་འཕགས་།། ༄།།རྒྱའི་སྟོང་ཀུན་ལགས་།། ༄།།ཁ་ཏོག་ངོ་མཚར་ཆེ་།།ཞེས་པའི་ཚིག་འདི་ལྷ་བུ་མ་དཔེ་རྒྱ་མཚོ་གྲོ་མཁར་ཚོས་སྡེའི་ཤེར་ཕྱིན་ནས་བུ་དཔེ་འོན་ཀེ་རུའི་མདོ་མངས་མཐོང་སྨོན་གྱི་མཛད་བྱང་དུ་ཕབ་པ་བཞིན་སྣང་བ་སྟེ་ཁྱིང་པོའི་ལྷབ་ཤོག་ངོ་མཚར་ཆེ་། །དཀར་འཛམ་ཁྱད་དུ་འཕགས་། །ཡང་སྙན་ངོ་མཚར་ཆེ་། །རྒྱ་ཡི་སྟོང་ཀུན་ལགས་། །ཁ་དོག་ཁྱད་དུ་འཕགས་། །གཡུ་ལོ་ངོ་མཚར་ཆེ་། །ཞེས་པ་ལྷ་བུ་མཛད་བྱང་གཙུ་ཁ་རང་འགྲིག་ལྷ་བུར་སོང་བ་འདི་དག་གི་ཁྲོད་དུ་འབྲི་གཟུགས་དམིགས་བསལ་ཅན་ཏེ་དེབ་བས་དང་རྐོངས་ཞེས་པ་སོགས་འཕྲུལ་ཡིག་གཅིག་མཚུངས་སུ་བྲིས་འདུག་པ་ལ་གཞིགས་ན་དུས་རབས་11-12པའི་ནང་གི་དམིགས་བསལ་འབྲི་གཟུགས་འཕྲུལ་ཡིག་ཅན་ཞིག་ཡིན་པར་སེམས་ཏེ། དུས་རབས་11པའི་ནང་དུ་བྱོན་པའི་ལོ་ཙཱ་བ་རིན་ཆེན་བཟང་པོའི་རྣམ་ཐར་འབྲིང་པོར་ཡང་ལྷ་བླ་མ་ཡེ་ཤེས་ཀྱི་ཞལ་ནས་བླ་མ་ལོ་ཚ་བ་ཆེན་པོ་ཁ་ཆེའི་དཔེའ་ཆ་དེབ་ལེན་[1]ཞེས་བྲིས་གཟུགས་གཅིག་མཚུངས་སུ་བྱུང་བ་ལ་བརྟེན་གསུང་རབ་འདི་དག་ནི་དུས་རབས་11-12ནང་གི་གསུང་རབ་བྲིས་མའི་མཛད་བྱང་ཡིན་པར་སེམས་སོ། མངའ་རིས་སྤུ་ཧྲེང་འཁོར་ཆགས་དགོན་དུ་བཞུགས་པའི་གསུང་རབ་བྲིས་མའི་མཛད་བྱང་ནི་ཀྱི་ལགས་། །ཡུལ་རྣམ་ཀུན་གྱི་ནང་ན་མཆོག་འགྱུརད་ཉམ་ཐོག་སྣང་ཁ་ཏུ། ། ལས་འཕྲོ་ཆོས་ལ་དད་པའི་ཁྲི་དོར་སྟང་ཞལ་ཀྱིས། ། བསགས་པ་ལུས་པར་གཟིགས་ནས་ཡུམ་འགྱུརད་དམ་པ་བཞེངས། ། འདི་བཞེངས་པའི་བསོད་ནམས་ཀྱིས་འགྲོ་བ་བྱང་ཆུབ་ཐོབ་པར་ཤོག།[2]ཅེས་པ་དེ་ནི་འཁོར་ཆགས་དགོན་དུ་

(1)意大利）图齐著，魏正中、萨尔吉主编《梵天佛地》（第二卷）仁钦桑坡及公元1000年左右藏传佛教的复兴。上海古籍出版社、意大利亚非研究院2009年版。148页。

(2) མངའ་རིས་སྤུ་ཧྲེང་འཁོར་ཆགས་དགོན་དུ་བཞུགས་པའི་ཤེར་ཕྱིན་བྲིས་མའི་མཛད་བྱང་ལས་དྲངས།

བཞུགས་པའི་ཤེར་ཕྱིན་བྲིས་མའི་མཛད་བྱང་ཡིན། འདིའི་ནང་དུ་ས་མིང་སྟེ་ཉམ་ཕྲོག་སྐང་ཁ་ཏུ་ལས་འཕྲོ་ཆོས་ལ་དད་པའི་ཁྲི་དོར་སྣང་ཞལ་ཞེས་བྱུང་བ་ལྟར་ན་འཁོར་ཆགས་དགོན་ཆགས་སའི་ནུབ་ངོས་ཀྱི་རྨ་བྱ་ཁ་འབབ་གཙང་པོའི་ཕ་རོལ་གྱི་ལུང་ཤུར་དེ་ལ་ད་ལྟའི་མི་རྣམས་ཀྱིས་ཁྲི་དོར་ཞེས་འབོད་ཀྱི་འདུག ཁྲི་དོར་ཞེས་པ་དེ་ནི་ཐོག་མར་མིའི་མཚན་ནས་ཕར་ལུང་པའི་མིང་ངམ་ཡང་ན་ལུང་པའི་མིང་ནས་ཀྱུར་མིའི་མིང་ལ་ཆགས་པ་གང་ཞིག་ཡིན་མིན་ཞུ་ཆོད་མ་ཐེག་ཙང་། ཁྲི་དོར་སྣང་ཞལ་གཉིས་ཞེས་པ་ནི་ཁྲི་དོར་བཟའ་ཚོ་གཉིས་ཞེས་པའི་དོན་ཡིན། སྣང་ཞལ་ཞེས་པའི་ཚིག་དེ་ནི་བོད་བཙན་པོའི་སྐབས་སུ་སྤྱོད་གོ་ཆེ་བའི་ཚིག་ཅིག་ཡིན་པ་ནི་ཏུན་ཧོང་p.T.1288༧ཿ།ཁྱི་ལོ་ལ་བབ་སྟེ། བཙན་པོཿབལ་པོ་ནཿབཞུགས། ཕྱི་དྲོན་ན་བཞུགས། མཁྲིས་ཕ་ཏང་དུ་འདུནཿམ་འདུསྟེཿབཙན་མོཿཁོང་ཅོ་གཤེགསཿཔའི་ཡོ་བྱད་བཀྲལ། ཞང་བཙན་ཏོ་ལྷསཿབྱི་ན་ལསཿསྤོགས་པས། གཉེ་བོ་བགྱིསྟེ། བཙན་མོཿཀིམཿཤང་ཁོང་ཅོཿར་སའི་ཤ་ཅལ་གཤེགས། དགུན་བཙན་པོཿསྟངས་དབྱལཿབྲག་མ་ན་བཞུགསཿ[1] ཞེས་པ་དང་བསམ་ཡས་དྲིལ་བུའི་ཁ་བྱང་དུ་ཅོང་འདི་བགྱིས་ཏེ་དེའི་བསོད་ནམས་ཀྱི་སྟོབས་ཀྱིས་ལྷ་བཙན་པོ་ཁྲི་སྲོང་ལྡེ་བཙན་ཡབ་སྲས་སྟངས་དབྱལ་གསུང་དབྱངས་དྲུག་སྒྲ་དབྱངས་དང་ལྡན་ཏེ་ནམ་ན་མེད་པའི་བྱང་ཆུབ་དུ་གྲུབ་པར་སྨོན་ནོ་[2]ཞེས་པ་སོགས་ལས་སྟངས་དབྱལ་ཞེས་པ་དེ་ནི་བཙན་པོའི་སྐབས་ཀྱི་མིང་ཚིག་གཅིག་ཡིན་པ་ཤེས། དཔལ་ར་ལུང་དགོན་དུ་བཞུགས་པའི་ཤེར་ཕྱིན་འབུམ་ཤོག་མོ་ཆེའི་མཛད་བྱང་སྟེ་རི་མཐོ་ས་གཙང་སྤུ་རྒྱལ་བོད་ཀྱི་ཡུལ་། །བརྡལ་པ་རྐྱོད་ལེགས་རིན་ཆེན་གསེར་གྱི་ས་། །ཡང་སྙིང་བཞུ་ཡུལ་སྟག་སྣ་ཛ་མོ་ན་། །ཡོན་བདག་དད་པ་སྐྱེས་པའི་སྣུར་ཚ་ཚེ་སྐྱབས་དང་། །ཚ་ཐུག་དུས་སུ་འདྲེན་པའི་ཁྲི་མོ་སེ་སན་དང་། །གཉེར་པ་མཁས་པ་བྱེད་པའི་ལྷེང་ཚ་འཛམ་དཔལ་དང་། །ཡི་གེ་ལེགས་མོ་འབྲི་བའི་མཁར་ཆུང་ཚེ། །བླ་མེད་བྱང་ཆུབ་ཐོབ་པར་ཤོག། [3]དང་༄།།རྒྱ་འབྲས་མི་སླུང་སྟོང་ཕྲག་ཉི་ཤུ་ལྔ་པ་འདི། གནས་ཕྱོགས་དམ་པ་བྱ་རྒོད་ཕུང་

---

(1) དབང་རྒྱལ་དང་བསོད་ནམས་སྐྱིད་ཀྱིས་བསྒྱུར་ཅིང་བཀྲལ་བ། ཏུན་ཧོང་ནས་ཐོན་པའི་བོད་ཀྱི་ལོ་རྒྱུས་ཡིག་ཆ། མི་རིགས་དཔེ་སྐྲུན་ཁང་གི་1992ལོའི་དཔར་མ།

(2) གཉའ་གོང་དཀོན་མཆོག་ཚེ་བརྟན་གྱིས་བརྩམས། བོད་ཀྱི་བརྡ་རྙིང་ཡིག་ཆ་བདམས་བསྒྲིགས། ཀྲུང་དབྱང་མི་རིགས་སློབ་ཆེན་གྱི་1995ལོའི་དཔར་མ། ཤོག་གྲངས་132ལ་གསལ།

(3) དཔལ་ར་ལུང་དགོན་དུ་བཞུགས་པའི་ཤེར་ཕྱིན་འབུམ་ཤོག་མོ་ཆེའི་མཛད་བྱང་ཡིན།

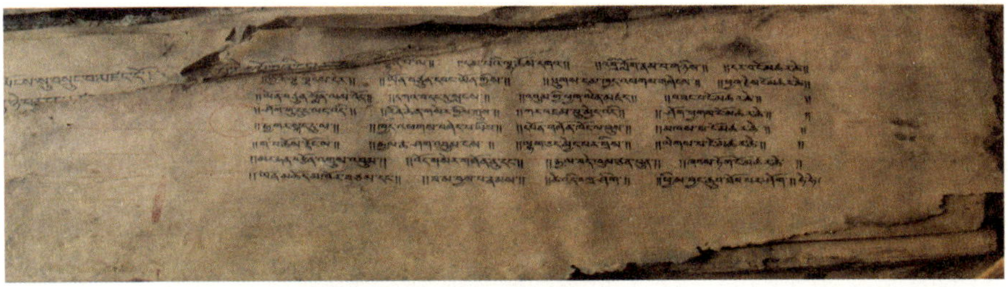

དུས་རབས་12པའི་སྐབས་ཀྱི་གནའ་དཔེའི་མཛད་བྱང་།

པོ་རེར། འགྲོ་བའི་དོན་དུ་བཅོམ་ལྡན་ཤཱཀྱ་ཐུབ་པས་གསུངས། བདེན་པའི་བྱིན་གྱིས་རླབས་ཀྱིས་འཁོར་བ་ཕྱུགླ་མས་འདེབས།[(1)] དང་། ༄།།འདི་ལྷུམ་བུའི་མདོ་སྡེ་ཟབ་མོ། །དད་པ་སྐྱེ་ངས་མེད་པའི་ཡོན་བདག་དང་། །སྒོ་གསུམ་ཐང་བཅད་བྲིས་པའི་འདྲི་མཁན་དང་། །ཀང་འཁྱེར་གཞུང་སྲོང་ཞུ་གདུག་མཁན་ལ་སྩོགས། །སྨོན་ལམ་ཡོངས་སུ་གཏོགས་པའི་སེམས་ཅན་རྣམས། །རྒྱལ་བའི་ཡུམ་ལ་གུས་པས་སྐྱབས་སུ་མཆིའོ། །[(2)]ཞེས་པ་བཅས་ནི་དཔལ་ར་ལུང་དགོན་དུ་བཞུགས་པའི་ཤེར་ཕྱིན་འབུམ་ཤོག་མོ་ཆེའི་སྟེང་དུ་བྲིས་པའི་མཛད་བྱང་ཁག་ཅིག་ཡིན། མཛད་བྱང་འདི་དག་གི་ནང་དུ་བསྟན་པ་སྦྱིན་བདག་ཀྱི་ཚིག་ཉམས་ཏེ་རི་མཐོ་ས་གཙང་སྤུ་རྒྱལ་བོད་ཀྱི་ཡུལ། དད་པ་སྐྱེ་ངས་མེད་པའི་ཡོན་བདག སྒོ་གསུམ་ཐང་བཅད་བྲིས་པའི་འདྲི་མཁན་དང་། ཀང་འཁྱེར་གཞུང་སྲོང་ཞུ་གདུགས་མཁན་ལ་སྩོགས་ཞེས་པ་སོགས་སྔོན་གྱི་སྐད་འགྲོས་གྲྭ་མ་ཉམས་པར་བསྡད་འདུག འབུམ་ཤོག་མོ་ཆེ་འདི་དག་ནི་དུས་རབས་17པའི་ནང་དུ་བྱོན་པའི་བོད་ཀྱི་མཁས་པ་ཛོ་ནང་ཏཱ་ར་ནཱ་ཐས་དངོས་སུ་རིག་སྙིང་བ་སྟེ་ར་ལུང་གི་གསུང་རྟེན་ནི། རིན་པོ་ཆེ་བཻཌཱུརྻ་སྔོན་པོས་བྲིས་པའི་གླེགས་བམ། གནའ་ཤོག་མཐིང་ཤུན་ལ་གསེར་བཟངས་པོས་བྲིས་པའི་བཀའ་འགྱུར། འབུམ་ཤོག་མོ་ཆེ་ལ་སོགས་པའི་སྐུ་པོད་བརྒྱ་ཕྲག་མང་པོ།[(3)]ཞེས་པ་སོགས་ལས་འབུམ་ཤོག་མོ་ཆེ་དེ་དག་ནི་དུས་རབས་17པའི་ཡར་སྔོན་གྱི་གསུང་རབ་བྲིས་མ་ཡིན་པ་ནི་ངེས་ཤེས་བརྟན་པོ་སྐྱེད། ས་སྐྱར་བཞུགས་པའི་གསུང་རབ་བྲིས་མའི་མཛད་བྱང་ནི་༄།།ཀྱི་གསོན་དང་དགོངས་དང་ཡོན་ཏན་པ། །དད་པ་གསུམ་གྱི་སྒོ་ནས་བཞེངས་པ་གླུ་བོ་དཀའ། །སླད་ནས་བཀུར་བསྟི་

(1) དཔལ་ར་ལུང་དགོན་དུ་བཞུགས་པའི་ཤེར་ཕྱིན་པོད་ཁ་པའི་མཛད་བྱང་ཡིན།

(2) དཔལ་ར་ལུང་དགོན་དུ་བཞུགས་པའི་པོད་ཤེར་ཕྱིན་པོད་ཁ་པའི་མཛད་བྱང་ཡིན།

(3) ཇོ་ནང་ཏཱ་ར་ནཱ་ཐས་མཛད་པ། མྱང་ཆོས་འབྱུང་། བོད་ལྗོངས་མི་དམངས་དཔེ་སྐྲུན་ཁང་གི་2002ལོའི་དཔར་མ།ཤོག་གྲངས་14ལས་བཏང་།

རིམ་འགྲོ་མ་བགྲིས་ན། །བདེ་བར་གཤེགས་པའི་སྤྱིན་ཐབས་སྨན་པར་མི་འགྱུར་རོ། །གཟིགས་པ་རྣམས་ཀྱང་སྤྱི་སྤྱ་འཚལ། །༧ཿམ་རིག་འཁྲུལ་དང་གཅིག །ཚད་ལྷག་ནོར་དང་གསུམ། །ཟུ་ཡུགས་འགོམས་དང་དྲུག །ཁ་ཐངས་རྟུལ་དང་བརྒྱད། །ཚོ་ཁྱོད་བགྲིས་དང་དགུ། །སེམས་གཡེངས་ལ་སྩོགས་བཅུ། །ཉི་ཤུ་ལྔ་པ་སྨན་ཆད་བཤགས་ལགས་སོ། །འབུ་ཐ་ཡ།། [1]ཞེས་པ་འདི་ནི་དུས་རབས་13པའི་ཡར་སྔོན་གྱི་གསུང་རབ་ཞིག་ཡིན་པ་ནི་མཛོད་བྱང་དེའི་སྐད་ཆའི་འགྲོས་དང་སྤེལ་སྦྱོར་གི་ཆ་ང་པ་རེ་རེར་ཏུན་ཧོང་གི་ཡིག་རྙིང་ལྟར་ཚིག་འབྲུ་ལྔ་ཅན་དུ་ངེས་ལ་ལྷག་དོན་དུ་མཛོད་བྱང་འདིའི་མཐའ་མཇུག་ཏུ་བསམ་ཡུལ་ལས་འདས་པའི་ཚིག་སྟེ་འབུ་ཐ་ཡ་[2]ཞེས་པའི་ཚིག་འདི་P.T.849 ན་མོ་འབུ་ཐ་དྷ་ཞེས་དང་ P.T.123སྒྲ་སྦྱོར་བམ་གཉིས་ཀྱི་མདུན་དུ་ཡང་༄༅།།ན་མོ་བུད་དྷ་ཡ་ཞེས་སོགས་བྱུང་བ་དང་ལྷག་དོན་དུ་དུས་རབས་11པར་ལོ་ཆེན་རིན་ཆེན་བཟང་པོས་ཕྱག་བཏབ་པའི་འཁོར་ཆགས་དགོན་དུ་བཞུགས་པའི་གསུང་རབ་ཏུ་ཡང་འབུ་ཏས་དེ་འདུལ་བར་གཟིགས་དང་འབུ་ཏའི་འཁོར་རྣམས་ཕྱོགས་དེ་སྟོང་བར་དམ་བཅས་[3]ཞེས་པ་སོགས་ལ་བལྟས་ན་ས་སྐྱའི་གཙུག་ལག་ཁང་གི་ཆོས་བརྩིགས་བྲག་རི་མའི་གྲས་སུ་བཞུགས་པའི་ཤེར་ཕྱིན་བྲིས་མ་དེ་ནི་དུས་རབས་13ཤེར་ཕྱིན་བྲིས་མ་ཞིག་ཡིན་པ་སོམ་ཉི་ལས་འདས། ཨཱ་མ་ཧོ།། ཡིད་འོང་མཛེས་པའི་གཟི་བརྗིད་ལྟ་ན་སྡུག······། ······བདུད་རྩིའི་ཆོས་སྒོ་ཕྱོགས་བཅུར་སྒྲོགས། བློ་གྲོས་ཡངས་པའི་ཐུགས་རྒྱོངས་མཁའ་ལྟར་ཁྱབ། །དྲིན་ཅན་བླ་མའི་སྐུ་གསུང་ཐུགས་ལ་བསྟོད། །ཀྱེ་ཟབ་ཞིབ་སྤྲོས་བྲལ་འོད་གསལ་འདུས་མ་བྱས། །རྩ་བ་རབ་བརྟན་ཟབ་མོ་སྟོང་པ་ཉིད། །ལྟ་བ་མཐའ་གཉིས་སྤངས་པ་དབུ་མའི་ངང་། །རྒྱལ་ཡུམ་ཕ་རོལ་ཕྱིན་ལ་གུས་ཕྱག་འཚལ། །ཀྱེ་ཕྱི་སྣོད་འཇིག་རྟེན་འཁོར་བ་ཆགས་པའི་གཞི། འཁོར་ལོ་རྩིབས་བརྒྱད་འདྲ་བ་རྒྱང་གི་འོག། །པད་མ་འདབ་བརྒྱད་འདྲ་བ་དོག་སའི་སྟེང་།། གནམ་ས་གཉུ་ཁ་སྦྱོར་ལྟ་བུའི་བར། །གླིང་མཆོག་རྫི་ཊ་ཏྲེ་འདྲ་མཛམ་བུའི་གླིང་། །རི་མཐོ་ས་གཙང་སྤུ་རྒྱལ་བོད་ཀྱི་ཡུལ། །དོག་ས་བཀོད་ལེགས་བཞུགས་ཡུལ་ལྷུང་དར་དུ། །ཁྱད་འཕགས་འབུར་དུ་བཏོད་པའི་པེ་གསེར་དེར། །རིགས་བཟང་ཁུང་བཙུན་པ་ཆེན་མི་ཟླའི་བུ། །ཡབ་མེས་རྒྱུད་འཛིན་རྗེ་བཙུན་ཡབ

(1) དཔལ་ས་སྐྱར་བཞུགས་པའི་ཤེར་ཕྱིན་བྲིས་མ། པོད་ག་པའི་མཛོད་བྱང་ཡིན།

(2) འབུ་ཏ་ཞེས་པ་ནི་ལེགས་སྦྱར་སྐད་སྟེ་བོད་སྐད་དུ་སངས་རྒྱས་ཞེས་པའི་དོན་ཡིན།

(3) འཁོར་ཆགས་དགོན་དུ་བཞུགས་པའི་དཔེ་རྙིང་བྲིས་མ། །འདུལ་བའི་སྐོར་ལས་དྲངས།

སྲས་ཀྱིས། །དགེ་བ་མི་བཟད་རྒྱལ་ཡུམ་རྒྱས་པ་བཞེངས། །'''ཡབ་སྲས་དོན་གྲུབ་གསུམ་ལ་བསྔོད། །ཀྱེ་འཛངས་གཤིན་ལྡན་པ་དད་གུས་རྒྱན་གྱིས་སྤྲས། །སྲིད་འདྲེན་སྐྱོང་དང་རྒྱན་ཚག་སྲོལ་གཉིས། ། ཞབ་ཏེག་སྐྱོ་དང་མེད་པས་མཆོད་མཆོ་མཉེས། །བཞིན་འཛུམ་མདངས་ལྡན་ཡོན་བདག་མོ་ལ་བསྔོད། །དགེ་བ་འདི་ཡིས་ཡོན་མཆོད་འཁོར་རྣམ་བཅས། །བླ་ན་མེད་པའི་འབྲས་བུ་ཐོབ་པར་ཤོག།། ཏེ་ཏེ། རིགས་བརྒྱུད་ལྡན་པའི་དཔོན་བཙུན་བདག་གིས་བྲིས།།[1]ཞེས་པ་འདི་ཡང་དཔལ་ས་སྐྱའི་གཙུག་ལག་ཁང་དུ་བཞུགས་པའི་ཤེར་ཕྱིན་ཡུམ་གཅིག་གི་མཛད་བྱང་ཡིན། འདི་ནི་དུས་རབས་13པའི་ཤེར་ཕྱིན་བྲིས་མ་ཡིན་པར་སེམས། དེ་ལྟར་བརྗོད་དོན་ནི་མཛད་བྱང་དེའི་ཡིག་གཟུགས་དང་སྐད་ཆའི་འགྲོས། ལྷག་དོན་དུ་མཛད་བྱང་འདི་སྒྲུར་མཁན་ནི་ས་སྐྱའི་དཔོན་ཆེན་ཤཱཀྱ་བཟང་པོ་ཡིན་པའི་གདེང་

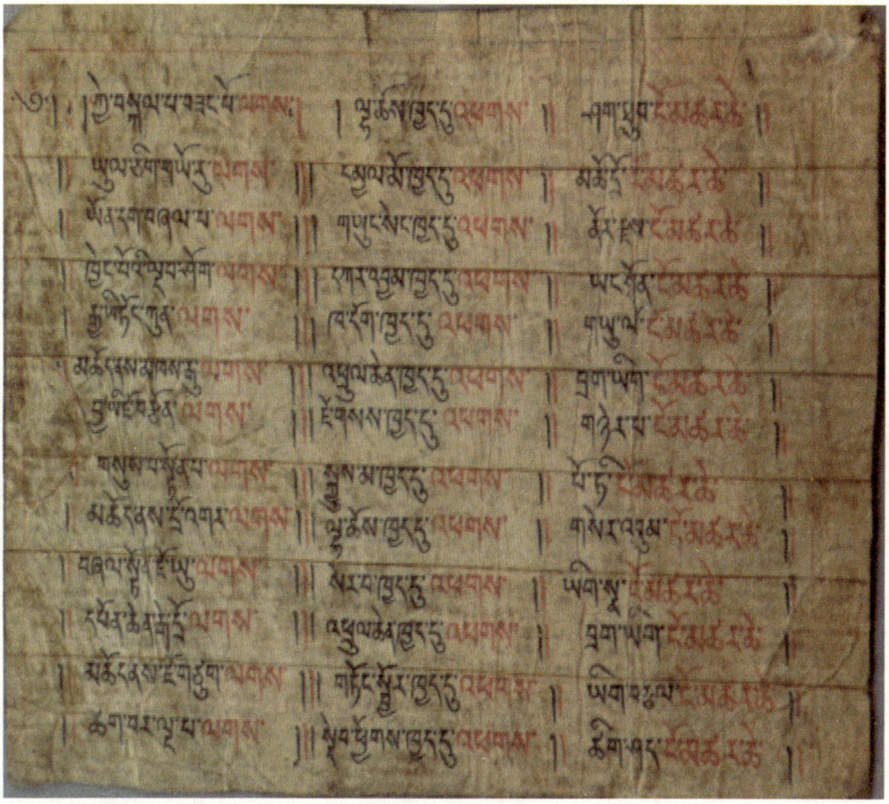

གནའ་དཔེ་བྲིས་མའི་མཛད་བྱང་།

(1) ས་སྐྱ་དགོན་དུ་བཞུགས་པའི་ཤེར་ཕྱིན་བྲིས་མ། པོད་ཀ་པའི་མཛད་བྱང་ཡིན།

ཚོད་ཀྱིས་དུས་རབས་13པའི་བྲིས་མ་ཡིན་པ་ཐག་བཅད་ཡོད། དེ་མིན་རྒྱ་མ་ཁྲི་སྣང་གི་ཤེར་ཕྱིན་པོད་ཀ་པའི་མཇུག་བྱང་དུ། མཐོང་ཐོས་དྲན་རེག་དོན་ཡོད་སྤྲུལ······འགྲོ་བའི་དོན་ལ་གཉེར་པ་སྒྲི་མངའ······སྐུ་ལ་ཕྱག་འཚལ་ལོ། ·········སྐྱེས་བུའི་ཡིད་འཕྲོག་ཅིང་། ············ནོར་བུ་རིན་པོ་ཆེ། །མཐོང་བ་དོན་ལྡན་རྒྱལ་བའི་ཡུམ་ལ་འདུད། །ཨོཾ་མདོ། །སྟོང་གསུམ་སྒྲི་འཇིགས་ཤག་ཀྱ་ཐུབ་པའི་ཞིང་། །·········ཉི་ཟླ་ཕྱུགས་ཀྱིས་བསྐོར། །·····དགུང་སྔོན་མཐིང་གི་འོག་ན། །དལ་པ་ཁོད་ལེགས་རིན་ཅེན་གསེར་གྱིས། །གླིང་བཞི་གླིང་མཆོག་ལྷོའི་འཛམ་བུ་གླིང་། །འཛམ་གླིང་ས་ཡི་ལྟེ་བ་རྒྱ་གར་རྡོ་རྗེ་གདན། །ཀྱི་རྗེ་ལྟས་མཛད་བོད་ཀྱི་རྒྱལ་ཁམས་ན། །རི་མཐོ་ས་གཙང་དབུའ་ཙུ་ཟལ་མོ་སྣང་། །ཡུལ་ལས་ཁྱད་འཕགས་མལ་གྲོ་ལུང་པའི་ནང་། །སློས་འདོད་ཚང་བ་ཟུས་ཕྱུག་བྱའོ་འཆུ། །ཙུས་ཆེན་དོང་ལས་བེ་རི་འཕེལ་གྱི་རྒྱུད། །ཟླ་མའི་ཐུགས་ཟེན་གཉེར་པ་གཞོན་ལེབ་ཀྱིས། །དུས་གསུམ་སངས་རྒྱས་ཐམས་ཅད་སྐྱེད་པའི་ཡུམ། །ཐུགས་དམ་རྒྱས་འབྲིང་རྣམ་གསུམ་བཞེངས་པའི་ཚེ། །ཤོག་གུ་སྔོའ་དུང་རང་ཀར་འཇམ་པས། །ཆགས་དང་ཡིག་ཚོས་དཔོན་ཡོན་སྐ་བས་མཛད། །···སྐྱིད་པར་བྱེད་པ་འཕྲུལ་གྱི་ཡི་གེ་ལ། །དེང་སང་དུས་ཀྱི་མཁས་པ་ཀུན་ལ་ཞུས། །སླེགས་བམ་ཐོག་མ་རྒྱ་གར་སྐད་དུ་ལ། །དེ་ལྟར་ཙུ་བཞི་བོད་ལ་མཁས་པ་ཡི། །ཤེས་བྱ་སྟག་གསེར་གཉིས་ལ་དབང་ཐོབ་པ། །མཁས་པ་ཚད་ལྡན་ནམ་མཁའ་སེང་གེས་བྲིས། །གྲུ་བཞི་ཁོང་འཇུམ་རྣམ་ཤེས་ཡོད་པ་འདྲ། །འཕྲུག་དོག་ཟེལ་གནོན་འགྲོ་བ་སླིན་ལ་བྱམས། །མཁས་བཙུན་རྣམས་ཀྱིས་གཟིགས་དང་སྲོ་བ་སྐྱེ། །མཐའ་ཡས་སེམས་ཅན་རྣམས། །ཚེ་འདིར་བདེ་སྐྱིད་ལྡན······འཚོགས་པ་དང་། །ཕྱི་མ་བྱང་ཆུབ་སྙིང་པོ་ཤོག །[1]ཅེས་པའི་མཇུག་བྱང་དེའི་སྒྲིག་གཞི་ལ་བལྟས་པ་ཡིན་ན་དུས་རབས་14-15བར་དུ་སྒྱུར་བའི་མཇུག་བྱང་ཞིག་ཡིན་པར་སེམས། གང་ཡིན་ཟེར་ན། དུས་རབས་9-12གནའ་དཔེ་བྲིས་མའི་མཇུག་བྱང་གི་སྒྲིག་གཞི་དང་བསྡུར་བ་ཡིན་ན། མཇུག་བྱང་གི་མགོ་འབུད་མ་ཐག་པའི་ནང་དོན་དེ་གང་བཞེངས་པར་བྱ་བའི་གཞུང་ཤེར་ཕྱིན་ཡུམ་གྱི་ནང་དོན་ཐད་ལ་བསྟོད་པ་སོང་བ་དེ་འདྲ་ནི་དུས་རབས་9-12གནའ་དཔེའི་མཇུག་བྱང་གི་འགོར་དེ་འདྲ་འབྲི་བའི་སྲོལ་དེ་མ་མཇལ་ལ། མངའ་རིས་ས་ཁུལ་དུ་བཞུགས་པའི་མདོ་སྐལ་བཟང་དང་ཤེར་ཕྱིན་བྲིས་མ་དུས་རབས་15-16པའི་ནང་དུ་བྲིས་བཞེངས་

---

(1) རྒྱ་མ་ཁྲི་སྣང་གི་གཙུག་ལག་ཁང་དུ་བཞུགས་པའི་ཤེར་ཕྱིན་ཡུམ་བྲིས་མ། ཀ་པོད་དེའི་ཞབས་ཤོག་ཏུ་སྒྱུར་བའི་མཇུག་བྱང་ཡིན།

བགྲེས་པའི་གནའ་དཔེ་དེ་དག་ཏུ་ད་ལྟ་རྒྱ་མ་ཁྲི་སྐྱང་རབ་རྒྱས་གླིང་དུ་བཞུགས་པའི་ཤེར་ཕྱིན་དེའི་མཛད་བྱང་དང་གཙུ་ཁ་རང་འགྲིག་ཏུ་སོང་བ་ལྟ་བུའི་མཛད་བྱང་ཡོད་ཀྱང་ཚོགས་དང་ཤད་ཀྱིས་འབྲི་སྟངས་ལ་བལྟས་ན། དུས་རབས་14-15གནའ་དཔེ་ཡིན་པར་ངེས། ཤེར་ཕྱིན་ཡུམ་དེ་བཞེངས་སའི་གནས་ནི་མཛད་བྱང་ལས་བྱུང་བ་ལྟར། རི་མཐོ་ས་གཙང་དབུའ་རུ་ཟལ་མོ་སྒང་། །ཡུལ་ལས་ཁྱད་འཕགས་མལ་གྲོ་ལུང་པའི་ནང་།ཞེས་བྱུང་བ་དེས་ཡུལ་མལ་གྲོ་ལུང་པ་དེ་བོད་ཡུལ་རུ་བཞི་རུ་ལྔ་བའི་དབུའ་རུའི་ཁོངས་སུ་གཏོགས་པ་དེར་བཞེངས་པ་དང་ད་དུང་སྦྱིན་བདག་ནི་བོད་ཀྱི་རུས་ཆེན་དྲོང་ལས་འཕེལ་བ་བེ་རི་འཕེལ་གྱི་རྒྱུད་པས་ཤེར་ཕྱིན་ཡུམ་རྒྱས་འབྲིང་བསྡུས་གསུམ་བཞེངས་པ་དང་གཞུང་དེ་འབྲི་བཞེངས་ཀྱི་སྔག་ཤོག་དང་ཡིག་གཟུགས་འཕྲུལ་ཡིག་སོགས་ཁྱད་ཆོས་ཅི་ཞིག་ལྡན་པ་དེ་ཁ་གསལ་ཞིག་སུག་བྲིས་གནང་འདུག དེ་མིན་ས་སྐྱར་བཞུགས་པའི་བཀའ་འགྱུར་བསྟན་འགྲོའི་དཔལ་མགོན་ཞེས་པའི་མཛད་བྱང་དུ། ༄།།ན་མཿཤྲཱི་ཀྱ་མུ་ན་ཡེ། བསིལ་ལྡོངས་བོད་ཡུལ་འགྱུར་བའི་མདོ་སྡེ་མཆོག། ལེགས་པར་བཞེངས་པའི་དགེ་ཚོགས་དུ་མའི་མཐུས། །བདེ་སྐྱིད་འབྱོར་པ་སྣན་གྲགས་རྒྱས་པ་དང་། །ཐུབ་པའི་བསྟན་པ་ཡུན་དུ་རྒྱས་ཕྱིར་བསྔོ། །ཐུབ་པའི་གསུང་རབ་མདོ་རྒྱུད་རྒྱ་མཚོའི་ཚོགས། །བསྐྲུན་ལ་མཐུན་རྐྱེན་སྒྲུབ་པའི་འགྲོ་བ་ཡིས། །སྒོ་གསུམ་གུས་པའི་སྒོ་ནས་འབད་པས་དགེ། །འགྲོ་ཀུན་དོན་དུ་སངས་རྒྱས་མྱུར་ཐོབ་ཤོག །འདི་བྲིས་དགེ་བའི་ཕན་ཡོན་བསྔོ་བ་ནི། །བླ་ཆེན་འཕགས་པ་རིན་པོ་ཆེའི་གསུང་ལས། །དེ་ལྟར་ཐམས་ཅད་མཁྱེན་པ་རྒྱལ་བའི་གསུང་། །འཇིག་རྟེན་སྣང་བར་བགྱིད་པ་དམ་པའི་ཆོས། །ལྷག་པའི་བསམ་པས་བྲིས་དང་བཀླགས་པ་དང་། །མཆོད་ཅིང་བཀུར་བསྟི་བགྱིས་པ་ལས་བྱུང་བའི། །དགེ་བ་རྒྱ་ཆེན་དྲི་མེད་གང་ཐོབ་པ། །དེ་ཡིས་ཐུབ་པའི་གསུང་རབ་དམ་པའི་ཆོས། །ཕྱོགས་བཅུའི་ཞིང་དུ་རྟག་ཏུ་རྒྱས་འགྱུར་ནས། །སྐྱེ་རྒུ་ཀུན་གྱིས་ཚུལ་བཞིན་བསྒྲུབ་པར་ཤོག །སྦྱིན་བདག་སྐྱེ་ཞིང་སྐྱེ་བ་ཐམས་ཅད་དུ། །དལ་བ་འབྱོར་པ་ལྷ་མིའི་ལུས་ཐོབ་ནས། །རྒྱལ་དང་རྒྱལ་བ་ཐམས་ཅད་ལས། །གསུང་རབ་རྒྱ་མཚོ་ཐོས་ཤིང་འཛིན་པར་ཤོག །ཚེ་འདིར་ཚེ་རིང་ནད་མེད་ཕུན་སུམ་ཚོགས། །གདུང་རྒྱུད་འཕེལ་ཞིང་བར་ཆད་ཞི་བ་དང་། །བསམ་པ་ཐམས་ཅད་ཆོས་བཞིན་གྲུབ་འགྱུར་ནས། །རྒྱལ་བའི་བསྟན་པ་རྒྱས་པར་བྱེད་པར་ཤོག །སྟོད་ཀྱི་འཇིག་རྟེན་རྡེ་བཙུད་ཕུན་སུམ་ཚོགས། །ལྷ་ཀླུས་དུས་སུ་ཆར་འབེབ་

ལོ་ཐོག་འཕེལ། །སྐྱེ་དགུའི་ནད་དང་མུ་གེ་གདུང་སེམས་ནི། །ཐམས་ཅད་ཆོས་ཀྱི་དཔལ་དང་ལྡན་པར་ཤོག །འདི་ལ་འདུན་པས་ཡོ་བྱད་ཉེར་སྦྱོར་དང་། །གཉེར་བྱེད་པ་དང་དེ་ཡི་གྲོགས་བྱེད་དང་། །ཡིད་རང་བྱེད་པའི་སྐྱེ་བོ་ཐམས་ཅད་ཀྱང་། །ཚེ་འདིར་ཕུན་ཚོགས་མཐར་ཐུག་སངས་རྒྱས་ཤོག། སརྦ་མངྒ་ལཾ།། ཞེས་མཛད་བྱང་དང་༄།།འཕོན་གྱི་རིགས་འཁྲུངས་དཔལ་ལྡན་ས་སྐྱ་པ།།ངག་དབང་ཀུན་དགའ་བསོད་ནམས་རིན་ཆེན་གྱིས། །ཡུལ་མཆོག་བསྟན་འཛིན་བསོད་ནམས་བཟང་མོ་ཡིས། །ཐུགས་དམ་བཀའ་འགྱུར་བསྟན་འགྲོའི་དཔལ་མགོན་ཞེས།།གསུང་རབ་གླེགས་བམ་རིན་ཆེན་འགྱུར་རོ་འཚལ་འདི་བཞེངས།།[1]ཞེས་དབུ་ཤོག་ཞབས་འོག་ཏུ་བྲིས་ནས་སྣང་། འདི་དག་ལ་བལྟས་ན་དཔལ་ས་སྐྱའི་གཙུག་ལག་ཁང་གི་ཆོས་བརྩེགས་བྲག་རི་མའི་ཁོངས་སུ་བཞུགས་པའི་བཀའ་འགྱུར་འདི་ཐུགས་འཆང་ངག་དབང་ཀུན་དགའ་བསོད་ནམས་རིན་ཆེན་གྱི་ཡུམ་མཆོག་བསྟན་འཛིན་བསོད་ནམས་བཟང་མོས་བཞེངས་གནང་བའི་བཀའ་འགྱུར་བསྟན་འགྲོའི་དཔལ་མགོན་ཞེས་པ་དེ་ཡིན། སྤྱི་ལོ་2011ལོའི་ལོ་སྟོད་དུ་བཀའ་འགྱུར་བསྟན་འགྲོའི་དཔལ་མགོན་དེའི་དཀར་ཆག་བྲིས་མ་དེ་ཡང་མཇལ་བས་བཀའ་འགྱུར་དེ་ནི་དུས་རབས་16པའི་ནང་དུ་བྲིས་བཞེངས་གནང་བའི་བཀའ་འགྱུར་གསེར་བྲིས་མ་ཞིག་སྟེ། དེའི་དབུ་ཤོག་ནང་མར་ཞལ་ཁེབས་ལྷ་ལྡན་སོགས་ཀྱིས་བརྒྱན་འདུག་ལ་སྐབས་དེ་དུས་ཡིག་མཁན་དབུ་ཆེན་སྟེ་མོ་བ་བློ་བཟང་རྣམ་རྒྱལ་དང་གཡེ་ཡོན་ཏན་བག་གྲོ་གཉིས་སོགས་ཡིན་པ། [2]ཤེས་པས་ཤིན་ཏུ་ནས་དགའ་ཚོར་ཆེན་པོ་བྱུང་། དཔལ་ཞ་ལུར་བཞུགས་པའི་བཀའ་བསྟན་བྲིས་མའི་འགག་ཡི་མཛད་བྱང་། ༄།། ཨོཾ་སྭ་སྟི།།ཤཱཀ་ཐུབ་བསྟན་པ་སྤྱི་རྒྱལ་བོད་ཀྱི་ཡུལ་། །དགོས་འདོད་འབྱུང་བའི་ཤ་ཙ་ལྟའི་ཡུལ་། །ཡོན་བདག་དང་ལྡན་སྐྱབས་གནས་གཙུག་ཏུ་ཁུར་། །འདི་ཕྱིའི་དོན་དུ་དགེ་བའི་ལས་ལ་བརྩོན་། ། སེར་སྣ་བྲལ་བས་ཟས་ནོར་ལྷུག་པོར་གཏོང་། ། ཕུལ་དུ་ཕྱིན་པ་ཡོན་དག་གྲུབ་པ་ཡིན་། །ཐུབ་པའི་གསུང་མཆོད་ཟབ་མོ་རྒྱལ་བའི་ཡུམ་། །རིན་ཆེན་གསེར་ལ་སྤྱུལ་སྐུ་ཡི་གེར་བཀོད་། ། སྣག་ཤོག་འཕྲུལ་ཡིག་འཛོམ་པ་ཡང་མཚར་ཆེ། །འདྲན་ཟླ་བྲལ་ཞིང་གཞན་ལས་

---

(1)ས་སྐྱར་བཞུགས་པའི་ཡུམ་མཆོག་བསྟན་འཛིན་བསོད་ནམས་བཟང་མོས་བཞེངས་པའི་བཀའ་འགྱུར་བསྟན་འགྲོའི་དཔལ་མགོན་གྱི་མཛད་བྱང་ཡིན།

(2) བཀའ་འགྱུར་བསྟན་འགྲོའི་དཔལ་མགོན་གྱི་དཀར་ཆག་བྲིས་མ་ད་ལྟ་བོད་ལྗོངས་རྟེན་རྫས་བཤམས་མཛོད་ཁང་དུ་བཞུགས་པ་དེར་གསལ།

ཁྲིད་དུ་འཕགས། །གངས་རིའི་ཁྲོད་འདིར་མཁས་གྲགས་མང་ཡང་། །ཚད་ལྡན་འབྲི་བའི་རྒྱུད་པ་འགར་གྱི་བུ། །གཟི་མདངས་འོད་འབར་ལྷ་བ་རེ་བཟོ་བྱས་ནས། །རས་སེར་འབྲི་བ་པོས་འོད་རབས་སུ། །དགེ་བ་འདི་ཡིས་ཡོན་མཆོད་བདེ་ལེགས་ཤོག [1]ཅེས་དང་ཤཱཀྱེ་མ་ཧོ། མི་མཆོག་དགེ་སློང་རིན་ཆེན་གྲུབ་ཀྱི་ཐུགས་དམ་ཉེ་ཁྲིའིམ་གླེགས་ཤིང་གྱི། ཞབས་པད་དོན་ཡོད་རིན་འཁབས་པས་བཀོས།། ལ་ལར་རྫོངས་གྱིས་མཆོད་ནས་གཉེས། ཡོན་མཆོད་བཀྲ་ཤིས་བདེ་ལེགས་ཤོག དགེའོ། [2]ཞེས་དང་ཨོཾ་ཨེ་མའོ།། དོན་དམ་གཡེར་མེད་ཆོས་སྐུའི་བདག་ཉིད་ཡུམ།། འགག་མེད་རྩལ་སྒྱུང་ལོངས་སྐུ་རྣམ་སྣང་མཛད།། འགྲོ་བའི་དོན་མཛད་བཅོམ་ལྡན་ཤཱཀྱ་ཐུབ། །སྐུ་གསུམ་ལྷུན་གྱིས་གྲུབ་ལ་ཕྱག་འཚལ་སྟོད། །དམིགས་མེད་ཐུགས་རྗེའི་དཀྱིལ་འཁོར་རྒྱ་ཆེ་ཞིང་། །ཇི་སྙེད་ཇི་བཞིན་མཁྱེན་པའི་འོད་ཟེར་གྱིས། །མ་རིག་མུན་སེལ་འགྲོ་བའི་དོན་མཛད་པའི། །དྲིན་ཅན་བླ་མ་རྣམས་ལ་ཕྱག་འཚལ་བསྟོད། །མ་སྐྱེས་མི་འགག་དོན་དམ་ཆོས་ཀྱི་དབྱིངས། །མཐུ་རྩལ་མི་འགག་ཀུན་རྫོབ་བདེན་པའི་ངང་། །ཡངས་ལ་རྒྱ་ཆེ་ནམ་མཁའ་སྟོང་པ་ལ། །བསྲ་ལ་བསྡམས་ཐུག་རྡོ་རྗེ་རྒྱ་གྲམ་ཀླུང་། །ཟབ་ལ་རྒྱ་ཆེ་བདུད་ཀྱི་རྒྱ་མཚོའི་ཆུ། །མཐུགས་ལ་འཁོད་སྙོམས་རིན་ཆེན་གསེར་གྱི་ས། །མཐོ་ལ་ལྷུན་ཆགས་རི་རྒྱལ་ལྷུན་པོའི་ཞོལ། །འཆར་མཁའ་འོད་གསལ་ཉི་ཟླས་མཛེས་པར་བརྒྱན། །མང་ལ་བཀོད་ལེགས་གླིང་བཞི་གཡོག་དང་བཅས། །ཀུན་གྱི་མཆོག་གྱུར་ལྷོའི་འཛམ་བུ་གླིང་། །སྟོན་པས་ཞབས་བཅག་བཀའི་འཁོར་ལོ་བསྐོར། །བྱེ་བྲག་བརྗིད་ལྡན་བོད་ཀྱི་རྒྱལ་ཁམས་འདིར། །མེས་དབོན་རྣམ་གསུམ་རྒྱལ་བའི་སྐུ་དྲིན་ལ། །ཉན་བཤད་བསྒོམ་སྒྲུབ་འབྲི་ཀློག་ལ་སྦྱོགས་པ། །སངས་རྒྱས་བསྟན་པ་དར་ཅིང་རྒྱས་པར་མཛད། །རེ་མཐོ་ལྷ་གཉན་ལྷ་རི་གངས་ཀྱི་ཞོལ། །ཡུལ་འབྲོག་བཟང་པོ་ཕག་རིའི་རྫོང་འདུས་ཀྱི། །རྒྱལ་པོའི་གན་མཛོད་ཤོ་ཁང་ཆེན་པོ་འདིར། །རྒྱལ་པོའི་ཐུགས་ཟིན་མི་ཆེན་ཨབ་དུལ་གྱི། །གཉེར་དང་ཞབས་ཏོག་བཞིན་གྱི་དཔོན་པོ་མཛད། །དགེ་བཅུ་ཚང་བ་ལྷ་ཆེན་རྩ་རལ་འགྱུལ། །གདུང་རུས་ཁྲིད་འཕགས་ཡ་རབས་གོང་མའི་རིགས། ། རིགས་བརྒྱུད་བཟང་པོ་དཔའ་པོ་འབེ་རོའི་རྒྱུད། །དཔའ་རྩལ་སྟོབས་ལྡན་དཔོན་པོ་གཞོན་ནུ་དང་། །འཛུམ་པའི་མདངས་ཅན་ནོར་དང་ཟས་

(1) དཔལ་ཞ་ལུའི་གཙུག་ལག་ཁང་དུ་བཞུགས་པའི་བཀའ་འགྱུར་གསེར་བྲིས་མའི་མཛད་བྱང་ཡིན།

(2) དཔལ་ཞ་ལུར་བཞུགས་པའི་པོད་ཉི་ཁྲིའི་གླེགས་ཤིང་ཞིག་གི་ནང་ངོས་སུ་བཀོད་ནས་དྲངས།

ཀྱི་གཏེར། །ཆོ་ནུས་ཁྲུངས་བརྩུན་རྒྱུ་འཁྱོར་ཀུན་བཟང་དཔལ། །ཡབ་ཡུམ་བཀའ་དྲིས་དམ་པའི་ཆོས་ལ་མཛད། །དཔོན་མོའི་ཞབས་ཏོག་སྐུའི་རིམ་འགྲོ་དང་། །བདག་གཞན་བླ་མེད་བྱང་ཆུབ་ཐོབ་བྱའི་ཕྱིར། ། བསོད་ནམས་བསགས་པས་གསེར་གྱི་གླེགས་བམ་བཞེངས། ། གཞི་མ་ཤོག་གུ་གན་ཤོག་གཙང་མ་ལ། ། གནག་ཙ་ཁྱད་འཕགས་རིན་ཆེན་གསེར་གྱིས་བཞེངས། ། སྨྲིན་པར་བྱེད་པའི་འཕྲུལ་གྱི་ཡི་གེ་འདི། ། དབུས་པ་གསུམ་གྱིས་ལུང་དང་མཐུན་པར་བྲིས། ། གསེར་གྱི་བཟོ་དང་རྒྱ་གར་སྐད་ཀྱི་འབུར། ། རིག་པའི་འབྱུང་གནས་དབུས་ཀྱི་འཕན་ནས། ། ཆག་ཚད་ལྡན་པར་གཞོན་ནུ་དར་གྱིས་བྲིས། ། དོན་བཟང་ཚིག་བཟང་ཡིག་ཤོག་གསེར་ཁ་ལེགས། །གླེགས་ཤིང་ཁྱད་འཕགས་སྙིམས་གསེར་འཛོམས་པ་འདི། །བྱེ་ཤོ་དཀར་མ་ལས་རྒྱུད་སྤྲུལ་བླེ་བཟོ། །སྟག་རྩལ་གཡུང་དྲུང་ལྷ་འབུམ་ཉིད་ལ་ཞུས། །རྒྱུད་སྡེ་འཛིན་པ་སློབ་དཔོན་རྗེ་སྲས་ཀྱི། ། ཆོས་ཀྱི་གཉེར་དང་ཞུག་དག་ལེགས་པར་མཛད། ། རིགས་བཟང་ཁྲུངས་བརྩུན་དཔོན་མོ་ཆོས་འབུམ་དང་། ། ཆོས་སྐྱོང་པ་ལ་བུ་འདྲེན་པ་ལ་གསུམ། ། ཀུན་གྱི་ཡིད་དུ་འོང་འཛུམ་པའི་མདངས་དང་ལྡན། །དཔེ་ཆོས་འདི་བཞེངས་བསོད་ནམས་ཆེན་པོ་ཡིས། ། ཡོན་མཆོད་དཔོན་གཡོག་དང་བཅས་པ་དང་། ། ཟ་མ་དགེ་འདུད་ཞབས་ཏོག་མཛད་པ་དང་།། ནམ་མཁའི་མཐའ་ཁྱབ་སེམས་ཅན་མ་ལུས་པ་ཀུན། ། རང་བཞིན་རྣམ་དག་ཆོས་དབྱིངས་ཟབ་མོ་ནས། ། བདེ་བ་ཆེན་པོའི་ཆོས་སྐུ་ཐོབ་པར་ཤོག། ། ཏིང་འཛིན་རྣམ་དག་གཡེང་བ་མེད་པ་ནས་ཡོན་ཏན་རབ་རྫོགས་ལོངས་སྐུ་ཐོབ་པར་ཤོག། ། སྤྱོད་པ་རྣམ་དག་ཟག་པ་མེད་པ་ནས། ། སྨོན་ལམ་རབ་རྫོགས་སྤྲུལ་སྐུ་ཐོབ་པར་ཤོག། ། སྐུ་གསུམ་ཐོབ་ནས་གཞན་དོན་བྱེད་པར་ཤོག། ། [(1)]ཅེས་པ་འདི་དག་ནི་ཞ་ལུར་བཞུགས་པའི་བཀའ་འགྱུར་གསེར་བྲིས་སོགས་ཀྱིས་མཛད་བྱང་ཡིན། མཛད་བྱང་འདི་དག་གི་ནང་དུ་ཡིག་གཟུགས་ཀྱི་སྒྱུར་གསུང་སྐབས་འཕྲུལ་ཡིག་ངོ་མཚར་ཆེ་ཞེས་ཡོང་གི་འདུག འདི་ནི་གྲོ་མཁར་ཆོས་སྡེའི་ཤེར་ཕྱིན་གྱི་མཛད་བྱང་དང་མཚུངས་སོ། བཀྲས་ལྷུན་དགོན་དུ་བཞུགས་པའི་གསུང་རབ་ཀྱི་མཛད་བྱང་སྟེ་བསྟན་པའི་སྦྱིན་བདག་མི་དབང་སྐུ་མཆེད་ཀྱི། གྲོང་བཞིའི་གླིང་མཆོག་ལྟོའི་འཛམ་བུ་གླིང་། དམ་ཆོས་དར་བ་གཡས་རུ་བྱང་ཕྱོགས་ཀྱི། རུ་བཞིའི་སྙིང་པོ་བཀྲ་ཤིས་ལྷང་འགྲོའི་ནང་། ཕུ་ན་རིན་ཆེན་·········སྨིན་པའི་ས། བར་ན་སངས་རྒྱས་བྱང་སེམས་

(1) དཔལ་ཞ་ལུ་དགོན་དུ་བཞུགས་པའི་བཀའ་འགྱུར་གྱི་མཛད་བྱང་ཡིན།

འབྱོན་པའི་གནས། ས་ལ་ཞག་ཆགས་བཀྲ་ཤིས་གསུམ་གྲོང་འདིར། རིགས་ཉུས་བཟང་པོ་རྣམ་
ཐོས་སྲས་·····། ཕར་རྟེས་བྱུས་འཛིན་མ་སེ་ཁྲི་ནུ་དང་། མཆེ་སྡེར་ཚང་ནས་རྒྱས་པ་མ་སེ་ཁྲི་ནུ་
འཕེལ། རིགས་བཟངས་འཛིན་མཁན་སྒྲོ་མོ་འཚོ་མོ་ལགས། ཁྱུ་དབོན་ཡ་སྲས་·········ཡུམ་སྲས་
ཀྱི། ཐུགས་དགོངས་རྫོགས་དང་སྒྲིབ་གཉིས་བྱང་ཕྱིར་དུ་[1]ཞེས་པ་འདི་ནི་བཀྲས་ལྷུན་དགོན་
པའི་འདུ་ཁང་ཚོགས་ཆེན་རྒྱབ་ཀྱི་ལྷ་ཁང་དུ་བཞུགས་པའི་གསུང་རབ་ཀྱི་མཛད་བྱང་ཡིན།
སེ་ར་དགོན་པའི་འདུ་ཁང་ཚོགས་ཆེན་གྱི་དཔེ་མཛོད་ཁང་དུ་བཞུགས་པའི་བཀའ་འགྱུར་
གྱི་མཛད་བྱང་ནི་ཤཱ། དེ་ལྟར་སྐྱབས་མཆོག་ཐུགས་རྗེའི་བྱིན་རླབས་དང་།། དུས་ཀྱི་ཆོས་ཉིད་
འགྱུར་བའི་དམིགས་ཡུལ་གྱིས།།ཆེད་དུ་བགྱིས་པའི་རྣམ་དཀར་དགེ་བ་འདིས།། མཆོན་པའི་
ལེགས་བྱས་ཇི་སྙེད་མཆིས་པ་ཡིས།། འགྲོ་ཀུན་འཁོར་བའི་མཚོ་ལས་རབ་བསྒྲོལ་ཞིང་།། ཁྱད་
པར་དངོས་ཀྱིས་དམིགས་པའི་ཡུལ་འདི་ཉིད།། སྐྱེ་རྒ་ན་འཆིའི་ཟུག་རྔུ་དང་བྲལ་ཞིང་།།རྣམ་
དག་ཞིང་དུ་སྐྱེ་བ་ཉིད་དུ་གྱུར་ཅིག། སྐྱེ་བ་ཀུན་ཏུ་ལམ་བཟང་སྟོན་པ་ཡི།། ཡང་དག་དགེ་
བའི་བཤེས་ཀྱིས་མགོན་བཅས་ཏེ།། ངེས་འབྱུང་བྱང་ཆུབ་སེམས་ཀྱི་རྒྱུན་ལྡན་ནས།། རྒྱལ་སྲས་
སྤྱོད་པའི་ཉམས་ལེན་མཐར་ཕྱིན་ཤོག།བསྟན་དང་བསྟན་འཛིན་གུས་མཆོད་དང་སྟོམས་
ཅན།།གནམ་སྐོས་བསྟན་ཆོས་ཀྱི་རྒྱལ་པོ་ཡི།། སྐུ་ཚེ་རིགས་བརྒྱུད་མངའ་ཐང་རབ་རྒྱས་
ཤིང་།།འགྲོ་རྣམས་ལྷ་ཡི་དགའ་སྟོན་ལ་སྤྱོད་ཤོག།། [2]ཅེས་པ་འདི་ནི་གཙང་པོ་ཀརྨ་ཕུན་
ཚོགས་རྣམ་རྒྱལ་གྱིས་དུས་རབས་16པའི་ནང་དུ་བཞེངས་པའི་བཀའ་འགྱུར་གྱི་མཛད་བྱང་
ཡིན། པོ་བྲང་པོ་ཏ་ལར་བཞུགས་པའི་བཀའ་འགྱུར་གྱི་མཛད་བྱང་སྟེ་ཨོཾ་སྭ་སྟི། ཡན་ལག་
དྲུག་ཅུའི་འཕང་འགྲོ་ལས་དྲངས་པའི།།བརྒྱུད་ཁྲི་བཞི་སྟོང་སྙན་འཛེབས་ཆོས་ཕུང་
དབངས།།ཉི་མའི་གཉེན་གྱི་དཔལ་གྱི་མགུར་པ་ལས།།ཉེར་རབས་ཉོན་མོངས་དྲི་འབྱུར་གཏྭ
མ།། རྒྱས་སྲས་ཐོས་གྲོགས་སློ་གྲོས་མཆོར་འཕྲིལ་བ།། གངས་ལྗོངས་ལོ་ཆེན་རྣམ་དཔྱོད་ཡོལ་
གོ་ཡིས། །ཕྱོགས་འདིར་དྲངས་པའི་མདོ་རྒྱུད་བདུད་རྩིའི་ཆབ། །ཇི་སྙེད་རྒྱལ་བཀའ་འགྱུར་རོ་
ཅོག་ཞེས་གྲགས། །དེ་ཉིད་གངས་ཅན་མགོན་མཆོག་པད་དཀར་འཆང་། །ཐམས་ཅད་མཁྱེན་
དངོས་འཇམ་དཔལ་རྒྱ་མཚོ་ཡིས། །ཟབ་མེད་དགོངས་པ་ཡོངས་སུ་སྐོང་བ་དང་། །མཆོག་

(1) བཀྲས་ལྷུན་དུ་བཞུགས་པའི་གསེར་བྲིས་འཕགས་པ་འདུས་པ་རིན་པོ་ཆེའི་མདོའི་མཛད་བྱང་ཡིན།
(2) སེ་ར་དགོན་དུ་བཞུགས་པའི་ཀརྨ་བསྟན་སྐྱོངས་དབང་པའི་སྐབས་སུ་བཞེངས་པའི་བཀའ་འགྱུར་པོད་ཀ་པའི་ཞབས་ཤོག་ཏུ་གསལ།

སྤྲུལ་བསྟན་འགྲོའི་དཔལ་དུ་སྒྱུར་གསལ་ཆེད། །དགོན་པོ་གང་གི་དབོན་རིགས་བྱང་ཕྱོགས་ཀྱི། །རྒྱལ་བསྟན་དང་འགྲོ་ཀུན་བདེར་འགོད་པའི། །རྗེ་བཙུན་དམ་པ་ཞེས་གྲགས་འདྲེན་མཆོག་གིས། །རྒྱུ་སྦྱར་ལྷ་ལྡན་གཙོ་ལ་ཉིད་དུ། །མི་ཁམས་བློ་ལྡན་གནམ་ལོ་ཆེས་དགེ་བར། །དབང་སྔོན་གླེགས་བུ་འགྲན་པའི་མཐིང་ཤོག་ངོས། །གསེར་སྦྱང་ཁུ་བས་མཁའ་ལམ་སྐྱུ་སྐར་གྱིས། །སྤྲས་པའི་ཁེངས་པ་ཐུར་ཅུར་བྱེད་འདྲ་བསྐྲུན། །འདིར་འབད་དགེ་བས་ཀུན་མཁྱེན་བླ་མའི་རྗེའི། །བསྟན་འགྲོར་སྨན་པའི་བཞེངས་དགོངས་སྐོང་བ་དང་། །འཁྲུལ་བྲལ་གངས་ཅན་ལྷ་གཅིག་སྤྲུལ་པའི་གར། །བསྟན་འགྲོའི་དཔལ་གྱུར་སྒྱུར་དུ་གསལ་བར་ཤོག །ཐུབ་བསྟན་སྤྱི་དང་ཞྭ་སེར་རིང་ལུགས་མཆོག །ནམ་ཡང་མི་ནུབ་ཕྱོགས་བརྒྱར་དར་བ་དང་། །དགའ་ལྡན་ཕོ་བྲང་ཆབ་སྲིད་མངོན་མཐོ་ཞིང་། །བོད་འབངས་བདེ་སྐྱིད་དབྱར་དཔལ་མགྲོན་ཁུགས་ཤོག །བྱང་ཕྱོགས་འགྲོ་བའི་དེད་དཔོན་མཚུངས་མེད་པ། །རྗེ་བཙུན་དམ་པ་གང་གི་སྐུ་ཚེ་དང་། །མཛད་འཕྲིན་ཉི་ཟླའི་འོད་ལྟར་གསལ་བ་དང་། །རྣམ་དཀར་བཞེད་དགོངས་མཐའ་དག་ལྷུན་གྲུབ་ཤོག །གནམ་བསྐོས་ས་ཡི་ཚངས་པའི་ཆབ་སྲིད་དང་། །སྐུ་ཚེ་རྡོ་རྗེའི་ཁམས་ལྟར་མི་འགྱུར་ཞིང་། །ཆབ་འབངས་མཐའ་དག་བདེ་སྐྱིད་ཆོས་འབྱོར་ཀུན། །རྫོགས་ལྡན་གསར་པའི་རང་ཞལ་སྒྱུར་ངོམ་ཤོག །[1]ཅེས་པ་འདི་དུས་རབས་18པར་ལྷ་སའི་གཙུག་ལག་ཁང་དུ་བྲིས་བཞེངས་གནང་བའི་བཀའ་འགྱུར་གསེར་བྲིས་མ་སྟེ་ད་ལྟ་པོ་བྲང་པོ་ཏ་ལའི་ཐུབ་དབང་ལྷ་ཁང་དུ་བཞུགས་ཡོད་པ་དེའི་མཛད་བྱང་ཡིན། གོང་དུ་བརྗོད་པའི་མཛད་བྱང་དེ་དག་ནི་དུས་རབས་མི་འདྲ་བའི་ནང་དུ་བྲིས་བཞེངས་གནང་བའི་གསུང་རབ་བྲིས་མ་ཁག་གི་མཛད་བྱང་ཡིན། དུས་རབས་8-10པའི་ཡས་མས་སུ་བྲིས་བཞེངས་གནང་བའི་གསུང་རབ་དེ་དག་གི་མཛད་བྱང་དུ་སྤྱིར་གྱི་ཆ་ནས་བརྗོད་ན་

(1) ཅེས་བྱང་ཕྱོགས་བསྟན་པའི་སྲོག་ཤིང་རྗེ་བཙུན་དམ་པའི་སྤྲུལ་སྐུ་རིན་པོ་ཆེ་བློ་བཟང་ཐུབ་བསྟན་དབང་ཕྱུག་འཇིགས་མེད་རྒྱ་མཚོ་དཔལ་བཟང་པོ་ནས། གངས་ཅན་མགོན་པོ་ཐམས་ཅད་མཁྱེན་པ་དངོས་བློ་བཟང་བསྟན་པའི་དབང་ཕྱུག་འཇམ་དཔལ་རྒྱ་མཚོའི་དགོངས་པ་ཡོངས་སུ་རྫོགས་པ་དང་། སླར་ཡང་བསྟན་འགྲོའི་དཔལ་དུ་ཡང་སྲིད་སྒྱུར་དུ་གསལ་བ་སོགས་ཀྱི་ཆེད་དུ་དམིགས་ནས་ཁལ་ཁ་ཁུ་རལ་ཆེན་པོའི་མཛོད་ནས་རྒྱ་དངུལ་སྲང་ཉི་ཁྲི་དགུ་སྟོང་ལྔ་བརྒྱ་ཐམ་པའི་རྒྱུ་སྦྱར་ནས་རབ་བྱུང་15ཞེས་པ་མེ་ཡོས་ལོར་ལྷ་ལྡན་གཙུག་ལག་ཁང་དུ་རྒྱལ་བའི་བཀའ་འགྱུར་རོ་ཅོག་རྒྱལ་རྩེ་ཐེམ་སྤངས་མའི་བུ་ཡིག་ལ་ཕྱི་མོ་བགྱིས་ནས་བཞེངས་སྐབས་པོ་ཏི་རེ་རེའི་གཤམ་དུ་སྨོན་ཚིག་འདྲི་རྒྱུ་འདི་ཡང་མི་སྣ་རྣམ་དཔྱོད་ཡངས་པའི་གསོལ་དཔོན་ཧྲ་བླ་མ་དང་། ངོ་དམ་བླ་བྲང་ཕྱག་མཛོད་དགེ་སློང་ངག་དབང་རྣམ་རྒྱལ་བཅས་ཀྱི་བློ་སོས་ལྟར། རྒྱལ་ཚབ་ཀྱི་མིང་འཛིན་པ་སོ་སྤྲུལ་སྐུར་འདོད་པ་ཡེ་ཤེས་བློ་བཟང་བསྟན་པའི་མགོན་པོས་དང་བ་ཆེན་པོས་སྦྱར་བའི་ཡི་གེ་པ་ནི་དྲུང་ཡིག་ཆེན་མོ་གཡུལ་ཁ་བ་འཇམ་དཔལ་བདེ་ལེགས་ཀྱིས་བགྱིས་པ་དགེ་ལེགས་འཕེལ།

ཡིག་ཚོགས་མང་པོ་མེད་པར་གསུང་རབ་དེ་ བྲིས་ཞུས་མཁན་གྱི་མཚན་ཙམ་ཐོན་པ་ལས་གཞན་མཆོད་ཡོན་བྱིན་བདག་སོགས་ཀྱི་སྐོར་འཁོད་མི་འདུག   དེ་རྗེས་དུས་རབས་11-13ནང་བྲིས་བཞེངས་གནང་བའི་གསུང་རབ་གི་མཛད་བྱང་དུ་ཐོག་མར་ཀེ་དང་ཀྱི་ཞེས་པ་ངོ་མཚར་གྱི་འབོད་སྒྲ་དེ་ཐོག་མར་བཀོད་པ་དང་སྦྲགས་དེ་རྗེས་རི་མཐོ་ས་གཙང་སྤུ་རྒྱལ་བོད་ཀྱི་ཡུལ་[1] ཞེས་པ་སོགས་མཐོ་བོད་བཙན་པོའི་སྐབས་ཀྱི་ཚིག་ཉམས་ཐོན་པའི་སྐད་ཆ་སྟེ། མངའ་རིས་ཀྱི་འཁོར་ཆགས་དགོན་གྱི་ཤེར་ཕྱིན་དང་། འོན་ཀེ་རུའི་མདོ་མངས་མཐོང་སྨོན་དང་། གྲོ་མཁར་ཆོས་སྡེའི་ཤེར་ཕྱིན། ར་ལུང་དང་ས་སྐྱའི་ཤེར་ཕྱིན་སྐྱ་བོད་མཛད་བྱང་ལྟ་བུ་ཡིན། དུས་རབས་14-15པའི་ནང་དུ་བཞེངས་པའི་གསུང་རབ་བྲིས་མའི་མཛད་བྱང་དུ་དུས་རབས་11-13ནང་དུ་སྨྲར་བའི་མཛད་བྱང་ཀྱི་ཡི་དྭགས་དུ་ཨོྃ་མ་ཧོ་དང་ཨོྃ་མ་ཞེས་པ་སོགས་ཀྱིས་མཛད་བྱང་གི་མགོ་འབྱེད་ནས་བོད་ཡུལ་སྤྱིའི་བཀོད་པ་དང་གསུང་རབ་དེ་བྲིས་བཞེངས་ཀྱི་ཡུལ་ལུང་གི་བསྟོད་པ་སྟེ་རིམ་བཞིན་ཆེ་ས་ནས་ཆུང་བར་སྣང་བ་སྟེ་བསྟོད་པ་ལ་ཐུག་གི་གཟུགས་སུ་བཀོད་པ་དང་སྦྲགས་གནའ་དཔེ་དེ་བཞེངས་པའི་མཆོད་ཡོན་སྦྱིན་བདག་གི་རིགས་རུས་ཀྱང་རྒྱ་མགོ་གངས་ལས་བརྒྱུད་པ་ལྟར་ཁ་གསལ་བཀོད་པ་ནི་དཔལ་ཞ་ལུ་དགོན་དང་མངའ་རིས། མལ་གྲོའི་གཡའ་མ་རི་ཁང་། རྒྱ་མ་ཁྲི་སྣང་སོགས་སུ་བཞུགས་པའི་ཤེར་ཕྱིན་གྱི་མཛད་བྱང་དུ་གསལ། དེ་ནས་རིམ་བཞིན་ནང་ཆོས་ཤུགས་ཆེར་དར་བའི་རྐྱེན་པས་དུས་རབས་16-18པར་བཞེངས་པའི་བཀའ་བསྟན་དང་གསུང་རབ་བྲིས་མ་དག་གི་མཛད་བྱང་མགོར་ཨོཾ་སྭ་སྟི་ཞེས་པ་སོགས་སཾ་སྐྲི་ཏའི་སྐད་ཀྱིས་དོད་བྱས་ནས་སྟན་ཞིང་འཛེབས་པའི་མཛད་བྱང་སྨྲར་གནང་ཡོད་པ་སོགས་ནི་དུས་རབས་མི་འདྲ་བའི་ནང་གི་མཛད་བྱང་གི་མགོ་འབྱེད་སྟངས་ཀྱི་ཁྱད་ཆོས་ཤིག་ཡིན།   ང་ཚོས་མཛད་བྱང་གི་ཁྱད་ཆོས་ཆུང་ངུ་དེ་དག་ལག་ནང་དུ་སྙུ་ར་ར་བཞག་པ་ལྟ་བུ་ཞིག་ཡོད་ན་གསུང་རབ་བྲིས་མ་ཁག་གི་དུས་རབས་གཏན་ལ་དབབ་པར་ཕན་ནུས་ཆེན་པོ་ཡོད་དོ།

བཞི། མཛད་བྱང་གི་སྒྲིག་གཞི།

(1) དབང་རྒྱལ་དང་བསོད་ནམས་སྐྱིད་ཀྱིས་བསྒྲིགས་པའི་ཏུན་ཧོང་ནས་ཐོན་པའི་བོད་ཀྱི་ལོ་རྒྱུས་ཡིག་ཆ། མི་རིགས་དཔེ་སྐྲུན་ཁང་གི་1992ལོའི་དཔར་མ། P.T1286

གོང་དུ་བཀོད་པའི་དུས་རབས་མི་འདྲ་བའི་མཛད་བྱང་དག་ལས་ང་ཚོས་གསུང་རབ་བྲིས་མའི་མཛད་བྱང་གི་འཕེལ་རིམ་ཇི་འདྲ་ཞིག་ཡིན་པ་དེ་ཁ་གསལ་ཞིག་རྟོགས་ཐུབ། དེས་ན་ང་ཚོས་གོང་དུ་བཀོད་པའི་མཛད་བྱང་དེ་དག་ལ་མཇུག་སྡོམ་ཅིག་བྱས་ན་ནང་དོན་གཤམ་གསལ་ལྟར།

1 མགོ་འབྱུད་སྟངས།

སྤྱིར་བཏང་བྱས་ན་མཛད་བྱང་རྒྱས་བསྡུས་གང་ཞིག་ཡིན་རུང་མཛད་བྱང་གི་ཐོག་མར་བསྐལ་པ་བཟང་པོའི་དུས་འདིར་དགེ་བའི་ལས་འདི་འདྲ་ཞིག་བསྒྲུབ་པ་ལ་དགའ་འདོད་ཀྱི་འདོད་སྦྲ་སྟེ་ཀྱི་དང་། གསུང་རབ་གླེགས་བམ་འདི་བཞེངས་སྐབས་ཆ་ཡོན་སྟེས་དབང་གིས་འཛོམས་པའི་ངོ་མཚར་གྱི་ཚིག་ཨེ་མ་ཧོ། གསུང་རབ་གླེགས་བམ་འདི་བཞེངས་པའི་ནང་དུ་བགེགས་དང་བར་ཆད་མི་ཡོང་བར་བཀྲ་ཤིས་མཚོན་པའི་ཚིག་དེ་རྒྱ་སྐད་ཨོཾ་སྭ་སྟི་ཞེས་མཛད་བྱང་གི་མགོར་སྦྱར་པ་དང་སྦྱགས་གཞི་ནས་མཛད་བྱང་དང་འབྲེལ་བའི་ནང་དོན་དངོས་ལ་འཇུག་པ་དེ་ནི་མཛད་བྱང་གི་མགོ་འབྱུད་སྟངས་དམིགས་བསལ་ཅན་ཞིག་ཡིན། དཔེར་ན་ཐ།།ཀྱེ་སྟོང་གསུམ་སྤྱི་ཕུད་ཤག་ཀྱ་ཐུབ་པའི་ཞིང་།[1]༄།།ཀྱེ་སྟོད་ཀྱི་འཛིག་རྟེན་ཀླུང་གིས་བཏེག [2]༄།།ཀྱེ་ཡོན་དག་ཁྱད་པར་འཕགས་པ་ཀླུ་རྩ་ཁུ་ཚབ་གྱིས། [3] ༄༅།།ཀྱེ་གསོན་དང་དགོངས་དང་ཡོན་ཏག་པ།[4] ཐ།།ཨེ་མ་ཧོ།། གླིང་བཞི་ཁྱད་པར་འཕགས།། [5]ཨེ་མ་ཧོ།། ཡིད་འོང་མཛེས་པའི་གཟི་བརྗིད་ལྟ་ན་སྡུག་·····། [6]ཐ།། ཨོཾ་སྭ་སྟི།།ཤག་ཐུབ་བསྟན་པ་སྤྱི་རྒྱལ་བོད་ཀྱི་ཡུལ་།། [7]ཐ།།ཨེ་མ་ཧོ། མི་མཆོག་དགེ་སློང་རིན་ཆེན་གྲུབ་ཀྱི་ཐུགས་དམ་ཉེ་ཁྲིའི་གླེགས་ཤིང་གྱི་། [8]ཨོཾ་སྭ་སྟི། ཡན་ལག་དྲུག་ཅུའི་འཕང་འགྲོ་ལས་དྲངས་པའི།། [9]ཞེས་པ་ལྟ་

(1) འོན་ཀེ་རུར་བཞུགས་པའི་ཤེར་ཕྱིན་གྱི་མཇུག་བྱང་།
(2) འོན་ཀེ་རུར་བཞུགས་པའི་ཤེར་ཕྱིན་གྱི་མཇུག་བྱང་།
(3) འོན་ཀེ་རུར་བཞུགས་པའི་ཤེར་ཕྱིན་གྱི་མཇུག་བྱང་།
(4) དཔལ་ས་སྐྱ་དགོན་དུ་བཞུགས་པའི་ཤེར་ཕྱིན་འོད་ཀ་པའི་མཇུག་བྱང་།
(5) འོན་ཀེ་རུར་བཞུགས་པའི་མདོ་མངས་མཐོང་སྨོན་གྱི་མཇུག་བྱང་།
(6) ར་ལུང་དགོན་དུ་བཞུགས་པའི་ཤེར་ཕྱིན་གྱི་མཇུག་བྱང་།
(7) ཞ་ལུ་དགོན་དུ་བཞུགས་པའི་ཤེར་ཕྱིན་གྱི་མཇུག་བྱང་།
(8) ཞ་ལུ་དགོན་དུ་བཞུགས་པའི་ཤེར་ཕྱིན་གྱི་མཇུག་བྱང་།
(9) ཐོ་བྲང་པོ་ཏ་ལར་བཞུགས་པའི་བཀའ་འགྱུར་གྱི་མཇུག་བྱང་།

བུ་ཡིན།

2 ཡུལ་ལུང་གི་ཁྱད་ཆོས།

ཐོག་མར་རྒྱ་མགོ་གངས་ལ་གཏུགས་པ་ཇི་བཞིན་ཆོས་ཀྱི་འབྱུང་ཁུངས་རྒྱ་གར་འཕགས་ཡུལ་ཡིན་གཤིས། འཕགས་པའི་ཡུལ་དང་སྟོན་པ་ཤཱཀྱ་ཐུབ་པའི་མཚན་ནས་སྨོས་ཏེ་འཕགས་པའི་ཡུལ་གྱི་ཁྱད་ཆོས་དང་སྟོན་པའི་མཛད་པ་ཉུང་ངུ་བརྗོད་པ་སྟེ།

ཤྭ། །གླིང་བཞིའི་གླིང་མཆོག་འཛམ་བུ་གླིང་། །འཛམ་གླིང་གསེར་གྱི་ལྟེ་བ་རྡོ་རྗེ་གདན་། །དབྱིབས་མཛེས་དབྱིབས་བཟང་བྱ་རྒོད་ཕུང་པོ་རི་། །ཉམས་དགའ་བཀྲའ་ཤིས་སེར་ཀྱའི་གྲོང་ཁྱེར་ན་། །མིའི་རྒྱལ་པོ་རྒྱལ་པོ་སྲས་གཙང་སྲས་། །ཡོན་ཏན་དུ་མ་ལྡན་པའི་རྒྱལ་སྲས་དོན་གྲུབ་འཁྲུངས་།། ཐུགས་ལྡ་ཐུགས་རྗེར་ལྡན་པའི་རྒྱལ་སྲས་དོན་གྲུབ་དེས།། སྲིད་ལ་བདུད་བཏུལ་མཐོ་རིས་མངོན་སངས་རྒྱས་། །བདེན་བཞིའི་ཆོས་ཀྱི་འཁོར་ལོ་བར་ནས་སེར་བགོར་། །གང་ཟག་ཁྱད་འཕགས་གཟུགས་ཅན་སྙིང་པོ་དང་། །ཆོས་ཀྱི་ཁྱད་འཕགས་ལྡ་སྡེ་བཟང་སྐོགས་ཀྱིས་། [1]ཞེས་དང་། ཤྭ།ཨེ་མ་ཧོ། གླིང་བཞི་ཁྱད་པར་འཕགས་།། །།སྐྱོའ་འི་འཛམ་གླིང་ལགས་།། །།སོག་ག་ངོ་མཚར་ཆེ་།། །།ལྷ་ཆོས་དར་བར་ཤོག་།། །།གནས་རབ་ཁྱད་པར་འཕགས་།།རྒྱ་གར་རྡོ་རྗེ་ལགས་། །ཆོས་དགོར་ངོ་མཚར་ཆེ་། །ལྷ་ཆོས་རྒྱས་པར་ཤོག་། ༄༅།།སྟོན་པ་ཁྱད་པར་འཕགས་། ༄།།བཅོམ་ལྡན་ཤཱག་ཐུབ་ལགས་།༄། །ལྷ་ཆོས་ངོ་མཚར་ཆེ་། ༄།། །ཀུན་ལ་སྟོན་པར་ཤོག་། [2]ཅེས་པ་སོགས་ནི་སྟོན་པ་ཤཱཀྱ་ཐུབ་པའི་མཛད་རྣམ་ཐུང་ངུ་སྟེ། མིའི་རྒྱལ་པོ་སྟེ་ཟས་གཙང་དང་ཡུམ་སྒྱུ་མ་ལྷ་མཛེས་ལ་ཡོན་ཏན་དུ་མ་ལྡན་པའི་རྒྱལ་སྲས་དོན་གྲུབ་སྟེ་སྟོན་པ་ཤཱཀྱ་ཐུབ་པ་འཁྲུངས་ནས། དཀའ་བ་ལོ་དྲུག་སྤྱད་པའི་རྗེས་ལ་སྲིད་ལ་བདུད་རྣམས་བཏུལ་ཏེ་སངས་རྒྱས་ཀྱི་གོ་འཕང་བརྙེས། འཁོར་ལྡ་སྡེ་བཟང་པོ་ལ་ཆོས་སྐོར་གསུམ་གྱི་ནང་ནས་དང་པོ་བདེན་བཞིའི་ཆོས་བསྐོར་བའི་ལོ་རྒྱུས་དང་། རྒྱ་གར་གྱི་ཡུལ་ཏེ་སྟོན་པ་ཐོག་མར་སངས་རྒྱས་པའི་གནས་རྡོ་རྗེ་གདན། ཐེག་པ་ཆེན་པོའི་ཆོས་གསུངས་པའི་གནས་བྱ་རྒོད་ཕུང་པོ་རི། སེར་སྐྱའི་གྲོང་བཅས་ཀྱི་བཀོད་པ་བརྗོད་པ་སོགས་ཡིན། དེ་རྗེས་བོད་ཡུལ་གྱི་རི་རྒྱུ་ས་གཙང་གི་ཁྱད་ཆོས་དང་གསུང་རབ་འབྲི་བཞེངས་གནང་སའི་ཡུལ་

---

(1) ཙོན་ཀ་ཙུའི་ཤེར་ཕྱིན་གྱི་མཇུག་བྱང་།

(2) ཙོན་ཀ་ཙུའི་ཤེར་ཕྱིན་གྱི་མཇུག་བྱང་།

དེའི་ས་མིང་ས་གཞིས་ཏུ་ལག་གང་གི་ཁོངས་སུ་ཡོད་མེད་བཅས་ཀྱི་ཁྱད་ཆོས་ལ་བསྡུགས་པ་བརྗོད་པའི་བསྟོད་པ་ལ་ཕྱག་གཟུགས་སུ་བརྗོད་པ་སྟེ། ༄།།ཀྱེ་ཕྱི་སྣོད་འཇིག་རྟེན་འཁོར་བ་ཆགས་པའི་གཞི། །འཁོར་ལོ་རྩིབས་བརྒྱད་འདུ་བ་རྒྱང་གི་འོག། །པད་མ་འདབ་བརྒྱད་འདུ་བ་དོག་སའི་སྟེང་།། གནམ་ས་གཙུ་ཁ་སྦྱོར་ལྷ་བུའི་བར། །གླིང་མཆོག་ཛཱ་ཊ་ཏྲ་འདུ་མཛམ་བུའི་གླིང་། །རི་མཐོ་ས་གཙང་སྤུ་རྒྱལ་བོད་ཀྱི་ཡུལ། །དོག་ས་བཀོད་ལེགས་བཞུགས་ཡུལ་ལྷུང་དར་དུ། [1]ཞེས་དང་གླིང་གི་མཆོག་གྱུར་ལྷོའི་འཛམ་བུ་གླིང་། དགྲ་བཅོམ་བཞུགས་གནས་ཏི་སེ་གངས་ཀྱི་མགུལ། ཁྱད་པར་ཆུ་བོ་གང་འགའ་འབབ་པའི་གཡས་ཕྱོགས་འདིར། འཇིག་རྟེན་དབང་ཕྱུག་མི་དབང་པད་དཀར་ལྡེ། སྐྱེ་དགུའི་གཙུག་ན་ཕྱོགས་ལས་རྒྱལ་གྱུར་ཅིག། ཆོས་རྒྱལ་མངའ་འོག་ཞང་ཞང་ཡུལ་གྱི་དབུས། བདེ་བའི་འབྱུང་གནས་དགའ་ལྡན་ལྷ་ཡུལ་འདྲ། གནས་ཀྱི་མཆོག་གྱུར་རྒྱལ་ས་ཐྭེ་གར་དུ། [2]ཞེས་དང་ཀྱི་ལགས་། གླིང་བཞིའི་གླིང་མཆོག་ལྷོའི་འཛམ་བུའི་གླིང་། །རི་མཐོ་ས་གཙང་སྤུ་རྒྱལ་བོད་ཀྱི་ཡུལ། །ཁ་བའི་ཅན་ལྗོངས་བསྟན་པ་དར་བའི་གནས། །དགེ་བཅུ་འཛོམས་པ་གུ་གེ་སྟོ་སྟོད་ཡུལ། །ཆུ་བཞིའི་མཆོག་གྱུརད་འགའ་འགའ་དལ་འབབ། །ལྷུན་གྲུབ་ཡིད་འཛིན་ལྷ་ཡུལ་ལྟུམ་སྐྱིགས་སུ། །སྔོན་ཆེ་བསོད་ནམས་བསགས་པས་དལ་འབྱོར་མི་ལུས་ཐོབ།། [3]དང་།།༄༅།། ཀྱི་བསྐལ་པ་བཟང་པོ་ལགས་། ། ལྷ་ཆོས་ཁྱད་དུ་འཕགས་། །ཤག་ཐུབ་ངོ་མཚར་ཆེ་། ། ཡུལ་ཅིག་གཡུ་ཏུ་ལགས་། །དམྱལ་མོ་ཁྱད་དུ་འཕགས་།།མཚོ་དྲོ་ངོ་མཚར་ཆེ་། །ཞེས་པ་ལས་གསུང་རབ་དེ་བཞེངས་པའི་གནས་ནི་ས་སྐྱ་ཁྲི་དཔོན་གྱི་མངའ་འོག་ཏུ་ཡོད་པའི་ལྷུང་དར་དང་སྔོན་མངའ་རིས་ཀྱི་མངའ་ཁོངས་སུ་གཏོགས་པའི་ཡུལ་ཐེ་གར་དང་། ལྷོ་ཁ་ས་ཁྲུལ་ལྷུན་རྩེ་རྫོང་གི་གྲོ་མཁར་ཆོས་སྡེ་བཅས་ཀྱི་ས་གཞིས་དང་ཡུལ་བབ་ཀྱི་ཁྱད་ཆོས་བརྗོད་པ་དེ་ཡང་མཛད་བྱང་གི་སྨྲིག་གཞིའི་ཁྱད་ཆོས་ཡིན།

3 ཆ་ཡོན་གྱི་ཁྱད་ཆོས།

རིམ་པས་བཞིན་དད་པ་སྐྱོ་ངད་མེད་པའི་སྦྱིན་བདག་སྟངས་ཞལ་དང་གཉེན་ཉེ་འཁོར་གྱི་མཚན་དང་། སྲུས་ཚད་ཀྱི་ཡང་རྩེར་སོན་པའི་དམིགས་བསལ་གྱི་སྣག་ཤོག་དང་སྨོ་གསུམ་

(1) དཔལ་ས་སྐྱ་དགོན་དུ་བཞུགས་པའི་ཤེར་ཕྱིན་གྱི་མཇུག་བྱང་།
(2)【意】图齐著 魏正中 萨尔吉主编，《梵天佛地》上海古籍出版社 意大利亚非研究院。第三卷120页。
(3) མངའ་རིས་ས་ཁུལ་རྩ་མདའ་རྫོང་ལྷུན་གྲུབ་ཆོས་སྡེ་དགོན་དུ་བཞུགས་པའི་ཤེར་ཕྱིན་མཛད་བྱང་ཡིན།

ཐང་བཅད་ཁྲིམས་པའི་འདྲི་མཁན་དང་། ཆང་འཁྱུར་གཞུང་སྒྲོང་ཞུ་གཏུག་མཁན་ལ་སོགས་ཅི་ཞིག་འཛོམས་པ་དེ་དག་གི་མཚན་ནས་སྨོས་ཏེ། ཆ་ཡོན་འཛོམས་པའི་གསུང་རབ་དེའི་དམིགས་བསལ་གྱི་ཁྱད་ཆོས་དང་སྤུས་ཚད་འགན་ལེན་ཞུས་པ་དེ་ཡིན།། དཔེར་ན། །ཡུལ་ལས་ཁྱད་དུ་འཕགས་པ་འོན་གྱི་སྣ་ནམ་ས། །སའི་རྒྱ་མདུད་བཀྲ་ཤིས་ལྷ་གད་ན། །དཔའ་རྩལ་ཀྲོ་དྲག་འཛོམ་པ་བླས་ཏུ་ཁྱུ་ཅབ་འབར། །ཀྲོ་འཛངས་གསལ་གཞོག་འཕྱུང་བ་ཡོང་ཡོང་འགྲོ་མ་བཟའ། །ཆུང་ནས་ན་ལ་སུམ་རྒྱས་པ་ཀེ་དཔལ་གཙུག་ཏོར་སྐྱབས། །སྤྱོད་ལམ་ཡིད་དུ་འོང་བ་ངན་ཀེ་མེན་ཏོག་ཀེ། །དད་པ་སྐྱོ་ངས་མེད་པའི་ཡོན་དག་འཁོར་བཅས་རྣམས། །སྟོང་ཕྲག་བརྒྱ་པ་བཞེངས་པའི་བྱིན་རླབས་ཀྱིས། །བདེ་སྐྱིད་ཕུན་སུམ་ཚོགས་ཤིང་བྱང་ཆུབ་འཐོབ་པར་ཤོག། །སྟོང་ཁམས་ཁ་ལོ་བསྒྱུར་བའི་གླུས་ཏུ་ལྷ་དཔལ་དང་། །དགྲ་རྣམས་འདུལ་བའི་ནུ་བོ་ནམ་ཀ་དང་། །གཉེན་ལ་གདུང་སེམས་མཛད་པའི་ཡོན་དག་འཕགས་པ་སྐྱབས། །ཕ་སྤུན་ཕྱི་སྐོར་ནང་སྐོར་པོ་ཉེ་མོ་ཉེ་རྣམས། །ཟ་མ་ཟེ་ཆུང་བཟང་ངོ་དངོས་ཅག་རབ་ཏུ་ཀ།། རྐང་པོ་ཅི་ཚགས་ཤོག་བུ་ངོ་མཚར་ཆེ། །རྒྱའི་ཏོང་ཀུན་སྣག་ཚ་ངོ་མཚར་ཆེ། །དེབ་བས་དོན་དག་ཡིག་མཁན་ངོ་མཚར་ཆེ། །ཆུས་པ་ཉེ་སྒྲགས་ཡིག་དཔོན་ངོ་མཚར་ཆེ། །གཉེར་དང་ཞུ་ཏིག་བླ་མ་ཞང་གིས་མཛད། །སྐུ་དྲིན་ཆེ་ཡིས་ཡོན་བདག་དགྱེས་པར་སྐོངས།།པོ་ཏི་དེ་ལྟར་འབྲི་བ་ཞང་བརྩོན་དཀོན་ལ་འབར་།[1]ཞེས་པ་ལས་ཡོན་བདག་གི་མཚན་བརྗོད་པ་སྟེ།བླས་ཏུ་ཁྱུ་ཅབ་འབར། ཡོང་ཡོང་འགྲོ་མ་བཟའ། ཀེ་དཔལ་གཙུག་ཏོར་སྐྱབས། ངན་ཀེ་མེན་ཏོག་ཀེ་བཅས་དང་ཡོན་བདག་དེ་དག་གི་ཡོན་ཏན་སྟེ། དཔའ་རྩལ་ཀྲོ་དྲག་འཛོམས་པ། ཀྲོ་འཛངས་གསལ་གཞོག་ཆེ་བ། སྤྱོད་ལམ་ཡིད་དུ་འོང་བ་སོགས་བརྗོད་གནང་འདུག དེ་རྗེས་རིམ་པས་བཞིན་འབྲི་རྫས་ཀྱི་ཁྱད་ཆོས་བརྗོད་པ་སྟེ། རྐང་པོ་ཅིག་ཚགས་ཤོ་གུ་ངོ་མཚར་ཆེ། །རྒྱའི་ཏོང་ཀུན་སྣག་ཚ་ངོ་མཚར་ཆེ། །དེབ་བས་དོན་དག་ཡིག་མཁན་ཡིག་ངོ་མཚར་ཆེ། །ཆུས་པ་ཉེ་སྒྲགས་ཡིག་དཔོན་ངོ་མཚར་ཆེ། །གཉེར་དང་ཞུ་ཏིག་བླ་མ་ཞང་གིས་མཛད། ཞེས་ཀོང་པོ་ཁུལ་ནས་དྲངས་པའི་ཤོག་བུ་དང་། རྒྱ་ནག་གི་ཡུལ་ནས་དྲངས་པའི་སྣག་ཚ། དེ་ལས་ལྷག་པའི་སོར་མོའི་འདུ་བྱེད་ལ་མཁས་པའི་ཡིག་མཁན་ཆུས་པ་ཉེ་སྒྲགས། ཞུ་དག་བླ་མ་ཞང་གིས་གནང་

(1) འོན་ཀེ་ཏུར་བཞུགས་པའི་མངའ་བདག་མགོན་ནེའི་སྐུ་དུས་སུ་བཞེངས་པའི་མདོ་མངས་མཐོང་སྨོན་གྱི་མཛད་བྱང་ཡིན།

པ་སོགས་མཚན་ནས་བརྗོད་གནང་བའང་གསུང་རབ་དེ་འབྲི་བཞེངས་ཀྱི་སྨུས་ཀའི་འགན་ཁྲི་ཐྲག་ཏུ་འཁྱུར་པ་དེ་གསལ།

4 བསྔོ་བ་སྨོན་ལམ།

མཐར་མཇུག་ཏུ་དད་པ་སྐྱོ་ངད་མེད་པའི་ཡོན་བདག་དང་གཉེན་ཉེ་དང་། སྔོ་གསུམ་དད་པས་འབྲི་བའི་ཡིག་མཁན་དང་། ཁང་འགྱུར་གཞུང་སྲོང་ཞུ་གཏུག་མཁན་ལ་སོགས་པའི་མཚན་ནས་སྨོས་པའི་ཞོར་དུ། ཚེ་འདི་ཕྱི་གཉིས་ལ་ཕན་པའི་བསྔོ་བ་བཏབ་ཡོད་པ་ལས། ཚེ་འདིར་བསྔོ་བ་ནི་སྟོང་ཕྲག་བརྒྱ་པ་བཞེངས་པའི་བྱིན་རླབས་ཀྱིས། །བདེ་སྐྱིད་ཕུན་སུམ་ཚོགས་ཤིང་བྱང་ཆུབ་འཐོབ་པར་ཤོག་ཅེས་དང་དགེ་བ་འདི་ཡིས་ཡོན་མཆོད་བདེ་ལེགས་ཤོག [1]ཅེས་པས་ཚེ་འདིར་ཡོན་བདག་ལྷན་རྒྱས་བདེ་སྐྱིད་ཕུན་སུམ་ཚོགས་པ་ཡོང་བར་སྨོན་ནོ། ཡང་ཀྱི་འཛངས་གཤིན་ལྷན་པ་དང་གུས་རྒྱན་གྱིས་སྤྲས། །སྲིད་འདྲེན་སྐྱོང་དང་རྒྱན་ཚག་སྲོལ་གཉིས།། ཞབ་ཏེག་སྐྱོ་ངང་མེད་པས་མཆོད་མཆོ་མཉེས། །བཞིན་འཛུམ་མདངས་ལྡན་ཡོན་བདག་མོ་ལ་བསྟོད། །དགེ་བ་འདི་ཡིས་ཡོན་མཆོད་འཁོར་རྣམ་བཅས། །ཟླ་ན་མེད་པའི་འབྲས་བུ་ཐོབ་པར་ཤོག [2]ཅེས་དང་དཔེ་ཆོས་འདི་བཞེངས་བསོད་ནམས་ཆེན་པོ་ཡིས།། ཡོན་མཆོད་དཔོན་གཡོག་དང་བཅས་པ་དང་།། ཟ་མ་དགེ་འདུད་ཞབས་ཏོག་མཛད་པ་དང་།། ནམ་མཁའི་མཐའ་ཁྱབ་སེམས་ཅན་མ་ལུས་པ་ཀུན།། རང་བཞིན་རྣམ་དག་ཆོས་དབྱིངས་ཟབ་མོ་ནས།། བདེ་བ་ཆེན་པོའི་ཆོས་སྐུ་ཐོབ་པར་ཤོག།། ཉིང་འཛིན་རྣམ་དག་གཡེང་བ་མེད་པ་ནས་ཡོན་ཏན་རབ་རྫོགས་ལོངས་སྐུ་ཐོབ་པར་ཤོག།། སྤྱོད་པ་རྣམ་དག་ཟག་པ་མེད་པ་ནས།། སྨོན་ལམ་རབ་རྫོགས་སྤྲུལ་སྐུ་ཐོབ་པར་ཤོག།། སྐུ་གསུམ་ཐོབ་ནས་གཞན་དོན་བྱེད་པར་ཤོག།།[3]ཅེས་དང་འབུ་ཐ་ཡ་།།[4]ཞེས་པས་ཚེ་ཕྱི་མ་བྱང་ཆུང་ངམ་སྐུ་གསུམ་གྱི་གོ་འཕང་འཐོབ་ནས་འགྲོ་དོན་ཡོང་བའི་རེ་སྨོན་བཏབ་པ་དེ་གསལ། བསྔོ་སྨོན་དེ་ཡང་གསུང་རབ་དེ་བཞེངས་ཀྱི་ཡོན་བདག་གཅིག་པུ་མ་ཡིན་པར་དཔོན་གཡོག་དང་ནམ་

(1) དཔལ་ཞ་ལུའི་གཙུག་ལག་ཁང་དུ་བཞུགས་པའི་བཀའ་འགྱུར་གསེར་བྲིས་མའི་མཛད་བྱང་ཡིན།

(2) དཔལ་ས་སྐྱ་དགོན་དུ་བཞུགས་པའི་གསུང་རབ་བྲིས་མའི་མཛད་བྱང་ཡིན།

(3) དཔལ་ཞ་ལུ་དགོན་དུ་བཞུགས་པའི་བཀའ་འགྱུར་གྱི་མཛད་བྱང་ཡིན།

(4) དཔལ་ས་སྐྱར་བཞུགས་པའི་ཤེར་ཕྱིན་པོད་ག་པའི་མཛད་བྱང་ཡིན།

མཁའི་མཐར་ཁྱབ་སེམས་ཅན་མ་ལུས་ཀུན་ཡང་བདེ་བ་ཆེན་པོའི་ཆོས་སྐུ་ཐོབ་པར་ཤོག་ཅེས་པས་ཐེག་ཆེན་གྱི་དགོངས་དོན་ཡིན་པར་སེམས། བསྔོ་སྨོན་ནི་ཆོས་སྐུ་ཐོབ་པར་ཤོག་དང་། སྐུ་གསུམ་ཐོབ་པར་ཤོག བླ་མེད་བྱང་ཆུབ་ཐོབ་པར་ཤོག སངས་རྒྱས་ཤོག རྒྱལ་བའི་ཡུམ་ལ་གུས་པས་སྐྱབས་སུ་མཆིའོ། [1]ཞེས་པ་ལྟ་བུའོ།

5 མཇུག་བསྡུའི་ཚིག

མཛད་བྱང་གི་གཞུང་དོན་ཡོངས་སུ་རྫོགས་ཟིན་པའི་མཚམས་དེར་དགའ་འཐོད་ཀྱི་ཚིག་གམ་བཀྲ་ཤིས་པའི་ཚིག་ཡང་བརྗོད་ཀྱི་འདུག དུས་རབས་12ཡར་སྔོན་གྱི་མཇུག་བྱང་གི་བསྡུ་ཚིག་ཏུ་ཏ་ཏ་དང་ཏེ་ཏེ། །ཏེ་ཏེ་ཀྲ་ཤིས།། [2]ཞེས་དང་དང་མནྜ་ལམ། སརྦ་མནྜ་ལཾ།། ནཱ་མོ་འབུད་དྷཱ་ཡཱ། ནཱ་མོ་དྷརྨ་སྣཱ་ཡཱ། ནཱ་མོ་སང་གྷཱ་ཡཱ། [3]ཞེས་པ་ལྟ་བུའི་ཚིག་བྲིས་འདུག དེ་དག་འབྲི་དོན་ནི་ང་རང་གི་བསམ་ཚུལ་ལྟར་ན། གསུང་རབ་གང་ཞིག་འབྲི་བཞེངས་གནང་རུང་དད་པ་སྐྱེ་དད་མེད་པའི་ཡོན་བདག་དང་། སྒོ་གསུམ་དད་པས་འབྲི་བའི་ཡིག་མཁན་དང་། ཀ་ང་འཁྱེར་གཞུང་སྲོང་ཞུ་གཏུག་མཁན་ལ་སོགས་པས་གཞུང་དེ་ལེགས་གྲུབ་ཡོང་བའི་འགན་འཁྲི་ཞིེད་པོ་ཞིག་འཁུར་དགོས་ཀྱི་ཡོད་པའི་རྒྱུ་མཚན་གྱིས་ཡིན། དེ་ལྟར་བརྗོད་དོན་ཏུན་ཧོང་ནས་ཐོན་པའི་ཤོག་རོ་དེ་དག་ལས་སྒོ་གསུམ་དད་པས་འབྲི་མཁན་གྱི་ཡིག་མཁན་དང་ཀ་ང་འཁྱེར་གཞུང་སྲོང་ཞུ་གཏུག་མཁན་ལ་རེ་བ་ནན་པོ་ཅི་ཞིག་སྟོན་ཡོད་པ་དེ་ལས་ཤེས་ལ། ད་དུང་གསོ་རིག་སྐོར་དཔྱལ་གྲི་མའི་མཇུག་བྱང་ལས། ཤིན་ཏུ་ཆེ་བའི་གླེགས་བམ་འབྲི་བའི། བྲིས་པ་དེ་ནམས་འོ་རྒྱལ་ཆེ་ལུགས། མང་པོ་བཤད་ཀྱང་ལེགས་པོ་མི་སྣང་། བགྲིས་དཔལ་འབྱོར་མཁས་ཡུས་ཆེའོ། ཏཏ། [4]ཞེས་བྱུང་བ་དེ་ནི་ཡིག་མཁན་བཀྲ་ཤིས་དཔལ་འབྱོར་གྱིས་སྐབས་དེའི་ཡིག་མཁན་དག་གི་སེམས་ཀྱི་ཁུར་པོ་ཅི་ཙམ་ཞིག་བཞེས་ཡོད་པ་སྟེ། བྲིས་པ་དེ་ནམས་འོ་རྒྱལ་ཆེ་ལུགས་མང་པོ་བཤད་ཀྱང་ལེགས་པོ་མི་སྣང་ཞེས་པ་དེས་གསལ་བཤད་གནང་འདུག དད་པ་སྐྱེ་དད་མེད་པའི་ཡོན་བདག་གི་ངོས་ནས་འཆད་ན་ཡང་གཞུང་པོད་བརྒྱ་དང་ཉིས་བརྒྱ

(1) ར་ལུང་དགོན་དུ་བཞུགས་པའི་བོད་ཁ་པའི་གསུང་རབ་བྲིས་མའི་མཛད་བྱང་ཡིན།

(2) འོན་ཀེ་ཅུར་བཞུགས་པའི་ཤེར་ཕྱིན་བྲིས་མའི་མཛད་བྱང་ཡིན།

(3) འོན་ཀེ་ཅུར་བཞུགས་པའི་ཤེར་ཕྱིན་བྲིས་མའི་མཛད་བྱང་ཡིན།

(4) བོད་ལྗོངས་གསོ་རིག་སློབ་གླིང་དུ་བཞུགས་པའི་དཔྱལ་བྲི་མའི་མཛད་བྱང་ཡིན།

སྐོར་བྲིས་བཞེངས་གནང་དུས་དེར་ཉེར་མཁོའི་སྨུག་ཤོག་དང་ན་བཟའ་སྐུ་རགས། གླེགས་ཤིང་། གདོང་དར་བཅས་ཀྱི་རྒྱུ་འགྲོ་དང་ཡིག་མཁན། ཞུ་དག་མཁན་གྱི་གླ་ཆ་སོགས་ཕྱོགས་གང་ཅིའི་ཐད་ནས་འགན་ཁུར་དགོས་ཀྱི་ཡོད་ཙང་སེམས་ལ་དཔལ་འབྱོར་གྱི་ཐད་ནས་འཁུར་ཁྲིད་པོ་ཞིག་ཡོད་པས་ཡིན། གལ་ཏེ་གཞུང་དེ་བདེ་བླག་ངང་ནས་ལེགས་སྒྲུབ་ཐུབ་ན་དད་པ་སྐྱོ་དད་མེད་པའི་ཡོན་བདག་དང་། སྒོ་གསུམ་དད་པས་འབྲི་བའི་ཡིག་མཁན་དང་། རྐང་འཁྱུར་གཞུང་སྦྲོང་ཞུ་གཏུག་མཁན་བཅས་སེམས་གཉིང་ནས་དགའ་འོས་པའི་འཛོད་སྣ་ཞིག་ཐོན་པ་དེ་ཏེ་ཏེ་དང་ཏ་ཏ་སོགས་དགའ་འཛོད་ཀྱི་སྒྲ་དེ་རང་བཞིན་གྱིས་བྱུང་བར་མངོན།

ལེའུ་བརྒྱད་པ། གནའ་དཔེ་དཔར་མའི་སྐོར།

གཅིག དཔར་མའི་བྱུང་བ།

བོད་ཀྱི་ཡུལ་འདིར་ཤིང་དཔར་གྱི་རིག་པ་དེ་དུས་ནམ་ཞིག་དར་ཡོད་མེད་ཀྱི་ཁ་ཆོན་གཅོད་དཀའ་ཡང་། དཔར་གྱི་ལག་རྩལ་དེ་ནི་མཐོ་བོད་བཙན་པོའི་སྐབས་ནས་དར་བ་ཞིག་ཏུ་སྣང་། གང་ལགས་ཞེས་ན། གཅིག་ནས་སྐབས་དེའི་རིག་གནས་ཀྱི་ཁོར་ཡུག་ལ་བལྟས་ན་ད་ལྟ་རང་རེ་རྣམས་ཀྱི་དངོས་སུ་མཐོང་ཐུབ་པའི་མཐོ་བོད་བཙན་པོའི་དུས་རབས་སུ་འབྲི་བཞེངས་གནང་བའི་ཏུན་ཧོང་གི་ཡིག་ཆ་སྟེ། རྒྱ་ཤ་བཅུ་པའི་བུ་མོ་འཁྲོག་མི་ཆོག་ཅེས་པའི་དཔེ་རྙིང་དེའི་སྟེང་དུ་བཞག་པའི་ཐམ་ག་དེའི་ཁ་རིས་ནི་ཁྲི་གཤོག་པ་ཅན་དང་དེའི་མཚན་བྱང་དུ་ཁྲིམ་ག་ཆེན་པོ་ནས་བླ་རྟགས་བཀྱེའོ་ཞེས་དང་ད་དུང་ཐམ་གའི་ཁ་རིས་དེ་འདྲ་བ་ཞིག་སྟེ་རྟ་གཤོག་པ་ཅན་དེའི་སྟེང་དུ་ཕོ་ཉ་ཞིག་བཞོན་པ་སྟེ་རྟ་ཕུར་པོ་ཉའི་ཐམ་ག་ཞེས་པ་དེ་ཡིན། དེའི་སྐོར་ལ་བོད་རིག་པའི་ཞིབ་འཇུག་པ་རྣམས་ཀྱིས་དེ་ནི་ང་ཚོའི་སེམས་ཀྱི་

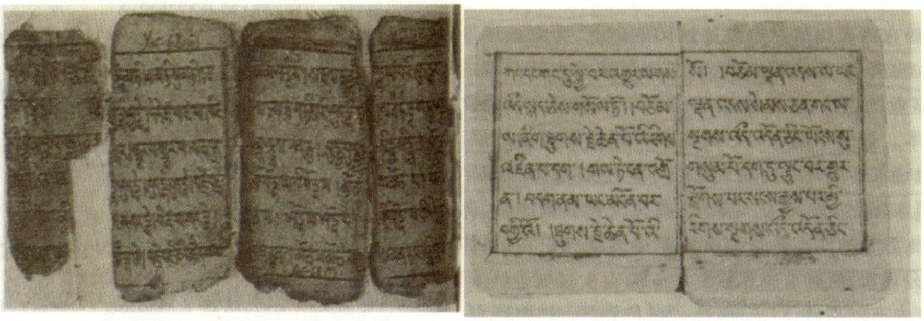

དུས་རབས་11-12སྐབས་ཀྱི་མི་ཉག་གི་ས་འོག་ནས་ཐོན་པའི་གནའ་དཔེ་དཔར་མའི་དཔེ་རིས།

གཏིང་དུ་གནས་པའི་ཤིང་བརྐོས་རི་མོའི་དཔར་མ་ཞིག་དང་འདྲ་བར་དུས་ཡུན་རིང་པོ་དེ་འདྲའི་སྔོན་གྱི་བརྐོས་ཀྱི་སྒྱུ་རྩལ་ལ་ཧ་ལས་བྱུང་[1]ཞེས་གསུངས་པ་ལ་བརྟག་ན། ཐམ་གའི་ཁ་རིས་སུ་བརྐོས་ཀྱི་ལག་རྩལ་ལ་བརྟེན་ནས་རི་དྭགས་ཀྱི་གཟུགས་བརྙན་དང་བོད་ཡིག

(1)西部西藏的文化历史 中国藏学出版社2008年版，35页。

བཀོ་སྒྲོལ་བྱུང་ཡོད་པ་དེ་དག་ལས་བོད་ལ་དཔར་བཀོ་བའི་ལག་རྩལ་དེ་དར་ནས་ལམ་བུ་ཡུན་རིང་ཞིག་ཕྱིན་ཟིན་པ་ང་ཚོས་ཤེས་ཐུབ། ད་དུང་དུས་རབས་8-10པའི་ནང་དུ་བྱུང་བའི་བོད་ཀྱི་སྤྱི་ཚོགས་དང་དཔལ་འབྱོར། ཆོས་ལུགས་ཀྱི་ནང་དོན་འཁོད་པའི་རྫ་རིང་དང་རྩང་གི་ཡི་གེ་དག་ལ་དཔགས་ན་ཡང་། དེ་དག་ཚང་མ་བོད་ཀྱི་གནའ་རབས་ཀྱི་གནས་ཚུལ་བཀོད་པའི་རྫ་བཀོས་ཡི་གེ་དང་ལུགས་སུ་བླུགས་ནས་བཞེངས་པའི་དྲིལ་བུ་ཤ་སྟག་ཡིན་གཤིས། དེ་དག་གི་སྟེང་དུ་བཀོས་བཞེངས་གནང་བའི་ལག་རྩལ་གྱི་ཆུ་ཚད་ལས་དཔར་བཀོ་བའི་ལག་རྩལ་དེ་དར་ཟིན་པ་དངོས་རིགས་དང་གཞུང་ཁུངས་ནི་བོད་ཀྱི་ལོ་རྒྱུས་དེབ་ཐེར་ཁག་ལས་བོད་རྒྱལ་ལྷ་ཐོ་ཐོ་རི་གཉན་བཙན་སྐབས་སུ་མདོ་སྡེ་ཟ་མ་ཏོག་དང་། མ་ཎི་ཡིག་དྲུག་དང་ཙིནྟ་མ་ཎིའི་བཀོས་ཕོར་སོགས་བྱུང་ཞེས་པས་ཀྱང་འགྲེལ་ཐུབ་པ་ཞིག་ཡིན། ལྷག་དོན་དུ་ཏུན་ཧོང་གི་ཡིག་རྙིང་ཕྲེད་དུ་བཞུགས་པའི་pt1096རེ་མོ་མཁན་ལ་བན་འབྲི་བའི་ལས་འགན་སྤྲད་པའི་སྐོར་ཞེས་པའི་ཡིག་རྙིང་དེའི་ནང་དོན་ལའང་གཞིགས་ན། བན་ཞེས་པ་དེ་བོད་སྐད་དུ་སྒོ་བན་ཞེས་པ་སྟེ་སྒོའི་སྟེང་དུ་བཀལ་བའི་ཤིང་སྟེ་ནང་དོན་ཁང་པའི་མིང་སོགས་འབྲི་བཀོས་བྱས་པའི་ཤིང་ལེབ་ཞིག་ཡིན། འབྲི་བ་ཞེས་པ་ནི་ཤིང་ལེབ་དེའི་སྟེང་དུ་སྦྲུ་གུས་ཡི་གེ་བྲིས་པ་ཞིག་ཡིན་གཤིས། དེས་ན་ཤིང་ལེབ་གྱི་སྟེང་དུ་ཡི་གེ་འབྲི་བའི་ལག་རྩལ་དེ་དུས་རབས་9པའི་གོང་ནས་བོད་ལ་ཡོད་པའི་ངེས་ཤེས་བརྟན་པོ་རྙེད། དེ་རྗེས་མངའ་རིས་ས་ཁུལ་གྱི་མཆོད་རྟེན་ཁག་གི་གཟུངས་བཞུགས་སུ་ཕུལ་བའི་ཚ་ཚ་དེ་དག་ནི། དུས་རབས་10-11པར་དཔར་དུ་བཏབ་པའི་ཚ་ཚ་ཤ་སྟག་ཡིན། ཚ་ཚ་དེ་དག་གི་སྟེང་དུ་མཆོད་རྟེན་ཕུད་པའི་ད་དུང་ལེགས་སྦྱར་གྱི་ཡི་གེ་དང་བོད་ཡིག་དབུ་ཅན་བྱུང་ཡོད་པ་བཅས་ལས། དུས་རབས་11པའི་གོང་ནས་བོད་ཀྱི་ཡུལ་དུ་དཔར་བཀོ་བའི་ལག་རྩལ་དེ་བྱུང་ཟིན་པ་གོང་གི་སྐད་ཆ་དེ་དག་ལས་དེ་བས་ངེས་འཛིན་གསལ་པོ་བྱུང་། དུས་རབས་11པའི་བོད་ཡིག་དཔར་མ་ནི་མི་ཉག་ནས་ཐོན་པ་འདི་ལྟར་ཡིན། [1]མི་ཉག་རྒྱལ་རབས་ནི་དུས་རབས་11-13དེང་སང་གི་ཉིང་ཤ་དང་ཀན་སུའུ། རྫན་ཤི། ནང་སོག་བཅས་ཀྱི་ནུབ་ངོས་སུ་བཙུགས་པའི་བགས་བཀོད་རྒྱུད་འཛིན་གྱི་རྒྱལ་ཁབ་ཅིག་ཡིན། གོང་གི་གནའ་དཔེ་དེ་ནི་མི་ཉག་གི་ཁྲོ་ཆུ་གྲོང་（西夏黑水城）གི་ས་འོག་ནས་རྙེད་སོན་བྱུང་བའི་བོད་ཡིག

(1)史金波，黄润华著《少数民族古籍版本》江苏古籍出版社，2003年8月。第112页。

དཔར་མའི་གྲས་ཤིག་ཡིན། མི་ཉག་ནི་དེ་སྔ་སི་ཁྲིན་དང་མཚོ་སྔོན། ཀན་སུའུ་ཞིང་ཆེན་གྱི་འབྲེལ་མཚམས་སུ་འཁྲིག་ལས་གཙོ་གཉེར་མཁན་གྱི་མི་རིགས་ཤིག་སྟེ། སྤྱི་ལོའི་དུས་རབས་7-9་པའི་ནང་དུ། ནུབ་ཕྱོགས་སྟོབས་ཤུགས་མངའ་ཐང་རྒྱས་པའི་མཐོ་བོད་རྒྱལ་རབས་ཀྱིས་བཙན་འདེད་འོག ལ་སླུང་མང་པོ་བརྒལ་ཏེ་བྱང་ཕྱོགས་ཀྱི་ཀན་སུའུ་དང་ཉིང་ཤ་རྒྱུད་དུ་སྤོས་ཏེ་འཚོ་སྡོད་བྱས། དུས་རབས་13པའི་ནང་དུ་མངའ་ཐང་རྒྱས་པའི་སོག་པོས་དུས་ཡུན་བགྲང་བྱ་ཉི་ཤུ་ལྷག་ཙམ་གྱི་དཔུང་འཇུག་ཡུལ་འགྱེད་བྱས་སྐབས་མཐར་མིང་གི་ལྷག་མ་ཙམ་དུ་ལུས། གོང་གི་གསུང་རབ་དེ་ནི་མི་ཉག་གི་ཁྲི་རྒྱ་གྲོང་ནས་རྙེད་སོན་བྱུང་བའི་བོད་དཔེ་དཔར་མ་ཞིག་སྟེ་རྒྱལ་མཚན་རྩེ་མོའི་དཔུང་རྒྱན་ཞེས་པ་དེ་ཡིན། ཤོག་དཔེ་དེའི་ཞིང་ཚད་ལ་ལི་སྨིད་7.4དང་ཡིག་ཕྲེང་དྲུག་ཅན་ཞིག་ཡིན། དེའི་རྒྱབ་ངོས་སུ་མི་ཉག་གི་ཡི་གེ་བྲིས་ཡོད་[1]ཅེས་གསུངས་པ་ལ་གཞིགས་ན། རྒྱལ་མཚན་རྩེ་མོའི་དཔུང་རྒྱན་ནི་རྒྱལ་པོ་ཁྲི་སྲོང་གི་སྐུ་དུས་པཎྜི་ཏ་ཛཱ་ན་མི་ཏྲ་དང་། དཱ་ན་ཤཱི་ལ། ལོ་ཙཱ་བ་བནྡེ་ཡེ་ཤེས་སྡེ་རྣམས་ཀྱིས་བསྒྱུར་བ་དང་དཀར་ཆག་འཕང་ཐང་མའི་ནང་གི་གཟུངས་སྔགས་ཆེ་ཕྲ་སྣ་ཚོགས་ཀྱི་སྐོར་ལ། འཕགས་པ་རྒྱལ་མཚན་རྩེ་མོའི་དཔུང་རྒྱན། ཤུ་ལོག་བཞི་བཅུ་ཞེས་[2]འཁོད་འདུག་པ་ལས། དེ་ནི་བོད་ཀྱི་རྒྱལ་པོ་ཁྲི་རལ་པ་ཅན་གྱི་ཡར་སྔོན་ནས་བོད་དུ་བསྒྱུར་གྲུབ་ཟིན་པའི་གསུང་རབ་ཅིག་ཡིན་པ་སེམ་ཉེ་ལས་འདས། འོ་ན་མི་ཉག་རྒྱལ་རབས་སུ་བོད་དཔེ་ཡོང་དགོས་དོན་ཅི་ཡིན་ཞེས་ན། དུས་རབས་11པར་བོད་རིགས་དང་མཛའ་འབྲེལ་ལན་མང་གནང་བ་ལ་བརྟེན་བོད་བརྒྱུད་ནང་བསྟན་དར་རྒྱས་ཆེ་བའི་རྐྱེན་གྱིས། མི་ཉག་ཁུལ་དུ་ཡང་བོད་ཀྱི་རིག་གནས་རིམ་པས་བཞིན་སྤྱུམ་ས་ལ་འཐིམ་པ་བཞིན་དར་ཁྱབ་བྱུང་། བོད་ཡིག་ལ་མི་ཉག་གི་ཕ་སྐད་དང་རྒྱ་ཡིག་ཇི་བཞིན་བེད་སྤྱོད་ཆེན་པོ་མེད་ཀྱང་། མི་ཉག་གི་གནའ་ཤུལ་ཁྲོད་ནས་བོད་དཔེ་མི་ཉུང་བ་ཞིག་རྙེད་སོན་བྱུང་བའི་བོད་དཔེ་དཔར་མ་དེའི་བཀོས་དག་པའི་ཡིག་གཟུགས་དང་བཀོས་ཀྱི་ལག་རྩལ་འགྲོངས་ལོས་སོགས་ལས། དཔར་གྱི་ལག་རྩལ་དར་རྒྱས་བྱུང་ནས་ལམ་བུ་ཡུན་རིང་ཞིག་བགྲོད་ཟིན་པ་ཤེས་ཐུབ་ལ། ད་དུང་བོད་ཀྱི་གནའ་རྫས་དང་སྒྱུ་རྩལ་ཞེས་པའི་ནང་དུ་མཁས་པ་ལ་ལས་བོད་བརྒྱུད་ནང་བསྟན་མི་ཉག་དུ་དར་ཁྱབ་སོང་བའི་དངོས་དོན་དང་། མི་ཉག་གི་ཁྲི་རྒྱའི་གྲོང་གི་འཛུགས་སྐྲུན་ལོ་ཚིགས་བཅས་

(1)史金波，黄润华著《少数民族古籍版本》江苏古籍出版社，2003年8月。第112页。

(2) བོད་སྔོངས་རྟེན་རྫས་བཤམས་མཛོད་ཁང་དུ་བཞུགས་པའི་དཀར་ཆག་འཕང་ཐང་མ། བྲིས་མའི་མཛད་བྱང་ལས་དྲངས།

ལ་གཞིགས་ཏེ། ཐང་གའི་བརྩམས་ཆོས་ཁག་གི་ལོ་ཚིགས་ཕལ་ཆེར་དུས་རབས་11-12་སྔོན་དུ་འཕབ་ཀྱི་འདུག་ཅེས་གསུངས་པ་ལྟར་ན་བོད་ཡིག་དཔར་མ་དེ་དག་ནི་དུས་རབས་11-12བར་གྱི་དཔར་མ་ཡིན་པར་ངེས། ད་ལྟ་ང་ཚོས་དུས་རབས་གཏན་འཁེལ་བའི་དཔར་མ་སྔ་1284ལོར་དཔར་དུ་བོད་ཉིས་བརྒྱ་བཏབ་པའི་ས་པཎ་གྱི་ཚད་མ་རིགས་གཏེར་རྩ་འགྲེལ། ཏེ་ཕྲི་བླ་མ་གྲགས་པ་འོད་ཟེར་(1294-1303)གོང་མའི་ཏེ་ཕྲི་གནང་རེད་ང་། ཐེག་པོ་ཆེན་པོ་མདོ་སྡེ་རྒྱན་དང་། དབུ་མ་རྩ་བ་ཤེས་རབ་དང་། མངོན་པ་ཀུན་ལས་བཏུས་པ་དང་། མངོན་པ་མཛོད་དང་། ཚད་མ་རྣམ་པར་ངེས་པ་དང་། རིགས་གཏེར་རྣམ་དཔར་དུ་བསྒྲུབས་ཤིང་། རེ་རེ་ལ་དཔར་ཐོད་བཞི་བརྒྱ་བཏབ་པ་དེ་དག་དང་། 1298ལོར་དཔར་དུ་བཏབ་པའི་རྒྱུད་ཀྱི་རྒྱལ་པོའི་དུས་འཁོར། 1299ལོར་དཔར་དུ་བཏབ་པའི་ཐེག་པ་ཆེན་པོའི་མདོ་རྒྱན། 1311ལོར་དཔར་དུ་བཏབ་པའི་ཡན་ལག་བརྒྱད་པའི་སྙིང་པོ་བཅས་ནི་ཡོན་གྱི་ཏེ་ཕྲི་ཁག་གི་སྐུལ་སློང་ལས་ཡོན་གྱི་རྒྱལ་པོ་དང་བཙུན་མོ་རྣམ་པས་སྦྱིན་བདག་གནང་སྟེ་ཡོན་གྱི་རྒྱལ་སར་དཔར་དུ་བཏབ་པ་དེ་དག་ཡིན། བོད་ཀྱི་མཁས་པ་རྣམས་ཀྱི་གོང་གི་དཔར་མ་དེ་དག་ལ་ཧོར་དཔར་ཞེས་ཀྱང་བརྗོད་གནང་གི་འདུག ལ་སྟོད་ཤེལ་དཀར་དུ་སི་ཏུ་ཆོས་རིན་གྱི་དགོངས་རྫོགས་སུ་སྲས་ལྷ་བཙན་སྐྱབས་ཀྱི་སྤྱི་ལོ་1407ལོར་དཔར་དུ་བཏབ་པའི་མངོན་རྟོགས་རྒྱན་གྱི་འགྲེལ་པ་དོན་གསལ་དཔར་མ་སྙོར་ཐེག་ཅན། འདི་ནི་བོད་རང་སྐྱོང་ལྗོངས་ཀྱི་ས་ཁུལ་ནས་རྙེད་སོན་བྱུང་བའི་དཔར་མ་རྙིང་ཤོས་ཤིག་ཡིན། མིང་ཡུང་ལོའི་1410 (明永乐)ལོར་དཔར་བཏབ་པའི་བཀའ་འགྱུར་དཔར་མ་ད་ལྟ་ཕོ་བྲང་པོ་ཏ་ལ་དང་སེ་ར་དགོན་སོགས་ཀྱི་ནང་དུ་བཞུགས་པ་དེ་ཡིན། དེ་རྗེས་སྤྱི་ལོ་1428ལོར་དཔར་དུ་བསྐོས་པའི་རྗེ་ཙོང་ཁ་པ་བློ་བཟང་གྲགས་པའི་འགྲེལ་པ་བཞི་སྦྲགས་དང་སྤྱི་ལོ་1426ལོར་གོང་དཀར་སྡེ་པ་བཞི་འཛོམས་(1371-1445)ཀྱིས་དཔར་དུ་བཏབ་པའི་རྗེ་ཙོང་ཁ་པ་བློ་བཟང་གྲགས་པའི་སྔགས་རིམ་ཆེན་མོ། དེ་རྗེས་གོང་དཀར་རྡོ་རྗེ་གདན་པ་ཀུན་དགའ་རྣམ་རྒྱལ་ལམ་གྲ་ལྷའི་རྒྱལ་པོས་(1432-1496)(དཔོན་ཆེན་གྲ་ལྷ་བ་ཡང་ཞུ)སྦྱིན་བདག་གནང་སྟེ་གོང་དཀར་རྫོང་གི་གཤམ་འོག་གནའ་རབས་སྒྲེའུ་ཞིང་དང་རྒྱལ་གྲུབ་གླིང་སོགས་སུ་དཔར་དུ་བཞེངས་པའི་ས་སྐྱ་གོང་མ་རྣམ་ལྔའི་གསུང་འབུམ་དང་རྗེ་ཙོང་ཁ་པ་བློ་བཟང་གྲགས་པའི་སྔགས་ཕྱོགས་ཀྱི་གསུང་ཕལ་པོ་ཆེ་ཡིན། དཔར་མ་དེ་དག་ལ་བོད་ཀྱི་གསུང་རབ་སྣ་

པའི་དབང་པོ་རྣམས་ཀྱིས་དཀའ་ལྡན་དཔར་རྙིང་ཞེས་ཀྱང་བརྗོད་གནང་གི་འདུག སྤྱི་ལོ་1533ལོར་མངའ་རིས་གུང་ཐང་ཁུལ་དུ་དཔར་དུ་བཏབ་པའི་ཀུན་མཁྱེན་ཀློང་ཆེན་རབས་འབྱམས་པའི་ཐེག་མཆོག་མཛོད་དང་སྤྱི་ལོ་1546ལོར་དཔར་དུ་བཏབ་པའི་བོ་དོང་པཎ་ཆེན་གྱི་སྐྱེས་བུ་གསུམ་གྱི་ལམ་རིམ་རྒྱས་པ་ཁྲིད་དུ་སྦྱར་བ་སོགས་དང་། དེ་མིན་རྒྱལ་རབས་ཁྲི་རྣམ་རྒྱལ་ལྡེས་གཙང་སྨམ་པོ་ཆེར་སྨན་རྒྱུད་ཡན་ལག་བརྒྱད་པ། མ་ཎི་བཀའ་འབུམ། ཨོ་རྒྱན་གྱི་ཐང་ཡིག མི་ལའི་བཀའ་འབུམ་རྣམས་གླེགས་བམ་གྲངས་མེད་སྤེལ་བའི་ཕྱིར་དཔར་དུ་བཏབ་པའི་གུང་ཐང་དཔར་མ།[1]ཞེས་པ་དང་སྤྱི་ལོ་1608-1621པར་དཔར་དུ་བཏབ་པའི་བཀའ་འགྱུར་འཇང་དཔར་མ་ཆབ་མདོ་འགྲོ་འདྲེན་དགོན་དུ་བཞུགས་པ་སོགས་དུས་རབས་ཀྱི་དཔེ་མཚོན་ཙམ་གུང་བསྒྲིགས་ཏེ་བཤད་པ་ཡིན། མདོར་ན་དུས་རབས་15ནས་བཟུང་གངས་ཅན་གྱི་ལྗོངས་འདིར་སྔོན་གྱི་མཁས་པ་གནམ་གྱི་ས་བཀབ་པ་དག་གི་གསུང་པོད་ལག་བྲིས་སམ་རེག་ཟིག་རྣལ་མ་དག་ལ་མ་དཔེ་བཅོལ་གནང་ཏེ་དཔར་ཤིང་དུ་བཏབ་པ་ལས། རིམ་པས་བཞིན་ཆར་ཤུལ་རྗེས་ཀྱི་ཤ་མོ་ཐེ་བཞིན་དཔར་གྱི་རིག་པ་དེ་ས་ཁྱབ་རྫོ་ཁྱབ་ཏུ་སོང་།

གཉིས། དཔར་བྱང་གི་མཚན་ཉིད་དང་དགོས་པ།

ད་ནི་དཔར་བྱང་གི་དོན་ལ་བབས་པས་ན། ཐོག་མར་དཔར་བྱང་ཞེས་པ་ནི་དཔར་བྱང་སྨོན་ཚིག་ལ་ཟེར་གྱི་ཡོད། བོད་ཀྱི་གསུང་རབ་ལ་ཐུན་མོང་མ་ཡིན་པའི་ཁྱད་ཆོས་འབུར་དུ་ཐོན་པ་ཞིག་ཡོད་པ་དེ་ནི་གསུང་རབ་དེ་ཆ་ཡོངས་སུ་རྫོགས་ནས་གསུང་རབ་དེ་མ་དཔེར་བཟུང་སྟེ། དེ་དག་དཔར་པས་དཔར་ཤིང་ལ་བརྐོ་བའི་སྐབས་སུ་སྐྱེས་ཆེན་དམ་པ་ཞིག་གིས་ཚོགས་བཅད་ཀྱི་ལམ་ནས་གླེགས་བམ་དེ་དཔར་དུ་སྒྲུབ་དུས་དངོས་ཤུགས་གང་ཅུང་ནས་རྒྱུ་དངོས་སྦྱོར་མཁན་གྱི་མཚན་དང་བཅས་དྲངས་ཏེ་དམ་པ་དེའི་གསུང་རབ་དཔར་ཤིང་དུ་འགོད་སྐབས་བཀྲ་ཤིས་སྨོན་ལམ་དང་བཅས། དམ་པ་གང་དེའི་གསུང་རབ་ཕྱོགས་དང་རིས་སུ་མ་མཆིས་པར་ཕྱོགས་ཡོངས་ནས་བསྟན་པ་རྒྱས་ཆེད་དང་དགོས་འདོད་

[1] མངའ་རིས་སྨད་གུང་ཐང་དེབ་ཐེར་དྭངས་ཤེལ་མེ་ལོང་། ཀཿཐོག་རིག་འཛིན་ཚེ་དབང་ནོར་བུ། ཀྲུང་གོའི་བོད་རིག་པ་དཔེ་སྐྲུན་ཁང་དཔར། ཤོག་82ལས་དྲངས།

དུས་རབས་13སྐབས་ཀྱི་ཚད་མ་རིགས་གཏེར་ཧོར་དཔར་མའི་དཔར་བྱང་དཔེ་རིས།

ཀྱི་འབྲས་བཟང་སྨིན་སླད་དུ་སྨོན་ཚིག་སྦྱར་བ་དེ་ལ་ཟེར། འོ་ན་ཤེས་ཚིག་དེ་ལྟར་ཕུལ་དགོས་དོན་གང་ཡིན་ནམ་ཞེས་ན། སྐྱོབ་པ་འཇིག་རྟེན་མགོན་པོས་(114-1217)གསུངས་དོན། ཚོགས་གཉིས་ཡིད་བཞིན་ནོར་བུ་ལ། སྨོན་ལམ་བྱི་དོར་མ་བྱས་ན། དགོས་འདོད་ཀྱི་འབྲས་བུ་མི་བྱུང་བས། མཇུག་བསྡོ་བ་འདི་ལ་ནན་ཏན་མཛོད། ཅེས་པས་ཀྱང་མཇུག་གི་དཔར་བྱང་སྨོན་ཚིག་བསྔོན་རྒྱུ་དེ་གལ་ཆེན་ནང་གི་དོན་ཆེན་ཞིག་ཏུ་བཟུང་དགོས་པ་རྟོགས།

གསུམ། དུས་རབས་མི་འདྲ་བའི་དཔར་མའི་ཁྱད་ཆོས།

གཅིག ཧོར་དཔར་མ།

ས་པཎ་ནི་དུས་རབས་13པའི་ནང་དུ་བྱོན་པའི་བོད་ཀྱི་སྐྱེས་ཆེན་དམ་པ་ཞིག་ཡིན། ཁོང་ནི་རིག་པའི་གནས་མཐའ་དག་ལ་མཁས་པའི་དབང་གིས་ཧོར་གོ་ཏན་གྱི་གདན་ཞུས་ལྟར་སྤྱི་ལོ་1247ལོར་ཧོར་ཡུལ་དུ་ཕེབས། ཁོང་གིས་སྐུ་དྲིན་ལས་བོད་ཀྱི་ནང་བསྟན་ཧོར་ཡུལ་སོགས་མི་རིགས་གཞན་ལ་ཡང་དར་ཁྱབ་ཆེན་པོ་བྱུང་། ས་པཎ་གྱི་གསུང་ཧོར་ཡིག་དང་མི་རིགས་གཞན་གྱི་ཡི་གེར་བསྒྱུར་གནང་བ་མ་ཟད། དེ་དག་ཁྲིས་མ་དང་དཔར་མའི་ཐད་ནས་སྐབས་དེའི་སྤྱི་ཚོགས་ཀྱི་སློབ་སྦྱངས་ཀྱི་དགོས་མཁོ་བསྐངས་པ་ནི། ས་པཎ་གྱི་གསུང་ཧུད་ཧུ（回鹘）སྐད་དུ་བསྒྱུར་བ་ལས་ཟབ་མོ་བླ་མའི་རྣལ་འབྱོར་མ་ཁྲིས་མ་དང་ས་སྐྱ་ལེགས་བཤད་ཧོར་ཡིག་དཔར་མ་[1]སོགས་ཡོད་པས་ཤེས། དཔར་མ་དེ་དག་ཡུལ་དུས་དབང་

(1)佛教与回鹘社会（德）茨默著 桂林 杨富学译[M] 民族出版社2007年版188页。

གིས་བགྲེས་བཟད་ཤིན་ཏུ་ཆེ་བའི་སྐབས་ཀྱི་སྲི་ལོ་འདི་ཡིན་ཞེས་ཁ་ཚོན་གཅོད་མ་ཐུབ་ཀྱང་། ཡོན་(ཧོར་)དཔར་ཡིན་པ་ནི་རྒྱལ་ཁབ་ཕྱི་ནང་གི་གསུང་རབ་རིག་པའི་ཕྱུག་ལས་གནང་མཁན་དག་གིས་ཐག་བཅད་འདུག[1] ལྷག་དོན་དུ་རྒྱ་གར་གྱི་སློབ་དཔོན་ཞི་བ་ལྷས་མཛད་པའི་སྤྱོད་འཇུག་ཧོར་དཔར་མ་དེའི་མཛད་བྱང་དུ་མཆོད་རྟེན་དཀར་པོར་དཔར་དུ་སྒྲུབས་ཞེས་པ་ལས་ཧོར་དཔར་གྱི་བདེན་པ་ཏྲེད། དེས་ན་ས་པཎ་གྱི་གསུང་རིག་གནས་ཀྱི་སྐོར་ཚད་མ་རིགས་གཏེར་དང་ཆོས་ལུགས་ཀྱི་སྐོར་སྡོམ་གསུམ་རབ་དབྱེ་བཅས་ཀྱི་དཔར་བྱང་དུའང་ཏ་ཏུར་མཆོད་རྟེན་སྔོན་པོར་ཡི་གེར་བཀོད། མཆོད་རྟེན་དཀར་པོར་དཔར་དུ་བསྒྲུབས་ཞེས་པས་ཀྱང་འདི་ནི་དུས་རབས་15པར་བྱོན་པའི་ཀུན་མཁྱེན་གོ་རམས་པ་བསོད་ནམས་སེང་གེས་ཧོར་དཔར་དུ་ཞེས་ལུང་དྲངས་པའི་དཔར་མ་དེ་གྲས་ཡིན་པའི་བདེན་དཔང་ཐུབ། ད་ལྟ་ང་ཚོས་མཇལ་ཡུལ་དུ་མཆིས་པའི་དཔར་བྱང་སྨོན་ཚིགས་སྔ་ཤོས་དེ་ནི་1284ལོར་ཡོན་གྱི་རྒྱལ་ས་ཏ་ཏུར་དུ་དཔར་པོད་ཉིས་བརྒྱ་བཏབ་པའི་ས་པཎ་གྱི་ཚད་མ་རིགས་གཏེར་གྱི་དཔར་བྱང་སྨོན་ཚིག་དེ་ཡིན། དེ་ནི་འདི་ལྟར་ཏེ། རིགས་གཟུགས་དགེ་མཚན་དང་ལྡན་ཞིང་།། དད་དང་བརྩེ་དང་དཔལ་འབྱོར་ཕུན་སུམ་ཚོགས། །སྣ་ཚོགས་བཀོད་པའི་ཚུལ་ལ་རབ་མཁས་པ།། དཔོན་མོ་ཆེན་པོ་ཚ་བུས་མགོ་བཙུགས་ནས།། དེ་སྲས་མཆོག་བཙུན་མོ་དཔལ་ལྡན་པ།། བསྟན་པའི་རྩ་ལག་སྐྱེ་རྒུའི་མ་ལྟ་བུ།། རིགས་གཟུགས་ཡོན་ཏན་ཕུན་སུམ་ཚོགས་པ་ཡི། །གོ་གོ་ཅན་གྱི་ལུང་གིས་རྫོགས་པར་བསྒྲུབས། །རྒྱལ་བ་རྣམས་ལ་དམ་ཆོས་མི་ཟད་ལྟར།། པར་འདིས་ལས་ཀྱང་ཆོས་ཚུལ་ཟད་མི་ཤེས།། དེ་འདྲ་སྒྲུབ་པར་གང་ཞིག་བཀའ་སྩོ་བ།། དེའི་བསོད་ནམས་ཚུལ་ཡང་ཟད་མི་ཤེས།། དེ་ལས་བྱུང་བའི་དགེ་བ་རྒྱ་མཚོ་དང་།། རྒྱལ་སྲས་རྒྱ་མཚོའི་སྤྱོད་པ་འདྲེས་གྱུར་ནས།། སེམས་ཅན་རྒྱ་མཚོའི་ཚོགས་རྣམས་སྨིན་བྱེད་ཅིང་།། རྒྱལ་བའི་ཡེ་ཤེས་རྒྱ་མཚོར་འཇུག་པར་ཤོག།། གནས་སྐབས་སུ་ཡང་རྒྱལ་པོ་ཡབ་སྲས་དང་།། བཙུན་མོ་སྲས་དང་བརྒྱུད་པར་བཅས་པ་རྣམས།། སྐུ་ཁམས་བཟང་ཞིང་སྐུ་ཚེ་རིང་བ་དང་།། ཆོས་དང་ཟང་ཟིང་དཔལ་འབྱོར་ཕུན་ཚོགས་ཤོག།། འདི་འདྲ་གང་གིས་དྲན་སྐུལ་བྱས་པ་དང་།། ཡི་གེར་འབྲི་དང་པར་དུ་རྐོ་བ་དང་།། ཕོ་བྱད་སྒྲུབ་པའི་གཉེར་པ་ལ་སོགས་ཀུན།། གནས་སྐབས་མཐར་ཐུག་དོན་རྣམས་ལྷུན་འགྲུབ་ཤོག།། ཕྱོགས་དུས་ཐམས་

(1) 敦煌莫高窟北区出土蒙古文文献研究 奥特根著 [D] 民族出版社2010年版124页。

ཅད་དུ་བཀྲ་ཤིས་པར་གྱུར་ཅིག ། ཤིང་ཕོ་སྤྲེའུའི་ལོ། རྒྱལ་གྱི་ཟླ་བ་ཡི། ཡར་ངོའི་ཚེས་བརྒྱད་ལ། ལེགས་པར་གྲུབ་པ་ཡིན ། ། བཙུན་མོ་དམ་པ་མཐོ་རིས་ཀྱི། ཡོན་ཏན་ཀུན་གྱི་རྒྱན་པ་ཅན། དཔལ་མོ་འབོལ་གན་ཞེས་བྱ་བས། རིགས་གཏེར་བརྒྱ་ཕྲག་གཉིས་བསྒྲུབས་སྟེ། བཤད་ཉན་སྤེལ་ཕྱིར་ཕུལ་བ་ཡིས། རྒྱལ་པོ་སྐུ་ཚེ་ལེགས་བརྟན་ཞིང་། ། ཀུན་གྱི་སངས་རྒྱས་ཐོབ་པར་ཤོག། བཀྲ་ཤིས་པར་གྱུར་ཅིག(1) ཅེས་འཁོད་འདུག་པ་ལ་གཞིགས་ན་ཕྱག་དཔེ་དེ་ཡོན་རྒྱལ་རབས་ཀྱི་སྐབས་སུ་ཡོན་རྒྱལ་པོའི་བཙུན་མོ་དཔོན་མོ་ཚ་བུས་1280ལོར་དབུ་བཙུགས་ནས་1284ལོར་གོ་གོ་ཅན་གྱིས་ལེགས་པར་བསྒྲུབས་པས་དུས་ཡུན་ལོ་བཞི་ཙམ་འགོར་བ་གསལ་ལ་དེ་རྗེས་སླར་ཡང་བཙུན་མོ་དཔལ་མོ་འབེལ་གན་གྱིས་རིགས་གཏེར་དཔར་པོད་གྲངས་གཉིས་བརྒྱ་ཙམ་དཔར་དུ་བཏབ་ནས་བཤད་ཉན་སྤེལ་བའི་སླད་དུ་ཕུལ་བ་དེ་དཔར་བྱང་ལས་ཤེས། བཙུན་མོ་འབེལ་གན་གྱིས་སྦྱར་བའི་དཔར་བྱང་འདི་ཉིད་ཡིག་གཟུགས་དང་ཡི་གེ་ཆེ་ཆུང་། ཤད་ཀྱི་རྒྱག་སྟངས་སོགས་གཞུང་དངོས་དང་སྔོན་གྱི་མཛད་བྱང་རྣམས་དང་བསྡུར་ན་ཁྱད་པར་ཆེ་བས་མ་དཔེའི་སྟེང་དུ་ཕྱིས་སུ་བསྣོན་པ་ཞིག་ཡིན་ནམ་ཡང་ན་བཙུན་མོ་འབེལ་གན་རང་གིས་དཔར་ཤིང་གསར་དུ་བརྐོས་པ་ཞིག་ཡིན་མིན་ད་དུང་ཞིབ་འཇུག་དགོས་པར་སྣང་།

ཡོན་གྱིས་དུས་སུ་དཔར་དུ་བཏབ་པའི་གནའ་དཔེ་དག་གི་དཔར་བྱང་སྔོན་ཆོག་ཏུ། དཔར་ལ་བརྐོ་བར་བྱ་བའི་གཞུང་དེ་དཔར་ལ་པོད་གྲངས་མང་ཉུང་ཇི་ཙམ་ཞིག་བཏབ་ཡོད་མེད་དེ་སྤྱིར་གྱི་ཁ་གསལ་བཀོད་པ་དེ་གོང་གི་ས་པཎ་གྱི་ཚད་མ་རིགས་གཏེར་གྱི་དཔར་བྱང་ལས་ཤེས་ལ་ད་དུང་གལ་པོ་ཆེ་ལ་ནན་ཏན་ཟེར་བ་བཞིན་དཔེ་གཅིག་ཕྱུས་ན། 1299ལོར་ཕོ་བྲང་ཆེན་པོ་ཧྭ་ཧུའི་མཆོད་རྟེན་སྔོན་པོར་བོད་ཀྱི་ཡིག་མཁན་དག་གིས་ཡི་གེར་བྲིས་ཤིང་། རྒྱ་ནག་བཟོ་པའི་ཚོགས་ཀྱིས་མཆོད་རྟེན་དཀར་པོར་དཔར་དུ་བརྐོས་པའི་ཐེག་པ་ཆེན་པོའི་མདོ་སྡེ་རྒྱན་གྱི་དཔར་བྱང་དུ། ཐེག་མཆོག་མངོན་པའི་བསྟན་ཆོས་ཀུན་ལ་བཏུས།། རྒྱལ་སྲས་ཐོགས་མེད་གཞུང་བཟང་དམ་པ་འདི།། འཛམ་གླིང་ཆོས་རྒྱལ་ཆེན་པོའི་བཙུན་མོ་མཆོག། རིགས་བཟང་མཐོ་རིས་ཡོན་ཏན་ཀུན་དང་ལྡན།། དད་སོགས་འཕགས་པའི་ནོར་བདུན་གྱིས་མཛེས་པ།། དཔལ་ལྡན་ཆེན་མོ་འབོལ་གན་དང་དད་བློ་ཡིས།། བདེ་གཤེགས་

(1)བོད་ལྗོངས་དཔེ་མཛོད་ཁང་དུ་བཞུགས་པའི་ས་པཎ་གྱི་ཚད་མ་རིགས་གཏེར། ཡོན་གྱི་དཔར་མའི་དཔར་བྱང་ཡིན།

མགོ་འཕང་ཐོབ་པར་བྱ་ཕྱིར་དང་།། དེ་ཡི་བསྟན་པ་རྒྱས་པར་སྤེལ་ཕྱིར་དང་།། སྐྱེ་བོ་ཀུན་ཏུ་དམ་ཆོས་གཟུང་བྱའི་ཕྱིར།། ཆོས་གཏེར་མི་ཟད་པར་དུ་བསྒྲུབ་པ་ཡིན།། བདེ་གཤེགས་ཆོས་ཚུལ་ཀུན་འཛིན་འཇམ་དབྱངས་དང་།། ཀུན་དགའ་དབང་ཕྱུག་དགེ་སློང་རིན་ཆེན་འཕེལ།། སྒྲ་བསྒྱུར་དམ་པ་ཀ་ར་ན་དས་དང་།། བད་མ་སེ་ན་དུ་ལག་ཡང་ང་དང་།། སམ་ཐ་དས་དང་ཟམ་ཆུང་ལསོགས་ཀྱིས།། རབ་ཏུ་བརྩམས་པའི་འདི་ཡིས་ལག་ལེན་གྱིས།། ཡིག་མཁན་མཁས་པ་ཆོས་སྐྱབས་ཞེས་བྱས་བྲིས།། བཟོ་རིགས་མཁས་པ་རྣམས་ཀྱིས་ལེགས་པར་བརྐོས།། དེ་ལས་

དུས་རབས་15སྐབས་ཀྱི་རྫེ་ཙོང་ཁ་པའི་རིམ་ལྷ་གསལ་སྒྲོན་དགའ་ལྡན་དཔར་རྙིང་།

བྱུང་བའི་དགེ་བ་རྒྱ་ཆེན་དེས།། འགྲོ་བ་ཀུན་གྱིས་སངས་རྒྱས་ཐོབ་པར་ཤོག། ཇི་སྲིད་དེ་མ་ཐོབ་པ་དེ་སྲིད་དུ།། ཆོས་ཚུལ་དམ་པ་འདི་དང་མི་བྲལ་ཞིང་།། འདིར་ཡང་མི་དབང་ཐའི་ཏུ་དཔོན་མོ་དང་།། སྲས་དང་འཁོར་བཅས་སྐུ་ཚེ་རིང་བ་དང་།། རྒྱལ་སྲིད་ཡངས་དང་རྒྱལ་ཁམས་བདེ་བ་དང་།། ཆོས་བཞིན་རྒྱལ་སྲིད་རྟག་ཏུ་སྐྱོང་གྱུར་ཅིག། ཐེག་མཆོག་མངོན་པའི་སྡེ་སྣོད་མ་ལུས་དོན།། དོན་རྣམས་ཇི་བཞིན་སྟོན་པ་ཐོགས་མེད་གཞུང་།། གཞུང་འདི་པར་དུ་བསྒྲུབས་པའི་ཞུས་དག་རྣམས།། སྡེ་སྣོད་འཛིན་པ་ཡོན་ཏན་རིན་ཆེན་ཡིན།། སྟོབས་ཀྱིས་འཁོར་ལོས་སྒྱུར་བའི་རྒྱལ་པོ་ཐེང་གིས་གན་གྱི་བརྒྱུད་པ་དྲུག་པ།། འཛམ་བུའི་གླིང་ཆོས་བཞིན་དུ་སྐྱོང་བའི་བཙུན་མོ་དམ་པ།། རིགས་དང་གཟུགས་དང་བསོད་ནམས་ཀྱི་དཔལ་དང་ལྡན་ཞིང་།། དཀོན་མཆོག་གསུམ་གྱི་ཡོན་ཏན་ནི་ཤེས་ནས་མི་ཕྱེད་པའི་དད་པ་ཅན་དཔོན་མོ་ཆེན་མོ་རྡོལ་གན་གྱིས།། ཧྲི་ཤྲཱི་བླ་མ་གྲགས་པ་འོད་ཟེར་གྱིས་བསྟན་པ་སྐྱོང་བའི་དུས་སུ། ཐེག་པ་ཆེན་པོ་མདོ་སྡེའི་རྒྱན་དང་། དབུ་མ་རྩ་བའི་ཤེས་རབ་དང་། མངོན་པ་ཀུན་ལས་བཏུས་པ་དང་། མངོན་པ་མཛོད་དང་། ཚད་མ་རྣམ་པར་ངེས་པ་དང་། རིགས་གཏེར་རྣམ་པར་དུ་བསྒྲུབས་ཤིང་། རེ་རེ་ལ་བཞི་བརྒྱ་བཞི་བརྒྱ་བཏབ་ནས། སྡེ་སྣོད་འཛིན་པ

རྣམས་ལ་ཕུལ་བའི་དགེ་བས། རྒྱལ་པོ་ཆེན་པོ་ཧྲང་ཐའི་ཧྲུ། དཔོན་མོ་ཆེན་མོ། སྲས་བརྒྱུད་པ་དང་བཅས་པ་རྣམས། སྐུ་ཚེ་རིང་ཞིང་རྒྱལ་ཁམས་བདེ་ལ་སངས་རྒྱས་ཀྱི་བསྟན་པ་ཕྱོགས་བཅུར་དར་བར་གྱུར་ནས་མཐར་ཐམས་ཅད་ཀྱིས་བླ་ན་མེད་པའི་བྱང་ཆུབ་ཐོབ་པར་གྱུར་ཅིག ས་མོ་ཕག་ལོ་ཟླ་བ་དྲུག་པའི་ཚེས་བཅོ་ལྔ་ལ་ཕོ་བྲང་ཆེན་པོ་ཧ་འི་ཧུའི་མཆོད་རྟེན་སྔོན་པོར་བྲིས། མཆོད་རྟེན་དཀར་པོར་གྲུབ་པ་དགེའོ།[1] ཅེས་པ་སོགས་དང་ད་དུང་རྒྱ་གར་གྱི་སློབ་དཔོན་ཆོས་གྲགས་ཀྱིས་མཛད་པའི་ཚད་མ་རྣམ་འགྲེལ་གྱི་ཚིག་ལེའུར་བྱས་པ་ཡོན་གྱི་དཔར་མ་དེའི་དཔར་བྱང་དུའང་། །བསྟན་པའི་རྩ་ལག་འགྲོ་བའི་མགོན། །རྒྱལ་རབས་དྲུག་པའི་མི་དབང་ལ། །ཧེ་ཤྲི་གསུམ་པས་བསྐུལ་བྱས་ནས། །རྣམ་འགྲེལ་བརྒྱ་ཕྲག་ལྔ་བསྒྲུབས་ཏེ། །བཤད་ཉན་སྤེལ་ཕྱིར་ཕུལ་བའི། །དགེ་བས་དམ་ཆོས་རྒྱས་པ་དང་། །རྒྱལ་པོ་སྐུ་ཚེ་ལེགས་བརྟན་ཞིང་། །ཀུན་གྱིས་སངས་རྒྱས་ཐོབ་གྱུར་ཅིག[2] ཞེས་པ་ལས་ཡོན་གྱི་ཧེ་ཤྲི་གསུམ་པ་སྟེ་རྒྱ་ལྟ་ལ་ཡིན་ཁོང་གིས་སྤྱི་ལོ་1282-1286ཏེ་བགྲང་བྱ་བཞི་ཙམ་རིང་ཡོན་གོང་མའི་ཏི་ཤྲི་མཛད། སྐབས་དེ་དུས་རྒྱ་གར་གྱི་སློབ་དཔོན་ཆོས་གྲགས་ཀྱི་ཚད་མ་རྣམ་འགྲེལ་པོད་ཚར་ལྔ་བརྒྱ་དཔར་ལ་བཏབ་པ་དེ་ཡིན། དེས་ན་དུས་རབས་12-13པའི་ནང་དུ་ཡོན་གྱི་ཕོ་བྲང་ཏཱ་ཏུར་དུ་དཔར་དུ་བཏབ་པའི་དཔར་བྱང་སྨོན་ཚིག་ཏུ། སྤྱིར་གྱི་ཆ་ནས་དཔར་ལ་བཀོ་བར་བྱ་བའི་གཞུང་དེ་དཔར་ལ་པོད་གྲངས་ཇི་ཙམ་ཞིག་བཏབ་ཡོད་པ་ཏ་ཅང་ཁ་གསལ་ཞིག་གསུངས་འདུག དེ་ནི་ཡོན་གྱི་དཔར་མའི་དཔར་བྱང་གི་ཁྱད་ཆོས་ཤིག་ཡིན་པར་སེམས་ལ་ད་དུང་དེ་དག་ལས་གནའ་དཔེ་དེ་ད་ལྟ་དཔེ་དཀོན་ཇི་ཙམ་ཞིག་ཆགས་ཡོད་པའི་གནས་ཚུལ་ཡང་རང་བཞིན་གྱིས་རྟོགས་ཐུབ།

དུས་རབས་13-14ཡར་སྔོན་གྱི་བོད་ཡིག་དཔར་མ་མི་ཉུང་བ་ཞིག་གི་ཡིག་གཟུགས་ཀྱི་ཐད་ནས་བརྗོད་ན་དུས་རབས་16མན་གྱི་དཔར་མ་ལྟ་བུའི་དཔར་གཟུགས་མངོན་གསལ་དོད་པོ་མེད་པ་ཞིག་རེད་འདུག གང་ཡིན་ཟེར་ན། ད་ལྟ་ང་ཚོས་མཐོང་དུ་ཡོད་པའི་ཡོན་གྱི་དཔར་མ་ཏི་ཤྲི་གསུམ་པ་སྟེ་རྡྷྭ་པ་ལའི་སྐབས་དཔར་དུ་པོད་ལྔ་བརྒྱ་བཏབ་པའི་སློབ་དཔོན་ཆོས་གྲགས་ཀྱི་མཛད་པའི་ཚད་མ་རྣམ་འགྲེལ་གྱི་ཚིགས་ལེའུར་བྱས་པ། ད་ལྟ་བོད་

(1)ཐེག་པ་ཆེན་པོ་མདོ་སྡེ་རྒྱན། ཡོན་གྱི་དཔར་མའི་དཔར་བྱང་སྨོན་ཚིག་ཡིན།

(2)སློབ་དཔོན་ཆོས་གྲགས་ཀྱི་ཚད་མ་རྣམ་འགྲེལ་ཚིག་ལེའུར་བྱས་པ། ཡོན་གྱི་དཔར་མའི་དཔར་བྱང་སྨོན་ཚིག་ཡིན།

སྦྱོངས་རྟེན་རྫས་བཤམས་མཛོད་ཁང་དུ་བཞུགས་པ་དེ་2011ལོར་ཐོག་མར་མཇལ་བའི་སྐབས་སུ། གནའ་དཔེའི་ཤེས་བྱ་མི་དམན་པའི་སྐྱོ་བོ་མང་པོ་ཞིག་གིས་ཀྱང་རྣམ་འགྲེལ་ཚིག་ལེའུར་བྱས་པ་དེའི་ཡིག་གཟུགས་ལ་བལྟས་ནས་བྲིས་མ་ཞེས་འཁོད་མཁན་ཡང་བྱུང་། རྒྱུ་མཚན་ནི་བོད་སྦྱོངས་དཔེ་མཛོད་ཁང་དུ་བཞུགས་པའི་ས་པཎ་གྱི་ཚད་མ་རིགས་གཏེར་རྩ་འགྲེལ་དེའི་ཡིག་གཟུགས་དང་གཉིས་སུ་མེད་པར་དཔར་གྱི་རྗེས་ཤུལ་ཡེ་ནས་མེད་པའི་རྐྱེན་གྱིས་ཡིན། དེ་ནི་གཙོ་བོ་སྐབས་དེ་དུས་ཀྱི་དཔར་བསྐོའི་ལག་རྩལ་ཕུལ་དུ་བྱུང་བའི་རྒྱུ་མཚན་གྱིས་བྲིས་དཔར་གྱི་དབྱེ་བ་འབྱེད་དཀའ་བ་བྱུང་ཡོད་པ་སྟེ། བོད་ཀྱི་གསུང་རབ་སྒྲ་བ་དུང་དཀར་བློ་བཟང་འཕྲིན་ལས་མཆོག་གིས་ཀྱང་གསུངས་དོན་སྔོན་དགའ་ལྡན་དཔར་རྙིང་དུ་གྲགས་པ་དེའང་ཡིག་གཟུགས་དཔེ་ཆ་ལག་བྲིས་མ་དང་ནོར་འགྲོ་བ་ལྟ་བུའི་པར་བསྐོའི་ལག་རྩལ་ཏ་ལས་པ་ཞིག་འདུག་ཅེས་[1]གསུངས་པས་ཀྱང་དུས་རབས་15ཡན་གྱི་དཔར་མའི་ཡིག་གཟུགས་ལག་བྲིས་དང་ནོར་ཉེན་ཡོད་པ་དེ་ཤེས། དེས་ན་ཐེངས་དང་པོའི་རྒྱལ་ཁབ་རིམ་པའི་གནའ་དཔེ་རྩ་ཆེན་གྲས་སུ་ཚུད་པའི་བོད་སྦྱོངས་དཔེ་མཛོད་ཁང་གི་ས་པཎ་གྱི་ཚད་མ་རིགས་གཏེར་རྩ་འགྲེལ་ལྟ་བུར་ཆ་མཚོན་ན། ཚད་མ་རིགས་གཏེར་དེའང་ཕལ་ཆེར་ཡིག་གཟུགས་ཁོ་ནར་བརྟེན་ཏེ་བྲིས་མ་ཡིན་པར་ཐག་བཅད་སྲིད། དེའི་རྐྱེན་པས་རྒྱལ་ཁབ་རིམ་པའི་གནའ་དཔེའི་མིང་མཛོད་དུའང་དཔར་མ་དེ་བྲིས་མ་ཡིན་པར་ཐག་བཅད་དེ་བཞག་འདུག སྤྱི་ལོ་2008ལོར་ས་སྐྱ་དགོན་དུ་གནའ་དཔེ་བརྟག་དཔྱད་ལ་འགྲོ་བའི་སྐབས་ས་སྐྱའི་ཆོས་བརྩིགས་བྲག་རི་མའི་ཁྲོད་དུ་བཞུགས་པའི་གནའ་དཔེ་ཤེར་ཕྱིན་པོད་ག་པ་ཞིག་མཇལ་བའི་སྐབས་སུ། ཤེར་ཕྱིན་དེའི་ཡིག་གཟུགས་དང་ཤོག་དང་ཤད་ཀྱི་རྒྱུག་སྟངས་ནི་ས་པཎ་གྱི་ཚད་མ་རིགས་གཏེར་རྩ་འགྲེལ་དང་གཉིས་སུ་མེད་པར་ཚིག་གི་རྒྱུག་སྟངས་སུམ་རྟགས་ཀྱི་གཞུང་དང་མ་བསྟུན་པར་ཏ་ལམ་ཡིག་མཁན་གཅིག་གི་སོར་མོའི་འདུ་བྱེད་ལས་བྱུང་བ་ལྟ་བུ་ཞིག་སྣང་། ཡིན་ནའང་ཤེར་ཕྱིན་པོད་ག་པ་ཡིག་ཕྲེང་བརྒྱད་ཅན་དེ་ནི་དཔར་མ་མ་ཡིན་པར་བྲིས་མ་ཡིན་པའི་དཔང་རྟགས་ཁུངས་བཙུན་ཞིག་ནི་ཤེར་ཕྱིན་དེའི་མཛད་བྱང་དུ་ཤག་ཀྱ་སེང་གེས་བྲིས་[2]ཞེས་འཁོད་འདུག་པས་དེས་ན་

(1)དུང་དཀར་བློ་བཟང་འཕྲིན་ལས་ཀྱི་གསུང་རྩོམ་ཕྱོགས་བསྒྲིགས། ཀྲུང་གོའི་བོད་ཀྱི་ཤེས་རིག་དཔེ་སྐྲུན་ཁང་གི་1997ལོའི་དཔར་མ། ཤོག 422ལས་དྲངས།

(2)ས་སྐྱ་དགོན་དུ་བཞུགས་པའི་ཤེར་ཕྱིན་བྲིས་མ་པོད་ག་པ། མཇུག་བྱང་ལས་དྲངས།

ཤེར་ཕྱིན་དེ་ནི་དཔར་མ་མ་ཡིན་པར་བྲིས་མ་ཡིན་པའི་ངེས་པ་རྙེད། འོན་ཏེ་ཡིག་གཟུགས་དང་ཚིག་དང་ཤད་རྒྱག་སྟངས་ནི་དུས་རབས་13-14བར་གྱི་དཔལ་ས་སྐྱའི་ཤེར་ཕྱིན་ལྟ་བུ་ཡོང་དོན་ནི་ཐེག་པ་ཆེན་པོ་མདོ་སྡེ་རྒྱན་གྱི་དཔར་བྱང་དུ། བོད་ཀྱི་ཡི་གེ་པ་ཡིས་ཡི་གེར་བཀོད། རྒྱ་ནག་བཟོ་པའི་ཚོགས་ཀྱིས་དཔར་དུ་བསྒྲུས།[(1)] ཞེས་དང་རིགས་གཏེར་རྩ་བར། ཡིག་མཁན་མཁས་པ་བཀྲ་ཤིས་བཟང་པོས་བྲིས། བཟོ་རིགས་མཁས་པ་རྣམས་ཀྱིས་ལེགས་པར་བསྒྲུས།[(2)] ཞེས་བྱུང་བ་ལྟར་ན་རྒྱ་ནག་བཟོ་པའི་ཚོགས་ཀྱིས་ཚད་མ་རིགས་གཏེར་དེ་དཔར་ལ་བསྒྲུ་བའི་སྐབས་སུ། དུས་རབས་13པའི་བོད་ཀྱི་ཡིག་མཁན་བཀྲ་ཤིས་བཟང་པོ་དང་ཆོས་སྐྱབས་ལ་སོགས་ཀྱིས་བྲིས་པའི་ཡི་གེའི་ཁྱད་ཆོས་ལ་བོད་ཡིག་མ་ཤེས་པའི་རྒྱ་ནག་བཟོ་པའི་ཚོགས་ཀྱིས་བོད་ཡིག་དེ་རི་མོའི་གཟུགས་སུ་བཅོལ་ནས་དཔར་ལ་བཏབ་པ་ཞིག་ཡིན་ཙང་། དུས་རབས་13པའི་ཡོན་གྱི་དཔར་མའི་སྟེང་དུའང་དུས་རབས་13པའི་ཤེར་ཕྱིན་བྲིས་མའི་ཡིག་གཟུགས་ཇི་བཞིན། ཚིག་དང་ཤད་སོགས་སུམ་རྟགས་གཞུང་ལ་བཀུར་བསྟི་མ་ཞུས་པ་ལྟ་བུ་བྱུང་། དེ་ནི་དུས་རབས་13པའི་བོད་ཡིག་གི་འབྲི་གཟུགས་ཁྱད་ཆོས་ཤིག་ཡིན་པར་སེམས།

སྤྱན་ཕྱིར་རྒྱར་དུས་རབས་12ནས་བཟུང་བོད་ཡིག་གནའ་དཔེ་འགའ་ཞིག་གི་སྤྱན་ཕྱིར་རྒྱའི་ནང་དུ་ལྡེབ་གྲངས་དང་བོད་གྲངས་བོད་རྒྱ་ཟུང་དུ་འབྲེལ་ནས་བཀོད་པའི་སྲོལ་དེ་བྱུང་བར་མངོན། དཔེར་ན་བོད་ཡིག་ལྡེབ་གྲངས་བརྒྱ་ལ་རྒྱ་ཡིག་གི་སྟེང་གོ་ཙུ་གོ་དགུ་དང་སྨད་བརྒྱ་ཞེས་བྲིས་འདུག བོད་ཡིག་ལྡེབ་གྲངས་དེ་ལྡེབ་གྲངས་ཀྱི་ཉིན་སྲིབ་གཅིག་ཏུ་སྦྱེབས་ནས་ལྡེབ་གྲངས་གཅིག་དང་རྒྱ་ཡིག་གི་ཤོག་གྲངས་དེ་ཉིན་སྲིབ་སོ་སོར་ཕྱེ་ནས་བཀོད་པ་དང་སྦྲགས་སྤྱན་ཕྱིར་གྱི་རྒྱའི་ནང་དུ་བོད་ཡིག་གི་བོད་གྲངས་ཀ་མད་ཀྱིས་ཚད་ཟིན་པ་དེའི་ངོད་དུ་རྒྱ་ཡིག་གི་བོད་གྲངས་ཀྱང་བཀོད་འདུག སྤྱན་ཕྱིར་གྱི་རྒྱའི་ནང་དུ་ཁྱད་ཆོས་དེ་དག་ལྡན་པའི་བོད་ཡིག་གནའ་དཔེ་བྲིས་མ་དང་དཔར་མ་གང་ཞིག་ཡིན་རུང་། གནའ་དཔེ་དེ་རིགས་ནི་དུས་རབས་མི་འདྲ་བའི་ནང་དུ་རྒྱ་ནག་ཏུ་འབྲི་བཞེངས་གནང་བ་ཞིག་ཡིན་པར་ཐག་བཅད་ཆོག གང་ཡིན་ཟེར་ན། དུས་རབས་13ནས་བཟུང་བོད་ཡིག་གནའ་དཔེ་མང་པོ

(1)ཐེག་པ་ཆེན་པོ་མདོ་སྡེ་རྒྱན། ཡོན་དཔར་མ། དཔར་བྱང་ལས་དྲངས།

(2)ཚད་མ་རིགས་གཏེར་རྩ་འགྲེལ། ཡོན་དཔར་མ། དཔར་བྱང་ལས་དྲངས།

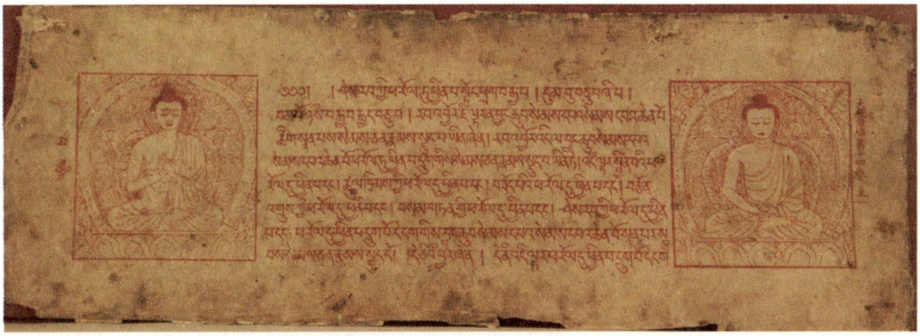

ཡུང་ལོའི་བཀའ་འགྱུར་མཚལ་དཔར་མ།

ཞིག་ཏུ་དབེན་ཏེ་ཤྲཱི་རིམ་ཐོན་གྱིས་བསམ་པའི་སྐུལ་སློང་འོག ཀྱ་ནག་གོང་མ་རྣམས་ཀྱིས་སྤྱིན་བདག་གནང་སྟེ་བཞེངས་པའི་གནའ་དཔེ་ཞིག་ཡིན། གནའ་དཔེ་དེ་དག་གི་སྤྱན་ཚེར་རྒྱའི་ནང་གི་ལྷེབ་གྲངས་དང་བོད་གྲངས་བོད་རྒྱ་ཟུང་དུ་བཀོད་པ་ཤ་སྟག་རེད་འདུག རྒྱུ་མཚན་ནི་ཡོན་གྱི་དཔར་མ་བོད་དཔེ་འགྲེལ་ཆེན་དྲི་མེད་འོད་ཀྱི་བསྡུས་དོན་གྱི་མཛད་བྱང་དུ། །བོད་ཀྱི་ཡི་གེ་པ་ཡིས་ཡིག་གེར་བཀོད། །རྒྱ་ནག་བཟོ་བོའི་ཚོགས་ཀྱིས་དཔར་དུ་བསྐྲུན། །[1]ཞེས་དཔར་བྱང་དུ་བྱུང་བ་ལ་གཞིགས་ན། རྒྱ་ནག་གི་དཔར་པ་རྣམས་ཀྱིས་བོད་ཡིག་ཡག་པོ་མ་ཤེས་པའམ་ཐ་ན་རྩ་བ་ནས་མ་ཤེས་པའི་རྐྱེན་གྱིས་བོད་ཀྱི་ཡི་གེ་པ་ཡིས་བྲིས་པའི་ཡིག་གཟུགས་ཁོ་ནར་བརྩོལ་ནས་དཔར་ལ་བརྐོ་དགོས་ཀྱི་ཡོད་གཤིས། དཔར་ལ་བསྐོ་བར་བྱ་བའི་གཞུང་དེའི་ནང་དོན་གོང་འོག་མ་འཁྲུག་པའི་སླད་དུ་དཔར་པ་རྣམས་ཀྱིས་རྒྱ་ཡིག་གི་ཤོག་གྲངས་དང་པོ་ཏེ་ཕན་ཚུན་མི་འཁྲུགས་པའི་སླད་དུ་རྒྱ་ཡིག་གི་བོད་གྲངས་བཅས་ལ་གཞི་བཙོལ་ཏེ་དཔར་དུ་བརྐོ་དགོས་པའི་རྒྱུ་མཚན་གྱིས་གནའ་དཔེ་དེ་དག་གི་སྤྱན་ཚེར་གྱི་རྒྱའི་ནང་དུ་བོད་རྒྱ་ཟུང་འབྲེལ་གྱི་ནང་དོན་འབྲི་དགོས་པ་བྱུང་། དཔེར་ན་སུ་པཎ་གྱིས་མཛད་པའི་སྡོམ་གསུམ་རབ་དབྱེ་ལྟ་བུ་ཡིན་ན། གནའ་དཔེའི་ལྷེབ་གྲངས་བོད་རྒྱ་ཟུང་དུ་བཀོད་པ་ནི་གོང་དང་མཚུངས་ཤིང་བོད་ཡིག་གི་བོད་གྲངས་དེ་བོད་ཡིག་ཏ་ཡིག་དང་རྒྱ་ཡིག་བོད་གྲངས་དེ་རྒྱ་ཡིག་ཡོན་ཞེས་པས་ཟིན་ཡོད་པ་སྟེ།"元上二、元下三"[2]ཞེས་དང་། ཐེག་པ་ཆེན་པོ་མདོ་སྡེ་རྒྱན་བོད་ཡིག་བོད་གྲངས་དེ་བོད་ཡིག་ཀ་དང་

(1)དུས་འཁོར་འགྲེལ་ཆེན་དྲི་མེད་འོད་ཀྱི་བསྡུས་དོན། ཡོན་གྱི་དཔར་མ། དཔར་བྱང་སྨོན་ཚིགས་ལས་དྲངས།

(2)སྡོམ་གསུམ་རབ་དབྱེ། ཡོན་གྱི་དཔར་མ། ལྷེབ་ གྲངས་འགོད་སྟངས་ལས་དྲངས།

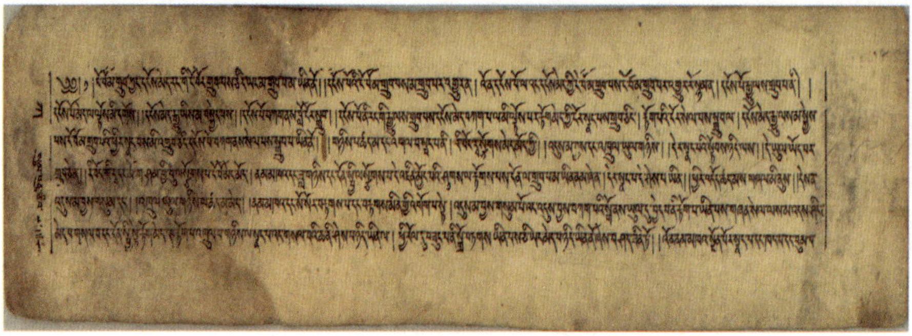

དུས་རབས་13སྐབས་ཀྱི་ཏོར་དཔར་མའི་དཔེ་རིས།

རྒྱ་ཡིག་བོད་གྲངས་དེ་རྒྱ་ཡིག་ཏེ་བཀོད་ཡོད་པ་སྟེ།"地上二、地下三"[(1)]ཞེས་དང་ཚད་མ་རྣམ་ངེས་ཀྱི་བོད་ཡིག་བོད་གྲངས་དེ་བོད་ཡིག་ཀ་དང་རྒྱ་ཡིག་བོད་གྲངས་དེ་ཐན་ཞེས་པ་སྟེ"天上二、天下三"[(2)]ཞེས་པ་དང་དེ་མིན་ད་དུང་རིགས་གཏེར་ཆ་བའི་བོད་ཡིག་བོད་གྲངས་དེ་བོད་ཡིག་ག་ཡིག་དང་རྒྱ་ཡིག་བོད་གྲངས་དེ་རི་ཞེས་པ་སྟེ"日上二、日下三"མངོན་པ་ཀུན་བཏུས་ཀྱི་བོད་ཡིག་བོད་གྲངས་ཀ་ཡིག་དང་རྒྱ་ཡིག་བོད་གྲངས་ཡོའུ"月上二、月下三"ཞེས་པ་དང་ཆོས་མངོན་པ་མཛོད་ཀྱི་ཚིགས་ལེའུར་བྱས་པ་དེའི་བོད་ཡིག་བོད་གྲངས་ཏ་དང་རྒྱ་ཡིག་བོད་གྲངས་དྷ"德上二、德下三"[(3)]སོགས་བྲིས་འདུག བོག་གྲངས་དེ་དག་གི་མདུན་དུ་བྲིས་པའི་རྒྱ་ཡིག་བོད་གྲངས་དེ་དག་གུང་གཅིག་ཏུ་བསྒྲིགས་ན་ཉི་ཟླ་དང་གནམ་ས"日月，天地"ཞེས་པའི་རྒྱ་ཡིག་ཡིན། དེ་དག་ནི་རྒྱ་ནག་གི་གནའ་དཔེའི་བོད་གྲངས་ཀྱི་གོ་རིམ་བཅོས་པའི་ཐབས་ཤེས་ཤིག་ཡིན།[(4)] གང་ཡིན་ཟེར་ན། རྒྱ་ཡིག་གི་གནའ་དཔེའི་གོ་རིམ་དེ་ནི་རྒྱ་ཡིག་གི་བྲིས་པ་བདེ་བླག་ཏུ་འཇུག་པའི་ཡི་གེ་སྟོང་གཅིག་མ་《千字文》ཞེས་པ་དེར་བཅོལ་ནས་དཔར་བཏབ་པའི་སྲོལ་དེ་ནི་ཐང་གི་དུས་རབས་ནས་མགོ་འཙུགས་ཟིན་པ་ཏུན་ཧོང་གི་ཡིག་རྙིང་དག་ལས་ཤེས་སོ། འོན་ཏེ་འདིར་གསལ་བཤད་ཞུ་དགོས་པ་ཞིག་ལ་རྒྱ་ཡིག་གི་བོད་གྲངས་རྒྱ་ཡིག་གི"元"དང"天" ཞེས་བྲིས་པ་འདི་ནི་ཡོན་གྱི་དཔར་མའི་དམིགས་བསལ་ཅན་གྱི་ཁྱད་ཆོས་ཤིག་ཡིན་པར་སེམས། གང་ཡིན་ཟེར་ན། རྒྱ་ཡིག་ཡོན་ཞེས་པ་དེ་ནི་རྒྱ་ཡིག་གནའ་དཔེའི་བོད་གྲངས་འཛིན་པའི་རྒྱ་

(1)ཐེག་པ་ཆེན་པོ་མདོ་སྡེ་རྒྱན། ཡོན་གྱི་དཔར་མ། ལྷེབ་གྲངས་འགོད་སྟངས་ལས་དྲངས།

(2)ཚད་མ་རྣམ་ངེས། ཡོན་གྱི་དཔར་མ། ལྷེབ་གྲངས་འགོད་སྟངས་ལས་དྲངས།

(3)ཆོས་མངོན་པ་མཛོད་ཀྱི་ཚིགས་ལེའུར་བྱས་པ། ཡོན་གྱི་དཔར་མ། སྤུན་ཁྱིར་རྒྱ་ལས་དྲངས།

(4)方广锠著《中国写本大藏经研究》上海古籍出版社，2006年版。

ཡིག་སྟོང་གཅིག་མ་ཞེས་པ་དེའི་ནང་དུ་རྒྱ་ཡིག་ཡོན་ཞེས་པ་དེ་ཚུད་མེད་སྐབས་དེ་ནི་ཡོན་གྱི་དཔར་མའི་མཚོན་ཆེད་ཤིག་ཡིན་པའི་དོན་མིན་ནམ་སྙམ། རྒྱ་ཡིག་ཐན་ཞེས་པ་དེ་ནི་བོད་གྲངས་འཛིན་པའི་ཡི་གེ་སྟོང་གཅིག་མ་ཞེས་པ་དེའི་ནང་དུ་ཡོད་པ་ནི“天地玄黄，宇宙洪荒”འདི་ལྟར་ཡིན་མོད། རྒྱ་ཡིག་གི་ཐན་ཞེས་པ་ནི་ཐན་ཧོང་“天皇”དང་ཐན་ཙེ་“天子”ཞེས་པ་ཏེ་གནམ་སྐྱོང་གོང་མ་ཞེས་པའི་མཚོན་དོན་ཡིན་ཙ་ན། རྒྱ་ཡིག་གི་ཐན་ཞེས་པ་དེ་ནི་རྒྱ་ནག་གི་གནའ་དཔེའི་ལོ་རྒྱུས་ཐོག་འཇོམ་བྱ་ཞིག་ཏུ་བརྩིས་ཀྱི་ཡོད། དེ་ནི་ཀྲའུ་ནས་འགོ་ཚུགས་པ་དང་ཆིན་གྱི་དུས་ཆགས་པ། ཐང་དང་སུང་གི་དུས་སུ་དར་ཁྱབ་བྱུང་ནས་མིང་དང་ཆིང་བཅས་རྒྱལ་རབས་དྲུག་ལོ་ངོ་ཉིས་སྟོང་ཙམ་གྱི་རིང་འཇོམས་བྱ་བྱས་ཏེ་གང་བྱུང་དུ་བེད་སྤྱོད་བྱས་མེད། འོན་ཏེ་ཡོན་རྒྱལ་རབས་ཀྱིས་དེ་འཇོམ་བྱ་བྱས་མེད། ཡོན་རྒྱལ་རབས་ནི་སོག་པོའི་སྐུ་དྲག་གིས་བཙུགས་པའི་རྒྱལ་རབས་ཤིག་ཡིན་གཤིས། ཡོན་རྒྱལ་རབས་ཀྱི་ཐོག་མའི་རྒྱལ་པོ་རྣམས་ཀྱིས་རྒྱ་ཡིག་མ་མཁྱེན་སྐབས། གོང་མའི་མཚན་རྒྱ་ཡིག་སྒྲ་བསྒྱུར་ཡིན་པས་རྒྱ་ཡིག་གི་གོ་དོན་བསྟན་ཐུབ་ཀྱི་མེད། རྒྱ་མཚོ་ཞེས་པ་དེ་དཔེར་བཟུང་ནས་ཡོན་གྱི་མིའི་མིང་། ས་མིང་། དཔོན་གྱི་མཚན་སོགས་མང་པོ་ཞིག་གི་ནང་དུ་ཡོད་གཤིས་རྩ་བ་ནས་འཇོམ་མེད།[1]ཅེས་རྒྱ་ནག་གི་གསུང་རབ་སློ་བ་རྣམས་ཀྱིས་གསུངས། མདོར་ན་བོད་རྒྱ་ཟུང་འབྲེལ་གྱི་པོད་གྲངས་དང་ལྡེབ་གྲངས་བཀོད་དགོས་དོན་ཡང་བོད་པ་ཡིག་མཁན་གྱིས་བྲིས་ཏེ་རྒྱ་ནག་གི་བཟོ་པས་དཔར་དུ་བརྐོ་བའི་སྐབས་གླེགས་བམ་ཕན་ཚུན་མི་འཁྲུགས་པའི་ཆེད་དུ་རྒྱ་བོད་ཟུང་འབྲེལ་གྱིས་པོད་གྲངས་སུ་བཅོལ་སྲོལ་དེ་བྱུང་བར་ངེས།

གཉིས། ལ་སྟོད་ཤེལ་དཀར་དཔར་མ།

ལ་སྟོད་ཤེལ་དཀར་དཔར་མ་ཞེས་མཇལ་བ་ཙམ་གྱིས་གནའ་དཔེའི་ཤེས་བྱ་མི་དམན་པའི་སྐྱེ་བོ་མི་ཉུང་བ་ཞིག་གིས་མི་དབང་པོ་ལྷས་དུས་རབས་18པའི་ནང་དུ་དཔལ་ཤེལ་དཀར་དུ་དཔར་དུ་བཏབ་པའི་སྣར་ཐང་བཀའ་འགྱུར་དུ་གྲགས་པ་དེའི་གྲས་ཡིན་པའི་ངོས་འཛིན་གནང་སྲིད་སྙམ། འོན་ཏེ་ད་ཐེངས་འདིར་གླེང་བར་བྱ་བའི་ལ་སྟོད་ཤེལ་དཀར་དཔར་མ་ཞེས་པ་དེ་ནི་དུས་རབས་14པའི་སྟོད་དུ་སི་ཏུ་ཆོས་རིན་ཡབ་སྲས་ཀྱི་སྐུ་དུས་སུ་དཔར་དུ་བཏབ་པའི་གནའ་དཔེ་དཔར་མའི་སྐོར་ཡིན། དེ་ཡང་མངོན་རྟོགས་རྒྱན་

(1)陈红颜著《中国版本文化丛书-元本》江苏古籍出版社，2002年版 31页。

འགྲེལ་པ་དོན་གསལ་ལ་སྟོད་ཤེལ་དཀར་དཔར་མའི་དཔར་བྱང་དུ། སྣད་ཀྱི་པཎྜི་ཏ་དཔལ་གོ་མི་བཅི་(འཆི་)མེད་ལ་སོགས་པ་དང་ལོ་ཙཱ་བ་དགེ་སློང་བློ་ལྡན་ཤེས་རབ་ཀྱིས་ལེགས་པར་གཏན་ལ་ཕབ་པས། དངོས་བརྒྱུད་ཡུམ་གྱི་འབྲུག་སྒྲ་ཟབ་མོ་ཅན། །ཆོས་ཀྱི་ཆུ་བོ་ལུགས་བརྒྱུད་དང་ལྡན་པ་འབབས།། གྲུབ་མཐའ་རིག་པའི་གཞུང་རི་འཐག་བྱེད་པའི།། མངོན་རྟོགས་རྡོ་རྗེའི་མེ་འཆར་ཆུ་འཛིན་རྒྱལ།། དྲི་མེད་མཁྱེན་པའི་སྤྱན་ཡངས་ཉི་མ་ཤར།། ཉམས་ལེན་སྦྱོར་བའི་ཡན་ལག་ཤུགས་ཆེན་རྒྱས།། རྣམ་སྨིན་ཆོས་སྐུའི་རལ་ཁྲིང་གཡོ་བས་བརྗིད།། མི་ཕམ་སྨྲ་བའི་སེང་གེ་རྒྱལ་ཕྱུར་ཅིག།། རིག་འགྲོལ་དང་མངོན་རྟོགས་མ་ཚང་དང་།། རྒྱལ་ཡུམ་ཀུན་གྱི་རྒྱན་དུ་མི་སྣང་བའི།། མངོན་རྟོགས་འགྲེལ་མཁས་གཞན་ལས་ཕུན་ཕྱིན་པ།། འཇིགས་མེད་སེང་གེ་བཟང་པོ་རྒྱལ་ཕྱུར་ཅིག།། ཤར་ཕྱོགས་རྒྱལ་པོས་ས་ལ་དབང་བསྒྱུར་

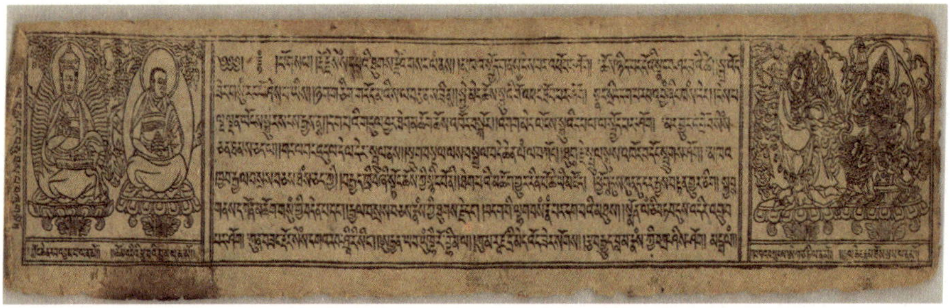

དུས་རབས་15པའི་གུང་ཐང་དཔར་མའི་དཔར་རིས།

བ།། མི་དབང་བྱེ་བའི་རལ་པར་ཞབས་བཀོད་པའི།། ཆོས་ཀྱི་རྒྱལ་པོ་ཏ་རུའི་མཚན་འཛིན་པ།། ཀུན་གྱི་གཙུག་རྒྱན་ཆོས་ཀྱི་རིན་ཆེན་བྱུང་།། ཐུགས་གཞོན་ཟླ་བ་དཀར་པོའི་རྒྱུད་པ་ཅན།།རྒྱལ་ཐྲན་སྐར་མ་ཙམ་གྱིས་ཕྱག་བྱ་བ།། གླིང་བཞི་མ་ལུས་གསལ་བའི་སྟོབས་པོ་ཆེ།། གངས་དཀར་རིའི་རྩེ་ནས་མངོན་པར་ཤར།། ཏའི་བསྲི་ཏུ་ལྷ་བཙན་སྐྱབས་ཞེས་པ།། འཁོར་བའི་རྒྱ་གཏེར་ཕ་མཐའ་མི་མངོན་ཞིང་།། དཔུང་གི་རྩལ་ཚུལ་ཉི་མ་ཕམ་བྱེད་པ།། ཆབ་སྲིད་ཤིང་ཆེན་ས་ལ་རྒྱས་པ་བྱུང་།། དེས་མཆོད་ཆོས་ཀྱི་སྡེ་ཆེན་རབ་ལྷུས་ན།། ···འཆང་ཀུན་དེ་ནི་འདུས་པ་བཞིན།། འཕགས་པ་བདུད་རྩིའི་ཆར་རྒྱུན་ཟླ་བཞིན་མ།། མཐའ་ཡས་ས་ལ་དབང་བསྒྱུར་བཙུན་མོ་མཆོག། ལྷ་ལྕམ་འཆི་མེད་བུ་མོའི་དཔལ་འཁྲོག་ཅན།། སྡེ་གཉིས་ཆོས་ཀྱིས་སྐྱོང་བའི་བདག་མོ་བྱུང་།། ནོར་གྱི་སྤྱན་ལྡན་ནང་བློན་རྣམས་ཐོས་བཞིན།། དཔུང་སྤྱན་ལྡན་ཕྱི་བློན་ལྷ་མིན་

འདྲ།། ཡིད་འཕྲོག་མདངས་གསལ་བྲུང་སྐོར་གཞོན་ནུ་རྣམས། །རབ་མཛེས་ནམ་མཁའི་ལྷ་
ཐྲན་འདུས་པ་བཞིན།། ཁོར་ཡུག་རི་བོའི་ཁོངས་སུ་ཆབ་སྲིད་རྣམས།།མི་ཤོང་གོ་སྐབས་མེད་
པར་གནས་པ་འདྲ།། ལྷ་དབང་དང་མཚུངས་ལྷ་བཙན་རྒྱལ་པོ་དེས།། ཆོས་ཀྱི་རྒྱལ་པོ་ཆོས་ཀྱི་
རིན་ཆེན་གྱི།། ཐུགས་དགོངས་རྫོགས་ཕྱིར་ཐུགས་དགོངས་རབ་དགེ་བས།། བཟང་པོའི་ཞབས་
ཀྱི་གཞུང་བཟང་ སྟར་དུ་བསྒྲུབས།། ལག་པའི་འདུ་བྱེད་སློག་ཐྲན་ལྟར་འཁྱུག་པའི། །མཛོ་རིས་
བཟོ་པའི་རྣམ་འཕྲུལ་བསོད་ནམས་དཔལ།། རིག་པའི་མཐར་ཕྱིན་བསོད་ནམས་རིན་ཆེན་ཏེ།།
བོད་ཡུལ་མཁས་པ་སྤྱན་གྱིས་རབ་ཏུ་བསྐོས།། འཇམ་གླིང་རྒྱན་སྒྲུར་ཤེལ་དཀར་ཤར་གྱི་རི།།
ཡིག་དཔོན་བྱང་སྐྱབས་ལག་པའི་དཀྱིལ་འཁོར་ལས།། སྟར་གཞུང་འབུམ་ཕྲག་འོད་ཟེར་རབ་
འཕྲོས་ཏེ།། ཆོས་གྲྭ་སོ་སོའི་པད་ཚལ་རྣམས་སུ་བཀྱེ།། དེ་ཚེ་ལུང་དང་རིག་པའི་འདབ་བཤོག་
ཅན།། ལེགས་བཤད་སླུ་དབྱངས་སྒྲོགས་པའི་སྡེ་བེ་།། བློ་གསལ་བུང་བ་གཞོན་ནུའི་ཕྲེང་བ་
རྣམས།། དགའ་བའི་གར་སྟབས་རོལ་པས་ཁྱབ་པར་གྱུར།། འདི་བསྒྲུབས་དགེ་བ་སྟོན་ཀའི་ཟླ་
འོད་ཀྱིས།། ཐུབ་བསྟན་གནམ་མཁས་ཁྱབ་པར་གསལ་བ་དང་།། གཞན་སྡེའི་མུན་པ་མཐའ་
དག་འཇོམས་པ་དང་།། རང་སྡེ་ཀུ་མུད་ཚལ་རྣམས་རྒྱས་གྱུར་ཅིག།། མི་དབང་སྐྱུ་ཚེ་ས་གཞི་
ལྟར་བརྟན་ཞིང་།། འབྱོར་བ་ཆུ་བོའི་རྒྱུན་ལྟར་འཕྱུང་བ་དང་།། དགྲ་བོ་འཇོམས་པའི་མེ་ཆེན་
འབར་བ་དང་།། སྙན་གྲགས་རླུང་ལྟར་ཀུན་ཏུ་བསྐྱོད་པར་ཤོག།། བཀྲ་ཤིས་མེ་ཏོག་ཆར་ཕྲེང་
འབབ་པའི་ཚེ།། བུ་མོ་མཛེས་མའི་མགྲིན་སྙན་སྡེབས་པ་ལས།། ཁྲི་སྐོར་བདེ་སྐྱིད་བར་ཆད་
མེད་དོ་ཞེས།། དགའ་སྟོན་དབུས་སུ་སྙན་པར་འཕེལ་བར་གྱུར།། ང་རྒྱལ་རི་བོ་མཐོ་བའི་མི་
བདག་དག།། ནོར་འཛིན་སའི་ལྟེ་བར་མད་གྱུར་ཀྱང་།། འབུམ་ཕྲག་གཞུང་གི་འོད་ཟེར་ཀུན་
འགྱེད་པའི།། སྟར་བྱེད་ཧ་ཤང་རོལ་པའི་ཉི་འདྲ་ཞུང་།། སྟོབས་ཆེན་གང་གིས་སངས་རྒྱས་
བསྟན་པ་དག། འདམ་དུ་བྱིང་འདྲ་གྱེན་དུ་རབ་འདེགས་པ།། མེས་དཔོན་ཐོན་གྱི་རྒྱལ་པོའི་
རྣམ་ཐར་ཅན།། སྡེ་ཕྱོགས་རྒྱལ་པོའི་དབང་ཕྱུག་གང་འདི་ཡིན།། དཔལ་ཤེལ་དཀར་གྱི་ཕོ་
བྲང་ནས།། ཉི་ཟླ་ལྟར་གྲགས་པའི་འགྲེལ་པ་དོན་གསལ་བ་འདི།། ནང་གཉེར་རྗེ་བོ་རྒྱ་དར་
གྱིས།། གཟོ་བའི་ཞབས་ཏོག་བརྩོན་པར་བསྒྲུབས།། ཐམས་ཅད་འདུལ་ཞེས་བྱ་བ། མེ་མོ་ཕག་
གི་ལོ; གྲོ་ཞུན་གྱི་ཟླ་བ་ལ་སྟར་དུ་བསྒྲུབས་པ་འདིས; ཕྱོགས་དང་དུས་དང་གནས་སྐབས་

ཀུན་དུ་ཁྱབ་པར་གྱུར་ཅིག། ཤུ་བྷཾ།།[1] ཞེས་པའི་དཔར་བྱང་འདི་ནི་སྤྱི་ལོའི་དུས་རབས་7པར་སློབ་དཔོན་སེང་གེ་བཟང་པོས་བརྩམས་པའི་མངོན་རྟོགས་རྒྱན་འགྲེལ་པ་དོན་གསལ་ཏེ། རྒྱ་གར་གྱི་མཁན་པོ་བིདྱཱ་ཀ་ར་པྲ་བྷ་དང་། ཞུ་ཆེན་གྱི་ལོ་ཙཱ་བ་བཙྟེ་དཔལ་བརྩེགས་ཀྱིས་བསྒྱུར་ཅིང་ཞུས་ཏེ་གཏན་ལ་ཕབ་ཅིང་། སྔད་ཀྱི་དུས་རབས་11པར་པཎྜི་ཏ་དཔལ་གོ་མི་འཆི་མེད་ལ་སོགས་པ་དང་ལོ་ཙཱ་བ་དགེ་སློང་བློ་ལྡན་ཤེས་རབ་ཀྱིས་ལེགས་པར་གཏན་ལ་ཕབ་པ་ལ་སྟོད་ཤེལ་དཀར་དུ་ཕར་དུ་བཏབ་པ་དེའི་དཔར་བྱང་ཡིན། དཔར་བྱང་དེ་རོབ་ཙམ་ཞིག་བཀྲལ་ན། ཤར་ཕྱོགས་རྒྱལ་པོས་ས་ལ་དབང་བསྒྱུར་བ་ཞེས་པའི་སྐབས་དེ་དུས་ཀྱི་ཤར་ཕྱོགས་རྒྱལ་པོ་ནི་ཡོན་རྒྱལ་རབས་ཀྱི་གོང་མ་མཐའ་མཇུག་ཏེ་ཐོ་གན་ཏེ་མུར་(妥欢贴睦)(1276-1380)[2]གྱི་སྐབས་ཡིན་པ་དང་། ལ་སྟོད་ལྷོ་ཡི་བདག་པོ་སི་ཏུ་ཆོས་ཀྱི་རིན་ཆེན་གྱིས་སྤྱི་ལོ་1385ལོར་ལ་སྟོད་ཤེལ་དཀར་ཕྱུག་བཏབ་ཅིང་སྤྱི་ལོ་1402ལོར་དགོངས་པ་རྫོགས།[3]ཡབ་སི་ཏུ་ཆོས་ཀྱི་རིན་ཆེན་དང་ཡུམ་བྱང་བདག་ནམ་མཁའ་འབུམ་གཉིས་ཀྱི་སྲས་ལྷ་བཙན་སྐྱབས་[4]དང་ལྷ་ལྕམ་བྱང་བདག་རྣམ་རྒྱལ་མའི་སྲས་མོ་བཙན་ལྕམ་རྒྱལ་མོ།[5]གཉིས་ཀྱི་སྐུ་དུས་སུ། སི་ཏུ་ཆོས་ཀྱི་རིན་ཆེན་དགོངས་པ་རྫོགས་ནས་བགྲང་བྱ་ལྔ་ཙམ་འདས་པའི་ལོ་སྟེ་དཔར་བྱང་མེ་མོ་ཕག་གི་ལོ་སྤྱི་ལོ་1407ལོའི་གྲོ་ཞུན་གྱི་ཟླ་བ་སྟེ་ཟླ་བ་7པའི་ནང་དུ་མཛོ་རིས་བཟོ་པའི་རྣམ་འཕྲུལ་བསོད་ནམས་དཔལ། །རིག་པའི་མཐར་ཕྱིན་བསོད་ནམས་རིན་ཆེན་ཏེ།། བོད་ཡུལ་མཁས་པ་སྤྲུན་གྱིས་རབ་ཏུ་བཀོས་ཏེ་ཕར་དུ་བཏབ་པ་ཞིག་རེད་འདུག སི་ཏུ་ཆོས་རིན་གྱི་དགོངས་རྫོགས་སུ་མངོན་རྟོགས་རྒྱན་གྱི་འགྲེལ་པ་དོན་གསལ་དཔར་དུ་བཏབ་པའི་དགོས་པ་ནི་ཡབ་སི་ཏུ་ཆོས་རིན་དང་སྲས་ལྷ་བཙུན་སྐྱབས་གཉིས་ཀྱིས་དཔང་ལོ་ཙཱ་བ་བློ་གྲོས་བརྟན་པ་དང་ལོ་ཆེན་བྱང་ཆུབ་རྩེ་མོ། ས་ལོ་གྲགས་པ་

(1)སློབ་དཔོན་སེང་གེས་བཟང་པོས་མཛད། མངོན་རྟོགས་རྒྱན་གྱི་འགྲེལ་པ་དོན་གསལ། ལ་སྟོད་ཤེལ་དཀར་དཔར་མའི་དཔར་བྱང་ལས་དྲངས།

(2)ཚལ་པ་ཀུན་དགའ་རྡོ་རྗེས་བརྩམས་པའི་དེབ་ཐེར་དམར་པོར། ཐོ་གོན་ཐེ་མུར་ནི་རང་ལོ་བཅུ་དྲུག་ལ་སླེབས་པ་རབ་བྱུང་དྲུག་པའི་ཆུ་བྱི་སྤྱི་ལོ་1333ལོ་རབ་བྱུང་དྲུག་པའི་ས་སྤྲེལ་སྤྱི་ལོ་1368བར་ལོ་སུམ་ཅུ་སྲིད་བཟུང་།

(3)Translaton and Facsimile Edition of the Tibetan text by pasang Wangdu and Hildegard Diemberger in Cooperation with Guntram Hazod HISTORY OF THE “WHITE CRYSTAL” P 131.

(4)Translaton and Facsimile Edition of the Tibetan text by pasang Wangdu and Hildegard Diemberger in Cooperation with Guntram Hazod HISTORY OF THE “WHITE CRYSTAL” P 14.

(5)Translaton and Facsimile Edition of the Tibetan text by pasang Wangdu and Hildegard Diemberger in Cooperation with Guntram Hazod HISTORY OF THE “WHITE CRYSTAL” P 6.

རྒྱལ་མཚན་སོགས་རང་གི་དགེ་བའི་བཤེས་གཉེན་དུ་བསྟེན་ཏེ་ནང་ཆོས་དང་རྩིས་གཞུང་སོགས་ལ་འབད་པ་བླ་ལྷག་མཛད་པ་མ་ཟད་དཔང་ལོ་དང་ལོ་ཆེན་གཉིས་ལ་བཀུར་བསྟི་ཞབས་ཏོག་གནང་བའི་རྐྱེན་གྱིས་དཔང་ལོས་འགྱུར་བཅོས་མཛད་པའི་མངོན་རྟོགས་རྒྱན་གྱི་འགྲེལ་པ་དོན་གསལ་དེ་སི་ཏུའི་ཆོས་རིན་གྱི་དགོངས་རྫོགས་སུ་དཔར་དུ་བཞེངས་པར་སེམས། དེས་ན་ད་ཐེངས་ལ་སྟོད་ཤེལ་དཀར་གྱི་དཔར་རྙིང་དེ་རྙེད་སོན་བྱུང་བ་དེས་བོད་དུ་དུས་རབས་13པའི་སྔོན་ནས་དཔར་བཀོའི་ལག་རྩལ་དར་ནས་གནའ་དཔེ་དཔར་ལ་བཏབ་པའི་ལག་རྩལ་དེ་བྱུང་ཟིན་པ་དངོས་རིགས་ཀྱི་ཐོག་ནས་བདེན་དཔང་བྱ་ཐུབ་པའི་

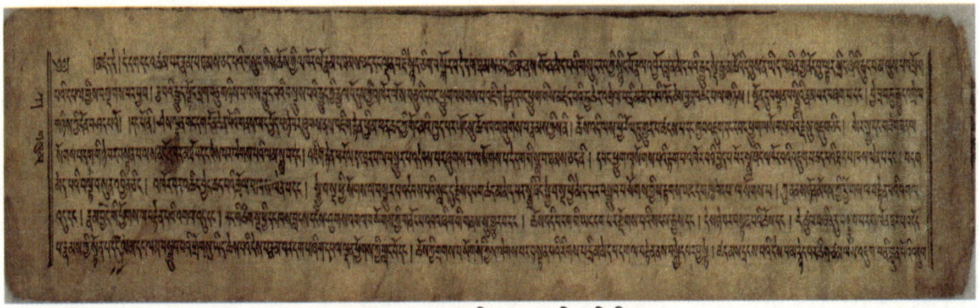
དུས་རབས་16སྐབས་ཀྱི་དཔར་མའི་དཔེ་རིས།

གལ་ཆེན་དཔང་པོ་ཞིག་ཡིན། སྤྱི་ལོ་1407ལོར་ལ་སྟོད་ཤེལ་དཀར་གྱི་དཔར་མ་དེར་དུས་རབས་11-12ཀྱི་གནའ་དཔེ་ཁྲིས་མ་ཇི་བཞིན་གཞུང་དེའི་ལྡེབ་གྲངས་ཀྱི་ངོས་སུ་སྒྲོར་ཐིག་བཀོས་འདུག་ལ་དུས་ཕྱིས་ཀྱི་དཔར་མ་ཇི་བཞིན་གོང་འོག་དང་གཡས་གཡོན་གཉིས་ཐིག་གི་རྒྱ་བཏབ་མེད། ལྡེབ་གྲངས་ཀྱང་ལྡེབ་ཀྱི་ཉིན་ངོར་སྔོལ་རྒྱུན་ལྟར་བོད་གྲངས་དང་ཡི་གེའི་ལྡེབ་གྲངས་བཀོད་པ་མ་ཟད་ཤོག་ངོས་སུ་བོད་ཨང་བཀོད་པ་བཅས་ནི་དུས་རབས་15པའི་ལ་སྟོད་ཤེལ་དཀར་གྱི་དཔར་མའི་ཁྱད་ཆོས་ཡིན་ནོ།

གསུམ། གོང་དཀར་དཔར་མ།

དུས་རབས་14པར་ཕག་གྲུས་བོད་ཀྱི་སྲིད་དབང་བཟུང་པའི་རྗེས་སུ་བོད་ཀྱི་ཡུལ་ལུང་ཁག་ཏུ་རྫོང་གཞིས་འཛུགས་སྐྱུན་གནང་བ་དང་ཕག་གྲུའི་ཆོས་རྒྱལ་ལྷ་པ་དཔང་གྲགས་པ་རྒྱལ་མཚན་གྱིས་ཕག་གྲུའི་མངའ་ཁོངས་སུ་གཏོགས་པའི་རྫོང་གཞིས་ཁག་ལ་བོད་ཡིག་གནའ་དཔེ་དཔར་ལ་བསྒོ་བའི་བཀའ་མངགས་གནང་ཏེ་དཔར་ལ་བསྐོས་ཡོད་ཅེས་ལོ་རྒྱུས་

དེབ་ཐེར་ཁག་ཏུ་གསལ་བ་མ་ཟད། སྐབས་དེ་དུས་དཔར་ལ་བསྐོས་པའི་གནའ་དཔེ་མི་ཉུང་བ་ཞིག་ཀྱང་གནའ་དཔེ་ཡོངས་བཤེར་གྱི་ལས་རིམ་ནང་དུ་མཇལ་ཐུབ་པ་བྱུང་། དེ་དག་ནི་ས་སྐྱ་ཁུ་དཔོན་གྱི་གསུང་འབུམ་དང་རྗེ་ཙོང་ཁ་པ་བློ་བཟང་གྲགས་པའི་གསུང་། རྒྱལ་ཚབ་དར་མ་རིན་ཆེན་གྱི་གསུང་ཚད་མའི་སྐོར་སོགས་ཡིན། ད་ལྟ་གོང་དཀར་དཔར་མར་གྲགས་པ་དེ་དག་གི་ཁྲོད་ནས་དཔར་བྱང་རེ་གཉིས་དཔེར་དྲངས་ཏེ་ཞིབ་འཇུག་བགྱིས་པ་དང་ཆབས་ཅིག་གོང་དཀར་དཔར་མའི་ཁྱད་ཆོས་སྐོར་ལ་ཞུས་ན། ས་སྐྱ་གོང་མ་སྔ་ལྔའི་ཡ་གྱལ་ས་སྐྱ་བསོད་ནམས་རྩེ་མོའི་(1132-1182)གསུང་ཀྱེའི་རྡོ་རྗེའི་རྣམ་བཤད་ཉི་མའི་འོད་ཟེར་གྱི་དཔར་བྱང་དུ། ན་མོ།།※※རབ་གསལ་མཁྱེན་པའི་ཉི་འོད་སྟོང་ཕྲག་གིས། །ཡོག་པར་སྨྲ་བའི་ཉིན་སྒྲོང་ཕམ་མཛད་ནས། །ཐུབ་བསྟན་པད་མོའི་ཚལ་ཀུན་རྒྱས་མཛད་པ། །རིག་འཛིན་གཟའ་ཡི་བདག་པོ་རྒྱལ་གྱུར་ཅིག །ཟབ་མོ་རྡོ་རྗེའི་ཚིག་རྣམས་གསལ་བའི་སྣད། །དཔལ་ལྡན་བསོད་ནམས་རེ་བོའི་རྩེ་མོར་གནས། །མན་ངག་ཐུབ་པའི་གཞོན་པས་མཛད་པའི་དཔལ། །རྣམ་བཤད་ཉི་མའི་འོད་ཟེར་ཤར་བ་འདི། །བསྟན་ལ་རིང་དུ་གནས་པར་བྱ་བའི་ཕྱིར། །རབ་གསལ་པར་གྱི་ཡི་གེར་བསྒྲུབ་ཤོག་ཅེས། །མཁྱེན་རྩེའི་སྤྱན་ཡངས་ས་ལ་སྤྱོད་པའི་གྲུས། །རིག་འཛིན་གྲ་ལྔའི་རྒྱལ་པོའི་བཀས་བསྐུལ་ནས། །གྲུབ་པའི་དབང་ཕྱུག་མར་རྫོག་གདན་སའི་མཆོག །སྤྲི་ཞིང་ཆོས་ཀྱིས་འཁོར་བའི་སྡེ་ཆེན་དུ། །པར་ལ་མཁས་པའི་ཁྲུ་མཆོག་བཟོད་པར་འཕེལ། །རྣམ་མང་ཡོན་གྱིས་མཆོག་ནས་གུས་པར་བསྒྲུབས། །དགེ་བས་ངག་གི་དབང་ཕྱུག་ས་སྐྱ་པ། །མཁས་མཆོག་བརྒྱུད་པར་བཅས་པའི་རིང་ལུགས་རྣམས། །ས་དང་ནམ་མཁའི་ཕ་མཐའ་རྒྱས་གྱུར་ཏེ། །རྡོ་རྗེ་ཐེག་པའི་ལམ་བཟང་གསལ་གྱུར་ཅིག །ཁྱད་པར་ཆོས་རྒྱལ་གྲ་ལྔ་རྒྱལ་པོ་(1432-1496)ཡི། ། རྣམ་དཀར་ཆོས་ཀྱི་མཛད་པ་རབ་རྒྱས་ཞིང་། །གང་གིས་དྲིན་གྱིས་འགྲོ་ཀུན་སངས་རྒྱས་ཀྱི། །གོ་འཕང་སྒྲུབ་ལ་གེགས་དང་བྲལ་གྱུར་ཅིག །འཇིག་རྟེན་ཀུན་དུ་ལོ་ཕྱུགས་ལེགས་པ་དང་། །ནད་མེད་ཕན་ཚུན་འཛའ་བའི་སེམས་ཀྱི་གནས། །རྒྱུ་དང་མི་རྒྱུ་བདེ་ལེགས་ཀུན་ལྡན་ཞིང་། །ཆོས་ལྡན་འཁོར་བའི་གཏེར་ལ་སྤྱོད་གྱུར་ཅིག [1]ཅེས་དང་རྗེ་ཙོང་ཁ་པ་བློ་བཟང་གྲགས་པའི་གསུང་ཐུགས་རིམ་ཆེན་མོའི་དཔར་བྱང་དུ། མཁས་པའི་དབང་པོ་རྒྱལ་ཚབ་ཆོས་ཀྱི་རྗེ། །(1364-1432) གྲུབ་པའི་དབང་ཕྱུག་འཇམ་དཔལ་

(1)ས་སྐྱ་བསོད་ནམས་རྩེ་མོ། ཀྱེའི་རྡོ་རྗེའི་རྣམ་བཤད་ཉི་མའི་འོད་ཟེར། གོང་དཀར་དཔར་མའི་དཔར་བྱང་ལས་དྲངས།

རྒྱ་མཚོ་དང་། །(1356-1428) རྒྱལ་བའི་དབང་པོ་ཀུན་དགའ་བཟང་པོའི་གསུང་། ། དང་དུ་བླངས་ནས་རྗེ་བཙུན་ཙོང་ཁ་པའི། །(1357-1419) ཐུགས་དགོངས་རྫོགས་ཤིང་རྡོ་རྗེ་ཐེག་པའི་ལམ། །ཕྱོགས་དུས་ཀུན་དུ་རྒྱས་པར་བྱ་བ་དང་། །ས་ལ་དབང་བསྒྱུར་གྲགས་པས་འཛམ་གླིང་ཁྱབ། །(1375- 1432) ཕས་རྒོལ་བདུད་ཀྱི་དཔུང་འཇོམས་རྒྱལ་བའི་མཚོག །བོད་ཁམས་ཆོས་བཞིན་སྐྱོང་བའི་དགེ་མཚན་ཅན། །མི་དབང་རྒྱལ་པོའི་ཆབ་སྲིད་བརྟན་པའི་ཕྱིར། །བསོད་ནམས་སྟོབས་ཀྱིས་གཞན་སྡེ་ཟིལ་གྱིས་གནོན། །ལྷག་བསམ་དག་པས་རང་སྡེ་ཁྲིམས་ཀྱིས་འཚོ། །གོང་མའི་བཀའ་སྒྲུབ་སྐྱབས་གསུམ་གུས་པས་བསྟེན། །རྣམ་བཞི་འཇོམས་པའི་དྲུང་ཆེན་ཁུ་དཔོན་གྱིས། །དཔར་དུ་བཞེངས་པའི་ཡི་གེའི་ཞུས་དག་པ། །མདོ་སྔགས་གཞུང་བརྒྱ་གསལ་བའི་བློ་གྲོས་ཅན། །བསླབ་གསུམ་རྣམ་པར་དག་པའི་ཆོས་རྒྱལ་དང་། །མཁའ་ སྤྱོད་བརྙེས་པའི་གདུང་བརྒྱུད་སྡོམ་བརྩོན་མཚོག །རྒྱུད་སྡེའི་མངའ་བདག་རིན་ཆེན་དཔལ་བཟང་ཡི། །མཁས་པའི་ཞལ་བྱུང་ནམ་མཁའ་བཟང་པོས་བྲིས། །ལག་པའི་འདུ་བྱེད་བསྒྱུར་ལ་འགན་བླ་བྲལ། །རིག་བྱེད་འཛིན་པའི་གཙོ་བོ་སྐྱབ་པ་དང་། །དགེ་བསམ་ལ་སྦྱོགས་མཁས་པ་རྣམས་ཀྱིས་བརྐོས། །ཕུན་ཚོགས་དཔལ་འབྱོར་གྱིས་མཛེས་གུ་རུ་དང་། །གཡུ་རུང་བསམ་བཟང་ལས་བྱེད་རྣམས་ཀྱིས་འབད། །དགེ་བ་འདི་ཡིས་འགྲོ་བ་མ་ལུས་པ། །རྡོ་རྗེ་ཐེག་པའི་ལམ་དང་མི་བྲལ་ཞིང་། །ཕྱོགས་དུས་ཀུན་དུ་ལམ་གྱི་རིམ་པ་འདིའི། །བཤད་སྒྲུབ་བསྟན་པ་ཆེས་ཆེར་རྒྱས་པར་ཤོག །སྦྱིན་བདག་ཁུ་དཔོན་སྐྱེ་བོ་ཐམས་ཅད་དུ། །ཨིནྡྲ་བྷུ་ཏི་བླ་བ་བཟང་པོ་ལྟར། །སྔགས་སྤྱོར་རྒྱལ་པོ་ཁོ་ནར་གྱུར་ནས་ཀྱང་། །རྡོ་རྗེ་འཆང་གི་གོ་འཕང་མྱུར་དུ་ཐོབ་ཤོག །སྐུ་ཚེ་འདིར་ཡང་མངའ་རིས་ཐམས་ཅད་དུ། །གཙུག་ལག་གཉིས་ཀྱིས་འཁོར་པ་རྒྱས་པ་དང་། །འགལ་རྐྱེན་ཞི་ཞིང་ཕན་ཚུན་ཕ་མ་ལྟར། །བྱམས་པའི་སེམས་ཀྱིས་རྟག་ཏུ་གནས་གྱུར་ཅིག །ཅེས་རྡོ་རྗེ་འཆང་ཆེན་པོའི་ལམ་གྱི་རིམ་པ་འདི་ཕོ་བྲང་གཉིས་པ་གོང་དཀར་དཔལ་གྱི་སྡེ་ཆེན་དུ་ཟིལ་གནོན་གྱི་(1426)ལོ་ཆུ་སྟོད་ཀྱིས་ཉ་བའི་གྲལ་ཆོས་བཞི་ལ་ལེགས་པར་གྲུབ་པའོ། །འདི་ཡི་ཆེད་དུ་འབད་པ་ཆེར་བགྱིས་པའི། །གཞོན་ནུ་སེང་གེ་བྱང་ཆུབ་སྙིང་པོའི་བར། །དམ་ཆོས་མ་ལུས་རྒྱལ་བའི་དགོངས་པ་བཞིན། །རང་གིས་ངེས་ནས་གཞན་ལ་འདོམས་པར་ཤོག[1]ཅེས་པའི་དཔར་བྱང་གཉིས་བསྡུར་བ་ན། ས་སྐྱའི་བླ་ཆེན་བསོད་ནམས་རྩེ་མོའི་

(1)རྗེ་ཙོང་ཁ་པ་བློ་བཟང་གྲགས་པ། སྔགས་རིམ་ཆེན་མོ། གོང་དཀར་དཔར་མའི་དཔར་བྱང་ལས་དྲངས།

ཀྱི་རྡོ་རྗེའི་རྣམ་བཤད་ཉི་མའི་འོད་ཟེར་དང་རྗེ་ཙོང་ཁ་པ་བློ་བཟང་གྲགས་པའི་ཐུགས་རིམ་ཆེན་མོ་གཉིས་ནི་དུས་རབས་15པར་གོང་དཀར་རྫོང་ནས་དཔར་དུ་བཏབ་པའི་གནའ་དཔེའི་གྲས་ཤིག་རེད། ས་སྐྱའི་བླ་ཆེན་བསོད་ནམས་རྩེ་མོའི་ཀྱི་རྡོ་རྗེའི་རྣམ་བཤད་ཉི་མའི་འོད་ཟེར་སོགས་གོང་དཀར་རྫོང་གི་རྫོང་དཔོན་གྲྭ་ལྷའི་རྒྱལ་པོ་སྟེ་གོང་དཀར་བ་ཀུན་དགའ་རྣམ་རྒྱལ་(1432-1496)གྱིས་སྦྱིན་བདག་མཛད་ནས་གནའ་རབས་སྤྱིའུ་ཞིང་སྟེ་འགོས་ལོ་གཞོན་ནུ་དཔལ་གྱིས་ཇོ་རྩལ་གྱི་སྲས་ཀུན་དགའ་རྡོ་རྗེ་ཡིན་ཏེ་མེ་མོ་གླང་ལོ་ལ་འཁྲུངས། འདིས་མེས་མདོ་སྨྲེ། ཕྱོ་ནག་ལ་མོའི་མཚོའུ་དར་རེ། དཔལ་ཆེན་གོ་བོ། གྲུབ་ཐོབ་ཨོལ་པ་བ། མལ་ནག་མོ་རྣམས་བསྟན། སྤྱིའུ་ཞིང་གི་གནས་གཞི་བཏབ་ [1]ཅེས་གསུངས་པ་དེ་ནི་ད་ལྟ་གོང་དཀར་རྫོང་གི་མངའ་འོག་ན་ཡོད་པའི་གནའ་རབས་སྤྱིའུ་ཞིང་ཞེས་པའི་སར་གོང་དཀར་རྫོང་གི་རྫོང་དཔོན་གྲྭ་ལྷའི་རྒྱལ་པོས་སྐུལ་ཏེ་དཔར་མཁན་བཟོད་པ་འཕེལ་གྱིས་དཔར་ལ་བསྐོས་པ་ཞིག་ཡིན། རྗེ་རིན་པོ་ཆེའི་གསུང་ཐུགས་རིམ་ཆེན་པོ་ནི་གོང་དཀར་གྱི་སྡེ་པ་ནང་སོ་བ་བཞི་འཛོམས་པས་དགུང་ལོ་ལྔ་བཅུ་ང་གཅིག་སྟེང་(1371-1445)སྦྱིན་བདག་བྱས་ཏེ་དཔར་མཁན་སྐྱབས་པ་དང་དགེ་བསམ་ལ་སོགས་པས་སྤྱི་ལོ་1426ལོར་གོང་དཀར་དུ་དཔར་ལ་བསྐོས་ཏེ་རྟོག་རིན་ཆེན་དཔལ་བཟང་གིས་ཞུས་དག་བྱས་ནས་བསྒྲུབས་པ་ཞིག་ཡིན། གོང་དཀར་དུ་སྡེ་པ་ནང་སོ་བཞི་འཛོམས་དང་གྲྭ་ལྷའི་རྒྱལ་པོས་སྦྱིན་བདག་བྱས་ཏེ་ད་དུང་རྗེ་ཙོང་ཁ་པའི་གསུང་བདེ་མཆོག་འཁོར་ལོ་དང་གསང་ཐུགས་ཐེག་པའི་ཚོ་ག འདུལ་བའི་རྣམ་གཞག རིམ་ལྔ་གསལ་སྒྲོན། དབུ་མ་རྩ་བ་ཤེས་རབ་ཀྱི་འགྲེལ་པ་སོགས་དང་ས་སྐྱ་བསོད་ནམས་རྩེ་མོའི་གསུང་དོན་ཡོད་ཞགས་པའི་ལྷ་ལྷའི་བསྟོད་པ་ལོ་རྒྱུས་བསྡུས་དོན་རྒྱུད་ཆུང་གི་ཊཱིཀ་དང་སློབ་དཔོན་རྣལ་འབྱོར་གྱིས་དབང་ཕྱུག་དྲིལ་བུ་ཞབས་ཀྱི་རྗེས་སུ་འབྲང་པ་འཁོར་ལོ་སྡོམ་པའི་དཀྱིལ་འཁོར་དུ་འཇུག་པའི་ཚོ་ག ཀྱི་རྡོ་རྗེ་བེ་བ་པའི་ལུགས་ཀྱི་དབང་བསྐུར་ཚོ་ག ཀྱེའི་རྡོ་རྗེའི་རྣམ་བཤད་ཉི་མའི་འོད་ཟེར། ས་སྐྱ་གྲགས་པ་རྒྱལ་མཚན་གྱི་གསུང་རྣམ་བཤད་ཉིད་སོགས་ས་སྐྱ་ཁུ་དབོན་གྱི་གསུང་རབ་བཅས་དཔར་ལ་བསྐོས་འདུག དེ་དག་གི་དཔར་བྱང་སྨོན་ཚིག་རྒྱ་མཚོ་དུ་བྱས་ནས་དུས་རབས་15པའི་གོང་དཀར་དཔར་མའི་ཁྱད་ཆོས་ལ་བསྡོམས་ཤིག་བྱས་ན་འདི་ལྟར། གཅིག གོང་དཀར་

(1)འགོས་ལོ་གཞོན་ནུ་དཔལ། དེབ་ཐེར་སྔོན་པོ། ཟི་ཁྲོན་མི་རིགས་དཔེ་སྐྲུན་ཁང་གི་1984ལོའི་དཔར་མ། ཤོག་གྲངས་494ལས་དྲངས།

དཔར་མའི་སྦྱིན་བདག་གོང་དཀར་བ་བཞི་འཇོམས་(1371-1445)དང་གྲ་ལྷའི་རྒྱལ་པོ་(1432-1496)གཉིས་ལ་དཔར་གྱི་ཐོག་མའི་སྐུལ་སློང་གནང་མཁན་ནི་ཕག་གྲུ་གྲགས་པ་རྒྱལ་མཚན་ཡིན་པ་ནི་པཎ་ཆེན་བསོད་གྲགས་ཀྱིས་གོང་དཀར་བཞི་འཇོམས་པས་ནི་གོང་མ་གྲགས་པ་རྒྱལ་མཚན་པའི་གསུང་བཞིན། གསེར་གྱི་བཀའ་འགྱུར་སོགས་གསུང་རབ་མང་པོ་བཞེངས་པ་དང་། རྗེ་རིན་པོ་ཆེའི་གསུང་རབ་ཨང་པོའི་དཔར་བསྐོ་བ་སོགས་མཛད། སྲས་གྲ་ལྷ་བས་ནི་གོང་དཀར་ཆོས་སྡེ་བཏབ་སྟེ། ལམ་འབྲས་རྒྱུད་པའི་བླ་མ་རྣམས་ཀྱི་སྐུ་འདྲ་སོགས་སྐུ་གསུང་ཐུགས་ཀྱི་རྟེན་མང་པོ་དང་ས་སྐྱ་ཁུ་དབོན་གྱི་གསུང་རབ་མང་པོའི་དཔར་

དུས་རབས་15པའི་གོང་དཀར་དཔར་མའི་དཔར་རིས།

བསྐོ་སོགས་མཛད་[1]ཅེས་གསུངས་པ་ལས་གོང་དཀར་དཔར་མའི་སྦྱིན་བདག་གོང་དཀར་བ་བཞི་འཇོམས་དང་གྲ་ལྷའི་རྒྱལ་པོ་གཉིས་དང་དཔར་བསྐོ་ཡུལ་ནི་གོང་དཀར་དཔལ་གྱི་བདེ་ཆེན་ཕུད་པའི་གོང་དཀར་རྫོང་གི་མངའ་ཁོངས་གནའ་རབས་སྤྱི་ཙུ་ཞིང་དང་རྒྱལ་གྲུབ་གླིང་སོགས་ཡིན་པ་ནི་གོང་དཀར་དཔར་མའི་ཁྱད་ཆོས་ཡིན། གཉིས་པ་གོང་དཀར་དཔར་མ་ལག་ཏུ་ཚུད་པ་དེ་དག་གི་དཔར་བྱང་ལ་བལྟས་ན་དཔར་བསྐོ་མཁན་དགེ་བསམ་དང་སྐྱབས་པ། བཟོད་པ་འཕེལ་དང་མགོན་དཔལ། དཔལ་འཛིན་བཟང་པོ། དགེ་འདུན་འོད་གསལ་སོགས་བྱུང་བ་ལས་བཟོད་པ་འཕེལ་དང་མགོན་དཔལ་གཉིས་གཞན་དང་བསྡུར་ན་ཅུང་ཟད་ཅིག་ཐོན་མང་བའི་རྒྱུ་མཚན་གྱིས་དུས་རབས་15པའི་གོང་དཀར་དཔར་མའི་

(1)པཎ་ཆེན་བསོད་ནམས་གྲགས་པ། དེབ་ཐེར་དམར་པོ་གསར་མ། བོད་ལྗོངས་མི་དམངས་དཔེ་སྐྲུན་ཁང་གི་1982ལོའི་དཔར་མ། ཤོག་གྲངས་104ལས་དྲངས།

དཔར་མཁན་དབུ་ཆེན་དེ་ཡིན་པར་སེམས། གསུམ་པ་དུས་རབས་15པའི་གོང་དཀར་དཔར་མའི་ཡིག་མཁན་དང་ཞུས་དག་མཁན་ནི་དཔར་བྱང་ལས་བྱུང་བ་བཞིན་ཡིག་མཁན་གཞུང་པ་ནམ་མཁའ་བཟང་པོ། ཞུས་དག་མཁན་རྫོག་རིན་ཆེན་དཔལ་བཟང་དང་དཔལ་འཛོན་བཟང་པོ་ཞེས་རེ་མོས་སུ་ཐོན་པ་ལས་གོང་དཀར་དཔར་མའི་ཞུས་ཆེན་ནི་རྒྱུད་སྡེའི་གཞུང་ལ་མངའ་བརྙེས་པའི་རྫོག་རིན་ཆེན་དཔལ་བཟང་དང་དཔལ་འཛོན་བཟང་པོ་གཉིས་ཡིན་པ་དང་ཡིག་མཁན་ནི་གོང་དཀར་རྫོང་གི་མངའ་ཁོངས་རང་ནས་ཡིན་པ་ནི་གཞུང་པ་ནམ་མཁའ་བཟང་པོ་ཞེས་པའི་གཞུང་ནི་སྔོན་གྱི་ཡིག་ཚགས་སུ་འཁོད་པའི་གྲ་དོལ་གཞུང་གསུམ་ཞེས་པའི་གཞུང་པ་དེ་ཡིན་ཙ་ན། ད་ལྟའི་གོང་དཀར་རྫོང་ཁོངས་ཀྱི་གནའ་རབས་སོགས་ལ་གོ་དགོས་གཤིས་ཡིག་མཁན་དེ་ཡང་གོང་དཀར་རྫོང་གྱི་མི་ཡིན་པ་དེ་གོང་དཀར་དཔར་མའི་ཁྱད་ཆོས་ཡིན། བཞི་པ་དུས་རབས་15པའི་གོང་དཀར་དཔར་མ་དེ་དག་ནི་ཡིག་ཕྲེང་7ཅན་ཤ་སྟག་དང་ཡིག་གཟུགས་ཀྱང་ཅུང་ཟད་ཁྲིས་མ་འདྲ་བ། གཞུང་གི་ནང་དོན་ངོས་ནས་བརྗོད་ན་ཆོས་རྒྱལ་གྲ་ལྷའི་རྒྱལ་པོ་སོགས་ཀྱིས་སྦྱིན་བདག་གནང་བའི་རྐྱེན་གྱིས་སྤྱིར་གྱིས་གསང་སྔགས་སྙིང་གྱི་གསུང་རབ་མང་ཆེ་བ་དེ་ཡང་དེའི་ཁྱད་ཆོས་ཡིན། ལྔ་པ་གཞུང་དེ་དག་གི་དབུ་ཞབས་ལྷ་སྐུའི་བརྗོད་བྱ་ནི་བོད་ཀྱི་རྒྱུན་སྲོལ་ལྟར་དབུ་ཤོག་ཏུ་གཞུང་དེ་སྲོལ་གཏོད་མཁན་གྱི་སྟོན་པ་དང་གཞུང་དེ་བརྩམས་མཁན་རྒྱ་གར་གྱི་སློབ་དཔོན་བཅས་དང་ཞབས་ཤོག་ཏུ་འགྲེལ་བྱེད་མཁན་པོ་སོགས་བཀོས་འདུག རི་མོའི་སྒྲུ་རྩལ་ཐད་ལ་མཁྱེན་ལུགས་སམ་གོང་དཀར་གྱི་རི་མོའི་ཉམས་ལྡན་པ་ནི་དབུ་ལྷ་དྲུག་གི་རི་མོ་གྲོ་དཀར་བ། །མཁས་པ་དགེ་བཀྲས་སོར་མོའི་ཀློས་གར་ཡིན། །[1]ཞེས་བྱུང་བ་ལ་གཞིགས་ན།

(1)རྒྱལ་ཚབ་དར་མ་རིན་ཆེན། རྣམ་འགྲེལ་ཐར་ལམ་གསལ་བྱེད། དུས་རབས་15པའི་ཤོག་དཀར་ལྷན་རྫེའི་དཔར་མ།

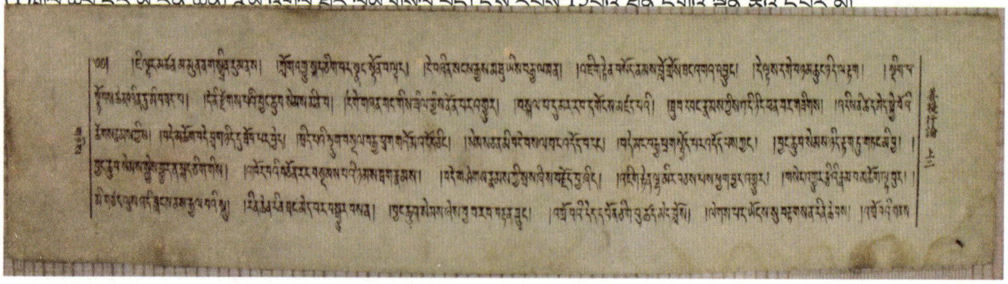

ཡུང་ཤོའི་དཔར་མའི་དཔར་རིས།

ང་རང་གིས་རྫོངས་ཚོད་ལྟར་ན་མཁས་པ་དགེ་བཀྲས་ཞེས་པ་དེ་དུས་རབས་15པར་བྱོན་པའི་རི་མོའི་སྒྲུ་རྩལ་ཡང་རྩེར་སོན་པའི་གོང་དཀར་བ་མཁྱེན་བརྩེ་ཆེན་པོའི་ཁུ་དབོན་གང་རུང་ཞིག་ཡིན་པར་སེམས། རྒྱུ་མཚན་ནི་རྗོང་པ་ཀུན་དགའ་རྣམ་རྒྱལ་གྱི་རྣམ་ཐར་དུ། མཁྱེན་བརྩེའི་སྒོར་གསུང་སྐབས་རྗེ་ཉིད་ཀྱི་མཁྱེན་རབ་ཀྱི་ཆ་ཤས་རིག་བྱེད་ཀྱི་རྣམ་པར་ཤར་བས་རབ་འབྱམས་ཀྱི་རྒྱལ་བའི་དཀྱིལ་འཁོར་མ་ལུས་པ་མངོན་སུམ་པ་ལྟ་བུར་གང་གི་ལག་སོར་ལ་སྐྲུན་པར་བྱེད་པའི་སྤྲུལ་པའི་སྐྱེས་ཆེན་མཁྱེན་བརྩེ་བ་དགེ་བསྙེན་རྣམ་པར་རྒྱལ་བ་ཁུ་དབོན་ སྤྲ་མས་ངོ་མཚར་འཕྲི་ཤིང་ཞེས་པའི་སྐུ་བསྟོད་ཅིག་མཛད། [1]ཅེས་པ་ལྟར་ན་མཁྱེན་བརྩེ་བ་དགེ་བསྙེན་རྣམ་པར་རྒྱལ་བ་ཁུ་བོ་ཡིན་ན་དབོན་པོ་དགེ་བཀྲས་ཞུ་བ་དེ་ཡིན་པར་སེམས། གང་ལྟར་ཀྱང་དུས་རབས་15པའི་གོང་དཀར་དཔར་མའི་དབུ་ཞབས་ལྷ་སྐུ་འབྲི་མཁན་མཁྱེན་བརྩེ་ཁུ་དབོན་ཏེ་དགེ་བསྙེན་རྣམ་པར་དག་པ་དང་དགེ་བཀྲས་ཡིན་སྲིད་པ་སྟེ། སྤྱི་ལོ་1407ལོའི་ལ་སྟོད་ཤེལ་དཀར་གྱི་དཔར་མའི་དཔར་པ་ཡང་ཁུ་དབོན་ཡིན་པ་དེ་པར་པ་སྤྲུན་བསོད་ནམས་དཔལ་དང་བསོད་ནམས་རིན་ཆེན་ཞེས་བྱུང་བས་ཀྱང་ཤུགས་ལ་རྟོགས་ཐུབ། མདོར་ན་དུས་རབས་15པའི་གོང་དཀར་དཔར་མའི་དབུ་ཞབས་ལྷ་སྐུའི་སྒྲུ་རྩལ་ལ་མཁྱེན་ལུགས་སམ་གོང་དཀར་ཉམས་བཞུགས་པ་བཅས་ནི་དཔར་མ་དེའི་ཁྱད་ཆོས་སོ། །

བཞི། ཡུང་ལོའི་དཔར་མ།

མིང་ཡུང་ལོའི་བཀའ་འགྱུར་གྱི་དཔར་བྱང་ནི། ༄༅། །ཏའི་མིང་རྒྱལ་པོས་མཛད་པའི་བཀའ་འགྱུར་བསྟོད་པ་ལ་ནི། ངེད་ཀྱིས་བསམ་པ་ལ། དེ་བཞིན་གཤེགས་པ་དོན་ཆེན་པོའི་ཕྱིར་དུ་སྣང་བ། སྡེ་སྣོད་གསུམ་དང་རྒྱུད་སྡེ་བཞིའི་དོན་ཟབ་མོ་གསུངས་ཤིང་། དོན་བསྟན་པ་ཡུན་རིང་དུ་སོང་བའི་རྗེས་སུ། ངེད་ཀྱི་ཤར་ཕྱོགས་ཀྱི་ཡུལ་དབུས་སུ་སླེབས་པ་དང་། དེ་དག་བསྒྱུར་བའི་དོན་ལ་བརྟེན་ནས། སྐྱེ་བོ་རྣམས་ལ་འདུལ་བ། དབང་རྣོན་བློ་གསལ་བ་རྣམས་ཀྱིས་མ་གཏོགས་པ། དེ་དག་གི་ཚིག་གོ་བར་དཀའ་ཞིང་། དེའི་དོན་ཟབ་མོ་ནི། ལྟ་སློས་ཀྱང་ཅི་དགོས། དེ་ཐོབ་པ་ལ་སེམས་དང་ལུས་འདུལ་བ་ལ་བསླབས་དགོས་ཤིང་། སེམས་ཉིད་ཐོགས་བཅས་མ་ཡིན་པ་ཤིན་ཏུ་གསལ་ཤིང་འཕྲོ་བ་དང་བཅས་པ། ཆོས་ཐམས་ཅད་

---

(1)རྒྱ་སྟོན་བྱང་ཆུབ་དཔལ། རྗོང་པ་ཀུན་དགའ་རྣམ་རྒྱལ་གྱི་རྣམ་ཐར། ཤང་གང་ཐེན་ལྷ་དཔེ་སྐྲུན་ཁང་། ཤོག་173ལས་དྲངས།

ཀྱི་གནས་ལུགས་མ་ཚང་བ་མེད་པ་རྟོགས་སྟེ། དེའི་དོན་ཐོས་པ་རྒྱ་ཆེན་དགོས་པ་ནི། ཆོས་ཀྱི་གཏེར་མཛོད་ལས་འབྱུང་བ་ཡིན་གྱིས། ཆོས་ཐམས་ཅད་ལེགས་པར་དཔྱད་པ་ནི། རང་གི་སེམས་ཉིད་ལ་ཐུག་སྟེ། དེ་བཞིན་དུ་བསྒྲུབ་ན། གྲོལ་ཞིང་དམ་པ་ཐོབ་པ་ཏེ། མི་གཡོ་བར་རྟག་ཏུ་གནས་ཤིང་། གང་གིས་ཀྱང་སྒྲིབ་པར་མི་ནུས་པ། དེ་ནི་སྙིགས་མའི་དུས་ཀྱི་སྒྲོལ་བའི་ལམ་དང་ཟམ་པ་ལྟ་བུ། ངེད་རྒྱལ་ཁབ་བདག་པ་དང་། གདན་ས་ཆེན་པོ་ལ་གནས་པ་ནི། བདག་གིས། ཡབ་ཡུམ་གྱིས་དྲིན་ཆེན་པོ་དང་། རབ་རིམ་པས་ཕན་བཏགས་པས། དེའི་དྲིན་བསབ་པར་དཀའ་བའི་དོན་གྱིས། གསེར་ཡིག་པ་མངགས་ནས། ཐུབ་ཕྱོགས་ནས་བཀའ་འགྱུར་གདན་དྲངས་འོངས་ནས། པར་དུ་བསྒྲུབས་ནས། ཀུན་ལ་སྤྱིན་པའི་ཕན་ཡོན་གྱིས། ཡབ་ཡུམ་གཉིས་འདྲེན་པར་བྱ་བ་དང་། སེམས་ཅན་ཀུན་གྱི་མིང་འཛད་པའི་བསོད་ནམས་ཐོབ་པར་བྱ་བའི་ཕྱིར་དུ། དེ་ལྟ་བུའི་ཕན་ཡོན་ནི་བརྗོད་ཀྱི་མི་ལངས། དོན་དམ་པའི་སེམས་ཉིད་འཕྲུལ་བས། ཉོན་མོངས་པའི་བག་ཆགས་ཀྱིས་བཅིངས་པ་གང་ཡང་མི་ཤེས་པར་འཐོམས་ཤིང་། དེ་ལྟ་བུ་ནི། ཆོས་འདིའི་གཏེར་མཛོད་ཀྱི་མ་དཔྱད་པ་ནི། དོན་དམ་པའི་སེམས་ཉིད་ཐོབ་པར་མི་འགྱུར་ཏེ། དེ་དག་གི་དོན་ཡང་རྟོགས་པར་མི་འགྱུར། དེའི་དོན་སེམས་ཀྱིས་དཔྱད་པ་ནི་འཁོར་བ་པ་རྣམས་ལ་འདྲེན་ཞིང་། འཁོར་བ་ལས་བཏུང་བ་རྣམས་ལའང་སྒྲོལ་བ། དེ་ཉིད་དེ་བཞིན་གཤེགས་པའི་བྱམས་པའི་སྨོན་ལམ་ཡིན་གྱིས། དེའི་ཕྱིར་བསྟོད་པ་བྱས་ཤིང་ཆོས་ཀྱི་དབུ་ན་བྲིས་པས། ཆོས་ཀྱི་གྲོགས་སུ། ཕྱི་རབས་པ་རྣམས་ལ་རྒྱུད་དོ། ༈།། བསྟོད་པ་ནི་དེ་བཞིན་གཤེགས་པས་བདེན་པའི་དོན་བཤད་པའི། །ཆོས་ཀྱི་སྒྲ་དབྱངས་ཀུན་ལ་ཁྱབ་གྱུར་ཏེ། །གང་གའི་ཀླུང་གི་བྱེ་སྙེད་འཇིག་རྟེན་ཁམས། །རེ་རེ་ནས་ཀྱང་ཡོངས་སུ་གང་བར་འགྱུར། །སེམས་ཅན་ཀུན་ལ་འདུལ་བར་མཛད་པ་ཡིས། །ཐམས་ཅད་སངས་རྒྱས་གོ་འཕང་ཐོབ་པར་འགྱུར། །ཟག་པ་རྟུལ་དང་བཅས་པ་རྣམས་ལ་ཡང་། །ཐམས་ཅད་རིགས་པའི་རྒྱ་མཚོར་གྲོལ་བར་འགྱུར། གྲངས་མེད་སྐལ་བ་དུ་མ་རྣམས་སུ་ཡང་། རྒྱ་ཆེན་ཐབས་ཀྱི་སྒོ་མོ་རབ་དབྱེ་བས། འཕྲུལ་བས་ནམ་མཁའི་མེ་ཏོག་འཛིན་པ་ལ། །ཐམས་ཅད་རྟོགས་པས་གསལ་བར་འགྱུར་བ་ནི། །གལ་ཏེ་གཅིག་གིས་སངས་བར་མ་འགྱུར་ན། །བདག་གིས་ཀྱང་ནི་སངས་རྒྱས་མི་མཛད་ཞེས། །བདག་ཉིད་བསམ་པ་སེམས་ཅན་རྣམས་ལ་ཡང་། །རྒྱ་ཆེན་ཆོས་ཀྱི་དོན་ནི་བཤད་པར་བྱ། །དེང་གི་སེམས་ནི་སྐད་ཅིག་ཙམ་ལ་ཡང་། །ཐམས་ཅད་བྱང་ཆུབ་

གོ་འཕང་ཐོབ་པར་སྨོན། །གོང་དུ་ཡབ་ཡུམ་གཉིས་ཀྱི་དྲིན་བསམ་པ་དང་། །འོག་རྣམས་ལ་ཡང་ཕན་པ་བྱ་བའི་ཕྱིར། །ལྷན་ཅིག་བླ་མེད་སངས་རྒྱས་ཐོབ་གྱུར་ཅིང་། །འདོད་དང་ཟག་བཅས་ཐམས་ཅད་ཞི་ནས་སུ། །དོན་དམ་རྒྱལ་བའི་སེམས་ཉིད་ཐོབ་བྱེད་ཞིང་། །སྙིགས་དུས་སེམས་ཅན་ཀུན་ལ་ཕན་པ་དང་། །དེ་ལྟ་བུ་ཡི་རྒྱ་ཆེན་གསང་བའི་དོན། །ནུབ་ཀྱི་ཕྱོགས་རྣམས་སུའང་ལེགས་པར་སྨིན། །ཀ་ལ་པིང་ཀ་དང་ནི་ཚངས་པའི་དབྱངས། །ཤིན་ཏུ་སྙན་པས་བསམ་གྱིས་མི་ཁྱབ་ལ། །དཔེར་ན་ཕྱོགས་བཅུར་ཛ་བོ་བརྡུངས་པ་ཡིས། །སྒྲ་ནི་གང་དུའང་ཐོགས་པ་མེད་པར་གྱུར། །རྣ་ལྡན་ཀུན་གྱིས་ཡོངས་སུ་ཐོས་གྱུར་པའི། །ཚོར་བས་ཐམས་ཅད་སངས་རྒྱས་ཐོབ་བྱས་ཤིང་། །ལེགས་པར་ཡང་དག་བརྟན་པར་མི་གཡོ་བར། །རྟག་ཏུ་འཁོར་བ་ཡོངས་སུ་མི་ལྡང་ངོ་། །འཇིག་རྟེན་མགོན་པོས་དཔང་པོ་མཛད་པ་དང་། །དེ་བཞིན་དུ་ནི་དཔང་པོ་བྱས་པ་ཡིས། །དེའི་ཕན་ཡོན་བསམ་གྱིས་མི་ཁྱབ་པར། །སེམས་ཅན་ཡུན་རིང་རྒྱུན་དུ་སྤྱོད་པར་ཤོག། །ཡུན་ལོ་བརྒྱད་པའི་ལོ་ཟླ་བ་གསུམ་པའི་ཚེས་དགུ་ཉིན། ༄༅། །ཏའི་མིང་རྒྱལ་པོ་རང་གིས་མཛད་པའི་བསྟོད་པ་ཕྱི་མ། དེ་བཞིན་གཤེགས་པའི་ཆོས་ཀྱི་གཏེར་ནི། ཤིན་ཏུ་ལེགས་པ་ནི་དཔགས་པར་དཀའ། རབ་ཏུ་མཐོ་བ་ནི་འགྲན་ཟླ་མེད། ཤིན་ཏུ་རྒྱས་ཞིང་མཐའ་ལས་འདས། རྒྱ་མཚོ་ལྟ་བུར་མཐའ་ཡང་མེད་ཅིང་། ཟབ་པ་ནི་བསམ་གྱིས་མི་ཁྱབ་པ། ཆེ་བ་ནི་གནམ་ཀུན་ལ་མ་ཁྱབ་པ་མེད་པ། འཕྲ་བ་ནི་ཀུན་ལ་འཇུག་ཅིང་། ཡོན་ཏན་གྱི་མཐའ་དཔག་ཏུ་མེད་པ། བསམ་གྱིས་མི་ཁྱབ་པའོ། ཁམས་གསུམ་ལ་སྒྲོལ་བའི་ལམ་ངེས་པ་ཡིན་ནོ། འགྲོ་བ་ཀུན་ལ་འདྲེན་པར་བྱེད་པའི་ལམ་ཆེན་པོའོ། དགེ་བ་འདེབས་དྲིན་ཆེན་པོ་བསབ་པ་དང་། ཀུན་ལ་ཕན་པར་བྱེད་ཅིང་། ཐམས་ཅད་སྐལ་བ་སྙིགས་མ་ལས་གྲོལ་བ། གལ་ཏེ་སེམས་ཅན་ལ་བྱང་ཆུབ་ཀྱི་སེམས་བསྐྱེད་ནས། ཉན་དམ་ཀློག་གམ་བཤད་པ་དང་། བསམ་པ་ནི་ལམ་ཀུན་ལ་མ་རྟོགས་པ་མེད་པ་དང་། ཡོན་ཏན་ཀུན་ལ་མ་སྒྲིབ་པ་མེད་པ། བསོད་ནམས་ཀུན་ལ་མ་ཁྱབ་པ་མེད་པའོ། ཐེགས་པ་གསུམ་གྱི་ཚུལ་ཡང་རྣམ་པར་རྟོགས་ཅིང་། རྣམ་པ་ཐམས་ཅད་དུ་དེ་བཞིན་ཉིད་ལ་གཞོལ་བ་དང་ཚང་རྒྱ་བར་འགྱུར་རོ། རྒྱལ་བའི་བསྟན་པ་ཡུན་རིང་དུ་རྒྱུད་ཅིང་གནས་པར་འགྱུར་བའོ། ཡུང་ལོ་བརྒྱད་པ་ལོ་ཟླ་བ་གསུམ་པའི་ཚེས་ལ་དགུའི་ཉིན།[1] ཞེས་བོད་རྒྱ་ཤན་སྦྱར་གྱི་ཐོག་ནས་སྦྱར་

(1)མིང་ཡུང་ལོའི་བཀའ་འགྱུར་དཔར་མའི་དཔར་བྱང་ཡིན།

པ་འདི་ལས་མིང་ཡུང་ལོ་བརྒྱད་པ་སྟེ་སྤྱི་ལོ་1510ལོར་གཙྨ་པ་བདེ་བཞིན་གཤེགས་པས་གཙོ་སྐྱོང་གནང་སྟེ་ཚལ་པའི་བཀའ་འགྱུར་ལ་མ་དཔེ་བཅོལ་ཏེ་ནག་ཅིང་དུ་མཚལ་དཔར་བརྐབ་པ་དེ་ཡིན། ད་དུང་དུས་རབས་བཅུ་བདུན་པའི་ནང་དུ་བཞེངས་པའི་བཀའ་འགྱུར་འཇང་དཔར་མ་དེའི་མཇུག་བྱང་དུ་ས་ཐམ་ཆོས་ཀྱི་རྒྱལ་པོ་གཙྨ་མི་ཕམ་ཚེ་དབང་བསོད་ནམས་རབ་བརྟན་ཞེས་བྱ་བས་བདེ་བར་གཤེགས་པའི་བཀའ་འགྱུར་རོ་འཚལ་ཆོས་ཀྱི་ཕྱི་མོ་མི་ཟད་པའི་དཔར་དུ་བཞེངས་པའི་བྱུང་བ་བརྗོད་པ་འདི་ནི། དོན་གྱི་སྣད་དུ་མཚན་ནས་སྨོས་ཏེ་བདག་གི་མཁན་པོ། རྒྱལ་བ་ཐམས་ཅད་ཀྱི་སྐུ་དང་གསུང་དང་ཡེ་ཤེས་དང་ཕྲིན་ལས་ཀྱི་སྙིང་པོ་གཙྨ་པ་དཔལ་ལྡན་མི་ཕམ་ཆོས་ཀྱི་དབང་ཕྱུག་རྡོ་རྗེ་གར་དབང་ཕྱོགས་ལས་རྣམ་པར་རྒྱལ་བའི་སྙིང་པོ། ཁྱབ་བདག་བསྟན་པའི་ཉི་མ་(1584-1635)ཞེས་བགྱི་བའི་ཞལ་སྔ་ནས་གང་དེའི་བཀའ་དྲིན་གྱི་བྱིན་གྱིས་བརླབས་ཤིང་འོད་དཔག་ཏུ་མེད་པའི་རྒྱལ་བ་གང་ཅོད་པན་གྱི་ནོར་བུས་སྤྱི་བོར་སྤྲས་པ། འཇམ་དབྱངས་གོང་མ་ཆེན་པོའི་ལུང་གིས་ཏའི་དབེན་བཀན་ཧིང་གོ་ཤྲི་ཞེས་སྤྱི་བོ་ནས་དབང་བསྐུར་བ་རྒྱལ་ཁམས་ཀྱི་བླ་མར་བོད་པའི་བཀའ་རྟགས་འཆང་བ། བདེ་བར་གཤེགས་པའི་བསྟན་པ་རིན་པོ་ཆེ་མདོ་སྔགས་ཀྱི་ཆོས་ཚུལ་ཐ་སྙད་རིག་པའི་གནས་དང་བཅས་པར་བློ་གྲོས་ཀྱི་སྣང་བ་ཙུང་ཟད་རྒྱས་པ་ཤཱཀྱའི་བསྟན་པ་ལ་ཚངས་པར་སྤྱོད་པ་གཞི་ཐམས་ཅད་ཡོད་པར་སྨྲ་བ་དཔལ་ལྡན་གར་དབང་ཆོས་ཀྱི་དབང་ཕྱུག་རྡོ་རྗེ་དགའ་བ་དོན་ཀུན་ཡོངས་སུ་གྲུབ་པ་ཕྱོགས་ཐམས་ཅད་ལས་རྣམ་པར་རྒྱལ་བ་ཞེས་བྱ་བས། བསྟན་པའི་བདག་པོ་སྐུ་བལྟམས་ནས་ལོ་གྲངས་ཉི་སྟོང་ལྔ་བརྒྱ་དོན་ཙུ་རྩ་བཞིར་སླེབས་པ། ཤཱཀྱ་ལར་རིགས་ལྡན་སྤྲུལ་པའི་རྒྱལ་པོ་རྣམ་གནོན་གྱིས་འཁོར་ལོ་བསྐོར་ནས་གྱ་བརྒྱད་འདས་པ་རྒྱ་རྩིས་ཀྱི་ལུགས་ལ་ཤིང་ཕོ་སྟག་གི་ལོར་བརྗོད་ཅིང་འཕགས་ཡུལ་གྱི་བརྡ་ལས་ཛྙ་ནཀྐ་ཏེ་བོད་ཀྱི་སྐད་དུ་ཀུན་དགའ་ཞེས་(1612ལོའི་ཟླ་8པ་)བྱ་བ་བགྲང་བྱ་རྒྱུ་སྐར་བགྲ་ཤིས་རྒྱལ་གྱི་ཉ་བའི་ཟླ་བ་ཡར་ངོ་བཟང་པོ། གཉིས་པའི་ཆོས་ལ་གྲུབ་པའི་གནས་མཆོག་ཤར་ཀམ་པོ་གངས་ཀྱི་ར་བར་བྲིས་ཤིང་སྤེལ་བ་འདིས་ཀྱང་རྒྱལ་བའི་བསྟན་པ་ཡུན་རིང་དུ་གནས་གྱུར་ཅིག [1]ཅེས་པ་ལས་བཀའ་འགྱུར་དེ་དཔར་དུ་བརྐབ་པའི་སྐབས་སུ་སྦྱིན་བདག་ནི་ཆོས་ཀྱི་རྒྱལ་པོ་གཙྨ་མི་ཕམ་ཚེ་དབང་བསོད་ནམས་

(1)བཀའ་འགྱུར་འཇང་དཔར་མའི་དཔར་བྱང་ཡིན།

རབ་བརྟན་གྱི་གནང་སྐྱེ་དཔར་དུ་བཏབ་པའི་སྐོར་ཀརྨ་པ་གར་དབང་ཆོས་ཀྱི་དབང་ཕྱུག་རྡོ་རྗེས་སྒྲུར་བའི་དཔར་བྱང་འདི་ལས་གསལ། མིང་རྒྱལ་རབས་ཀྱི་དུས་སུ་རྒྱ་ནག་ཏུ་དཔར་དུ་བཏབ་པའི་བོད་ཀྱི་གནའ་དཔེ་དག་གི་མཛད་བྱང་སྤྱིར་གྱི་ཆ་ནས་རྒྱ་བོད་བཟུང་འབྲེལ་གྱིས་སྒྲུར་བ་ཞིག་ཡིན། དེས་ན་རྒྱ་བོད་ཤན་སྒྲུར་གྱི་དཔར་བྱང་དེའང་མིང་རྒྱལ་རབས་སྐབས་ཀྱི་དཔར་བྱང་ཁྱད་ཆོས་ཞིག་ཡིན་པར་སྣང་།

ལྔ། གུང་ཐང་དཔར་མ།

དེ་ཡང་ཀུན་མཁྱེན་ཀློང་ཆེན་རབ་འབྱམས་པའི་ཐེག་མཆོག་མཛོད་གུང་ཐང་དཔར་མའི་མཛད་བྱང་ནི། ཨོཾ་ཧཱུྃ: ཐེག་མཆོག་འདི་ཉིད་དཔར་དུ་བསྒྲུབས་པ་ལ། གཟོ་(བཟོ་)རིག་ལས་བེཤ་ཀརྨ་ཡིས། རིང་ནས་མངགས་ཤིང་དགོས་དུས་ཕན་པ་ནི། མངའ་རིས་ཡིག་དཔོན་རྡོ་རྗེ་དཔལ་ཞེས་པའི།སློབ་མའི་ཐ་ཆུང་གཙང་པ་འོད་ཟེར་གྱིས། སྟོད་ཆ་བྲིས་ཤིང་དེ་ཡི་ལྷག་མ་རྣམས། དགེ་སློང་སྒྲོལ་མ་སྐྱ་མཆེད་གཉིས་ཀྱིས་བྲིས། ལེ་ལྷའི་རི་མོ་སྤྲུལ་སྐུ་སྨན་ཐང་པའི། བརྒྱུད་འཛིན་མཁས་པའི་འབྱུང་གནས་གུང་ཐང་བ། མཁས་པ་དྲི་མེད་སོར་མོའི་སྒྱུ་རྩལ་ལོ། ལེ་ལྷ་སྟོད་ཆའི་བར་བཀོས་རིག་བྱེད་ནི། མཁས་པ་ཆེན་པོ་བསོད་ནམས་བཀྲ་ཤིས་ཡིན། དེ་མཚམས་སྟོད་ཆ་དགེ་སློང་པད་མ་དང་། དགེ་སློང་མཁའ་འགྲོ་གཉིས་ཀྱི་ལེགས་པར་བཀོས། དགེ་སློང་ཤེར་དཔལ་དགེ་སྦྱོང་ནམ་མཁའ་དང་། དགེ་སློང་བཟང་པོ་རྒྱལ་མཚན་རྣམ་གསུམ་གྱིས། སྨད་ཀྱི་ཆ་རྣམས་ལྷག་བསམ་དག་པས་བཀོས། དགེ་སློང་ཡི་དམ་དཔོན་མོ་ཆོས་དབང་དང་། དགེ་བཤེས་སྐྱབས་པ་དགེ་བཤེས་ཚེ་འཕེལ་དང་། དགེ་བཤེས་མང་ཐོས་བཅུ་དཔོན་རྡོ་རྒྱལ་དང་། དགེ་བཤེས་མཁའ་འགྲོ་དགེ་བཤེས་ཆོས་སྐྱབ་ཀྱིས། བར་གྱི་ཆ་རྣམས་དག་པས་བཀོས། མདོར་ན་དཔར་མཁན་བཅུ་དང་བཞི་བཅས་ཀྱིས། ཟླ་བདུན་ལོངས་སུ་བར་ཆད་མེད་པར་གྲུབ། པར་ཤིང་གང་དགོས་དགེ་བཤེས་བཟང་རྒྱལ་གྱིས། རང་གཞན་དོན་ཕྱིར་ལྷག་བསམ་དག་པས་ཕུལ། གཞོགས་དང་བརྡར་བྱེད་རིང་པོ་རྣམ་རྒྱལ་དང་། དགེ་སློང་བློ་གྲོས་དགེ་སྦྱོང་མགོན་ནེ་སོགས། དད་བརྩོན་ལྷག་བསམ་དག་པས་གུས་པར་བསྒྲུབས། ཐུ་ཕྱིར་ཞུ་དག་དོ་དམ་ཆེད་གཉེར་ནི། བདག་ཉིད་བདག་གི་མགོན་དུ་ལེགས་བསམས་ཏེ། དགེ་སློང་རང་ཉིད་དགེ་སློང་ཆོས་དར་དང་། དགེ་སློང་དཀོན་མཆོག་

དཔལ་བཟང་རྣམ་གསུམ་གྲིས། སྐུ་གསུམ་ཐོབ་ཕྱིར་སྒོ་གསུམ་གུས་པ་བསྒྲུབས། དེ་ལྟར་རང་གཞན་བསམ་སྦྱོར་རྣམ་དག་གིས། མཐོང་ཐོས་དྲན་རེག་སྲིད་པའི་མཐའ་ཆོད་པའི། ཐེག་མཆོག་རིན་ཆེན་མི་ཟད་ནམ་མཁའ་མཛོད། འཛད་མེད་ཐར་པའི་ཆོས་སྒོ་འདི་ཕྱེ་བས། འགྲོ་ཀུན་ཟབ་དོན་དཔལ་ལ་སྤྱོད་པར་ཤོག   དོན་བཟང་ཚིག་བཟང་སྲིད་གསུམ་མཆོད་རྟེན་འདི། གུང་ཐང་རྒྱལ་པོའི་ཆབ་འོག་གཙང་གི་ཀ། ཀུན་གསལ་སྣང་པོ་ཆེ་ཡི་རི་ཁྲོད་དུ། ཆུ་མོ་སྦྲུལ་ཏེ་སྤྱི་ལོ་1533ལོ་འབྲུ་བཅུད་སྨིན་པའི་དུས། དཔལ་ལྡན་མངོན་དགའི་ཆོས་རྗེ་རབ་འབྱམས་པ། མཁན་སློབ་བཅས་པར་རབ་གནས་མངའ་གསོལ་མཛད། དགེ་བ་འདེགས་མཆོན་འཁོར་འདུས་དགེ་ཚོགས་ཀྱིས། ཐེག་མཆོག་སྙིང་པོའི་བསྟན་པ་དར་ཞིང་རྒྱས། ངེས་དོན་བསྟན་འཛིན་སྐྱེས་བུ་སྐུ་ཁམས་བཟང་།   ཆོས་རྒྱལ་སྦྱིན་བདག་སྐུ་བསོད་མངའ་ཐང་རྒྱས། རྒྱལ་ཁམས་ཀུན་ཏུ་ནད་མཆོན་མུ་གེ་ཐྲལ། མཐའ་དམག་གདུག་པའི་བསམ་ངན་སྦྱོར་རྩུབ་ཞི། འགྲོ་ཀུན་ཆོས་ལྡན་བདེ་སྐྱིད་དཔལ་རྒྱས་ཤོག དཔར་འདིའི་ཕྱོགས་སུ་སྒོ་གསུམ་ལོངས་སྤྱོད་ཀྱིས། དངོས་སམ་བརྒྱུད་ནས་བཟང་ངན་འབྲེལ་ཐོགས་རྣམས། དཔལ་རི་པད་མོ་འོད་ཀྱི་གཞལ་ཡས་སུ། ཀུན་བཟང་རིགས་ལྔ་ཡོ་རྒྱན་ཡབ་ཡུམ་དང་། རྡོར་སྡེ་མ་དྲི་མེད་འོད་ཟེར་སོགས། དབྱེར་མེད་འདུ་འབྲལ་མེད་པའི་ཞབས་དྲུང་དུ། ལུས་འདི་མ་སྤངས་ཚེ་འདི་སངས་རྒྱས་ནས། མེད་བཞིན་སྣང་བའི་འཁོར་བ་དོང་སྤྲུགས་ཤོག[1]ཅེས་པ་འདི་ལས་དུས་རབས་14པའི་ནང་དུ་བྱོན་པའི་ཀུན་མཁྱེན་ཀློང་ཆེན་རབ་འབྱམས་པའི་ཐེག་མཆོག་མཛོད་དང་དུས་རབས་12པའི་ནང་བྱོན་པའི་མཉམ་མེད་དྭགས་པོ་ལྷ་རྗེ་རིན་པོ་ཆེའི་གསུང་ཐར་རྒྱན་སོགས་གུང་བསྒྲིགས་ཏེ་དཔེ་བསྐྲུར་བྱས་པའི་ཁྱད་ཆོས་འདི་ལྟར། གཅིག་ཀུན་མཁྱེན་ཀློང་ཆེན་རབ་འབྱམས་པའི་ཐེག་མཆོག་མཛོད་སྤྱི་ལོ་1533ལོའི་མངའ་རིས་གུང་ཐང་དང་དྭགས་པོའི་ཐར་རྒྱན་སོགས་དཔར་ལ་བཀོ་སྐབས་གསུང་རབ་དེའི་དབུ་ཞབས་ལྷ་སྐུ་བྲིས་མཁན་གྱི་ལྷ་བྲིས་པ་སྟེ་ལེ་ལྷའི་རི་མོ་སྤྲུལ་སྐུ་སྨན་ཐང་པའི་བརྒྱུད་འཛིན་མཁས་པའི་འབྱུང་གནས་གུང་ཐང་བ་མཁས་པ་དྲི་མེད་སོར་མོའི་སྒྱུ་རྩལ་ལོ་ཞེས་གཅིག་མཚུངས་སུ་བྱུང་སྟབས་དུས་རབས་16པའི་གུང་ཐང་དཔར་མའི་དབུ་ཞབས་ལྷ་སྐུར་བོད་ཀྱི་རི་མོའི་གྲུབ་མཐའ་ཆེན་པོ་བཞི་ལས་སྤྲུལ་སྐུ་སྨན་ཐང་བས་སྲོལ་གཏོད་པའི་སྨན་ལུགས་སྒྱུ་རྩལ་ཉམས་

[1]ཀུན་མཁྱེན་ཀློང་ཆེན་རབ་འབྱམས་པའི་ཐེག་མཆོག་མཛོད། གུང་ཐང་དཔར་མའི་དཔར་བྱང་ཡིན།

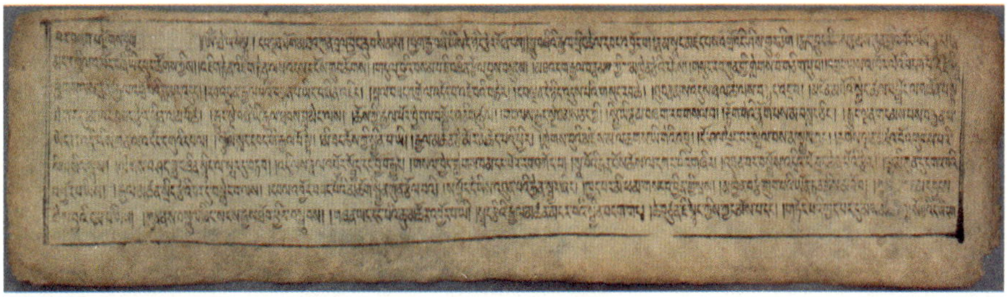

ཡར་འབྲོག་དཔར་མའི་དཔར་རིས།

ལྡན་པའི་ཁྱད་ཆོས་ཡོད། གཉིས་པ་གུང་ཐང་དཔར་མ་གཞན་མི་ལ་བཞད་པའི་རྡོ་རྗེའི་རྣམ་མགུར། དགས་པོ་ལྷ་རྗེ་རིན་པོ་ཆེའི་ཐར་རྒྱན། པད་མ་བཀའ་ཐང་། མ་ཎི་བཀའ་འབུམ་སོགས་ཕན་ཚུན་བསྡུར་ན། གུང་ཐང་དཔར་མ་དེ་དག་གི་ལྡེབ་གྲངས་འགོད་སྟངས་ལ་དམིགས་བསལ་གྱི་ཁྱད་ཆོས་ཏེ་དཔར་ལ་བསྐོ་བར་བྱ་བའི་གཞུང་དེའི་ལྡེབ་གྲངས་བརྒྱ་ལ་བྱོན་ཡོད་ན་བོད་ཀྱི་སྲོལ་རྒྱུན་གྱི་བོད་ཡིག་གི་ཨང་ཡིག་བརྒྱ་ཞེས་མ་བསྐོས་པར་བརྒྱ་གནས་དེ་དམིགས་བསལ་རྟགས་×འདྲིས་མཚོན་པར་བྱས་པ་ནི་གུང་ཐང་དཔར་མའི་ཁྱད་ཅིག་ཡིན། གསུམ་དཔར་མ་དེ་དག་གི་ལྡེབ་གྲངས་ཀྱི་ཡིག་ཕྲེང་ལ་ངེས་པ་མེད་ཀྱང་གཞུང་དེའི་བམ་པོའི་ཡིག་མཁན་སུ་དང་སུས་བསྐོས་པ་སྦྱོན་བཙན་པོའི་སྐབས་ཀྱི་ཡིག་སྙིང་ཇི་བཞིན་རང་རང་བམ་པོའི་ཇོག་མཚམས་སམ་ཞབས་ཤོག་ཏུ་འདི་ཡན་དཔོན་ཡིག་ག་གེ་མོས་བྲིས་ཞེས་བྱུང་བ་དེ་ཡང་གུང་ཐང་དཔར་མའི་ཁྱད་ཆོས་ཡིན། བཞི་པ་དུས་རབས་16པའི་གུང་ཐང་དཔར་མའི་གཞུང་གི་ནང་དོན་ངོས་ནས་བརྗོད་ན་མང་ཆེ་བ་ཞིག་ནི་སྙིང་མ་དང་བཀའ་བརྒྱུད། བཀའ་གདམས་པའི་གཞུང་སོགས་ཡིན། ལྷག་དོན་དུ་ཡིག་མགོའི་ཤད་གཉིས་ཀྱི་བར་དུ་དམིགས་བསལ་རྟགས་དུང་དཀར་གཟུགས་ཀྱིས་བརྒྱན་པ་ཞིག་ཡིན། རྟགས་དེ་ནི་གུང་ཐང་དཔར་མའི་ཐུན་མོང་མ་ཡིན་པའི་ཁྱད་ཆོས་ཤིག་ཡིན།

དྲུག ཡར་འབྲོག་དཔར་མ།

དུས་རབས་14པར་བྱོན་པའི་བོ་དོང་ཕྱོགས་ལས་རྣམ་རྒྱལ་གྱི་གསུང་དཔར་བྱང་དུ། ཨོཾ་ཤྲཱི་ཡ་སིདྡྷཱུ། དཔལ་ལྡན་ཐོག་མཐའ་ཀུན་བྲལ་བྱང་ཆུབ་སེམས། །ཕྱག་རྒྱ་བཞི་ཡིས་དེ་ཉིད་རྩེར་སོན་པས། །སྐུ་བཞིའི་རྒྱལ་སྲིད་ཆེ་ལ་དབང་འབྱོར་པ། །རྣམ་སྣང་མཛད་པས་འགྲོ་འདི་ཤིས་གྱུར་ཅིག །སྲིད་བྱུང་རིགས་རྣམས་ཀུན་གྱི་འཁོར་ལོས་སྒྱུར། །སྔ་མང་དཀྱིལ་འཁོར་

བཞི་ཡི་དཔུང་ཚོགས་ཀྱིས། །འཇིག་རྟེན་འཇིག་རྟེན་ལས་འདས་དངོས་གྲུབ་ཚོགས། །གདུལ་བྱའི་བསམ་པ་ཇི་བཞིན་རྩོལ་བྱས་བསྒྲུངས། །མཐའ་དག་རྒྱལ་བ་རྣམས་ཀྱི་མཁྱེན་བརྩེའི་དངོས། །གསུང་རབ་ཀུན་གྱི་སྙིགས་བམ་གཅིག་པུ་པ། །བགྲང་ཡས་འཁོར་ལོའི་བདག་པོ་རྡོ་རྗེའི་ལྡེ། །ཕྱོགས་ལས་རྣམ་རྒྱལ་འགྲོ་བའི་བླ་མར་འདུད། །རབ་འབྱམ་རྒྱལ་བའི་བསྟན་པ་ཡིད་བཞིན་འཛིན། །སྐལ་བཟང་འགྲོ་ལ་འདོད་པ་འཛོ་བའི་གཏེར། །དཔལ་ལྡན་དེ་ཉིད་འདུས་པའི་གསུང་རབ་ཆེ། །ཐུབ་རྣམས་འདུལ་ཞལ་ཆེ་ལས་བསྟོད་འདྲ་བ། །མངོན་མཐོའི་སྐྱིད་ཚལ་བསྐྱོད་ལ་གཞོན་པ་སྟེ། །ཐེག་གསུམ་ཁང་བཟང་རྩེར་ཕྱིན་ལམ་པོ་ཆེ། །རྒྱུད་སྡེ་བཞི་ཡི་རྒྱལ་ཐབས་བླ་མེད་ལས། །ཆོས་ཀྱི་རྒྱལ་པོར་བྱེད་ལ་བསྐྱོད་གཅིག་ཚུལ། །གང་ལས་རྒྱུད་སྡེ་ཐམས་ཅད་ཀྱི། །སྤྱི་ཡི་རྣམ་གཞག་རབ་གསལ་བ། །རྟོག་གེའི་རྙོག་པས་མ་བསླད་ཅིང་། །རྒྱུད་

བཀའ་འགྱུར་འཇང་དཔར་མའི་དཔར་རིས།

ལྡན་གདམས་པས་བརྒྱན་པ་ལ། །ཡོངས་འདི་ཡིས་ཀུན་ལ་འདོད་དགུའི་དཔལ། །སྤྲོལ་སྣང་དབང་གི་རྒྱལ་པོ་སྟེ། །མི་ཟད་ཆོས་ཀྱི་སྦྱིན་པ་ཡི། །རྒྱལ་མཚན་རྩེར་མོར་མཆོད་པའི་ཕྱིར། །སྙིགས་བུའི་མཛེས་མ་ལ་ཆགས་ཡི་གེའི་འབྲུ། །དོ་ཤལ་འཕྲེང་བར་སྤེལ་བས་མ་སྨྲས་ཀྱང་། །ཆགས་ལྡན་མཛའ་བོ་འགུགས་པའི་སིལ་སིལ་སྒྲས། །ལེགས་བཤད་ཟླ་བཞིན་སྙིང་ལ་དཔར་དུ་བཏབ། །འདི་ལས་རྣལ་འབྱོར་སྤྱོད་དང་བྱ་བ་རྒྱུད། །གསལ་བྱེད་སྙིགས་བམ་དང་པོར་རབ་བཀོད་པ། །སྔ་བོའི་ཐན་པོས་ཆོས་ལ་དགར་བའི་གཞིར། །མཐུན་པར་བསྒྲོས་འདྲིའི་

ཕོ་བྲང་ཆེན་པོའི་རྩེར། །ལྷ་མི་ཀུན་ཏུ་དགའ་བའི་འཁོར་པ་ཡིས། །རྒྱལ་མཚན་སྲིད་རྩེའི་བར་དུ་བསྒྲེང་པ་ལས། །དཔལ་འཁོར་བཟང་པོའི་མཆོག་སྦྱིན་ཀུན་རྫོགས་བ། །ས་སྐྱོང་དེ་ཡིས་འཕྲུན་པའི་རྐྱེན་སྦྱར་ཞིང་། །ཁྱད་པར་མི་ཕམ་གསང་བ་བྱིན་གྱི་སྲས། །མཁྱེན་བརྩེ་གྲུབ་པའི་ཡོན་ཏན་གྱིས་མཛོ་བ། །···འཇམ་དབྱངས་ཞེས་བྱའི་དམ་པ་ཡིས། །ཀུན་ནས་བསྐུལ་ཞིང་སངས་རྒྱས་ཐོབ་ཕྱིར་བསྒྲུབས། །གཞན་ཡང་དད་པའི་ཆུ་མཚོར་འཁོར་པ་ཡི། །སྦྲང་རྩིའི་རྒྱལ་མཚན་མངར་བའི་སྦྱིན་བདག་གང་། །རྗེ་བཙུན་ཛེ་སྐྱེད་ཀྱིས་ཀྱང་མོས་པ་དང་། །གཏོང་པའི་ཁྱད་པར་དུ་མས···སོ། །འདི་ཡི་དག་བྱེད་འཇམ་པའི་དབྱངས། །ངག་ལ་ཞུགས་འདྲ་དེ་ཉིད་དང་། །རིག་འཛིན་ནམ་མཁའ་རྒྱ་མཚོ་ཞེས། །བློ་གྲོས་གསལ་ལྡན་མཆེད་པོར་བཅས། །ཤོག་བུའི་ཀུན་ཕན་རབ་དཀར་བར། །ཡི་གེའི་རི་བོང་མཚན་མ་ནི། །མཆོད་སྦྱིན་བརྒྱ་པས་བྲིས་འདྲ་བ། །བསོད་ནམས་བཀྲ་ཤིས་དག་གིས་བྲིས། །འབྱུང་ཁུངས་ཆེ་ལ་རིན་ཆེན་བཞིན། །ཡི་གེ་མི་ཟད་འགོད་པ་ལ། །སྤར་བྱེད་ཀུན་གྱིས་རབ་བཏུད་པའི། །མགོན་པོ་བསྟན་པའི་དཔལ་དུ་ཤར། །བད་མའི་མཚོ་ལ་ངང་པའི་ཁྲུ། །མངོན་འདོད་བསླབ་པ་གཅིག་པ་ལྟའི། །སློབ་མར་བཅས་པའི་གནས་གཅིག་ལ། །གླེགས་བམ······འཆར་བ་མཚར། །འདི་ཡི་དགེ་བ་མཁའ་ལྟར་རབ་ཡངས་པ། །ཐབས་ཤེས་ཉི་ཟླའི་འོད་ཀྱིས་གསལ་བྱས་པས། །སྲིད་མུན་སྟུག་པོས་ལྡོངས་པའི་འགྲོ་བ་རྣམས། །ཡེ་ཤེས་འོད་བརྒྱའི་སྣང་བས་འཁོར་གྱུར་ཅིག །མཐའ་ཡས་རྒྱལ་བའི་སྙིང་པོའི་བསྟན་པ་ལ། །ཐོས་བསམ····རིམ་འགྲོ་ཆེར་འཕེལ་ཏེ། །རིམ་གྱིས་སྨིན་ཞིང་ཅིག་ཅར་འགྲོ་བའི་ལམ། །ཐར་པར་འདོད་པ་རྣམས་ལ་མངོན་འགྱུར་ཤོག །ཁྱད་པར་དཔལ་ལྡན་དེ་ཉིད་འདུས་པ་ཡི། །བཤད་སྒྲུབ་རྒྱ་མཚོའི་གོས་ཅན་མཐའས་གཏུགས་པར། །རྒྱ་ཆེར་དར་ཞིང་ཡུན་དུ་གནས་པ་ཡིས། །ཡིད་ཅན་མཐའ་དག་སྐལ་བ་བཟང་པོར་གྱུར། །རྣམ་མང་ཐེག་པ་ཀུན་གྱི་ངེས་འབྱུང་བ། །རྡོ་རྗེ་ཐེག་པ་མཐར་ཕྱིན་གྱུར་པ་ལས། །འཇིགས་མེད་ཕྱོགས་ལས་རྣམ་པར་རྒྱལ་བ་ཡི། །ཕྲིན་ཚོགས་དཀའ་བ་མེད་པར་གྲུབ་གྱུར་ཅིག །སྟོད་བཙུད་དགེ་ལེགས་སྲིད་དགུས་ལེགས་འཁོར་ཞིང་། །བསྟན་ལ་དགའ་བའི་ལྷ་རྣམས་མཐུ་དང་ལྡན། །ཆོས་བཞིན་སྤྱོད་པ་རྣམས་ཀྱིས་བསམས་པའི་དོན། །ཡིད་བཞིན་གྲུབ་པས་ཀུན་ཏུ་ཤེས་གྱུར་ཅིག །འཁོར་ལོའི་མགོན་རྣམས་བདེན་པ་རབ་དགོངས་ཤིང་། །སྨིན་གྲོལ་ལམ་བཟང་

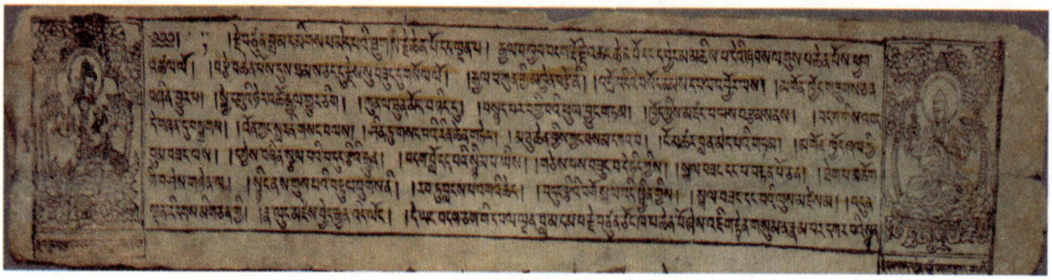

འཕྲིང་བ་སྤྲག་རྩེའི་དཔར་མ།

འགྲོ་ལ་བདེན་པའི་མཆོག །དཀྱིལ་འཁོར་པ་རྣམས་བདེན་པ་རབ་སྒྲུབ་པའི། །བདེན་པས་ཕྱོགས་དུས་ཀུན་དུ་བདེ་ལེགས་གྱུར། ཀུན་འཛིན་གྱི་ལོ་སྨིན་དྲུག་ཅན་གྱི་དཀར་པོའི་དུས་སྦྱོར་དགེ་བ་ལ་ལེགས་པར་གྲུབ་སྟེ། ལྷ་དང་བཅས་པའི་འཇིག་རྟེན་མཐའ་དག་གི་ཡིད་བཞིན་གྱི་ནོར་བུ་རིན་པོ་ཆེ་ལྟ་བུར་ལྷག་པར་གནས།།[1]ཞེས་པའི་དཔར་བྱང་སྨོན་ཚིག་ལས་དུས་རབས་14པར་བྱོན་པའི་མཁས་དབང་བོ་དོང་ཕྱོགས་ལས་རྣམ་རྒྱལ་ཞུ་བ་གསུང་པོད་མཚན་བཟང་པོ་སུམ་ཅུ་རྩ་གཉིས་དང་དཔེ་བྱད་བཟང་པོ་བརྒྱད་ཅུའི་གྲངས་དང་མཉམ་པར་ལྡགས་རྩོམ་གནང་མཁན་དེའི་གསུང་བྱ་བའི་རྒྱུད་སོགས་སྡེ་པ་སྣ་དཀར་རྩེའི་ཕོ་བྲང་ནས་དཔར་དུ་བཏབ་པའི་དུས། དེར་མགོ་བའི་ཤོག་བུ་བཟོ་མཁན་དང་ཡིག་མཁན་སུ་ཡིན་པ་སོགས་བཤད་འདུག་ལ་ལྷག་དོན་དུ་མཁས་དབང་ཁོང་གིས་རྒྱུད་ཀྱི་སྐོར་གསུང་སྐབས་མཚན་དཔལ་དེ་ཉིད་འདུས་པ་ཞེས་བེད་སྤྱོད་གནང་གི་ཡོད་པ་དེའང་རྟོགས་ཐུབ།

བདུན། ལྷ་སྡིངས་དཔར་མ།

གངས་རིའི་ཁྲོད་ཀྱི་ལྷོ་ཕྱོགས་ཀྱི་རྒྱུད། མི་འཇིགས་པ་སྦྱིན་པའི་གནས། ལྷ་སྡིངས་ཤེས་བྱ་བཤད་དང་སྒྲུབ་པའི་དགོན། སྐལ་ལྡན་དད་སྤེལ་ཕྱིར་ཁོ་བོ་བློ་གྲོས་གྲགས་པ་དཔལ་བཟངས་ཀྱིས། སྔོན་མེད་དཔར་དུ་བཞེངས་པ་འདི་ནི། ཡིག་བྲིས་མཁན་དགེ་སློང་ཀུན་དགའ་དར་རྒྱས་ཀྱིས་བགྱིས་ཤིང་། རིག་བྱེད་མཁས་པ་ཀུན་དགའ་བཟང་པོས་བརྐོས་པའོ།[2] ཞེས་དཔར་བྱང་དུ་བྱུང་བ་ལ་བལྟས་ན། སྐབས་དེ་དུས་ལྷ་སྡིངས་དགོན་ནས་བཀའ་བརྒྱུད་པའི་བླ་མ་ཁག་གི་རྣམ་ཐར་དང་གསུང་རྩོམ་ཁག་དཔར་དུ་བཏབ་འདུག དཔར་དེ་དག་ལ་དམིགས་བསལ་གྱི་ཁྱད་ཆོས་ཤིག་ཡོད་པ་སྟེ་དབུ་ཞབས་ལྷ་སྐུ་ཡོད་མེད་ལ་མ་བལྟོས་པར་

---

(1)བོ་དོང་ཕྱོགས་ལས་རྣམ་རྒྱལ་གྱི་གསུང་། སྣ་དཀར་རྩེའི་རྫོང་གི་དཔར་མའི་དཔར་བྱང་ཡིན།

(2)འགྲོ་མགོན་གཙང་པ་རྒྱ་རས་པའི་རྣམ་ཐར། ལྷ་སྡིངས་དཔར་མའི་དཔར་བྱང་ཡིན།

དབུ་ཤོག་གི་དཀྱིལ་དུ་གཞུང་དེ་ལྷུགས་རྩོམ་གནང་མཁན་གྱི་མཁས་དབང་དེའི་སྐུ་བརྙན་བཀོ་ཁྲིས་གནང་བ་དང་དཔར་གྱི་ཡིག་མཁན་སྤྱིར་གྱི་ཆ་ནས་ཨེ་པའམ་ཨེ་ཁྲིས་པ་ཡིན་འདུག་དེ་ནི་ལྷ་ སྡིངས་དཔར་མའི་ཁྱད་ཆོས་སུ་འཁྱུམས་སོ། །

བརྒྱད། འཕྱིང་བ་སྟག་རྩེའི་དཔར་མ།

བོད་ལྗོངས་དཔེ་མཛོད་ཁང་དུ་བཞུགས་པའི་དཔེ་རྟགས་12722ཅུ་རྒྱལ་བ་དགེ་འདུན་རྒྱ་མཚོས་(1475-1542)མཛད་པའི་དཀར་ཆག་སྣན་ངག་ཁྲིས་མར་འཁོད་དོན། ཨོཾ་སྭ་སྟི། རྣམ་པ་ཀུན་གྱིས་མཆོག་ལྡན་སྟོང་པའི་གཟུགས། རྣམ་མེད་དབྱིངས་དང་རོ་གཅིག་བདེ་བ་ཆེ། རིགས་རྣམས་ཀུན་གྱིས་ཁྱབ་བདག་རྡོ་རྗེ་སེམས། འཇམ་དཔལ་ཡེ་ཤེས་སེམས་དཔའ་ལ་ཕྱག་འཚལ་ལོ། དེ་ཡི་དམ་པའི་དོན་གྱི་མཚན་བརྗོད་པས། གཉིས་མེད་རྒྱུད་རྣམས་ཀུན་ལ་ངེས་སྙེར་བ། བྱང་ཆུབ་སེམས་དཔའི་འགྲེལ་པ་སྐོར་གསུམ་གྱིས། ལེགས་པར་བཤད་པའི་ལམ་སྲོལ་དུ་བཞུགས་པ། འདི་ནི་མཁས་པ་ཀུན་གྱི་འཇུགས་ངོགས་ཏེ། ཚེ་གཅིག་ཉིད་ལ་སངས་རྒྱས་སར་བགྲོད་པའི། ལམ་གྱི་སྙིང་པོ་ཕྱོགས་འདིར་མཁས་གཞན་གྱིས། གསལ་བར་མ་ནུས་སྟོན་མེད་ལེགས་བཤད་དེ། རྣམ་བཤད་མཆོག་འདི་ཀུན་ལ་སྤེལ་སླད་དུ། དཔར་དུ་སྒྲུབ་པའི་བསྔོས་དང་ཡི་གེ་ཡི། རིག་བྱེད་ཨེ་ཡི་མཁས་པ་ཀུན་བཟང་མཆེད། ཚིག་དང་དོན་གྱི་དག་བྱེད་རིག་གནས་ལྷ། མཐར་ཕྱིན་དཔལ་འབྱོར་ཡོན་ཏན་རྒྱ་མཚོ། དཀར་འཇམ་དཔར་ཤིང་གླེགས་བུའི་ཚོགས་རྣམས་ནི། ཕོ་བྲང་གཞིས་ཀ་སྟག་རྩེ་ཉིད་ནས་གནང་། དཔར་དུ་སྒྲུབ་པའི་ཐུན་རྐྱེན་ཡོ་བྱད་རྣམས། བླ་མའི་བཀའ་བཞིན་སྒྲུབ་པའི་ཞབས་འབྲིང་པ། གསུང་རབ་རྒྱ་མཚོས་དད་གུས་ངང་ནས་བསྒྲུབས། འདི་ཡིས་དགེ་བས་འབད་པ་ལྷུར་ལེན་རྣམས། མྱུར་དུ་རྡོ་རྗེ་འཆང་གི་གནས་ཐོབ་ཅིག གནས་སྐབས་སུ་ཡང་འཇིག་རྟེན་འཇིག་རྟེན་ལས། འདས་པའི་ལེགས་ཚོགས་མ་ལུས་འགྲུབ་གྱུར་ཅིག[1]ཅེས་པའི་དཔར་བྱང་སྨོན་ཚིག་འདིའི་ནང་དུ་བྱང་ཆུབ་སེམས་དཔའི་འགྲེལ་པ་སྐོར་གསུམ་དཔར་དུ་སྒྲུབ་པའི་བསྔོས་དང་ཡི་གེ་ཡི། རིག་བྱེད་ཨེ་ཡི་མཁས་པ་ཀུན་བཟང་མཆེད་ཅེས་འཁོད་པ་དེ་ལས་ཨེ་ནི་ད་ལྟ་སྟོ་ཁ་ས་ཁུལ་ཆུ་གསུམ་རྫོང་དུ་གནས་པའི་ཨེ་ལྷ་རྒྱ་རི་ཞེས་པ་དེའི་རྒྱུད་པ་ཡིན། དེའི་རྒྱུད་པ་ནི་

(1)རྒྱལ་བ་དགེ་འདུན་རྒྱ་མཚོས་མཛད་པའི་གསུང་རབ་ཀྱི་དཀར་ཆག ཁྲིས་མ་ལས་དྲངས།

བཙན་པོའི་རྒྱུད་པ་ཡིན་ཞིང་ས་ཕག་གཉིས་ཀྱིས་སྲིད་དབང་བསྐྱུར་བའི་སྐབས་ནས་ཁྲིམས་སྒོ་རང་བཙན་ཡིན་པ་དང་རྒྱུད་པ་དེ་ལས་བྱུང་བའི་ཡིག་གཟུགས་དམིགས་བསལ་ཅན་ཞིག་ཡོད་ཅེས་སྐྱེ་བོ་དམ་པ་རྣམས་ཀྱི་ཞལ་རྒྱུན་ལས་བྱུང་ལ་བོད་ཀྱི་ལོ་རྒྱུས་རིག་གནས་དཔྱད་གཞིའི་རྒྱུ་ཆ་བདམས་བསྒྲིགས་སུའང་གསལ།[1] དེ་སྔ་ས་གནས་སྲིད་གཞུང་གིས་ཨེ་ཁྲུལ་ནས་ཨེ་ཕྲུག་པ་ཞེས་ཡིག་འབྲི་ཁག་གཅིག་སྐོང་བསྒྲུ་བྱེད་སྐབས་ཡི་གེ་གཟབ་གཤར། ལཱུ། ཕྱཱུ། ཧོར་ཡིག ཐུགས་ཡིག ཡིག་གསར་རིགས་བཅས་འབྲི་སྲོལ་དར་ཁྱབ་ཆེ་བ་དང་། ཤོག་བུ་ཚོས་གཞི་འདྲ་མིན་དང་སྣག་ཚ་འདྲ་མིན། གསང་ཡིག་འབྲི་བྱེད་ས་ཆུ་མེ་ཐུང་ནམ་མཁའ་བཅས་འབྱུང་བ་ལྔ་འདུས་པའི་དམིགས་བསལ་བཟོ་རྩལ་གྱི་བྱ་ཐབས་མ་སྦྱད་ན་ཡི་གེ་གསལ་མི་ཐུབ་པའི་ཁྱད་ཆོས་ལྡན་པའི་སྣག་ཚ་བཟོ་བ། དེ་བཞིན་བོད་སྣག་མཚལ་སྣག་གི་སྦྱོར་བ་སྣ་ཚོགས། ལོར་ཤོག་དང་དེབ་འདྲ་མིན་བཟོ་བ་སོགས་འཕྲུལ་རྩལ་ལས་བྱེད་པ་བརྒྱ་རྩ་མང་པོ་རང་རང་གི་གོ་གནས་བཟུང་ཡོད། ཨེ་ཕྲུག་དེ་དག་ཕལ་ཆེ་བ་ཁྲལ་རྐང་རེའི་རི་ཀླུང་རྩ་ཆུ་ཤིང་སོགས་ཀྱི་བདག་ཐོབ་དང་། རྐང་འགྲོ་ལག་འདོན་གྱི་ཁྲལ་རིགས་ཡོངས་རྫོགས་རྩ་ཆག་གི་ལག་ཁྱེར་སྤྲོད་ཀྱི་ཡོད།[2]ཅེས་པས་ཨེ་ཡི་རྒྱུད་པ་དེ་དག་གི་སུག་བྲིས་ལ་དམིགས་བསལ་གྱི་ཁྱད་ཆོས་བཞུགས་ཡོད་ཙང་བྱང་ཆུབ་སེམས་དཔའི་འགྲེལ་པ་སྐོར་གསུམ་དཔར་ལ་བསྐོ་བའི་སྐབས་ཀྱི་ཡི་གེ་བར་གདན་འདྲེན་པ་དེ་གསལ། དེ་དང་འདྲ་བར་ད་དུང་ལྷ་སའི་ནུབ་ངོས་སུ་གནས་པའི་གཞུ་སྐྱེ་མོ་རྫོང་གི་ཕུ་སུམ་ཞེས་པའི་ས་དེར་ཡིག་གཟུགས་སྤྱུས་དག་པོ་ཡོད་པའི་སྐོར་ལ་མཁས་དབང་དུང་དཀར་བློ་བཟང་འཕྲིན་ལས་མཆོག་གི་དབུ་ཅན་ནི་སྔ་དུས་བོད་དུ་ཨེ་པ་དང་སྐྱེ་མོའི་ཡིག་འབྲི་བ་རྣམས་ཀྱི་ཕ་མེས་མི་རབས་རིམ་པ་བརྒྱུད་ནས་བྱུང་བའི་དམིགས་བསལ་ལག་རྩལ་ཅན་གྱི་ཆེད་ལས་ཞིག་ཡིན་པས། བོད་ལྗོངས་སུ་རྒྱ་ཁྱབ་ཏུ་སྤྱོད་བཏར་བྱེད་མི་ཞུང་སྟབས་དབུ་ཅན་ཚད་ལྡན་གྱི་ལག་རྩལ་སྲོལ་རྒྱུན་ཉམས་རྒུད་དུ་སོང་།[3] ཞེས་པས་ཀྱང་དོགས་གནད་འགྲོལ་ཐུབ། ཡང་ཡིག་གཟུགས་བྲིས་མ་དམིགས་བསལ་ཅན་དེ་ལྟར་ཡོང་དོན་ཐད་ལ། མཁས་དབང་ཚེ་ཏན་ཞབས་དྲུང་མཆོག་གི་གསུང་པར་བོད་དབུས་

(1)བོད་ཀྱི་ལོ་རྒྱུས་རིག་གནས་དཔྱད་གཞིའི་རྒྱུ་ཆ་བདམས་བསྒྲིགས་དེབ་19། ཤོག་གྲངས་68ལས་དྲངས།

(2)བོད་ཀྱི་ལོ་རྒྱུས་རིག་གནས་དཔྱད་གཞིའི་རྒྱུ་ཆ་བདམས་བསྒྲིགས་དེབ་19། ཤོག་གྲངས་68ལས་དྲངས།

(3)མཁས་དབང་དུང་དཀར་བློ་བཟང་འཕྲིན་ལས་མཆོག་གི་གསུང་འབུམ་བོད་ཇ་པ། མི་རིགས་དཔེ་སྐྲུན་ཁང་གི་དཔར་མ། ཤོག་གྲངས་326ལ་གསལ།

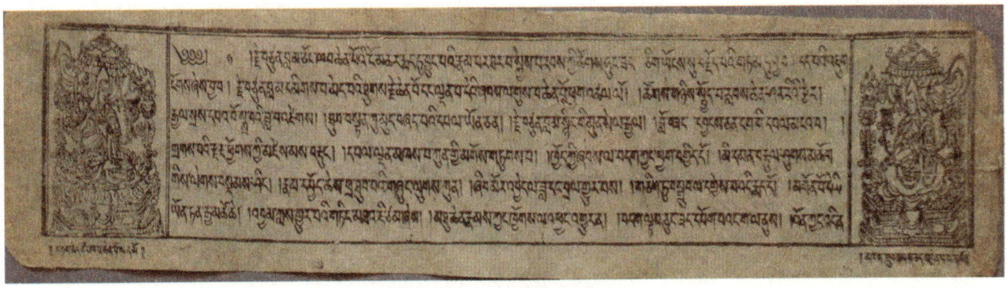

འཕྱིང་བ་སྟག་རྩེའི་དཔར་མ།

གཙང་དུ་ལོ་ལྔ་བརྒྱའི་སྔོན་རྗེ་ཙོང་ཁ་པའི་སྐུ་རིང་ནས་གསུང་རབ་བསྟན་བཅོས་ཀྱི་ཤིང་དཔར་མང་པོ་སྤེལ་བའི་སྲོལ་དར་བ་ནས་བཟུང་དབུ་ཅན་གྱི་ཡི་གེ་ལ་ཕལ་ཆེར་འབྲི་ཚུགས་སྣ་གཅིག་ལས་སྣ་མི་མཐུན་པ་མང་པོ་གཏན་མ་བྱུང་ལ། དབུ་མེད་ཀྱི་འབྲི་ཚུགས་ལ་དེ་ལྟ་བུའི་དཔར་འདེབས་རྒྱུགས་ཆེ་བ་མ་བྱུང་བའི་རྐྱེན་དང་ཡུལ་གྲུ་ཕན་ཚུན་ལ་འགྲེམ་འགྲུལ་ཉམས་དམའ་བའི་དབང་གིས་དབུས་བྲིས། ཁམས་བྲིས། ཨམ་བྲིས་ཞེས་འབྲི་ཚུགས་མི་འདྲ་བ་ཁག་གསུམ་བྱུང་བ་དང་དབུས་བྲིས་ལ་ཡང་སྔོན་ཆད་བདག་གིས་མཐོང་མྱོང་བའི་སྐྱོགས་ལོ་ཙྪ་བ་ཡབ་སྲས་ཀྱི་སྐུ་རིང་དང་རྒྱལ་དབང་ལྔ་པ་དང་སྡེ་སྲིད་སངས་རྒྱས་རྒྱ་མཚོའི་དུས་དང་ད་ལྟའི་དུས་ཀྱི་འབྲི་ཚུགས་རྣམས་ལ་ཁྱད་པར་ཆེས་ཆེ་བ་བྱུང་སྣང་ཞིང་། ལྷག་པར་ད་ལྟའི་འཁྲུག་བྲིས་ཨ་མདོའི་སྐད་ཀྱིས་བོད་བྲིས་ལྷུགས་ཐག་མ་ཞེས་འབོད་པ་འདི་ནི་ཡི་གེའི་ལག་རྩལ་ཡང་རྩེར་སོན་པའི་རྟགས་མཚན་དུ་ཆེའོ་[1]ཞེས་པ་དེ་ལས་ང་ཚོས་བོད་ཀྱི་གསུང་རབ་བྲིས་མ་དེ་དག་ཡིག་གཟུགས་སྣ་གཅིག་མ་ཡིན་པར་དབུས་བྲིས། ཨམ་བྲིས་སོགས་ཀྱི་གསུང་རབ་ད་ལྟའང་འབྲས་སྤུངས་དཔེ་མཛོད་ཁང་དུའང་མཇལ་རྒྱུ་འདུག

བཞི། དཔར་ཁང་མི་འདྲ་བའི་དཔར་བྱང་།

དེ་ཡང་དཔེར་ན་ས་པཎ་གྱི་སྡོམ་གསུམ་རབ་དབྱེའི་དཔར་བྱང་དུ། རྒྱལ་བའི་ལུང་བསྟན་ཁ་བ་ཅན་གྱི་གནས།། རྒྱལ་བའི་གསུང་རབ་མ་ལུས་མཁྱེན་གྱུར་པའི།། རྒྱལ་བ་གཉིས་པ་དཔལ་ལྡན་ས་སྐྱ་པས།། རྒྱལ་བའི་དགོངས་པ་སྟོན་པའི་གཞུང་བཟང་འདི།། འཛམ་གླིང་ཆོས་ཀྱི་རྒྱལ་པོའི་བཙུན་མོའི་མཆོག།། རིགས་སོགས་མཐོ་རིས་ཡོན་ཏན་བདུན་དང་ལྡན།།

(1)མཁས་དབང་ཚེ་ཏན་ཞབས་དྲུང་མཆོག་གི་གསུང་རྩོམ་པོད་བཞི་པ། མི་རིགས་དཔེ་སྐྲུན་ཁང་གི་དཔར་མ། ཤོག་གྲངས་109ཏུ་གསལ།

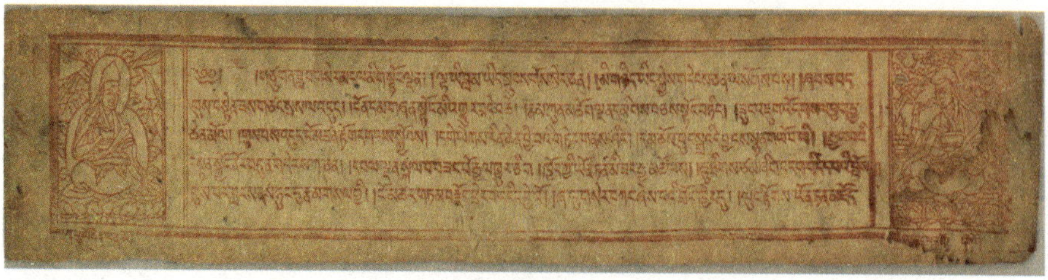

ཞྭ་ལུ་ཆོས་སྐྱོང་བཟང་པོའི་གསུང་དཔར་ཕུད།

དད་སོགས་འཕགས་པའི་ནོར་གྱིས་ཀུན་ནས་མཛེས།། དཔོན་མོ་ཆེན་མོ་སྡོལ་གན་དང་པ་ཡིས།། བདེ་བར་གཤེགས་གསུང་དགོངས་པ་འགྲེལ་དྲི་མེད་རྣམས།། བྲིས་ནས་རྐོས་ཤིང་པར་དུ་སྒྲུབས་པའི་དུས།། དེ་ཚེ་ཆོས་རྗེའི་གསུང་རབ་དྲི་མེད་འདིའང་།། གྲུབ་པའི་དགེ་བ་སངས་རྒྱས་ཉིད་ཐོབ་ཤོག། གནས་སྐབས་འདིར་ཡང་མི་དབང་བརྒྱུད་པ་བཅས།། སྐུ་ཚེ་རིང་ཞིང་སྐུ་ཁམས་བཟང་བ་དང་།། འབྲུག་དང་ཉེ་བ་འཚེ་བ་ཀུན་ཞི་ནས།། ཕྱོགས་རྣམས་ཐམས་ཅད་བདེ་ལེགས་ཁྱབ་གྱུར་ཅིག། ས་མོ་ཕག་ལོ་ཟླ་བ་བདུན་པའི་ཆོས་བཅོ་ལྔ་ལ། ཕོ་བྲང་ཆེན་པོ་ཏཱ་ཏུའི་མཆོད་རྟེན་སྔོན་པོར་བྲིས། མཆོད་རྟེན་དཀར་པོར་གྲུབ་པ་དགེའོ།།[1] ཞེས་པའི་དཔར་བྱང་འདི་ལས་ས་པཊ་གྱི་སྡོམ་གསུམ་རབ་དབྱེ་སྤྱི་ལོ་1294ལོར་ཡོན་གྱི་རྒྱལ་ས་ཏའ་ཏུར་ཞེས་པར་བཙུན་མོ་སྡོལ་གན་གྱིས་དཔར་དུ་བཏབ་པ་དེ་ཤེས། ཕོ་བྲང་ཆེན་པོ་ཏའི་ཏུར་ཞེས་པའི་དོན་ནི་ཕྱར་ཅིན་རྒྱལ་རབས་ཀྱི་སྐབས་སུ་པེ་ཅིང་ལ་ཀྲུང་ཏུའུ་（中都）གྲོང་ཁྱེར་ཟེར་ཞིང་། རྗེས་སུ་ཡོན་རྒྱལ་རབས་ཀྱི་གོང་མ་ཧུ་པི་ལི་སེ་ཆེན་ཧན་གྱི་ཀྲི་ཡོན་ཁྲི་ལོ་བཞི་པར་པེ་ཅིང་གྲོང་ཁྱེར་གྱི་བྱང་ཤར་ནས་འཛུགས་སྐྲུན་བྱེད་འགོ་ཚུགས། ཀྲི་ཡོན་ཁྲི་ལོ་བརྒྱད་པ་ལྷགས་ལུག་སྤྱི་ལོ་1271ལོར་རྒྱལ་ས་པེ་ཅིང་དུ་སྤོས་ཏེ། དེའི་ཕྱི་ལོ་པེ་ཅིང་ལ་ཏཱ་ཏུའུ་（大都）ཞེས་པའི་མིང་བཏགས།[2] ཞེས་པ་ལས་ཡོན་གྱི་རྒྱལ་སའི་མིང་ཡིན་པས་ཏཱ་ཏུའུ་ཞེས་པའི་མིང་དེ་ཐོན་ཚེ་ཡོན་གྱི་དུས་སུ་འབྲི་དཔར་བཏབ་པ་དེ་ཁ་ཤོན་གཏོད་ཐུབ། འཇུ་མི་ཕམ་（1846-1911）རིན་པོ་ཆེའི་ཤེར་ཊཱིག་པར་སྨོན་ཚིག་ནི། ཨོཾ་སྭ་སྟི། མཁས་པའི་རྣམ་དཔྱོད་ཉིན་མོར་བྱེད་པ་བཞིན། ལུང་རྟོགས་བསྟན་པའི་བཤད་སྒྲུབ་པད་ཚལ་བཞད། ལེགས་བཤད་སྙིང་པོ་སྤྲང་རྩིའི་བཅུད་མཆོག་ལྟར། སྐལ་བཟང་བུང་བའི་ཚོགས་རྣམས་

[1] ས་པཊ་གྱི་སྡོམ་གསུམ་རབ་དབྱེ། ཡོན་གྱི་དཔར་མའི་དཔར་བྱང་ཡིན།
[2] [德]茨默著：桂林 杨福学译《佛教与回鹘社会》北京民族出版社2007年，89页。

དགྱེས་པར་འགྱུར། ཐུབ་དབང་བསྟན་ལ་རབ་གྲགས་ཞི་བ་ལྷ། གསུང་རབ་བྱང་ཆུབ་སྤྱོད་པའི་གཞུང་ཆེན་པོ། ཚིག་དོན་ཆ་ཤས་བཀལ་བརྟགས་རིགས་ལམ་ནས། སྤེལ་འདི་མི་ཕམ་རྣམ་པར་རྒྱལ་བས་གསུངས། ༼སྔོན་༽ ཞ་ལུན་མཁས་པའི་ཚོགས་ལ་ཕན་པ་དང་། རྣམ་དག་གཞུང་བཟང་ཕྱོགས་བརྒྱུར་དར་བའི་ཕྱིར། ངག་དབང་ཤཀྱའི་མིང་ཅན་དུས་འདས་ཀྱིས། དངོས་རྫས་མཐུན་པའི་རྐྱེན་སྦྱར་ལྷུན་གྲུབ་སྟེང་། ཞིང་སྐྱོང་དགེ་བའི་བློ་ཅན་དད་བརྩོན་གྱིས། རྣམ་དཀར་སྤར་དུ་སྒྲུབ་པའི་བསོད་ནམས་ཀྱིས། རྒྱལ་བསྟན་དར་ཞིང་དགེ་འདུན་དབུ་འཕང་བསྟོད། ལྷར་བཅས་འགྲོ་རྣམས་བདེ་བའི་གནས་ཐོབ་ཤོག དོན་དམ་སྤྲོས་བྲལ་ནམ་མཁའི་ཀློང་། ཀུན་རྫོབ་རྟེན་འབྱུང་སྣ་ཚོགས་གཟུགས། བདེན་མེད་དབྱེར་མེད་གཞི་ལམ་འབྲས། ཐར་གསུམ་གྱི་བཀྲིས་ཤོག[1] ཞེས་པའི་དཔར་བྱང་སྨོན་ཚིགས་དེ་ལས་མི་ཕམ་རིན་པོ་ཆེའི་གསུང་པོད་ཁམས་སྡེ་དགེ་ལྷུན་གྲུབ་སྟེང་（更庆寺）པར་ལ་བཀོ་བའི་སྐབས་སུ་དངོས་ཤུགས་གང་རུང་ནས་རྒྱབ་སྐྱོར་གནང་མཁན་ནི་ངག་དབང་ཤཱཀྱའི་མིང་ཅན་（སུ་ཡིན་གཏན་འཁེལ་ཞིག་ཞུ་ཚོད་མ་ཐེག་ཡང་། སྡེ་དགེ་དཔར་ཁང་གི་པར་ཤིང་དཀར་ཆག་བོད་རྒྱ་ཤན་སྦྱར་ནང་དུ།[2] སྡེ་དགེ་རྒྱལ་རབས་ཉེ་ཤུ་རྩ་གཉིས་པ་སྟེ་ལྷ་སྲས་ཚེ་དབང་དོན་ལྡན་གྱིས་སྐབས་སུ་འཇུ་མི་ཕམ་གྱི་གསུང་པོད་ཆ་ཚང་ཤིང་དཔར་དུ་བཏབ་ཅེས་གསུངས་པ་ལ་གཞིགས་ན། སྐབས་དེ་དུས་འཛམ་དབྱངས་ལེགས་པའི་བློ་གྲོས་ཀྱི་དཔར་བྱང་སྨོན་ཚིག་དེ་བསྒྲོན་ཡོད་དམ་སྙམ།) ཡིན་པ་དང་དཔར་བཀོ་སའི་གནས་ནི་ཁམས་སྡེ་དགེ་ལྷུན་གྲུབ་སྟེང་དུ་ཞིང་སྐྱོང་ལ་སོགས་པ་དད་ཅན་རྣམས་ཀྱིས་མ་སྐྱུལ་དང་དུ་བླངས་ཏེ་དཔར་དུ་སྒྲུབ་པ་གསལ་བ་དང་དཔར་སྒྲུབ་རྗེས་སུ་དམ་པའི་ཆོས་དར་ཞིང་རྒྱས་པ་ཡོང་བའི་སྨོན་ལམ་དགའ་དད་སྤྲོ་གསུམ་གྱིས་ཐོག་ནས་སྤེལ་བ་དེ་ནི་དཔར་བྱང་གི་སྨོན་ཚིག་ཡིན། དེ་མིན་དཔར་བྱང་སྨོན་ཚིག་ཁག་ཁ་ཤས་ཞུས་ན། ལྷ་བྲང་བཀྲས་འཁྱིལ་གྱི་དཔར་བྱང་ནི་འདི་ལྟར། ཨོཾ་སྭ་སྟི། ཐུབ་བསྟན་འཛིན་མར་སྐལ་བཟང་ཞིང་པའི་ཚོགས། ཕན་བདེའི་ལོ་ཏོག་ལོངས་སུ་སྤྱོད་པའི་ཕྱིར། བཀྲིས་གཡས་སུ་འཁྱིལ་བའི་ཆོས་གྲྭ་ལས། ཆོས་སྦྱིན་བདུད་བརྩིའི་གྲུ་ཆར་འདི་ཕབ་བོ།[3] ཞེས་དང་རྗེ་སྐུ་འབུམ་ནས་དཔར་བའི་གསུང་རབ་ཀྱི་དཔར་བྱང་ནི། སྭ་

(1)འཇུ་མི་ཕམ་དགེ་ལེགས་རྣམ་རྒྱལ་གྱི་གསུང་འབུམ་པོད་ཅ་པ། སྡེ་དགེའི་དཔར་མའི་དཔར་བྱང་ཡིན།

(2)སྡེ་དགེ་དཔར་ཁང་གི་པར་ཤིང་དཀར་ཆག་བོད་རྒྱ་ཤན་སྦྱར། སི་ཁྲོན་མི་རིགས་དཔེ་སྐྲུན་ཁང་གི་དཔར་མ། ཤོག་གྲངས་6ལས་དྲངས།

(3)ལྷ་བྲང་དཔར་མའི་དཔར་བྱང་སྨོན་ཚིག

སྟེ། རྒྱལ་བསྟན་པད་ཚལ་ཕན་བདེའི་དྲི་བསུང་ཅན། བཤད་སྒྲུབ་འདབ་རྒྱས་རྣམ་གྲོལ་སྦྲང་རྩའི་བཅུད། འགྲོ་ཀུན་སྤྱོད་ཕྱིར་སྐུ་འབུམ་བྱམས་པ་གླིང་། ཆོས་སྡེ་ཆེ་ནས་ཆོས་སྦྱིན་ཆར་འདི་སྤེལ།[1]གཞི་རྩེ་བཀྲས་ལྷུན་དགོན་གྱིས་དཔར་བའི་དཔར་བྱང་ནི། སྭ་སྟི། ཕན་བདེའི་འབྱུང་གནས་རྒྱལ་བསྟན་ཡོངས་འདུའི་ཞིང་། རབ་རྒྱས་འགྲོ་ཀུན་ཐར་མཆོག་འབྲས་བཟང་ལ། སྤྱོད་ཕྱིར་བཀྲ་ཤིས་ལྷུན་གྲུབ་ཆོས་གྲྭ་ཆེན། ཆོས་སྦྱིན་འཛད་མེད་དཔལ་འགྱོའི་རྒྱུན་འདི་སྤེལ། བཏ་ཛ་ག་ཏམ། [2]ཞེས་པ་ལྟ་བུ་ཡིན། དེས་ན་གོང་གི་དཔར་བྱང་སྨོན་ཚིག་དག་ལ་སྤྱི་སྤོམ་ཞིག་ཞུས་ན་སྨོན་ཚིག་དེ་དག་གི་མདུན་དུ་ཐོག་མར་རྒྱ་གར་གྱི་སྐད་ལས་སྨོས་པའི་བཀྲ་ཤིས་པའི་ཚིག་ཨོཾ་སྭ་སྟི་དང་སྭ་སྟི་ཟེར་བ་གཉིས་བྱུང་བས་དེ་གཉིས་ཀྱི་དོན་ནི་བདེ་ལེགས་སུ་འགྱུར་ཅིག་ཅེས་པའི་དོན་ཡིན། གསུང་རབ་དེ་དག་གི་དབུར་དེ་ལྟར་བྱོན་དོན་ནི་གསུང་རབ་དེ་དག་དཔར་བའི་སྐབས་སུ་གེགས་མེད་པར་བྱ་བ་ལམ་འགྲོ་ཡོང་བའི་སྨོན་ལམ་དགའ་དད་སྤྲོ་གསུམ་གྱི་སྒོ་ནས་སྨོན་ཚིགས་ཕུལ་པ་དེ་ནི་བོད་མི་རིགས་ཀྱི་ཐུན་མོང་མ་ཡིན་པའི་རྩོམ་གཤིས་ཤིག་ཡིན་ལ་ཐུན་མོང་མ་ཡིན་པའི་སེམས་ཁམས་ཤིག་ཀྱང་ཡིན། དེ་ལྟར་བརྗོད་དོན་ནི་སྔ་ཁ་ས་ཁུལ་གྱི་ཞིང་པ་རྣམས་ཀྱིས་མ་འོངས་པའི་ལོ་དེར་འབྲུ་རིགས་སྨ་ཕྱུའི་འབྲས་བཟང་ཡོང་བའི་སྨོན་ཚིག་ཏུ། ནས་དཀར་མོ་བཏབ་པའི་ངང་པ་ཙམ། ནས་ནག་མོ་བཏབ་པའི་སྐྱུང་ཀ་ཙམ། ནས་ཁྲ་ཁྲ་བཏབ་པའི་སྐྱ་ཀ་ཙམ། སྲན་མ་བཏབ་པའི་ཕོ་རོག་ཙམ། སྲན་ཆེར་བཏབ་པའི་རང་ཐག་ཙམ། བྲ་བོ་རྒྱ་རི་བཏབ་པའི་ལ་ཕྱུག་ཙམ། ལ་ཕྱུག་བཏབ་པ་ཕྱུག་རིལ་ཙམ་། ཉུང་མ་བཏབ་པ་ཇྫ་མོ་ཙམ། འབྲས་བུ་འབྲས་བུ་གནམ་ལ་སླེགས། ཏ་ཕོའི་མཐོངས་ཐིག་གཅིག་དང་མཇལ་བ་ཤོག མཛོ་ཕོའི་སྒ་ཐིག་གཅིག་དང་མཇལ་བ་ཤོག་ཞེས་པས་ཀྱང་དོན་དེ་རྟོགས་ཐུབ་བོ། ང་ཚོས་དཔར་བྱང་གི་སྨོན་ཚིགས་དེ་དག་མཐོང་ཐོས་དབང་པོའི་ཡུལ་དུ་གྱུར་ཙ་ན་གནའ་དཔེ་དེ་དཔར་ཁང་གང་ཞིག་གི་དཔར་ཡིན་མིན་ཐད་ཀར་དཔར་བྱང་སྨོན་ཚིགས་ལས་རྟོགས་ཐུབ་བ་སོགས་དགེ་མཚན་དཔེ་མི་སྲིད་པ་ལྡན་ཡོད། འོན་ཏེ་དཔར་བྱང་སྨོན་ཚིགས་ནི་གཞུང་དེ་མཛད་པ་པོ་རང་ཉིད་ཀྱི་ཕྱག་སོར་ལས་དུས་མཉམ་དུ་ཐོན་པ་ཞིག་མ་ཡིན་པར་རྗེས་སོར་གནའ་དཔེ་དེ་དཔར་དུ་སྒྲུབ་དུས།

[1]སྐུ་འབུམ་དཔར་མའི་དཔར་བྱང་སྨོན་ཚིག

[2]བཀྲས་ལྷུན་དགོན་པའི་དཔར་མའི་དཔར་བྱང་སྨོན་ཚིག

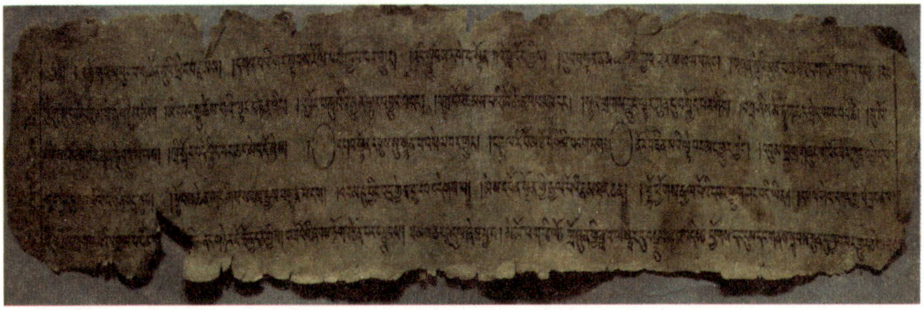

དུས་རབས་15པའི་ཤེལ་དཀར་དཔར་མའི་དཔར་རིས།

སྐབས་དེ་དུས་ཀྱི་མི་གྲགས་མཁས་པ་དག་གིས་སྤྱར་བ་ཞིག་ཡིན་པས་གཞི་གཅིག་ཏུ་འབྲེལ་སྣང་མེད་པ་ཞུ། གལ་ཏེ་དེ་ལས་ལྡོག་ཏེ་འབྲུལ་ཚེ་བོད་ཀྱི་གསུང་རབ་སྣ་བའི་དབང་པོ་དུང་དཀར་བློ་བཟང་འཕྲིན་ལས་མཆོག་གིས་གསུངས་པ་ཇི་བཞིན་མ་གཞི་བྱས་ན་བླ་བྲང་བཀྲ་ཤིས་འཁྱིལ་གྱི་དཀར་ཆག་ཆེན་མོ་དེ་ནི་བཟང་མོད་ཀྱང་། དེ་དག་གི་ཐོག་ཏུ་དཔར་བྱང་སྨོན་ཚིགས་སྦྱིན་མཁན་དང་མཛད་པ་པོ་གཞི་གཅིག་ཏུ་འབྲེལ་བའི་སྐྱོན་ཡང་མཆིས་[1]ཞེས་པས་ཀྱང་དེར་ནན་ཏན་གནང་རྒྱུའི་འགངས་ཐོན་ནོ།

ལྔ། དཔར་བྱང་སྨོན་ཚིག་འབྲི་མཁན།

དཔར་བྱང་སྨོན་ཚིག་སྤྱར་མཁན་ཡང་སྤྱི་ཚོགས་འཚོ་འགྱུར་དང་རིག་གནས་དར་སྤེལ་གྱི་དབང་གིས་རིགས་མི་འདྲ་བ་ཁག་ཁ་ཤས་ཡོད་པ་སྟེ།

གཅིག གོང་མས་སྤྱར་བའི་དཔར་བྱང་།

གསུང་རབ་མང་པོ་ཞིག་ཐོན་ཡུལ་དེའི་གཞུང་སའམ་རྒྱལ་པོས་མཆོད་ཡོན་སྦྱིན་བདག་གནང་སྟེ། རང་ཉིད་ལ་མཁོ་བའི་གསུང་རབ་དཔར་སྐྲུན་གནང་བ་ཡིན་ཙང་གསུང་རབ་དེའི་དཔར་བྱང་སྨོན་ཚིག་དེ་ཡང་རྒྱལ་པོས་སྤྱར་ཡོད་པ་སྟེ། སྤྱི་ལོ་1445ལོར་ཡུང་ལོ་མཆོག་གིས་བོད་དགེ་སློབ་དཔོན་ཞི་བ་ལྷས་མཛད་པའི་སྤྱོད་འཇུག་དང་ཀྱི་རྡོ་རྗེ་ཞེས་བྱ་བའི་རྒྱུད་ཀྱི་རྒྱལ་པོ་རྒྱ་ནག་ཏུ་དཔར་ལ་བརྐོས་པའི་སྐབས་སུ་ཡུང་ལོ་མཆོག་གིས་སྤྱར་བའི་དཔར་

(1)མཁས་དབང་དུང་དཀར་བློ་བཟང་འཕྲིན་ལས་མཆོག་གི་གསུང་རྩོད་གཏམ་པ། མི་རིགས་དཔེ་སྐྲུན་ཁང་གི་དཔར་མ། ཤོག་གྲངས་69ལས་དྲངས།

བྱང་ཏེ། ༀཨཱཿ། ཧའི་མིང་རྒྱལ་པོས་མཛད་པའི་དཔར་བྱང་ནི། ངེད་ཀྱི་བསམ་པ་ལ; གནམ་ས་
གཉིས་ཀྱི་བར་དུ་གནས་པའི; དངོས་པོ་སྣ་ཚོགས་རང་སོར་སྐྱེ་ཞིང་འཕེལ་བ; བསྒོམ་པའི་
དོན་དམ་སྣང་བ་ནི; ཆོས་རྣམས་ཐམས་ཅད་རྫོགས་པར་འདིར་འདུས་པས; དེས་ན་མཆོག་
དུ་དཔག་ཏུ་མེད་འདུལ་བ་རྣམས་ཀྱི་གསང; ཤེས་རབ་ཀྱི་ཕ་རོལ་དུ་ཕྱིན་པ་རྣམ་པར་དག་
པ་ཟབ་མོའི་སྒོའོ; སྡེ་སྣོད་གསུམ་དང་རྒྱུད་སྡེ་བཞིའི་དོན་ཟབ་མོ་ཐམས་ཅད་འདིར་འདུས་
པ་ཡིན་ནོ; མདོར་ན་ས་བཅུ་བསྐལ་པ་བརྒྱ་སྟོང་དུ་མར་བརྟེན་རྒྱུ་ངེས་ཅན་ཡིན་ཞིང་;
བརྩོན་འགྲུས་ཆུ་ཆེན་པོས་ལེ་ལོ་རྣམ་པར་འདུལ་བ; ཐབས་ཀྱིས་འགྲོ་བ་ཁྲིད་རྣམས་ལ་ཕན་
པ་དང; སྡུག་བསྔལ་དང་སྟོང་པ་དང་ཡང་དག་པའི་ཚིག་ལེགས་པར་བཤད་པ; སྒོམ་པའི་
དོན་ཟབ་མོ་ཤིན་ཏུ་གསལ་བ་མཆོན་པ; གཟུགས་སུ་བརྗོད་པ་ན་གཟུགས་ཤེས་པ་དོན་དམ་
གཟུགས་སུ་བརྗོད་པ; སྟོང་སྟོང་པར་བཤད་ན་སྟོང་པ་ཡིན་པས་ཡོངས་སུ་སྟོང་པའོ; མདོའ་
སྡེ་ཕལ་པོ་ཆེ་དང་ལེགས་པར་མཐུན་པས; རྡོ་རྗེ་ཐེག་པ་བཤད་ནས; ཐོག་མར་འབྱུང་ཁུངས་
ནི; དང་པོ་ནུབ་ཕྱོགས་སྣང་བས; རིམ་གྱིས་རྒྱུད་ཅིང་དར་བ་ཡིན; ངེད་གདན་ས་ཆེན་པོ་
ལ་གནས་ནས; རྒྱལ་ཁམས་པ་རྣམས་སྐྱོང་བྲན་བྱས་ན; ཐམས་ཅད་བདེ་སྐྱིད་ཀྱི་ངང་ནས་
བཀོད་པ་དང; བསོད་ནམས་ཀྱི་ལོངས་སྤྱོད་པ་ཡིན; དེའི་དོན་ནི་རྒྱུན་དུ་བྱས་པ་མ་སླེབས་
དོགས་ཡོད་པས; བདག་གི་སངས་རྒྱས་ལ་བལྟས་པ་ལ་བརྟེན་ནས; ཡང་དག་པའི་དོན་
ཅུང་ཟད་རྟོགས་ཅིང; དོན་ཟབ་མོ་ལ་བསམ་ནས་ནི་ལྷག་པར་ཟབ་པ; ཡོན་ཏན་ཤིན་ཏུ་རྒྱ་
ཆེ་བ་ཡིན་ནོ; ད་ལན་ཧྭ་ཤང་འདི་རིང་ནས་བསྐྱུར་འོངས་པ་ལ; ཐེག་པ་ཆེན་པོའི་བསྟན་
པ་རྒྱ་ཆེན་དར་བ་དང; ཆོས་འདི་འདིར་སླེབས་ནས་ཏམ་ཕྱེ་བའི་ཚེ་ཆོས་ཀྱི་སྦྲིན་འཛའ་
གཡོའ་ཤིང; པོ་ཧྲེ་བརྒྱུད་པའི་ཚེ་ཤེས་རབ་ཀྱི་ཉི་མ་གསལ་བས། དེའི་དོན་གྱིས; ནན་གྱིས་
དཔར་དུ་རྐོས་ནས་རྒྱ་ཆེན་པོ་སྤྲིན་པ་དང; རྒྱ་མཚོ་བཞིའི་ཞིང་ཁམས་ལའང་བདེ་ལེགས་
ཕུན་སུམ་ཚོགས་པ་དང; འགྲོ་བ་མང་པོ་ཡུན་རིང་དུ་བསོད་ནམས་ཀྱིས་ཕན་ཐོགས་བྱས་པ་
ཡིན་ནོ; དེའི་ཆེད་དུ; ངས་རང་གིས་འགྱུར་བྱང་འདི་བྱས་པས; དེའི་དབུས་ན་བྲིས་པ་ཡིན;
ངེད་ཀྱི་ཡོན་ཏན་ནི; དཔེར་ན་རྨིག་རྗེས་ཀྱི་ཆུས; རྒྱ་མཚོའི་ཐ་རླབས་ལ་འཕེལ་བ་ག་ལ་
ནུས; ཕྱིབ་མ་གང་ཙམ་གྱི་ས་ཡང; རི་རབ་མཐོ་བ་ལ་འགྲན་པར་མི་ནུས་སོ; ད་ལྟ་ཅུང་ཟད་
སངས་རྒྱས་ཀྱི་ཆོས་ལ་དད་པ་ནི; འཕགས་པ་རྣམས་ཀྱིས་མཛད་འཕྲིན་རྒྱུད་པའི་རྒྱུ་ཡིན་

ནོ། ཡུང་ལོ་བཅུ་གསུམ་པའི་ལོ་ཟླ་བ་བཞི་པའི་བཅུ་བདུན་གྱི་ཉིན།[1]ཞེས་པ་འདི་ནི་ཡུང་ལོ་བཅུ་གསུམ་པ་སྟེ་སྤྱི་ལོ་1445ལོ་ཟླ་བ་བཞི་པའི་ཚེས་བཅུ་བདུན་ཉིན་གནའ་དཔེ་དེ་གཉིས་དཔར་དུ་བཏབ་པའི་སྐབས་སུ། ཡུང་ལོ་རྒྱལ་པོས་གཞུང་དེ་གཉིས་ཀྱི་དཔར་བྱང་གཙུ་ཁ་སྦྱར་ལྷ་བྲུ་ཞིག་སྦྱར་འདུག རྒྱ་གར་གྱི་སློབ་དཔོན་ཞི་བ་ལྷས་མཛད་པའི་བྱང་ཆུབ་སེམས་དཔའི་སྤྱོད་པ་ལ་འཇུག་པ་ཞེས་པ་དེའི་མཛད་བྱང་ཡིན། སྤྱོད་འཇུག་འདི་ནི་ཐོག་མར་རྒྱལ་པོ་ཁྲི་ལྡེ་སྲོང་བཙན་གྱི་དུས་སུ་ལོ་ཙྪ་བ་སརྦ་ཛྙ་དེ་བ་དང་བོད་ཀྱི་ལོ་ཙྪ་བ་སྐ་བ་དཔལ་བརྩེགས་ཀྱིས་བོད་ཀྱི་སྐད་དུ་བསྒྱུར་བ་ལས་ཕྱི་ཕྱིར་འགྱུར་བཅོས་ཐེངས་གཉིས་བྱས་པ། ད་ལྟ་བསྟན་འགྱུར་སྣར་ཐང་དཔར་མའི་མདོ་ཕྱོགས་ལེ་པའི་ནང་དུ་བཞུགས་ཡོད། ད་དུང་1794ལོའི་ཟླ་བ་6པའི་ཚེས་4ཉིན་གོང་མ་གནམ་སྐྱོང་མཆོག་གིས་ཚེ་དཔག་མེད་མདོའི་དཔར་བྱང་སུམ་འབེད་ཅན་ཞིག་སྦྱར་ཡོད་པ་སྟེ། རྒྱལ་པོས་བྲིས་པའོ། ལེགས་སོ་ཁ་ལོ་པ། སྟོབས་ལྡན་དཔའ་བོ་ཆེས། བླ་མེད་སྔགས་གསུང་ཏེ། སྐྱེ་བ་མང་པོ་འདུལ། འཁོར་ལོ་སྒྱུར་བའི་ནང་། ཡང་དག་བསྟན་ལ་ཕན། ཆབ་སྲིད་དར་རྒྱས་ཞིང་། གཡང་ཏེའི་སྒྲོན་རྟག་གསལ། འགྲོ་ཀུན་སྟན་བདེར་རོལ། ཐབས་ཤེས་རྟེན་འབྲེལ་འགྲིགས། གནམ་འོག་རྟག་སྐྱིད་ཅིང་། མཐའ་བཞིའི་གུས་པས་འདུད། ཆོས་ཀུན་མངོན་རྫོགས་པས། ངན་སོང་གསུམ་རྣམས་སེལ། འདི་ཡིས་དགེ་བའི་ཚོགས། བསམ་གྱིས་མི་ཁྱབ་འགྱུར། ལྷ་རྣམས་གུས་མཉན་ཏེ། དགའ་མགུ་རྗེས་ཡི་རངས། ཏའི་ཆིང་གནམ་སྐྱོང་ལོ་ཉེར་བཞི་སྟེ་1795ལོའི་ཟླ་བ་དྲུག་པ་ཕྱི་མའི་ཚེས་བཞི་ཉིན།ཞེས་བོད་ཡིག་དང་རྒྱ་ཡིག་ཏུ།御制 善哉调御，具大雄力，说无上咒 普度众生 于转轮中 扶济真教 泰福式焕 玉镯常触 品果昭苏 阴阳和会 鸿图翊连 堤域归仁 以兹功德 万法同圆 三涂并散 不可思议 诸天谛听 信受奉行 大清乾隆二十四年闰六月初四日[2]ཞེས་དཔར་བྱང་སུམ་འབེད་ཅན་ཞིག་སྦྱར་གནང་འདུག དེ་དག་ལ་བསམ་གཞིགས་ཤིག་བྱས་ན། སྨོན་ཚིག་གི་ནང་དོན་དུ་མི་དབང་རྒྱལ་པོ་སྐུ་ཚེ་བརྟན་ཞིང་། འགྲོ་རྣམས་སྐྱིད་ཅིང་བདེ་བ། ཆབ་སྲིད་དར་རྒྱས་ཞིང་། གཡང་ཏེའི་སྒྲོན་རྟག་གསལ། འགྲོ་ཀུན་སྟན་བདེར་རོལ། ཐབས་ཤེས་རྟེན་འབྲེལ་འགྲིགས། གནམ་འོག་རྟག་སྐྱིད་ཅིང་། མཐའ་བཞིའི་གུས་པས་འདུད།ཅེས་པ་སོགས་ལས་མཐོ་ཡ་གིའི་རྒྱལ་པོ་ནས་དམའ་མངའ་འོག་ཏུ་

(1)ཀྱཻ་རྡོ་རྗེ་ཞེས་བྱ་བ་རྒྱུད་ཀྱི་རྒྱལ་པོ། ཡུང་ལོའི་དཔར་མའི་དཔར་བྱང་སྨོན་ཚིག་ཡིན།

(2)ཚེ་དཔག་མེད་མདོ། གོང་མ་ལྷ་སྐྱོང་དཔར་མའི་དཔར་བྱང་སྨོན་ཚིག་ཡིན།

བསྐུས་པའི་སྐྱེ་འགྲོ་རྣམས་བདེ་ཞིང་སྐྱིད་པ་དང་ལྷག་དོན་དུ་རྒྱལ་པོའི་ངོས་ནས་འཆད་ན་ཆབ་སྲིད་དར་རྒྱས་ཡོང་བ་དང་མཐའ་བཞིའི་རྒྱལ་ཁམས་ཀྱིས་གུས་པས་འདུད་པ་སྟེ་ཉེ་འཁོར་གྲོང་པ་ཁྱིམ་ཚེས་རྒྱལ་ཕྲན་ཁག་གིས་བཀའ་ལ་བརྩི་བཀུར་འཐོབ་པའི་འདུན་པ་བཅས་དམིགས་སུ་བཀར་ཏེ་སྤྲུར་བ་ནི་རྒྱལ་པོས་བསྒྲོན་པའི་དཔར་བྱང་གི་ཁྱད་ཆོས་ཡིན།

གཉིས། བཙུན་མོས་སྤྲུར་བའི་དཔར་བྱང་།

བོད་ལྗོངས་དཔེ་མཛོད་ཁང་དུ་བཞུགས་པའི་རྒྱལ་ཁབ་ཀྱི་གནའ་དཔེ་རྩ་ཆེའི་ཐོངས་སུ་ཚུད་པའི་ཚད་མ་རིགས་གཏེར་དེ་ནི་ས་སྐྱ་པཎྜི་ཏ་ཀུན་དགའ་རྒྱལ་མཚན་གྱིས་མཛད་པའི་ཚད་མ་རིག་པའི་སྐོར་གྱི་གཞུང་ཞིག་ཡིན། དཔེ་རྙིང་དེའི་དཔར་བྱང་སྨོན་ཚིག་ནི་གོང་དུ་བརྗོད་པ་དེ་དང་མི་འདྲ་བར་ཡོན་རྒྱལ་རབས་ཀྱི་བཙུན་མོ་དཔོན་མོ་ཚ་བུས་1280ལོར་དབུ་བཙུགས་ནས་1284ལོར་གོ་གོ་ཅན་གྱིས་ལེགས་པར་བསྒྲུབས་པས་དུས་ཡུན་ལོ་བཞི་ཙམ་འགོར་བ་གསལ་ལ་དེ་རྗེས་སླར་ཡང་བཙུན་མོ་དཔལ་མོ་འབོལ་གན་གྱིས་རིགས་གཏེར་དཔར་པོད་གྲངས་གཉིས་བརྒྱ་ཙམ་དཔར་དུ་བཏབ་ནས། བཤད་ཉན་སྤེལ་བའི་སླད་དུ་ཕུལ་ཞེས་གསལ་འདུག བཙུན་མོས་སྤྲུར་བའི་དཔར་བྱང་འདིའི་ནང་དུ་གནས་སྐབས་སུ་ཡང་རྒྱལ་པོ་ཡབ་སྲས་དང་། བཙུན་མོ་སྲས་དང་བརྒྱུད་པར་བཅས་པ་རྣམས། སྐུ་ཁམས་བཟང་ཞིང་སྐུ་ཚེ་རིང་བ་དང་། ཆོས་དང་ཟང་ཟིང་དཔལ་འབྱོར་ཕུན་སུམ་ཚོགས་པར་ཤོག་ཅེས་བྱུང་བ་འདི་ནི་བཙུན་མོ་ཞིག་གི་ངོས་ན་བརྗོད་ན་རྒྱལ་པོ་ཡབ་སྲས་དང་བཙུན་མོ་བརྒྱུད་པ་བཅས་པ་སྐུ་ཚེ་རིང་བ་དང་ཆོས་དང་ཟང་ཟིང་གི་འབྱོར་པ་ཕུན་སུམ་ཚོགས་པར་ཡོང་བར་སྨོན་ལམ་བཏབ་པ་དེ་གལ་ཆེའི་ནང་གི་དོན་ཆེན་ཞིག་ཡིན་སྟབས། གཞུང་དེའི་དཔར་བྱང་སྨོན་ཚིག་ཏུ་བསྒྲོན་ནས་རང་ཉིད་ཀྱི་བསམ་འདུན་ལྷུན་གྲུབ་ཡོང་བར་སྨོན་པ་དེ་ཡིན། དེ་ལས་ཡོན་རྒྱལ་རབས་ཀྱི་རྒྱལ་པོའི་བཙུན་མོ་དག་གིས་བོད་དུ་ནང་བསྟན་ཙམ་མ་ཡིན་པར་བོད་ཀྱི་སྲོལ་རྒྱུན་རིག་གནས་ཀྱང་སྒོ་ཀུན་ནས་མི་ཉམས་གོང་འཕེལ་འགྲོ་བ་ལ་ལེགས་སྐྱེས་ཕུལ་ཡོད་པ་དེ་རྟོགས། དེས་ན་གོང་གི་དཔར་བྱང་སྨོན་ཚིག་ཁག་གི་སྐད་ཆའི་འགྲོས་ལ་བལྟས་པ་ཡིན་ན་གོང་མས་སྤྲུར་བའི་དཔར་བྱང་སྨོན་ཚིག་ཞིག་ཡིན་ན་དེའི་ཁྲོད་དུ་ངེད་ཞེས་པའི་ཚིག་དེ་མང་པོ་ཞིག་ཡོང་གི་འདུག ཚིག་དེ་ནི་སྔོན་གི་གོང་མ་དག

གི་བཀའ་ཡིག་གི་ནང་དུ་བྱུང་བའི་ཚིག་གཅིག་ཡིན། སྐད་ཆའི་རྫོགས་མཚམས་སུ་ཤད་ཀྱིས་ཆོད་དགོས་པའི་སྐབས་དེར་བོད་ཡིག་གི་ཤད"།"འདིའི་དོད་དུ་རྒྱ་ཡིག་གི་རྟགས"；"འདིས་ཆོད་པར་བྱས་འདུག ལྷེབ་གྲངས་བཀོད་སྟངས་ཐད་རྒྱ་བོད་ཟུང་འབྲེལ་གྱི་ལྷེབ་གྲངས་བཀོད་སྲོལ་ཡོད་པ་བཅས་ནི་རྒྱ་ནག་དཔར་མའི་ཁྱད་ཆོས་སུ་འཁྱུམས། རྒྱ་བོད་ཀྱི་དཔེ་སྙིང་གང་ཞིག་གི་མཛད་བྱང་ལ་བལྟས་ཙང་རིག་གནས་ཞེས་པ་དེ་ཁེར་རྐྱང་དུ་གནས་པ་ཞིག་མ་ཡིན་པར་ཕན་ཚུན་སློབ་སྦྱོང་དང་སྤེལ་རེས་བྱས་ཏེ་ལེགས་ཆ་མང་པོ་ཞིག་དང་ལེན་བྱས་པ་དེ་ཤེས། བོད་ཀྱི་གསུང་རབ་རིག་པའི་ལོ་རྒྱུས་ལ་བསམས་ན་ཆེ་མ་ཏ་ཅོ་ནའི་ཡུལ་དང་འདྲ་བར་དུས་རབས་11པའི་ཡར་སྔོན་དུ་གསུང་རབ་ཅི་ཞིག་འབྲི་བཞེངས་གནང་བ་ཡིན་ཙང་། དེ་དག་གི་མཆོད་ཡོན་སྦྱིན་བདག་ནི་མི་སེར་དཀྱུས་མ་ཞིག་མ་ཡིན་པར་སྐབས་དེའི་བཙན་པོ་དང་བཙན་པོའི་བཙུན་མོ་རྣམས་ཀྱིས་གནང་སྟེ་གསུང་རབ་བཞེངས་གནང་ཡོད་པ་ནི། ཐུ་དུས་འབུམ་ནི་རྒྱལ་པོས་བཞེངས་པ་མ་གཏོགས་འབངས་ཀྱིས་བཞེངས་པར་མི་ནུས་པས། ཆོས་རྒྱལ་ཁྲི་ལྡེ་གཙུག་བརྟན་གྱིས་ལྷ་འབུམ་སྐུ་བོ། མངའ་བདག་སད་ན་ལེགས་མཛིང་ཡོན་གྱི་སྨུག་འབུམ། ལྷ་སྲས་གཙང་མའི་བྱེ་འབུམ། ཆོས་རྒྱལ་ཁྲི་རལ་པ་ཅན་གྱི་དྲུག་འབུམ། ལྷ་གནམ་ལྡེའི་ལྷས་འབུམ་ཞལ་དམར་ཅན། དར་མ་ཁུ་དུམ་བཙན་གྱིས་འབུམ་ཤོག་སེར་མ་ཙམ་ལས་གཞན་མ་འཕེལ་བ་ན། རྗེས་སུ་བློན་པོ་དང་ཁྱིམ་བདག་དད་པ་ཅན་རྣམས་ཀྱིས་བཞེངས་པའི་འབུམ་ཚར་བཅུ་དགུ་ཙམ་བྱུང་།[1]ཞེས་གསུངས་པས་རྟོགས། དེ་ལྟར་ཡིན་དགོས་དོན་ནི་སྐབས་དེའི་སྤྱི་ཚོགས་ཀྱི་དཔལ་འབྱོར་ཆ་ཡོངས་ནས་བྲོ་རྒྱུས་པོ་མེད་ཅིང་། གསུང་རབ་འབྲི་བཞེངས་གནང་བ་ལ་དཔལ་འབྱོར་གྱི་ཐོན་ཁུངས་ལེགས་པོ་ཞིག་དགོས་པའི་དབང་གིས་གཞུང་ས་དང་འབྱོར་ཕྱུག་ལྡན་པའི་གཞིས་ཀ་དག་ལས་ཡིན་ནོ།

གསུམ། ཁྲི་དཔོན་གྱིས་སྤྱར་བའི་དཔར་བྱང་།

ཨོཾ་མ་ཧཱ།། ཡིད་འོང་མཛེས་པའི་གཟི་བརྗིད་ལྷ་ན་སྡུག......། ......བདུད་རྩིའི་ཆོས་སྒྲོ་ཕྱོགས་བཅུར་སྒྲོགས། །བློ་གྲོས་ཡངས་པའི་ཐུགས་རྒྱངས་མཁའ་ལྟར་ཁྱབ། །དྲིན་ཅན་བླ་མའི་སྐུ་གསུང་ཐུགས་ལ་བསྟོད། །ཀྱེ་ཟབ་ཞིབ་སྦྱོར་བྲལ་འོད་གསལ་འདུས་མ་བྱས། །རྩ་བ་རབ

(1)གསེར་ཏོག་བློ་བཟང་ཚུལ་ཁྲིམས་རྒྱ་མཚོའི་གསུང་བོད་ཏ་པ། སྐུ་འབུམ་དཔར་མ། ལྷེབ་གྲངས་29ལས་དྲངས།

བརྟན་ཟབ་མོ་སྟོང་པ་ཉིད། །ལྟ་བ་མཐའ་གཉིས་སྤངས་པ་དབུ་མའི་ངང་། །རྒྱལ་ཡུམ་ཕ་རོལ་ཕྱིན་ལ་གུས་ཕྱག་འཚལ། །ཀྱེ་ཕྱི་སྣོད་འཇིག་རྟེན་འཁོར་བ་ཆགས་པའི་གཞི། །འཁོར་ལོ་རྩིབས་བརྒྱད་འདབ་བ་རྒྱུང་གི་འོག། །པད་མ་འདབ་བརྒྱད་འདབ་བ་དོག་སའི་སྟེང་།། གནམ་ས་གཅུ་ཁ་སྦྱོར་ལྟ་བུའི་བར། །གླིང་མཆོག་ཛྷེ་ཊ་ཏྲ་འདྲ་མཛམ་བུའི་གླིང་། །རི་མཐོ་ས་གཙང་སྤུ་རྒྱལ་བོད་ཀྱི་ཡུལ། །དོག་ས་བཀོད་ལེགས་བཞུགས་ཡུལ་ལྷུང་དར་དུ། །ཁྱད་འཕགས་འབུར་དུ་བརྗོད་པའི་པེ་གསེར་དེར། །རིགས་བཟང་ཁུང་བཙུན་ཕ་ཆེན་མི་ཧྲའི་བུ། །ཡབ་མེས་རྒྱུད་འཛིན་རྗེ་བཙུན་ཡབ་སྲས་ཀྱིས། །དགེ་བ་མི་བཟད་རྒྱལ་ཡུམ་རྒྱས་པ་བཞེངས། །'''ཡབ་སྲས་དོན་གྲུབ་གསུམ་ལ་བསྔོད། །ཀྱེ་འཇངས་གཞེན་ལྡན་པ་དང་གུས་རྒྱན་གྱིས་སྤྲས། །སྲིད་འདྲེན་སྐྱོང་དང་རྒྱན་ཚག་སྲོལ་གཉིས། །ཞབ་ཏིག་སྐྱོ་ངང་མེད་པས་མཆོད་མཆོ་མཉེས། །བཞིན་འཛུམ་མདངས་ལྡན་ཡོན་བདག་མོ་ལ་བསྔོད། །དགེ་བ་འདི་ཡིས་ཡོན་མཆོད་འཁོར་རྣམས་བཅས། །བླ་ན་མེད་པའི་འབྲས་བུ་ཐོབ་པར་ཤོག །ཏེ་ཏེ། རིགས་བརྒྱུད་ལྡན་པའི་དཔོན་བཙུན་བདག་གིས་བྲིས། [(1)]ཞེས་པ་འདི་ནི་དཔལ་ས་སྐྱའི་གཙུག་ལག་ཁང་གི་བྱང་ངོས་སྒོ་ཏུམ་དཔེ་མཛོད་ནས་རྙེད་སོན་བྱུང་བའི་ཤེར་ཕྱིན་ཡུམ་རྒྱས་པ་གཅིག་གི་མཇུག་བྱང་ཡིན། འདི་ནི་དུས་རབས་13པའི་ཤེར་ཕྱིན་བྲིས་མ་ཞིག་གི་མཇུག་བྱང་ཞིག་ཡིན་པར་སེམས། དེ་ལྟར་བརྗོད་དོན་ནི་མཇུག་བྱང་དེའི་ཡིག་གཟུགས་འཕྲུལ་ཡིག་དང་སྐད་ཆའི་འགྲོས་ཏེ། ཀྱེ་ཕྱི་སྣོད་འཇིག་རྟེན་འཁོར་བ་ཆགས་པའི་གཞི། །འཁོར་ལོ་རྩིབས་བརྒྱད་འདབ་བ་རྒྱུང་གི་འོག། །པད་མ་འདབ་བརྒྱད་འདབ་བ་དོག་སའི་སྟེང་། །གནམ་ས་གཅུ་ཁ་སྦྱོར་ལྟ་བུའི་བར། །གླིང་མཆོག་ཛྷེ་ཊ་ཏྲ་འདྲ་མཛམ་བུའི་གླིང་། །རི་མཐོ་ས་གཙང་སྤུ་རྒྱལ་བོད་ཀྱི་ཡུལ། །དོག་ས་བཀོད་ལེགས་བཞུགས་ཡུལ་ལྷུང་དར་དུ། །ཞེས་པའི་སྐད་ཆ་འདིར་དུས་རབས་9-10པའི་བར་གྱི་སྐད་ཆའི་བྲོ་བ་ཡོད་པ་ཏུན་ཧོང་གི་ཡིག་རྙིང་བཙན་པོའི་རྒྱལ་རབས་ཀྱི་སྐོར་ལས་ཤེས་ལ། ལྷག་དོན་དུ་མཇུག་བྱང་འདིའི་མཇུག་ཏུ་རིགས་བརྒྱུད་ལྡན་པའི་དཔོན་བཙུན་བདག་གིས་བྲིས་ཞེས་པར་བལྟས་ན། ས་གཞི་ས་སྐྱ་པའི་ལོ་རྒྱུས་ཐོག་དཔོན་ཆེན་ཉེར་གཉིས་ཙམ་ཞིག་བྱུང་མྱོང་ཡོད་རུང་། གོང་དུ་བརྗོད་པའི་ཚིག་ཉམས་དག་ལས་ཞུས་ན་དུས་རབས་13པའི་ནང་དུ་བྱོན་པའི་ས་སྐྱའི་ལྷ་ཁང་ཆེན་མོ་བཞེངས་མགོ་བཙུགས་པ་ནས་ལས་འགྲོ་བསྐྱངས་

(1)ས་སྐྱ་དགོན་དུ་བཞུགས་པའི་ཤེར་ཕྱིན་སྟོང་ཕྲག་བརྒྱ་པ་པོད་ཀ་པའི་དབུ་ཤོག་གི་ཞལ་ཁེབས་ལས་དྲངས།

གནང་མཁན་གྱི་དཔོན་ཆེན་གཉིས་པ་སྟེ་ཀུན་དགའ་བཟང་པོ་ཞུ་བ་དེ་མིན་ནམ་སྙམ། གང་ཡིན་ཟེར་ན་ཁོང་གི་མཚན་ནས་བརྗོད་མེད་ཀྱང་རིགས་བརྒྱུད་ལྡན་པའི་དཔོན་ཆེན་བདག་གིས་བྲིས་ཞེས་པར་བསམས་ན་དཔོན་ཆེན་གཉིས་པ་སྟེ་ཀུན་དགའ་བཟང་པོ་ཞུ་བ་དེ་ཡིན་སྙམ། གང་ལྟར་ཡང་གོང་གི་མཛད་བྱང་དེ་ནི་དཔོན་ཆེན་གྱིས་སྦྱར་བའི་མཛད་བྱང་ཞིག་ཡིན་པ་ཐེ་ཚོམ་མེད། དེས་ན་གོང་དུ་བརྗོད་པའི་མཛད་བྱང་དེའི་སྒྲིག་གཞིའི་ཐད་དབྱེ་ཞིབ་རགས་ཙམ་ཞིག་བྱས་ན་གཙོ་བོ་ནང་དོན་ཁག་བཞི་འདུས་ཡོད་པ་སྟེ་ཐོག་མར་རང་ཉིད་བླ་མ་དམ་པའི་སྐུ་གསུང་ཐུགས་ཀྱི་ཡོན་ཏན་ལ་བསྟོད་པ་སྟེ་དྲིན་ཅན་བླ་མའི་སྐུ་གསུང་ཐུགས་ལ་བསྟོད། ཅེས་དང་། གཉིས་པ་འབྲི་བཞེངས་བྱ་བའི་གཞུང་དེའི་བརྗོད་བྱའི་སྙིང་དོན་ཚིག་སྐྱ་ཙུང་ཟད་བསྡུས་པའི་སྒོ་ནས་བརྗོད་པ་སྟེ་ཟབ་ཞིབ་སྦྱོར་བྲལ་འོད་གསལ་འདུས་མ་བྱས། །རྩ་བ་རབ་བརྟན་ཟབ་མོ་སྟོང་པ་ཉིད། །ལྟ་བ་མཐའ་གཉིས་སྤངས་པ་དབུ་མའི་དང་། །རྒྱལ་ཡུམ་ཕ་རོལ་ཕྱིན་ལ་གུས་ཕྱག་འཚལ། །ཞེས་པ་དང་། དེ་རྗེས་གཞི་ནས་གཞུང་དེ་འབྲི་བཞེངས་བྱ་བའི་གནས་དེའི་བཀོད་པ་རྒྱ་ཆེ་ས་ནས་ཆུང་སར་བགྲོད་པའི་ལམ་ནས་བསྟན་པ་སྟེ་རི་མཐོ་ས་གཙང་སྤྲ་རྒྱལ་བོད་ཀྱི་ཡུལ་། །དོག་ས་བཀོད་ལེགས་བཞུགས་ཡུལ་ལྷུང་དར་དུ། །ཞེས་པ་ཡིན། བཞི་པ་གཞུང་དེ་འབྲི་བཞེངས་མཁན་གྱི་ཡོན་བདག་གི་རིགས་རུས་ཅི་ཞིག་ཡིན་པ་འཆད་པ་དང་སྐབས་དེ་དག་ཚེ་འདི་ཕྱི་གཉིས་ལ་ཕན་པའི་གསོལ་བ་སྨོན་ལམ་བཏབ་སྟེ། །རིགས་བཟང་ཁྱུང་བཙུན་པ་ཆེན་མི་ཉྀའི་བུ། །བླ་ན་མེད་པའི་འབྲས་བུ་ཐོབ་པར་ཤོག། ཅེས་པ་བཅས་ཡིན། མཛད་བྱང་སྒྲིག་གཞི་འདི་ལྟ་བུ་ནི་སྔོན་དུས་རབས་13ནས་བཟུང་སྟེ་སྟོད་མངའ་རིས་ཕྱོགས་སུ་དར་ཁྱབ་བྱུང་བའི་མཛད་བྱང་གི་རྣམ་པ་ཞིག་ཡིན་པ་མངའ་རིས་ཁུལ་དུ་བཞུགས་པའི་གནའ་དཔེ་ཁག་གི་མཛད་བྱང་ལས་གཅིག་ཤེས་ཀུན་གྲོལ་ཐུབ།

བཞི། མཁས་པའི་དབང་པོས་སྦྱར་བའི་དཔར་བྱང་།

ཨོཾ་སྭ་སྟི། རྣམ་པ་ཀུན་གྱིས་མཆོག་ལྡན་སྟོང་པའི་གཟུགས། རྣམ་མེད་དབྱིངས་དང་རོ་གཅིག་བདེ་བ་ཆེ། རིགས་རྣམས་ཀུན་གྱིས་ཁྱབ་བདག་རྡོ་རྗེ་སེམས། འཇམ་དཔལ་ཡེ་ཤེས་སེམས་དཔའ་ལ་ཕྱག་འཚལ་ལོ། དེ་ཡི་དམ་པའི་དོན་གྱི་མཚན་བརྗོད་པས། གཉིས་མེད་

རྒྱུད་རྣམས་ཀུན་ལ་ངེས་སྙེར་བ། བྱང་ཆུབ་སེམས་དཔའི་འགྲེལ་པ་སྐོར་གསུམ་གྱིས། ལེགས་པར་བཤད་པའི་ལམ་སྲོལ་དུ་བཞུགས་པ། འདི་ནི་མཁས་པ་ཀུན་གྱི་འཇུགས་ངོགས་ཏེ། ཚེ་གཅིག་ཉིད་ལ་སངས་རྒྱས་སར་བགྲོད་པའི། ལམ་གྱི་སྙིང་པོ་ཕྱོགས་འདིར་མཁས་གཞན་གྱིས། གསལ་བར་མ་ནུས་སྦོན་མེད་ལེགས་བཤད་དེ། རྣམ་བཤད་མཆོག་འདི་ཀུན་ལ་སྤེལ་སླད་དུ། པར་དུ་སྒྲུབ་པའི་བཀོས་དང་ཡི་གེ་ཡི། རིག་བྱེད་ཨེ་ཡི་མཁས་པ་ཀུན་བཟང་མཆེད། ཚིག་དང་དོན་གྱི་དག་བྱེད་རིག་གནས་ལྷ། མཐར་ཕྱིན་དཔལ་འབྱོར་ཡོན་ཏན་རྒྱ་མཚོ། དཀར་འཇམ་དཔར་ཤིང་གླེགས་བུའི་ཚོགས་རྣམས་ནི། ཕོ་བྲང་གཞིས་ཀ་སྟག་རྩེ་ཉིད་ནས་གནང་། དཔར་དུ་སྒྲུབ་པའི་ཐུན་རྐྱེན་པོ་བྱེད་རྣམས། བླ་མའི་བཀའ་བཞིན་སྒྲུབ་པའི་ཞབས་འབྲིང་པ། གསུང་རབ་རྒྱ་མཚོས་དད་གུས་དང་ནས་བསྒྲུབས། འདི་ཡིས་དགེ་བས་འབད་པ་ལྷུར་ལེན་རྣམས། མྱུར་དུ་རྡོ་རྗེ་འཆང་གི་གནས་ཐོབ་ཅིག གནས་སྐབས་སུ་ཡང་འཇིག་རྟེན་འཇིག་རྟེན་ལས། འདས་པའི་ལེགས་ཚོགས་མ་ལུས་འགྲུབ་གྱུར་ཅིག[1]ཅེས་འདི་ནི་རྒྱལ་བ་དགེ་འདུན་རྒྱ་མཚོས་མཛད་པའི་དཔར་བྱང་སྨོན་ཚིག་ཡིན། རྒྱལ་བ་དགེ་འདུན་རྒྱ་མཚོ་ནི་གཙང་རྟ་ནག་ཏུ་སྤྱི་ལོ་1476ལོར་སྐུ་ཁྲུངས་ཤིང་གཙང་བཀྲིས་ལྷུན་དགོན་དུ་ཕེབས་ནས་མདོ་སྔགས་རིག་གནས་མཐའ་དག་ལ་མཁས་པར་མཛད་དེ་མཐར་དགུང་ལོ་རེ་བདུན་ཏེ་སྤྱི་ལོ་1542ལོར་འབྲས་སྤུངས་སུ་ཞི་བར་གཤེགས། ཁོང་སྐུ་འཚོ་བཞུགས་སྐབས་ལྷོ་ཁ་སཁུལ་དུ་ཕེབས་ནས་དགོན་སྡེ་ཕྱག་བཏབ་པ་དང་འཆད་ཉན་སྤེལ་གནང་བ་སོགས་ཀྱིས་སྙན་པའི་གྲགས་པ་ཆེ་ཆེར་ཁྱབ་པའི་མཁས་དབང་ཞིག་ཡིན། སྐབས་དེ་དུས་བྱང་ཆུབ་སེམས་དཔའི་འགྲེལ་པ་སྐོར་གསུམ་དེ་འཕྱོངས་རྒྱས་ཁུལ་དུ་ཆགས་པའི་ཕོ་བྲང་གཞིས་ཀ་འཕྱིང་བ་སྟག་རྩེ་ནས་དཔར་ལ་བསྐྲུན་པའི་སྐབས་སུ་རྒྱལ་བ་དགེ་འདུན་རྒྱ་མཚོར་ཞུ་བརྟེན་ཁ་བཏགས་དང་བཅས་ཕུལ་ནས་དཔར་བྱང་སྨྲར་རྒྱུའི་རེ་སྐོན་ཞུས་གཤིས་དཔར་བྱང་དེ་སྨྲར་གནང་བ་རེད།

དྲུག དཔར་བྱང་གི་ཡིག་རིགས།

དཔར་བྱང་དེ་ཡང་དུས་རབས་མི་འདྲ་བ་དང་ཡུལ་ལུང་མི་འདྲ་བའི་དབང་གིས་

(1)བོད་ལྗོངས་དཔེ་མཛོད་ཁང་དུ་བཞུགས་པའི་རྒྱལ་བ་དགེ་འདུན་རྒྱ་མཚོས་མཛད་པའི་གསུང་རབ་ཀྱི་དཀར་ཆག བྲིས་མ་ལས་དྲངས།

ཡིག་རིགས་མི་འདྲ་བ་བྱུང་འདུག དཔེར་ན་ཡིག་རིགས་གཅིག་པོ་ན་ལས་བརྗོད་པ་སྟེ་ད་ལྟ་ང་ཚོས་མཐོང་འཕེལ་ཤོས་ཀྱི་དཔར་བྱང་དེ་བོད་ཡིག་པོ་ན་བེད་སྤྱོད་གནང་ཏེ་ སུག་བྲིས་གནང་བ་ཞིག་ཡིན། དེ་དག་ནི་བོད་ཀྱི་ཡུལ་ལུང་ལས་དཔར་བའི་དཔར་བྱང་སྔོན་ཚོག་ཤ་སྟག་ཡིན་པའི་ཐོག ད་དུང་ཡོན་རྒྱལ་རབས་ཀྱི་དུས་སུ་ཡོན་དུ་དཔར་དུ་བཏབ་པའི་དཔར་བྱང་སྔོན་ཚོག་ཀྱང་ཚང་མ་བོད་ཡིག་དེ་རང་གི་ཐོག་ནས་ཡིན། ཤན་སྦྱར་ཅན་ནི་གཙོ་བོ་ཡིག་རིགས་མི་འདྲ་བ་ཁག་གཉིས་ཀྱིས་ཐད་ནས་བརྗོད་པ་དེ་སུམ་བོད་དང་རྒྱ་བོད་ཤན་སྦྱར་ཏེ། ཡུང་ལོའི་བཀའ་འགྱུར་དང་ལི་ཐང་བཀའ་འགྱུར་གྱི་དཔར་བྱང་སྔོན་ཚོག་ལྟ་བུ་ནི་བོད་རྒྱ་ཤན་སྦྱར་གྱི་ཐོག་ནས་སྦྱར་བ་ཞིག་ཡིན། སུམ་འབེད་ཅན་ནི་བོད་རྒྱ་སོག་གསུམ་གྱི་ཡིག་རིགས་ཐོག་ནས་སྦྱར་བའི་དཔར་བྱང་སྔོན་ཚོག་སྟེ་ནོར་བུ་གླིང་ཀར་བཞུགས་པའི་གོང་མ་ལྷ་སྐྱོང་སྐུ་དུས་སུ་རྒྱ་ནག་ཏུ་དཔར་དུ་བཏབ་པའི་ཚེ་དཔག་མེད་མདོའི་དཔར་བྱང་ལྟ་བུ་ཡིན། དེས་ན་རྒྱ་ནག་གི་དཔར་མ་ཡིན་པ་ལ་དུས་རབས་མི་འདྲ་བའི་དཔར་བྱང་ལ་ཡིག་རིགས་མི་འདྲ་བའི་ཁྱད་ཆོས་ལྡན་ཡོད་པ་སྟེ། ཡོན་དུས་རབས་ཀྱི་དཔར་བྱང་ནི་བོད་ཡིག་པོ་ན་ལས་ཡིག་རིགས་གཞན་མཉམ་དུ་སྦྲེལ་པའི་སྲོལ་མི་སྣང་། མིང་ཡུང་ལོའི་དུས་ཀྱི་དཔར་མའི་དཔར་བྱང་ནི་རྒྱ་བོད་ཟུང་དུ་འབྲེལ་ནས་སྦྱར་བ། གོང་མ་ལྷ་སྐྱོང་གི་སྐབས་སུ་སྦྱར་བའི་དཔར་བྱང་ནི་སུམ་འབེད་ཅན་སྟེ་བོད་རྒྱ་སོག་གསུམ་མཉམ་དུ་སྦྲེལ་ནས་སྦྱར་བ་ཞིག་ཡིན་ནོ།

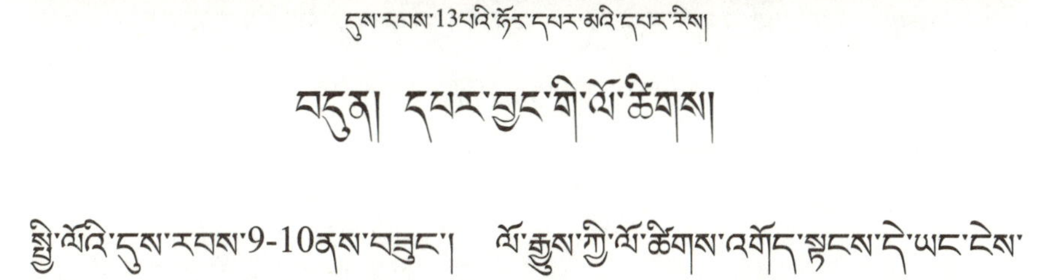

དུས་རབས་13པའི་ཧོར་དཔར་མའི་དཔར་རིས།

བདུན། དཔར་བྱང་གི་ལོ་ཚིགས།

སྤྱི་ལོའི་དུས་རབས་9-10ནས་བཟུང་། ལོ་རྒྱུས་ཀྱི་ལོ་ཚིགས་འགོད་སྟངས་དེ་ཡང་ངེས་བརྟན་ཞིག་ཆགས་ཡོད། ད་ཡོད་ཀྱི་དཔེ་རྙིང་སྟེང་ནས་བལྟ་དུས། མཐོ་བོད་ཀྱི་ལོ་ཚིགས་

འགོད་སྟངས་དེར་མ་ཧ་ཙི་ནའི་ཤན་ཞུགས་ཡོད་པ་སྟེ། ས་སྐྱ་བསོད་ནམས་རྒྱལ་མཚན་གྱིས་སྔོན་གནམ་རི་སྲོང་བཙན་གྱིས་སྲིད་སྐྱོང་བའི་སྐབས། མ་ཧ་ཙ་ནའི་རྩིས་གཞུང་མཐོ་བོད་དུ་དར་ཞིབ་པ་རེད་ཅེས་གསུངས་པ་དང་། ཧུན་ཧྲོང་ནས་ཐོན་པའི་བོད་ཡིག་དང་མཐོ་བོད་བཙན་པོའི་སྐབས་ཀྱི་བྲག་བརྐོས་དང་དྲིལ་བུ་བཅས་ལས་ཆེས་སྔ་བའི་ལོ་ཚིགས་འགོད་སྟངས་དེ་ལོ་འཁོར་བཅུ་གཉིས་ཡིན་པ་གསལ་བཤད་ཐུབ།(1)ཅེས་གསུངས་འདུག ལོ་ཚིགས་འགོད་སྟངས་འདི་དང་རྒྱ་ནག་གི་ལོ་ཚིགས་འགོད་སྟངས་དང་འབྲེལ་དམ་པོ་ཡོད་པ་སྟེ། P.T.1288ཡིག་ཚང་དུ་འཁོད་པའི་ལོ་རྟགས་དང་ལོ་ཟླའི་དུས་ཚོད་ལ་ཉེ་ཧྲོང་གི་མཁས་པ་དག་གིས་ཞིབ་འཇུག་བྱས་པ་བརྒྱུད་དེ་རྒྱ་ནག་གི་ལོ་ཚིགས་འགོད་སྟངས་དང་གཅུ་ཁ་སྦྱར་ལྟ་བུར་འདུག་ཅེས་པས་མཚོན། ཡིག་ཚང་དེའི་དབུ་ཤོག་དང་ཞབས་ཤོག་མ་ཚང་རུང་ཐོག་མར་མགོ་ཚུགས་པའི་ལོ་ཚིགས་སྟེ་ཁྱིའི་ལོ་ཞེས་པ་དེ་རྒྱ་ནག་གི་ལོ་庚戌སྟེ་སྤྱི་ལོ་650དང་ཧག་ཧག་མགོ་མཚུངས། དེ་རྗེས་བོད་རྒྱ་གཉིས་ཀྱི་ལོ་རྒྱུས་ཡིག་ཚང་གི་ལོ་ཚིགས་འགོད་སྟངས་དེ་གྱི་ཇོ་ཟླ་བའི་འོད་ཟེར་མ་ཕེབས་ཙུན་མགོ་གཏུགས་ཐུབ་པ་ཞིག་ཡིན། དུས་རབས་11པར་གྱི་ཇོ་ཟླ་བའི་འོད་ཟེར་གྱིས་བོད་ལ་དུས་འཁོར་ཐོག་མར་བསྒྱུར་བ་དེ་ནས་བཟུང་། སྤྱི་ལོ་1027ལོ་སྟེ་རབ་བྱུང་དང་པོའི་མེ་ཡོས་ལོ་ནས་རབ་བྱུང་འགོ་འཛུགས་སྟེ་ལོ་འཁོར་བཅུ་གཉིས་ལ་ཁམས་ལྔས་ལན་གཉིས་རེས་བསྐོར་བས་རབ་བྱུང་གཅིག་ལ་ལོ་60བརྩི་བའི་སྲོལ་དེ་དར། རབ་བྱུང་རྩིས་སྟངས་དེ་དང་རྒྱ་ནག་གི(甲子)རྩིས་སྟངས་དེ་དང་ཡང་གཅིག་མཐུན་དུ་འགྱུར། དེས་ན་དཔར་བྱང་གི་སྔོན་ཚིག་ཏུ་ལོ་ཚིགས་གསལ་བའི་དཔེ་རྙིང་ཡོད་ལ་ལོ་ཚིགས་རྩ་བ་ནས་མ་གསལ་བའི་དཔེ་རྙིང་ཀྱང་མང་པོ་ཞིག་སྣང་། དཔེ་རྙིང་ལ་ལ་ཞིག་གི་དཔར་བྱང་དུ་བོད་ལོ་ཁོ་ན་མ་ཡིན་པར་རྒྱ་ནག་གི་ལོ་ཚིགས་དང་རྒྱ་གར་གི་ལོ་ཚིགས་བཅས་གསུམ་མཉམ་དུ་སྦྱར་ནས་དཔར་བྱང་གི་ལོ་ཚིགས་བཀོད་པ་སྟེ། བཀའ་འགྱུར་འཇང་དཔར་མའི་དཔར་བྱང་དུ། བསྟན་པའི་བདག་པོ་སྐུ་བལྟམས་ནས་ལོ་གྲངས་ཉིས་སྟོང་ལྔ་བརྒྱ་དོན་ཙུ་རྩ་བཞིར་སླེབས་པ། ཤཱཀྱ་ལར་རིགས་ལྡན་སྤྲུལ་པའི་རྒྱལ་པོ་རྣམ་གནོན་གྱིས་འཁོར་ལོ་བསྐོར་ནས་གྱ་བརྒྱད་འདས་པ་རྒྱ་རྩིས་ཀྱི་ལུགས་ལ་ཤིང་ཕོ་སྟག་གི་

(1)匈牙利藏学家乌瑞考证，五行、天干与十二生肖等与汉地的甲子纪年法相同的方法在吐蕃早期就已经使用。后来《唐蕃会盟碑》使用的这种纪年已经比较成熟了。

ལོར་བརྗོད་ཅིང་འཕགས་ཡུལ་གྱི་བཙ་ལས་ཨ་ནནྡ་ཏེ་བོད་ཀྱི་སྐད་དུ་ཀུན་དགའ་བྱ་བ་སྤྱི་ལོ·1612ལོའི་ཟླ·8པར་བསྒྲང་བྱ་རྒྱ་སྐར་བཀྲ་ཤིས་རྒྱལ་གྱི་ཉ་བའི་ཟླ་བ་ཡར་ངོ་བཟང་པོ་ཞེས་པས་གཅིག་ཤེས་ཀུན་གྲོལ་བྱུང་། དེས་ན་གོང་དུ་སྨྲར་བའི་ལོ་ཚིགས་འགོད་སྟངས་ཐད་བསམ་གཞིགས་གནང་བ་ཡིན་ན། རྒྱ་ནག་ཏུ་སྨྲར་བའི་ལོ་ཚིགས་དེ་རྒྱ་ནག་གི་རྒྱལ་རབས་སུ་བརྩོལ་ནས་བྲིས་པ་དང་བོད་དུ་སྨྲར་བའི་དཔར་བྱང་ཡིན་ན·1027སྔོན་གྱི་མཛད་བྱང་ཡིན་ན་ལོ་འཁོར་བཅུ་གཉིས་དང·1027ལོའི་རྗེས་ཀྱི་མཛད་བྱང་ཡིན་ན་རབ་བྱུང་ལ་མགོ་བཏགས་བརྩོལ་ནས་བྲིས་པ་སོགས་དཔར་བྱང་གི་ལོ་ཚིགས་ཁྱད་ཆོས་སུ་སྣང་། འོན་ཏེ་མཛད་བྱང་དུ་སྨྲར་བའི་ལོ་ཚིགས་དེ་གནའ་དཔེ་ལ་ལར་རབ་བྱུང་གི་གྲངས་དེ་མ་གསལ་བར་ལོ་རྟགས་ཁོ་ན་བཀོད་པ་དང་ལ་ལར་སྟོན་པའི་འདས་ལོར་མགོ་བཏགས་བརྩོལ་ནས་དཔར་བྱང་སོགས་མཛད་པའང་འདུག ལོ་ཚིགས་འདི་རིགས་བཀོད་པའི་དཔེ་རྙིང་དུས་རབས་དང་སྤྱི་ལོར་གཏན་ལ་དབབ་པའི་སྐབས་སུ་དཀའ་རྙོག་མང་པོ་ཞིག་འཕྲད་ཀྱི་ཡོད། གང་ཡིན་ཟེར་ན་རབ་བྱུང་གཅིག་གི་ནང་དུ་ལོ་རྟགས་དེ་ལན་གཉིས་ཐོན་གྱི་ཡོད་པ་མ་ཟད་ལོ་རྟགས་དེ་རབ་བྱུང་གང་ཞིག་གི་ལོ་རྟགས་དེ་ཡིན་མིན་ཁ་ཚོན་གཅོད་དཀའ་བ་དང་ད་དུང་སྟོན་པའི་འདས་ལོར་སྨྲར་བ་དེ་ཡང་དཀའ་གནད་ཅིག་ཡིན། སྟོན་པའི་འདས་ལོ་བརྩི་ཚུལ་ལ། སྔར་གྱི་རྒྱ་གར་བའི་མཁས་པ་ཚོས་བརྩི་སྲོལ་གཅིག་དང་། བོད་ལུགས་ནང་པ་ཚོའི་བརྩི་སྲོལ་མི་འདྲ་བ་གསུམ། དེའི་སྟེང་དེང་སང་ཧིན་རྡུའི་ནང་པ་ཚོས་བརྩི་སྟངས་བཅས་མི་འདྲ་བ་ལྔ་ཡོད། དེས་ན་བོད་ཀྱི་དཔེ་རྙིང་གི་མཛད་བྱང་དེ་སྟོན་པའི་འདས་ལོར་སྨྲར་ནས་ཡོད་པའི་སྐབས་སུ། སྔོན་ལ་དཔེ་རྙིང་དེ་མཛད་མཁན་གྱི་མཛད་པ་པོ་དེ་ནང་པའི་གྲུབ་མཐའ་གང་ཞིག་འཛིན་གནང་གི་ཡོད་མེད་དེ་ངེས་པར་དུ་ཤེས་དགོས་པ་ཞིག་ཡིན། ས་སྐྱ་པའི་གྲུབ་མཐའ་འཛིན་མཁན་གྱི་གསུང་ཞིག་ཡིན་ན་ཁོང་གི་ལོ་ཚིགས་བརྩོལ་བའི་དཔེ་རྙིང་དེ་ནི་སྤྱིར་གྱི་ཆ་ནས་ས་སྐྱ་པཎ་ཆེན་གྱི་ལུགས་ལྟར་བྱས་ནས་བརྩིས་ཏེ་སྤྱི་ལོར་འབབ་ན་ནོར་འཁྲུལ་མེད། གལ་ཏེ་མཛད་པོ་པོ་དེ་དགེ་ལུགས་པའི་གྲུབ་མཐའ་འཛིན་མཁན་ཞིག་གི་དཔེ་རྙིང་ཡིན་ཚེ། སྟོན་པའི་འདས་ལོ་རྗེ་ཙོང་ཁ་པའི་ལུགས་ལྟར་བརྩིས་ནས་སྤྱི་ལོར་ཕབ་དགོས་པ་ནི་སྟོན་པའི་འདས་ལོར་བཞེད་པ་མི་འདྲ་བའི་དབང་གིས་ཡིན་ནོ།

ལེའུ་དགུ་པ། གནའ་དཔེའི་དབུ་ཞབས་ལྷ་སྐུའི་སྐོར།

གཅིག དབུ་ཞབས་ལྷ་སྐུའི་བྱུང་བ།

བོད་ཀྱི་གསུང་རབ་ཀྱི་གླེགས་ཤིང་དང་གསུང་རབ་ཀྱི་དབུ་ཞབས་སོགས་ལ་རང་མི་རིགས་ཀྱི་ཐུན་མོང་མ་ཡིན་པའི་ཁྱད་ཆོས་ཟབ་མོ་ལྡན་ཡོད་པ་སྟེ། གསུང་རབ་ཀྱི་དབུ་ཞབས་ལ་གཞུང་དེ་དང་འབྲེལ་བའི་ལྷ་སྐུས་བརྒྱན་ཡོད་ཅིང་དེ་དག་ལ་ཕྱི་གླིང་པ་དག་གིས་གཙོགས་མཐོང་བྱས་ཏེ། བཟོ་བཀོས་ལེགས་པའི་གསུང་རབ་ཀྱི་གླེགས་ཤིང་དང་དབུ་ཞབས་ལྷ་སྐུས་བརྒྱན་པའི་གསུང་པོད་མང་དག་ཅིག ཕྱི་རྒྱལ་གྱི་རྟེན་རྫས་བཤམས་མཛོད་ཁང་དང་མི་སྒེར་གྱི་ལག་ཏུ་ཤར་ཚགས་གང་ལེགས་གནང་བ་དེ་ལས་དེའི་རིན་ཐང་མངོན། བོད་ཀྱི་གསུང་རབ་ལ་དབུ་ཞབས་ལྷ་སྐུ་འབྲི་བའི་སྲོལ་དེ་དུས་ནམ་ཞིག་ལ་དར་བ་ཡིན་ནམ་ཞེས་ན། དེའི་ཐད་ལ་ནུབ་ཕྱོགས་ཀྱིས་མཁས་པ་ཨོའོ་ཏེ་ལི་ཅིན་པོ་ཁོའོ་（奥地利金伯格）ཡིས་བཀོ་འབྲི་ཟབ་མོ་ལྡན་པའི་གླེགས་ཤིང་དང་། དབུ་ཞབས་ལྷ་སྐུའི་སྒྱུ་རྩལ་གྱིས་སྤྲུག་པའི་གསུང་རབ་དེ་དག་ནི་བོད་ཀྱི་སྒྱུ་རྩལ་ཤེས་རིག་གི་མཚོན་རྟགས་ཤིག་ཡིན། གསུང་རབ་ནི་སྐྱེ་འགྲོ་རྣམས་ཀྱི་སྤྱན་ལམ་དུ་རྒྱུན་གཏན་ནས་མཐོང་འཕེལ་བ་ཞིག་ཡིན་ཀྱང་བོད་ཀྱི་གསུང་རབ་ཀྱི་གླེགས་ཤིང་དང་དབུ་ཞབས་ལྷ་སྐུའི་སྒྱུ་རྩལ་གྱི་ཐད་ལ་ད་བར་ཆེད་མངགས་ཞིབ་འཇུག་གནང་མཁན་བྱུང་སྲོང་མེད། འོན་ཏེ་སྤྱི་ལོའི་དུས་རབས་12པར་བོད་ཀྱི་གསུང་རབ་གླེགས་ཤིང་གི་མཛེས་རྒྱན་རྣམ་པ་དེ་ཡོངས་སུ་གྲུབ་ཟིན་པ་ཞིག་རེད། མ་གཞི་སྐབས་དེ་དུས་ཀྱི་རྣམ་པར་འགྱུར་ལྡོག་ཆེན་པོ་བྱུང་ཡོད་ཀྱང་། དེའི་རྩ་བའི་རྣམ་པ་ཆགས་ཟིན་པ་གཏན་འཁེལ་ཐུབ།[1]ཅེས་གསུངས་པ་ལས་ང་ཚོས་དུས་ཚོད་ཆེ་ལོང་ཙམ་ཞིག་ཤེས་རྟོགས་ཐུབ། འོན་ཏེ་ང་རང་གི་བལྟ་ཚུལ་ལྟར་ན་གསུང་རབ་ལ་དབུ་ཞབས་ལྷ་སྐུ་འབྲི་བའི་སྲོལ་དེ་ནི་མཐོ་བོད་བཙན་པོའི་དུས་ནས་ཡོད་པར་སེམས། གང་ལགས་

(1)《国外藏学研究译文集》（第十七）西藏人民出版社2004年版，181页。

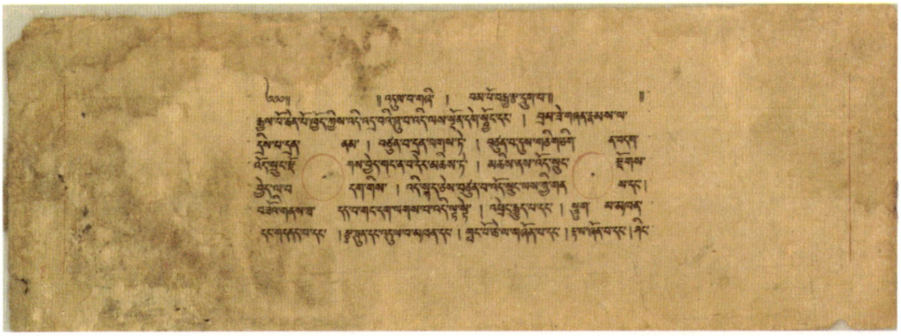

དབུ་ཞབས་ལྷ་སྐུ་འབྲི་རྒྱུ་ལུས་པའི་དུས་རབས་13པའི་གནའ་དཔེའི་དཔེ་རིས།

ཞེ་ན། ད་ལྟ་ང་ཚོས་དངོས་སུ་མཇལ་ཡུལ་དུ་མཆིས་པའི་བོད་བཙན་པོའི་རྒྱལ་རབས་ཀྱི་ཡིག་ཚང་འབྲུལ་མེད་གསུམ་དུ་གྲགས་པའི་ནང་གི་རྡོ་རིང་ཡི་གེ་ལས་བོད་ཀྱི་གསུང་རབ་ལ་དུས་རབས་8པའི་སྐབས་ནས་དབུ་ཞབས་ལྷ་སྐུ་འབྲི་བཀོས་བྱ་བའི་ལུགས་སྲོལ་ཡོད་པ་སྟེ། ༄༅།།ཁྲིའི་ལོ་ལ་སྐུ་གཟུགས་འབུར་དུ་བཀོས་པ་དང་དར་མ་ཀུན་བྲིས་པའི་སྨོན་ལམ་ལ་སོགས་པ་བཙན་པོ་ཁྲི་ལྡེ་སྲོང་བཙན་གྱི་སྐུ་རིང་ ལ་ཇོ་ནྒོན་ཡོན་བདག་དང་སེམས་ཅན་ཐམས་ཅད་ཀྱི་དོན་གྱི་ཕྱིར་དགེ་སློང་ལོ་ཆེན་ཡེ་ཤེས་དབྱངས་ཀྱིས་བགྱིས་ཏེ།།བཟོ་བོ་དགེ་སློང་རིན་ཆེན་སྣང་མཛད་དང་། རྒྱལ་བ་ཟ་ང་དང་པ་ལྡན་དང་ལ་གད་པོན་ཐམས་ཅད་དགེ་ལེགས་སུ་བྱེད་པ་གཙུག་ན་སྣལ་མི་སྐྱོབས་ལྡན་རྣམ་སྟེ། བྲག་ལ་སྐུ་གཟུགས་དང་དར་མ་འདི་རྣམས་བྲིས་པ་དང་དཀོན་མཆོག་གསུམ་གྱི་རྟེན་གྱི་རྣམ་པ་སེམས་ཅན་གང་དག་གིས་མཐོང་བ་དང་རེག་པ་དང་ཕྱག་འཚལ་བ་དང་ཐོས་པ་དང་དྲན་པའི་བསོད་ནམས་དང་ཡེ་ཤེ་ཀྱིས་བཙན་པོ་ཡབ་སྲས་དང་སེམས་ཅན་ཐམས་ཅད་ནླན་མེད་པའི་བྱང་ཆུབ་དུ་གྲུབ་པར་སྨོན་ཏོ[1] ཞེས་པའི་དོན་ལས་བཙན་པོ་ཁྲི་ལྡེ་སྲོང་བཙན་གྱི་(798-815)སྐུ་དུས་སུ་ཇོ་ནྒོན་ཡོན་བདག་དང་སེམས་ཅན་རྣམས་ཀྱི་ཆེད་དུ་སྤྱི་ལོ་806ལོར་དགེ་སློང་ལོ་ཆེན་ཡེ་ཤེས་དབྱངས་དང་བཟོ་བོ་དགེ་སློང་རིན་ཆེན་སྣང་མཛད་སོགས་ཀྱིས་བྲག་ལ་གསུང་རབ་འབྲི་བཀོ་བྱ་སྐབས་བྲག་གི་དབུ་སྟེང་དུ་སྐུ་གཟུགས་རྣམ་པར་སྣང་མཛད་འབྲི་བཀོས་བྱས་ཞེས་པའི་དཀར་ཆག་དང་དེ་མིན་སྤྱི་ལོ་826ལོར་བཞེངས་པའི་མངའ་རིས་སྤུ་ཧྲེང་རྫོང་གི་རྡོ་རིང་དང་བོད་སིལ་བུའི་དུས་བཞེངས་པའི་གྲ་ཕྱི་གཙང་འགྲམ་གྱི་རྡོ་རིང་གྱི་དབུ་སྟེང་དུ་སངས་རྒྱས་རྣམ་པར་སྣང་མཛད་སྐུ་བརྙན་དང་བཙན་པོ་ཁྲི་སྲོང་ལྡེའུ་བཙན་གྱི་སྐུ་རིང་བཞེངས་པའི་ཞྭ་ཁྲིའི་སྨིན་གླིང་རྫོང་གླང་དཀར་རྡོ་རིང་གི་ཞབས་ཤོག་ཏུ་གླང་ཆེན་བཀོས་ཡོད་པ་བཅས་ལས་

(1) འཕྲིས་མདོའི་སྐུ་རྟེན་བཀོས་བཞེངས་ཀྱི་དཀར་ཆག་རྡོ་བཀོས་མ་ལས་དྲངས།

སྤྱི་ལོའི་དུས་རབས་8པའི་སྔོན་ནས་བོད་ཀྱི་གསུང་རབ་ལ་དབུ་ཞབས་ལྷ་སྐུ་འབྲི་བའི་སྲོལ་བྱུང་ཡོད་པ་དེ་ཤེས་མོད་ཀྱང་གལ་པོ་ཆེ་ལ་ནན་ཏན་ཟེར་བ་བཞིན་བོད་ལྗོངས་རྟེན་རྫས་བཤམས་མཛོད་ཁང་དུ་བཞུགས་པའི་བོད་བཙན་པོའི་སྐུ་དུས་སུ་བཏབ་པའི་དཀར་ཆག་ཆེན་པོ་གསུམ་གྱི་ཡ་གྱལ། དཀར་ཆག་འཕང་ཐང་མ་བྲིས་མ་དེའི་དབུ་ཞབས་གཉིས་སུ་སྐུ་བརྙན་གྱིས་བརྒྱན་ཡོད་པ་དེ་ནི་དཀར་ཆག་འཕང་ཐང་མ་དེའི་བུ་དཔེ་ད་ལྟ་བོད་ལྗོངས་རྟེན་རྫས་བཤམས་མཛོད་ཁང་དུ་བཞུགས་པ་དེ་ལས་ཤེས། དཀར་ཆག་དེ་ནི་དུས་རབས་

དུས་རབས་13-14སྐབས་ཀྱི་གནའ་དཔེའི་དབུ་ཞབས་ལྷ་སྐུ།

14པའི་ནང་དུ་འབྲི་བཤུ་མཁས་པ་ག་གེ་མོ་ཞིག་གིས་མ་དཔེའམ་བླ་དཔེ་གཞན་ཞིག་ལ་བཅོལ་ནས་བྲིས་བཤུས་གནང་བ་ཞིག་ཡིན། གསུང་རབ་འབྲི་བཤུ་མཁན་དེ་ནི་རི་མོའི་སྒྱུ་རྩལ་ལ་མཁས་པ་ཞིག་མིན་ཀྱང་དཔེ་མི་སྲིད་པའི་ཞིབ་ཚགས་ལྡན་པ་ཞིག་རེད་འདུག ཁོང་གིས་འབྲི་བཤུས་གནང་བའི་དཀར་ཆག་འཕང་ཐང་མ་དེའི་མདུན་ཤོག་ནང་མ་དང་རྒྱབ་ཤོག་ནང་མ་གཉིས་ལ་ཉམས་ཞིབ་གནང་བ་སྟེ། མདུན་ཤོག་ནང་མར། ཤཱཀྱ་ཐུབ་པ། ཚེ་དང་ལྡན་པ་ཀུན་དགའ་བོ། ཡང་དག་པར་རྫོགས་པའི་སངས་རྒྱས་ཀྱིས་ལུང་བསྟན་པའི་མཁས་པ་ཆེན་པོ་འཕགས་པ་ཀླུ་སྒྲུབ། རྒྱབ་ན་གདུགས་འཛིན་པའི་རབ་ཏུ་བྱུང་བ་ལངས་པ། དགའ་ལྡན་ན་རྒྱལ་ཚབ་ཏུ་བཞུགས་པའི་འཕགས་པ་བྱམས་པ། ཐེག་པ་ཆེན་པོ་མངོན་པའི་མེ་རོ་སློང་མཁན་མཁས་པ་ཐོགས་མེད། ཐེག་པ་ཆེ་ཆུང་གི་མངོན་པའི་མེ་རོ་སློང་མཁན་མཁས་པ་ཆེན་པོ་དབྱིག་གཉེན། རྒྱ་གར་གྱི་པཎྜི་ཏ་ཆེན་པོ་རྟོག་གེའི་ཕྱི་མོ་ཕྱོགས་ཀྱི་གླང་པོ། ཏར་ག་སྡེ་བདུན་གྱི་མཁན་པོ་རྒྱ་གར་གྱི་པཎྜི་ཏ་ཆེན་པོ་ཧྲ་ཊ་གེར་ཏི། རྒྱ་གར་གྱི་པཎྜི་ཏ་ཚེ་ཐ་ཕྱི་དྲན་པའི་མཁས་པ་ཆེན་པོ་བོ་ཧྡི་ས་ཏྭ། ཨུ་རྒྱན་གྱི་པཎྜི་ཏ་གྲུབ་པ་བརྙེས་པའི་

པདྨ་འབྱུང་གནས། རྒྱ་གར་གྱི་མཁས་པ་ཆེན་པོ་པཎ་ཌི་ཏ་བི་མ་ལ་མི་ཏྲ། རིག་པའི་གནས་མ་ལུས་པ་ལ་མཁས་པ་ཆེན་པོ་པཎ་ཌི་ཏ་ཀ་མ་ལ་ཤཱི་ལ། བསམ་གཏན་གྱི་མཁན་པོ་ཆེན་པོ་ཧྭ་ཤང་མ་ཧཱ་ཡ་ན། ཤཱཀྱ་ཐུབ་པ་ཆེན་པོ། སངས་རྒྱས་བདུན་པོ་དེ་དག་གི་དྲུང་ན་པཎ་ཌི་ཏ་ཁ་ཡིག་མེད་པ་རེ་སྣང་། རྣམ་པར་གཟིགས། གཙུག་ཏོར་ཅན། ཐམས་ཅད་སྐྱོབ། འཁོར་བ་འཇིག གསེར་ཐུབ། འོད་སྲུངས། ཤཱཀྱ་ཐུབ་པ་སྟེ་བདུན་བཞེངས་པར་རྒྱ་ནག་པོའི་སློབ་མ་ལུང་མཁན་པོ་ཧྭ་ཤང་མ་ཧཱ། རྒྱ་གར་གྱི་སློབ་དཔོན་བསམ་ཡས་ཀྱི་རབ་གནས་མཁན་ཤམ་ཧིང་གར་ཧྥ། སློབ་དཔོན་སངས་རྒྱས་གསང་བ། སློབ་དཔོན་ཤན་ཏི་དེ་བ། སློབ་དཔོན་ཙནྡྲ་ཀཱིར་ཏི། འདིའི་རྗེས་ཁ་ཡིག་མེད་པའི་པཎ་ཌི་ཏ་གསུམ་སྣང་། དེ་རྣམས་ནི་ཤོག་དྲིལ་ཆེན་པོའི་སྟོད་ན་སྐུ་གཟུགས་བྲིས་པ་རྣམས་ཀྱི་ཁ་ཡིག་ཡིན། སྐུ་འདི་རྣམས་ལས་བྱམས་པ་མ་གཏོགས་གཞན་པ་རྣམས་རབ་ཏུ་བྱུང་བའི་གཟུགས་སུ་སྣང་།[1] ཞེས་པས་གསུང་རབ་དེའི་

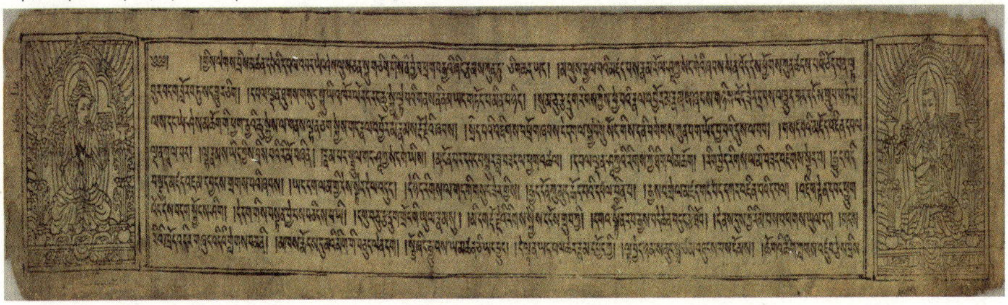

དུས་རབས15-16སྐབས་ཀྱི་དུས་འཁོར་འགྲེལ་ཆེན་དཔར་མའི་དབུ་ཞབས་ལྷ་སྐུ།

ཀླ་དཔེའམ་མ་དཔེ་དེའི་དབུར་སྐུ་བརྙན་ཇི་འདྲ་བཞུགས་ཡོད་པ་རྣམས་ཀྱི་གཟུགས་བརྙན་ཡི་གེའི་ལམ་ནས་འགོད་པར་མཛད་འདུག་ལ། ད་དུང་ཞབས་ཤོག་ནང་མར་ཆོས་བསྒྱུར་མཁན་བྱང་ཆུབ་སེམས་དཔའི་སྤྲུལ་པ་དབའ་ཡེ་ཤེས་དབང་པོ། བྱང་ཆུབ་སེམས་དཔའ་ཏ་སྐད་ཅན་གྱི་སྤྲུལ་པ་འབའ་(དབའ་)ཁྲི་བཞེར་སང་ཤི་ཏ། སྔང་རྒྱ་ར་ལེགས་གཟིགས། དགེ་སློང་ལ་ཐུ་བ་ངན་ལམ་རྒྱལ་བ་མཆོག་དབྱངས། དཔའ་ཁོར་བཻ་རོ་ཙ་ན། སྣུབས་ནམ་མཁའི་སྙིང་པོ། སངས་རྒྱས་འོད་སྲུངས་སྤྲུལ་པ་དམ་པའི་ཆོས་ཀྱི་དབུ་བརྙེས་པའི་རྒྱལ་པོ་ཚེ་གཅིག་ལ་སྐྱེ་བ་གཉིས་བཞེས་པའི་ལྷ་ཐོ་ཐོ་རི་སྙན་བཙན། འཕགས་པ་སྤྱན་རས་གཟིགས་དབང་ཕྱུག་གི་སྤྲུལ་པ་བོད་ཀྱི་སྲོལ་འདྲེན་པའི་རྒྱལ་པོ་ལྷ་སྲས་སྲོང་བཙན་སྒམ་པོ། འཕགས་

[1] བོད་ལྗོངས་རྟེན་རྫས་བཤམས་མཛོད་ཁང་དུ་བཞུགས་པའི་དཀར་ཆག་འཕང་ཐང་མ། བྲིས་མའི་དབུ་ཤོག་ལས་བྲངས།

པ་འཇམ་དཔལ་དབྱངས་ཀྱི་སྤྲུལ་པ་བོད་ཡུལ་དུ་ཆོས་རྒྱས་པར་སྒྱུར་མཁན་འཕྲུལ་གྱི་རྒྱལ་པོ་ཁྲི་སྲོང་ལྡེའུ་བཙན། རྒྱ་བོད་ཧོར་གསུམ་དང་མཇལ་བསྡུམས་བྱས་ནས་བོད་ཡུལ་དུ་ཆོས་ཁྲིམས་འཆའ་མཁན་ལྷ་སྲས་ཁྲི་ལྡེ་སྲོང་བཙན། དཔལ་ཕྱག་ན་རྡོ་རྗེའི་སྤྲུལ་པ་མདོ་སྙིང་རྗེ་པད་མ་དཀར་པོའི་ནང་དུ་གྲོང་ཁྱེར་རྡོ་འཛོམ་ཅེས་བྱ་བར་ཁྱིམ་བདག་རལ་པ་ཅན་ཞེས་བྱ་བ་འབྱུང་། ངེས་ཀྱང་ངའི་བསྟན་པ་རྒྱས་པར་བྱེད་ཀྱིས། ཀུན་དགའ་བོ་མྱ་ངན་མ་བྱེད་ཅིག་ཅེས་བཅོམ་ལྡན་འདས་ཀྱིས་ལུང་བསྟན་ཡོད་པ། བོད་ཡུལ་དུ་དམ་པའི་ཆོས་སྒྱུར་འགྲོ་བསྒྱུར་ནས་ཞུ་ཆེན་སྐད་གསར་བཅད་ཀྱིས་གཏན་ལ་ཕབ་པའི་ལྷ་སྲས་ཁྲི་གཙུག་ལྡེ་བཙན་རལ་པ་ཅན། རྒྱ་གར་གྱི་མཁས་པ་ཆེན་པོ་པཎྜི་ཏ་སུ་རེན་ཏྲ་བོ་དྷི། དོན་སྒྱུར་གྱི་ལོ་ཙཱ་བ་ཆེན་པོ་ཅོག་རོ་ཀླུའི་རྒྱལ་མཚན། རྒྱ་གར་གྱི་པཎྜི་ཏ་མཁས་པ་ཆེན་པོ་འཛི་ན་མི་ཏྲ། སྒྲ་སྒྱུར་གྱི་ལོ་ཙཱ་བ་ཆེན་པོ་སྐ་བ་དཔལ་བརྩེགས། རྒྱ་གར་གྱི་པཎྜི་ཏ་སུ་ནེ་ཥ་ཀྲ། ཞུ་ཆེན་གྱི་ལོ་ཙཱ་བ་ཆེན་པོ་བན་དྷེ་ཡེ་ཤེས་སྡེ། དེ་རྣམས་ནི་ཤོག་དྲིལ་ཆེན་པོའི་སྟོད་ན་སྐུ་གཟུགས་བྲིས་པ་རྣམས་ཀྱི་ཁ་ཡིག་ཡིན། སྐུ་དེ་རྣམས་ལའང་བཙན་པོའི་སྐུ་ལྷ། ཁ་ཡིག་མེད་པའི་སྐུ་གཅིག་མ་གཏོགས་པ་རྣམས་རབ་ཏུ་བྱུང་བའི་གཟུགས་སུ་སྣང་།[1]ཞེས་པ་དེ་དག་ལ་བསམ་བློ་སྟོད་དུ་ཕབ་སྟེ་བསམ་གཞིགས་ཤིག་གནང་བ་ཡིན་ན། དེ་ནི་བོད་ཀྱི་གསུང་རབ་དབུ་ཞབས་ལྷ་སྐུས་བརྒྱན་པ་སྔ་ཤོས་ཀྱི་གྲས་ཤིག་ཡིན་པ་བདག་གི་མགྲིན་པ་གཟེངས་སུ་བསྟོད་སྟེ་སྨྲས་ཆོག ། འོན་ཏེ་ཡུལ་དུས་དང་རྒྱུ་རྐྱེན་སྣ་ཚོགས་ཀྱིས་རྐྱེན་པས། དཀར་ཆག་འཕང་ཐང་མའི་མ་དཔེའམ་ཟླ་དཔེ་དེ་རང་རེའི་འདྲེན་བྱེད་དབང་པོའི་ཡུལ་དུ་མ་གྱུར་པ་ནི་ཡིད་ཕངས་པའི་གནས་ཤིག་ཏུ་སེམས་ཙང་། ད་ལྟའི་འཕང་ཐང་མའི་བུ་དཔེ་དེ་ལས་ཟླ་དཔེ་དུས་རབས་༩པའི་ནང་དུ་གསུང་རབ་ཁག་ལ་དབུ་ཞབས་ལྷ་སྐུ་འབྲི་སྲོལ་ཡོད་པ་དེ་དེ་བས་ཀྱང་ངེས་པ་བརྟན་པོ་ཞིག་རྙེད་ཐུབ་པ་མ་ཟད་དེ་དག་ལ་བོད་ཀྱི་སྒྱུ་རྩལ་གྱི་ཉམས་མངོན་གསལ་དོད་པོ་ལྡན་པའང་སེམས། དེ་ཡང་དབའ་བཞེད་ལས་ཞུས་ན། ལྷ་བཟོ་རྣམས་ན་རེ་ལྷ་རྒྱ་གར་དང་རྒྱའི་གཟུགས་གང་བགྱིས་ཞེས་གསུངས། དེར་འཚོགས་ཏེ་གྲོས་བགྱིས་པས་མཁན་པོའི་ཞལ་ནས་སངས་རྒྱས་རྒྱ་གར་དུ་བྱོན་པ་ཡིན་པས་རྒྱ་གར་ལུགས་སུ་བགྱིས་གསུངས། བཙན་པོའི་ཞལ་ནས་བོད་ཀྱི་ལུགས་སུ་བགྱིས་ན་བོད་ནག་པོ་ལ་ཞེན་པ་རྣམས་དད་པ་སྐྱེར་རེ་བ་

(1) བོད་ལྗོངས་རྟེན་རྫས་བཤམས་མཛོད་ཁང་དུ་བཞུགས་པའི་དཀར་ཆག་འཕང་ཐང་མ། བྲིས་མའི་ཞབས་ཤོག་ལས་དྲངས།

ལུགས་པས། ཆ་བོད་ལུགས་སུ་བྱ་བར་ཅེས་གནང་ཞེས་སློབ་དཔོན་ལ་ཞུས་པས། འོ་ན་བོད་འབངས་ཀུན་བསྡུས་ཤིག་བོད་ལུགས་སུ་གྱོན་ཅིག་[1]ཞེས་པ་ལས་རི་མོའི་བྲིས་རྒྱུན་དེ་གཅིག་ནས་བོད་བཙན་པོའི་དུས་སུ་བྱུང་བ་དང་གཉིས་ནས་བྲིས་རྒྱུན་དེར་ས་སྐྱེས་རྡོ་སྐྱེས་ཀྱི་བོད་ཀྱི་རི་མོའི་ཁྱད་ཆོས་ལྡན་པ་ཞིག་ཡིན་ནོ།

གཉིས། བར་འདུག་ལྷ་སྐུའི་བྱུང་བ།

དེའི་སྐོར་ལ་མཁས་དབང་དགེ་འདུན་ཆོས་འཕེལ་གྱིས་མཛད་པའི་རྒྱལ་ཁམས་རིག་པས་བསྐོར་བའི་གཏམ་རྒྱུད་གསེར་ཐང་དུ། ལེགས་པར་འཐུལ་བ་ན་དཔེ་རིང་གི་ཚོད་དུ་བཅད། ལྡེབ་རེ་རེ་བཞིན་སུམ་ཆའི་མཚམས་ནས་ཁུང་བུ་གཉིས་ཤིག་ཕུག དེ་བཞིན་གླེགས་ཤིང་ལ་ཡང་ཕུག་ནས་ནང་དུ་སྐུད་པ་རིང་པོ་ཞིག་བྲངས་ཏེ་མདུན་དུ་མདུད་པ་བོར་ནས་སྐེད་པར་བཅིངས་ཏེ་འགྲོ། བཀའ་པོད་སྐེ་རགས་སུ་བཅིངས་བྱ་བ་དེ་འདྲ་ནས་བྱུང་བ་མིན་ནམ་སྙམ། གློག་རན་ཚེ་ཐག་པ་རན་པར་ལྷོད་ནས་ལྡེབ་རྣམས་དལ་བུར་བསྒྱུར་དེ་འདོན། དེའི་ཕྱིར་ལྡེབ་འབྲུག་དོགས་མེད་པས་རྒྱ་དཔེ་ཕལ་ཆེར་ལ་ཁ་ཡིག་གམ་ལྡེབ་གྲངས་མ་བཀོད་པ་དེ་ཡིན། ལྡེབ་རེ་རེ་བཞིན་ཨེ་ཁུང་ཕུག་པ་སྟེ། རང་རེ་བོད་ཀྱི་དཔེ་རྙིང་རྣམས་ལ་ཡང་འདུག་ཅིང་། དུས་ཕྱིས་བར་དུ་མཚལ་གྱི་སྐོར་ཐིག་ཆེན་པོ་གཉིས་ཨེ་ཁུང་གི་ཐད་དུ་བྲིས་ནས་སྣང་། དེ་ནས་སྐོར་ཐིག་དེ་སྟོང་པར་སྣང་བས་ནང་དུ་སྐུ་བརྙན་རེ་བྲི་བའི་སྲོལ་ད་ལྟའི་བར་རེབ་གོང་གི་དོར་རྗེ་རྣམས་ཀྱི་བརྒྱད་སྟོང་དཔར་མ་སོགས་ལ་འདུག་པ་དེ་ཡིན།[2]ཞེས་པ་ལས་ཨེ་ཁུང་གི་འབྱུང་ཁུངས་དང་དེའི་བྱེད་ནུས། ཨེ་ཁུང་དེར་འགྱུར་བ་བྱུང་ནས་རྗེས་སོར་དེ་སྟོང་པར་མ་བཞག་པར་རང་རེ་བོད་ཀྱིས་མཛེས་ཆོས་དང་བསྟུན་ཏེ། དེ་དག་གི་ནང་དུ་སངས་རྒྱས་དང་བོད་རྗེ་ལོ་པཎ་སྐུ་དྲིན་ཅན། མཚན་ནས་བརྗོད་པར་དཀའ་བའི་བླ་མ་གོང་མ་རྣམས་ཀྱི་སྐུ་བརྙན་བཞུགས་སོ་བཅུག་པ་དང་ད་དུང་བོད་ཀྱི་དཔེ་རྙིང་ཤེར་ཕྱིན་དང་མདོ་སྐལ་བཟང་ལྟ་བུ་ཡིན་ཚེ། བོད་དེའི་བམ་པོའི་རྫོགས་མཚམས་དང་

(1) ལྷ་ས་གྲོང་ཁྱེར་སྲིད་གྲོས་སུ་བཞུགས་པའི་དཔའ་བཞེད། བྲིས་མའི་ལྡེབ་གྲངས་38ལས་དྲངས།

(2)དགེ་འདུན་ཆོས་འཕེལ་གྱི་རྒྱལ་ཁམས་རིག་པས་བསྐོར་བའི་གཏམ་རྒྱུད་གསེར་གྱི་ཐང་མ་སྟོད་ཆ།ཀན་སུའུ་མི་རིགས་སློབ་ཆེན་གྱི་བསྒྱུར་དཔར། ཤོག་གྲངས་199ལས་དྲངས།

ལེའུ་རྫོགས་མཚམས་སུ་ཡང་སངས་རྒྱས་ཀྱི་སྐུ་བརྙན་བཞུགས་པ་མངའ་རིས་སྨྱུ་ཏྲེང་དགའ་ལྡན་བཤག་འཕེལ་གླིང་མདོ་སྐལ་བཟང་དང་བོད་ལྗོངས་དཔེ་མཛོད་ཁང་གི་རྒྱ་དཔེ་ཤེར་ཕྱིན་མཐིང་ཤོག་མ། མཉེས་ཐང་སྒྲོལ་མ་ལྷ་ཁང་གི་ཤེར་ཕྱིན་བྲིས་མ་བཅས་ཀྱི་བམ་པོའི་རྫོགས་མཚམས་སུ་བདག་ཅག་སྟོན་པ་ཤཱཀྱ་ཐུབ་པའི་མཛད་རྣམ་དང་། སངས་རྒྱས་སྟོང་སྐུ། ཤེར་ཕྱིན་ཡུམ་སོགས་བརྗོད་བྱར་བཟུང་སྟེ་རི་མོའི་ལམ་ནས་བམ་པོའི་རྫོགས་མཚམས་སུ་བཞུགས་སུ་གསོལ་བའི་དཔེ་རྙིང་ཤིན་ཏུ་གཙོགས་ཆེན་དེ་རིགས་མཇལ་བ་ཙམ་གྱིས་དང་བའི་སྨྱུ་ལོང་གཡོ། དེས་ན་བོད་ཀྱི་གནའ་དཔེའི་བར་འཛུག་གི་རི་མོ་དེ་དུས་ནམ་ཞིག་ལ་བྱུང་ཡོད་མེད། ང་རང་གི་བསམ་ཚུལ་ལྟར་ན་དུས་རབས་11པའི་སྨད་ཙམ་དུ་བྱུང་བ་ཞིག་ཡིན་པ། ད་ལྟ་སྟོད་མངའ་རིས་ཁུལ་དུ་བཞུགས་པའི་གནའ་དཔེ་དེ་དག་ལས་གོ་བ་སླེས།

གསུམ། དབུ་ཞབས་ལྷ་སྐུའི་དགོས་པ།

སྤྱིར་བཏང་བྱས་པ་ཡིན་ན་གང་བཞེངས་པར་བྱ་བའི་གཞུང་དེ་ཆ་ཡོངས་སུ་རྫོགས་པའི་རྗེས་སུ། གཞུང་དེའི་བརྗོད་བྱའི་དོན་དང་གོ་མཚུངས་པའི་དབུ་ཞབས་ལྷ་སྐུ་འབྲི་བཞེངས་གནང་སྲོལ་ཡོད་པ་ཞིག་ཡིན། འོན་ཏེ་ད་ལྟ་ང་ཚོས་མཇལ་ཡུལ་དུ་མཆིས་པའི་གསུང་རབ་དབུ་ཞབས་ལྷ་སྐུས་བརྒྱན་པ་མང་པོ་ཞིག་གསུང་རབ་དེ་བྲིས་མ་ཡིན་ཀྱང་དེའི་དབུ་ཞབས་ལྷ་སྐུ་གཞུང་དང་འབྲེལ་ཡོད་ལྷ་སྐུ་དེ་དག་དཔར་ཤིང་ལས་དཔར་བཏབ་ཞིག་རེད་འདུག གསུང་རབ་བྲིས་མ་ལ་ལ་ཞིག་སྔོན་གསུང་པོད་དེ་བྲིས་བཞེངས་གནང་དུས་སྔ་གོན་དུ་དབུ་ཞབས་ལྷ་སྐུ་འབྲི་བའི་འཆར་གཞི་ཡོད་མོད་ཀྱང་། ཡུལ་དུས་ཀྱི་རྐྱེན་པས་ལྷ་སྐུ་འབྲི་མཁན་གྱི་ཆ་རྐྱེན་མ་འཛོམས་པའི་དབང་གིས་ལྷ་སྐུ་འབྲི་སའི་ས་ཆ་གཞུང་དེའི་དབུ་ཤོག་གི་གཡས་གཡོན་དུ་ལྷ་སྐུ་གཤོང་ཚད་ཀྱི་ས་ཆ་ད་བར་སྟོང་པར་ལུས་པ་མངའ་རིས་དང་སྟོ་ཁ་ཁུལ་སོགས་སུ་མཇལ་རྒྱུ་འདུག གསུང་རབ་དེ་བྲིས་བཞེངས་གནང་ཟིན་པའི་རྗེས་སུ་གསུང་རབ་དེ་དང་འབྲེལ་ཡོད་ཀྱི་ལྷ་སྐུ་དུས་མཉམ་དུ་བྲིས་ཡོད་པ་སྟེ་མཉེས་ཐང་སྒྲོལ་མ་ལྷ་ཁང་དུ་བཞུགས་པའི་ཤེར་ཕྱིན་ཡུམ་བོད་ང་པའི་ཤེར་ཕྱིན་གྱི་བམ་པོའི་རྫོགས་མཚམས་སུ་ཤེར་ཕྱིན་གྱི་སྐུ་བརྙན་དེ་བྲིས་ནས་སྣང་། སྐུ་བརྙན་དེ་དག་ནི་གཞུང་དེ་འབྲི་སྐབས་ཤེར་ཕྱིན་

ཡུམ་དེའི་བམ་པོའི་རྫོགས་མཚམས་སུ་ལྡེབ་གྲངས་ཀྱི་གཡས་གཡོན་ལ་མ་བསྒྲོས་པར་བམ་པོའི་རྫོགས་མཚམས་གང་ཞིག་ཏུ་འཁེལ་ཅུང་དེ་གར་ལྷ་བྲིས་པས་སྐུ་བརྙན་བྲིས་པ་མངོན་གསལ་དོད་པོར་སྣང་། སྤྱི་ལོ་1933ལོའི་ལྷ་ལྡན་དཔར་མ་མདོ་སྐལ་བཟང་དེའི་ལྡེབ་གྲངས་ཀྱི་ཉེན་ངོར་སྟོན་པ་ཤཱཀྱ་ཐུབ་པ་དང་རྒྱ་གར་གྱི་རྒྱན་དྲུག་མཆོག་གཉིས། བོད་ཀྱི་ཆོས་རྒྱལ་མེས་དབོན་རྣམ་གསུམ་དང་གྲུབ་མཐའ་སོ་སོའི་སྲོལ་འབྱེད་མཁན་པོ་སོགས་བཀོད་འདུག བོད་ཡིག་གནའ་དཔེའི་སྟེང་དུ་སྐུ་བརྙན་འབྲི་བཀོས་གནང་བ་དེ་ལས་བོད་ཡིག་གནའ་དཔེར་རི་མོའི་མཛེས་རྒྱན་སྤྲས་པ་ཁོ་ན་མ་ཡིན་པར་ལྷ་སྐུའི་ནང་དོན་དང་སྒྱུ་རྩལ་ལས་ཡིག་ངོ་མི་ཤེས་པའི་རྒྱ་ཚེའི་གློག་པ་པོར་བསམ་བློ་དང་སློབ་གསོ། སྤྱི་ཚོགས་ཀྱི་དགོས་མཁོ་མི་འདྲ་བ་ཁག་ལ་སྲི་ཞུ་སྒྲུབ་ཀྱི་ཡོད། དཔེ་རིས་མདུན་དུ་བསྡམས་ཏེ་ཏིང་ངེ་འཛིན་ལ་བཞུགས་པའམ་རང་གི་གཉེན་ཉེ་ལ་སོགས་པ་ཚེ་རིང་ནད་མེད་ཡོང་བའི་སླད་དུ་གསོལ་བ་སྨོན་ལམ་འདེབས་སྐབས། དཔེ་རིས་ཀྱི་སྤྱན་ལམ་དུ་སྣང་བརྙན་གསོན་པོ་ཞིག་སྤྲོད་ཐུབ་ཀྱི་ཡོད། ལྷག་དོན་དུ་ཡིག་ངོ་མ་ཚོད་པའི་འཇིག་རྟེན་པ་རྣམས་ལ་ནང་བསྟན་ཆོས་ལུགས་སམ་གཞུང་དེའི་བརྗོད་སྙིང་རྟོགས་པ་ལ་གཟུགས་བརྙན་གྱི་རྣམ་པའི་ཐོག་ནས་རོགས་འདེགས་ཀྱི་ནུས་པ་དཔེ་མི་སྲིད་ཐོན་གྱི་ཡོད་ལ། རི་མོས་ལོ་རྒྱུས་ཀྱི་དོད་བྱུས་ནས་སྐབས་དེའི་གནས་ཚུལ་ཡང་མཚོན་ཐུབ་པ་བྲིས་དག་པའི་རི་མོ་ཞིག་གིས་རི་མོའི་སྦྱིན་བདག་གནང་མཁན་གྱི་དཔལ་འབྱོར་གྱི་གནས་ཚུལ་དང་སྤྱི་ཚོགས་ཀྱི་གོ་གནས་སོགས་ཀྱང་མངོན་གྱི་ཡོད་པ་བཅས་ཡིན་ནོ།

བཞི། དབུ་ཞབས་ལྷ་སྐུའི་མཚན་ཉིད་དང་གོ་རིམ།

དབུ་ཞབས་ལྷ་སྐུ་ནི་བོད་ཀྱི་གསུང་རབ་ཀྱི་ཐུན་མོང་མ་ཡིན་པའི་ཁྱད་ཆོས་ཤིག་ཡིན། དེ་ནི་གནའ་དཔེའི་དབུ་ཤོག་གི་སྲིབ་ངོས་དང་། ཞབས་ཤོག་གི་ཉེན་ངོའི་གཡས་གཡོན་གཉིས་སུ་གསུང་རབ་ཀྱི་གཞུང་དང་གྲུབ་མཐའ་སོ་སོའི་སྲོལ་འབྱེད་ཀྱི་སློབ་དཔོན་གོང་མ་དག་གི་སྐུ་བརྙན་དང་གཞུང་དེ་མཛད་མཁན་གྱི་མཛད་པ་པོ། གསུང་རབ་དེ་བྲིས་དཔར་བཞེངས་སོགས་ཀྱི་བྱ་བར་དཔལ་འབྱོར་གྱི་ཐོག་ནས་ཕྱར་བ་སྐྱུ་འདེགས་གནང་མཁན་གྱི་

སྲིན་པའི་བདག་པོ་དང་ནང་བསྟན་སྲུང་མ་སོགས་ཀྱི་སྐུ་བརྙན་བྲིས་བཀོས་གནང་ཡོད་པ་དེ་ལ་དབུ་ཞབས་ཀྱི་ལྷ་སྐུ་ཞེས་བརྗོད་ཀྱི་ཡོད། གསུང་རབ་ཀྱི་དབུ་ཞབས་ལྷ་སྐུ་དེ་དག་ཀྱང་རང་རང་གི་འདོད་པ་གང་ཡོད་བྲིས་པ་ཞིག་མ་ཡིན་པར་དེ་དག་ལ་གོ་རིམ་ངེས་ཅན་ཞིག་ཡོད་པ་སྣང་། ཞུ་ཆེན་ཚུལ་ཁྲིམས་རིན་ཆེན་གྱིས་མཛད་པའི་བསྟན་འགྱུར་གྱི་དཀར་ཆག་ལས། གླེགས་བམ་རྣམས་ཀྱི་དབུ་ཞབས་གཡས་གཡོན་དུ་བཞུགས་པའི་སྐུ་བརྙན་ལ། ཐོག་མར་བསྐོད་ཚོགས་ཀྱི་དབུར་སངས་རྒྱས་ཤཱཀྱ་ཐུབ་པ་དང་། དེའི་བསྟན་པ་ལ་བྱས་པ་ཅན་གྱི་ས་སྐྱ་པཎྜི་ཏ་གཉིས་དང་། དེ་ནས་རིམ་པར་རྒྱུད་སྡེ་གོང་འོག་གི་འགྲེལ་པ་རྣམས་རྒྱུད་སྡེ་རང་རང་ནས་འབྱུང་བའི་ཡི་དམ་གྱི་ལྷ་གཙོ་བོ། དེའི་འགྲེལ་བྱེད་ཀྱི་སློབ་དཔོན་

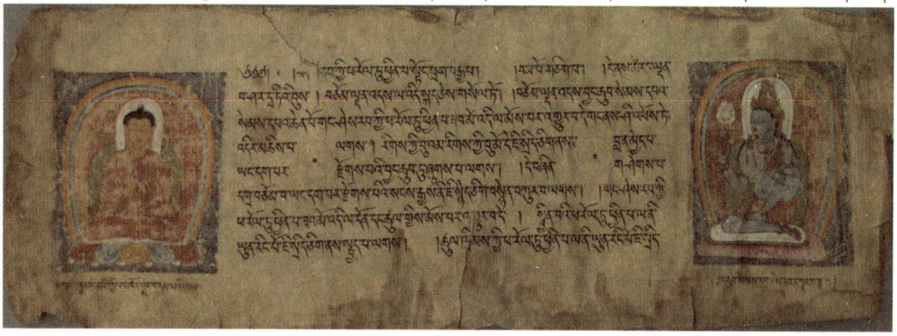

དུས་རབས་12-13སྐབས་ཀྱི་ཤེར་ཕྱིན་བྲིས་མའི་དབུ་ཞབས་ལྷ་སྐུ།

དང་། སོ་སོའི་དབང་དང་རྒྱུད་བཤད་ཀྱི་བླ་མ་འགའ་ཞིག་དང་། མཛད་པ་པོ་སོགས་ཐུར་བཀོས་ཟིན་ཏེ་གཙོས་པར་འགྱུར་འདོད་པའི་ལྷ་གཞན་དང་། འཕགས་ཡུལ་གྱི་པཎྜི་ཏ་དང་གྲུབ་ཐོབ། མཐར་རྒྱུད་སྡེ་ནས་བཤད་པའི་ཆོས་སྐྱོང་དང་ནོར་ལྷ་དང་། མདོའི་སྐོར་ལ། མངོན་རྟོགས་རྒྱན་གྱི་དབུར་སྟོན་པ་སངས་རྒྱས་དང་བསྟན་བཅོས་གསུང་བ་པོ་བྱམས་པ་དང་དེ་ནས་རིམ་པར་སངས་རྒྱས་སུམ་ཅུ་རྩ་ལྔ་དང་། ཕྱོགས་བཅུའི་སངས་རྒྱས་དང་། བྱང་ཆུབ་སེམས་དཔའ་བརྒྱད་སོགས་དང་། མི་རྟོག་བཀོད་པའི་མདོ་ལས་བྱུང་བའི་སངས་རྒྱས་ཉེ་ཤུ་རྩ་གསུམ་གང་ཆུད་དང་། མངོན་པར་འཇམ་དཔལ་སོགས་བྱང་ཆུབ་སེམས་དཔའ་བརྒྱད་དང་། འདུལ་བར་ཐུབ་པ་གནས་བརྟན་བཅུ་དྲུག ཉན་ཐོས་མཆོག་བརྒྱད། རིག་གནས་སྐོར་ལ། ཐུར་གྱི་སངས་རྒྱས་རྣམས་ལས་མ་ཇོགས་པ་རྣམས་ཚང་བར་བཀོད་པ་དང་། བསྟན་བཅོས་རང་རང་གི་མཛད་པ་པོ་དང་། བོད་ལ་བཀའ་དྲིན་ཆེ་བའི་སློབ་དཔོན་དང་རྒྱལ་བློན་

འགའ་རེ། མཆོད་ཡོན་རྣམས་དང་ཆོས་རྒྱལ་སྤྱིའི་རྒྱལ་པོ་བཞིའི་སྐུ་བརྙན་བཅས་བྲིས་ཡོད། ཅེས་པ་ལས་བོད་ཀྱི་གསུང་རབ་ཀྱི་དབུ་ཞབས་ལྷ་སྐུར་གོ་རིམ་ངེས་ཅན་ཞིག་མཆིས་པ་གོང་གི་ལུང་དང་གཤམ་གི་དཔེ་རིས་ལས་ཁ་གསལ་རྟོགས་ཐུབ།

དེ་མིན་ད་དུང་སྣར་ཐང་བཀའ་འགྱུར་གྱི་དབུ་ཞབས་ལྷ་སྐུ་ནི། གཞུང་སོ་སོའི་མདུན་ཤོག་ནང་མར་ལྷ་སྐུ་ཡོད་པ་ལས་གཞན་ལྷེབ་གྲངས་ཀྱི་ཐོག་ཏུ་མེད། དེ་དག་གི་གོ་རིམ་ནི་སྟོན་པ་ཤཱཀྱ་ཐུབ་པ་དང་རྣམ་ཐོས་སྲས་གཉིས་ཡོད། དེ་རྗེས་ཤེར་ཕྱིན་ཡུམ་དང་དབྱངས་ཅན་ལྷ་མོ། སྤྱན་རས་གཟིགས། ཚེ་ལྷ་རྣམ་གསུམ་བཅས་ཡིན། ལྷ་སའི་བཀའ་འགྱུར་གྱི་དབུ་ཞབས་ལྷ་སྐུ་ནི། རིག་ཚན་སོ་སོའི་མདུན་ཤོག་ནང་མར་ལྷ་སྐུ་ཡོད་པ་ལས། ཕུ་སྡེ་སོ་སོར་བར་འཇུག་གི་རི་མོ་མེད། འདུལ་བའི་སྐོར་གྱི་པུ་ཏི་ཀ་པའི་ལྷེབ་གྲངས་དང་པོར་སྟོན་པ་ཤཱཀྱ་ཐུབ་པ་དང་། གཡས་གཡོན་སོ་སོར་ཤཱཀྱ་འོད་དང་ཡོན་ཏན་འོད། ལྷེབ་གྲངས་གཉིས་པའི་ཐོག་རྗེ་ཙོང་ཁ་པ་དང་། རྒྱལ་བ་སྐུ་ཕྲེང་བཅུ་གསུམ་པ། ཕར་ཕྱིན་སྟོང་ཕྲག་བརྒྱ་པའི་མདུན་ཤོག་ནང་མར་བདག་ཅག་གི་སྟོན་པ་ཤཱཀྱ་ཐུབ་པ་དང་། གཡས་གཡོན་སོ་སོར་རྒྱལ་བ་བྱམས་པ་དང་འཇམ་དཔལ་དབྱངས་ཡོད། ལྷེབ་གྲངས་གཉིས་པར་རྗེ་རིན་པོ་ཆེ་དང་རྒྱལ་བ་སྐུ་ཕྲེང་བཅུ་གསུམ། སྡེ་ཚན་སོ་སོའི་ལྷེབ་གྲངས་གཉིས་པའི་ལྷ་སྐུ་གཅིག་མཚུངས་ཡིན། ཉི་ཁྲིར་སྟོན་པ་དང་གཡས་གཡོན་དུ་ཤ་རིའི་བུ་དང་མོང་གལ་བུ། བརྒྱད་སྟོང་དུ་སྟོན་པ་དང་དེའི་གཡས་གཡོན་དུ་ཀླུ་སྒྲུབ་དང་ཐོགས་མེད་རྣམ་གཉིས། མདོ་རྒྱ་ཆེར་དུ་སྟོན་པ་དང་ཁོང་གི་གཡས་གཡོན་དུ་སྤྱན་རས་གཟིགས་དང་འཕགས་པ་ཀུན་ཏུ་བཟང་པོ། དཀོན་ཅོག་བརྩེགས་པ་ལ་སྟོན་པ་དང་ནམ་མཁའི་སྙིང་པོ་དང་ས་ཡི་སྙིང་པོ་བཞུགས་ཡོད། མདོ་སྐལ་བཟང་གི་དབུས་སུ་སྟོན་པ་དང་དེའི་གཡས་གཡོན་དུ་སངས་རྒྱས་མར་མེ་མཛད་དང་བྱམས་མགོན་གཉིས་བཞུགས་ཡོད། མདོ་མྱང་འདས་ཀྱི་དབུས་སུ་སྟོན་པ་དང་གཡས་གཡོན་དུ་སྲོང་བཙན་སྒམ་པོ་དང་ཐོན་མི་བཞུགས་ཡོད། ལྷེབ་གྲངས་གཉིས་པའི་དབུས་སུ་ཇོ་བོ་རྗེ་དང་གཡས་གཡོན་དུ་རྗེ་རིན་པོ་ཆེ་དང་རྒྱལ་བ་སྐུ་ཕྲེང་བཅུ་གསུམ་བཞུགས་ཡོད། ཅོ་ནེའི་དཔར་མར་གཞན་དང་མི་འདྲ་བ་ཞིག་ཡོད། སངས་རྒྱས་དང་བྱང་སེམས་ཀྱི་སྐུ་བརྙན་ཆེས་ཉུང་། གཙོ་བོ་རྒྱ་བོད་ཀྱི་གྲུབ་ཆེན་རྣམས་ཀྱི་སྐུ་བརྙན་ཡིན། རྒྱུད་སྡེའི་པུ་ཏི་རྣམས་ལ་ཡི་དམ་གྱི་ལྷ་ཚོགས་བཀོད་མེད། དེའི་ཚབ་ཏུ་བྱང་སེམས་བརྒྱད་ཀྱི་གཙོས་པའི་གྲུབ་ཆེན།

མདོའི་སྐོར་ལ་སྟོན་པ་དང་འཇམ་དབྱངས། རྗེ་རིན་པོ་ཆེ། རྒྱལ་མཆོག་ལྔ་པ་ཆེན་པོ། གཡས་ཕྱོགས་སུ་གོ་རིམ་ལྟར་པའི་ངང་ནས། རྒྱལ་བ་བྱམས་པ། སློབ་དཔོན་ཐོགས་མེད་ཀྱིས་གཙོས་པའི་རྒྱ་ཆེན་སྤྱོད་པའི་བླ་བརྒྱུད་རྣམས་ཡིན། གཡོན་ཕྱོགས་སུ་སློབ་དཔོན་ཀླུ་སྒྲུབ་དང་ཟླ་གྲགས་གཙོས་པའི་དབུ་མའི་བླ་བརྒྱུད་རྣམས་ཀྱི་སྐུ་བརྙན་ཡིན། བར་ཕྱིན་གྱི་སྐོར་ལ་འོད་དཔག་མེད་སོགས་རྒྱ་བོད་ཀྱི་མཁས་གྲུབ་ཡིན། མདོ་དགོན་བརྩེགས་དང་རྒྱ་ཆེན་བཤད་པར་སྤྲུལ་མ་ཞེར་གཅིག འདུལ་བའི་སྐོར་ལ་འཕགས་པའི་གནས་བརྟན་བཅུ་དྲུག་དང་རྒྱ་ཆེན་

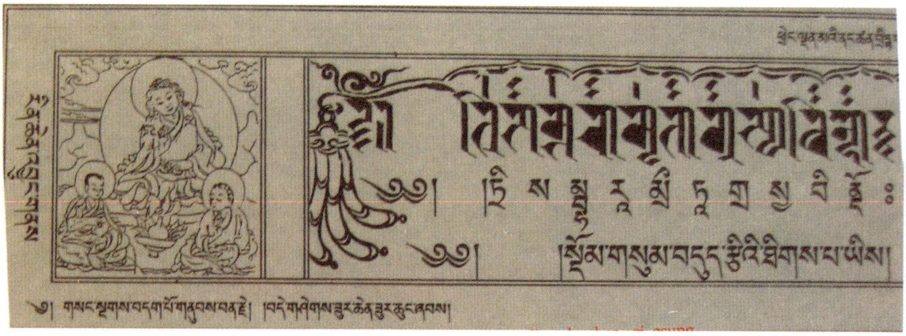

སྨིན་གླིང་ལོ་ཆེན་ཆོས་དཔལ་བཟང་པོའི་གསུང་འབུམ་གྱི་དབུ་ཞབས་ལྷ་སྐུ།

ཐོས་པའི་ཐུས་གཉིས་ཡིན། མདོར་ན་གསུང་རབ་དེའི་ཕྱོགས་གཡས་སུ་གཞུང་ལུགས་དེ་ཐོག་མར་ལྟགས་རྩོམ་གནང་མཁན་ནམ་རང་རང་གྲུབ་མཐའ་སོ་སོའི་སྲོལ་འབྱེད་ཀྱི་སློབ་དཔོན་བཞུགས་སུ་བཅུག་པ་དང་། གཡོན་ཕྱོགས་སུ་གཞུང་དེ་བརྒྱུད་པ་འཛིན་མཁན་གྱི་སློབ་མའམ་བསྟན་པ་ལ་བྱས་པ་ཆེ་བའི་སྐྱེས་ཆེན་དམ་པ། སྲོལ་འབྱེད་ཀྱི་སློབ་དཔོན་དེའི་གསུང་ལས་སྐྱེས་པའི་ཐུགས་སྲས་ན་རིམ་བཞུགས་སུ་གསོལ་པ་སྟེ། གསུང་རབ་ཀྱི་ཕྱོགས་གཡས་ནས་འགོ་བརྩམས་ཏེ་གཡོན་དུ་རིམ་པ་བཞིན་བཀོད་གནང་ཡོད་པ་དེ་ནི་དབུ་ཞབས་ཀྱི་ལྷ་སྐུའི་གོ་རིམ་ཞིག་ཡིན་པར་སེམས་སོ།

ལྔ། དབུ་ཞབས་ལྷ་སྐུའི་བཟོད་བྱ།

བོད་ལ་ཆོས་རྒྱལ་སྐུ་དྲིན་ཅན་རྣམ་གསུམ་གྱི་མཛད་རྗེས་ལས་ནང་ཆོས་དར་འཕེལ་བྱུང་བའི་རྗེས་སུ་བོད་ཀྱི་འཇིག་རྟེན་མིག་གཅིག་ཐོ་ནུའི་ལོ་པཎ་དང་། མཁས་པ་གནམ་གྱིས་

ས་བཀབ་པ་ལྷ་བྲུར་བྱོན་པ་དག་གིས་འབད་བརྩོན་ལས་ནང་ཆོས་དར་རྒྱས་བྱུང་། ལོ་པཎ་དང་མཁས་པ་དེ་དག་གིས་རང་རང་གི་བློ་གྲོས་ཀྱི་རྩལ་ལ་བརྟེན་ཏེ་གསུང་རབ་གླེགས་བམ་ཁག་ལ་མཆན་འགྲེལ་བསྒྱུར་པ་དང་། དེ་དག་གི་བཤད་རྒྱུན་ཕ་བླ་མ་དམ་པའི་ངག་རྗེས་བུ་སློབ་རྣམས་ཀྱིས་འཛིན་སྐྱོང་སྤེལ་གསུམ་བླ་ལྷག་ཏུ་མཛད་པ་ལས་རང་རེ་བོད་ལ་ས་སྐྱ་དང་། རྙིང་མ། བཀའ་གདམས་པ། དགེ་ལུགས་སོགས་ཀྱི་གྲུབ་མཐའ་འཛིན་པ་ཡང་བྱུང་། དེ་དག་རང་རང་སོ་སོའི་སྲོལ་འབྱེད་དམ་རྩ་བའི་བླ་མ་དང་སྤྱིན་བདག་མི་འདྲ་བའི་དབང་གིས་རང་གྲུབ་མཐའ་སོ་སོའི་བླ་ཆེན་པོང་མ་དག་གི་ལྷགས་རྩོམ་བྲིས་དཔར་སོགས་གནང་དུས་དབུ་ཞབས་ཀྱི་ལྷ་སྐུ་ཡང་གཙོགས་ཆེན་དུ་བཟུང་སྟེ་བཀོད་ཡོད། གཅིག་ནས་གསུང་རབ་དེ་དག་གི་མཛེས་ཆ་དང་གཉིས་ནས་རང་གི་སློབ་དཔོན་དམ་པ་མཚན་ནས་བརྗོད་པར་དཀའ་བ་རྣམས་ཀྱི་སྐུ་དྲིན་དྲན་ཤེས་དང་། མཛད་པ་པོ་རྣམས་ཁ་གསལ་ཡོང་ཕྱིར་གསུང་རབ་སོ་སོའི་དབུ་ཞབས་ལྷ་སྐུའི་བརྗོད་བྱ་བགྱིས་ཏེ། དབུ་ཞབས་ལྷ་སྐུའི་སྣང་བརྙན་གྱི་ཕྱག་མཚན་དང་སྐུ་རྩལ་སོགས་ལས་གསུང་རབ་དེ་གྲུབ་མཐའ་དང་དགོན་སྡེ་གང་ཞིག་གི་ཡིན་མིན་ཁ་ཚོན་གཅོད་ཐུབ་པའི་དགེ་མཚན་ཐོན་ཡོད། དཔེར་ན་ཨ་མེ་རི་ཁའི་བོད་རིག་པ་མཁས་ཅན་ཕར་（帕尔）གྱིས་མཛད་པའི་བོད་ཀྱི་གསུང་རབ་ཀྱི་མཛེས་རྒྱན་《藏族佛典装饰》ཞེས་པའི་ནང་དུ། ད་ལྟ་ལོའོ་ཧྲན་ཅི་མཛེས་རྩལ་ཁང་དང་མི་སྣེར་གྱི་ཕྱག་ཏུ་ཉར་ཚགས་གནང་བའི་གཟུངས་ཐུགས་བྲིས་མ་ལྷེབ་གྲངས་མ་ཚང་བ་པོད་གཅིག་ཡོད། ཕྱོགས་མང་པོའི་ངོས་ནས་བསླད་ན། གཟུང་ཐུགས་བྲིས་མ་དེ་ནི་དཔལ་ཞ་ལུ་དགོན་གྱི་ཕྱག་དཔེ་ཡིན་པར་ཐག་བཅད་ཆོག རྒྱུ་མཚན་ནི་གསུང་རབ་དེའི་དབུ་ཞབས་ལྷ་སྐུའི་ཁྲོད་དུ། བུ་སྟོན་རིན་ཆེན་གྲུབ་ཀྱི་སྐུ་བརྙན་ཡོད་པའི་རྒྱུ་མཚན་གྱིས་ཡིན།[1]ཞེས་གསུངས་འདུག བུ་སྟོན་རིན་ཆེན་གྲུབ་ནི་དུས་རབས་13པའི་ནང་དུ་བྱོན་པའི་སྐད་པའི་གྲགས་པ་ཕྱོགས་བཅུར་ཁྱབ་པའི་མཁས་པ་ཞིག་ཡིན། ས་ལུགས་ཀྱི་ཡ་གྱལ་ཏེ་བུ་ལུགས་ཀྱི་སྲོལ་ཡང་གཏོད་གནང་། ལྷེབ་གྲངས་སོ་སོའི་གཞོགས་གཡས་གཡོན་དུ་མཛེས་ཆོས་ཀྱིས་ལྷ་སྐུས་བརྒྱན་ཡོད། ལྷ་སྐུ་དེ་དག་ནི་རྡོ་རྗེ་ཐེག་པའི་ལྷ་ཚོགས་དང་ཀླུ་སྒྲུབ་ཀྱི་སྣང་བརྙན་བཅས་ཡིན། མ་གཞི་རྒྱ་གར་ལོ་རྒྱུས་ཐོག་ཀླུ་སྒྲུབ་ཅེས་པའི་མཚན་ཅན་གྱི་སློབ་དཔོན་གཅིག་པོ་ན་མ་ཡིན་

(1)《国外藏学研究译文集》（第18）西藏人民出版社2007年版，322页。327页。

པར་ཁ་ཤས་བྱོན་ཡོད་ཀྱང་། འོན་ཏེ་སྐུ་བརྙན་དེ་དག་གི་ཁྲོད་ནས་བྱོན་ལེགས་ཤོས་ཀྱི་སྣང་བརྙན་དེ་ནི་དུས་རབས་2པའི་ནང་དུ་བྱོན་པའི་ རླབས་ཆེན་གྱི་དབུ་མའི་ལུགས་ཀྱི་མཚན་ཉིད་རིག་པ་མཁས་ཅན་ཀླུ་སྒྲུབ་ཡིན་འདུག གོང་གི་མཚན་དུ་ནཱ་ག་ཞེས་པའི་ཚིག་འདི་ལས་གོང་གིས་ཤེར་ཕྱིན་བརྒྱད་སྟོང་པ་ཀླུ་ཡུལ་ནས་གདན་དྲངས་གནང་བར་བརྟེན་གོང་གི་སྐུ་བརྙན་གྱི་དབུ་ཐོད་དུ་ཡང་ཀླུ་ཡི་མཚོན་བྱེད་སྦྲུལ་མགོས་བརྒྱན་ཡོད་པ་ལས་ཊ་མཁྱེན་ནོ། ཡང་གསུང་རབ་ཀྱི་དབུ་ཞབས་ལྷ་སྐུ་དང་བཅས་པའི་མདུན་ཤོག་ནང་མར་མཛེས་རྒྱན་གྲ་རྒྱ་ཤོས་ཀྱི་གསུང་པོད་ཞིག་ད་ལྟ་རྒྱ་གར་ཧྥི་ལིར་ཡོད་པའི་བོད་ཀྱི་རྟེན་རྫས་བཤམས་མཛོད་ཁང་དུ་བཞུགས་ཡོད། གསུང་པོད་དེའི་མཚན་བྱང་དང་དབུ་ཞབས་ལྷ་སྐུ་ཚང་མར་ཆ་ཡོངས་ནས་མཛེས་རྒྱན་སྤྲས་ཡོད་དེ། རྡོ་ཞོ་ལས་སྐྱོ་སྨྱུར་བཏང་སྟེ་འབུར་བཀོས་སྒྱུ་རྩལ་གྱི་རྣམ་པ་ཐོན་ཡོད་པ་དེ་དག་ལ་གསེར་ཆུ་འབོར་ཆེན་བཏང་ཡོད། མདུན་ཤོག་ནང་མའི་ནང་དུ་བྲིས་པའི་ཡི་གེའི་འགོར་ཨུ་ཏིག་གིས་ཕྲ་བཏབ་ཡོད། མཚན་བྱང་དེ་དག་དང་དབུ་ཞབས་ཀྱི་རྟེན་འབྲེལ་མཚོན་བྱེད་ཀྱི་མཆོད་རྫས་དང་མཆོད་རྟེན་ཚང་མར་གསེར་མཚོན་གྱིས་མདོག་བསྒྱུར་བའི་ཆུ་འཛིན་སྟེང་བྲིས་ཡོད། མདུན་ཤོག་ནང་མའི་དབུ་ཞབས་ལྷ་སྐུའི་པད་ཁྲི་ནི་ཚེམ་དྲུབ་ཞིག་ཡིན། གཞོགས་གཡོན་དུ་སྟོན་པའི་སྣང་བརྙན་དང་། གཞོགས་གཡས་སུ་རི་བོ་དགེ་ལུགས་སྲོལ་གཏོད་གནང་མཁན་གྱི་རྗེ་ཙོང་ཁ་པ་བློ་བཟང་གྲགས་པའི་སྣང་བརྙན་ཡིན། སྐུ་བརྙན་དེ་དག་སོ་སོའི་མདུན་དུ་མུ་ཏིག་གི་གང་བའི་སྤྲེར་མ་རེ་ཕུལ་ཡོད། མ་གཞི་ངེད་ཚོས་ཕྱག་དཔེ་དེའི་མཚན་བྱང་གཏན་འཁེལ་བ་ཞིག་སྙི་དཀའ་ཡང་། ཕྱག་དཔེ་དེ་རི་བོ་དགེ་ལུགས་པའི་དགོན་སྡེ་ཞིག་གི་ཡིན་པ་ནི་མགྲིན་པ་གཟེངས་སུ་གཏོད་ནས་སྨྲས་ཆོག[1]ཅེས་གསུངས་པ་ལས་ཕྱག་དཔེ་དེ་དག་གི་འབྱུང་ཁུངས་དང་གྲུབ་མཐའ་ཅི་ཞིག་གི་ཡིན་མིན་མགོ་བཏགས་ཕུད་ཐུབ་པ་བྱུང་ཡོད་པ་ནི་དབུ་ཞབས་ལྷ་སྐུའི་བརྗོད་བྱར་ལུང་ཁུངས་བཙོལ་གནང་ཏེ་གསུངས་བཞག་པ་ཤ་སྟག་རེད་འདུག དེས་ན་གྲུབ་མཐའ་སོ་སོའི་དབུ་ཞབས་ལྷ་སྐུར་རྒྱུན་དུ་བཀོ་བྲིས་བགྱིས་པའི་སྐུ་བརྙན་ནི་འདི་ལྟར་ཏེ།

(1)《国外藏学研究译文集》（第18）西藏人民出版社2007年版， 327页。

གྲུབ་མཐའ།	རྒྱན་ལྡན་ཅན་གྱི་དབུ་ཞབས་ལྷ་སྐུ།
རྙིང་མ་པ།	གུ་རུ་རིན་པོ་ཆེ། གཏེར་སྟོན་གོང་འོག སྨིན་གླིང་ཡབ་སྲས། ཐུར་གསུམ།
ས་སྐྱ་པ།	གྲུབ་ཆེན་འབི་བ་པ། འབྲོག་མི་ལོ་ཙྪ་བ། ས་སྐྱ་གོང་མ་སྣ་ལྔ།
བཀའ་གདམས་པ།	ཇོ་བོ་རྗེ། ཁུ་རྔོག་འབྲོམ་གསུམ།
དགེ་ལུགས་པ།	ཇོ་བོ་རྗེ། རྗེ་ཡབ་སྲས་གསུམ།
ཇོ་ནང་པ།	ཇོ་ནང་ཀུན་དགའ་གྲོལ་མཆོག ཏཱ་ར་ནཱ་ཐ།
བཀའ་བརྒྱུད་པ།	ན་རོ་པ། ཏེ་ལོ་པ། མར་མི་དྭགས་གསུམ།

དེ་ནི་བོད་ཀྱི་ཐུན་མོང་མ་ཡིན་པའི་གསུང་རབ་ཀྱི་ཁྱད་ཆོས་ཤིག་ཡིན། ཁྱད་ཆོས་དེ་དག་ནི་རྒྱ་དཀར་ནག་དང་བལ་ལུགས་ཀྱི་ཁྱད་ཆོས་གང་གི་ཁོངས་སུའང་གཏོགས་པ་ཞིག་མིན། བོད་ཀྱི་གསུང་རབ་གྱི་མཚན་བྱང་དང་གཞུང་དངོས་ལ་མཛེས་རྒྱན་ལྷུབས་རྒྱུར་སྤྱི་སྣང་ལྡན་པ་མ་ཟད་གསུང་རབ་ཀྱི་དབུ་ཞབས་ལྷ་སྐུར་ཆེས་དམིགས་བསལ་གྱིས་དང་དོད་གནང་གི་ཡོད། དེ་ནི་བོད་རིགས་ཀྱི་ཐུན་མོང་མ་ཡིན་པའི་བསམ་པའི་རིག་གནས་ལས་བྱུང་

དུས་རབས་11-12སྐབས་ཤེར་ཕྱིན་བྲིས་མའི་དབུ་ཞབས་ལྷ་སྐུའི་དཔེ་རིས།

བ་ཞིག་ཡིན། ངེད་མེས་པོ་རྣམས་ཀྱི་ལྷག་བསམ་རྣམ་པར་དག་པའི་སྒོ་ནས་ནང་བསྟན་ལྷ་ཚོགས་ལས་གསུང་རབ་ལ་རྒྱན་སྤྲས་པ་དང་། ལྷག་དོན་དུ་ལྷག་བསམ་ཞེན་པ་དཀར་པོས་རང་རང་གི་བླ་མ་དམ་པར་ཁྱད་དུ་འཕགས་པར་བསྙེན་བཀུར་གནང་སྟེ་སྐུ་བརྙན་བགོ

འབྲི་གནང་སྟབས། མཛེས་རྒྱན་གྱི་རྣམ་པ་མི་འདྲ་བའི་དབུ་ཞབས་ལྷ་སྐུའི་ཁྲོད་དུ་རྟག་ཏུ་བླ་མ་དམ་པའི་སྐུ་བརྙན་མཇལ་རྒྱུ་ཡོད།

དཔེར་ན་གོང་གི་གསུང་རབ་དེའི་དབུ་ཞབས་ལྷ་སྐུ་ལ་གཟིགས་ཆོག སྐུ་བརྙན་དེའི་ནང་ནས་དབུས་སུ་བཞུགས་པ་དེ་ནི་རྙིང་མ་བའི་སོ་ཟུར་གཉུབས་གསུམ་ཞུ་བའི་ནང་གི་གཉུབས་ཆེན་སངས་རྒྱས་ཡེ་ཤེས་ཞུ་བ་དེ་ཡིན། ཁོང་ནི་དུས་རབས་བརྒྱད་པའི་སྟོད་དུ་བྱོན་པའི་གསང་སྔགས་རྙིང་མའི་སློབ་དཔོན་གྲགས་ཅན་ཞིག་ཡིན། གཉུབས་སངས་རྒྱས་ཡེ་ཤེས་ཀྱི་ཕྱོགས་གཡས་གཡོན་གཉིས་སུ་བཞུགས་པའི་སྐུ་བརྙན་དེ་ནི་ཟུར་ཆེན་ཟུར་ཆུང་རྣམ་གཉིས་ཏེ། ཟུར་ཆེན་ཤཱཀྱ་འབྱུང་གནས་(1002-1062)དང་ཟུར་ཆུང་ཤེས་རབ་གྲགས་པ་(1014-1076)ཞུ་བ་ཁོང་རྣམ་གཉིས་ཡིན། ཁོང་རྣམ་གཉིས་ནི་གསང་སྔགས་རྙིང་མའི་སློབ་དཔོན་ཞིག་ཡིན་གཤིས་གསུང་རབ་དེའི་དབུ་ཞབས་ལྷ་སྐུའི་ནང་དོན་ལས་གསུང་རབ་དེ་གྲུབ་མཐའ་གང་ཞིག་གི་ཡིན་པ་ཐད་ཀར་ཁ་ཚོན་གཅོད་ཐུབ་པ་ནི་དབུ་ཞབས་ལྷ་སྐུའི་དྲིན་ཡིན་སྟབས་གསུང་རབ་ཀྱི་དབུ་ཞབས་ལྷ་སྐུར་དོ་གལ་བྱ་རྒྱུ་གལ་ཆེ།

དྲུག དབུ་ཞབས་ལྷ་སྐུའི་སྒྱུ་རྩལ།

1.མངའ་རིས་གུ་གེའི་དབུ་ཞབས་ལྷ་སྐུའི་སྒྱུ་རྩལ།

སྐབས་དོན་འདིར་གཙོ་བོ་བོད་ཀྱི་གསུང་རབ་ཀྱི་དབུ་ཞབས་ལྷ་སྐུའི་སྒྱུ་རྩལ་གྱི་ཁྱད་ཆོས་ལ་བརྟེན་ནས་རི་མོའི་གྲུབ་མཐའ་གང་ཞིག་གི་གནའ་དཔེ་ཡིན་པ་བརྟག་ཐུབ་པ་སྟེ། མངའ་རིས་ས་ཁུལ་རྩ་མདའ་རྫོང་གི་ཁོངས་སུ་གནས་པའི་ཡིབ་རི་དགོན་དུ་བཞུགས་པའི་ཤེར་ཕྱིན་པོད་ཀྱཱ་ལྡེབ་གྲངས་རེ་ལྔ་(རེ་ལྔ་)ཐོག་ཏུ་སྐུ་བརྙན་གསུམ་བཞུགས་ཡོད་པ་སྟེ། ལྡེབ་གྲངས་རེ་ལྔའི་(རེ་ལྔ་)གཡས་ངོས་སུ་སྟོན་པ་ཤཱཀྱ་ཐུབ་པའི་སྣང་བརྙན་དང་དབུས་སུ་གཞུང་དེའི་བརྗོད་དོན་དང་འབྲེལ་བའི་ཤེར་ཕྱིན་ཡུམ་གྱི་སྐུ་བརྙན། གཡོན་ངོས་སུ་གསང་སྔགས་ཀྱི་ལྷ་སྐུའི་སྣང་བརྙན་ཞིག་བཞུགས་འདུག དབུ་ཞབས་ལྷ་སྐུའི་སྐུ་བརྙན་གཙོ་བོ་ཤེར་ཕྱིན་ཡུམ་བཞུགས་པ་ལས་གནའ་དཔེ་དེ་ཤེར་ཕྱིན་ཡིན་པ་རྟོགས་སླའོ། སྐུ་བརྙན་དེ་དག་གི་རི་མོའི་སྒྱུ་རྩལ་ལ་བལྟས་པ་ཡིན་ན་རྒྱལ་ཁབ་ཕྱི་ནང་གི་གསུང་རབ་སྒྲ་བའི་དབང་པོ་དག

དུས་རབས་11-12སྐབས་ཀྱི་ཤེར་ཕྱིན་བྲིས་མའི་དབུ་ཞབས་ལྷ་སྐུ།

གིས་གསུངས་པ་ལྟར། ཁ་ཆེའི་ལུགས་ཀྱི་རི་མོའི་སྒྱུ་རྩལ་གྱི་ཉམས་བཞུགས་པའི་ཤེར་ཕྱིན་ཡིན་པ་ཤེས། གང་ཡིན་ཟེར་ན། ཤེར་ཕྱིན་བྲིས་མ་དབུ་ཞབས་ལྷ་སྐུས་བརྒྱན་པ་དེ་ནི་དུས་རབས་11པར་ལོ་ཆེན་རིན་ཆེན་བཟང་པོས་མངའ་རིས་ཀྱི་རྒྱལ་པོ་རྣམས་ཀྱི་རམ་འདེགས་ལ་བརྟེན་ནས་ནང་བསྟན་དར་རྒྱས་ཀྱི་གནས་མངའ་རིས་ས་ཁུལ་ཡིབ་རི་དགོན་དུ་བཞུགས་པ་ལས་ཤེས་ལ། ད་དུང་རི་མོའི་སྒྱུ་རྩལ་གྱི་ཐད་ལ་ཡིབ་རི་དགོན་གྱི་ཤེར་ཕྱིན་དེ་དང་དབྱི་ཏ་ལིའི་མཁས་པ་ཏུཙྪི་ཆེས་མངའ་རིས་མཐོ་ལྡིངས་དགོན་ནས་རྙེད་སོན་བྱུང་བའི་ཤེར་ཕྱིན་བྲིས་མ་དབུ་ཞབས་ལྷ་སྐུ་བརྒྱན་པ་དེ་གཉིས་ཙ་གཅིག་ཏུ་བཞག་ནས་རི་མོའི་སྒྱུ་རྩལ་ཐད་ལ་དཔྱད་བསྡུར་བྱས་ཆོག དེ་གཉིས་མ་དཔེ་ལས་བུ་དཔེར་ཕྱིན་པ་ལྟ་བུ་ཞིག་འདུག དེ་ན་ཡིབ་རི་དགོན་གྱི་ཤེར་ཕྱིན་དེ་ནི་བསྟན་པ་ཕྱི་དར་གྱི་འགོ་དུས་རབས་12པར་བྲིས་བཞེངས་བྱས་པའི་ཁ་ཆེའི་སྒྱུ་རྩལ་ལྡན་པའི་ཤེར་ཕྱིན་ཞིག་ཡིན་པ་ཤེས། བསྟན་པ་ཕྱི་དར་ནི་ལོ་ཙྪ་བ་རིན་ཆེན་བཟང་པོ་(958-1055)ནས་དབུ་ཚུགས་ཏེ་བྱུང་བ་ཞིག་ཡིན་པས་ལོ་ཆེན་རིན་ཆེན་བཟང་པོའི་སྐབས་སུ་བོད་ཀྱི་གསུང་རབ་ཀྱི་དབུ་ཞབས་ལྷ་སྐུའི་སྒྱུ་རྩལ་ལ་ཁྱད་ཆོས་ཅི་ཞིག་ཡོད་དམ་སྙམ་ན། དེའི་སྐོར་ལ་དབྱི་ཏ་ལིའི་མཁས་པ་ཏུཙྪི་ཆེས་（杜齐）བོད་ཀྱི་གནའ་རྫས་རྟོག་ཞིབ་ཅེས་པའི་ནང་དུ་གསུངས་པར། ད་ཡོད་ཉར་ཚགས་ཐུབ་པའི་བསྟན་པ་ཕྱི་དར་འགོར་གསུང་རབ་དབུ་ཞབས་ལྷ་སྐུས་བརྒྱན་པའི་གསུང་རབ་ལྷེབ་

གྲངས་བཅུ་གཉིས་ཅན་གྱི་བརྒྱུད་སྟོང་བྲིས་མ་ཞིག་ཡོད། དེ་ནི་དུཨུ་ཆེས་གུ་གེའི་རྒྱལ་རབས་སྐབས་ལོ་ཆེན་རིན་ཆེན་བཟང་པོས་ཕྱག་བཏབ་པའི་མངའ་རིས་མཐོ་ལྡིང་དགོན་ནས་རྙེད་སོན་བྱུང་ཡོད་པ་དེ་ཡིན། མཐོ་ལྡིངས་དགོན་ནི་ལྷ་བླ་མ་ཡེ་ཤེས་འོད་དང་ལོ་ཆེན་རིན་ཆེན་བཟང་པོ་རྣམ་གཉིས་ཀྱིས་སྤྱི་ལོ་1000ཡས་མས་སུ་ཕྱག་བཏབ་པའི་དགོན་སྡེ་ཞིག་ཡིན། ཤེར་ཕྱིན་བརྒྱད་སྟོང་བྲིས་མ་དེའི་དབུ་ཞབས་ལྷ་སྐུའི་སྒྲུ་སྣལ་ལ་ཁ་ཆེའི་བྲིས་རྒྱུན་གྱི་ཁྱད་ཆོས་འབུར་དུ་ཐོན་འདུག[1]ཅེས་ཨ་མེ་རི་ཁའི་བོད་རིག་པ་མཁས་ཅན་ཕར་（帕尔）གྱི་བོད་ཀྱི་གསུང་རབ་ཀྱི་མཛེས་རྒྱན་ཞེས་པར་གསུངས་འདུག དེ་ལྟར་བརྗོད་དགོས་དོན་ནི་ལོ་ཆེན་རིན་ཆེན་བཟང་པོའི་རྣམ་ཐར་དུའང་ལོ་ཆེན་རིན་ཆེན་བཟང་པོ་དགུང་ལོ་བཅུ་བདུན་པ་ལ་ཨུ་རྒྱན་ནས་བྱོན་པའི་པཎྜི་ཏ་ཞིག་ལ་ཡུམ་གྱིས་གསོལ་སྟོན་ཕུལ་བའི་ཤུལ་དུ་རྒྱ་ཡིག་གི་བེ་བུམ་ལེགས་པ་གཅིག་ལུས་འདུག་པ་དེ་གཟིགས་པའི་ཐུགས་དགོངས་ལ། རྒྱའི་བེ་བུམ་འདིའི་ནང་དུ་གདམས་ངག་ཁྱད་པར་འདྲ་ཡོད་ཚོད་འདྲ་རྒྱ་ཡིག་མི་ཤེས་པས་བྱ་ཐབས་ཅི་ཡོད་སྙམ་སྟེ། སེམས་ཕམ་ཆེན་པོ་བྱུང་། རྗེས་སོར་ཁོང་ཁ་ཆེའི་ཡུལ་དུ་སྐད་ཡིག་སློབ་སྦྱོང་ལ་ཕེབས་ཏེ་ཁ་ཆེའི་པཎྜི་ཏ་ཆེན་པོ་ཤྲ་ཀ་ཕམ་བསྟེན་ཏེ། ཁོང་གིས་ཕྱག་དཔེ་མང་པོ་འབྲི་བཤུ་གནང་བ་དང་། ཕྱག་དཔེ་མང་པོ་བསྒྱུར་གནང་། ཁ་ཆེ་དང་རྒྱ་གར་ཤར་ཕྱོགས་སུ་བགྲང་བྱ་དུ་མ་ཞིག་བཞུགས་པའི་རྗེས་སོར་ཕ་ཡུལ་ལ་ལོག་ཕེབས། མ་གཞི་ཁོང་གིས་ཕྱག་དཔེ་ཤིང་རྟ་འཁོར་ལོ་གཅིག་ཙམ་གདན་འདྲེན་ཞུས་མོད་ཀྱང་། ད་དུང་ཕྱག་དཔེ་ཁ་ཤས་ཤིག་ཁ་ཆེར་སློབ་དཔོན་གྱི་དྲུང་དུ་ལུས་ཡོད། དེ་ནས་ལྷ་བླ་མ་ཡེ་ཤེས་འོད་ཀྱི་ཞལ་སློབ་ལྟར་ཁ་ཆེར་ལུས་པའི་ཕྱག་དཔེ་རྣམས་བསྣམས་ཕེབས་དང་སྦྲགས་ལྷ་བཟོ་མཁས་པ་རྣམས་གདན་འདྲེན་སྐད་དུ་ཁ་ཆེར་ཕེབས་ཏེ་བགྲང་བྱ་དྲུག་ཁ་ཆེར་བཞུགས། རྗེས་སུ་ལྷ་བཟོ་མཁས་པ་སུམ་ཅུ་སོ་གཉིས་དང་ཕྱག་དཔེ་རྣམས་བསྣམས་ཕེབས[2]ཞེས་པ་ལས་ལྷ་བཟོ་བ་དེ་དག་གིས་སྐབས་དེ་དུས་ལོ་ཆེན་གྱི་དགོན་སྡེ་དང་ཕྱག་དཔེ་བཞེངས་གནང་བའི་སྐབས་ལ་ལྡེབས་རིས་དང་དབུ་ཞབས་ལྷ་སྐུ་བྲིས་བཞེངས་ཀྱི་འགན་ཁྲི་བཞེས་ཡོད་ངེས་ལགས། དེས་ན་མཐོ་ལྡིངས་ནས་རྙེད་སོན་བྱུང་བའི་གསུང་རབ་དེའི་དབུ་ཞབས་ཀྱི་ལྷ་སྐུའི་སྒྲུ་རྩལ་ལ་ཁ་ཆེའི་བྲིས་རྒྱུན་གྱི་ཤན་ཞུགས་ཡོད་པ་ཤུགས་ལ་རྟོགས། དེ་མིན་ཨ་མེ་རི་ཁའི་བོད་རིག་པ་མཁས་

(1)《国外藏学研究译文集》（第18）西藏人民出版社2007年版，第329页。
(2)【意】图齐著 魏正忠、萨尔吉主编《梵天佛地》意大利亚非研究院、上海古籍出版社。

ཅན་ཕར་གྱིས་བཤད་དོན་དབྱི་ཏ་ལིའི་མཁས་པ་ཏུཙྩི་ཆེས་རྙེད་པའི་ཕྱག་དཔེ་དེའི་དབུ་ཞབས་ལྷ་སྐུའི་སྒྱུ་རྩལ་གྱི་ཁྱད་ཆོས་སམ་རི་མོའི་བྲིས་རྒྱུན་དེ་སྐབས་དེ་དུས་བཞེངས་པའི་ཨར་ཆི་དགོན་གྱི་ཚོམས་ཆེན་གྱི་ལྡེབས་རིས་དང་ལོ་ཆེན་གྱིས་ཕྱག་བཏབ་པའི་མཆོད་ཁང་

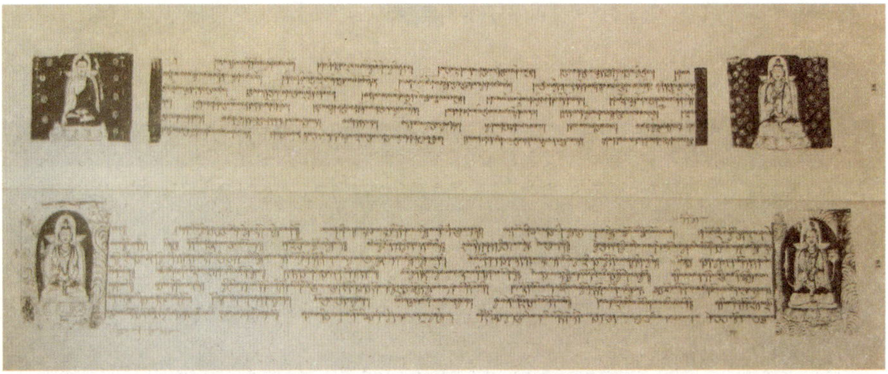

དུས་རབས་13-14སྐབས་ཀྱི་བཀའ་གདམས་པའི་གསུང་རབ་བྲིས་མའི་དབུ་ཞབས་ལྷ་སྐུ།

གི་ལྡེབས་རིས་བཅས་དུས་མཉམ་དུ་བསྡུར་པ་ཡིན་ན། མཛེས་ཤིང་ལྷ་ན་སྡུག་པའི་རི་མོ་དེ་དག་གི་ཁྱད་ཆོས་དོ་མཉམ་དུ་འདུག[1]ཅེས་གསུངས་པ་སོགས་ལས་བོད་དུ་བསྟན་པ་ཕྱི་དར་འགོ་ཚུགས་མཚམས་སུ་བོད་ནུབ་ཕྱོགས་ཀྱི་རི་མོའི་ཁྱད་ཆོས་ལ་ཁ་ཆེའི་བྲིས་རྒྱུན་ཤན་ཞུགས་ཀྱང་བོད་ཀྱི་རི་མོ་བ་རྣམས་ཀྱིས་གུ་གེའི་སྒྱུ་རྩལ་[2]ཞེས་ཀྱང་བརྗོད་གནང་གི་འདུག

2 བཀའ་གདམས་པའི་དབུ་ཞབས་ལྷ་སྐུའི་སྒྱུ་རྩལ།

བཀའ་གདམས་པ་ནི་ཇོ་བོ་རྗེ་དཔལ་ལྡན་ཨ་ཏི་ཤའི་བོད་སློབ་འབྲོམ་སྟོན་པ་རྒྱལ་བའི་འབྱུང་གནས་མཆོག་གི་སྲོལ་གཏོད་པ་ཞིག་ཡིན། བཀའ་གདམས་པའི་དབུ་ཞབས་ལྷ་སྐུའི་སྒྱུ་རྩལ་ལ་ཐོག་མར་རྒྱ་གར་ཤར་ཕྱོགས་པཱ་ལའི་བྲིས་རྒྱུན་གྱི་ཁྱད་ཆོས་ལྡན་ཡོད། མ་གཞི་བྱས་ན་རྒྱ་གར་ཤར་ཕྱོགས་པཱ་ལའི་བྲིས་རྒྱུན（波罗风格）གྱི་ཁྱད་ཆོས་དེ་གྲུབ་མཐའ་གཞན་གྱིས་ཡེ་ནས་མ་བཀོལ་བ་ཞིག་མིན་ཡང་གཙོ་བོ་ཇོ་བོ་རྗེ་ལ་ཐུག་ཡོད། ཇོ་བོ་རྗེ་དང་བཀའ་གདམས་པ་བར་ཐད་ཀར་གྱི་འབྲེལ་བ་ཡོད་ཙང་དབུ་ཞབས་ལྷ་སྐུ་སོགས་བཀོ་འབྲིའི་ཁྱད་ཆོས་འདི་དག་ཡང་བཀའ་གདམས་པས་ནང་འདྲེན་གནང་བ་ཞིག་ཡིན་པས་བཀའ་

(1)《国外藏学研究译文集》（第18）西藏人民出版社2007年版， 第322页。
(2)霍巍；主编《越过西马拉雅》四川大学出版，第9 页。（般若佛母与供养人。《八千颂般若》写本。西藏西部。约11世纪。贝叶，赋彩；图像部9，1×7，6cm.现藏在洛杉矶县立博物馆）。

གདམས་པའི་ཁྱད་ཆོས་སུ་འཁུམས་སོ། རྒྱུ་མཚན་ནི་ཇོ་བོ་རྗེ་དཔལ་ལྡན་ཨ་ཏི་ཤ་ནི་བི་ཀྲ་མ་ལ་ཤི་ལའི་དགོན་ （超岩寺）གྱི་བླ་ཆེན་ཞིག་ཡིན་སྐབས། ཁོང་གིས་དགོན་སྡེ་དེ་ནས་ཕྱག་དཔེ་བྲིས་མ་ངོ་མཚར་དབུ་ཞབས་ལྷ་སྐུས་བརྒྱན་པའི་གསུང་རབ་བསྣམས་ཕེབས་ཡོད་ངེས་ལགས། ཐ་ན་ལྷ་བཟོ་མཁས་པ་ཁ་ཤས་ཡང་བོད་དུ་ཞབས་ཕྱིར་འབྱོན་ཡོད་སྲིད། དུས་རབས་11པར་བོད་དུ་པཱ་ལའི་སྒྱུ་རྩལ་གྱི་ཁྱད་ཆོས་གཙོ་བོ་ནང་འདྲེན་ཐུབ་པ་ནི་ཇོ་བོ་རྗེར་

དུས་རབས་14-15གནའ་དཔེ་གསེར་བྲིས་ཀྱི་དབུ་ཞབས་ལྷ་སྐུའི་དཔེ་རིས།

རག་ལུས་སོ། བོད་ཀྱི་གསུང་རབ་ཀྱི་མཛེས་རྒྱན་ཞེས་པར་དུས་རབས་11-12ཀྱི་དབུ་ཞབས་ལྷ་སྐུའི་སྒྱུ་རྩལ་གྱི་ཁྱད་ཆོས་དེ་ཡང་གྲུབ་མཐའ་གཞན་གྱིས་བེད་སྤྱོད་གནང་ཡོད་ན་ཡང་དེ་ལ་བཀའ་གདམས་པའི་ཁྱད་ཆོས་ཞེས་བརྗོད་ན་དོན་དང་ལྡན་པ་ཞིག་ལགས་སོ་ཞེས་པས་འཐུས་སོ།།

3 ས་སྐྱ་པའི་དབུ་ཞབས་ལྷ་སྐུའི་སྒྱུ་རྩལ།

ས་སྐྱ་པ་ནི་འཁོན་དཀོན་མཆོག་རྒྱལ་པོ་མཆོག་གིས་སྲོལ་གཏོད་གནང་བའི་རྗེས་སུ་ས་སྐྱ་གོང་མ་རྣམ་ལྔ་ལ་སོགས་པས་ཆུ་བོའི་རྒྱུན་བཞིན་དུ་སྤེལ་གནང་མཛད་པ་ལས་ས་སྐྱ་ཞེས་བརྗོད། ས་ལུགས་ཀྱིས་བཞེངས་པའི་ཕྱག་དཔེ་དེ་དག་གི་དབུ་ཞབས་ལྷ་སྐུ་སོགས་ལ་ཐུན་མོང་མ་ཡིན་པའི་རང་རང་སོ་སོའི་སྒྱུ་རྩལ་གྱི་ཁྱད་ཆོས་ལྡན་ཡོད། ས་ལུགས་ཀྱི་ཁྱད་ཆོས་ཟབ་མོ་ལྡན་པའི་གླེགས་ཤིང་ཆེས་ཐུ་གྲས་ཤིག་ད་ལྟ་དབྱིན་ཇིའི་དངོས་རྫས་བཤམས་སྟོན་ཁང་དུ་ཉར་ཚགས་གནང་ཡོད་ཅེས་ཨ་མེ་རི་ཁའི་བོད་རིག་པ་མཁས་ཅན་ཕའར་གྱིས་

གསུངས་ཡོད། དེའི་སྟེང་དུ་བཀྲ་འབྲི་གནང་བའི་ལྷ་སྐུའི་ཁྱད་ཆོས་ལ་ཁོང་གིས་གསུངས་པར། གློགས་ཤིང་དེའི་ནང་ངོས་ཀྱི་བརྗོད་བྱ་གཙོ་བོ་ནི་ཤར་ཕྱིན་ཡུམ་ཡིན་གཤིས་གློགས་ཤིང་དེ་ནི་ཤེས་རབ་ཀྱི་ཕར་རོལ་དུ་ཕྱིན་པ་བརྒྱད་སྟོང་པ་ཞིག་གི་གློགས་ཤིང་ཡིན། དེའི་ཕྱི་ངོས་སུ་སྟོན་པའི་སྐུ་བརྙན་འབུར་བཀོས་དང་ནང་ངོས་སུ་བྲིས་དག་པའི་རི་མོས་བརྒྱན་ཡོད། རི་མོ་དེ་དག་གི་ཁྱད་ཆོས་ལས་དེ་ནི་ས་ལུགས་གསར་གཏོད་གནང་མ་ཐག་ནས་བལ་ལུགས་ཀྱི་ལྷ་བཟོའི་སྒྱུ་རྩལ་ལ་དམིགས་བསལ་གྱི་ཞེན་ཆགས་གནང་ཡོད་ཅེས་གསུངས་ཡོད། དེ་མིན་ས་ལུགས་འཕེལ་རྒྱས་ཆེ་བའི་དུས་རབས་16པའི་ནང་དུ་གསུང་རབ་ཀྱི་དབུ་ཞབས་ལྷ་སྐུའི་སྒྱུ་རྩལ་ལ་བལ་ལུགས་ཀྱི་ཤུགས་རྐྱེན་ཐེབས་ཡོད་པ་གདོན་མི་ཟ། ང་ཚོས་ས་ལུགས་ལ་བལ་ལུགས་ཀྱི་དམིགས་བསལ་ཁྱད་ཆོས་ལྡན་ཡོད་པ་དེ་ཤེས་རྟོགས་བྱུང་། དཔེར་ན་ཨ་མི་རི་གའི་བོད་རིག་པ་མཁས་ཅན་ཕར་གྱིས་མཛད་པའི་བོད་ཀྱི་གསུང་རབ་ཀྱི་མཛེས་རྒྱན་ཞེས་པར་གློགས་ཤིང་གི་ཆེ་ཆུང་དང་རི་མོའི་ནང་བོད་ཀྱི་དགེ་འདུན་གྱི་གཟུགས་བརྙན་ཡོད་པ་ཕུད་དེར་བཀྲ་འབྲི་གནང་བའི་སྐུ་བརྙན་དང་དུས་མཚུངས་བལ་ལུགས་ཀྱི་བྲིས་རྒྱུན་གྱི་སྐུ་བརྙན་པར་དཔེ་བ་ཅི་ཞིག་མཆིས་པ་སྣ་ཐབས་བྲལ།[1]ཞེས་པ་སོགས་ལས་ས་ལུགས་ཀྱི་གསུང་རབ་ལྷ་སྐུས་བརྒྱན་པ་དེ་དག་ལ་བལ་ལུགས་ཀྱི་ཤན་ཞུགས་པ་ཤེས་སླའོ། དེ་ནི་ས་ལུགས་ཀྱི་ཁྱད་ཆོས་སོ། འོ་ན་ས་ལུགས་དང་བཀའ་གདམས་པའི་ལུགས་ཀྱི་བྲིས་རྒྱུན་ལ་ཁྱད་པར་ཅི་ཞིག་ཡོད་དམ་ཞེས་ན། བོད་ཀྱི་གསུང་རབ་ཀྱི་མཛེས་རྒྱན་ཞེས་པ་ལས་ཞུས་ན་དེ་དག་གི་ཁྱད་པར་མགོ་བརྟགས་འབུད་སྣ། ཁོང་གིས་གསུང་པར་གང་ལྟར་ཡང་རི་མོའི་ལག་རྩལ་ལམ་ཡང་ན་རི་མོའི་བྲི་རྒྱུན་གྱི་ཁྱད་ཆོས་ཐད་དཔེ་རིས་ཆུང་བ་དེ་དང་དུས་རབས་12-13བར་གྱི་ཐང་གའི་རི་མོ། གསུང་རབ་བྲིས་མའི་མཛེས་རྒྱན་ཏེ་དབུ་ཞབས་ལྷ་སྐུ་སོགས་ཁྱོན་ཡོངས་ནས་ཤིན་ཏུ་འདྲ་བ་ཞིག་ཡིན། བྱོན་ལེགས་པའི་ཤར་ཕྱིན་ཡུམ་པད་གདན་གྱི་སྟེང་དུ་བཞུགས་པ་དང་སྐུ་བརྙན་གྱི་རྒྱབ་ལྗོངས་ནི་མེ་ཏོག་ཕྲ་མོས་བརྒྱན་པ། མཛེས་ཆ་ལྡན་པའི་པད་གདན་གྱི་རྣམ་པའི་འབྱུང་ཁུངས་ནི་པཱ་ལའི་ཁྱད་ཆོས་（波罗风格）ལ་ཁུངས་གཏུག་ཡོད། འོན་ཏེ་བཀའ་གདམས་པའི་གློགས་ཤིང་ཐོག་བཀོད་པའི་པད་གདན་དང་བསྡུར་ཚེ། པཱ་ལའི་དང་བལ་ལུགས་སྒྱུ་རྩལ་གྱི་མཚོན་སྟངས་ལ་ཁྱད་པར་ཅུང་

(1)《国外藏学研究译文集》（第15）西藏人民出版社2001年版，321页。

ཟད་ཡོད། སྙིང་གི་ཡོལ་བ་དང་སྐུ་བརྙན་གྱི་ན་བཟའ། རྒྱན་ཆ་སོགས་ཆེས་མང་པོ་ཞིག་བལ་ལུགས་ཀྱི་ཁྱད་ཆོས་ཡིན་པ་མ་ཟད་བྱང་སེམས་བཞེངས་སྟངས་དང་ཞལ་རས་ཀྱི་ཁྱད་ཆོས་

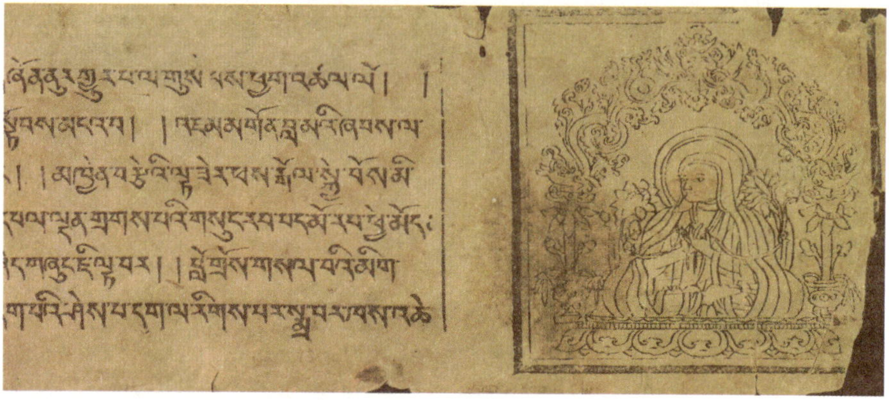

དུས་རབས་13སྐབས་ཀྱི་ཚད་མ་རིགས་གཏེར་རྟོར་དཔར་མའི་དབུ་ཞབས་ལྷ་སྐུ།

སོགས་བལ་ལུགས་ཙོ་མ་ཡིན། མི་སྣ་མཉེན་ཆ་དོད་ལ་ཐུང་ཟད་སྒྲུམ་ཞིང་ཚོན་པོ། སྐྱ་ཐིག་ཞིབ་ཆ། གཟུགས་བརྙན་ཏེ་སྐུ་ཐིག་གི་རྣམ་པ་གྲུབ་པ་དེ་ལས་བལ་ལུགས་ཀྱི་ཁྱད་ཆོས་ལས་ལྷ་ལའི་ཁྱད་ཆོས་མིན། ཞེས་པས་མཚོན་བལ་ལུགས་ཀྱི་དམིགས་བསལ་ཁྱད་ཆོས་ཞིག་ནི་སྐུ་བརྙན་ཤ་མདོག་ཐུང་ནག་པོ་དེ་ཡིན། ཤ་མདོག་ནག་པའི་སྐུ་བརྙན་གྱི་གཟུགས་སྟོབས་ནི་ང་ཚོས་དུས་རབས་15པའི་ས་ལུགས་ཐང་ག་དང་ལྡེབས་རིས་ཀྱི་མཚོན་རྟགས་ཤིག་ཡིན་ཞེས་པ་དང་ད་དུང་ལོ་སི་ཐིས་（洛斯蒂）གསུངས་པར་རྒྱ་གར་གྱི་བྲིས་མའི་དབུ་ཞབས་ལྷ་སྐུའི་ཁྲོད་བྱང་ཆུབ་སེམས་དཔའ་ལྷ་ཚོགས་དག་གི་བཞུགས་སྟངས་ནི་སྤྱིར་གྱི་ཡན་ལག་བཞི་དང་སྐུ་ལུས་ཚང་མ་གཟུགས་བརྙན་གྱི་མཉེན་ཆས་གང་བ་ཞིག་ཡིན་མོད་ཀྱང་། སྔོན་པའི་སྐུ་བརྙན་གྱི་སྤྱི་ཚོག་དུས་རྒྱུན་དུ་ཤ་ཚུགས་ཆེ་ལ་མཉེན་ཆས་དབེན་པའི་རྣམ་པ་ཞིག་ཡིན། ཁ་ཆེའི་མཛེས་རྩལ་གྱི་ཁྱད་ཆོས་དང་བསྡུར་ན་སྐུ་བརྙན་གྱི་ཤ་ཚུགས་མངོན་ཐབས་ཐད་ལ་དང་དོད་ཆེན་པོ་གནང་མེད་པ་ལྟ་བུར་སྣང་། འོན་ཏེ་སྐུ་རྒྱབ་འཛིང་གཟུགས་ཅན་གྱི་འོད་འཁྱིལ་དང་དུང་འཁྱིལ་གྱི་དབུ་སྐྲ་དང་། དབུའི་གཙུག་ཏོར་གྱི་ཁྱད་ཆོས་ལ་དོ་གལ་ཆེན་པོ་གནང་ཡོད་པ་དེ་ལས་དབུ་སྐྲ་སྒོར་འཁྱིལ་ཅན་ནམ་དབུའི་གཙུག་ཏོར་སྒོར་འཁྱིལ་ཅན་གྱི་ཁ་ཆེའི་ཁྱད་ཆོས་དང་བསྡུར་ན་དེ་གཉིས་བར་ལ་ཁྱད་ཆོས་དེ་དག་ལས་མ་འདས་སོ།

4 བོད་རྒྱའི་སྒྱུ་རྩལ་ཟུང་འབྲེལ་གྱི་དབུ་ཞབས་ལྷ་སྐུ།

ད་ལྟ་ང་ཚོས་བོད་ཡིག་གནའ་དཔེ་དུས་རབས་8-9པའི་ནང་དུ་ཏུན་ཧོང་དང་དུས་རབས་11-12ནང་དུ་མི་ཉག་དང་དུས་རབས་13-14ནང་དུ་ཡོན་དང་། དུས་རབས་14-17མིང་ཡུང་ལོ་དང་དུས་རབས་17-20ཆིང་གོང་མ་ལྷ་སྐྱོང་བཅས་ཀྱི་རིང་རྒྱ་ནག་གོང་མ་དང་བཙུན་མོ་རྣམས་ཀྱིས་སྦྱིན་བདག་གནང་སྟེ་བོད་ཡིག་གནའ་དཔེ་རྒྱ་ནག་ཏུ་འབྲི་བཞེངས་གནང་བའི་གནའ་དཔེ་མི་ཉུང་བ་ཞིག་མཐོང་ཐུབ་ཀྱི་འདུག གནའ་དཔེ་དེ་དག་གི་ཁྲོད་ནས་དུས་རབས་8-9པའི་གནའ་དཔེ་ཕུད་པའི་གཞན་མི་ཉག་དང་ཡོན། མིང་དང་ཆིང་བཅས་ཀྱི་རྒྱལ་རབས་སུ་བྲིས་དཔར་བརྐུབ་པའི་གནའ་དཔེ་དེ་དག་གི་སྟེང་དུ་རི་མོའི་སྒྱུ་རྩལ་མི་འདྲ་བའི་དབུ་ཞབས་ལྷ་སྐུས་ཀྱང་བརྒྱན་འདུག ལྷ་སྐུ་དེ་དག་གི་སྒྱུ་རྩལ་ཐད་ལ། མི་ཉག་གི་བཀའ་འགྱུར་དཔར་མའི་དབུ་ཞབས་ལྷ་སྐུར་རི་མོའི་སྒྱུ་རྩལ་རྣམ་པ་གཉིས་འདུས་ཡོད། མང་ཆེ་བ་ནི་ཐད་ཀར་རྒྱ་ནག་གི་རི་མོའི་སྒྱུ་རྩལ་དང་འབྲེལ་བ་ཡོད། གཞན་

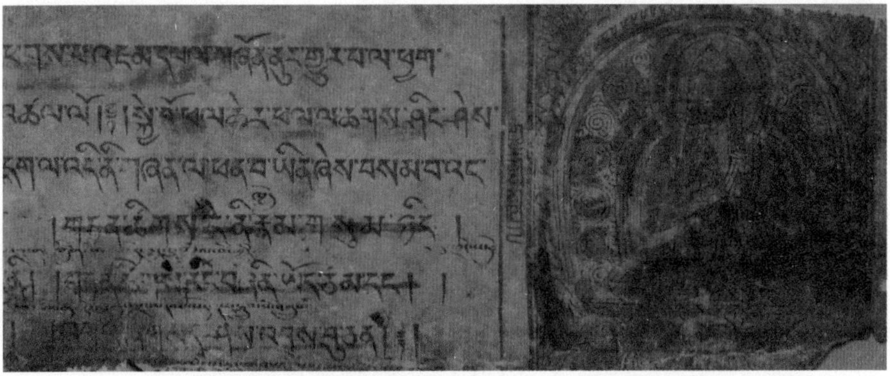

དུས་རབས་13སྐབས་ཀྱི་ཚད་མ་རྣམ་འགྲེལ་ཚིགས་ལེའུར་བྱས་པ་ཏོར་དཔར་མའི་དབུ་ཞབས་ལྷ་སྐུ།

རྣམས་ནི་བོད་ཀྱི་རི་མོའི་སྒྱུ་རྩལ་ལྟར་འབྲི་བཞེངས་བྱས་པ་ཞིག་ཡིན། སྒྱུ་རྩལ་གྱི་རྣམ་པའི་ཐད་ནས་བརྗོད་ན་མི་ཉག་དང་ཡོན་གྱི་དཔར་མའི་དབུ་ཞབས་ལྷ་སྐུར་བོད་ཀྱི་རི་མོའི་སྒྱུ་རྩལ་གྱི་ཁྱད་ཆོས་ལྡན་པ་ནི་གཅིག་མཚུངས་སུ་འདུག[1]ཅེས་གསུངས་པས་མི་ཉག་དང་ཡོན་གྱི་དུས་སུ་བཞེངས་པའི་གནའ་དཔེའི་དབུ་ཞབས་ལྷ་སྐུའི་སྒྱུ་རྩལ་ཅི་ཞིག་ཡིན་པ་

(1)（法）海瑟·噶尔美著熊文斌译《早期汉藏艺术》 中国藏学出版社1994年版75页。

རྫོགས། ཡོན་རྒྱལ་རབས་སུ་བོད་དཔེ་དཔར་ལ་བཏབ་པ་སྟེ་སྤྱི་ལོ་1284ལོར་དཔར་བོད་200བཏབ་པའི་ས་པཎ་གྱི་ཚད་མ་རིགས་གཏེར་དང་སྤྱི་ལོ་1299ལོར་དཔར་དུ་བཏབ་པའི་ས་པཎ་གྱི་སྡོམ་གསུམ་རབ་དབྱེ། སྤྱི་ལོ་1311ལོར་དཔར་བཏབ་པའི་ཡན་ལག་བརྒྱད་པའི་སྙིང་པོ་སོགས་ཀྱི་སྟེང་དུ་དུས་རབས་དེའི་ཁྱད་ཆོས་ལྡན་པའི་དབུ་ཞབས་ལྷ་སྐུ་བཀོད་

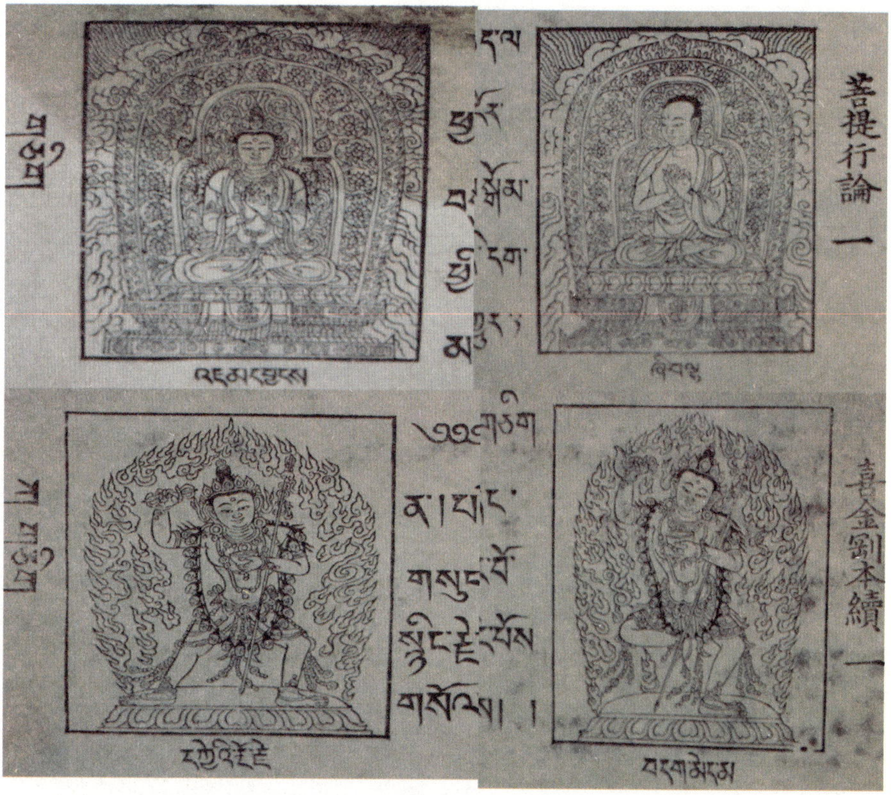

སྤྱི་ལོ་1451ལོའི་སྤྱོད་འཇུག་དང་རྣལ་འབྱོར་རྒྱུད་ཀྱི་ནག་དཔར་མའི་དབུ་ཞབས་ལྷ་སྐུའི་དཔེ་རིས།

ཡོད་པ་སྟེ། འདི་ནི་སྤྱི་ལོ་1284ལོར་ཡོན་གྱི་རྒྱལ་སར་དཔར་བོད་200བཏབ་པའི་ས་པཎ་གྱི་ཚད་མ་རིགས་གཏེར་གྱི་དབུ་ཞབས་ལྷ་སྐུ་ཡིན། ས་པཎ་གྱི་སྣང་བརྙན་ལས་བརྗོད་ན་གཟུགས་བརྙན་རྙིལ་པོ་མཉེན་ཆས་དབེན་ཞིང་ཤ་གཟུགས་ཆེ་བ། གཞོགས་གཡས་གཡོན་གཉིས་སུ་མེ་ཏོག་གིས་ཁེངས་པའི་བུམ་པ་ཞབས་སྟེགས་རེ་རེ་བྲིས་ནས་འདུག བུམ་པའི་ནང་གི་མེ་ཏོག་སྡོང་པོ་ཕྱོགས་སོ་སོ་ནས་སྟེང་དུ་རྒྱུགས་ཏེ་དབུ་སྟེང་གི་རྩེ་པར་གྱིས་ཚོད་

ཟེན་ཏེ་གཡས་གཡོན་ནས་མགོ་འབྲེལ་ཏེ་འདུག རྗེ་ས་པཎ་གྱི་སྣང་བརྙན་དེ་མཇལ་བ་ཙམ་གྱིས། དཔལ་ཞ་ལུ་དགོན་གྱི་ལྷེབ་རིས་ཀྱི་རི་མོའི་སྒྱུ་རྩལ་ཇི་བཞིན་མཉེན་ཆས་དཔེན་ཞིང་ཤ་ཚུགས་ཆེ་ལ། བཞི་ཆ་གསུམ་གྱི་ཆ་ཤས་ཞལ་ནང་དུ་ཕྱོགས་པའི་བལ་ལུགས་ཀྱི་ཉམས་ལྡན་པའི་རི་མོའི་བརྩམ་ཆོས་ཤིག་ཡིན་པར་སེམས། ད་དུང་ཡོན་གོང་མའི་ཏི་ཤྲཱི་གསུམ་པ་དྷརྨ་པ་ལའི་(1268-1287)སྐུ་དུས་དཔར་ལ་ཕོད་500བཏབ་པའི་རྒྱ་གར་གྱི་སློབ་དཔོན་ཆོས་གྲགས་ཀྱིས་མཛད་པའི་ཚད་མ་རྣམ་འགྲེལ་གྱི་ཚིག་ལེའུར་བྱས་པ་ཞེས་པ་དེའི་དབུ་ཞབས་ལྷ་སྐུ་ནི་ས་པཎ་གྱི་ཚད་མ་རིགས་གཏེར་དང་འདྲ་བར་འཇམ་དཔལ་དབྱངས་དང་གཞུང་དེ་མཛད་མཁན་གྱི་སློབ་དཔོན་ཆོས་གྲགས་ཀྱི་སྐུ་བརྙན་བཀོད་པ་[1]འདི་ལྟར་ཡིན། འདི་ནི་དུས་རབས་13-14རྒྱ་ནག་དཔར་མའི་དབུ་ཞབས་ལྷ་སྐུའི་ཁྱད་ཆོས་སུ་འཁྱུམས་སོ། ཡོན་མིང་དུས་རབས་(14-17)སུ་རྒྱ་ཡིག་གི་གནའ་དཔེའི་དབུ་ཞབས་ལྷ་སྐུ་ཆེས་མང་པོ་ཞིག་གི་སྒྱུ་རྩལ་གྱི་རྣམ་པ་སྟེ། གཙོ་བོའི་སྐུ་བརྙན་དེར་བོད་ཀྱི་རི་མོའི་སྒྱུ་རྩལ་གྱི་ཤུགས་རྐྱེན་

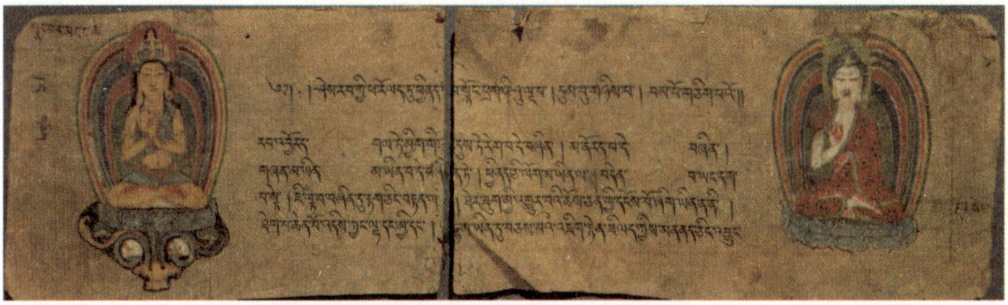

དུས་རབས་13-14སྐབས་ཀྱི་ཤེར་ཕྱིན་བྲིས་མའི་དབུ་ཞབས་ལྷ་སྐུ།

གཏིང་ཟབ་པོ་དང་། ལྷ་མགྲོན་རྣམས་ཀྱི་སྐུ་བརྙན་ལ་རྒྱ་ནག་གི་རི་མོའི་སྒྱུ་རྩལ་གྱི་རྣམ་པ་ཞིག་ཡིན་[2]ཞེས་པ་ལྟར་ན། མིང་ཡུང་ལོ་བཅུ་གསུམ་སྟེ་སྤྱི་ལོ་1415ལོར་རྒྱ་ནག་ཏུ་དཔར་ལ་བཏབ་པའི་སྦྱོང་འཇུག་དང་རྣལ་འབྱོར་གྱི་རྒྱུད་དེ་གཉིས་སོ་སོའི་དབུ་ཞབས་ལྷ་སྐུར་འཇམ་དཔལ་དབྱངས་དང་སློབ་དཔོན་ཞི་བ་ལྷ།[3]ཀྱི་རྡོ་རྗེའི་རྒྱུད་ཏུ་ཀྱེ་རྡོ་རྗེ་དང་བདག་

(1)དཔར་རིས་འདི་ཡོན་གྱི་དཔར་མ་སྟེ་ཏི་ཤྲཱི་གསུམ་པ་དྷརྨ་པ་ལའི་སྐུ་དུས་སུ་དཔར་དུ་བཏབ་པའི་ཚད་མ་རྣམ་འགྲེལ་ཚིག་ལེའུར་བྱས་པའི་དབུ་ཞབས་ལྷ་སྐུ་ཡིན།

(2)（法）海瑟·噶尔美著熊文斌译《早期汉藏艺术》 中国藏学出版社1994年版83页。

(3)དཔར་རིས་འདི་ནི་ཡུང་ལོ་བཅུ་གསུམ་སྐབས་སུ་དཔར་དུ་བཏབ་པའི་སྦྱོང་འཇུག་གཞུང་དང་ཀྱེ་རྡོ་རྗེའི་རྒྱུད་ཀྱི་དབུ་ཞབས་ལྷ་སྐུ་ཡིན།

མེད་མ་བཅས་བགོད་འདུག གནའ་དཔེ་དེ་དག་གི་དབུ་ཞབས་ལྷ་སྐུའི་སྣང་བརྙན་མཛལ་བ་ཙམ་གྱིས་ཡུང་ལོའི་བཀའ་འགྱུར་གྱི་དབུ་ཞབས་ལྷ་སྐུའི་སྒྱུ་རྩལ་ཡང་རང་བཞིན་གྱིས་དྲན་སྣང་དུ་འཆར། ཡུང་ལོ་བརྒྱད་པ་སྟེ་སྤྱི་ལོ་1410ལོའི་བཀའ་འགྱུར་གྱི་དབུ་ཞབས་ལྷ་སྐུ་ནི་ཁྱད་འཕགས་ཀྱི་རི་མོའི་སྒྱུ་རྩལ་དང་གསོན་ཉམས་ལྡན་པའི་སྣང་བརྙན། བྱིན་རླབས་ཆེ་བའི་རྣམ་པ་སོགས་ཀྱི་རི་མོའི་སྒྱུ་རྩལ་ཚད་དུ་བྱུང་བ་དེས། མི་རྣམས་ལ་རང་དབང་མེད་པར་བལ་པོའི་སྒྱུ་རྩལ་གྱི་ཁྱད་ཆོས་ལྡན་པའི་ཆེས་ཐོག་མའི་བོད་ཀྱི་རི་མོའི་བརྩམ་ཆོས་སྟེ། སྤྱི་ལོ་1427ལོའི་དཔལ་འཁོར་ཆོས་སྡེའི་མཛེས་སྡུག་ལྟ་ན་སྡུག་པའི་ལྡེབས་རིས་ཀྱི་ལྷ་མགྲོན་རྣམ་པའི་གཟུགས་བརྙན་ཡང་འཆར།[1]ཞེས་པས་དུས་རབས་14-17པར་རྒྱ་ནག་ཏུ་བཞེངས་པའི་དབུ་ཞབས་ལྷ་སྐུའི་སྒྱུ་རྩལ་ཅི་འདྲ་ཞིག་ཡིན་པ་རྟོགས། དེ་མིན་ད་དུང་གོང་དུ་བརྗོད་པ་ལྟར་སྐུ་བརྙན་གཙོ་བོ་དེ་བོད་ལུགས་དང་འཁོར་རྣམས་ནི་རྒྱ་ལུགས་ཡིན་པ་གོང་མ་ལྷ་སྐྱོང་ལོ་ཉེར་བཞི་སྟེ་1759ལོར་དཔར་དུ་བཞེངས་པའི་ཐེག་པ་ཆེན་པོ་ཚེ་དཔག་མེད་མདོ་དེའི་ཞབས་ཤོག་ཏུ་བསྒྲོན་པའི་ལྷ་སྐུར་ཡང་སྒྱུ་རྩལ་གྱི་རྣམ་པ་དེ་རང་ལྡན་འདུག དེ་ལྟར་ཡིན་དགོས་དོན་ནི་མ་དཔེ་བོད་དཔེ་ཡིན་པའི་སྐབས་ཀྱི་བོད་ཀྱི་རི་མོའི་ཁྱད་ཆོས་དང་རྒྱ་ནག་གི་དཔར་པས་དཔར་ལ་བཀོས་པ་ཡིན་ཙང་རྒྱ་ནག་གི་རི་མོའི་ཁྱད་ཆོས་ཀྱི་ཤན་ཞུགས་པར་སེམས། མདོར་ན་དུས་རབས་མི་འདྲ་བའི་ནང་དུ་རྒྱ་ནག་ཏུ་འབྲི་བཞེངས་བགྱིས་པའི་གནའ་དཔེ་དེ་དག་གི་དབུ་ཞབས་ལྷ་སྐུར་བོད་རྒྱ་གཉིས་ཀྱི་རི་མོའི་སྒྱུ་རྩལ་གྱི་ཁྱད་ཆོས་ལྡན་ཡོད།

(1)（法）海瑟·噶尔美著熊文斌译《早期汉藏艺术》中国藏学出版社1994年版，112页。

ལེའུ་བཅུ་པ། གསུང་རབ་ཀྱི་མཆན་འགྲེལ་སྐོར།

གཅིག མཆན་འགྲེལ་གྱི་བྱུང་བ།

དེ་ཡང་བོད་སྐད་ཀྱི་མཆན་འགྲེལ་ཞེས་པའི་ཚིག་དེ་བེད་སྤྱོད་མ་བྱས་པའི་ཡར་སྔོན་དུ་བོད་ཀྱི་མཁས་པ་དང་གསུང་རབ་སྨྲ་བ་དག་གིས་མཆན་འགྲེལ་ཞེས་པའི་ཚིག་དེའི་སྐད་དོད་དུ་ལེགས་སྦྱར་གྱི་སྐད་ཊཱིཀྐ་ཞེས་པ་དེ་བཀོལ་སྤྱོད་གི་གནང་འདུག ཊཱིཀྐ་ཞེས་པའི་གོ་དོན་ལ་བོད་རྒྱ་ཚིག་མཛོད་ཆེན་མོ་ལས་ཊཱིཀྐ་ཞེས་པ་ལེགས་སྦྱར་ཏེ་དཔེ་གཞུང་རྩ་བ་གང་ཡིན་འགྲེལ་བཤད་དམ་འགྲེལ་པ་ལ་ཟེར་ཞེས་དང་བོད་དབྱིན་སམ་གསུམ་གྱི་ཚིག་གི་གཏེར་མཛོད་ཞེས་པའི་ནང་ཊཱིཀྐ་ནིused for ཊཱིཀཱ་- explanation commentary,[1] ཞེས་འཁོད་འདུག་པས་དེའི་གོ་དོན་སུ་མཐུད་དེ་འགྲེལ་བའི་དགོས་པ་ཆེས་ཆེར་མ་མཐོང་། ནང་བསྟན་གཞུང་ལུགས་ནང་བྱུན་ཆུད་པའི་ལོ་པཎ་དག་གིས་དཀའ་བ་ཁྲི་ཐྲག་མང་པོ་ཁྱད་དུ་བསད་དེ་གཞུང་དེ་དག་གི་ལུང་རྒྱུན་བཙལ་སྙེད་གནང་ནས་གཞུང་ཁུངས་དག་པར་བྱས་ཏེ། བོད་རིགས་ཀྱི་ལོ་ཙཱ་བ་དག་གིས་འཕགས་པའི་ཡུལ་གྱི་འགྲེལ་རྩོམ་རྣལ་མ་དག་ཁབ་ཤུལ་སྐུད་པས་བསྟན་པ་ལྟར་རང་སྐད་དུ་བསྒྱུར་གནང་མཛད་དུས་ནས་མཆན་འགྲེལ་ཞེས་པ་དེ་བྱུང་ཡོད་པར་མངོན། ཆེས་ཐོག་མའི་ནང་བསྟན་གསུང་རབ་དག་གི་ཊཱིཀ་ཞེས་པ་དེ་བོད་སྐད་ཀྱི་ས་སྐྱེས་ཛོ་སྐྱེས་ཀྱི་མཆན་འགྲེལ་ཞེས་པའི་ཚིག་དེ་བཀོལ་སྤྱོད་མ་གནང་བའི་ཡར་སྔོན་དུ་གཞུང་ཁག་གི་འགྲེལ་པ་ཁག་ལ་ཊཱིཀ་ཞེས་པ་བེད་སྤྱོད་གནང་གི་འདུག གང་ལགས་ཤེ་ན། བསྟན་པ་སྔ་དར་སྐབས་ཀྱི་གཞུང་ཆེན་དག་གི་འགྲེལ་རྩོམ་ལ་རྒྱ་གར་འཕགས་པའི་ཡུལ་གྱི་སྐད་དེ་ཊཱིཀ་ཞེས་པ་དེ་བཀོལ་སྤྱོད་ཤུགས་ཆེན་པོ་གནང་པ་དཀར་ཆག་འཕང་ཐང་མ་སོགས་ལ་གཟིགས་ཞིབ་གནང་ན་ཤེས་རྟོགས་ཐུབ་པ་མ་ཟད། བོད་ཀྱི་གསུང་རབ་སྨྲ་བ་ངེས་པ་དོན་གྱི་མཁས་དབང་དགེ་འདུན་ཆོས་འཕེལ་མཆོག་གིས་སྔོན་གྱི་དཔེ་རྙིང་རྣམས་ལ་རྒྱ

(1)བོད་དང་སំ་སྐྲི་ཏ་དང་ཨིང་ལི་ཤི་སྐད་གསུམ་ཤན་སྦྱར་གོ་བདེ་རིམ་བསྒྲིགས་ཚིག་དང་མིང་གི་རྣམ་གྲངས། རྒྱ་གར་གྱི་སྐད་བསྒྱུར་བའི་ལོ་པཎ་ཤེ་ཤར་ཏ་ཙན་དྲའི་ཚིག་མཛོད། ཤོག་གྲངས་619ལས་དྲངས།

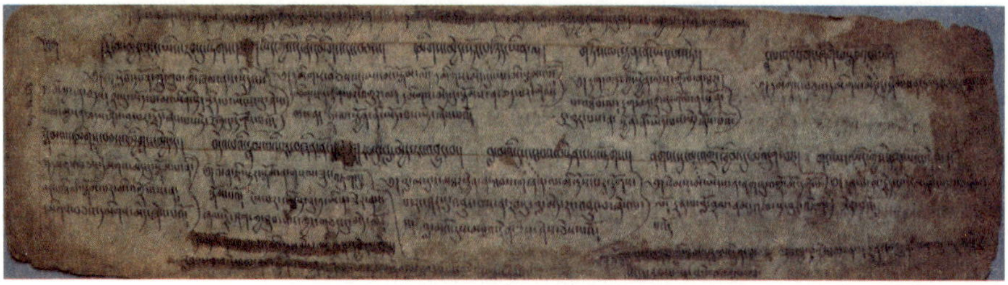

དུས་རབས་13-14སྐབས་ཀྱི་གནའ་དཔེ་མཆན་འགྲེལ་ཅན།

སྐད་རང་སོར་བཞག་པ་ཡང་མང་སྟེ། དཔེར་ན་བུདྡྷ་ལ་སྐྱབས་སུ་འགྲོ་བ་སོགས་དང་གཙེན་ཨ་སོགས་ཡགཙེརཡའི་ལྷ་བ་སྲོལ་ཕྱེས་ཧེ་བྱ་བ་དང་། སྨྲ་སྦྱོར་བམ་གཉིས་སུ་ཧྣུམ་ཞུ་ཆེན་གྱི་སོགས་དང་། གཞན་ཡང་དཔལ་བརྩེགས་ཀྱི་མདོ་བཏུས་བྱ་བ་བསྟན་འགྱུར་དུ་ཞུགས་པ་དེ་དཔེ་རྙིང་འཕྲུལ་མེད་ཅིག་འདུག་པས་དྲོནའིབུནེཏལའི། བུདྡྷའི་སྲས་ནི་རྡུལའཛིན་སོགས་རྒྱ་སྐད་མང་དུ་བྲིས་པའོ་ཞེས་གསུངས་པ་ལས་སྔོན་གྱི་ནང་བསྟན་གསུང་རབ་ཀྱི་མཆན་འགྲེལ་ཞེས་པའི་ཚིག་དེ་དག་ལ་རྒྱ་གར་གྱི་སྐད་དེ་ཊཱི་ཀ་ཞེས་བཀོལ་སྤྱོད་གནང་ཡོད་པ་ཟུར་བལྟས་ལེབ་ཚོད་ཙམ་དུ་ཟད་དཔེར་ན་རང་རེ་རྣམས་ཀྱི་ཞལ་རྒྱུན་དུ་ཆགས་པ་མཆོ་ཊཱིཀ་(ཀུན་མཁྱེན་མཚོ་སྣ་བ་ཤེས་རབ་བཟང་པོས་མཛད་པའི་འདུལ་བའི་འགྲེལ་པ་)དང་དར་ཊཱིཀ་(རྒྱལ་ཚབ་དར་མ་རིན་ཆེན་གྱིས་མཛད་པའི་ཚད་མའི་གཞུང་གི་འགྲེལ་པ་)སོགས་ལྟ་བུའོ། དེར་བརྟེན་བོད་ཀྱི་མཆན་འགྲེལ་ཞེས་པའི་ཚིག་ཐོག་མར་རྒྱ་གར་འཕགས་པའི་ཡུལ་ལས་བྱུང་བའི་ཚིག་ཡིན་པ་ཁུངས་བསྐྱལ་ཐུབ། དེ་དང་ཆབས་ཅིག་ནུབ་ཕྱོགས་ཀྱི་མཆན་འགྲེལ་རིག་པ་ཞེས་པའི་ཐ་སྙད་དེའི་སྐོར་ལ་ཡང་ཞུས་ན། རྒྱ་ནག་གི་མཁས་པའི་དབང་པོ་ཅིན་ཁོ་མུ་（金克木）ཡིས་མཛད་པའི་རིག་གནས་ཀྱི་དགའ་སྟོན་ཞེས་པར་མཆན་འགྲེལ་རིག་པ་ཞེས་པ་དེར་དབྱིན་སྐད་དུ་ Hermeneuticsཞེས་པའི་དོན་ཡིན། ཚིག་དེ་ནི་གནའ་བོའི་ཀི་རི་སིའི་སྐད་ལས་བྱུང་བ་ཞིག་ཡིན། མཆན་འགྲེལ་རིག་པ་ཞེས་པ་ནི་སྐད་བརྡ་རིག་པ་ལས་རིམ་བཞིན་མཚན་ཉིད་རིག་པར་ཁ་ཕྱོགས་པ། རྩོམ་རིག་ལས་རིམ་བཞིན་མི་རིགས་རིག་པར་ཁ་ཕྱོགས་པ། སྤྱི་ཚོགས་ཚན་རིག་ཐད་དུ་ཁ་ཕྱོགས་པ་ཞིག་ཡིན།[1]ཞེས་པ་ལས་ནུབ་ཕྱོགས་ཀྱི་མཆན་འགྲེལ་རིག་པའི་འབྱུང་ཁུངས་ཕུ་ཐག་བཅད་ནས་བརྗོད་གནང་འདུག མདོར་ན་གོང་དུ་བརྗོད་པའི་རྒྱུ་མཚན་དེ་དག་གི་དབང་གིས་བོད་དང་ནུབ་ཕྱོགས་ལ་

(1)金克木著《 文化卮言 》中国人民大学出版社 2006年版，268页。

མཚན་འགྲེལ་རིག་པ་དེ་ཆེས་ཐོག་མར་མི་རིགས་གཞན་ཏེ་རྒྱ་གར་དང་ཀེ་རི་སིའི་སྐད་ལས་བྱུང་བ་ཞིག་ཡིན་པ་གསལ་བཤད་ཐུབ་པོ།

གཉིས། མཚན་འགྲེལ་གྱི་གལ་ཆེའི་རང་བཞིན།

1 རྒྱ་གར་ལས་འཆད་པ།

རྒྱ་གར་འཕགས་པའི་ཡུལ་དུ་སྤྱི་ལོའི་སྔོན་གྱི་དུས་རབས་6པའི་ཡས་མས་སུ་[1]བདག་ཅག་གི་སྟོན་པ་སངས་རྒྱས་ཤཱཀྱ་ཐུབ་པ་སྐུ་འཁྲུངས་པ་ནས་བཟུང་ཁོང་གི་བློ་རིག་ལ་བརྟེན་ནས་ནང་བསྟན་སྲོལ་གཏོད་གནང་སྟེ། ཆོས་ཀྱི་འཁོར་ལོ་ཐེངས་གསུམ་ཙམ་བསྐོར་གནང་བ་ལས་ནང་ཆོས་ཆར་ཤུལ་རྗེས་ཀྱི་ཤ་མོ་ཇི་བཞིན་ག་ས་ག་ལ་བརྡོལ། ལྷག་དོན་དུ་རྒྱ་གར་གི་རིག་གནས་ལོ་རྒྱུས་ལས་འཆད་ན་དེ་རྗེས་ཆོས་རྒྱལ་མྱ་ངན་མེད་སྤྱི་ལོའི་སྔོན་གྱི་247ལོ་དང་ཀ་ནི་ཀ་དེ་སྤྱི་ལོའི་སྔོན་གྱི་དུས་རབས་2པར་ཡང་བཀའ་བསྡུ་ཐེངས་གཉིས་པ་གནང་། རྒྱ་གར་འཕགས་པའི་ཡུལ་དུ་ཕལ་ཆེར་དུས་རབས་1-2པའི་ནང་དུ་ནང་བསྟན་གསུང་རབ་ཁག་འཐུས་སྒོ་ཚང་ཞིང་རིག་ཐིག་དུ་བཀོད་ནས་གླེགས་བམ་དུ་བསྒྲུབ་ཟིན་[2]པ་ཞིག་ཡིན་ནའང་ནང་ཆོས་རིག་ཐིག་ཏུ་བཀོད་པའི་ལུགས་སྲོལ་དེ་མ་དར་བའི་ཡར་སྔོན་དུ་གཞུང་ཆེན་གང་དང་གང་ཞིག་ཡིན་རུང་སྙན་བརྒྱུད་དང་ངག་ཐོག་གི་ཐབས་ལམ་ལ་བརྟེན་ནས་གཞུང་དེ་འཛིན་སྐྱོང་སྤེལ་གསུམ་གནང་གི་ཡོད། དེ་ལྟར་ཡིན་ཙ་ན་ངག་ཐོག་ནས་གཞུང་དེའི་བརྗོད་དོན་མ་ལུས་པ་ཡོངས་སུ་བློ་ལ་ཡོང་དགོས་ན། གཞུང་དེའི་བརྗོད་དོན་མ་ལུས་པར་ཚིགས་བཅད་ཀྱི་རྣམ་ཏུ་བསྒྲིལ་ནས་བློ་ལ་ཟིན་ན་ཟིན་བདེ་བ་དང་སྙན་ཆ་ལྡན་པ་ཞིག་ཡོང་གི་ཡོད་ཙང་། སྔོན་འཕགས་པའི་ཡུལ་གྱི་གཞུང་ཆེན་དག་ཚིགས་བཅད་ཀྱིས་ལུས་སུ་བཅོལ་ནས་འཛིན་སྐྱོང་སྤེལ་གསུམ་གནང་གི་ཡོད་པ་ཤེས། རྗེས་སུ་ནང་བསྟན་ལ་བཞུགས་པའི་བློ་དམན་དང་ནང་བསྟན་ལ་དད་མོས་རྩེ་གཅིག་ཏུ་སོང་བའི་འཇིག་རྟེན་པ་རྣམས་ཀྱིས་གཞུང་དེ་དག་གི་ནང་དོན་ཆད་ལུས་མེད་པ་ཞིག་ཤེས་རྟོགས་བྱེད་སྐབས་སྔོན་གྱི་གཞུང་ཆེན་བཙ་སྦྱོད་ཀྱིས་བརྩན་པའི་ལེགས་སྦྱར་གྱི་ཚིགས་བཅད་ལམ་ནས་སྒྲུག་བྲིས་

(1)尚慧鹏著《印度文化史》广西师范大学出版社2007年版，77页。
(2)尚慧鹏著《印度文化史》广西师范大学出版社2007年版，65页。

བགྲིས་པ་དེ་དག་གིས་རྒྱ་གར་འཕགས་པའི་ཡུལ་དུ་སྐད་རིགས་གཞན་སྡྲ་བའི་སྐྱེ་བོ་རྣམས་ལ་ཚིགས་བཅད་ཀྱིས་ལམ་དེས་གོ་བའི་འཁྲུར་པོ་ལྡེད་པོ་ཞིག་རང་བཞིན་གྱིས་སྟེར་སྟབས་དེར་བརྟེན། མཆན་འགྲེལ་གྱི་ལམ་ལ་བརྟེན་ནས་གོ་བ་ལེགས་པོ་ཞིག་འབོན་པ་བྱ་རྒྱུ་དེ་ཤིན་ཏུ་ནས་འགངས་ཆེ་བར་མངོན། དེས་ན་ཁང་དཀར་ཚུལ་ཁྲིམས་སྐལ་བཟང་ལགས་ཀྱིས་གསུངས་དོན། བཀའ་བསྡུ་དང་པོ་བྱེད་དུས་ཙམ་ནས་ཚིག་བློ་ལ་འཛིན་བདེ་བ་དང་སྐྱོར་སྦྱང་བྱེད་སླ་བ། ཕྱིས་འབྱུང་བརྗེད་མི་འགྲོ་བར་རྒྱུན་གནས་ཐུབ་ཕྱིར་ཚིགས་བཅད་དུ་བཀོད་སྒྲིག་བྱས་པར་མངོན། ཚིགས་བཅད་དུ་བསྡེབས་ཟེར་བའང་སྐབས་དེར་ཡི་གེ་བྱུང་ཡོད་ཀྱང་སྟོན་པས་བཀའ་སྩལ་པ་དག་མི་ཉམས་རྒྱུན་གནས་ཐུབ་ཐབས་སུ་ངག་འདོན་བདེ་བའི་ཚིགས་བཅད་ཐུང་ཐུང་དུ་བསྡེབས་པ་ལ་གོ་དགོས། དེ་ལྟར་བློ་ཐོག་བཞུགས་པའི་ཚིགས་བཅད་ཀྱི་བཀའ་རྣམས་སྣན་ནས་སྣན་དུ་བརྒྱུད་ཚུལ་ལུང་འབོག་བཞིན་ཡོང་རིང་ལ་

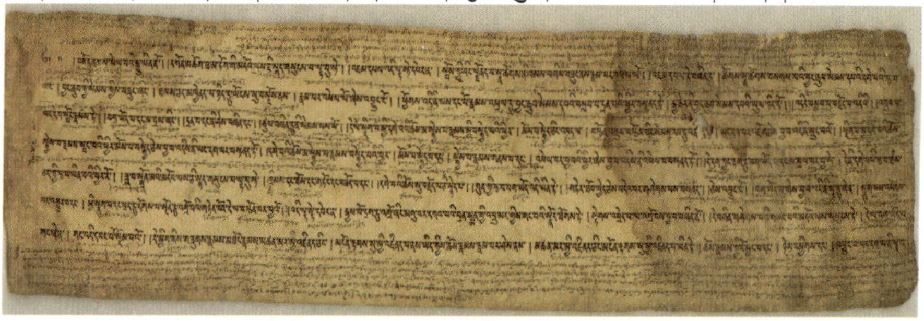

དུས་རབས་12-13སྐབས་ཀྱི་གནའ་དཔེ་ཞབས་མཆན་ཅན།

ཚིགས་བཅད་ཀྱང་ཇེ་མང་དུ་འཕེལ་བ་དང་ཆབས་ཅིག་ཚིགས་ལྷུག་གི་མདོ་རིང་པོ་རྣམས་ཀྱང་རིམ་པས་བརྩམས་པར་མངོན།[1] ཞེས་པ་དེ་ལས་མཆན་འགྲེལ་གྱི་གལ་ཆེའི་རང་བཞིན་གནད་དུ་འཁེལ་བ་ཞིག་གསུངས་པ་ལ་ཐུགས་ཤིན་ཏུ་ནས་མད། ད་དུང་རྒྱ་གར་འཕགས་པའི་ཡུལ་དུ་འགྲེལ་བྱེད་སློབ་དཔོན་ས་ར་ཧ་སྟེ་རང་རིགས་ཀྱིས་མདའ་བསྣུན་ཞེས་སྦྱར་བ་ཕོང་ནས་བཟུང་རིམ་པས་བཞིན་རྒྱུན་དྲུག་མཆོག་གཉིས་ལ་སོགས་མཁས་པ་གསེར་རིའི་འཕྲེང་བ་ལྟར་བྱོན་པ་དེ་དག་གིས་སྟོན་གྱི་རྩ་བ་ཚིགས་བཅད་དེ་དག་ལ་ཐབས་ལམ་འདྲ་

---

(1)ཁང་དཀར་ཚུལ་ཁྲིམས་བསྐལ་བཟང་། གནའ་རབས་ཀྱི་ནང་ཆོས། ཀྲུང་གོ་བོད་ཀྱི་ཤེས་རིག་དཔེ་སྐྲུན་ཁང་གི་1999ལོའི་དཔར། ཤོག་གྲངས་60ལས་དྲངས།

མིན་སྣ་ཚོགས་ཀྱི་སྒོ་ནས་མཚན་འགྲེལ་སྤེལ་གནང་བ་ལས་ནང་བསྟན་གསུང་རབ་ཀྱི་བརྗོད་བྱ་རྣལ་མ་དག་གོ་བ་ལེན་པ་ལ་ནུས་པ་དཔེ་མི་སྲིད་ཐོན་ཡོད་པ་སྟེ།   ཞུ་ཆེན་ཚུལ་ཁྲིམས་རིན་ཆེན་གྱིས་བསྟན་འགྱུར་དཀར་ཆག་ཏུ་ལོ་ཙཱ་གཅིག་རྒྱ་གར་འཕགས་པའི་ཡུལ་དུ་འགྲེལ་བྱེད་མཁན་པོ་ཇི་ལྟར་བྱོན་ཡོད་པའི་སྐོར་ལ་ལྷེབ་གྲངས་བཞི་བཅུ་ལྷག་ཙམ་སྤྱག་བྲིས་གནང་འདུག་པས་ཀྱང་རྒྱ་གར་གྱི་མཚན་འགྲེལ་རིག་པའི་གལ་ཆེའི་རང་བཞིན་ཅི་འདྲ་ཡིན་པ་ཤུགས་ལ་རྟོགས་ཐུབ་བོ།

2 བོད་ཡུལ་ལས་འཆད་པ།

བོད་ཀྱི་གནའ་རྩོམ་ལའང་གསུང་རབ་རིག་པའི་གཞུང་ལུགས་ལས་གསུངས་པ་ལྟར་དབྱེ་བ་འདི་ལྟར་བཞག་ཆོག་པ་སྟེ། རྒྱུད་འཛིན་གྱི་གསུང་རབ་དང་གཅིག དེ་མིན་ས་འོག་ནས་བྱུང་བའི་གསུང་རབ་དང་གཉིས་བཅས་སོ། དེ་དག་ལ་ཕྱོགས་ཡོངས་ནས་དམིགས་ཏེ་བསམ་གཞིགས་ཞིག་གནང་ཚོ། རྒྱུད་འཛིན་གྱི་གསུང་རབ་ནི་གནའ་རབས་ཀྱི་མི་རྣམས་ཀྱི་ཡིག་ཐོག་ཏུ་བཀོད་དེ་རྒྱུན་ཆད་མེད་པར་དར་ཁྱབ་བྱུང་ནས་ཆགས་པའི་གསུང་རབ་དག་ལ་ཟེར། རྩོམ་རིག་དེ་དག་ནི་གཙོ་བོ་ནང་བསྟན་གསུང་རབ་དག་ལ་གོ་ན་ཆོག གཉིས་པ་སྟེ་ས་འོག་ནས་བྱུང་བའི་རྩོམ་རིག་སྟེ་གཙོ་བོ་མཐོ་བོད་བཙན་པོའི་སྐབས་སུ་སྤྱག་བྲིས་གནང་བའི་རྩོམ་རིག་དག་ལ་ཟེར། དཔེར་ན་བཙན་པོའི་རྒྱལ་རབས་སྐབས་ཀྱི་རྡོ་རིང་གི་ཡི་གེ་དང་ཏུན་ཧོང་ནས་ཐོན་པའི་ཤོག་དྲིལ། ཁྲམ་བྱང་སོགས་ཡིན། རྩོམ་རིག་དེ་དག་ལ་བསམས་ན་མཚན་འགྲེལ་གྱི་རིག་པ་དེ་ཤིན་ཏུ་ནས་དགོས་མཁོ་ཆེ་བར་སེམས།   རྒྱུད་འཛིན་གྱི་གསུང་རབ་ཐད་མཚན་འགྲེལ་ཞེས་པའི་ཐ་སྙད་དེ་རང་རེ་ཁ་བ་རི་བའི་གནའ་རྩོམ་གྱི་ཁྲིད་དང་ཐོག་བཀོལ་གནང་དུས་ནང་བསྟན་གསུང་རབ་ཁྲིད་དུ་བྱུང་བ་ཞིག་ཡིན།   གང་ལགས་ཤེ་ན།   བོད་ཀྱི་གསུང་རབ་ལ་ཆ་རྒྱུས་ཡོད་པའམ་གསུང་རབ་རིག་པའི་ཕྱག་ལས་གནང་མྱོང་མཁན་གྱི་སྐྱེ་བོ་ཞིག་གི་ངོས་ནས་བརྗོད་ན་དེ་དཀའ་གནད་ཅིག་མ་ཡིན།   གསུང་རབ་དེ་དག་གི་མཚོན་བྱང་དུ་འདི་ལྟར་ཡོད་པ་སྟེ་གཞུང་ག་གེ་མོའི་མཚན་དང་གཞུང་ག་གེ་མོའི་འགྲེལ་པ། ད་དུང་གཞུང་ག་གེ་མོའི་ཊཱི་ཀ་ཞེས་པའི་མཚོན་བྱང་ལྟ་བུ་ཤིན་ཏུ་མང་བ་མཐོང་རྒྱུ་འདུག   མདོ་ལས་ཆོས་རྣམས་བཀའ་དང་བསྟན་བཅོས་གཉིས་སུ་འདུས། ལེགས་པར་

གསུངས་དང་དེའི་དགོངས་པ་འགྲེལ་བ། དེའི་དབང་གིས་ཤཱཀྱའི་བསྟན་པ་འདི། འཇིག་རྟེན་དག་ཏུ་ཡུན་རིང་གནས་པར་འགྱུར་ཞེས་གསུངས་པ་ལྟར་ན་སྔོན་གྱི་སྐྱེ་བོ་དམ་པ་རྣམས་ཀྱིས་ནང་བསྟན་ཆོས་ལུགས་འདི་འཇིག་རྟེན་ཁམས་འདིར་ཡུན་རིང་གནས་ཐུབ་པའི་ཆེད་ལུས་ངག་ཡིད་གསུམ་ནང་བསྟན་ཆོས་སྒོར་བཞུགས་པའི་བརྩོན་པ་དག་གིས་རང་གི་བློ་དང་

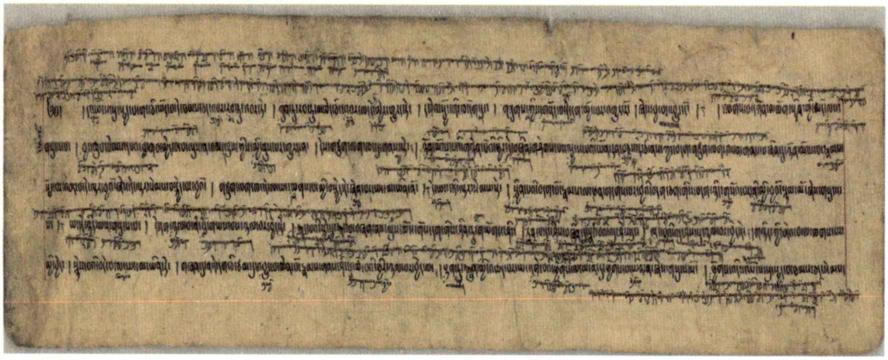

དུས་རབས་15པའི་སྐབས་ཀྱི་གནའ་དཔེ་ཞབས་མཆན་ཅན།

རིག་པ་ལ་བརྟེན་ནས་ཕ་བླ་མ་དམ་པ་དག་གི་གསུང་སྒྲོས་ལུ་གུའི་རྒྱུན་བཞིན་སྤེལ་སྐྱད་དུ། གསུང་སྒྲོས་དེ་དག་ལ་གཞི་བཅོལ་ཏེ་ཡུལ་དུས་དང་འཚམས་པའི་མཆན་འགྲེལ་བསྐྱོན་གནང་ཡོད་པའི་རྐྱེན་གྱིས་ཡིན། གཞུང་ག་གེ་མོ་མཆན་འགྲེལ་བསྐྱོན་གནང་བའི་སྐབས་སུ་རང་ཉིད་ལ་གཞུང་དེ་དག་གི་སྦྱོང་བ་དང་ལུང་རྒྱུན་སོགས་མེད་ན་སྤྱིར་གྱི་ཆ་ནས་འགྲེལ་རྩོམ་གནང་གི་མེད་པ་གཞུང་དེ་དག་གི་མཛད་བྱང་ལས་གཅིག་ཤེས་ཀུན་གྲོལ་བྱུང་། དགེ་རྒན་ཆེན་མོ་དོར་ཞི་ལགས་ཀྱིས་སྤྱིན་གྱི་ཕོ་ཉའི་འགྲེལ་དུ་གསུངས་དོན། འདི་སྐད་ངག་གྲགས་ཆེན་པོ་ཞིག་ཏུ་བྱས་ནས་ལྷ་གློག་དང་འཆད་ཉན་བྱེད་མཁན་མ་བྱུང་བར་སྣང་ལ། དེའི་རྒྱུ་མཚན་གཅིག་ནི། སྙན་ངག་འདིའི་ནང་དོན་ཕོ་མོའི་འདོད་གདུང་གི་ཉམས་འགྱུར་མཚོན་པ་ཡིན་པས། སེར་མོ་བའི་ཁྲོད་དུ་འཆད་ཉན་བྱེད་པའི་དགག་བྱ་ཆེ་བའི་གནད་དོན་ལ་ཐུག་ཡོད་ཅིང་། དམངས་ཁྲོད་དུ་མ་དར་བ་དང་། སྙན་ངག་སྨྲ་མཁན་རྣམས་ལ་ཡང་རྩོམ་ཉམས་ཀྱིས་བཟང་ཤན་མ་ཐེབས་པ་ནི། གཙོ་བོ་འགྱུར་ཚིག་ཤིན་ཏུ་གོ་དཀའ་བ་དང་། སྨྲ་མཁན་གྱི་ལོ་ཙཱ་བ་རྣམས་ཀྱིས་ཀྱང་གོ་བདེའི་ཚིག་འགྲེལ་རྩོམ་མེད་པ་དང་། རྒྱ་གཞུང་པལ་ཆེར་ཁྲིད་རྒྱུན་དང་རྒྱ་འགྲེལ་ཞིག་མེད་ན་ཚིག་དོན་གོ་དཀའ་ཞིང་འགྲེལ་བཤད་ཡང་

རྒྱག་དཀའ་བའི་གནད་དེ་ལ་ཐུག་ཡོད་པ་འདྲ་[1]ཞེས་པས་གོ་བ་འཁོན་ཐུབ་པོ། རྒྱུད་འཛིན་གྱི་རྩོམ་རིགས་ཀྱི་ཐད་ལ་བསྟན་པ་ཕྱི་དར་གྱི་རྗེས་སུ་རང་རེ་བོད་ལ་ཆོས་ལུགས་ཀྱི་གྲུབ་མཐའ་ཁག་བྱུང་རྗེས། དེ་དག་སོ་སོས་རང་རང་གི་གྲུབ་མཐའི་སྲོལ་འབྱེད་མཁན་པོ་དང་བླ་མ་དམ་པའི་གསུང་སྒྲོས་དག་ལ་ཨ་ཕའི་ཁ་ཡོར་ལ་གཅེས་འཛིན་གནང་བ་ཇི་བཞིན་གཞུང་དེ་དག་ལ་གཞི་བཙོལ་གནང་སྟེ། ཁོང་རྣམ་པའི་བརྩམས་ཆོས་དག་སྔོན་མོའི་ཆུ་བོ་བཞིན་རྒྱུན་ཆད་མེད་པར་རྒྱུན་གནས་ཐུབ་པའི་ཆེད། དེ་དག་གི་དངོས་དང་བརྒྱུད་པའི་སློབ་མ་དག་གིས་ཕ་རྗེས་བུས་འཛིན་ཏེ། སྔོན་གྱི་གཞུང་ལུགས་དེ་ལ་རང་རང་གི་བློ་གྲོས་རྩལ་ལ་བརྟེན་ཏེ་ཚིག་དོན་གང་ཐུང་གི་ཐོག་ནས་མཆན་འགྲེལ་ལམ་ཊཱིཀ་བསྐྱོན་གནང་ནས་སྔར་བཞིན་གྲ་མ་ཉམས་པར་གནས་ཐུབ་པ་ནི་མཆན་འགྲེལ་རིག་པའི་ཐབས་ལ་བརྟེན་ཏེ་བྱུང་བར་མངོན། གཉིས་ས་འོག་ནས་བྱུང་བའི་རྩོམ་རིག་སྐྱེ་རྗེ་རིང་ཡི་གེ་དང་གནའ་བོའི་ཤོག་དྲིལ། ཁྲམ་བྱང་གི་ཡི་གེ་ནི་རང་རིགས་ཀྱི་ཕྱིས་རབས་པ་རྣམས་ཀྱི་གོ་ཤེས་ཐུབ་པའི་སླད་དུ་མཆན་འགྲེལ་གྱི་རིག་པ་ལ་དཔྱད་རོགས་བཙོལ་ཏེ་གོ་བ་སྐྱེར་དགོས། དེ་ལྟར་འཆད་དོན་ནི་སྐྱོག་སྟོན་རིན་ཆེན་བཀྲ་ཤིས་ཀྱིས་གསུངས་པར། འོན་ཀྱང་འདི་ཙམ་ཞིག་བརྗོད་པ་མིན་ན་ཚིག་མ་གོ་བས་དོན་ལ་འཁྲུལ་བ་ཤིན་ཏུ་མང་པོ་མཐོང་བ་དེ་དག་སླར་ཡང་གྲུ་ཚོམས་སུ་གྱུར་ཏེ་གསུང་རབ་ཀྱི་ཚིག་དོན་ཕྱིན་ཅི་ལོག་པར་འཆད་པར་འགྱུར་རོ། དེས་ན་འཆད་པ་དང་རྩོམ་པ་དང་ཞུ་ཆེན་གྱི་གྲས་མཆི་བ་དག་གིས། གསར་རྙིང་གི་བརྡའི་ཁྱད་པར་འདི་ཙམ་ཞིག་མི་ཤེས་སུ་མི་རུང་བར་བྱས་ཏེ་གསུང་རབ་ཀྱི་དགོངས་འགྲེལ་དང་བཅས་པ་རྒྱུད་མི་ཟློས་པ་ལ་བསླབ་པར་བྱའོ།[2]ཞེས་དང་བོད་དུ་སྐད་གསར་བཅད་ཐེངས་གསུམ་གནང་བ་དང་གཉིས་ལེགས་སྦྱར་གྱི་སྐད་ཟུར་ཆག་པས། བརྡ་རྙིང་པར་འགྲུལ་པའང་འགའ་ཞིག་སྣང་། གསུམ་ཁ་ཅིག་གིས་ལེགས་པར་སྦྱར་བའི་སྐད་དང་བོད་སྐད་ཤན་མ་ཕྱེད་པར་བོད་སྐད་ཀྱི་འབྲུ་བསྣན་པ་མཐོང་། བཞི་ཁ་ཅིག་ཏུ་རྒྱ་ནག་གི་སྐད་བརྡ་རྙིང་དུ་འཁྲུལ་བ་སྣང་། ལྔ་པ་ཁ་ཅིག་ནི་བོད་སྐད་ཉིད་ལ་ཞེ་སར་སྦྱར་བ་མ་གོ་བར་བརྡ་རྙིང་དུ་འཁྲུལ་

(1) དོར་ཞི་གདོང་དྲུག་སྣེམས་བློ། སྐན་དག་སྤྲིན་གྱི་ཕོ་ཉའི་འགྲེལ་པ་ཀུན་དའི་བླ་ཟེར། ཀན་སུའུ་མི་རིགས་དཔེ་སྐྲུན་ཁང་གི་2003ལོའི་དཔར་མ། ཤོག་གྲངས་2ལས་དྲངས།

(2)སྐྱོག་སྟོན་རིན་ཆེན་བཀྲ་ཤིས། བརྡ་གསར་རྙིང་ཁྱད་པར་ལི་ཤིའི་གུར་ཁང་། པེ་ཅིང་མི་རིགས་དཔེ་སྐྲུན་ཁང་གི་1882ལོའི་དཔར་མ། ཤོག་གྲངས་15ལས་དྲངས།

བའང་སྣང་། ཡང་ལ་ལ་ནི་ཞང་ཞུང་གི་སྐད་དུ་སྣང་།[1] ཞེས་པ་སོགས་ཕྱོགས་སོ་སོ་ནས་སྦྱོམ་ཚོགས་བསྒྲིགས་ཏེ་གསུངས་གནང་བ་ལ་གཞིགས་ན་སྔོན་གྱི་ས་འོག་ནས་ཐོན་པའི་རྩོམ་རིགས་དག་ལ་མཆན་འགྲེལ་ནི་ཤིན་ཏུ་ནས་དགོས་ངེས་ཤིག་ཡིན་པ་དཔེ་དང་བཅས་ཏེ་རྒྱུ་མཚན་གསུངས་པས་མཚོན། བོད་ཀྱི་གསུང་རབ་སླ་བའི་མཁས་དབང་དགེ་འདུན་ཆོས་འཕེལ་མཆོག་གིས་བོད་ཡིག་གི་སྲོལ་གསར་དུ་ཕྱེས་ནས་བཟུང་། ད་བར་ལོ་ཆིག་སྟོང་སུམ་བརྒྱ་ཙམ་སོང་ཟིན་མོད། དེའི་རིང་ལ་བོད་ཀྱི་བརྡ་དང་ཡིག་གཟུགས་གཉིས་ཀ་ཆེས་མི་འདྲ་བ་ཞིག་ནི་མ་འགྱུར་བས། ད་ལྟ་ཡང་རྒྱལ་པོའི་དུས་ཀྱི་རྗེ་རིང་སོགས་ལ་བལྟས་ཚེ་ཚིག་དོན་རགས་རིམ་ཙམ་རེ་གོ་ཐུབ་པ་ནི་བོད་མི་ཡི་གེ་བྱང་བ་ཀུན་ལ་ཡོད་[2]ཅེས་གསུངས་པ་དེ་ལས་ཆེས་མི་འདྲ་བ་ཞིག་ནི་མ་འགྱུར་ཞེས་གསུངས་པ་དེ་ལས་སྤྱིར་བཏང་མི་འདྲ་བ་མང་པོ་ཞིག་འགྱུར་ལྡོག་བྱུང་ཡོད་པ་ཤུགས་ལ་གོ་ཞིང་ཚིག་དོན་རགས་ཙམ་རེ་གོ་ཐུབ་པ་ཞེས་བྱ་བ་དེས་ཀྱང་ཚིག་དང་དོན་གང་སར་ཞིབ་ཅིང་ཕྲ་བ་ཞིག་ནི་རྟོགས་དཀའ་བའང་རང་བཞིན་གྱི་བསྟན་པ་མ་ཟད། ད་དུང་བོད་མི་ཡི་གེ་བྱང་བ་ཀུན་ལ་ཡོད་ཅེས་པ་དེའང་ཚད་གཞི་སྤྱིར་བཏང་བ་ཞིག་མ་ཡིན་པ་ནི་བརྗོད་མ་དགོས་པ་བཅས་ཕྱོགས་ཕྱོགས་ནས་གནའ་ཡིག་གི་གོ་དོན་ཆ་ཚང་བ་ཞིག་རྟོགས་པ་བྱ་རྒྱུ་ནི་སྦྱབ་དཀའ་བ་ཞིག་ཡིན་པ་དེ་ཤུགས་ལ་བསྟན་ཐུབ་ཀྱི་ཡོད་ཚང་དེའི་དགོས་མཁོའང་རང་བཞིན་གྱིས་རྟོགས་ཐུབ། དེ་མིན་རྒྱ་ནག་གི་གསུང་རབ་སླ་བ་དག་གིས་གསུངས་དོན་དུས་ལ་གནའ་དེང་ཇི་བཞིན་ཕྱོགས་ལ་ཤར་ལྷོ་ནུབ་བྱང་། ཡུལ་ལུང་ས་ཐག་དབང་གིས་སྐད་རིགས་འདྲ་མིན་སྣ་ཚོགས། ས་ཁད་འགྱུངས་པས་སྐད་གཉིས་ལོ་རྒྱའི་ལས་རིགས་དང་། གནའ་དེང་དབང་གིས་མཆན་འགྲེལ་རིག་པ་འགངས་སུ་ཆེ། ལོ་རྒྱས་གཞན་ཡུལ་རང་ཡུལ་དུ་སྣང་ལ། མཆན་འགྲེལ་རིག་པས་གནའ་དེང་གཅིག་ཏུ་ཤར།[3] ཞེས་ཆེང་དུས་རབས་ཀྱི་མཆན་འགྲེལ་རིག་པ་སླ་བ་དག་གིས་གསུངས་པ་ལས་སྔོན་གྱི་བཙན་པོའི་སྐབས་ཀྱི་ཡིག་རྙིང་དེ་དག་དང་སྐད་གསར་བཅད་མ་གནང་བའི་ཡར་སྔོན་གྱི་རྩོམ་རིག་དག་གོ་བ་མ་འཆུག་པར་སྐབས་དེའི་མཛད་པ་པོ་རྣམས་ཀྱི་དགོངས་དོན་

(1)སྐྱོག་སྟོན་རིན་ཆེན་བཀྲ་ཤིས། བརྡ་གསར་རྙིང་ཁྱད་པར་ལི་ཤིའི་གུར་ཁང་། པེ་ཅིང་མི་རིགས་དཔེ་སྐྲུན་ཁང་1882ལོའི་དཔར། ཤོག་གྲངས་15ལས་དྲངས།

(2)དགེ་འདུན་ཆོས་འཕེལ། དེབ་ཐེར་དཀར་པོ། ཞུབ་བྱང་མི་རིགས་སློབ་ཆེན་དཔར་སློག ཤོག་གྲངས་218ལས་དྲངས།

(3)张舜徽著《中国文献学》上海古籍出版社2005年版，142页。

ཇི་བཞིན་ཆུ་ལ་ཆུ་བཞག་པ་ལྟ་བུ་ཞིག་ང་ཚོས་གོ་བ་ལེན་དགོས་ན་མཚན་འགྲེལ་གྱི་ཐབས་ལམ་ལ་མ་བརྟེན་པར་ཐབས་མེད་ཡིན་གཤིས་མཚན་འགྲེལ་གྱི་རིག་པ་དེའང་གདངས་ཅན་གྱི་སྦྱོངས་སུ་ཤིན་ཏུ་ནས་དགོས་མཐོ་ཆེ་བར་སེམས་སོ།

གསུམ། ཆེས་ཐོག་མའི་མཚན་འགྲེལ།

དེ་ཡང་བོད་ཀྱི་མཁས་པ་སྔ་མ་རྣམས་ཀྱི་ཞལ་རྒྱུན་ལ་མཛོད་མཆིམས་ལ་ཐུག ཤེར་ཕྱིན་གཡག་ལ་ཐུག ཚད་མ་ཉ་ལ་ཐུག དབུ་མ་རེད་ལ་ཐུག་ཅེས་གསུངས་སྲོལ་ཡོད། དེ་དག་རྒྱས་པར་འབྲུས་ན་ཀོང་སྤྲུལ་ཡོན་ཏན་རྒྱ་མཚོས་(1813—1899)མཛད་པའི་ཤེས་བྱ་ཀུན་ཁྱབ་ལས་མཆིམས་བརྩོན་འགྲུས་སེང་གེས་མངོན་པ་མཛོད་ཀྱི་ཊཱིཀ་ནག་འཇམ་དུ་གྲགས་པའི་ཊཱིཀ་མཛད་ཅིང་བོད་ཀྱི་ཐོག་མ་བྱུང་། དེ་ནས་མཆིམས་ནམ་མཁའ་གྲགས་དང་བསམ་གཏན་བཟང་པོས་བཅོམ་ལྡན་རིགས་རལ། རེད་མདའ་བ་བརྒྱུད་འཛིན་དང་བཅས་པ་སོགས་མཁས་པ་དུ་མས་འགྲེལ་ཊཱིཀ་མཛད་ཅིང་སྤེལ་[1]ཞེས་དང་རྗེ་བོ་དང་རིན་བཟང་རྔོག་ལོ་ཆེན་པོ་བཅས་ཕྱི་འགྱུར་གྱི་བཤད་རྒྱུན་ཐམས་ཅད་ཀྱི་བཀའ་བབས་པ། རྔོག་ལོའི་སློབ་མ་གྲུ་བོ་བཞི་ལས་ཤེར་ཕྱིན་བཀའ་བབས་འབྲེ་ཤེས་རབ་འབར་གྱི་བཤད་རྒྱུན་དེ་དག་གཅིག་དྲིལ་གྱི་སྲོལ་ཆེན་གཏོད་པ་པོ་ཨར་བྱང་ཆུབ་སེང་གེ་བཟུང་སྟེ་བསྟན་པ་འདི་ལ་ཆེ་ཐང་དུ་མཛད་པ་ལས་རིམ་གྱི་བརྒྱུད་དེ་བུ་སྟོན་རིན་པོ་ཆེའི་སློབ་མ་ཐུགས་སྲས་ལོ་ཙཱ་བ་རིན་ཆེན་རྣམ་རྒྱལ་ལ་གཡག་མི་ཕམ་ཆོས་ཀྱི་བླ་མས་གསན་ཏེ་འགྲེལ་པ་ཆེ་ཆུང་གསུམ་མཛད་ཅིང་འཆད་ཉན་རྒྱལ་དུ་བཏོན་པས་ཕར་ཕྱིན་གཡག་ལ་ཐུག[2]ཅེས་དང་སློ་པ་ཀུན་མཁྱེན་རིན་ཆེན་དཔལ་གྱིས་ཀྱང་ཡིག་ཆ་ཅི་རིགས་མཛད། དེ་དག་དང་ཨུ་ཡུག་པས་འཆད་ཉན་ཡུན་རིང་མཛད་པའི་གསུང་རྒྱུན་ལ་འཇམ་དབྱངས་སྐྱོ་བོ། ཉ་ལོ་ཆེན་པོ། ཆོས་རྗེ་བླ་མ་དམ་པ། ཉ་དབོན་ཀུན་དགའ་དཔལ་རྣམ་ཡང་སྔ་ཕྱི་ཅི་རིགས་བྱུང་ཞིང་ཕྱི་མ་ནི་རིག་པ་འདི་ལ་ཁྱད་པར་དུ་མཁས་པས་ཚད་མ་ཉ་ལ་ཐུག[3]ཅེས་དང་དབུ་མ་ཨར་བྱང་ཆུབ་ཡེ་ཤེས་

(1)ཀོང་སྤྲུལ་ཡོན་ཏན་རྒྱ་མཚོ། ཤེས་བྱ་ཀུན་ཁྱབ་སྟོད་ཆ། པེ་ཅིང་མི་རིགས་དཔེ་སྐྲུན་ཁང་གི་1982དཔར་མ། ཤོག་གྲངས་457ལས་དྲངས།

(2)ཀོང་སྤྲུལ་ཡོན་ཏན་རྒྱ་མཚོ། ཤེས་བྱ་ཀུན་ཁྱབ་སྟོད་ཆ། པེ་ཅིང་མི་རིགས་དཔེ་སྐྲུན་ཁང་གི་1982དཔར་མ། ཤོག་གྲངས་566ལས་དྲངས།

(3)ཀོང་སྤྲུལ་ཡོན་ཏན་རྒྱ་མཚོ། ཤེས་བྱ་ཀུན་ཁྱབ་སྟོད་ཆ། པེ་ཅིང་མི་རིགས་དཔེ་སྐྲུན་ཁང་གི་1982དཔར་མ། ཤོག་གྲངས་447ལས་དྲངས།

གྱིས་མཛད་པའི་ཤེས་རབ་སྙིང་པོའི་འགྲེལ་པ་འདི་ནི་བོད་ཀྱི་ཤེར་སྙིང་འགྲེལ་པ་སྔ་ཤོས་དེ་ཡིན་ཞེས་ཏཱ་ར་ནཱ་ཐའི་ཞལ་ནས་བི་མ་མི་ཏྲའི་ཤེར་སྙིང་གི་འགྲེལ་པ་བི་རྒྱ་གར་འཕགས་པའི་ཡུལ་དུ་བསྟན་པ་རྣལ་མ་ཡོད་པའི་སྐབས་སུ་བོད་ཀྱི་ཆོས་རྒྱལ་བྱང་ཆུབ་སེམས་པས་སྐུལ་ཏེ་མཛད་པ་ཞིག་ཡིན་པས་དེ་འཆད་ཉན་ཐུབ་ན་ཤིན་ཏུ་ལེགས་ཚུལ་དང་། དེ་ཉིད་ཀྱི་ཚིག་དོན་མཐའ་དག་ཞིབ་རྒྱས་ཀྱི་བཀྲལ་བ་ཨར་བྱང་ཆུབ་ཡེ་ཤེས་ཀྱིས་མཛད་པ་འདི་ཉིད་ཡིན་པར་བཤད་པ་ལྟར་ན། ཕྱིར་ཤེར་མདོ་ལ་ཤེས་རབ་སྙིང་པོ་ཞེས་པའི་མཚན་ཡང་བྷི་མ་མི་ཏྲས་གསོལ་ཏེ་རྒྱ་འགྲེལ་གྱི་ཐོག་མ་བི་མ་ལའི་རྒྱ་ཆེར་འགྲེལ་དང་། དེ་གསལ་བར་བཀྲལ་བ་བོད་འགྲེལ་གྱི་ཐོག་མ་ཨར་གྱི་ཤེར་སྙིང་གི་འགྲེལ་པ་འདི་ཉིད་ཡིན་ཞེས་གསུངས་པ་སོགས་ལས་བོད་དུ་གཞུང་ཆེན་ཁག་གི་ཊཱིཀ་ཆེས་ཐོག་མར་སྤེལ་གནང་མཁན་དང་འགྲེལ་པ་སྔུས་ལེགས་གང་དང་གང་གནང་ཡོད་པ་ཤེས་བྱ་ཀུན་ཁྱབ་ལ་མགོ་བཏགས་བརྩལ་ཏེ་འབྲི་ཁུལ་བྱས་པ་ཡིན།

བཞི། མཆན་འགྲེལ་གྱི་དབྱེ་བ།

གོང་དུ་མཆན་འགྲེལ་གྱི་དགོས་པ་དང་འབྱུང་ཁུངས་སོགས་ཕྱོགས་སོ་སོ་ནས་རགས་ཙམ་ཞིག་ཞུས་ཟིན་སྐབས་དོན་འདིར་བབས་པའི་བརྗོད་དོན་གཙོ་བོ་ནི་མཆན་འགྲེལ་ཞེས་པའི་ཚིག་དེ་སོ་སོར་ཕྲལ་ཏེ་མཆན་དང་འགྲེལ་སོ་སོར་དབྱེ་བ་ཅི་ཞིག་ཡོད་མེད་སྟོན་གྱི་མཁས་པ་གོང་མ་རྣམས་ཀྱིས་གསུང་ལ་མགོ་བཏགས་བརྩལ་ཏེ་ཞུ་བར་བྱ།

1 འགྲེལ་གྱི་དབྱེ་བ།

གུང་ཐང་བསྟན་པའི་སྒྲོན་མེས་ཕྱིར་འགྲེལ་པ་ལ་དོན་གྱི་གནད་ཚང་བར་སྟོན་པ་དོན་འགྲེལ། དཀའ་གནད་བྱེ་བྲག་ཏུ་བཤད་པའི་དཀའ་འགྲེལ། ཚིག་འབྲུ་ཞིབ་ཏུ་གཉེར་བའི་ཚིག་འགྲེལ་དང་ཡིག་འདོན་གྱི་ཐོབ་ཚོད་ཙམ་སྟོན་པའི་ངག་འགྲེལ་དང་འགྲོས་པ་ཡན་ལག་དང་བཅས་ཏེ་སྟོན་པའི་རྒྱ་ཆེར་འགྲེལ་དང་ལྔའོ་[1]ཞེས་གསུངས་པ་ལས་འགྲེལ་གྱི་དབྱེ་བ་ཁག་ཁ་ཤས་ཤིག་ཡོད་པ་སྟེ་ཚིག་འགྲེལ་དང་དཀའ་འགྲེལ། དོན་འགྲེལ་དང་རྒྱ་ཆེར་

(1)གུང་ཐང་བསྟན་པའི་སྒྲོན་མེའི་གསུང་འབུམ་པོད་གསུམ་པ། བླ་བྲང་བཀྲ་ཤིས་འཁྱིལ་དཔར། ཤོག་གྲངས་114ལས་དྲངས།

འགྲེལ། ངག་འགྲེལ་བཅས་ཡིན་པས་དང་པོ་ཚིག་འགྲེལ་ནི་ཚིག་རེ་རེ་ནས་འབྱེད་པ་ཚིག་གི་འགྲེལ་པ་སྟེ་དཔེར་ན་ཞང་སྟོན་བསྟན་པ་རྒྱ་མཚོའི་བྱམས་བསྟོད་ཚངས་པའི་ཅོད་པན་མའི་འགྲེལ་པ་ལས། ན་མོ་ཤྲཱི་གུ་རུ་ཞེས་སོགས་ནི་བླ་མ་དང་དཔལ་འཇམ་པའི་དབྱངས་ལ་ཕྱག་འཚལ་ལོ་ཞེས་པའོ། མཉེས་གཤིན་པ་ནི་ཤིན་ཏུ་འཇམ་པའམ་ཤིན་ཏུ་བཟང་བའི་དོན་ཏེ་དཔེར་ན་ཞིང་ས་གཤིན་པོ་ཟེར་བ་དང་། ཕན་ཚུན་ནང་གཤིན་ཟེར་བ་ལྟ་བུའོ། དེས་ན་འགྲོ་བ་ཐམས་ཅད་ལ་གནོད་སེམས་ཀྱི་རྫུབ་རེག་མེད་པར་བདེ་བ་ལ་འགོད་འདོད་ཀྱི་བྱམས་པ་ཆེན་པོས་ཐུགས་རྒྱུད་རྟག་ཏུ་བརླན་ཡང་ནག་པོའི་རྩ་ལག་སྡེ་ལས་དང་ཉོན་མོངས་པའི་ཕྱོགས་མ་ལུས་པ་བསྲེག་པའམ་འཇོམས་པར་བྱེད་པ་དང་། ཤིན་ཏུ་བཅད་པར་དཀའ་བའི་བདག་འཛིན་པའི་འཆིང་བ་བཅད་ཀྱང་སྙིང་རྗེ་ཆེན་པོས་དམ་དུ་བཅིངས་པ་དང་། ཆགས་སྡང་ཞི་བའི་བཏང་སྙོམས་རྒྱུན་དུ་ལྡན་ཡང་བདག་བས་གཞན་ལ་གཅེས་པའི་བླ་མ་འཇམ་པའི་དབྱངས་ཀྱི་ཞབས་ལ་གུས་པས་བཏུད་ནས་མི་ཕམ་མགོན་ལ་བསྟོད་ཅེས་མཆོད་པར་བརྗོད་ཅིང་རྩོམ་པར་དམ་བཅས་སོ། བརླན་ཡང་བསྲེག་ཅེས་དང་། བཅད་ཀྱང་དམ་དུ་བཅིངས་ཞེས་པ་དང་། བཏང་སྙོམས་ལྡན་ཡང་བདག་པས་གཞན་གཅེས་ཞེས་སྙན་ངག་གི་འགལ་རྒྱན་གྱི་ལུགས་སོ་བྱས་སོ། འདི་མན་ཆད་ཚིག་འགྲེལ་བྱས་ན་གཞུང་ཧ་ཅང་ཉོག་འགྲོ་བར་འདུག་པས་གོ་དཀའ་བ་རྣམས་མ་གཏོགས་དོན་གྱི་ཚུལ་དུ་བཤད་པར་བྱའོ།[1] ཞེས་པ་འདི་ནི་ཚིག་འགྲེལ་གྱི་དཔེ་ཡིན་ཏེ་ཞང་སྟོན་བསྟན་པ་རྒྱ་མཚོ་མཆོག་གིས་ཚིག་འགྲེལ་བྱས་ན་གཞུང་ཧ་ཅང་གི་ཉོག་འགྲོ་བ་འདུག་པས་གོ་དཀའ་བ་རྣམས་མ་གཏོགས་དོན་འགྲེལ་གྱི་ཚུལ་དུ་བཤད་པར་བྱའོ་ཞེས་པས་མཚོན་ལ་སྔོན་གྱི་མཁས་པ་རྣམས་ཀྱིས་གལ་ཏེ་ཚིག་འགྲེལ་གནང་བ་ཡིན་ན་ཧ་ཅང་གི་གྲ་རྒྱས་པོ་ཞིག་གནང་རྒྱུ་ཡོད་པའི་སྐོར་ལ་གྲོ་ལུང་པ་བློ་གྲོས་འབྱུང་གནས་ཀྱིས་མདོ་སྡེའི་དོན་རེ་རེའི་འགྲེལ་པ་བྱེད་དམ་ཚིག་རེ་རེའི་འགྲེལ་པ་བྱེད། ཚིག་རེ་རེའི་འགྲེལ་པ་བྱེད་ན་ས་གཞི་ཐམས་ཅད་ཤོག་བུར་བྱས། ཆུ་ཐམས་ཅད་ནག་ཚ་སོང་། རྩི་ཤིང་ཐམས་ཅད་སྨྱུ་གུར་སོང་ཡང་། ཚིག་རེ་རེའི་འགྲེལ་པ་བྱ་བར་མི་ནུས་པ། དོན་རེ་རེའི་འགྲེལ་པ་བྱེད་ན། ཚིག་རེ་སྙེད་ཡོད་པ་ལ་དོན་ཡང་དེ་སྙེད་ཡོད་པས། དོན་རེ་རེའི་འགྲེལ་པའང་བྱ་བར་མི་ནུས་སོ། ཞེ་ན། ལན་དུ་དོན་རེ་རེའི་འགྲེལ་པའང་མི་བྱེད། ཚིག་

(1)ཞང་སྟོན་བསྟན་པ་རྒྱ་མཚོའི་གསུང་འབུམ་པོད་གསུམ་པ། བླ་བྲང་བཀྲ་ཤིས་འཁྱིལ་དཔར། ཤོག་གྲངས་114ལས་དྲངས།

རེ་རེའི་འགྲེལ་པའང་མི་བྱེད་དོ་[1]ཞེས་གསུངས་པ་དེ་ལས་ཚིག་འགྲེལ་གནང་བ་ཡིན་ན་ཏ་ཙང་གི་གྲ་རྒྱས་པོ་ཞིག་ཡོད་པའང་ཤུགས་སུ་རྟོགས། དོན་འགྲེལ་གྱི་དཔེར་བརྗོད་ལ་ཡང་ཞང་སྟོན་བསྟན་པ་རྒྱ་མཚོའི་གསུང་འབུམ་ལས་ལམ་ལ་སློབ་པའི་ནང་གི་རྐྱེན་བཟོད་པ་དང་། སེམས་རྒྱུད་དྲང་བ་དང་། གྱ་གྱུ་སྒྱེ་གཡོ་སྒྱུ་མེད་པ་དང་། གཞན་དོན་ལ་མ་ཞུམ་པའི་སྙིང་སྟོབས་དང་དད་པ་དང་། རྒྱུན་མི་ཆད་ཅིང་ཤུགས་དྲག་པའི་བརྩོན་འགྲུས་དང་ཤེས་རབ་ཕུན་སུམ་ཚོགས་པར་སྨིན་པ་ནི། བཟོད་ལྡན་དྲང་ཞིང་གྱ་གྱུ་མེད་པ་དང་། ཞེས་སོགས་ཤློ་ཀ་གཅིག་གོ ཕྱིའི་རྐྱེན་དགེ་བའི་བཤེས་གཉེན་བསྟེན་ནས་གཞུང་ལ་ཐོས་བསམ་བྱེད་པར་སྨིན་པ་ནི། རྒྱལ་བའི་དགོངས་པ་རྣམ་དག་རིགས་སྟོབས་ཀྱིས་ཞེས་སོགས་ཤློ་ཀ་གཉིས་སྟེ། དང་པོས་བཤེས་གཉེན་གྱི་ཡོན་ཏན་དང་གཉིས་པས་ཐོས་བསམ་བྱེད་ཚུལ་བསྟན་པ་སྟེ། གསུང་རབ་ཀྱི་དགོངས་དོན་འཁྲུལ་བ་མེད་པར་རྙེད་པ་མཁས་པའི་ཡོན་ཏན་དང་། བརྩེ་བ་ཆེན་པོའི་སྟོབས་ཀྱིས་དྲངས་པའི་གདུལ་བྱ་བཀྲི་བའི་ཐབས་མཁས་པ་དང་། སྟོན་ཚུལ་མཁས་པའི་སྤོབས་པ་ཕུན་སུམ་ཚོགས་པ་སྟེ། བཤེས་གཉེན་གྱི་ཡོན་ཏན་ཡོངས་སུ་རྫོགས་པ་བསྟན་པས་རྒྱ་ཆེ་བར་སྣང་ངོ་། གཉིས་པ་དེ་ཉིད་བསྟེན་ནས་གཞུང་ལུགས་རྒྱ་མཚོ་ལ་ཡུན་རིང་པོར་སྦྱངས་ཏེ། དེའི་དོན་ཚུལ་བཞིན་སྒྲུབ་པའི་སངས་རྒྱས་ཐམས་ཅད་བཀའ་བཞིན་སྒྲུབ་པས་མཉེས་པར་སྨིན་པ་སྟེ་གལ་འགངས་ཤིན་ཏུ་ཆེའོ།[2]ཞེས་པ་འདི་ནི་དོན་འགྲེལ་ཡིན་ནོ། དེ་ལྟར་བརྗོད་དགོས་དོན་ནི་གོང་ལྟར་གཞུང་གི་ཚིག་འབྲུ་རེ་རེ་དམིགས་སུ་བཟུང་ནས་དེ་དག་གི་གོ་དོན་ཐོག་མར་ཡི་གེ་གློག་ལ་འཇུག་པ་ལྟར་མཇུག་མོ་བརྩུགས་ནས་དེ་དག་གི་འགྲེལ་པ་མི་གནང་བར་ཚིགས་བཤད་ཤློ་ཀ་དེའི་གཞུང་དོན་སྤྱིལ་པོས་དོན་གང་བསྟན་གྱི་ཡོད་པ་དོན་གྱི་གོང་བུ་གཅིག་ཏུ་དྲིལ་ནས་འཆད་གནང་བ་དེ་ལ་དོན་འགྲེལ་ཟེར་རོ། དཀའ་འགྲེལ་ནི་ཚིག་དོན་རྟོགས་དཀའ་བའི་འགྲེལ་པ་སྟེ་ལོ་ཙཱ་བ་བློ་ལྡན་ཤེས་རབ་ཀྱིས་གཞུང་དངོས་དེ་རང་གི་སློབ་མ་དང་རྗེས་འཇུག་པ་རྣམས་ཀྱི་ཚིག་དོན་གང་ཅུང་ནས་རྟོགས་དཀའ་བར་སྣང་བའི་ཚིག་དུམ་དེ་དག་ལ་འགྲེལ་བསྐྱོན་པ་ལ་དཀའ་འགྲེལ་ཞེས་བརྗོད་དོ།[3]རྒྱ་ཆེར་འགྲེལ་

---

(1)བོད་ལྗོངས་དཔེ་མཛོད་ཁང་དུ་བཞུགས་པའི་བཀའ་གདམས་གསུང་འབུམ་ཕྱོགས་བསྒྲིགས་པོད་དང་པོའི་ཆོས་ཚན་བཞི་པའི་མཚན་བྱང་ཡིན།

(2) ཞང་སྟོན་བསྟན་པ་རྒྱ་མཚོའི་གསུང་འབུམ་པོད་གསུམ་པ། བླ་བྲང་བཀྲ་ཤིས་འཁྱིལ་དཔར། ཤོག་གྲངས་114ལས་དྲངས།

(3)ལོ་ཙཱ་བ་བློ་ལྡན་ཤེས་རབ་ཀྱི་གསུང་འབུམ། འབྲས་སྤུངས་གནས་བཅུ་ལྷ་ཁང་དུ་བཞུགས་པའི་དཔེ་རྟགས་འབྲས་ཕྱི་ཚ91ལས་དྲངས།

པ་ནི་གཞུང་གི་ཚིག་དོན་གཉིས་རྒྱ་ཆེར་འགྲེལ་པ་ལ་གཞུང་ག་གེ་མོ་ཞིག་མ་འོངས་པར་ཕྱི་རབས་པ་རྣམས་ལ་སློབ་སྦྱོང་དང་ཡིག་ཆའི་དགོས་མཁོར་ཕན་སླད་དུ་སྣག་ཤོག་དང་དུས་ཁོམ་ལ་མ་འཛེམས་པར་གཞུང་དེའི་ཚིག་དོན་དང་འབྲེལ་ཡོད་ཀྱི་དོན་རྣམས་བྲིས་པ་རྩེད་མོ་ལ་བཞུགས་པའི་སྐབས་ལྟར་གཟུགས་ཕུང་ཆེ་ཆུང་ལ་མ་ལྟོས་པར་ལག་གདང་དུ་འབྲེལ་ཏེ་རོལ་རྩེད་ལ་རོལ་བ་ཇི་བཞིན་གཞུང་དེའི་བརྗོད་བྱ་དང་འབྲེལ་ཡོད་དོན་རྣམས་ལྷུག་པོར་བཀྲོལ་བ་ལ་རྒྱ་ཆེར་འགྲེལ་ཞེས་བརྗོད། དཔེར་ན་རྗེ་རིན་པོ་ཆེས་མཛད་པའི་ཕར་ཕྱིན་གྱི་དོན་རྒྱ་ཆེར་འགྲེལ་ཏེ་ལེགས་བཤད་གསེར་ཕྲེང་ལྟ་བུའོ། ངག་འགྲེལ་ནི་མཐའ་དྲུག་ཚུལ་བཞིའི་བཤད་པའི་ནང་ཚན་ཡིན་དོན་བཤད་པ་ལྟ་བུ་ཡིན། དེ་ཕུད་པའི་ད་དུང་བོད་ཀྱི་མཁས་པའི་བཞེད་དགོངས་མི་འདྲ་བ་ཁ་ཤས་མཆིས་པས་འདིར་དཔེ་མཚོན་ཙམ་ཞིག་བརྗོད་ན། བིས་པ་འཇམ་དབྱངས་གྲགས་པས་མཛད་པའི་ལེགས་བཤད་གསེར་ཕྲེང་དུ། རྩ་

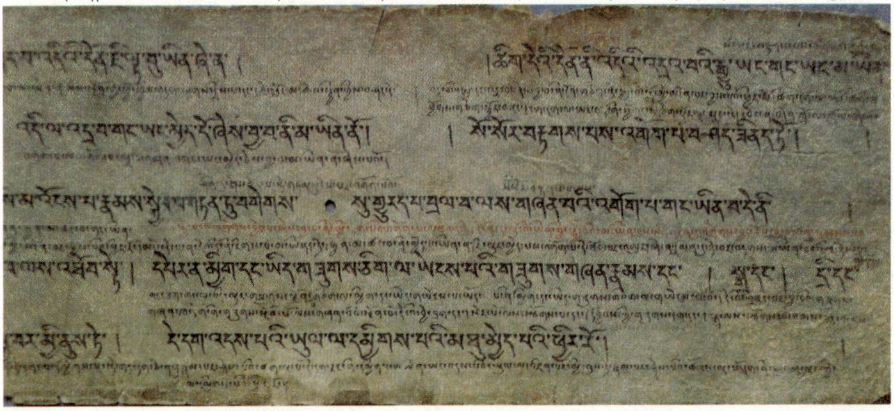

དུས་རབས་11-12སྐབས་ཀྱི་གནའ་དཔེ་ཞབས་མཆན་ཅན།

བའི་དོན་བསྡུས་ཏེ་འབྱེད་པ་བསྡུད་དོན་གྱི་འགྲེལ་པ། རྩ་བའི་དོན་མདོ་དང་སྦྱོར་གྱི་འགྲེལ་པ། གཞན་གྱིས་གོ་སླ་བར་བཞག་པ་འབྱེད་པ་གོ་སླའི་འགྲེལ་པ། གཞན་གྱིས་བྱས་པའི་འགྲེལ་པར་འགྲེལ་བ་འབྱེད་པ་ལ་འགྲེལ་བཤད་ཟེར་ཞེས་སོགས་ལ་བལྟས་ན། བོད་ཀྱི་འགྲེལ་རྩོམ་ནི་སྣ་མང་ཕུན་སུམ་ཚོགས་པོ་ཞིག་ཡོད་པ་མཚོན་ལ། དེ་མིན་ད་དུང་གཞུང་འགྲེལ་མཛད་པ་པོའི་ཕྱོགས་ནས་ཀྱང་དབྱེ་བ་བཞག་ན་ཁག་གཉིས་ཡོད་པ་སྟེ། རང་འགྲེལ་དང་གཞན་འགྲེལ་ལོ། རང་འགྲེལ་ནི་གཞུང་དེའི་རྩ་བ་མཛད་མཁན་ཡང་མཛད་པ་པོ་ཁོང་རང་ཡིན་ལ་

ཕྱིས་སུ་རང་གི་བུ་སློབ་རྣམས་ཀྱི་ཞུ་རྟེན་མེ་ཏོག་དང་བཅས་ཡང་ཡང་འབུལ་བ་ལ་བརྟེན་ནས་རང་ཉིད་ཀྱིས་འགྲེལ་བསྐྱོན་གནང་བ་དེ་ལ་རང་འགྲེལ་ཞེས་བརྗོད་དོ། དེ་ལས་ཐོག་སྟེ་གཞུང་དེའི་རྩ་བ་རང་གི་ཕ་བླ་མ་དམ་པས་མཛད་པ་དང་རང་གིས་སློབ་མས་གཞུང་དེའི་འགྲེལ་མཛད་པ་ལ་གཞན་འགྲེལ་ཞེས་བརྗོད་དོ། མདོར་ན་འགྲེལ་རྩོམ་ལ་གོང་དུ་སྨྲས་པ་ལྟར་དབྱེ་བ་ཕྲ་རགས་མང་པོ་ཞིག་འབྱེད་གནང་སྲོལ་འདུག་གོ།

2 མཆན་གྱི་དབྱེ་བ།

ཐོག་མར་མཆན་གྱི་གོ་དོན་རགས་ཙམ་ཞིག་འགྲེལ་ན། མཆན་ཞེས་པ་ནི་གང་ཟག་གི་མཆན་ཁུང་དུ་དངོས་པོའམ་གང་ཞིག་ཐོགས་པའམ་བསྣམས་པ་ལ་དཔེ་བྱས་པའི་སྒོ་ནས་རྒྱུན་འབྱམས་སུ་སོང་བའི་དོན་ཐ་སྙད་ཅིག་སྟེ། གཞུང་དོན་གྱི་ཚིག་འགྲེལ་ཕྱུང་དུའམ་རྩ་བའི་འབྲུ་དོན་ལ་མཆན་བུ་བཏབ་པ་དང་རྟོགས་དཀའ་བའི་གཞུང་དོན་ཚིག་གམ་ཐ་སྙད་གོ་བདེ་བར་འགྲེལ་བའི་ཡིག་ཚོགས་ཉུང་ཞིང་ཡིག་གཟུགས་ཀྱང་ཆུང་བའི་ཆ་ནས་མཆན་བུའང་བྱ་ཞེས་དང་ཚིག་གི་གཏེར་མཛོད་དུ་མཆན་བུ་ [1]note,- annotation, footnote in a book; མཆན་བུའི་ཡི་གེའི་མཆན་བུ་- words or lines written or printed in smaller character that the original and inserted in the མ་ཡིག་(main-work)" [2]ཞེས་གསུངས་པ་གཉིས་ལས་ང་ཚོས་ཤེས་རྟོགས་ཐུབ། མཆན་བུ་དེ་ནི་ཚིག་གི་དོན་གོ་དཀའ་བ་དེའི་ཞབས་འོག་ཏུ་ཡིག་གཟུགས་ཆུང་ངུས་བྲིས་པའི་འགྲེལ་ཕྱུང་ངུ་ལ་མཆན་ཞེས་བརྗོད་ན་འགྲིག

དཔེར་ན་གོང་གི་དཔེ་རིས་དེ་ལ་གཟིགས་དང་གོང་དུ་སྨྲས་པའི་མཆན་གྱི་གོ་དོན་ལག་ནང་དུ་སྐྱུ་རུ་ར་སྟོན་པ་བཞག་པ་ལྟར་རོ། དཔེ་རིས་ཐོག་བྲིས་པའི་དབུ་ཅན་བྲིས་མ་ཆེ་བ་དེ་ནི་གཞུང་དངོས་དང་དེའི་ཞབས་འོག་ཏུ་བཏགས་པའི་དབུ་མེད་ཆུང་ངུ་དེ་ནི་མཆན་ཡིན། མཆན་ལ་བོད་ཀྱི་མཁས་པ་སྔ་མ་རྣམས་ཀྱིས་དབྱེ་བ་ཁག་བཞི་བཞག་གནང་

---

(1)བོད་སྦྱོངས་དཔེ་མཛོད་ཁང་དུ་བཞུགས་པའི་བཀའ་གདམས་གསུམ་པོད་ལྔ་བ། པེ་ཅིང་མི་རིགས་དཔེ་སྐྲུན་ཁང་གི་1992ལོའི་དཔར། ཤོག་གྲངས་119ལས་དྲངས།

(2) བོད་དང་སམ་སྐྲི་ཏ་དང་ཨིང་གི་ལི་ཤི་སྐད་གསུམ་ཤན་སྦྱར་གོ་བདེ་རིམ་བསྒྲིགས་ཚིག་དང་མིང་གི་རྣམ་གྲངས། རྒྱ་གར་གྱི་སྒྲ་བསྒྱུར་བའི་ལོ་པཎ་ཤེ་ཤརཏ་ཙན་དྲའི་ཚིག་མཛོད། ཤོག་གྲངས་619ལས་དྲངས།

གི་ཡོད་པ་སྟེ། ནག་མཆན་དང་གསེར་མཆན། དངུལ་མཆན་དང་དམར་མཆན་བཅས་སོ། དེ་དག་ལ་དཔེ་མཚོན་རེ་རེ་ཞུས་ན་པྲ་ཏི་རིན་ཆེན་དོན་གྲུབ་ཀྱིས་(གྲྭ་ས་སེར་བྱེས། རབ་བྱུང་བཅུ་གཉིས་)མཛད་པའི་ལམ་རིམ་གྱི་མཆན་དང་སྟག་ལུང་ངག་དབང་གྲགས་པས་(1418—1496)མཛད་པའི་ལམ་རིམ་གྱི་མཆན་ལ་ནག་མཆན། ཀུན་མཁྱེན་འཇམ་དབྱངས་བཞད་པས་མཛད་པའི་ལམ་རིམ་གྱི་མཆན་ལ་གསེར་མཆན། བ་སོ་ཆོས་ཀྱི་རྒྱལ་མཚན་(1537—1605)གྱིས་མཛད་པའི་ལམ་རིམ་གྱི་མཆན་ལ་དམར་མཆན་ཞེས་ཨ་ཀྱཱ་ཡོངས་འཛིན་གྱིས་འགོད་གནང་གི་འདུག ཡིན་ནའང་ཨ་ཁུ་རིན་པོ་ཆེའི་ལམ་རིམ་ཆེ་བའི་བཤད་ལུང་ཟིན་བྲིས་སུ། བ་སོའི་མཆན་ལ་ནག་མཆན་དང་སྟག་ལུང་འཇམ་དབྱངས་གྲགས་པའི་མཆན་ལ་སེར་མཆན། ཀུན་མཁྱེན་འཇམ་དབྱངས་བཞད་པའི་མཆན་ལ་དམར་མཆན་ཞེས་གསུངས་ཀྱི་འདུག་པས་གང་འོས་དཔྱད་པར་འཚལ་[1]ཞེས་གསུངས་འདུག དེ་དག་སོ་སོའི་མཚན་ཉིད་ལ་བོད་རྒྱ་ཚིག་མཛོད་ཆེན་མོ་ལས། ནག་མཆན་ཞེས་པ་ནི་གཞུང་ཆེན་

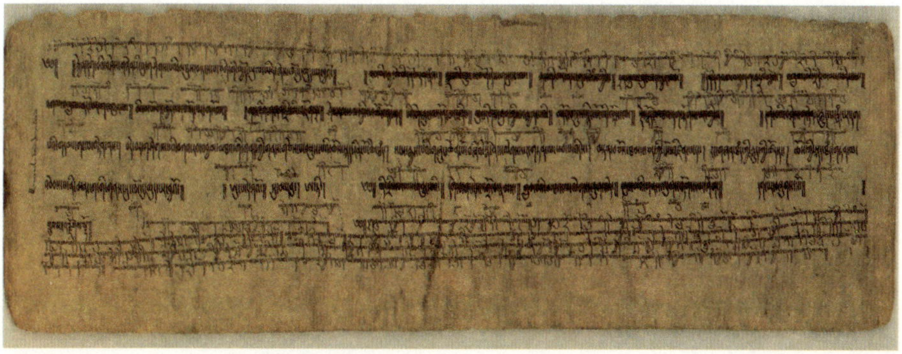

དུས་རབས་13-14སྐབས་ཀྱི་གནའ་དཔེ་ཞབས་མཆན་ཅན།

རྣམས་ཀྱི་ཡིག་འབྲུའི་ཞབས་སྣག་ཚ་ནག་པོས་བྲིས་པའི་མཆན་འགྲེལ་ཡིན། དཔེར་ན་སྐྱེས་རབས་སོ་བཞིའི་འགྲེལ་པ་སོ་སྟོན་འཇིགས་མེད་གྲགས་ཀྱི་བཏབ་པའི་ནག་མཆན་ནོ། དམར་མཆན་ནི་གཞུང་ཆེན་རྣམས་ཀྱི་ཡིག་ཞབས་ལ་སྨྱུར་ཐིག་དང་བཅས་སྣག་ཚ་དམར་པོས་བྲིས་པའི་མཆན་འགྲེལ་ལོ་ཞེས་པ་ལས་གཞན་གཉིས་ཀྱི་མཚན་ཉིད་ཀྱང་གཅིག་ཤེས་ཀུན་

(1)ཆ་རིས་སྐལ་བཟང་ཐོགས་མེད། བྱང་ཆུབ་ལམ་རིམ་ཆེན་མོའི་དཀའ་གནད་ཀྱི་དྲིས་ལན། ཀན་སུའུ་མི་རིགས་དཔེ་སྐྲུན་ཁང་གི་2005ལོའི་དཔར་ཐོག་གྲངས་19ལས་དྲངས།

གྲོལ་ཐུབ། དེ་ནས་མཚན་གྱི་རིགས་དེ་དག་ནི་མཚན་འགྲེལ་མཁན་པོས་ཐོག་མར་སྔག་ཚའི་རྒྱུ་སྐྲུས་ཅེ་འདྲ་ཞིག་གིས་མཚན་བསྐྱོན་པ་ལས་ཐ་སྙད་དེ་བྱུང་བ་ཡིན་སྙམ། བོད་ཀྱི་རྩོམ་རིག་གི་རྣམ་གཞག་ཏུ་མཚན་ལ་དབྱེ་བ་གསུམ་བཞག་ཡོད་པ་སྟེ་དེ་དག་ནི་ནག་མཚན་ལ་དཀྲུས་མཚན་ཡང་ཟེར། ཟུར་མཚན། དམར་མཚན་བཅས་སོ།[1]དེ་དག་ལས་ནག་མཚན་ནམ་དཀྲུས་མཚན་ནི་རྩ་བའི་ཚིག་གམ་གཞུང་གི་འབྲུ་དོན་གང་འགྲེལ་བར་བྱ་བའི་ཡུལ་དང་སྒོ་བསྟུན་གྱིས་ནག་འགྲོས་སུ་སམ་ཐར་ཚགས་སུ་འགྲེལ་བ་སྟེ་རྩ་འགྲེལ། དེ་ནི་རྩ་ཚིག་དང་མཚན་ཚིག་གཉིས་ཀ་དཀྲུས་སུ་གཅིག་པར་གློག་ཐུབ་པར་བཀོད་པ་དེ་ལ་ཟེར། ཟུར་མཚན་ནི་རྩ་བའི་གཞུང་དེའི་ཚིག་གི་འཁྲིས་སམ་ཟུར་དུ་བཏགས་པའམ་ཡང་ན་གང་འགྲེལ་བར་བྱ་བའི་ཡུལ་ལམ་ཐ་སྙད་དེའི་གོང་འོག་གི་གནས་གང་རུང་ཞིག་ཏུ་ཡིག་གཟུགས་རྩ་ཚིག་ལས་ཆུང་བའི་ཚུལ་དུ་ཚིག་ཁྲིད་ཀྱིས་བཀོད་པ་དེ་ལ་ཟེར། དམར་མཚན་ནི་གཞུང་དེའི་རྩ་བའམ་གཞུང་གི་ཚིག་དོན་རྣམས་དམར་རྗེན་དུ་བཀྲོལ་བ་ལ་ཟེར། དཔེ་རིས་འདི་ནི་བུ་སྟོན་རིན་ཆེན་གྲུབ་ཀྱི་གསུང་པོད་ཞིག་ཡིན། དེའི་ཞབས་ཤོག་ཏུ་གཞུང་དངོས་ལས་ཡིག་གཟུགས་ཆུང་ངུས་བསྐྱོན་པའི་མཚན་ཞིག་ཡོད་པ་དེ་ནི་འདི་ལྟར། མཚན་བུ་ནག་པོ་ཆེ་བ་ནི་བུ་མཚན་ཡིན་ནོ། ནག་ཆུང་རྣམས་དཀར་ཙཀྲ་པའི་མཚན་ཡིན་ལ། དམར་པོ་ནི་ཤར་པས་བཏབ་པའི་མཚན་བུ་ཡིན་ཞེས་པའི་ཚིག་གྲུབ་ཐུང་ངུ་དེ་ལས་འགྲེལ་ན། ཡིག་གཟུགས་ནག་པོ་ཆེ་བ་དེ་ནི་བུ་སྟོན་རིན་ཆེན་གྲུབ་ཀྱིས་མཛད་པའི་མཚན་དང་དེ་ལ་ཡིག་གཟུགས་ཅུང་ཟད་ཆུང་བའི་མཚན་ནག་པོ་དེ་ནི་བུ་སྟོན་ཐུགས་སྲས་དཀར་ཙཀྲ་པས་བཏབ་ཞིག་ཡིན། ཡིག་གཟུགས་ཆེས་ཆུང་བ་དེ་ནི་སྣག་ཚ་དམར་པོས་བཏབ་པ་དེ་ནི་ཤར་ཆེན་ཐམས་ཅད་མཁྱེན་པས་བཏབ་པ་ཞིག་ཡིན། མདོར་ན་མཚན་འགྲེལ་གྱི་བརྩམས་ཆོས་ཞིབ་ཅིང་ཕྲ་བ་འདི་འདྲ་ཡོད་པ་དེས་བོད་ཀྱི་ནང་བསྟན་གསུང་རབ་ལ་སྦྱང་པ་གནང་མཁན་གྱི་མི་རྣམས་ལ་ཡུལ་དུས་དང་འཚམས་པའི་ཕན་ནུས་ཐོན་ཐུབ་པ་མ་ཟད་མཚན་འགྲེལ་གྱི་རིག་པ་དེ་ཡང་གཏིང་ཟབ་མོ་ཞིག་ཏུ་སླེབས་ཡོད་པ་རྟོགས་སོ།

---

(1)ཐུ་ཚང་རྡོ་རྗེ་རིན་ཆེན། བོད་ཀྱི་རྩོམ་རིགས་རྣམ་གཞག པེ་ཅིང་མི་རིགས་དཔེ་སྐྲུན་ཁང་། 1992 ལོའི་དཔར། ཤོག་གྲངས་119ལས་དྲངས།

༤། མཆན་འགྲེལ་མཁན་གྱི་ཆ་རྐྱེན།

གནའ་ནས་ད་བར་ཐོན་ཟིན་པའི་མཆན་འགྲེལ་མཁན་པོ་དེ་དག་གི་ལོ་རྒྱུས་དང་འགྲེལ་རྩོམ་དག་ལ་ང་ཚོས་དབྱེ་ཞིབ་བྱས་པ་ཡིན་ན། མིང་དོན་མཚུངས་པའི་མཆན་འགྲེལ་མཁན་པོ་ཞིག་ཡིན་ན་ངེས་པར་དུ་ཆ་རྐྱེན་ཁག་གསུམ་ཙམ་ཞིག་འཛོམས་དགོས། གཅིག་ཐོག་མར་བཀྲལ་བར་བྱ་བའི་གཞུང་དེའི་ཁྲིད་རྒྱུན་དང་ལུང་རྒྱུན་ཡོད་པ་ཞིག་དགོས། དེ་ལྟར་མེད་ན་གཞུང་དེ་དག་གི་འགྲེལ་རྩོམ་རྩ་བའི་ཆ་ནས་གནང་གི་མེད་པར་སྣང་། གང་ལགས་ཤེ་ན། བོད་ཀྱི་འགྲེལ་ཆེན་ཁག་ལ་གཟིགས་ཞིབ་གནང་སྐྱོང་ཡོད་ཅེ། འགྲེལ་གཞུང་དེའི་མཛད་བྱང་དུ་རྒྱུན་དུ་ནས་མཐོང་འབབ་པའི་ཚིག་གྲུབ་འདི་ལྟར་ཡོད་པ་སྟེ། དཔེར་ན་བུ་སྟོན་རིན་ཆེན་གྲུབ་ཀྱི་གསུང་པོད་བཅོ་ལྔ་པའི་མཛད་བྱང་དུ་ཡི་གེ་དབུ་མེད་ཆུང་ངུ་ཞིག་གིས་འདི་ལྟར་ཤུག་གནང་ཡོད་པ་སྟེ། རོལ་པའི་རྡོ་རྗེ། དོན་ཡོད་རྡོ་རྗེ། བ་རི་ལོ་ཙཱ་བ། མཆིམས་བརྩོན་སེང་། མཆིམས་དོན་ནེ། མཆིམས་ཚོས་སེང་། མཆིམས་བློ་བརྟན། མཆིམས་ནམ་མཁའ་གྲགས། སློབ་དཔོན་དར་མ་རྒྱལ་མཚན། རྒྱང་ཆེན་པ་བསོད་ནམས་འཕེལ། ལོ་ཙཱ་བ་མཆོག་ལྡན། བླ་མ་དཔལ་ལྡན། བདག་བུ་སྟོན་ནོ[1]ཞེས་གསུང་པ་ནི་གཞུང་འདི་བུ་སྟོན་རིན་པོ་ཆེར་ལུང་རྒྱུན་ཇི་ལྟར་བྱུང་བའི་རྒྱུད་པ་ཞིག་ཉག་རྐྱག་ཚིག་གིས་མ་སྒྲིབ་པར་སློབ་དཔོན་དག་གི་མཚན་གྱི་ལམ་ནས་གསུངས་གནང་བ་དེས་ཁོང་ལ་གཞུང་དེའི་ལུང་རྒྱུན་ཡོད་གཤིས་གཞུང་དེའི་འགྲེལ་པ་ཞིག་མཛད་པ་རེད། གཉིས་གང་འགྲེལ་བར་བྱ་བའི་

དུས་རབས་13སྐབས་ཀྱི་གནའ་དཔེ་མཆན་འགྲེལ།

(1)བུ་སྟོན་རིན་ཆེན་གྲུབ་ཀྱི་གསུང་པོད་བཅོ་ལྔ། དཔལ་བརྩེགས་དང་ཀྲུང་གོ་བོད་ཀྱི་ཤེས་རིག་དཔེ་སྐྲུན་ཁང་། ཤོག་གྲངས་471ལས་དྲངས།

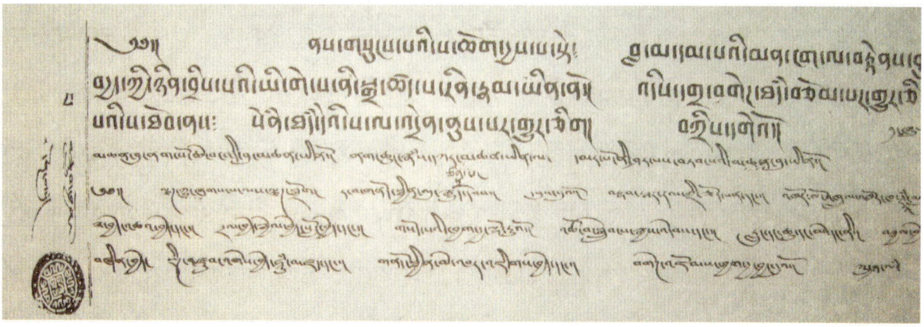

བུ་སྟོན་གྱིས་མཆན་བཏབ་པའི་དཔེ་རིས།

གཞུང་དེའི་ཚིག་དོན་དང་ལུང་སོགས་ལ་དཀའ་བའི་གནས་ཇི་སྙེད་ཅིག་འདུག་པས་དེར་འགྲེལ་པ་ཞིག་བསྐྱོན་གནང་ཡོད་པ་ཞུ་ཞེས་རང་གི་གོང་དུ་བཀུར་འོས་པའི་བླ་མའི་བཀས་སྐུལ་གནང་བ་དང་འོག་སྙིང་རྗེས་བསྐྱངས་པར་འོས་པའི་རྗེས་འབྲངས་ཉ་མ་རྣམས་ཀྱི་རེ་བ་ནན་དུ་སྟོན་ནས་ཞུ་རྟེན་མེ་ཏོག་དང་བཅས་ཕུལ་གནང་བ་དེར་བཀའ་ཐློག་མ་ནུས་པར་མཆན་འགྲེལ་གནང་བ་ཞིག་ཡིན་པ་ལས་རང་འགུལ་གྱི་ཐོག་ནས་མཆན་འགྲེལ་གནང་བ་ཕལ་ཆེར་མེད་པར་མངོན། དཔེར་ན་བུ་སྟོན་རིན་ཆེན་གྲུབ་ཀྱི་གསུང་འབུམ་དགུ་པའི་མཛད་བྱང་དུ་བུ་སྟོན་རིན་པོ་ཆེའི་ཞལ་(མནལ་)དུ་རྗེ་བཙུན་གྲགས་པ་རྒྱལ་མཚན་བྱོན་ནས་ངས་བྱས་པའི་བརྟག་གཉིས་ཀྱི་འགྲེལ་པར་ལུང་དྲངས་པ་རྣམས་ལ་འགྲེལ་པ་ཅིག་བྱ་དགོས་བསམས་ཡོད་ནའང་མ་གྲུབ་པས། ཁྱོད་ཀྱིས་འགྲེལ་པ་དང་ཞུ་དག་གྱིས་ཟེར་བའི་གནང་བ་ཐོབ་པ་ཡིན་ཟེར་བའི་གསུང་བསྒྲོས་གནང་།[1]ཞེས་པས་མཚོན་ནོ། གསུམ་གང་འགྲེལ་བར་བྱ་བའི་འགྲེལ་བྱེད་མཁན་དག་གིས་གཞུང་ཆེན་པོད་ལྔའི་སྐོར་རིགས་ལེགས་པར་བཅིངས་པ་ཞིག་ཡིན་པའམ་མ་མཐར་ཡང་གཞུང་དེའི་ཚིག་དོན་དང་སྤྱི་ཁོག་སོགས་ལ་རི་མཐོན་པོའི་སྟེང་ནས་ལུང་པའི་ལུང་ཤུར་ལ་གཟིགས་པ་ལྟ་བུ་ཞིག་དགོས་ངེས་ལགས། དེ་ལྟར་མེད་ན་ཚིག་མཛོད་ཁོ་ནར་གཞི་བཅོལ་ནས་བཀྲལ་བར་བྱ་འདོད་པ་ཞིག་ཡིན་ན། གཞུང་དེའི་ནང་དོན་ཡོད་དོ་ཅོག་ཚིག་མཛོད་ལས་གཙོ་ཁ་སྒྱུར་ལྟ་བུའི་ལན་ཞིག་སྟེར་ཐབས་བྲལ་གཤིས་རང་ཉིད་ཀྱི་སྐྱེ་སྟོབས་ཀྱི་ཤེས་རབ་དང་སྦྱང་སྟོབས་ཀྱི་ཡོན་ཏན་ཆ་མཉམ་དུ་ཞུགས་པ་ལ་བརྟེན་ནས་སྔོན་གྱི་རྩ་བ་མཛད་པ་པོ་གང་དེའི་དགོངས་དོན་བཞིན་ཆུ་ལ་ཆུ་བཞག་པ་ལྟ་བུའི་གོ་བ་ཞིག་སྟེར་ནས་གཞུང་དེ་བཀྲལ་དགོས། གནའ་དཔེ་ལེགས་སྒྲིག་རགས་བཤད་

(1)བུ་སྟོན་རིན་ཆེན་གྲུབ་ཀྱི་གསུང་འབུམ་དགུ་པ། ཀྲུང་གོ་བོད་ཀྱི་ཤེས་རིག་དཔེ་སྐྲུན་ཁང་། ཤོག་གྲངས་229ལས་དྲངས།

དུ་གསུང་རབ་ཀྱི་མཆན་འགྲེལ་ནི་ཚིག་མཛོད་རྐྱང་པར་བརྟེན་ནས་གནད་དོན་ཐག་གཅོད་ཐུབ་པ་ཞིག་མ་ལགས། གང་ལགས་ཤེ་ན། གནད་དོན་ཇི་སྙེད་ཅིག་ཚིག་མཛོད་ལས་ཁ་ཡོད་ལག་ཡོད་ལན་སྟེར་ཐབས་བྲལ་སྟབས། མཆན་འགྲེལ་མཁན་པོ་རང་ཉིད་ཀྱི་རྨང་སྲ་ཞིང་ཐུག་པའི་ཤེས་བྱ་ལ་བརྟེན་ནས་གནད་འགག་འགྲོལ་དགོས་སོ། དེ་ནི་ཧ་ཅང་གི་ལས་སླ་མོ་ཞིག་མ་ལགས་སོ།[1] ཞེས་གསུངས་པས་མཚོན། མདོར་ན་མཆན་འགྲེལ་མཁན་པོ་དག་ལ་རྩ་བའི་ཤེས་བྱ་རྨང་མཐུག་པོ་ཞིག་དང་རིག་གནས་ཆེ་ཆུང་གང་ལ་ཡང་ལྷ་རྒྱ་ཐོས་རྒྱུས་མི་དམན་པ་ཞིག་དགོས་ལ་ལྷག་དོན་དུ་གང་བཀྲལ་བར་བྱ་བའི་གཞུང་དེའི་ནང་དོན་རི་མགོ་མཐོན་པོའི་རྩེ་ནས་ལྷུང་བའི་ཐང་གཞལ་པ་ལྷ་བུའི་གཞུང་གི་སྤྱི་ཕྱོག་དང་ནང་དོན་གོམ་འདྲིས་ཡོད་པ་ཞིག་དགོས་སོ།།

(1)曹林娣著《古籍整理概论》北京大学出版社2007年版，189页。

ལེའུ་བཅུ་གཅིག་པ། གནའ་དཔེའི་ཐེམ་བྱང་སྐོར།

གཅིག ཐེམ་བྱང་གི་བྱུང་བ།

དཀར་ཆག་ཇི་ལྟར་བསྒྲིགས་པའི་ཚུལ་ལ་བོད་ཀྱི་མཁས་པ་སྔ་མ་རྣམས་ཀྱི་གསུང་ལ་ཞིབ་བཤེར་བཅོལ་ཏེ་ཞུས་ན། བསྟན་པ་སྔ་དར་གྱི་དུས་སུ་ཆོས་རྒྱལ་ཁྲི་སྲོང་ལྡེའུ་བཙན་གྱི་ལྷ་སྲས་མུ་ནེ་བཙན་པོའམ་སད་ན་ལེགས་མཛིང་ཡོན་གྱི་སྐུ་རིང་ལ་ལོ་ཙཱ་བ་སྐ་བ་དཔལ་བརྩེགས་ཆོས་ཀྱི་སྙིང་པོ་དང་། དེ་བེནྡྲ་རཀྵི་ཏ་དཔལ་གྱི་ལྷུན་པོ་སོགས་ཀྱིས་སྔོན་གྱི་ཆོས་རྒྱལ་ཡོ་པཙ་རྣམ་པས་བསྒྱུར་བ་འཕང་ཐང་ཀ་མེད་ཀྱི་གཙུག་ལག་ཁང་དུ་བཞུགས་པའི་གསུང་རབ་རྣམས་ལ་ཚིག་བར་བརྒྱད་བརྒྱད་ལ་ཤོ་ལོ་ཀ་རེ་རེ། ཤོ་ལོ་ཀ་ལ་ཤོག་ཁང་རེ་རེ། ཤོ་ལོ་ཀ་གཅིག ཤོ་ལོ་ཀ་སུམ་བརྒྱ་ལ་སོགས་པ་ལ་བམ་པོ་རེ་རེའི་ཚད་དུ་བྱས་ཏེ། དེས་གཞལ་བའི་ཐེམ་བྱང་མ་འཁྲུལ་བར་མཚན་དང་ལེའུ་གང་ཡོད་བཀོད། ཆོས་ཚན་དེ་དང་དེ་ལ་བམ་ཚད་དང་ཤོ་ལོ་ཀ་དེ་དང་དེ་ཡོད་དོ་ཞེས་ཞིབ་པར་གཏན་ལ་ཕབ་ནས་ཐེམ་བྱང་དུ་བཀོད་པ་ལ་དཀར་ཆག་འཕང་ཐང་མར་གྲགས་པ་ད་ལྟ་བོད་ལྗོངས་རྟེན་རྫས་བཤམས་མཛོད་ཁང་དུ་བཞུགས་པ་དེ་གངས་ལྗོངས་སུ་རྒྱལ་བའི་བཀའ་འགྱུར་ཪ་ཅིག་གླེགས་བམ་ཕྱོགས་གཅིག་ཏུ་བསྒྲིགས་པའི་ཐོག་མ་ཡིན་པར་གསུངས། དེའི་རྗེས་སུ་ལོ་ཙཱ་བ་སྐ་བ་དཔལ་བརྩེགས་རཀྵིཏ། འབོན་ན་གེནྡྲ་རཀྵིཏ་སོགས་ཀྱིས་སྟོང་ཐང་ལྡན་དཀར་གྱི་གཙུག་ལག་ཁང་ཆེན་མོར་

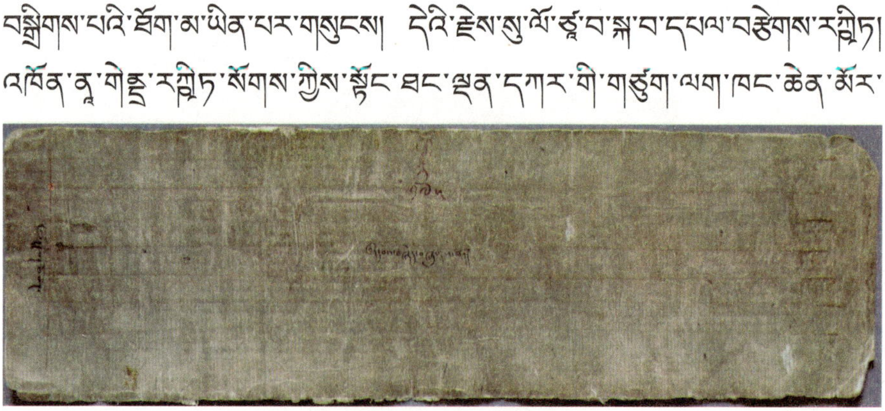

རིགས་དབྱེའི་དཀར་ཆག་བཀོད་པའི་གནའ་དཔེ།

བཞུགས་པའི་གསུང་རབ་ཞུས་ཆེན་མཛད་ཟིན་པ་རྣམས་ཕྱོགས་གཅིག་ཏུ་བསྒྲིགས་ནས་ཐེམ་བྱང་དུ་བཏབ་པ་ལ་དཀར་ཆག་ལྡན་དཀར་མ་གྲགས། དེའི་རྗེས་སུ་བཙན་པོ་ཁྲི་ལྡེ་སྲོང་བཙན་རལ་པ་ཅན་གྱི་སྐུ་རིང་ལ། ཕོ་བྲང་ཆེན་པོ་སྨད་འོན་ཅང་དོ་ན་བཞུགས་པའི་ཚེ། ཉི་འོག་གི་མཁན་པོ་ཨཱཙརྻ་ཛི་ན་མི་ཏྲ་དང་སུ་རེནྡྲ་བོ་དྷི། ཤཱི་ལེནྡྲ་བོ་དྷི། དཱ་ན་ཤཱི་ལ། བོ་དྷི་མི་ཏྲ་རྣམས་དང་བོད་ཀྱི་མཁན་པོ་རཏྣ་རཀྵི་ཏ་དང་དྷརྨ་ཏཱ་ཤཱི་ལ། ལོ་ཙཱ་བ་མཁས་པར་ཆུད་པ་ཛྙཱ་ན་སེ་ན། ཛ་ཡ་རཀྵི་ཏ། མཉྫུ་ཤྲཱི་ཝརྨ། རཏྣ་ཤཱི་ལ་ལ་སོགས་ལོ་པཎ་གདན་འཛོམས་རྣམས་ལ་རྒྱལ་པོའི་བཀས་སྔོན་ནི་ཡབ་མེས་སྐུ་དྲིན་ཅན་རྣམས་ཀྱི་སྐུ་དུས་སུ་བསྒྱུར་བའི་ཐེག་པ་ཆེ་ཆུང་གི་གསུང་རབ་རྣམས་རྒྱ་སྐད་ལས་བོད་དུ་བསྒྱུར་བའི་ཚེ་བོད་སྐད་ལ་མ་གྲགས་པའི་བརྡ་དང་། ཚིག་དོན་མ་མཐུན་པ། འདོད་རྒྱལ་བཙན་བཏགས་ཀྱི་མིང་ཡང་མང་དུ་ཡོད་གཤིས། དེ་དག་ཐམས་ཅད་ལེགས་པར་བསལ་ཏེ་ཚིག་དོན་ལེགས་པར་ངོ་འཕྲོད་པའི་བརྡ་གསར་པས་བསྒྱུར་བཅོས་གཅེས་སོ་བགྱི་ཞིང་། སྔར་མ་བསྒྱུར་བ་ཡང་མང་དག་མཆིས་པ་རྣམས་གསར་དུ་བསྒྱུར་ལ། ཇི་ལྟར་བསྒྱུར་བ་ཐམས་ཅད་ཐེམ་བྱང་དུ་བཀོད་དེ་ནམ་དུ་ཡང་གཞུང་ལུགས་དེ་དག་ལས་མི་བསྒྱུར་ཞིང་ཀུན་གྱིས་བསླབ་ཏུ་རུང་བ་བགྱིས་ཤིག་ཅེས་བཀའ་བསྩལ་བ་ལ་བརྟེན་ནས་འོན་ཅང་རྡོ་གུ་སྟེག་མར་སྔོན་གྱི་ལོ་པཎ་རྣམས་ཀྱིས་ཆོས་སྐད་བོད་ལ་མ་གྲགས་པ་ལས་མིང་དུ་བཏགས་པ་དག་ཅིག་མཆིས་པའི་ནང་ནས་ཁ་ཅིག་ཆོས་གཞུང་དང་བྱཱ་ཀ་ར་ནའི་གཞུང་དང་མི་མཐུན་ཏེ་མི་བཅོས་སུ་མི་རུང་བ་རྣམས་ཀྱང་གསར་དུ་བཅོས། སྐད་ཀྱི་མིང་གཅེས་སོ་འཚལ་གྱིས་ཀྱང་བསྟན་ནས་ཐེག་པ་ཆེ་ཆུང་གི་གཞུང་ལས་སྤྱི་དང་བྱེ་བྲག་སོ་སོའི་དབང་གིས་ཇི་ལྟར་འབྱུང་བ་དང་། སྔོན་གྱི་སློབ་དཔོན་ཆེན་མོ་ན་གརྫུ་ན་དང་བ་སུ་བནྡྷུ་ལ་སོགས་པས་ཚིག་དོན་གང་དང་གང་ལ་ཇི་ལྟར་བཤད་པ་དང་། བྱཱ་ཀ་ར་ན་དང་སྒྲའི་གཞུང་ལུགས་ལས་ཇི་སྐད་དུ་འདྲེན་པ་དང་ཡང་བསྟུན་ཏེ། ཚིག་དོན་མཐུན་དཀའ་བ་རྣམས་ཀྱང་ཚིག་སོ་སོར་ཕྲལ་ནས་གཏན་ཚིགས་ཀྱིས་བཤད་དེ་གཞུང་དུ་བྲིས། སྐད་ཀྱུང་པས་བཤད་པ་འཚལ་བ་སྒྲ་ཇི་བཞིན་དུ་བསྒྱུར་རིགས་པ་རྣམས་ཀྱང་སྒྲ་བཙན་པར་བགྱིས་ཏེ་མིང་དུ་བཏགས། སྐད་ཁ་ཅིག་དོན་བཞིན་དུ་གདགས་པར་འོས་པ་རྣམས་ཀྱང་དོན་བཙན་པར་བགྱིས་ཏེ་མིང་དུ་བཏགས་ནས་ལོ་པཎ་རྣམས་ཀྱིས། རྗེ་བློན་རྣམས་དང་པཎྜི་ཏ་ཆེན་པོ་ཡོན་ཏན་དང་ཏིང་ངེ་འཛིན་ལ་སོགས་པ་གདན་འཛོམས་པའི་སྤྱན་སྔར་ཞུས་གཏུགས་

ཡང་དག་པའི་སྒོ་ནས་ཆོས་བསྒྱུར་བའི་ཐབས་དང་རྒྱ་གར་གྱི་སྐད་ལས་བོད་ཀྱི་སྐད་དུ་མིང་བཏགས་པ་རྣམས་ཞིབ་པར་གཏན་ལ་ཕབ་སྟེ་སྐད་གསར་བཅད་ཀྱིས་བཅོས་ཤིང་བཀས་བཅད་པ་ཐམས་ཅད་ཐེམ་བྱང་དུ་བྲིས་སོ། དཀར་ཆག་ཆེན་མོ་དེ་དག་མཛད་པའི་སྐབས་སུ་གསང་སྔགས་ནང་གི་རྒྱུད་སྡེ་སེམས་ཀློང་མན་ངག་གི་སྡེ་གསུམ་དང་ཏནྟྲ་ཆེན་པོ་བརྒྱད། སྒྲུབ་ཆེན་བཀའ་བརྒྱད་སྤྱི་བྱེ་བྲག་ཐམས་ཅད་ཆེས་མཉན་པ་དང་གསང་སྔགས་ཀྱི་ཉམས་ལེན་ཐམས་ཅད་གསང་ནས་སྤྱོད་པ་ཉིད་ཡིན་པ་སོགས་དགོས་ཆེད་དུ་མའི་དབང་གིས་ཡོངས་གྲགས་ཐེམ་བྱང་དུ་མ་བཏབ་པ་མ་གཏོགས། གསང་སྔགས་རྙིང་མའི་ཆོས་རྣམས་ལ་སྐྱོན་ཡོད་པ་དང་གསུང་བ་པོ་སངས་རྒྱས་མིན་པ་དང་ལོག་པའི་ཆོས་ཡིན་པའི་དབང་གིས་མ་ཡིན་པར་ངེས་ཤེས་འདྲོངས་པ་ཤིན་ཏུ་གལ་ཆེ་བས་ཆོས་སྤྱོང་གི་ལས་ལ་ཕྲ་ཞིང་ཞི་བ་གཞན་མེད་པར་དགོངས་ཏེ་དོགས་ཟློག་མཛད་པར་ཞུ་ཞེས་དང་། བསྟན་པ་ཕྱི་དར་གྱི་དུས་སུ་ཕར་གྱི་བསྒྱུར་ཟིན་པའི་སྟེང་དུ་སྤྲུལ་པའི་ལོ་པཎ་ཚད་ལྡན་མང་དུ་བྱོན་ཏེ་མདོ་དང་རྒྱུད་སྡེ་མང་དུ་བསྒྱུར་ཅིང་བསྟན་པར་མཛད་ཀྱང་ཕྱོགས་གཅིག་ཏུ་བསྡུས་ཏེ་ཐེམ་བྱང་དུ་བཀོད་པ་རེ་ཞིག་མ་བྱུང་བར་སྣང་ངོ་། དེ་ནས་ཡུན་རིང་ཙམ་ལོན་པའི་ཚེ་མཁས་པ་ཆེན་པོ་བཅོམ་ལྡན་རིགས་པའི་རལ་གྲིའི་སློབ་མ་འཇམ་གག་པཀྵིས་བྱང་ཕྱོགས་ཆེན་པོ་ཧོར་གྱི་ཡུལ་ནས་མཐུན་རྐྱེན་མང་དུ་བསྐུར་ཏེ་བཀའ་འགྱུར་བཞེངས་པར་གསོལ་བ་ལ་བརྟེན་ནས། དབུས་པ་བློ་གསལ་སངས་རྒྱས་འབུམ། ལོ་ཙྪ་བ་བསོད་ནམས་འོད་ཟེར། རྒྱང་རོ་བྱང་ཆུབ་འབུམ་སོགས་མཁས་པ་མང་པོས་སྒོ་བསྡུན་ཏེ་གོང་དུ་བཤད་པའི་འདུལ་བ་དང་ཤེར་ཕྱོགས། དཀོན་བརྩེགས། མདོ་མང་། རྒྱུད་འབུམ་རྣམས་སོ་སོར་གསལ་བ་རྣམས་ལས་ཁུངས་གང་བཙུན་ཞུས་དག་གང་ཐོན་རྣམས་ལ་མ་ཕྱི་བྱས་ཤིང་ཧོར་ཕོངས་རྣམས་གསབ་གང་ཐུབ་ཀྱི་སྒོ་ནས། དཔལ་སྣར་ཐང་གི་གཙུག་ལག་ཁང་ཆེན་མོར་གསར་བཞེངས་མཛད་དེ་བཅོམ་ལྡན་རིགས་པའི་རལ་གྲི་མཆོག་གིས་བཀའ་འགྱུར་གྱི་དཀར་ཆག་ཉི་མའི་འོད་ཟེར་གསར་རྩོམ་གནང་སྟེ་ཐེམ་བྱང་དུ་ལེགས་པར་བཏབ་བོ། དེའི་རྗེས་སུ་ཚལ་པ་ཁྲི་དཔོན་སྨོན་ལམ་རྡོ་རྗེའི་རིགས་སྲས་ཆེ་བ་ཀུན་དགའ་རྡོ་རྗེ་ཞེས་པ་འདི་ཉིད། ཕྱིས་སུ་རབ་ཏུ་བྱུང་བའི་མཚན་དྲུང་ཆེན་སི་ཏུ་ཐམས་ཅད་མཁྱེན་པར་གྲགས་པ་དགེ་བའི་བློ་གྲོས་ཀྱིས་མཐུན་རྐྱེན་ཡོ་བྱད་ཀྱི་སྒོ་འཕར་ཕྱེ་སྟེ། སྣར་ཐང་བཀའ་འགྱུར་ལ་མ་ཕྱི་གཙོ་བོར་བྱས་ཤིང་གོང་གསལ་གྱི་གཞུང་མང་

པོ་དང་ཡང་བསྐྱུན་ཏེ། ཚལ་གུང་ཐང་གི་གཙུག་ལག་ཁང་དུ་བཞེངས་པ་ལ་ཚལ་པ་བཀའ་འགྱུར་ཞེས་གྲགས་སོ། དེ་ཉིད་ལ་གཞོན་ཚུལ་ཤཱཀྱ་རྒྱལ་མཚན་དང་། གཙྪ་པ་ཆོས་གྲགས་རྒྱ་མཚོ། ཀུན་མཁྱེན་མི་བསྐྱོད་རྡོ་རྗེ། ཞྭ་དམར་ཐམས་ཅད་མཁྱེན་པ་བཞི་པ། སྤྱན་སྔ་ཆོས་ཀྱི་གྲགས་པ། འགོས་ལོ་གཞོན་ནུ་དཔལ་བ་སོགས་མཁས་པ་མང་པོས་ལེགས་པར་བརྟག་ཞིང་དཔྱད་ནས་ཞུས་དག་ཕྲ་ཞིབ་མཛད་དེ་བོད་ཡུལ་དུ་འགྲན་ཟླ་དང་བྲལ་བའི་ཁུངས་ཐུབ་ཀྱི་ཕྱི་མོ་དམ་པར་གྱུར་ཏེ་འཕྱིང་བ་སྟག་རྩེའི་ཕོ་བྲང་དུ་བཞུགས། དེ་རྗེས་སྤྱི་ལོ་1323ལོར་ཚལ་པ་ཀུན་དགའ་རྡོ་རྗེས་རྒྱལ་བའི་བཀའ་འགྱུར་རིན་པོ་ཆེ་གསར་བཞེངས་ཀྱི་དཀར་ཆག་དེབ་ཐེར་དཀར་པོ་ཞེས་པ་མཛད། དེ་ནས་སྤྱི་ལོ་1431ལོར་རྒྱལ་མཁར་རྩེ་བ་ནང་ཆེན་ཀུན་དགའ་འཕགས་ཀྱི་སྲས་རྒྱལ་རྩེ་བདག་པོ་རབ་བརྟན་ཀུན་བཟང་འཕགས་ཀྱིས་ཕོ་བྲང་སྡེ་གདོང་རྩེ་བ་དབང་གྲགས་པ་རྒྱལ་མཚན་གྱི་དགོངས་བཞེད་བཞིན་ཟང་ཟིང་དངོས་པོ་གཏོང་བའི་ཕྱག་ཡངས་རིང་དུ་བརྒྱངས་ཏེ། སྣར་ཐང་བཀའ་འགྱུར་ལ་མ་ཕྱི་བྱས་ཤིང་ཁུངས་དག་གཞན་རྣམས་དང་ཡང་བསྡུར། དོར་ལེན་ཕྲན་བུའང་བྱས་ནས་རྒྱལ་རྩེར་གསར་བཞེངས་མཛད་ཞུ་དག་ལ་ལོ་ཆེན་སྐྱབས་མཆོག་དཔལ་གྱིས་མཛད་པར་གྲགས་ཤིང་རྒྱལ་རྩེའི་བཀའ་འགྱུར་ཐེམ་སྤངས་མར་གྲགས། དེ་རྗེས་བསྟན་འགྱུར་གྱི་དཀར་ཆག་སྐོར་ལ་སྤྱི་ལོ་1362ལོར་བུ་སྟོན་རིན་པོ་ཆེས་ཞ་ལུའི་བསྟན་འགྱུར་གྱི་དཀར་ཆག་མཛད་པའི་མཚན་བྱང་དུ་བསྟན་བཅོས་འགྱུར་རོ་ཚོག་གི་དཀར་ཆག་ཡིད་བཞིན་གྱི་ནོར་བུ་རིན་པོ་ཆེའི་ཟ་མ་ཏོག་ཅེས་དང་། སྤྱི་ལོ་1687ལོར་སྡེ་སྲིད་ཀྱིས་མཛད་པའི་བསྟན་འགྱུར་དཀར་ཆག་ཞལ་བྱང་དུ་བསྟན་བཅོས་འགྱུར་རོ་ཚོག་གི་དཀར་ཆག་འཛིག་རྟེན་གསུམ་གྱི་བདེ་སྐྱིད་པད་ཚལ་བཞད་པའི་ཉིན་བྱེད་ཅེས་དང་། སྤྱི་ལོ་1737ལོར་སྡེ་དགེའི་བསྟན་འགྱུར་གྱི་དཀར་ཆག་ཞུ་ཆེན་ཚུལ་ཁྲིམས་རིན་ཆེན་གྱིས་མཛད་པའི་ཞལ་བྱང་དུ་ཀུན་མཁྱེན་ཉི་མའི་གཉེན་གྱི་བཀའ་ལུང་གི་དགོངས་དོན་རྣམ་པར་འགྲེལ་བའི་བསྟན་བཅོས་གངས་ཅན་པའི་སྐད་དུ་འགྱུར་རོ་འཚལ་གྱི་ཆོས་སྦྱིན་མི་ཆད་པའི་ངོ་མཚར་འཕྲུལ་གྱི་ཕྱི་མོ་རྫོགས་ལྡན་བསྐལ་པའི་བསོད་ནམས་ཀྱི་སྤྲིན་ཕུང་རྒྱས་པར་དཀྲིགས་པའི་ཚུལ་ལས་བརྩམས་པའི་གཏམ་ངོ་མཚར་ཆུ་གཏེར་འཕེལ་བའི་ཟླ་བ་གསར་པ་ཞེས་པ། ཕུར་ལྕོག་ངག་དབང་བྱམས་པས་མཛད་པའི་བསྟན་འགྱུར་དཀར་ཆག་གི་ཞལ་བྱང་དུ་བཀའ་ཡི་དགོངས་པ་འགྲེལ་པའི་བསྟན་བཅོས་

འགྱུར་རོ་ཅོག་གི་དཀར་ཆག་དོན་ལྡན་ཚངས་པའི་དབྱངས་ཞེས། སྤྱི་ལོ་1753ལོར་འཇམ་དབྱངས་བཞད་པ་དཀོན་མཆོག་འཇིགས་མེད་དབང་པོས་ཅོ་ནེའི་བསྟན་འགྱུར་གྱི་དཀར་ཆག་མཛད་པའི་ཞལ་བྱང་དུ་བཀའ་ཡི་དགོངས་པ་འགྲེལ་པའི་བསྟན་བཅོས་འགྱུར་རོ་ཅོག་གི་དཀར་ཆག་ཡིད་བཞིན་ནོར་བུའི་འཕྲེང་བ་ཞེས་པ་སོགས་བྱུང་། བོད་ཀྱི་མཁས་པ་རྣམས་ཀྱིས་མཛད་པའི་གསུང་འབུམ་དཀར་ཆག་ལ་གླིང་བརྗོལ་བླ་མ་ངག་དབང་བློ་བཟང་གིས་བཀའ་གདམས་པ་དང་དགེ་ལུགས་པའི་བླ་མ་རགས་རིམ་གྱི་གསུང་འབུམ་མཚན་ཐོ་ཞེས་མཛད་པ་དེ་དང་དྲུང་རྗེ་ཤེས་རབ་རྒྱ་མཚོས་མཛད་པའི་དཔེ་རྒྱུན་དཀོན་པ་འགའ་ཞིག་གི་ཐོ་ཡིག་དོན་གཉེར་ཡིད་ཀྱི་ཀུནྡ་བཞད་པའི་ཟླ་འོད་འབུམ་གྱི་སྙེ་མ་ཞེས་པ་སོགས་བྱུང་ཡོད།

གཉིས། ཐེམ་བྱང་གི་མཚན་ཉིད།

ཐེམ་བྱང་ཞེས་པ་ནི་སྤྱིར་ཡི་གེ་རང་གི་དག་ཆའི་ཐོག་ནས་འགྲེལ་ན། ཐེམ་ཞེས་པ་ནི་སྒོ་ཡི་ཐེམ་པ་དང་། བྱང་ཞེས་པ་ནི་དེ་དག་ལ་ཁ་ཡིག་བྲིས་ནས་བཞག་པ་ལ་ཐེམ་བྱང་ཟེར། དེས་ན་ཐོག་མར་ཐེམ་བྱང་ཞེས་པའི་ཚིག་འདི་དུས་ཚོད་ནམ་ཞིག་ལ་བྱུང་བའི་ཚིག་ཡིན་ནམ་ཞེས་ན། དེ་ནི་བོད་ཀྱི་ཆོས་རྒྱལ་བཀའ་དྲིན་ཅན་ཁྲི་སྲོང་ལྡེ་བཙན་གྱི་སྐུ་དུས་སུ་བྱུང་བའི་ཚིག་ཅིག་ཡིན། གང་ལགས་ཤེ་ན། ཞུ་ཆེན་ཚུལ་ཁྲིམས་རིན་ཆེན་གྱིས་མཛད་པའི་བསྟན་འགྱུར་དཀར་ཆག་ཤོག་གྲངས་45ནང་དུ། ཆོས་ལྡན་གྱི་རྒྱལ་པོ་སད་ན་ལེགས་མཇིང་ཡོན་གྱི་སྐུ་རིང་ལ་སྐད་གཉིས་སྨྲ་བའི་དབང་པོ་བནྡེ་དཔལ་བརྩེགས་རཀྵི་ཏ་དང་དེ་ཝེནྡྲ་དང་། དཔལ་གྱི་ལྷུན་པོ་ལ་སོགས་པས་འཕང་ཐང་ཀ་མེད་ཀྱི་གཙུག་ལག་ཁང་ན་བཞུགས་པའི་གསུང་རབ་རྣམས་ལ། ཚིག་བར་བརྒྱད་ལ་རྐང་པ་གཅིག་ཏུ་བརྩིས་པའི་རྐང་པ་བཞི་ཚོགས་ལ་ཤློ་ཀ་དང་། དེ་གསུམ་བརྒྱ་ལ་ལ་སོགས་པ་ལ་བམ་པོ་ཚད་དུ་བྱས་ཏེ། གཞུང་ཚད་དེ་ཉིད་ཀྱིས་ལེགས་པར་གཞལ་བའི་ཐེམ་བྱང་མ་འཁྲུལ་བར་ཆོས་ཚན་འདི་དང་འདི་ལ་གྲངས་འདི་དང་འདི་བགོད་པ་དཀར་ཆག་འཕང་ཐང་མར་གྲགས་སོ།[1] ཞེས་པའི་སྐད་ཆ་དུམ་བུ་དེ་ལས་ཐེམ་བྱང་ཞེས་པ་དེ་ལ་གོ་བ་ཞིག་ལེན་ཐུབ། ཐེམ་བྱང་ཞེས་པ་དེ་ནི་

(1)བོད་ལྗོངས་རྟེན་རྫས་བཤམས་མཛོད་ཁང་དུ་བཞུགས་པའི་དཀར་ཆག་འཕང་ཐང་མ། བྲིས་མའི་ལྡེབ་གྲངས་5ལས་དྲངས།

དཀར་ཆག་གི་གོ་དོན་དང་གཅིག་མཚུངས་སུ་འདུག གང་ཡིན་ཟེར་ན། ཐེམ་བྱང་དུ་འགོད་དགོས་ན་གསུང་རབ་དེ་དག་གི་མཚན་བྱང་། གཞུང་ཚད་ཤོ་ལོ་ཀ་དང་། བམ་གྲངས་སོགས་མ་འཁྲུག་པར་བཀོད་པ་དེ་ལ་ཐེམ་བྱང་ཞེས་ཟེར། དཔེར་ན། དཀར་ཆག་འཕང་ཐང་མར་འཕགས་པ་བདུན་བརྒྱ་པ་ཤློ་ཀ་བདུན་བརྒྱ་སྟེ་བམ་པོ་གཉིས་དང་ཤློ་ཀ་བརྒྱ། འཕགས་པ་ལྔ་བརྒྱ་པ་ཤློ་ཀ་ལྔ་བརྒྱ་སྟེ། བམ་པོ་གཅིག་དང་ཤློ་ཀ་ཉིས་བརྒྱ།[1]འདི་ལྟ་བུ་ཡིན། དེས་ན་སྐབས་དེ་དུས་ཀྱི་དཀར་ཆག་རིག་པའི་ངོས་ནས་བརྗོད་ན་ཁ་ཤིན་ཏུ་གསལ་བ་ཞིག་ཡིན་པ་ནི། པོ་ཏི་གཅིག་ལ་ཆོས་ཚན་ཅི་ཙམ་བཞུགས་ཡོད་མེད་དང་ཆོས་ཚན་དེ་དག་ལ་ཚིགས་བཅད་ཇི་ཙམ་ཡོད་མེད། ཚིགས་བཅད་གཅིག་ལ་ཚིག་རྐང་ཇི་ཙམ་ཡོད་མེད། བམ་པོ་གཅིག་ལ་ཤློ་ཀ་ཇི་ཙམ་ཡོད་མེད་སོགས་ཁ་གསལ་གཏིང་གསལ་གྱི་གཏན་འབེབ་གནང་ཡོད་པ་ནི། གོང་གི་དཔེར་བརྗོད་དག་ལས་ཤེས་ཐུབ། འོན་ཀྱང་སྔོན་གྱི་བཙན་པོའི་སྐུ་དུས་སུ་བགྱིས་པའི་ཐེམ་བྱང་དེ་དག་དང་ད་ལྟའི་ཤོག་བྱང་གི་དཀར་ཆག་བསྡུར་ན་མི་ལྡེང་བའི་ས་ཡང་མི་འདུང་བ་ཞིག་འདུག་སྙམ། དཔེར་ན་གོང་དུ་བརྗོད་པའི་དཔེར་བརྗོད་ལས་ཞུས་ན་མཛད་པ་པོ་དང་འགྱུར་བྱང་སོགས་གསལ་ཁ་མེད་གཤིས། རྗེས་སོར་དེ་དག་ད་ལྟའི་ཤོག་བྱང་གི་དཀར་ཆག་ལ་འགོད་ན་དཀའ་བའི་གནད་ཀྱང་མི་འདུང་བ་ཞིག་འཕྲད་སྲིད་སྙམ་མོད། འོན་ཏེ་ཕྱོགས་གཞན་ཞིག་གི་ངོས་ནས་བླྟང་ན་ཐེམ་བྱང་གིས་བོད་ཀྱི་གསུང་རབ་ཀྱི་ལུས་དང་རྣམ་གཞག་སོགས་སྔར་ན་མེད་པའི་རིག་པའི་གཞུང་ལུགས་ཀྱི་ཐོག་ནས་རྩོམ་རིག་རྣམ་གཞག་ཡང་དག་གཅིག་གཏན་ལ་དབབ་གནང་ཡོད་པ་སྟེ། གོང་དུ་ཞུས་པའི་ཤློ་ཀ་གཅིག་ལ་ཚིག་རྐང་དང་ཚིག་རྐང་གཅིག་ལ་ཚིག་ཇི་ཙམ་ཞིག བམ་པོའི་གྲངས་དང་ལེའུ་གྲངས་སོགས་ཞིབ་ཞིང་ཕྲ་བའི་སྒོ་ནས་གཏན་ལ་དབབ་པ་ལས་བོད་ཀྱི་གསུང་རབ་ཀྱི་སྒྲིག་གཞི་འཕྲུས་ཚང་དུ་འགྲོ་རྒྱུར་ནུས་པ་ཆེན་པོ་ཐོན་ཡོད་དོ།

གསུམ། ཐེམ་བྱང་གི་དབྱེད་པ།

ཐེམ་བྱང་ཞེས་པའི་ཚིག་གི་དག་ཆའི་ཐོག་ལ་ཡང་འབྲི་སྲོལ་མི་འདྲ་བ་ཁག་རེ་གཉིས་

(1)བོད་སྟོངས་རྟེན་རྫས་བཤམས་མཛོད་ཁང་དུ་བཞུགས་པའི་དཀར་ཆག་འཕང་ཐང་མ། བྲིས་མའི་ལྡེབ་གྲངས་5ལས་དྲངས།

ཡོད་པ་སྟེ། གསེར་ཏོག་བློ་བཟང་ཚུལ་ཁྲིམས་རྒྱ་མཚོས་(1845—1908)ཐེམ་སྤྱངས་མ་ཞེས་པའི་དོན་རིགས་པ་སྨྲ་བ་དབལ་མང་རིན་པོ་ཆེའི་གསན་ཡིག་ཏུ། ཐེམ་ཡིག་འདི་ཚད་ཐུབ་ཀྱི་དཔང་པོ་དང་འདྲ་བས་ཐེམ་དཔང་མ་ཞེས་བསྒྱུར་བཅོས་མཛད་པའང་མི་ཉུང་ག་ལ་ཡོད་མོད། འོན་ཏེ་གསན་ཡིག་གནའི་ཀུ་རྒྱུན། ཛ་ཡའི་གསན་ཡིག འཇམ་དབྱངས་བཞད་པའི་རྡོ་རྗེའི་གསན་ཡིག་སོགས་གསན་ཡིག་སྔོན་མ་ཁུངས་དག་ཐམས་ཅད་དུ་ན་ཐེམ་སྤྱངས་མ་[1]ཞེས་ཡོད་ཅིང་། དེའི་དོན་ཐེམ་བྱང་འདི་ནས་གསུངས་པ་ཐམས་ཅད་དཔྱད་པ་གསུམ་གྱི་དག་པ་ཤ་སྟག་ཡིན་པས་སུས་ཀྱང་སྤང་དུ་མི་ཉུང་བའམ་ཡང་ན་ཐེམ་བྱང་འདིར་འགོད་པའི་ཆོས་ཚན་ཐམས་ཅད་རྩོད་པ་ཅན་དང་རྫུན་མའི་གྲས་རིགས་རྣམས་སྤྲངས་པའི་ཚད་ཐུབ་ཡིན་པས་ན་དེ་ལྟར་བརྗོད་པ་ཡིན་ཞེས་པས། ཐེམ་བྱང་དང་ཐེམ་སྤྲངས་མ། ཐེང་དཔང་མ་སོགས་སྔོན་དག་ཆ་འདྲི་སྲོལ་ཁག་མི་འདྲ་བ་བྱུང་ཡོད་པ་དེ་ཤེས་ཐུབ་པ་དང་སྨྲགས་ཐེམ་བྱང་གི་གལ་ཆེན་རང་བཞིན་གཏན་ལ་དབབ་པ་ལ་དཔྱད་པ་གསུམ་གྱིས་དག་པ་པོ་ན་ཡིན་པས་སུས་ཀྱང་རྩོད་པ་དང་བསྒྱུར་བཅོས་གནང་མི་ཉུང་སོགས་ལས་ཐེམ་བྱང་གི་གལ་ཆེའི་རང་བཞིན་གསལ་བཤད་ཐུབ། ཐེམ་བྱང་ཞེས་པའི་ཚིག་དེ་བྱུང་བའི་སྐབས་སུ་མི་རིགས་དེའི་གསུང་རབ་ཀྱི་ནང་དོན་སོགས་ཕྱོགས་ཡོངས་ནས་སྡུ་ཁ་འཛོམས་ཤིང་ཕུན་སུམ་ཚོགས་པོ་དང་འགྱུར་རྩོམ་ལེགས་ཉེས་ཇི་སྙེད་ཅིག་བྱུང་ཡོད་གཤིས། སྔོན་གྱི་ལོ་པཎ་རྣམས་དང་ཆོས་རྒྱལ་རྣམ་པས་ཐེམ་བྱང་གི་ཐབས་ལམ་ལ་མགོ་བཏགས་བཅོལ་ནས་གསུང་རབ་ཁག་ཡང་དག་ཚད་མའི་སྲང་ལ་གཞལ་དགོས་བྱུང་ཡོད་པ་མངོན་ལ། གལ་ཏེ་གསུང་རབ་ཕུན་སུམ་ཚོགས་པོ་དེ་འདྲ་མེད་ཚེ། ཐེམ་བྱང་ཞེས་པའི་ཚིག་དེ་ཡང་རང་རེ་བོད་ཀྱི་གསུང་རབ་རིག་པའི་ལོ་རྒྱུས་ཐོག་ཐོན་དཀའ་བར་སེམས་སོ། མདོར་ན་གསུང་རབ་ཀྱི་རྣམ་གཞག་དང་དཀར་ཆག་རིག་པའི་ངོས་ནས་ཞུས་ན་བོད་མི་རིགས་འདི་ལ་གསུང་རབ་ཀྱི་རྣམ་གཞག་དང་དཀར་ཆག་རིག་པ་ནི་མཐོ་བོད་བཙན་པོའི་སྐབས་ནས་བྱུང་ཡོད་པ་ཞིག་ཡིན་པ་ནི་ཐེམ་བྱང་ལས་གསལ་བཤད་བྱེད་ཐུབ་ཀྱི་འདུག་གོ

---

(1) སེར་ཏོག་བློ་བཟང་ཚུལ་ཁྲིམས་རྒྱ་མཚོའི་གསུང་འབུམ་ཏ་པ། སྐུ་འབུམ་དཔར་མའི་ལྡེབ་གྲངས་19ལས་དྲངས།

བཞི། ཐེམ་བྱང་ངམ་དཀར་ཆག

དཀར་ཆག་གི་གོ་དོན་ལ་གསུང་རབ་སྨྲ་བའི་དབང་པོ་དུང་དཀར་བློ་བཟང་འཕྲིན་ལས་མཆོག་གིས་གསུངས་དོན། དཀར་ཆག་ཅེས་པ་ནི་གསུང་རབ་དང་དཔེ་དེབ། ཡིག་ཆ་སོགས་སྡེ་ཚན་དང་རྣམ་གྲངས་སོགས་མ་འདྲེས་པར་འཚོལ་བདེ་བའི་ཐོ་ཡིག་བཀོད་པ་ཞིག་ལ་ཟེར།[1]སྤྱིར་གྱི་དཀར་ཆག་ལ་དབྱེ་བ་བཞག་ན་ཁག་གསུམ་ཡོད་པ་སྟེ་གསུང་རབ་ཀྱི་མཚན་བྱང་དཀར་ཆག་དང་མཛོད་པ་པོའི་དཀར་ཆག རིགས་དབྱེའི་དཀར་ཆག་བཅས་སོ། དེ་གསུམ་གྱི་ནང་ནས་ཆེས་དཀའ་ཤོས་དེ་ནི་རིགས་དབྱེའི་དཀར་ཆག་དེ་ཡིན། རིགས་དབྱེའི་དཀར་ཆག་དེ་ནི་བོད་བཙན་པོའི་རྒྱལ་རབས་ཏེ་ཆོས་རྒྱལ་གྱི་སྐུ་དུས་སུ་ལོ་པཎ་སྐུ་དྲིན་ཅན་རྣམ་པས་གསུང་རབ་ཁག་ཐེམ་བྱང་དུ་བཏབ་སྟེ་གསུང་རབ་དེ་དག་གི་ནང་དོན་ལ་གཞིགས་ནས་བརྗོད་བྱ་བསྟན་པ་ཁག་གསུམ་དུ་བཞག་གནང་ཡོད། བོད་ཀྱི་གསུང་རབ་དེ་དག་རིགས་གསུམ་དུ་བཀར་ནས་སྡེ་སྣོད་གསུམ་དུ་འཛོག་གནང་མཛད་པ་དེ་ལས་བོད་ཀྱི་གསུང་རབ་རིགས་དབྱེའི་དཀར་ཆག་གི་མགོ་འབུད་པར་སེམས། དེ་དག་རིགས་ཚན་སོ་སོའི་ནང་དུ་འགལ་འཛོལ་མེད་པར་བཞག་དགོས་པ་དེ་ནི་ཤིན་ཏུ་ནས་འགངས་ཆེ། རིགས་ཚན་སོ་སོའི་ནང་དུ་འཛོག་སྐབས་ང་ཚོས་ཐེམ་བྱང་ངམ་བརྗོད་བྱའི་དོན་ལ་མགོ་བཏགས་བཙལ་དགོས། དེས་ན་སྔོན་གྱི་ལོ་པཎ་སྐུ་དྲིན་ཅན་རྣམ་པས་གསུང་རབ་ཀྱི་ནང་དོན་འགྱུར་ཕྱུག་ལ་མགོ་བཏགས་བཙལ་གནང་ཡོད་གཤིས། ང་ཚོས་གསུང་རབ་ཀྱི་འགྱུར་ཕྱུག་ལ་གཞི་བཙལ་ཏེ་རིགས་དབྱེའི་དཀར་ཆག་བཟོས་ན་ཚད་ལྡན་ཞིག་ལགས། ཐབས་ལམ་དེ་འདྲ་བཀོལ་ཏེ་དཀར་ཆག་བསྒྲིགས་པ་ཡིན་ན་དུས་ཡུན་རིང་པོ་གཞུང་དངོས་ལ་འཇུག་མི་དགོས་པར་འགྱུར་བྱང་ཐེམ་བྱང་ཉིད་ལས་རིགས་དབྱེའི་དཀར་ཆག་བཟོ་ཐུབ་པ་ནི་གཅིག་ནས་ལས་ཤོག་ཆེ་བ་མ་ཟད། གཉིས་ནས་ཚན་རིག་དང་ལྡན་པ་ཞིག་ཡིན། འདི་ནི་བོད་མི་རིགས་ཀྱི་ཐུན་མོང་མ་ཡིན་པའི་གསུང་རབ་རིག་པའི་གཞུང་ལུགས་དམིགས་བསལ་ཅན་ཞིག་ཡིན། དེའི་སྐོར་ངོ་སྤྲོད་ཞུས་ན་འདི་ལྟར།

---

(1)མཁས་དབང་དུང་དཀར་བློ་བཟང་འཕྲིན་ལས། བོད་ཀྱི་དཀར་ཆག་རིག་པ། མི་རིགས་དཔེ་སྐྲུན་ཁང་གི་2004ལོའི་དཔར་མ། ཤོག་གྲངས་69ལས་དྲངས།

གསུང་རབ་ཀྱི་བརྗོད་བྱ། → འགྱུར་ཕྱུག → རིག་ཚན།

ཚུལ་ཁྲིམས། →ཐམས་ཅད་མཁྱེན་པ། →འདུལ་བའི་སྡེ་སྣོད།

ཤེས་རབ། → འཇམ་དཔལ་གཞོན་ནུ། →མངོན་པའི་སྡེ་སྣོད།

ཏིང་ངེ་འཛིན། →སངས་རྒྱས་བྱང་ཆུབ་སེམས་དཔའ། →མདོ་སྡེའི་སྡེ་སྣོད་ཅེས་པ་འདི་ལྟ་བུ་གསུང་རབ་ཀྱི་འགྱུར་ཕྱུག་ཐེམ་བྱང་ལ་མགོ་བཏགས་བཅོལ་གནང་སྟེ་ སྔོན་གྱི་ལོ་པཎ་དག་གིས་རིགས་དབྱེའི་དཀར་ཆག་བཟོས་གནང་འདུག དེ་རྗེས་ བླ་བྲང་ཨ་ཁུ་ཤེས་རབ་རྒྱ་མཚོས་རིག་ཚན་ཉི་ཤུ་རྩ་གསུམ་དང་། གསུང་རབ་སྣ་བའི་དབང་པོ་དུང་དཀར་བློ་བཟང་འཕྲིན་ལས་མཆོག་གི་རིགས་ཚན་བཅུ་དགུར་ཕྱེ་ནས་དཀར་ཆག་བསྒྲིགས་གནང་འདུག ད་ལྟ་བོད་ཀྱི་གསུང་རབ་རིག་པའི་ཕྱུག་ལས་གནང་མཁན་མང་པོ་ཞིག་གི་གསུང་རབ་སྣ་བའི་དབང་པོ་དུང་དཀར་བློ་བཟང་འཕྲིན་ལས་མཆོག་གི་རིགས་ཚན་དེ་ལག་བསྟར་བྱེད་བཞིན་འདུག་པས་དེའི་དགེ་མཚན་ཡང་རང་བཞིན་གྱིས་རྟོགས་སོ།

1 རིགས་དབྱེའི་དཀར་ཆག་གི་མཚན་ཉིད་དང་དཔེ་བཤད་པ།

གསུང་རབ་ཀྱི་མཚན་བྱང་དང་མཛད་པ་པོ། དཔར་ཁང་། ལྡེབ་གྲངས། དབུ་ཞབས་ལྷ་སྐུ་ཡོད་མེད་སོགས་འཇོལ་ནོར་མེད་པར་ཤོག་བྱང་གི་སྟེང་དུ་དཀར་ཆག་འགོད་ན་གོང་དུ་མཚན་བྱང་དཀར་ཆག་དང་མཛད་པ་པོའི་དཀར་ཆག་གཉིས་གཅིག་མཚུངས་ཡིན་ཀྱང་། འདི་ནི་གཙོ་བོ་གསུང་རབ་ཀྱི་བརྗོད་བྱ་གཞིར་བཟུང་རང་རང་སོ་སོའི་རིགས་ཚན་དུ་གཅུ་ཁ་སྒྲིར་ལྟ་བུ་འཇོག་རྒྱུ་དེ་ཡིན། དཔེ་མཚོན་ནི་འདི་ལྟར།

10708ལོ་རྒྱུས། ཆོས་འབྱུང་མཁས་པའི་དགའ་སྟོན།
མཛད་པ་པོ། དཔའ་བོ་གཙུག་ལག་འཕྲེང་བ།
དཔར་ཁང་། སྡེ་བྲག་དཔར་མ། ལྡེབ་གྲངས། 245

14567རྩོམ་རིག བཅོམ་ལྡན་འདས་རྗེ་བཙུན་མི་ལ་བཞད་པའི་
རྡོ་རྗེ་ལ་བསྟོད་པའི་ཚིགས་སུ་བཅད་པ་ཀ་ལ་པིངྐའི་སྒྲ་དབྱངས།

མཛད་པ་པོ། ཞང་ཞུང་ཆོས་དབང་གྲགས་པ།
དཔར་གཞི། ཁྲིས་མ་དཔེ་ཚུགས། ལྡེབ་གྲངས། 6

13299གསོ་རིག གསོ་རིག་དགོས་མཁོ་ཀུན་འབྱུང་།
མཛད་པ་པོ། གོང་སྨན་དཀོན་མཆོག་ཕན་དར།
དཔར་གཞི། ཁྲིས་མ། ལྡེབ་གྲངས། 537

2 རིགས་དབྱེའི་དཀར་ཆག་གི་ཁྱེད་ནུས་དང་དབྱེ་བ།

རིགས་དབྱེའི་དཀར་ཆག་འདིས་རྒྱ་ཆེའི་ཞིབ་འཇུག་པ་རྣམས་ལ་དུས་ཐོག་ཏུ་གསུང་རབ་ནོར་འཛོལ་མེད་པར་རང་ཉིད་ལ་མཁོ་བའི་གསུང་རབ་མཁོ་འདོན་ཐུབ་པ་མ་ཟད། ཞིབ་འཇུག་དེར་མཁོ་བའི་གསུང་རབ་མང་པོ་ཞིག་དབྱར་གྱི་ཤ་མོའི་ལམ་སྡེ་ཆེན་པ་བཞིན་སྡེ་གཅིག་ཆེན་པ་ཡིན་ན་གཞན་མཛད་པ་པོས་མཛད་པའི་གསུང་རབ་མང་པོ་ཞིག་ཐད་ཀར་ལག་ཏུ་སོན་ཐུབ་པ་ནི་དེའི་དགེ་མཚན་ནོ། རིགས་ཚན་འཛུགས་སྟངས་ཐད་བོད་ཀྱི་མཁས་པ་སྔ་མ་རྣམས་ཀྱི་བཞེད་པ་མི་འདྲ་བ་འགའ་ཞིག་མཆིས་པ་དེ་དག་རིགས་ཚན་ཙམ་འདྲེན་ན། བོད་ལ་མཆོན་ན་སྔོན་མ་ནས་ད་བར་གཅིག་གྱུར་གྱི་རིགས་དབྱེ་ཞིག་ཡོད་པ་ད་ཕན་ཆོད་མ་མཐོང་ལགས། དཔེར་ན། བཙན་པོའི་སྐབས་སུ་འགྱུར་ཕྱག་ལ་གཞི་བཅོལ་ཏེ་རིགས་ཚན་གསུམ་དུ་དཀར་བ་སྡེ་སྡེ་སྡོད་གསུམ་དང་ས་སྐྱ་པཎ་ཆེན་གྱིས་བོད་ཀྱི་རིག་གནས་བཅུའི་རྣམ་གཞག་མཛད་པ་ལས་རིགས་ཚན་བཅུ་རུ་འདོད་པ།(མང་ཐོས་ཀླུ་སྒྲུབ་རྒྱ་མཚོས་མཛད་པའི་ཐ་སྙད་རིག་གནས་ལྔའི་བྱུང་ཚུལ་ལས། ཐ་སྙད་རིག་པའི་གནས་ལྔར་གྲགས་པ་རྣམས། ཆོས་རྗེ་ས་པཎ་ཡན་ལ་མ་དར་ཞིང་ཞེས་པ་དང་།) རྗེ་ཤེས་རབ་རྒྱ་མཚོས་རིགས་ཚན་ཁག་ཉི་ཤུར་འཛུགས་གནང་མཛད་པ་དང་། ནླ་བྲང་དགོན་གྱི་རིགས་ཚན་བཅུ་བདུན་དང་འབྲས་སྤུངས་གནས་བཅུ་ལྔ་ཁང་དུ་བཞུགས་པའི་གསུང་རབ་ལ་ལྔ་པ་ཆེན་པོའི་སྐུ་དུས་རིགས་ཚན་ཉི་ཤུ་རྩ་གསུམ་དང་། རྒྱ་གར་ཧྥེ་ལིར་ཤར་ཚགས་སུ་ཚུད་པའི་གསུང་རབ་ལ་རིགས་ཚན་ཁག་བཅུ་གསུམ། གསུང་རབ་ སྨ་བའི་དབང་པོ་དུང་དཀར་བློ་བཟང་འཕྲིན་ལས་མཆོག་གིས་རིགས་ཚན་བཅོ་བརྒྱད་བཞག་ཡོད་པ་བཅས་ཡིན། དེ་

དག་ནི་བོད་ཡིག་གནའ་དཔེའི་རིགས་ཚན་འཛོག་སྟངས་མི་འདྲ་བ་དག་ཡིན། འོན་ཏེ་ང་རང་གི་བསམ་ཚུལ་ལྟར་ན་འབྲས་སྤུངས་དགོན་གྱི་རིགས་ཚན་འཛོག་སྟངས་དེ་དམིགས་བསལ་ཅན་ཞིག་ཡིན་པར་སེམས། གསུང་རབ་དེ་དག་ལ་རིགས་ཚན་ཉེ་ཤུ་རྩ་གསུམ་དུ་དབྱེ་བ་མ་ཟད། རིགས་ཚན་སོ་སོའི་མཚོན་བྱེད་རྟགས་སུ་བོད་ཡིག་གསལ་བྱེད་སུམ་ཅུར་བཅོལ་གནང་འདུག དཔེར་ན་འབྲས་སྤུངས་སུ་ཉར་ཚགས་གནང་བཞིན་ཡོད་པའི་གསུང་རབ་ལ་དམིགས་བསལ་གྱི་རྟགས་ཏེ། ཕྱི། ར། ༡(ཆོས་ཀྱི་རྗེ་ཐམས་ཅད་མཁྱེན་པ་རྗེ་རྗེ་གདན་པ་ཆེན་པོ་ཀུན་དགའ་རྣམ་རྒྱལ་དཔལ་བཟང་པོའི་རྣམ་ཐར་ངོ་མཚར་རིན་པོ་ཆེའི་གཏེར་མཛོད་ཅེས་བྱ་བ་བཞུགས་སོ་ཞེས་པ་འདི་ལྟ་བུར་མཚོན་ན། ཕྱི་ཡིག་དེས་གསུང་རབ་དེའི་དཔེ་ཁུངས་བརྗོད་པ་སྟེ་རྒྱལ་མཆོག་ལྔ་པ་ཆེན་པོའི་སྐབས་བོད་ཀྱི་ས་ཆ་མང་པོ་ཞིག་ནས་དཔལ་ལྡན་འབྲས་སྤུངས་སུ་གསུང་རབ་མང་དག་ཅིག་གདན་འདྲེན་ཞུས་པ་དེ་གསལ་བཤད་ཐུབ་པ་དང་། རྒྱའི་བན་དེ་བྱང་ཆུབ་དབང་རྒྱལ་གྱིས་མཛད་པའི་ཀུན་དགའ་རྣམ་རྒྱལ་གྱི་རྣམ་ཐར་དེ་རིགས་ཚན་གྱི་ཁུངས་ནས་བརྗོད་ནས་ལོ་རྒྱུས་ཡིན་སྟབས་ཞལ་བྱང་དུ་ར་ཡིག་བཀོད་པ་རེད། དེ་ནི་ཚན་རིག་དང་ལྡན་པའི་རིགས་དབྱེ་ཞིག་ཡིན་རྒྱལ་སྤྱིའི་རིགས་དབྱེའི་ནང་ཚན་གྱི་མཚོན་རྟགས་དེ་དབྱིན་ཡིག Kཡིས་ཚབ་བྱས་པའི་བྱེད་ནུས་དང་གཅིག་མཚུངས་སུ་སྣང་། རིགས་དབྱེའི་དཀར་ཆག་རིགས་ཚན་ཅི་ཙམ་ཞིག་ཏུ་དཀར་དགོས་མིན་ཐད་ལ་བོད་ཀྱི་གསུང་རབ་སྒྲ་བ་དུང་དཀར་བློ་བཟང་འཕྲིན་ལས་མཆོག་གིས་བློ་བྲང་བཀྲ་ཤིས་འཁྱིལ་དགོན་པའི་རིགས་དབྱེའི་དཀར་ཆག་དང་རྗེ་ཤེས་རབ་རྒྱ་མཚོའི་རིགས་དབྱེའི་དཀར་ཆག་སོགས་ལ་དཔྱད་བསྡུར་དང་རང་ཉིད་གསུང་རབ་བསྡུ་སྒྲིག་གི་ཕྱག་ལས་ལོ་མང་གནང་བའི་ཉམས་མྱོང་གཅིག་ཏུ་བསྡུས་ནས་རིགས་ཚན་ཁག་བཅོ་བརྒྱད་བཞག་གནང་ཡོད་པ་སྟེ་འདི་ལྟར།

གོ་རིམ་ཨང་རྟགས།	རིགས་དབྱེའི་སྡེ་ཁག	གསལ་བཤད།
1	བཀའ་འགྱུར།	ཁྲིམས་མ་དང་དཔར་མ།
2	བསྟན་འགྱུར།	ཁྲིམས་མ་དང་དཔར་མ།
3	སྒྲ་རིག་པ།	སྒྲ་མདོ་བཞིའི་རྩ་འགྲེལ། སྐད་ཤན་སྦྱར། སུམ་རྟགས་དག་གསུམ།
4	བཟོ་རིག་པ།	ཐིག་རྩ། སྲོས་སྦྱོར། རྫས་སྦྱོར། བཟོ་རིག་པ། སྣ་ཚོགས།
5	གསོ་བ་རིག་པ།	རྒྱུད་དང་འགྲེལ་པ། བསྡུར་རྩོམ་སྨན་གཞུང་། འབྱུངས་དཔེ། ཁ་འཐོར།
6	སྙན་ངག	རྩ་བ་དང་འགྲེལ་པ། དཔེར་བརྗོད། ཆབ་ཤོག་འཕྲིན་ཡིག
7	མངོན་བརྗོད།	རྩ་བ་དང་འགྲེལ་པ། ཁ་འཐོར།
8	སྡེབ་སྦྱོར།	རྩ་བ་དང་འགྲེལ་པ། དཔེར་བརྗོད།
9	ཟློས་གར།	འཁྲབ་གཞུང་དང་རོལ་མོའི་བསྟན་བཅོས། དབྱངས་ཡིག
10	སྐར་རྩིས།	བསྡུར་རྩོམ་གྱི་རྩིས་སྐོར། ཁ་འཐོར་སྣ་ཚོགས། དཔེ་རིས།
11	ལོ་རྒྱུས་སྐོར།	རྒྱལ་རབས། རྣམ་ཐར། ཆོས་འབྱུང་། གདན་རབས།
12	དཀར་ཆག	སྤྱིའི་དཀར་ཆག དཔར་ཁང་དཀར་ཆག དཔེ་མཛོད་དཀར་ཆག
13	མཚན་ཉིད་རིག་པ།	རྣམ་འགྲེལ། ཕར་ཕྱིན། དབུ་མ། མཛོད། འདུལ་བ།
14	གྲུབ་མཐའ།	
15	ལམ་རིམ་བློ་སྦྱོང་།	ལམ་རིམ། བློ་སྦྱོང་། ལྟ་ཁྲིད།
16	གསང་སྔགས་གསར་མ།	རྒྱུད་འགྲེལ། སྒྲུབ་དཀྱིལ། ཁྲིད་ཡིག བེའུ་བུམ།
17	གསུང་འབུམ།	གྲུབ་མཐའ་སོ་སོར་ཕྱེ་བ་དང་མ་ཕྱེ་བ།
18	ཁ་འཐོར་སྣ་ཚོགས།	

3 རིགས་དབྱེའི་དཀར་ཆག་གི་དཀའ་གནད།

གསུང་རབ་ཀྱི་དཀར་ཆག་ནང་ནས་ཆེས་དཀའ་ངོས་དེ་ནི་རིགས་དབྱེའི་དཀར་ཆག་དེ་

ཡིན། དཀར་ཆག་དེ་བཟོ་སྐབས་སུ་གསུང་རབ་ཀྱི་བརྗོད་དོན་ལག་ཏུ་མ་འཁྱུགས་པར་ལེན་ཏེ་རིགས་དབྱེའི་ནང་དུ་འཛོག་རྒྱུ་དེ་ཡིན། དཔེར་ན་རྒྱལ་དབང་ལྔ་པས་མཛད་པའི་དེབ་ཐེར་རྫོགས་ལྡན་གཞོན་ནུའི་དགའ་སྟོན་ལྟ་བུར་ཆ་བཞག་ན་མ་གཞི་རྗོད་བྱེད་ཀྱི་ཚིག་སྙན་ཞིང་དོན་གྱིས་བརྗིད་པ་ཞིག་ཡིན་ཡང་དེའི་བརྗོད་བྱའི་དོན་གཙོ་བོར་བཟུང་རྒྱུ་དེ་སྐབས་བབས་ཀྱི་སྙིང་པོ་ཡིན་པས་ང་ཚོས་དེ་རིགས་ཚན་གྱི་དཀར་ཆག་བཟོ་སྐབས་ལོ་རྒྱུས་ཀྱི་རིགས་ཚན་དུ་འཛོག་པ་ལས་སྙན་རྩོམ་གྱི་རིགས་ཚན་དུ་འཛོག་མི་རུང་ངོ་། རྗེ་ཙོང་ཁ་པ་བློ་བཟང་གྲགས་པས་མཛད་པའི་བསྟོད་ཆེན་བཞིའི་ཡ་གྱལ་རྟེན་འབྲེལ་བསྟོད་པ་ལྟ་བུ་ཡིན་ན། རིགས་ཚན་དུ་འཛོག་སྐབས་ནང་དོན་རིགས་པའི་ཁོངས་སུ་འཛོག་དགོས་པ་དེ་དང་འདྲ་བ་ནི་ཤིན་ཏུ་ནས་མང་བས་གཞན་རྣམས་རིགས་བསྒྲེའོ། དེ་ལྟར་འཛོག་པ་ལ་ཐ་སྙད་རིག་གནས་ཙམ་མ་ཡིན་པར་ནང་དོན་རིག་པའི་ཤེས་བྱ་སོགས་གང་ཅིའི་ཐད་ལ་བལྟ་རྒྱུ་ཐོས་རྒྱུས་མི་དམན་པ་ཞིག་དགོས་ངེས་ལགས་དེ་ལྟར་མ་བྱུང་ན་རིགས་ཚན་དབྱེ་ཐབས་བྲལ། དེར་བརྟེན་བོད་ཀྱི་གསུང་རབ་སྨྲ་བའི་དབང་པོ་དུང་དཀར་བློ་བཟང་འཕྲིན་ལས་མཆོག་གིས་དཔེ་ཆའི་དཀར་ཆག་བཟོ་རྒྱུ་དེ་ལས་སླ་པོ་མིན་པར། དཀར་ཆག་བཟོ་མཁན་ལ་ཆ་བཞག་ན། དཔེ་ཆར་བལྟས་པ་ཙམ་གྱིས་གྲུབ་མཐའ་གང་གི་ཡིན་མིན་དང་། རིག་གནས་བཅུ་པོ་གང་གི་ཁོངས་སུ་གཏོགས་མིན་ལམ་སེང་དབྱེ་བ་འབྱེད་ཐུབ་མཁན་གྱི་གནས་ཚད་མཐོ་པོ་ཞིག་དགོས་པ་ལས་ཡི་གེ་ཤེས་ཙམ་གྱི་དཔེ་ཆའི་དཀར་ཆག་བཟོ་མི་ཐུབ།[1]ཅེས་གསུངས་པས་བོད་ཀྱི་གསུང་རབ་རིག་པའི་ཕྱུག་ལས་གནང་མཁན་ལ་བྱུང་ཚད་མཐོན་པོ་ཞིག་དགོས་པའི་བསླབ་བྱ་གནང་འདུག

(1)མཁས་དབང་དུང་དཀར་བློ་བཟང་འཕྲིན་ལས། གྲུབ་མཐའི་སྐོར་གྱི་རྣམ་བཤད། མི་རིགས་དཔེ་སྐྲུན་ཁང་གི་2004ལོའི་དཔར་མ། ཤོག་གྲངས་463ལས་དྲངས།

ལེའུ་བཅུ་གཉིས་པ། གནའ་དཔེའི་མཇུག་བྱང་ལས་བྱུང་བའི་ཡི་གེ་བའི་སྐོར།

སྔོན་གྱི་འཇིག་རྟེན་མིག་གཅིག་ལྟ་བུའི་ལོ་པཎ་སྐུ་དྲིན་ཅན་རྣམས་ཀྱིས་རང་སྲོག་དོད་དུ་བཙུགས་ཏེ་དཀའ་ངལ་ཁྲི་ཕྲག་མང་པོ་ཁྱད་དུ་བསད་དེ་རྒྱ་བལ་ལི་སོགས་ཀྱི་སྐད་དང་ཡི་གེ་ལས་རང་རིགས་ཀྱི་ཕ་སྐད་དུ་ཕབ་སྒྱུར་གནང་བའི་གསུང་རབ་བཀའ་འགྱུར་དང་། དེ་དག་ལ་ལུང་དང་རིག་པས་ཁུངས་བཙལ་ཏེ་རང་རིགས་ཀྱི་མཁས་པ་གནམ་གྱིས་ས་བཀབ་པ་ལྟར་བྱོན་པ་དག་གི་བློ་གྲོས་ཀྱིས་རྩལ་ལས་ཐོན་པའི་གསུང་རབ་འགྲེལ་རྩོམ་ཁག་ལྡུགས་རྩོམ་གནང་བ་དེ་དག་ལས། བོད་ཀྱི་གསུང་རབ་ཇོ་ཆེན་བཀའ་འགྱུར་སོགས་ཀྱི་རྩིག་པར་ཇོ་ཆུང་འགྲེལ་རྩོམ་དག་ལས་ལྷན་པ་སྤེར་ཏེ། བྲིས་དང་དཔར་མའི་གསུང་རབ་བྲག་རི་བརྩེགས་པ་འདྲ་བ་དེ་དག་ད་ལྟ་རང་རིགས་ཀྱི་མཛལ་ཡུལ་དུ་མཆིས་པ་ནི་སྐལ་བ་བཟང་ངོ་སྙམ། དེ་དག་གི་ཁྲོད་ནས་རང་རང་ལས་རིགས་མི་འདྲ་བ་སོ་སོའི་ཞིབ་འཇུག་པ་དང་དཔེ་ཆ་བ་དག་གིས་སྔོན་གྱི་གསུང་རབ་གཟིགས་སྐྱོང་ཡོད་ཚེ། གསུང་རབ་དེ་དག་གི་མཇུག་བྱང་དུ་གསུང་རབ་རིག་པའི་ཕྱག་ལས་གནང་མཁན་དག་གི་མཐོང་ཐོས་སུ་གྱུར་པ་ལྟར་ཡི་གེ་བ་ཆེ་གེ་མོས་སུག་བྲིས་བགྱིས་ཞེས་དང་ཡང་ཡི་གེ་བ་རང་གི་སློབ་མ་ཆེ་གེ་མོའོ་སོགས་མཐོང་ཐོས་དབང་པོའི་ཡུལ་དུ་གྱུར་ཡོད་ངེས་ལགས། འོན་ཏེ་དེའི་ཐད་ལ་བོད་ཀྱི་གསུང་རབ་

དུས་རབས་17སྐབས་ཀྱི་བཀའ་འགྱུར་བསྟན་འགྲོའི་དཔལ་མགོན་གྱི་སྤྱིན་བདག

དུས་རབས་17སྐབས་ཀྱི་བཀའ་འགྱུར་བསྟན་འགྱུར་དཔལ་མགོན་གྱི་སྦྱིན་བདག

རིག་པའི་ཕྱུག་ལས་གཞན་མཁན་དག་གིས་ཐུགས་ཉམས་འཛོག་མ་གནང་བའམ་ཡང་ན་དུས་ཚོད་ཀྱིས་རྐྱེན་པས་དེའི་སྐོར་ལ་དཔྱད་པ་བཏང་ཡོད་པ་ད་ཕན་མཐོང་ཐོས་སུ་མ་གྱུར། དེ་ནི་བོད་ཀྱི་གསུང་རབ་ཀྱི་ཐུན་མོང་མ་ཡིན་པའི་ཁྱད་ཆོས་ཤིག་ཡིན་པར་སེམས་ཏེ། རྗེ་འཇིགས་མེད་རིགས་པའི་བློ་གྲོས་མཆོག་གིས་རྒྱ་ནག་གི་བཀའ་བསྟན་རྣམས་ལ་འགྱུར་བྱང་གི་དོན་དུ་ལོ་ཙཱ་བའི་མཚན་ཙམ་འགོད་པ་ལས། རྒྱ་གར་སྐད་དང་འགྱུར་ཕྱུག་དང་བམ་གྲངས་འགོད་པ་སོགས་ནི་བོད་ཀྱི་ཐུན་མོང་མ་ཡིན་པའི་ཆོས་སུ་སྣང་ངོ་། དེ་བཞིན་དུ་རྒྱ་ནག་གི་འགྱུར་བྱང་གཞུང་གི་མཇུག་ཏུ་མི་འགོད་པར་དབུར་འགོད་པ་ནི་རྒྱ་ནག་གི་ཐུན་མོང་མ་ཡིན་པའི་ཆོས་སོ། [1]ཞེས་གསུངས་པས་མཚོན། དེས་ན་འདིར་མཛད་བྱང་ལས་བྱུང་བའི་ཡི་གེ་བ་དང་། བྲིས་མ་ལས་བྱུང་བའི་འབྲི་བཤུས་ཡི་གེ་བ། དཔར་བྱང་ལས་བྱུང་བའི་ཡི་གེ་བ། འགྱུར་བྱང་ལས་བྱུང་བའི་ཡི་གེ་བ་བཅས་རིམ་པས་བཞིན་བཤད་པར་བྱའོ།

གཅིག མཛད་བྱང་གི་དགོས་པ།

བོད་ཀྱི་གསུང་རབ་ཡོད་དོ་ཅོག་སྔོན་གྱི་མཁས་པ་གནམ་གྲིས་ས་བཀབ་པ་ལྟར་བྱོན་པ་དག་གི་བློ་གྲོས་ཀྱི་རྩལ་ལས་ཐོན་པ་ཤ་སྟག་ཡིན་གཤིས་དེ་དག་ལ་མཛད་བྱང་མང་ཉུང་དང་ཞིབ་རྒྱས་ལ་མ་ལྟོས་པའི་མཛད་བྱང་ངེས་པར་དུ་ཡོད་དགོས་པ་ཤིག་ལགས། མཛད་བྱང་གིས་བོད་ཀྱི་གསུང་རབ་རིག་པའི་ཕྱུག་ལས་གཞན་མཁན་དག་ལ་གཙོགས་ཆེན་གྱི་ཆ་འཕྲིན་མང་པོ་ཞིག་མགོ་འདོན་ཐུབ་ཀྱི་ཡོད་པ་སྟེ། དཔེར་ན་རྩོམ་རིག་དེ་ཐོག་མར་མཛད་

(1)ཚེ་ཏན་ཞབས་དྲུང་རྗེ་བཙུན་འཇིགས་མེད་རིགས་པའི་བློ་གྲོས། གསུང་འབུམ་པོད་བཞི་པ། མི་རིགས་དཔེ་སྐྲུན་ཁང་གི་2007ལོའི་དཔར་མ། ཤོག་གྲངས་116ལས་དྲངས།

པ་པོར་སྐྲུལ་སྟོང་གི་ས་བོན་ཐད་ཀར་བསྐྲུན་གནང་མཁན་གྱི་བླ་སློབ་སུ་དང་སུ། ལྷུགས་རྩོམ་གནང་མཁན་སུ་དང་སུ། ལྷུགས་རྩོམ་གནང་སའི་ཡུལ་ལུང་གང་དང་གང་། ལྷུགས་རྩོམ་གྱི་དུས་ཡུན་རིང་ཐུང་། ལྷུགས་རྩོམ་གྱི་ལུང་ཁུངས་རྒྱབ་རྟེན་གང་ལ་བརྩལ་ཡོད་མེད། ལྷུགས་རྩོམ་དེ་རིག་ཐིག་ཏུ་ཕབ་མཁན་གྱི་ཡི་གེ་བ་སུ་ཡིན་མིན་སོགས་ཁ་གསལ་གཏིང་གསལ་ཞིག་སྟོན་ཐུབ་པ་དེ་ལ་རྒྱ་བོད་ཀྱི་གསུང་རབ་རིག་པ་སླྰ་བ་དག་གིས་གསུང་རབ་ཀྱི་མཛད་བྱང་ཞེས་བརྗོད་གནང་གི་འདུག་པས་དེ་ལྟར་ཐད། འོན་ཏེ་ལོ་རྒྱུས་དང་དུས་རབས་དབང་གིས་གསུང་རབ་ལ་ལར་མཛད་བྱང་མ་གསལ་བའམ་མཛད་པ་པོ་གསལ་པོར་མ་བཀོད་པ་དམའ་ས་བཟུང་ནས་འབྲི་གནང་མཛད་པ་སྟེ། དཔེར་ན་སྙོམས་ལས་པ་དང་སྤྲང་འཁྱམས་པ། བགྲེ་ན་བ། ཤཱཀྱའི་དགེ་སློང་ཞིག་གིས་གཡར་ཁྲལ་ཙམ་དུ་བྲིས་ཞེས་པ་སོགས་དང་ཐ་ན་མཛད་པ་པོའི་མཚན་ཡེ་ནས་མ་གསལ་བ་ཡང་འདུག གསུང་རབ་དེ་དག་རྒྱ་ཆེའི་ཞིབ་འཇུག་པ་རྣམས་ཀྱི་ལུང་དུ་འདྲེན་པའི་སྒྲོབས་པ་བྲལ་བ་དང་གསུང་རབ་རིག་པའི་ཕྱུག་ལས་གནང་མཁན་དག་གི་ངོས་ནས་འཆད་ན་ཡང་གསུང་རབ་དེའི་དཔར་གཞིའི་རིན་ཐང་དང་དཔར་དེ་དུས་རབས་ཅི་ཙམ་ཞིག་གི་དཔར་ཡིན་མིན་གཏན་ལ་དབབ་དཀའ་བར་སྣང་། དེར་བརྟེན་དུས་རབས་18པའི་ནང་དུ་བྱོན་པའི་ཨ་ལག་ཤ་བསྟན་དར་ལྷ་རམས་པས། བསྟན་བཅོས་རྩོམ་པ་པོས་མཛད་བྱང་དུ་རང་མིང་གསལ་བར་མི་སྨོས་པའམ། རང་མིང་དངོས་སུ་སྦས་ནས་གཞན་ལ་མ་གྲགས་པའི་མིང་གཞན་དག་བཙུག་པ་སོགས་སྐྱོན་ཆེ་ཤོས་ཡིན་ཏེ། བྱེད་པ་པོའི་མིང་མི་གསལ་བའི་དབང་གིས་བསྟན་བཅོས་འགའ་ཞིག་ལེགས་བཤད་དུ་སྣང་ནའང་ཐེ་ཚོམ་དུ་གྱུར་ནས་མཁས་པ་དག་གིས་ཤེས་བྱེད་དུ་དྲངས་མ་ནུས་པ་ཡང་དེས་ལན་འདུག་པས། སྐྱོན་དེ་དག་དོར་ཏེ་མིང་ཅུས་ཡུལ་སོགས་གསལ་བར་སྨོས་པའི་སྒོ་ནས་བོད་ཀྱི་ཡོངས་ལ་གྲགས་པའི་བརྡ་གསར་རྙིང་གི་གཞིར་བཟུང་ནས་ཡིག་འབྲུ་རྣམས་སུམ་ཅུ་པ་དང་རྟགས་ཀྱི་འཇུག་པ་མ་ནོར་བ་ཐོབ་པའི་ཚུལ་གྱིས་བརྩམས་པར་བྱའོ།[1] ཞེས་གསུངས་གནང་བ་དེས་གསུང་རབ་ཀྱི་མཛད་བྱང་ཁ་གསལ་བཀོད་དགོས་པའི་ཐད་གནད་དུ་སྨིན་པའི་བསླབ་བྱ་གནང་འདུག་གོ

(1)ཨ་ལགས་ཤ་བསྟན་དར་ལྷ་རམས་ཀྱི་གསུང་འབུམ་པོད་ཞ་པ། བླ་བྲང་དཔར་མའི་ལྡེབ་གྲངས་19ལས་དྲངས།

གཉིས། མཛད་བྱུང་ལས་བྱུང་བའི་ཡི་གེ་བ།

ཡི་གེ་བ་ཞེས་པ་ནི་སྐབས་དེ་དུས་མཛད་པ་པོ་ཆེ་གེ་མོ་ཞིག་གིས་ལུགས་རྩོམ་གནང་བའི་གཞུང་གི་བརྗོད་དོན་དག་མ་འཆུག་མ་འཛོལ་བར་མཛད་པ་པོ་ཁོང་རང་གི་དགོངས་དོན་ལྟར་ཤོག་ངོས་ཐོག་ཏུ་ཡི་གེར་ཕབ་མཁན་གྱི་སྐྱེ་བོ་དེ་ལ་ཟེར། དཔེར་ན་རྗེ་རིན་པོ་ཆེ་(1357-1419)དགུང་ལོ་ཞེ་ཤུ་རྩ་བཞིའི་ཐོག་བརྒྱད་སྟོང་གི་ལེའུ་སུམ་ཅུ་དང་སོ་གཅིག་གཉིས་ལ་ཁྲུངས་བཙལ་ཏེ་ལུགས་རྩོམ་གནང་བའི་སྙན་རྩོམ་གྲགས་ཅན་བྱང་ཆུབ་སེམས་དཔའ་རྟག་ཏུ་ངུའི་རྟོགས་བརྗོད་སྙན་དངགས་དཔག་བསམ་ལྗོན་པ་ཞེས་མཛད་གནང་བ་དེའི་མཛད་བྱང་དུ་ཤར་ཚོང་ཁ་པ་བློ་བཟང་གྲགས་པའི་དཔལ་གྱིས་ཆོས་གྲྭ་ཆེན་པོ་བདེ་བ་ཅན་དུ་སྦྱར་བའི་ཡི་གེ་བ་ནི་བློ་གྲོས་ཀྱི་བང་མཛོད་སྤྱགས་དང་མཚན་ཉིད་དུ་མའི་ནོར་བུས་གཏམས་པའི་སྙན་དངགས་མཁན་ཚུ་ཁོ་པ་ངག་དབང་གྲགས་པའོ།[1] ཞེས་བཀོད་གནང་འདུག་པ་དེར་བསམ་གཞིགས་གཅིག་གནང་བ་ཡིན་ན། སྙན་རྩོམ་དེ་མཛད་པའི་སྐབས་སུ་སུག་བྲིས་གནང་མཁན་ནི་ཚུ་ཁོ་ངག་དབང་གྲགས་པ་ཞུ་བ་དེ་ཡིན་པ་གོང་གི་མཛད་བྱང་ལས་ངེས་རྟོགས་སླ། ཡི་གེ་བ་ཁོང་དང་རྗེ་རིན་པོ་རྣམ་གཉིས་ནི་བླ་སློབ་ཀྱི་འབྲེལ་བ་ཡིན་པ་སྟེ་རྗེ་འཇིགས་མེད་རིག་པའི་བློ་གྲོས་ཀྱིས་གསུངས་དོན། སྐུ་འབུམ་དཔར་ན་ཚུ་ཁོ་ཞེས་པའི་ཚ་ལ་ཕ་ཟུར་བྲིས་ཡོད་མོད་ཀྱང་། འདི་ལ་ཕ་ཟུར་འབྲི་མི་དགོས། འདི་ནི་དེང་སང་སེ་ཁྲིན་ས་ཆ་ན་ཚ་ཁོ་ཞེས་ཡོད་པ་དེ་ཡིན། ཚ་ཁོ་རྒྱལ་ཁྲབ་བཅོ་བརྒྱད་ཅེས་ཚ་ཁོ་ལ་རྒྱལ་ཁྲབ་བཅོ་བརྒྱད་བཅོ་རྒྱུ་ཡོད། འདི་དག་གི་ཕྱོགས་ལ་ཚ་ཁོ་ས་ཆ་ཟེར། ཕྱོགས་འདི་ནས་ཡིན་ཙ་ན་ཚ་ཁོ་པ་ཟེར། མཚན་དངོས་ནི་ངག་དབང་གྲགས་པ་ཡིན། ནམ་འཁྲུངས་ནམ་འདས་མི་གསལ་ཀྱང་། ལྷ་ས་ནས་མར་ཨ་མདོའི་ས་ཆར་ཕེབས་པའི་ལོ་ཚིགས་ཤེས་ཐུབ། རབ་བྱུང་བདུན་པའི་ལྕགས་སྟག་ལོ་སྟེ་སྤྱི་ལོ་1410ཡིན། ལོ་འདིར་རྒྱལ་རོང་ས་ཆར་ཕེབས་ནས་དགོན་པ་མང་པོ་ཕྱག་འདེབས་མཛད་པ་ཡིན།[2] ཞེས་པ་ལས་ཡི་གེ་བའི་ཕ་ཡུལ་གང་ནས་ཡིན་ཤེས་

---

(1)འཇམ་དབྱངས་གྲགས་པ། བྱང་ཆུབ་སེམས་དཔའ་རྟག་ཏུ་ངུའི་རྟོགས་བརྗོད་སྙན་དངགས་དཔག་བསམ་གྱི་ལྗོན་པ། མཚོ་སྔོན་མི་རིགས་དཔེ་སྐྲུན་ཁང་གི་2000ལོའི་དཔར་མ། མཛད་བྱང་ལས་དྲངས།

(2)འཇམ་དབྱངས་གྲགས་པ། བྱང་ཆུབ་སེམས་དཔའ་རྟག་ཏུ་ངུའི་རྟོགས་བརྗོད་སྙན་དངགས་དཔག་བསམ་གྱི་ལྗོན་པ། མཚོ་སྔོན་མི་རིགས་དཔེ་སྐྲུན་ཁང་གི་2000ལོའི་དཔར་མ། ཤོག་གྲངས་277ལས་དྲངས།

རྟོགས་ཐུབ་པ་མ་ཟད་ཡི་གེ་བ་ཚ་ཁོ་ངག་དབང་གྲགས་པ་ནི་སྙན་ངགས་ལ་མཁས་པ་ཞིག་ཡིན་པ་མཛད་བྱང་དུ་འཁོད་པ་ལྟར། མཚན་ཉིད་དུ་མའི་ནོར་བུས་གཏམས་པའི་སྙན་ངགས་མཁན་ཞེས་པའི་མཚན་སྙན་དེ་ནི་གཞུང་དེ་ལ་མཁས་པས་ན་སྙན་ངགས་མཁན་ཞེས་ཐོབ་པ་མ་གཏོགས་གང་བྱུང་གི་མཚན་སྙན་དེ་འདྲ་ག་ལ་འཐོབ་སྲིད་སྙམ། བོད་ཀྱི་གསུང་རབ་སྒྲ་བའི་དབང་པོ་དུང་དཀར་བློ་བཟང་འཕྲིན་ལས་མཆོག་གི་ཚ་ཁོ་དཔོན་པོ་ངག་དབང་གྲགས་པའི་ལོ་རྒྱུས་སུ། ཁོང་གི་མཚན་གཞན་རྗེ་རིན་པོ་ཆེའི་ཐུགས་སྲས་མཁན་ཆེན་ངག་དབང་གྲགས་པ་ཡང་ཟེར།[1]ཞེས་དང་གློང་རྡོལ་བླ་མ་ངག་དབང་བློ་བཟང་གིས་ཀྱང་གསུངས་དོན། རྒྱལ་བ་ཙོང་ཁ་པའི་དངོས་སློབ་ཇི་ཙམ་ཡོད་ཅེ་ན་བརྒྱ་དང་བཞི་བཅུ་ཞེ་བདུན་ཡོད། བླ་མ་དབུ་མ་པ་གཅིག མཁན་ཆེན་ཕྱུག་རྡོར་པ་གཉིས། རེད་མདའ་བ་གསུམ་ནི་བླ་མ་ཆོས་འབྲེལ་ཐོབ་པ་གསུམ། རྒྱལ་མོ་རོང་ཚ་ཁོ་ངག་དབང་གྲགས་པ། མདོ་སྡོད་གྲགས་པ་བློ་གྲོས། ཞོང་སྟོན་རྡོ་ན་ཤྲཱི། དགེ་བཤེས་ཤ་སྟོན་པ་བཞི་བྱ་བྲལ་ཐེག་གོང་གི་ཐུ་ཚར་བཞི་དང་བདུན……བླ་མ་ཆོས་རྒྱལ་མཚན། རྒྱ་ར་སངས་རྒྱས་ཡེ་ཤེས་དང་བརྒྱ་དང་ཞེ་བདུན་ནོ།[2]ཞེས་པ་སོགས་ལས་ཡི་གེ་བ་ཚ་ཁོ་ངག་དབང་གྲགས་པ་ནི་རྗེ་རིན་པོ་ཆེའི་དངོས་སློབ་ཡིན་གཤིས་སྐབས་དེ་དུས་ཁོང་གིས་ཡི་གེ་བ་མཛད་ཡོད། དེས་ན་ང་ཚོས་གོང་དུ་བརྗོད་པའི་དཔེ་དེ་ལ་གཞིགས་ནས་མཛད་བྱང་ལས་བྱུང་བའི་ཡི་གེ་བ་དེར་སྔོམ་ཚིག་གཅིག་བྱས་པ་ཡིན་ན། ཡི་གེ་བ་དེར་ སྤྱིར་གྱི་ཆ་ནས་ཆ་རྐྱེན་གསུམ་ཙམ་ཞིག་འཛོམས་དགོས་པར་མངོན།

༡ གཞུང་དེ་ལྟགས་རྩོམ་གནང་མཁན་དེའི་སྤྱན་ སྔར་རྒྱུན་སྡོད་མཁན་གྱི་སློབ་མ་ཞིག་དང་བླ་མའི་གསུང་སྒྲོས་ལ་ཤིན་ཏུ་ནས་ཆ་རྒྱུས་ཡོད་པ་ཞིག་དགོས། གལ་ཏེ་དེ་ལྟར་མིན་ཚེ་གཞུང་དེའི་ནང་དོན་གོ་ལོག་ཐོས་ལོག་ཏུ་གྱུར་ནས་སུག་བྲིས་འོས་ཚོད་ཀྱིས་སྦྱར་ན་མཛད་པ་པོའི་དགོངས་པ་ཇི་མ་ཇི་བཞིན་ལོན་དཀའ།

༢ མདོ་སྔགས་ཀྱི་གཞུང་དོན་ལ་ནང་བྱན་ཆུད་པ་ཞིག་གམ་མ་མཐར་ཡང་གང་འཆད་པར་བྱ་བའི་གཞུང་དེའི་ནང་དོན་ལ་ཧ་ཅང་གི་འགྲོངས་པོ་ཞིག་དགོས། དཔེར་ན་ཕར་ཕྱིན་

(1)དུང་དཀར་ཚིག་མཛོད་ཆེན་མོ། ཀྲུང་གོ་བོད་ཀྱི་ཤེས་རིག་དཔེ་སྐྲུན་ཁང་གི་2002ལོའི་དཔར། ཤོག་གྲངས་167ལས་དྲངས།

(2)གློང་རྡོལ་ངག་དབང་བློ་བཟང་གི་གསུང་འབུམ་པོད་གཉིས་པ། བོད་ལྗོངས་བོད་ཡིག་དཔེ་རྙིང་དཔེ་སྐྲུན་ཁང་གི་2002ལོའི་དཔར། ཤོག་གྲངས་342ལས་དྲངས།

དུས་རབས་17སྐབས་ཀྱི་བཀའ་འགྱུར་བསྟན་འགྱུར་དཔལ་མགོན་གྱི་སྤྱིན་བདག

གཞུང་གི་ཡི་གེ་བ་ཞིག་ཡིན་ན། གཞུང་དེའི་ནང་དོན་རི་བོ་མཐོན་པོའི་སྟེང་ནས་ལུང་པའི་ལུང་ཕྲུར་ལ་གཞལ་པ་ལྟ་བུ་ཞིག་དགོས།

༣ སུམ་རྟགས་དག་གསུམ་གྱི་གཞུང་ལ་ཞིབ་ཆ་ཆེ་ཞིང་ཡི་གེ་བྲིས་དག་པ། སུག་བྲིས་ལ་ཤིན་ཏུ་ནས་སྦྱར་པ། གངས་ཅན་སྤྱི་ལ་ཁྱབ་པའི་སྐད་ཡིག་བཀོལ་མཁས་པ་ཞིག་དགོས། དེ་ལྟར་བྱུང་ན་མིང་དོན་མཚུངས་པའི་ཡི་གེ་བ་ཞིག་ཡིན་པར་སེམས་སོ།

གསུམ། བྲིས་མ་ལས་བྱུང་བའི་ཡི་གེ་བ།

དེ་ཡང་བོད་ཀྱི་ཡུལ་འདིར་དཔར་གྱི་ལག་རྩལ་དེ་དུས་ཐ་མོ་ཞིག་ནས་དར་ཡོད་མོད་ཀྱང་། དཔར་གྱི་ལག་རྩལ་དེ་བོད་ཡུལ་གྱི་རི་སུལ་ཁག་ཏུ་ས་ཁྱབ་རྗེ་ཁྱབ་དུ་མ་སོང་བའི་རིང་ལ་ལུས་ངག་ཡིད་གསུམ་ནང་བསྟན་ཆོས་སྒོར་ཕུལ་བའི་དགེ་འདུན་པ་རྣམས་ཀྱིས་ཕ་རྗེས་བུས་འཛིན་པ་ལྟར་རང་གི་ཕ་བླ་མ་དམ་པའི་གསུང་རྒྱུན་དྲི་མ་མེད་པ་དག་རྒྱུན་ཆད་མེད་པར་ཆུ་བོའི་རྒྱུན་བཞིན་གནས་པའི་ཆེད། ཕྱག་དཔེ་འབྲི་བཤུའི་ལས་ལ་བརྩོན་པ་དེ་དང་གཅིག གཉིས་ནང་བསྟན་ལ་ལྷག་བསམ་ཞེན་པ་དཀར་པོས་དད་གུས་གནང་མཁན་གྱི་འཇིག་རྟེན་ཁྱིམ་པ་དག་གིས་བསོད་ནམས་ཀྱི་ཚོགས་རླབས་པོ་ཆེ་བསགས་པའི་སླད། རང་གི་འཁོར་འཁྱོར་ལ་དཔག་ནས་སྟོན་གྱི་སྐྱེ་བོ་དམ་པ་མཆོད་ནས་བཟོད་པར་དཀའ་བ་རྣམས་ཀྱི་ལྷགས་རྩོམ་གནང་བའི་གསུང་རབ་སྤུས་མ་དག་དགོན་སྡེ་དང་མི་སྒེར་གྱི་ཕྱག་ནས་གཡར་པོ་ཞུས་ཏེ། རང་ཉིད་བསམ་བློ་རྣལ་དུ་ཕབ་ནས་འབྲི་བཤུ་གནང་བའམ་ཡང་

ན་ཡིག་གཟུགས་དང་ཡི་གེའི་དག་ཐོན་པའི་མི་སྣར་སྐུ་ཡོན་ཕུལ་ཏེ་འབྲི་བཤུས་གནང་ནས་དགེ་རྙིང་མང་པོ་ཞིག་བཞེངས་གནང་ཡོད་སྐབས་ད་ལྟ་རང་རེ་རྣམས་ཀྱི་སྔོན་གྱི་དགེ་རྙིང་གཙོགས་ཆེན་ཡིག་གཟུགས་མི་འདྲ་བ་ཁག་མང་པོ་ཞིག་མཇལ་རྒྱུ་བྱུང་། ཕྱག་དཔེ་བྲིས་མ་སྲུས་ལེགས་དེ་དག་གི་མཇུག་བྱང་དུ། མཁས་པ་ཆེ་གེ་མོས་ཡུལ་ག་གེ་མོར་མཛད། མཁས་པ་ཆེ་གེ་མོའི་ཕྱག་དཔེ་ཡིན། ཆེ་གེ་མོས་འབྲི་བཤུས་བགྱིས། ཞུས་དག་གོ་ཞེས་པ་སོགས་སུག་བྲིས་གནང་འདུག

དཔེར་ན་འོན་ཀེ་ཏུར་བཞུགས་པའི་ཤེར་ཕྱིན་བྲིས་མ་བམ་པོ་གཉིས་པའི་ཇོགས་མཚམས་དེར་འགོས་ཤག་སྲས་ཀྱིས་བྲིས།[1] ཞེས་ཡིག་མཁན་གྱི་མིང་བྱུང་། ཡིག་མཁན་དེའི་མཚན་འགོས་ཤག་སྲས་ཞེས་པ་ལས་བརྗོད་ན་ཡིག་མཁན་དེ་དུས་རབས་12པའི་ཡར་སྔོན་དུ་བྱོན་པའི་ཡིག་མཁན་ཞིག་ཡིན་པར་སེམས། རྒྱུ་མཚན་ནི་ཤེར་ཕྱིན་དེ་འོན་ཀེ་ཏུ་ལྷ་ཁང་དུ་ཉར་ཚགས་བྱས་ནས་ད་བར་ལོ་ངོ་ཆིག་སྟོང་ཡས་མས་ཀྱི་ལོ་རྒྱུས་ཡོད་པ་ནི་ཤེར་ཕྱིན་དེའི་བྲིས་གཟུགས་ལས་ཤེས་ཏེ། བོད་བཙན་པོའི་སྐབས་ཀྱི་ཡིག་རྙིང་དང་ཏུན་ཧོང་ནས་ཐོན་པའི་དགེ་རྙིང་གི་ཡིག་གཟུགས་དང་ཏུ་གཅིག་ཏུ་བཞག་སྟེ་བསྡུར་སྐབས། དེ་དག་གི་གི་གུ་ལོག་པ་དང་མ་ལ་ཡ་བཏགས། ད་དྲག་བཀོལ་སྟངས། འཕྲུལ་ཡིག་འབྲི་གཟུགས་སོགས་ལ་བལྟས་ན་ཏ་ལམ་ཏུན་ཧོང་གི་ཡིག་རྙིང་དང་དུས་རབས་གཅིག་མཚུངས་སུ་འདུག ལྷག་དོན་དུ་དགེ་རྙིང་དེའི་སྔོར་ཐིག་དུ་མིག་ཕྱུ་ཕྱུག་པ་དང་བམ་པོའི་ཇོགས་མཚམས་དེར་ཡིག་མཁན་བྲིས་ཡོད་པ་བཅས་ལས། དགེ་རྙིང་འདི་ནི་མ་མཐར་ཡང་དུས་རབས་12ཡར་སྔོན་དུ་ཡིག་མཁན་འགོས་ཤག་སྲས་ཀྱིས་འབྲི་བཤུས་བགྱིས་པའི་དགེ་རྙིང་ཞིག་ཡིན་པ་ཐེ་ཚོམ་མེད། ཡིག་མཁན་གྱི་ཏུས་འགོས་ལས་འཆད་ན། རང་རེ་བོད་ཀྱི་ལོ་རྒྱུས་ཐོག་ཏུས་འགོས་ཀྱི་མཁས་པ་ཇི་སྙེད་ཅིག་བྱུང་སྙིང་ཡོད་པ་སྟེ། རྒྱལ་པོ་འདུས་སྲོང་མང་པོ་རྗེའི་སྐབས་དུས་རབས་7པའི་སྨད་ཙམ་དུ་སྐུ་འཁྲུངས་པའི་འགོས་གཡག་ཆུང་། དུས་རབས་8པའི་དུས་འགོར་འཁྲུངས་པའི་འཕྲུལ་བློན་མཛངས་མི་བདུན་གྱི་དྲུག་པ་འགོས་ཁྲི་བཟང་ཡབ་ལྷག སྤྱི་ལོ་833-859ནང་ཏུན་ཧོང་དུ་ཕེབས་ནས་བཀའ་དང་བསྟན་བཅོས་མང་པོ་བོད་ཡིག་ཏུ་བསྒྱུར་མཁན་གྱི་ལོ་ཙཱ་བ་ཆེན་པོ་འགོས་ཆོས་འགྲུབ། སྤྱི་ལོ་1089ལོར་སྐུ་འཁྲུངས་

---

(1)དཔར་རིས་འདི་ནི་འོན་ཀེ་ཏུར་བཞུགས་པའི་ཤེར་ཕྱིན། བྲིས་མ་དགེ་རྙིང་ཞིག་གི་བམ་པོ་གཉིས་པའི་ཡིག་མཁན་ཡིན།

པའི་འགོས་ཁུག་པ་ལྷས་བཙས། སྤྱི་ལོ་1389ལོར་འཁྲུངས་པའི་འགོས་ལོ་ཡིད་བཟང་རྩེ་པ་གཞོན་ནུ་དཔལ་བ། དུས་རབས་14པར་མདོ་སྔགས་རིག་གནས་ཀུན་ལ་མཁས་པའི་རྩེར་སོན་པ་འགོས་ལོ་ཆེན་ཆོས་སྐྱོང་བཟང་པོ་སོགས་འཁྲུངས་པ་ལས་འགོས་ཀྱི་ཁྲིམ་རྒྱུད་དེར་སྲོལ་རྒྱུན་རིག་གནས་ཀྱི་སློབ་གསོའི་རྨང་བརྟན་པོ་ཞིག་ཚུགས་ཡོད་པ་ཤུགས་ལ་རྟོགས་ཐུབ། དེས་ན་འགོས་ཤག་སྲས་ཀྱང་རིག་གནས་ཀྱི་རྨང་བརྟན་པོ་ཚུགས་པའམ་སློབ་གསོའི་ཆ་རྐྱེན་འཛོམས་པའི་འགོས་ཀྱི་ཁྲིམ་གཞིས་ཤིག་ཏུ་འཁྲུངས་པར་བརྟེན་ཕྱོགས་གང་ཅིའི་ཐད། སློབ་གསོ་ཐོབ་པའི་གོ་སྐབས་དང་ཁོར་ཡུག་བཟང་པོ་ཡོད་སྟབས་འགོས་ཀྱི་མཚན་ཅན་གཞན་དང་འདྲ་བའི་སྲོལ་རྒྱུན་རིག་གནས་ལ་མཁས་པས་ཤེར་ཕྱིན་འབུམ་དེ་འབྲི་བཤུས་ཀྱི་ཡི་གེ་བར་གདན་འདྲེན་ཞུས་པ་རེད། འགོས་ཤག་སྲས་དེ་འགོས་ཀྱི་ཡུལ་ལུང་གང་ཞིག་ཏུ་འཁྲུངས་སམ་ཞེས་ན། བཀའ་ཐང་སྡེ་ལྔར་སྟོང་སྡེ་རྟ་དམག་དཔྱད་པའི་སྐབས་སུ། ཙ་ལག་སྨད་ཀྱི་སྟོང་སྡེ་བཞིའི་ཡ་གྱལ་དུ་གད་བཀྲམ་འགོས་ཀྱི་སྟོང་སྡེ་ཡིན་[1]ཞེས་དང་ཡང་དེ་ཉིད་དུ་གཡས་ཙའི་སྟོང་སྡེ་བརྒྱད་འདྲེན་སྐབས་ཡེལ་རབས་ཟོམ་སྟེང་འགོས་ཀྱི་སྟོང་སྡེ་ཡིན་[2]ཞེས་བཀོད་པར་གཞིགས་ན། དེ་སྔ་བོད་ལ་སྟོང་སྡེ་རེ་གཅིག་བགོས་པའི་སྐབས་འགོས་ཀྱི་རིགས་རྒྱུད་ཀྱིས་སྟོང་སྡེ་གཉིས་བཟུང་ཡོད་ལ། གཡས་ཙ་སྨད་ཀྱི་དམག་དཔོན་ཡང་འགོས་ཀྱི་རྒྱུད་དུ་འཁྲུངས་པའི་འགོས་ཁྲི་བསྙེན་དཔལ་མོ་ཡིན་པར་འདུག[3]དཔའ་བོ་གཙུག་ལག་ཕྲེང་བས་དེའི་སྐབས་ཀྱི་གཡས་ཙ་དང་ཙ་ལག་ནི་གཙང་གི་ས་ཆར་ཕྱེ་བའི་ཙ་གཉིས་སམ་ས་ཁོངས་བཅད་པ་གཉིས་ཡིན་པར་གསལ་བ་དང་། དེས་མ་ཟད་འཆིང་ང་འཆིང་ཡུལ་མགོས་དང་སྟུབས་ཀྱི་ཡུལ་[4]ཞེས་འཆིང་ང་འཆིང་ཡུལ་འགོས་དང་སྟུབས་ཀྱི་ཡུལ་ཡིན་པར་བཤད་པ་སོགས་ལ་བལྟས་ན། འགོས་ཀྱི་རིགས་རྒྱུད་ནི་བོད་ཀྱི་ལོ་རྒྱུས་སྟེང་རིགས་རྒྱུད་ཆེ་ཁག་གཅིག་ཡིན་པ་སྨོས་མི་དགོས། ཡིན་ནའང་ཡིག་མཁན་འགོས་ཤག་སྲས་ཞེས་ཞུ་བ་འདི་ནི་ཡུལ་ལུང་གང་དུ་འགོས་ཀྱི་རིགས་རྒྱུད་དུ་སྐུ་འཁྲུངས་པའི་ཚུལ་ལོ་རྒྱུས་

---

(1)བཀའ་ཐང་སྡེ་ལྔ། མི་རིགས་དཔེ་སྐྲུན་ཁང་གི་1986ལོའི་དཔར་མ། ཤོག་གྲངས་437ལས་དྲངས།

(2)བཀའ་ཐང་སྡེ་ལྔ། མི་རིགས་དཔེ་སྐྲུན་ཁང་གི་1986ལོའི་དཔར་མ། ཤོག་གྲངས་438ལས་དྲངས།

(3)བཀའ་ཐང་སྡེ་ལྔ། མི་རིགས་དཔེ་སྐྲུན་ཁང་གི་1986ལོའི་དཔར་མ། ཤོག་གྲངས་437ལས་དྲངས།

(4)དཔའ་བོ་གཙུག་ལག་འཕྲེང་བ། ཆོས་འབྱུང་མཁས་པའི་དགའ་སྟོན། སྟོད་ཆ། མི་རིགས་དཔེ་སྐྲུན་ཁང་གི་1986ལོའི་དཔར་མ། ཤོག་གྲངས་186ལས་དྲངས།

ཆོས་འབྱུང་སོགས་སུ་མི་སྣང་ཡང་། འདིར་རང་ཉིད་ཀྱིས་ཚོད་ལྟར་ན། མཁས་པ་ལ་ལས་སྤྱི་ལོ་1089ལོར་སྐུ་འཁྲུངས་པའི་འགོས་ཁུག་པ་ལྷས་བཙས་ནི་གཙང་རྟ་ནག་ཕུའི་ཁུག་པ་ནས་ཡིན་པར་བཞེད། གཞན་ཡང་འགོས་ལོ་གཞོན་ནུ་དཔལ་ཡང་འགོས་ཀྱི་རྒྱུད་དུ་སྐུ་འཁྲུངས་པར་དོགས་པ་མེད་ཀྱང་། བོད་ཀྱི་ལོ་རྒྱུས་ལྟར་ན་འགོས་ལོ་གཞོན་ནུ་དཔལ་བ་ནི་སྟོ་ཁ་ས་ཁུལ་འཕྱོངས་རྒྱས་རྒྱས་སྨན་ལྷ་ཁང་གི་མདོའམ་པ་རའི་གྲོང་ནག་མེ་དགུ་ཟེར་བར་སྐུ་འཁྲུངས་པར་འདོད་ན། དཔའ་བོ་གཙུག་ལག་འཕྲེང་བས་གསུངས་པའི་འཆིང་ང་འཆིང་ཡུལ་ནི་འགོས་དང་སྣུབས་ཀྱི་ཡུལ་ཞེས་པ་དང་མཐུན། འདིར་བརྗོད་པའི་འཆིང་ང་འཆིང་ཡུལ་ནི་ད་ལྟའི་འཕྱོངས་རྒྱས་འཕྱིང་བ་ས་ཁུལ་ཡིན་པ་[1]གསུང་རབ་སྒྲ་བ་དུང་དཀར་བློ་བཟང་འཕྲིན་ལས་མཆོག་གིས་གསུངས། ད་དུང་བོད་རྒྱ་ཚིག་མཛོད་ཆེན་མོར་འགོས་ཀྱི་ཐ་སྙད་འགྲེལ་སྐབས་འགོས་ནི་སྟོ་ཁ་ས་ཁུལ་ཁོངས་འཕྱོངས་རྒྱས་རྫོང་གི་ས་ཁུལ་འཆིང་ང་ཟེར་བར་བྱུང་བའི་ཐར་བོད་ཀྱི་རིགས་རུས་ཤིག་ཡིན་པར་བཤད་པ་དང་། ད་དུང་འགོས་ཆོས་འགྲུབ་དང་འགོས་ལོ་གཞོན་ནུ་དཔལ་ཞེས་པའི་ལོ་ཙཱ་བ་ཆེན་པོ་རྣམས་བྱོན་ཞེས་[2]བཀོད་པ་ལ་གཞིགས་ན། དུས་རབས་12པའི་ཡར་སྔོན་དུ་བྱོན་པའི་ཡིག་མཁན་དབུ་ཆེན་འགོས་ཤག་སྲས་ཀྱང་འོན་ཀེ་རུ་ལྷ་ཁང་དང་ས་ཐག་མི་རུང་བའི་འཕྱོངས་རྒྱས་རྫོང་ཁོངས་ཀྱི་འཆིང་ང་ཞེས་པའི་ས་དེར་འགོས་ཀྱི་ཁྱིམ་གཞིས་སུ་སྐུ་འཁྲུངས་པ་ཞིག་ཡིན་ཚང་། སྐབས་དེ་དུས་ཤེར་ཕྱིན་འབུམ་དེ་འབྲི་བཤུ་བར་གདན་འདྲེན་ཞུས་པ་རེད། སྐབས་དེ་དུས་འབུམ་བཞེངས་མཁན་ཡིག་མཁན་གདན་འདྲེན་ཞུ་སྲོལ་ཡོད་པ་སྟེ། འགོས་ལོ་གཞོན་ནུ་དཔལ་གྱིས་འདུས་པ་མར་ལུགས་ཀྱི་སྐབས་དེར་འཚུར་སྟོན་དབང་ངེའི་སྐོར་གསུང་སྐབས། འཚུར་སྟོན་དབང་ངེས་སློབ་གཉེར་ལ་འབད་པ་ཆེན་པོ་མཛད། དུས་ཕྱིས་སྐུ་བསོད་རྒྱས་ཏེ་འབུམ་བཞེངས་པའི་ཡིག་མཁན་ལ། ད་ལྟ་གསང་བ་འདུས་པའི་གདམས་པ་སུ་ཆེ་ཞེས་དྲིས་[3]ཞེས་པར་བལྟས་ན་སྐབས་དེ་དུས་འབུམ་བཞེངས་མཁན་གྱི་ཡིག་མཁན་འགོས་ཤག་སྲས་

---

(1)དུང་དཀར་ཚིག་མཛོད་ཆེན་མོ། ཀྲུང་གོ་བོད་ཀྱི་ཤེས་རིག་དཔེ་སྐྲུན་ཁང་གི་2009ལོའི་དཔར་མ། ཤོག་གྲངས།633ལས་དྲངས།

(2)ཀྲང་དབྱི་སུན་གྱིས་གཙོ་འགན་བཞེས་ནས་རྩོམ་སྒྲིག་བྱས་པ། བོད་རྒྱ་ཚིག་མཛོད་ཆེན་མོ། མི་རིགས་དཔེ་སྐྲུན་ཁང་གི་དཔར་མ། སྟོད་ཆ། ཤོག་གྲངས། 503ལས་དྲངས།

(3)འགོས་ལོ་གཞོན་ནུ་དཔལ། དེབ་ཐེར་སྔོན་པོ་སྟོད་ཆ། སི་ཁྲོན་མི་རིགས་དཔེ་སྐྲུན་ཁང་གི་1983ལོའི་དཔར་མ། ཤོག་གྲངས། 500ལས་དྲངས།

གདན་འདྲེན་ཞུས་པ་ཡུལ་དུས་གང་ཙུང་ནས་བལྟས་ན་ཡང་འོས་ཤིང་འཚམས་པ་ཞིག་གོ། ཡང་དཔེར་ན་བོད་ཀྱི་གསུང་རབ་སྨྲ་བ་བཙོམ་ལྡན་རིགས་པའི་རལ་གྲིའི་ཕྱག་དཔེ་ད་ལྟ་དཔལ་ལྡན་འབྲས་སྤུངས་སུ་བཞུགས་སུ་གསོལ་བའི་དཔེ་རྟགས་ཕྱི། ལ། ༥༩ཅན་ཏེ། སངས་རྒྱས་ཀྱི་སྐྱེས་པའི་རབས་བཞུགས་སོ་ཞེས་པའི་ཕྱག་དཔེ་བྲིས་མ་ཐིག་ཕྲེང་བརྒྱད་ཅན་དེའི་མཇུག་བྱང་དུ་བླ་མ་ཟུར་ཁང་པའི་ཕྱག་དཔེ་ལགས། །ནམ་མཁའ་བཟང་པོ་བདགིས་བྲིས། །[1]འདི་ལྟར་ཏེ། གོང་དུ་འཁོད་པའི་མཇུག་བྱང་ལས་ང་ཚོས་ཤེས་རྟོགས་བྱུང་གསལ། སངས་རྒྱས་ཀྱི་སྐྱེས་པའི་རབས་ཞེས་པའི་ཕྱག་དཔེ་དེ་ལྕགས་རྩོམ་གནང་མཁན་ནི་གངས་རིའི་ཁྲོད་འདིར་སྙན་པའི་གྲགས་པ་ཆེས་ཆེར་ཁྱབ་པའི་བོད་ཀྱི་གསུང་རབ་སྨྲ་བ་སྣར་ཐང་བཀའ་འགྱུར་ལ་ཞུས་དག་གནང་སྟེ་བཀའ་འགྱུར་གྱི་དཀར་ཆག་ཉི་མའི་འོད་ཟེར་ཞེས་པ་དེ་བརྩམས་གནང་མཁན་གྱི་བཙོམ་ལྡན་རིགས་པའི་རལ་གྲི་(1227-1304)ཞུ་བ་དེ་ཡིན། བཙོམ་ལྡན་རིགས་པའི་རལ་གྲིས་མཛད་པའི་ཕྱག་དཔེ་སངས་རྒྱས་ཀྱི་སྐྱེས་རབས་ཞེས་པ་དེ་ནི་རྗེས་སུ་དགོན་སྡེ་དང་མི་སྒེར་སུ་ཞིག་གི་ཕྱག་ལ་ཉར་ཚགས་གནང་ཡོད་པའི་སྐོར་ལ་ཞུས་ན། ཕྱག་དཔེ་དེ་ནི་བླ་མ་ཟུར་ཁང་ཞུ་བ་དེས་ཉར་ཚགས་གནང་ཡོད་པ་གོང་གི་མཛད་བྱང་ལས་བླ་མ་ཟུར་ཁང་བའི་ཕྱག་དཔེ་ལགས་སོ་ཞེས་པས་ར་སྤྲོད་ཐུབ། བླ་མ་ཟུར་ཁང་བ་ཞུ་བ་དེ་དུས་ནམ་ཞིག་གི་མཁས་པ་སུ་ཞིག་ཡིན་མིན་ཞུ་ཚོད་མ་ཐིག་ཙུང་། མཁས་པ་ཁོང་ཟུར་ཁང་གི་རྒྱུད་ལས་འཁྲུངས་པའི་མཁས་པ་ཞིག་ཡིན་པའི་དབང་དུ་བཏང་ན། ཟུར་ཁང་ཞེས་པའི་སྐོར་ལ་གསུང་རབ་སྨྲ་བའི་དབང་པོ་དུང་དཀར་བློ་བཟང་འཕྲིན་ལས་མཆོག་གིས་གསུངས་དོན། ཟུར་ཁང་ཞེས་པ་མི་ཚང་སྤོབས་འབྱོར་ཅན། ས་གནས་སྲིད་གཞུང་གི་དཔོན་རིགས་སུ་གྱུར་པ་ཞིག་སྟེ་ཟུར་ཁང་ཞེས་པའི་དོན་ཡང་དག་རྒྱུན་དུ་ཨེ་ལྷ་རྒྱ་རི་བའི་མི་རྒྱུད་ལ་བུ་མོ་ཞིག་བྱུང་བ་དང་པོ་བཙུན་མོ་བྱས། རྗེས་སུ་ནང་ནས་ལོགས་སུ་ཐོན། ས་ཞིང་དང་ཁང་པ་སོགས་ཀྱི་སྐལ་བ་བླངས་ཏེ་ཁྱིམ་ཐབ་བསྒྲུས་ནས་ནང་བཟུང་བ་ལ་ཟུར་ཁང་ཟེར་བ་ཡིན།[2]ཞེས་པ་ལས་ཟུར་ཁང་གི་ལོ་རྒྱུས་ཞིབ་ཕྲ་ཞིག་ཤེས། དེས་ན་བླ་མ་ཟུར་ཁང་པའི་ཕྱག་གི་ཕྱག་དཔེ་དེ་ཡི་གེ་བ་ནམ་མཁའ་བཟང་པོ་ཞུ་བ་དེས་འབྲི་བཤུས་གནང་ཡོད་པ་ནི་

---

(1)འབྲས་སྤུངས་དགོན་དུ་བཞུགས་པའི་བཙོམ་ལྡན་རིགས་པའི་རལ་གྲིའི་གསུང་འབུམ་གྱི་མཛད་བྱང་ལས་དྲངས།

(2)དུང་དཀར་ཚིག་མཛོད་ཆེན་མོ། ཀྲུང་གོ་བོད་ཀྱི་ཤེས་རིག་དཔེ་སྐྲུན་ཁང་གི་2002ལོའི་དཔར་མ། ཤོག་གྲངས་1811ལས་དྲངས།

དུས་རབས་17སྐབས་ཀྱི་བཀའ་འགྱུར་བསྟན་འགྱུར་འགྲོའི་དཔལ་མགོན་གྱི་ཡིག་མཁན།

མཇུག་བྱུང་ལས་ར་སྦྲོད་བྱུང་། མདོར་ན་གོང་གི་མཇུག་བྱུང་ལས་ཕྱག་དཔེ་དེ་འབྲི་བཤུ་གནང་མཁན་གྱི་ཡི་གེ་བ་དང་ཕྱག་དཔེ་ཉར་ཚགས་གནང་མཁན་སུ་ཡིན་མིན་བཅས་མཇུག་བྱུང་ལས་ཞལ་མེ་ལོང་དུ་གཟིགས་ནས་ཞལ་ངོ་ཚོད་པ་ལྟ་བུར་སྣང་། སྐབས་འདིར་བྱུང་བའི་ཡི་གེ་བ་ནི་སྔོན་གྱི་མ་དཔེ་ཚད་ལྡན་དག་ལ་མ་དཔེ་བཙལ་ནས་བུ་དཔེར་དབབ་གནང་མཁན་གྱི་ཡི་གེ་བ་དེ་ལ་ཞུ་ཡི་ཡོད། དེར་བརྟེན་ང་ཚོ་གསུང་རབ་ཀྱི་ཕྱག་ལས་གནང་མཁན་ཚོས་ཡིད་གཟབ་གནང་དགོས་པ་ཞིག་ལ་མཛད་བྱུང་ལས་བྱུང་བའི་ཡི་གེ་བ་དང་སྐབས་འདིའི་ཕྱག་དཔེ་འབྲི་བཤུ་མཁན་གྱི་ཡི་གེ་བ་གཉིས་ལ་ཁྱད་པར་ཆེན་པོ་ཡོད་པས་གཅིག་ཏུ་འཁྲུལ་སྣང་མེད་པར་ཞུ།

བཞི། དཔར་བྱང་ལས་བྱུང་བའི་ཡི་གེ་བ།

དཔར་བྱང་ཞེས་པ་ནི་དཔར་བྱང་སྨོན་ཚིག་ལ་ཟེར་ཞིང་། བོད་ཀྱི་གནའ་རྩོམ་ལ་ཐུན་མོང་མ་ཡིན་པའི་ཁྱད་ཆོས་འབུར་དུ་ཐོན་པ་ཞིག་ཡོད། དེ་ནི་གནའ་རྩོམ་དེ་ཆ་ཡོངས་སུ་རྫོགས་ནས་ཕྱག་དཔེ་བྲིས་མ་དེ་མ་དཔེར་བཟུང་སྟེ་དེ་དག་ཡིག་བརྐོ་མཁས་པས་དཔར་ཤིང་ལ་བརྐོ་བའི་སྐབས་སུ་སྐྱེས་ཆེན་དམ་པ་ཞིག་གིས་ཚོགས་བཅད་ཀྱི་ལམ་ནས་སློགས་བམ་དེ་དཔར་དུ་སྒྲུབ་དུས། དངོས་ཤུགས་གང་ཅུང་ནས་རྒྱུ་དངོས་སྦྱོར་མཁན་གྱི་སྦྱིན་བདག་གི་མཚན་དང་སློགས་བམ་དེ་དཔར་ལ་བརྐོ་བའི་སྐབས་སུ་འདུ་བྱེད་ཡི་གེ་བའི་མཚན་དང་ཕྱག་དཔེའི་མཚན་བྱང་སོགས་དྲངས་ཏེ། དམ་པ་དེའི་གསུང་རབ་སློགས་བམ་གྱི་མཇུག་ཏུ་དགའ་དད་སྤྲོ་གསུམ་གྱི་ངང་ནས་བཀྲ་ཤིས་སྨོན་ལམ་དང་བཅས་དམ་པ་དེའི་གསུང་རབ་ཕྱོགས་དང་རིས་སུ་མ་མཆིས་པར་ཕྱོགས་ཡོངས་ནས་བསྟན་པ་རྒྱས་ཆེད་དང་།

དགོས་འདོད་ཀྱི་འབྲས་བཟང་སྨིན་སྐད་དུ་སྨོན་ཚིག་ཕུལ་བ་དེ་ལ་ཟེར། དེས་ན་དཔར་བྱང་ལས་བྱུང་བའི་ཡི་གེ་བ་ནི་མཛད་བྱང་གི་ཡི་གེ་བ་དང་མི་འདྲ་བར་མཛད་པ་པོས་ལྷུགས་རྩོམ་གནང་བའི་སྐབས་སུ་རེག་ཟིག་ཏུ་འགོད་མཁན་གྱི་ཡི་གེ་བ་དེ་མ་ཡིན་ལ། སྔོན་གྱི་རྩོམ་གདན་རྣལ་མ་སྟེ་མཛད་བྱང་སྐབས་ཀྱི་ཡི་གེ་བའི་རེག་ཟིག་ལ་གཞི་ཁུངས་བཙལ་ཏེ་དཔར་ཞིང་ཐོག་ཏུ་ཡི་གེ་བཀོ་མཁན་གྱི་གང་ཟག་དེ་ལ་དཔར་གྱི་ཡི་གེ་བ་ཞེས་བརྗོད། དཔར་གྱི་ཡི་གེ་བ་དེ་ནི་སྔོན་དང་མི་འདྲ་བར་གཙོ་བོ་དབུ་ཆེན་གྱི་ཡི་གེ་འདུ་བྱེད་ལ་མཁས་པ། སྔོན་གྱི་སྐྱེ་བོ་དམ་པའི་རེག་ཟིག་ལ་ཆ་རྒྱུས་ཆེ་བ། དུས་རབས་མི་འདྲ་བའི་ནང་དུ་བྱུང་བའི་སྐྱུང་ཡིག་བཀྲོལ་མཁས་པ་ཞིག་དགོས། དཔེར་ན་དཔར་བྱང་ལས་བྱུང་བའི་ཡི་གེ་བ་ནི་བོད་ལྗོངས་དཔེ་མཛོད་ཁང་དུ་བཞུགས་པའི་དཔེ་རྟགས་12722ཅན་བྲིས་མ་སྤུས་དག་སྟེ་རྒྱལ་བ་དགེ་འདུན་རྒྱ་མཚོས་(1475-1542)མཛད་པའི་དཀར་ཆག་སྣན་ངག་བྲིས་མ་དཔེ་ཚུགས་དེའི་ནང་དུ་གསལ་བ་རྣམ་པ་ཀུན་གྱིས་མཆོག་ལྡན་སྟོང་པའི་གཟུགས། རྣམ་མེད་དབྱིངས་དང་རོ་གཅིག་བདེ་བ་ཆེ། རིགས་རྣམས་ཀུན་གྱིས་ཁྱབ་བདག་རྡོ་རྗེ་སེམས། འཇམ་དཔལ་ཡེ་ཤེས་སེམས་དཔའ་ལ་ཕྱག་འཚལ་ལོ། དེ་ཡི་དམ་པའི་དོན་གྱི་མཚན་བརྗོད་པས། གཉིས་མེད་རྒྱུད་རྣམས་ཀུན་ལ་ངེས་པ་སྟེར་བ། བྱང་སེམས་དཔའི་འགྲེལ་པ་སྐོར་གསུམ་གྱིས། ལེགས་པར་བཤད་པའི་ལམ་སྲོལ་དུ་བཞུགས་པ། འདི་ནི་མཁས་པ་ཀུན་གྱི་འཇུག་ངོགས་ཏེ། ཚེ་གཅིག་ཉིད་ལ་སངས་རྒྱས་སར་བགྲོད་པའི། ལམ་གྱི་སྙིང་པོ་ཕྱོགས་འདིར་མཁས་གཞན་གྱིས། གསལ་བར་མ་ནུས་སྔོན་མེད་ལེགས་བཤད་དེ། རྣམ་བཤད་མཆོག་འདི་ཀུན་ལ་ཕྱེལ་སྐད་དུ། དཔར་དུ་སྒྲུབ་པའི་བཀོས་དང་ཡི་གེ་ཡི། རིག་བྱེད་ཨེ་ཡི་མཁས་པ་ཀུན་བཟང་མཆེད། ཚིག་དང་དོན་གྱི་དག་བྱེད་རིག་གནས་ལྷ། མཐར་ཕྱིན་དཔལ་འབྱོར་ཡོན་ཏན་རྒྱ་མཚོ། དཀར་འཇམ་དཔར་ཞིང་གླིགས་བུའི་ཚོགས་རྣམས་ནི། ཕོ་བྲང་གཞིས་ཀ་སྟག་རྩེ་ཉིད་ནས་གནང་། དཔར་དུ་སྒྲུབ་པའི་མཐུན་རྐྱེན་ཡོ་བྱད་རྣམས། བླ་མའི་བཀའ་བཞིན་སྒྲུབ་པའི་ཞབས་འབྲིང་པ། གསུང་རབ་རྒྱ་མཚོས་དད་གུས་ངང་ནས་བསྒྲུབ། [1]ཅེས་གོང་གི་དཔར་བྱང་ལས་ང་ཚོས་བྱང་ཆུབ་སེམས་དཔའི་འགྲེལ་པ་སྐོར་གསུམ་དཔར་དུ་སྒྲུབ་པའི་བཀོས་

(1)བོད་ལྗོངས་དཔེ་མཛོད་ཁང་གི་དཔེ་རྟགས་12722ཅན་རྒྱལ་བ་དགེ་འདུན་རྒྱ་མཚོས་མཛད་པའི་དཀར་ཆག་སྣན་ངག་བྲིས་མ། ཤོག་གྲངས་47ལས་དྲངས།

དང་ཡི་གེ་ཡི། རིག་བྱེད་ཨེ་ཡི་མཁས་པ་ཀུན་བཟང་མཆེད། ཚིག་དང་དོན་གྱི་དག་བྱེད་རིག་གནས་ལྔ། མཐར་ཕྱིན་དཔལ་འབྱོར་ཡོན་ཏན་རྒྱ་མཚོ་ཞེས་འཇོད་པ་དེ་ལས་ཨེ་ནི་དྷཱ་རྡོ་ཁ་ས་ཁྲུལ་ཆུ་གསུམ་རྫོང་དུ་གནས་པའི་ཨེ་ལྷ་རྒྱ་རི་ཞེས་པའི་བརྒྱུད་པ་དཔལ་འབྱོར་ཡོན་ཏན་རྒྱ་མཚོ་ཞུ་བ་དེ་ཡིན། དེའི་བརྒྱུད་པ་ནི་བཙན་པོའི་བརྒྱུད་པ་ཡིན་ཞིང་ས་ཕག་གཉིས་ཀྱིས་སྲིད་དབང་བསྐྱུར་བའི་སྐབས་ནས་ཁྲིམས་སྐོ་རང་བཙན་ཡིན་པ་དང་བརྒྱུད་པ་དེ་ལས་བྱུང་བའི་ཡིག་གཟུགས་དམིགས་བསལ་ཅན་ཞིག་ཡོད་(1)ཅེས་བོད་ཀྱི་གསུང་རབ་སློབ་པའི་དབང་པོ་དགེ་འདུན་ཆོས་འཕེལ་མཆོག་གིས་གསུངས་ཡོད་ལ། བོད་ཀྱི་ལོ་རྒྱུས་རིག་གནས་དཔྱད་གཞིའི་རྒྱུ་ཆ་བདམས་བསྒྲིགས་སུའང་དེ་སྔ་ས་གནས་སྲིད་གཞུང་གིས་ཨེ་ཁྲུལ་ནས་ཨེ་ཕྲུག་པ་ཞེས་ཡིག་འབྲི་ཁག་གཅིག་སྐོང་བསྒྲུ་བྱེད་སྐབས་ཡི་གེ་གཟབ། གཤར། ལཱུ་ཕྲུ། ཧོར་ཡིག སྦྲགས་ཡིག ཡིག་གསར་བཅས་འབྲི་སྟོལ་དར་ཁྱབ་ཆེ་བ་དང་། ཤོག་བུ་ཚོས་གཞི་འདྲ་མིན་དང་སྣག་ཚ་འདྲ་མིན། གསང་ཡིག་འབྲི་བྱེད་ས་ཆ་མི་ཀླུང་ནམ་མཁའ་བཅས་འབྱུང་བ་ལྔ་འདུས་པའི་དམིགས་བསལ་བཟོ་རྩལ་གྱི་བྱ་ཐབས་མ་སྤྱད་ན་ཡི་གེ་གསལ་མི་ཐུབ་པའི་ཁྱད་ཆོས་ལྡན་པའི་སྣག་ཚ་བཟོ་བ། དེ་བཞིན་བོད་སྣག་དང་མཚལ་སྣག་གི་སྦྱོར་བ་སྣ་ཚོགས། ལོར་ཤོག་དང་དེབ་འདྲ་མིན་བཟོ་བ་སོགས་འཕྲུལ་རྩལ་ལས་བྱེད་པ་བརྒྱ་རྩ་མང་པོ་རང་རང་གི་གོ་གནས་བཟུང་ཡོད། ཨེ་ཕྲུག་དེ་དག་ཕལ་ཆེ་བ་ཁྲལ་རྐང་རེའི་རི་ཀླུང་རྩ་ཆུ་ཤིང་སོགས་ཀྱི་བདག་ཐོབ་དང་། རྐང་འགྲོ་ལག་འདོན་གྱི་ཁྲལ་རིགས་ཡོངས་རྫོགས་རྩ་ཆག་གི་ལག་ཁྱེར་སྦྱོད་ཀྱི་ཡོད།(2)ཅེས་པས་ཨེ་ཡི་བརྒྱུད་པ་དེ་དག་གི་སུག་བྲིས་ལ་དམིགས་བསལ་གྱི་ཁྱད་ཆོས་བཞུགས་ཡོད་ཙང་གསུང་རབ་དཔར་ལ་བསྐོ་བའི་ཡི་གེ་བར་གདན་དྲངས་པ་གསལ། དེ་དང་འདྲ་བར་ད་དུང་ལྷ་སའི་ནུབ་ངོས་སུ་གནས་པའི་སྙེ་མོ་རྫོང་གི་ཐོན་ལུག་ར་ཁ་ཞེས་པའི་ས་དེར་ཐོན་མི་སཾ་བྷོ་ཊའི་འཁྲུངས་ཡུལ་ཡིན་ཞེས་པའི་ཞལ་རྒྱུན་ཡོད། ས་གནས་དེའི་ཡི་གེ་ཤེས་པའི་མི་རྣམས་ལ་ཡང་ཐོན་མིའི་ཕྱག་བྲིས་ཀྱི་རྒྱུན་ཡོད་ཅེས་པ་ལས་སྙེ་མོའི་མི་རྣམས་ལ་དབུ་ཆེན་འབྲི་གཟུགས་སྤུས་དག་པོ་ཞིག་ཡོད་པ་མངོན་ནོ། དཔལ་ས་སྐྱ་དགོན་གྱི་ཆོས་བརྩེགས་ཐྲག་རི་མའི་གྲས་སུ་བཞུགས་པའི་ཕྱག་དཔེ་བྲིས་མ་དུས་རབས་

(1)མཁས་དབང་དགེ་འདུན་ཆོས་འཕེལ། གསུང་འབོད་གཉིས་པ། ནུབ་བྱང་མི་རིགས་སློབ་ཆེན་གྱི་དཔར། ཤོག་གྲངས་218ལས་དྲངས།
(2)བོད་ཀྱི་ལོ་རྒྱུས་རིག་གནས་དཔྱད་གཞིའི་རྒྱུ་ཆ་བདམས་བསྒྲིགས་དེབ་བཅུ་པ། མི་དམངས་དཔེ་སྐྲུན་ཁང་གི་1996ལོའི་དཔར་མ། ཤོག་གྲངས་68ལས་དྲངས།

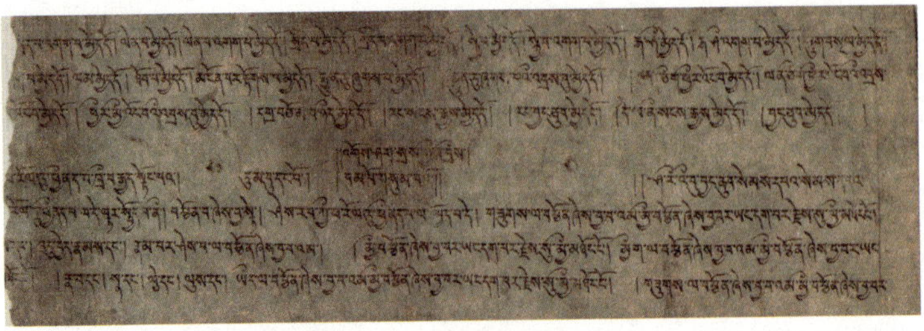

དུས་རབས་12སྐབས་ཀྱི་ཤེར་ཕྱིན་ཡིག་མཁན་འགོས་ཤག་སྲས།

16པའི་ནང་ཕྱོན་པའི་སྟགས་འཚང་ངག་དབང་ཀུན་དགའ་རྣམ་རྒྱལ་གྱི་ཡུམ་མཆོག་བསྟན་འཛིན་བསོད་ནམས་བཟང་མོས་བཀའ་འགྱུར་ཐུགས་དམ་བསྟན་འགྲོའི་དཔལ་མགོན་ཞེས་བཀའ་འགྱུར་གསེར་བྲིས་ཞིག་བཞེངས་གནང་བ་དེ་ཡང་ཡི་གེ་འདུ་བྱེད་མཁས་པ་ཨེ་དང་སྐྱེ་མོ་གཉིས་ལས་གདན་ཞུ་གནང་ཡོད་པ་གོང་གི་དཔེ་རིས་ལས་དངོས་སུ་མཐོང་ཐུབ་པ་སྟེ་སྐྱེ་མོ་སློ་བཟང་རྣམ་རྒྱལ་[1]ཞེས་པ་དང་བཀའ་འགྱུར་བསྟན་འགྲོའི་དཔལ་མགོན་དེའི་དཀར་ཆག་ཏུ་ཤིང་མོ་སྦྲུལ་གྱི་ལོ་གཡེ་སྐྱེ་མོ་བཅས་ནས་ཡི་གེ་འབྲི་བའི་གཙུག་ལག་ལ་ཤིན་ཏུ་སྦྱངས་ཤིང་རབ་ཏུ་མཁས་པ་གཡེ་པ་བསྟན་འཛིན་བག་གྲོ་དང་སྐྱེ་མོ་སློ་བཟང་རྣམ་རྒྱལ་ཞེས་བྱ་བ་ལ་སོགས་པ་ཡི་གེ་བའི་ཚོགས་པ་བརྒྱ་ལྷག་ཙམ་སྐོངས། [2]ཞེས་འཁོད་པས་ཀྱང་དེའི་གནད་འགག་འགྲོལ་ཐུབ་མོད། ད་དུང་གཞུང་སྐྱེ་མོའི་ཕྱུ་གསུམ་གྲོང་ཚོའི་ཕ་མེས་ཡང་མེས་ཀྱིས་དབུ་ཆེན་ཚད་ལྡན་འབྲི་ཐུབ་པ་མ་ཟད་དབུ་ཆེན་དེ་དག་དཔར་ལ་བཀོ་བའི་ལག་རྩལ་ཡང་ཕུལ་དུ་བྱུང་བ་ཞིག་ཡོད་པ་ནི་ཅུས་ཁྲུང་གི་རྒྱུད་པ་དར་མ་བསོད་ནམས་དང་ཡོན་བཙུན་སྨོན་ནེ་གཉིས་ཀྱི་ཕ་ཁུའི་དྲིན་ལན་འཇལ་བའི་སླད་དུ་ཤེར་ཕྱིན་ཡུམ་རྒྱས་འབྲིང་བསྡུས་གསུམ་ལས་རྒྱས་པ་མཐོང་སྨོན་པོད་བཅུ་དྲུག་འབྲི་བཞེངས་བྱ་སྐབས་སྐྱེ་མོ་ཕྱུ་སུམ་པའི་ཡིག་མཁན་གདན་དྲངས་ནས་བྲིས་ཡོད་པ་སྟེ། ཤེར་ཕྱིན་དེ་དག་གི་མཛད་བྱང་དུ། ཀྱི་ཤག་ཐུབ་བསྟན་པ་ལ།། དམ་པའི་ཆོས་དར་བས།། སྐྱེ་མོ་ལུང་པའི་ནང་།། ཡུལ་པོ་སྲས་ཤོང་དེར།། ཕ་ཆེན་ཁྲུང་པོའི་བུ།། དར་མ་བསོད་ནམས་དང་།། རབ་ཏུ་ཆོས་ལ་བྱུང་།། ཡོན་བཙུན་སྨོན་ནེ་གཉིས།། ཕ་ཁུའི་དྲིན་ལན་དུ།། རྒྱས་པ་མཐོང་སྨོན་གཞེངས།། ཤོག་གུ་ཁྲིད་འཕགས་ལ།། ཅུ་བཞིའི་མཁས་པ་ཕྱོན།། ཡི་གེ་ངོམ་དུ་བྱུང་།། གཉེར་སྐ་ཤོག་ཆགས་དེ།། ངོར་

(1)དཔལ་ས་སྐྱ་དགོན་དུ་བཞུགས་པའི་བཀའ་འགྱུར་བསྟན་འགྲོའི་དཔལ་མགོན་མཐིང་ཤོག་གསེར་བྲིས། པོད་ཀ་པའི་ཞབས་ཤོག་ལས་དྲངས།

(2)དཔལ་ས་སྐྱ་དགོན་དུ་བཞུགས་པའི་བཀའ་འགྱུར་བསྟན་འགྲོའི་དཔལ་མགོན་དཀར་ཆག བྲིས་མའི་ལྡེབ་གྲངས་10ལས་དྲངས།

དར་སྒྲོག་པོས་མཛད།། དུང་རིང་རྩེ་ཆེན་དེ།། རྒྱ་མའི་ནོར་གྱིས་བླུས།། འཛངས་མོ་ངོམ་དུ་ཙུང་།། དཔག་མོ་དཔལ་མོ་ལྡན།། ཞབས་ཏོག་ངོམ་དུ་ཙུང་།། འོད་གསལ་ཡོན་བདག་མོ།། མཆོད་གནས་ངོམ་དུ་ཙུང་།། དཀོན་མཆོག་གྲོགས་ཚོ་ལགས།། འཕྲུལ་ཆེན་ངོ་མཚར་ཆེ།། བྱ་ཆ་དགས་པ་ཐོན།། ནང་མ་བུ་དར་ཡིན།། ལག་ཡད་ངོམ་དུ་ཡོད།། གྲུ་བཞི་གློག་ལ་མཁས།། བརྩན་དར་དཔོན་སློབ་བྱས།། ཞུ་ཏིག་ངོམ་དུ་ཙུང་།། ཡོན་མཆོད་རྒྱས་པ་འབུམ།། ཀུན་ལ་ངོམ་དུ་ཙུང་།། འདངས་ཤོག་དཀར་འཛམ་ལ།། གནག་ཆ་གཡུ་ལོ་ཡིས།། འཕྲུལ་ཡིག་ཚད་ལྡན་འདི།། སྣེ་མོ་ཕུ་གསུམ་པ།། མི་ཚབ་རྒྱས་ཀྱི་བྲིས།། དེ་ལ་གཟིགས་པ་ཞུ།། ཐོས་པ་ཆུང་ས་དང་།། ཚིགས་བཤད་འཛོལ་བ་ན།། ཡུམ་ལ་བཟོད་པར་གསོལ།། ཡོན་མཆོད་ལ་སྨོགས་པ།། མཐའ་ཡས་སེམས་ཅན་ཀུན།། བྱང་ཆུབ་ཐོབ་པར་ཤོག།། འགྲོ་དོན་བྱེད་པར་ཤོག།། ལེགས་པ་ཡིན།། དགེའོ།། བྲི་མོ་བགྱིས་པ་ལགས།། ཏེ་ཏེ་ཏེ།། ཞལ་བྲོ།།[1]ཞེས་བྱུང་བ་ལས། ཤེར་ཕྱིན་ཡུམ་རྒྱས་པ་མཐོང་སྨོན་དེ་འབྲི་བཞེངས་བྱ་སྐབས་སུ་སྣེ་མོ་ཕུ་གསུམ་པའི་ཡིག་མཁན་མི་ཚབ་རྒྱས་སོགས་ཀྱིས་འབྲི་བཞེངས་བགྱིས་པ་ནི། འཕྲུལ་ཡིག་ཚད་ལྡན་འདི། སྣེ་མོ་ཕུ་གསུམ་པ་ཡི། མི་ཚབ་རྒྱས་ཀྱི་བྲིས་ཞེས་པས་གསལ་བཤད་ཐུབ། སྣེ་མོ་ཕུ་གསུམ་གྲོང་ཚོའི་མི་རྣམས་ཀྱིས་དུས་ད་ལྟ་ཡང་སྔར་གྱི་ཕ་མེས་ཡང་མེས་ཀྱི་དུས་ནས་བཞག་པའི་ཡིག་འབྲིའི་ལག་རྩལ་དང་དཔར་བརྐོའི་ལག་རྩལ་དེ་མ་ཉམས་པར་རྒྱུན་སྐྱོང་བཞིན་ཡོད་གཤིས། ཕུ་གསུམ་གྲོང་ཚོའི་ཡིག་མཁན་དང་དཔར་མཁན་རྣམས་ད་ལྟ་བོད་རང་སྐྱོང་ལྗོངས་ཆོས་ཚོགས་ཀྱི་ལས་གཞིའི་རྣམ་གྲངས་བཀའ་བསྟན་དཔར་བསྐོ་བའི་ལས་གཞི་སྒྲུབ་བཞིན་འདུག་ལ་ཕུ་གསུམ་གྲོང་ཚོའི་དཔར་བསྐོའི་ལག་རྩལ་དེ་ཡང་རྒྱལ་ཁབ་རིམ་པའི་མངོན་མེད་རིག་གནས་ཤུལ་བཞག་གྲས་སུ་ཚུད་པའི་རྣམ་གྲངས་ཤིག་ཀྱང་ཡིན་ནོ།

༤། དཔར་བསྐོའི་ལས་ཡུན།

དཔར་ལ་བསྐོ་བའི་བྱང་བུ་སོགས་གྲ་སྒྲིག་ཟིན་པའི་རྗེས་སུ་དུས་རབས་དང་དཔར་གྱི་ལག་རྩལ། དཔར་གྱི་སྦྱིན་བདག་སོགས་མི་འདྲ་བའི་དབང་གིས་དཔར་གྱི་ཡི་གེ་བྱང་བུ་ལ་

(1)མར་ཁྱུང་མཁའ་ཆོས་སུ་བཞུགས་པའི་ཤེར་ཕྱིན་མཐོང་སྨོན། བྲིས་མའི་མཛད་བྱང་ལས་དྲངས།

བཀྲོ་སྐབས། ཡི་གེའི་སྤྲུས་ཚད་དང་ལས་རོག་ལ་གཞིགས་པའི་དཔར་བཀྲོ་མཁན་ལ་ཡང་རབ་འབྲིང་ཐ་གསུམ་འཇོག་སྲོལ་ཡོད་པ་སྟེ། གསུང་པར་རིན་པོ་ཆེ་སྒྲུབ་པར་བྱེད་པའང་སྔ་རབས་ཀྱི་དུས་སུ་ནི་ཟླ་འཁོར་རེ་ལ་པར་བཀྲོས་ཀྱི་ཤིང་བྱང་ལྔའམ་དྲུག་གྲུབ་པ་ནི་མཆོག་དང་བཞི་དང་གསུམ་གྲུབ་པ་ནི་འབྲིང་། ཕལ་མོ་ཆེས་ནི་གཉིས་དང་གཅིག་ལས་མི་གྲུབ་ཅིང་། ཡང་མཐས་ནི་རེ་རེ་ཡང་མ་གྲུབ་པ་དག་བྱུང་ཞེས་གྲགས་[1]ཞེས་པ་ལ་བལྟས་ན། དུས་རབས་17པའི་སྔོན་ལ་དཔར་པས་ཤིང་བྱང་ལ་ཡི་གེ་བཀྲོ་སྐབས་སུ་རབ་ཀྱིས་ཟླ་བ་གཅིག་གི་ནང་དུ་དཔར་ཤིང་ལྔ་ནས་དྲུག་དང་། འབྲིང་གིས་དཔར་ཤིང་གསུམ་ནས་བཞི། སྤྱིར་བཏང་པས་གཅིག་ནས་གཉིས་ལས་མི་གྲུབ་པ་དེ་ཤེས། ལས་ཀའི་སྒྱུར་ཚད་དེ་ལྟར་བརྩིས་ན། བཀའ་འགྱུར་པོ་ཏི་པོད་བརྒྱ་དང་གཉིས་ཀྱི་རང་བཞིན་ཅན་ཞིག་གྲུབ་པ་ལ་དུས་ཚོད་ཅི་ཙམ་ཞིག་འགོར་གྱི་ཡོད་པ་སྟེ། དུས་རབས་18པར་ཏཱ་ལའི་བླ་མ་སྐུ་ཕྲེང་དྲུག་པ་ཚངས་དབྱངས་རྒྱ་མཚོའི་སྐུ་དུས་སུ་ཤེར་ཕྱོགས་གཙོ་འགྱུར་གྱི་ཕུ་ཏི་ཉི་ཤུ་རྩ་བརྒྱད་དཔར་ལ་བཀྲོ་སྐབས་དུས་ཡུན་ལོ་བདུན་ཙམ་ཞིག་འགོར་ཞེས་པ་ལ་བལྟས་ན། བཀའ་འགྱུར་པོད་བརྒྱ་དང་བཅུ་ཡོད་པ་དེ་ལ་ལོ་ཉི་ཤུ་ལྷག་འགོར་གྱི་ཡོད་པ་རེད། རྗེས་སུ་མི་དབང་པོ་ལྷས་ཤེལ་དཀར་དུ་བཀའ་འགྱུར་བཞེངས་སྐབས་མཆོག་ཏུ་བཟོ་རིག་ལ་བྱང་བ་དག་གིས་ནི་ཟླ་འཁོར་རེ་རེ་ལ་པར་བཀྲོས་ཀྱི་ཤིང་བྱང་ཉི་ཤུ་རྩ་གསུམ་ནས་བཅུ་དྲུག་གི་བར་གྲུབ་པ་དང་འབྲིང་པོ་དག་གིས་བཅུ་ཕྲག་ཕྱེད་གཉིས་ནས་བཅུ་ཕྲག་བར་དང་། འགའ་ཞིག་གིས་ནི་བཅུ་གཉིས་ནས་བརྒྱད་ཕྲག་གི་བར་དང་། ཕལ་མོ་ཆེས་ནི་བདུན་ནས་ལྔའི་བར་དང་། ཆེས་དམན་པ་དག་གིས་ཀྱང་གསུམ་ལ་མཐའ་གཏུགས་པ་བསྒྲུབས་པས་བགྲང་བྱ་ཕྱེད་དང་གཉིས་ཀྱི་ནང་དུ་གྲུབ་[2]ཅེས་པ་ལས་དཔར་བཀྲོའི་ལག་རྩལ་འཕེལ་རྒྱས་ཕྱིན་པའི་རྗེས་སུ་པར་བཀྲོ་བ་མི་རེ་རེ་དུས་ཡུན་ཟླ་གཅིག་གི་ནང་དུ་དཔར་ཤིང་མང་ཉུང་ཅི་ཙམ་ཞིག་བཀྲོ་ཐུབ་པ་དེ་ཤུགས་ལ་རྟོགས།

(1)མི་དབང་པོ་ལྷའི་རྟེན་བཞེངས་དཀར་ཆག དཔར་མ། ཤོག་གྲངས་538ལས་དྲངས།

(2)མི་དབང་པོ་ལྷའི་རྟེན་བཞེངས་དཀར་ཆག དཔར་མ། ཤོག་གྲངས་538ལས་དྲངས།

དྲུག འགྱུར་བྱང་ལས་བྱུང་བའི་ཡི་གེ་བ།

འགྱུར་བྱང་འཁོད་ཡོད་པའི་གསུང་རབ་དེ་དག་ནི་ཆེས་ཐོག་མ་ཉིད་ནས་བོད་ཡིག་བཀོལ་ཏེ་བརྩམས་གནང་བའི་བརྩམས་ཆོས་ཞིག་མ་ཡིན། དེ་ནི་མི་རིགས་གཞན་གྱི་སྐད་དང་ཡི་གེ་ལས་བརྩམས་པའི་གསུང་རབ་དག་ལོ་པཎ་སྐུ་དྲིན་ཅན་རྣམས་ཀྱིས་བོད་ཀྱི་སྐད་དང་ཡི་གེར་ཕབ་བསྒྱུར་གནང་སྟེ་བོད་མི་རིགས་ཀྱི་གསུང་རབ་ཀྱི་བང་མཛོད་དུ་བཞག་གནང་བའི་གསུང་རབ་ཅིག་ཡིན་པ་འགྱུར་བྱང་ལས་ཤེས་ལ། ལོ་པཎ་ཆོས་འབྱུང་ལས་སྤྲུལ་པའི་ཆོས་རྒྱལ་དམ་པ་དེ་རྣམས་ཀྱི། གཞལ་དུ་མེད་པའི་ཐུགས་རྗེའི་བཀའ་དྲིན་ལས། འཕགས་པའི་ཡུལ་དང་ཁྱད་པར་དབུས་འགྱུར་ཚལ། ཀསྨི་དང་ཟ་ཧོར་བལ་པོ་དང་། རྒྱ་ནག་ལ་སོགས་ཐུབ་བསྟན་དར་བའི་ས།[1] ཞེས་དང་འཇིག་རྟེན་མིག་གྱུར་ལོ་ཙཱ་རྣམས་ཀྱིས་

བཅོམ་ལྡན་རིགས་རལ་གྱི་གསུང་གི་མཛད་བྱང་།

ནི། འཛམ་གླིང་ཡུལ་གྲུ་དུ་མ་སྤྱུལ་མཛད་ནས། མདོ་རྒྱུད་བསྟན་བཅོས་ངོ་མཚར་རྣེད་དཀའ་རྣམས། སམ་སྐྲི་ཏ་དང་ཡུལ་གྲུ་སྣ་ཚོགས་པའི། སྐད་དང་ཡི་གེ་བརྡ་དང་ཐ་སྙད་ཚོགས། རྣམ་མང་རྒྱ་མཚོ་ལྟ་བུར་གནས་པ་ལས། རང་ཅག་བོད་ཡུལ་སྐྱེ་བོའི་ཡི་གེ་དང་། བོད་ཀྱི་སྐད་དུ་བསྒྱུར་ཏེ་གོ་སླར་མཛད།[2] ཅེས་དང་། ད་དུང་འགྱུར་ཕྱག་ཏུ་སྤྲུ་རྒྱལ་བོད་ཀྱི་སྐད་དུ་[3] ཞེས་བྱོན་པ་དེ་ཕུད་རྒྱ་གར་སྐད་དུ། རྒྱ་ནག་སྐད་དུ། ཞང་ཞུང་སྐད་དུ་ཞེས་པ་སོགས་ལས་སྐད་རིགས་གཞན་ནས་བསྒྱུར་བའི་གཞུང་ཞིག་ཡིན་པ་རྟོགས་སོ། འགྱུར་བྱང་དུ་ཐོག་མར་

(1)དཔའ་བོ་གཙུག་ལག་ཕྲེང་བ། ཆོས་འབྱུང་མཁས་པའི་དགའ་སྟོན། མི་རིགས་དཔེ་སྐྲུན་ཁང་གི་2006ལོའི་དཔར་མ། ཤོག་གྲངས་263ལས་དྲངས།

(2)དཔའ་བོ་གཙུག་ལག་ཕྲེང་བ། ཆོས་འབྱུང་མཁས་པའི་དགའ་སྟོན། མི་རིགས་དཔེ་སྐྲུན་ཁང་གི་2006ལོའི་དཔར་མ། ཤོག་གྲངས་263ལས་དྲངས།

(3)བོད་ལྗོངས་རྟེན་རྫས་བཤམས་མཛོད་ཁང་དུ་བཞུགས་པའི་ཡིག་རྙིང་2006ལོར་གཏམ་ཤུལ་དགའ་ཐང་འབུམ་པ་ཆེན་ནས་ཐོན་པ།

གཞུང་ལུགས་དེ་མི་རིགས་གང་ཞིག་གི་བརྩམས་ཆོས་ཡིན་པ་དང་། གཞུང་དེའི་མཛད་པ་པོ་སུ་ཡིན་མིན། རྒྱ་གར་གྱི་པཎྜི་ཏ་སུ་དང་བོད་ཀྱི་ལོ་ཙཱ་བ་སུ་མཉམ་དུ་ཡུལ་ལུང་ཅི་ཞིག་ཏུ་བསྒྱུར་གནང་བ། དེ་བསྒྱུར་བའི་སྐབས་ལ་རེག་ཟིག་གི་ཡི་གེ་བ་སུས་བྲིས་ཏེ་གཞུང་ལུགས་དེ་དག་ཆོས་རྒྱལ་གང་ཞིག་གི་བསམ་པའི་སྐྱལ་སློང་འོག་ཆ་ཡོངས་སུ་རྫོགས་པར་བསྒྱུར་གནང་བ་སོགས་ཀྱི་གནས་ཚུལ་བཀོད་ཡོད་པ་དེ་ལ་འགྱུར་བྱང་ཞེས་བརྗོད་དོ། སྐབས་འདིའི་ཡི་གེ་བ་ནི་ལོ་པཎ་རྣམ་གཉིས་ཀྱིས་བསྒྱུར་བ་རྣམས་འཛོལ་ནོར་མེད་པར་རེག་ཟིག་ཏུ་དབབ་མཁན་དེ་ལ་འགྱུར་བྱང་གི་ཡི་གེ་བ་ཞེས་བརྗོད། ང་ཚོས་བོད་ཀྱི་སྒྲ་བསྒྱུར་གླིང་གི་རྩ་འཛུགས་ལ་གཟིགས་ཚེ་འགྱུར་བྱང་གིས་ཡི་གེ་བའི་བྱེད་ནུས་དང་ཆ་རྐྱེན་སོགས་ཤེས་ཐུབ། དཔེར་ན་བོད་ཀྱི་རྒྱལ་པོ་ཁྲི་སྲོང་ལྡེའུ་བཙན་སྐབས་སུ་བསམ་ཡས་མི་འགྱུར་ལྷུན་གྱིས་གྲུབ་པའི་གཙུག་ལག་ཁང་བཞེངས་གྲུབ་པའི་རྗེས་སུ་བསམ་ཡས་སྒྲ་བསྒྱུར་གླིང་ཡང་ཕྱག་བཏབ་ཟིན་པ་དང་སྦྲགས་སྒྲ་བསྒྱུར་གླིང་དུ་རྒྱ་གར་གྱི་པཎྜི་ཏ་དང་བོད་ཀྱི་ལོ་ཙཱ་བ་རྣམས་བསྒྱུར་གྲལ་ལ་བཞུགས་ཏེ། ནང་བསྟན་གྱི་གསུང་རབ་མང་པོ་ཞིག་གོ་རིམ་ལྡན་པའི་སྒོ་ནས་རང་རིགས་ཀྱི་ཕ་སྐད་དུ་དབབ་བསྒྱུར་གནང་བའི་བརྒྱུད་རིམ་དུ་ལོ་པཎ་ལ་ཕྱག་རོགས་ཞུ་མཁན་གྱི་ཡི་གེ་བ་བྱུང་ཡོད་པའི་སྐོར། བསམ་ཡས་སྒྲ་བསྒྱུར་གླིང་གི་ལྡེབས་རིས་ལ་གཟིགས་ན་དེའི་སྟེང་དུ་སྒྲ་བསྒྱུར་གྱི་རྩ་འཛུགས་གསོན་ཉམས་ལྡན་པའི་དཔེ་རིས་བཀོད་ཡོད་པར་གྲགས། ལོ་པཎ་རྣམས་ཞབས་སྐྱིལ་མོ་ཀྲུང་དུ་བཞུགས་ལ། ཐོག་མར་ལོ་པཎ་ཆེ་གེ་མོ་ཞིག་གིས་རྒྱ་དཔེ་ཞལ་ལས་སྐད་གསང་མཐོན་པོས་འདོན་གནང་བ་དང་དེ་རྗེས་ལོ་ཙཱ་བ་ཆེ་གེ་མོ་ཞིག་གིས་ཞལ་ལས་སྒྲ་བསྒྱུར་གནང་བའི་དཔེ་རིས་དང་། ལོ་པཎ་དཀྱུང་ལོ་བགྲེས་པོ་ཞིག་མཐོན་པོའི་ཁྲི་ལ་བཞུགས་ཏེ་ཞུས་དག་གི་འགན་བཞེས་པར་མངོན། དེའི་རྗེས་སུ་ན་གཞོན་གྱི་དགེ་འདུན་ཕྱག་ཏུ་ཤོག་བུ་སྨྱི་རིང་བསྣམས་ཏེ་སྨྱུ་གུས་རེག་ཟིག་བཀོད་བཞིན་པའི་ལྡེབས་རིས་ཡོད་ཅེས་དང་པད་མ་བཀའ་ཐང་གི་ལེའུ་བདུན་ཅུ་པ་ལས་ཞུས་ན། ལོ་ཙཱ་སྒྲ་རྣམས་བསླབས་པས་མཁས་པར་ཤེས། དེ་ནས་རྒྱལ་པོས་སློབ་དཔོན་རྣམ་པ་གཉིས། བསམ་ཡས་སྒྲ་སྒྱུར་གླིང་དུ་སྤྱན་དྲངས་ནས། གསེར་གྱི་ཁྲི་ལ་སློབ་དཔོན་རྣམ་པ་གཉིས། གཡས་གྲལ་གཡོན་གྲལ་གབ་རྩེའི་གདན་གསུམ་ལ། བཻ་རོས་གཙོ་བྱས་ལོ་ཙཱ་རྣམ་གསུམ་བཞུགས།[1] ཞེས་

(1)པད་མ་བཀའ་ཐང་། སི་ཁྲོན་མི་རིགས་དཔེ་སྐྲུན་ཁང་གི་དཔར་མ། ཤོག་གྲངས་410ལས་དྲངས།

པ་སོགས་ལས་བོད་ཀྱི་སྒྲ་བསྒྱུར་གླིང་གི་སྒྲིག་གཞིའི་ནང་དུ། རྒྱ་གར་གྱི་སློབ་དཔོན་དང་བོད་ཀྱི་ལོ་ཙཱ་བ་རྣམས་བསྒྱུར་གྲལ་ལ་གོ་རིམ་ལྡན་པར་བཞུགས་ཏེ་ཁོང་རྣམས་ཀྱིས་ཆོས་གཞུང་ཇི་ལྟར་བསྒྱུར་བ་དེ་དག་གོ་རིམ་མ་འཛོལ་བར་ཇི་མ་ཇི་བཞིན་དུ་ཁབ་ཤུལ་སྐྱུད་པས་བསྟན་པ་ལྟར་ཡི་གེའི་ལམ་དུ་འགོད་མཁན་གྱི་ཡི་གེ་བ་ཡོད་པ་བསྟན་འགྱུར་དཀར་ཆག་སྟོད་ཆ་ལས། ཡིག་མཁན་དགོན་གླིང་རྨ་དང་གཞོན་ནུ་བསྲུངས།[1]ཞེས་པས་ཀྱང་ཤེས་ཐུབ། བོད་ཀྱི་སྒྲ་བསྒྱུར་ཁང་དང་འདྲ་བར་རྒྱ་ནག་གི་ཡུལ་དུ་ཡང་ཐུ་མོ་ཞིག་ནས་སྒྲ་བསྒྱུར་ཁང་བཙུགས་ཟིན་པའི་སྐོར་ལ་ནང་བསྟན་གསུང་རབ་ཀྱི་དྲི་བ་བརྒྱ་པ་ཞེས་པའི་ནང་དུ་འཁོད་དོན། སྒྲ་བསྒྱུར་ཁང་གི་སྒྲིག་སྲོལ་དེ་ཐང་གི་དུས་རབས་སུ་ཏ་ཙང་གི་འཕྲུས་སྒོ་ཚང་བ་ཞིག་ཡོད། སུང་དུས་རབས་སུ་སྒྲིག་གཞི་དེ་བས་ཀྱང་ཚགས་དམ་པོ་ཆགས་ཡོད། སུང་དུས་རབས་སུ་སྙན་གྲགས་ཆེ་བའི་དཔོན་གཉེར་སྒྲ་བསྒྱུར་ཁང་ནི་སུང་ཐའེ་ཙུང་གིས་（宋太宗）910ལོའི་ཟླ་བ་2པར་བཙུགས། དེ་ཐའེ་ཕིང་ཤིང་གོའི་ལོ་བདུན་པ་སྟེ་982ལོའི་ཟླ་6པར་སྒྲ་བསྒྱུར་ཁང་ཡོངས་སུ་བསྒྲུབས་ཟིན། སྒྲ་བསྒྱུར་གླིང་དེ་ནི་ཐའེ་ཕིང་ཤིང་གོའི་དགོན་གྱི་ནུབ་ངོས་སུ་ཡོད། དེ་ནི་ལྷ་ཁང་གསུམ་ལས་གྲུབ་པ་ཞིག་སྟེ། དབུས་སུ་སྒྲ་བསྒྱུར་ཁང་། ཤར་ཙ་ཐེབ་སྦྱོར་ཁང་། ནུབ་ཏུ་ཞུ་དག་ཁང་བཅས་སོ་[2]ཞེས་པས་རྒྱ་ནག་གི་སྒྲ་བསྒྱུར་ཁང་གི་སྒྲིག་གཞི་དེ་ཙི་འདྲ་ཡིན་པ་རྟོགས། དེར་བརྟེན་ཡི་གེ་བ་ནི་གོང་དུ་བརྗོད་པའི་རྒྱ་བོད་སྒྲ་བསྒྱུར་ཁང་གི་གྲུབ་ཆ་གལ་ཆེན་ཞིག་ཡིན་པར་མངོན། ཡི་གེ་བའི་ངོས་འགན་གཙོ་བོ་ནི་ལོ་ཙཱ་བས་ཞལ་ལས་བསྒྱུར་བ་དེ་དག་རང་སྐད་ཀྱི་ཐོག་ནས་ཤོག་ཐོག་ཏུ་རེག་ཟིག་ཏུ་འགོད་རྒྱུ་དེ་ཡིན། སྦ་བཞེད་ལས་བཙན་པོའི་ཞལ་ནས། རྒྱའི་ལྷ་ཆོས་བཟང་པོའི་གཏན་ཚིགས་ཁྱོད་ལ་ཡོད་དམ། ཞེས་བཀའ་རྩད་པ་དང་། བདག་ཅག་རྒྱ་ལ་མཆིས་སོ་ཞེས་གསོལ་ནས་རྗེ་འབངས་དབེན་པར་གསངས་ཏེ། ཧྭཤ་མཆིམས་ཕུའི་རྫ་ལ་སྦས་པའི་ནང་ནས་བླངས་ཏེ། ཀིམ་ཧ་ཤང་གི་ལུང་བཞིན་བྲིམས་པ་དང་། དང་པོ་དགེ་བ་བཅུའི་མདོ་བཀླགས། དེ་ལ་རྒྱལ་པོ་དད་པ་སྐྱེས། སྤྱོད་པ་དག་པར་གོ། དེ་ནས་རྡོ་རྗེ་གཅོད་པ་བཀླགས། དེ་ལྟ་བ་དག་པར་གོ། དད་པ་ཆེས་སྐྱེས། དེ་ནས་ས་ལུ་ལྗང་པའི་མདོ་བཀླགས། ལྟ་སྤྱོད་ཟུང་འབྲེལ་དུ་གོ་ནས་ཡིད་

(1)ཞུ་ཆེན་ཚུལ་ཁྲིམས་རིན་ཆེན། བསྟན་འགྱུར་དཀར་ཆག་སྟོད་ཆ། ཀྲུང་གོའི་བོད་རིག་པ་དཔེ་སྐྲུན་ཁང་གི་2005ལོའི་དཔར། ཤོག་གྲངས་213ལས་དྲངས།
(2)方广倡《佛教典籍百问》今日中国出版社1989年版，123页。

ཆེས།[1] ཞེས་པའི་སྐད་ཆ་དུམ་བུ་འདིའི་ནང་གི་བཀླགས་ཞེས་པ་དེ་ནི་སྤྱིར་བཏང་གི་རྒྱ་ཡིག་ཞལ་ནས་བཏོན་པ་མ་ཡིན་པར་ཞལ་ཐོག་ནས་ཡིག་སྒྱུར་མཛད་པའི་དོན་ཡིན། སྔོན་ཞལ་ལས་ཡིག་སྒྱུར་གནང་བ་དང་རྗེས་སུ་ཡི་གེར་འགོད་པ་དེ་ནི་ཡིག་སྒྱུར་གྱི་ལོ་རྒྱུས་ཐོག་རྒྱུན་གཏན་ནས་ཡོད་པ་ཞིག་ལགས་སོ།[2] ཞེས་བོད་ཀྱི་གསུང་རབ་རིག་པའི་ཕྱུག་ལས་གནང་མཁན་སྐུ་ཞབས་བསོད་ནམས་རྒྱ་མཚོས་གསུངས་པ་ལ་ཐུགས་ཤིན་ཏུ་ནས་མད། མདོར་ན་འགྱུར་བྱང་དུ་འཁོད་པའི་ཡི་གེ་བ་ནི་གོང་དུ་འཆད་ཟིན་པའི་ཡི་གེ་བ་དང་འདྲ་བར་ནང་བསྟན་གསུང་རབ་ལ་ནང་བྱིན་ཆུད་པ་ཙམ་ཞིག་ཡིན་པ་མ་ཟད་སམ་བོད་རྒྱ་གསུམ་ལ་བྱང་ཆུབ་པ་དང་ཡི་གེའི་འདུ་བྱེད་ལ་མཁས་པ་ཞིག་གོ

བདུན། འགྱུར་བྱང་ལས་འགྱུར་བཅོས།

སྔོན་གྱི་ལོ་ཙྪ་བ་དག་གིས་གསུངས་པ་ལྟར་ཡིག་སྒྱུར་གྱི་ལས་ཀ་ནི་ཡིད་ཐམ་གྱི་ལས་ཀ་ཞིག་ཡིན་ཞེས་པ་དེ་མི་ཡོང་བའི་སྐད་དུ། བོད་ཀྱི་ལོ་ཙྪ་བ་དག་གིས་སྔོན་གྱི་གནའ་དཔེ་རྣམས་མི་རིགས་གཞན་གྱི་སྐད་ལས་རང་རིགས་ཀྱི་ཕ་སྐད་དུ་བསྒྱུར་བའི་སྐབས་སུ། འགྱུར་ཡིག་ཇེ་བཟང་དང་འཕྲུལ་ཚང་། ཡིད་ཐམ་མི་ཡོང་བའི་སྐད་དུ་ཡིག་བསྒྱུར་གྱི་ལས་ལ་བསྣུན་སྣང་མེད་པར། རྒྱ་གཞུང་རྩལ་མ་དག་བཅལ་ནས་བོད་སྐད་དུ་བསྒྱུར་གནང་ཡོད་པ་ནི་བཅོམ་ལྡན་འདས་མ་འཕགས་པ་ཤེས་རབ་ཀྱི་ཕ་རོལ་ཏུ་ཕྱིན་པ་བརྒྱད་སྟོང་པ།། །།རྫོགས་སྷོ།།ཞེས་པའི་འབུམ་ཤོག་མོ་ཆེ་དེའི་འགྱུར་བྱང་དུ། རྒྱ་གར་གྱི་མཁན་པོ། ཤཱཀྱ་སེ་ན་དང་། གཉའ་ན་སི་ཏ་དང་། ཞུ་ཆེན་གྱི་ལོ་ཙྪ་བ་བན་དྷེ་ཛྙཱ་ན་སེ་ན་ལ་སོགས་པས། བསྒྱུར་ཅིང་ཞུས་ཏེ། གཏན་ལ་ཕབ། སྐད་ཀྱི་དམ་པའི་དབང་ཕྱུག་མངའ་བདག། བོད་ཀྱི་དཔལ་ལྷ་བཙན་པོ་བཀྲ་ཤིས་ལྷ་ལྡེ་བཙན་པོའི་བཀས། རྒྱ་གར་གྱི་མཁན་པོ་སུ་བྷ་ཤི་ཏ་དང་། །སྒྲ་བསྒྱུར་གྱི་ལོ་ཙྪ་བ། དགེ་སློང་རིན་ཆེན་བཟང་པོས་འགྲེལ་པ་དང་། །འཐུན་པར་བསྒྱུར། །སླད་ཀྱིས། །རྒྱ་གར་གྱི་མཁན་པོ། པཎྜི་ཏ་ཆེན་པོ་ཧྲི་བང་ཀར་ཤྲི་ཛྙཱ་དང་། །ཞུ་ཆེན་གྱི་ལོ་ཙྪ་བ་ཆེན་པོ། དགེ་སློང་རིན་ཆེན་བཟང་པོས། ཡུལ་དབུས་ཀྱི་དཔེའ་དང་བཏུགས་ནས། བཅོས་ཤིང་ཞུས་ཏེ།

(1)སྨྲ་བཞེད། མི་རིགས་དཔེ་སྐྲུན་ཁང་གི་1982ལོའི་དཔར་མ། ཤོག་གྲངས་12ལས་དྲངས།

(2)《黄明信藏学文集：藏传佛教·因明·文献研究》中国藏学出版社2007年版，211页。

གཏན་ལ་ཕབ། སྐད་ཀྱི་སྐྱི་སྨད་མཉེ་ཐང་། ན་མོ་ཆེར། པཎ་ཊི་ཏ། ཆེན་པོ་ཧྲི་པང་ཀར་ཤྲི་ཛྙཱ་ནང་། ལོ་ཙཱ་བ་ཆེན་པོ་འབྲོམ་རྒྱལ་བའི་འབྱུང་གནས་གཉིས་ཀྱིས། བརྒྱུད་སྟོང་པ། བཤད་པའི་དུས་སུ། ཚེ་ལོང་ཅིག་གཏན་ལ་ཕབ། སྐད་ཀྱིས། ར་སྒྲེང་གཙུག་ལག་ཁང་དུ། རྒྱ་གར་གྱི་མདོ་གསུམ་དང་། ལན་གཉིས་གཏན་ལ་ཕབ། སྐད་ཀྱིས། བཤད་པ་མཛད་ཅིང་། ཕྲན་ཚེགས་ཀྱང་གཏན་ལ་ཕབ། དུས་ཕྱིས་ལོ་ཙཱ་བ་ཆེན་པོ་ཤཱཀྱ་ཀྱའི་དགེ་སློང་བློ་ལྡན་ཤེས་རབ་ཀྱིས་ཁ་ཆེའི་དཔེའ་དང་། ཡུལ་དབུས་ཀྱི་དཔེའ་དུ་མ་སོགས་ནས་གཏན་ལ་ཕབ་པ་ལགས་སོ། དེ་ནས་ཡང་དུས་ཕྱིས་པཎ་ཊི་ཏ་གཞུང་འབུམ་ཁྲག་གཉིས་ཀྱིས་འགྲེན་པ་བརྒྱན་པའི་ཧྲི་ཙ་པ་ལ་ཞེས་བྱ་བ་དང་། བྲམ་སྨྲར་གྱི་ལོ་ཙཱ་བ་ཆེན་པོ། དགེ་སློང་བློ་ལྡན་ཤེས་རབ་ཀྱིས་འགྲེལ་པ་དང་བསྟུན་ནས། ལེགས་པར་གཏན་ལ་ཕབ་པའོ།[1] ཞེས་བྱུང་བ་ལ་གཞིགས་ན། སྔོན་བོད་ཀྱི་ལོ་ཙཱ་བ་དག་གིས་བསྒྱུར་གློས་ཀྱི་ལས་ལ་མ་ཧྲོས་པར་གཞུང་རྣལ་མ་ཞིག་བྱུང་བར་སེམས་ནས་རྒྱ་གར་ཡུལ་དབུས་ཀྱི་དཔེའ་དང་ཁ་ཆེའི་དཔེའ་དུ་མ་སོགས་ནས་ཞེས་འགྱུར་བྱང་དུ་བྱུང་བ་ལས་མ་དཔེ་རྣལ་མ་ཞིག་བྱུང་བའི་སྐད་དུས་རབས་མི་འདྲ་བའི་ནང་དུ་མ་དཔེ་བསྡུ་སྒྲིག་དང་དཔེ་བསྡུར་སོགས་མཛད་པ་དང་། འགྱུར་ཞུས་རིམ་པ་མི་འདྲ་བ་བརྒྱད་ཡོད་པ་སྟེ།བསྟན་པ་སྔ་དར་གྱི་དུས་སུ་བྱོན་པའི་ལོ་པཎ་ཤཱཀྱ་སེ་ན་དང་། གཉའ་ན་སི་ཏ་དང་། ཞུ་ཆེན་གྱི་ལོ་ཙཱ་བ་བན་དྷེ་དྷརྨ་ཏ་ཤཱི་ལ་ལ་སོགས་པས་བསྒྱུར་གནང་བ་དང་དེ་རྗེས་དུས་རབས་11པར་བྱོན་པའི་བོད་ཀྱི་དཔལ་ལྷ་བཙན་པོ་བཀྲ་ཤིས་ལྷ་ལྡེ་བཙན་པོའི་བཀས་བསྐུལ་ཏེ་རྒྱ་གར་གྱི་མཁན་པོ་སུ་བྷ་ཤི་ཏ་དང་ལོ་ཆེན་རིན་ཆེན་བཟང་པོས་བསྒྱུར། དེ་རྗེས་དུས་རབས་11པར་བྱོན་པའི་ཇོ་བོ་རྗེ་དཔལ་ལྡན་ཨ་ཏི་ཤའི་སློབ་མ་འབྲོམ་སྟོན་པ་རྒྱལ་བའི་འབྱུང་གནས་ལ་སོགས་པས་སྐྱིད་ཤོད་སྨད་མཉེས་ཐང་དང་ར་སྒྲེང་ན་འཆད་ཉན་སྤེལ་བ་དང་སྦྲགས་འགྱུར་བཅོས་ལན་གཉིས་གནང་། དུས་ཕྱིས་དུས་རབས་12པར་བྱོན་པའི་པཎྜི་ཏ་གཞུང་འབུམ་ཁྲག་གཉིས་ཀྱིས་མགྲིན་པ་བརྒྱན་པའི་ཧྲི་ཙ་པ་ལ་དང་རྔོག་ལོ་ཙཱ་བ་བློ་ལྡན་ཤེས་རབ་ཀྱིས་འགྱུར་བཅོས་ལེགས་པར་གནང་ཞེས་པའི་ཤེར་ཕྱིན་བརྒྱད་སྟོང་བྲིས་མ་དེ་དང་བོད་ལྗོངས་དཔེ་མཛོད་ཁང་དུ་བཞུགས་པའི་ཤེར་ཕྱིན་དཔེ་རྟགས་1023ཀྱི་འགྱུར་བྱང་གཉིས་བསྡུར་ན་མི་འདྲ་བའི་ཆ་དེ་སྔོན་གྱི་ཤེར་ཕྱིན་བྲིས་མ་དེའི་འགྱུར་བྱང་དུ་ཕྱིས་ཀྱི་སྐར་ཡང་སྐྱིགས་དུས་ཀྱི་ཐམས་ཅད་མཁྱེན་པ་

(1)ཛོར་དགོན་དུ་བཞུགས་པའི་ཤེར་ཕྱིན་བརྒྱད་སྟོང་པ། ཤོག་མོ་ཆེའི་འགྱུར་བྱང་ཡིན།

ཆེན་པོ་ཞ་ལུ་ལོ་ཙཱ་བ་རིན་ཆེན་ཆོས་སྐྱོང་བཟང་པོའི་(1444-1528)ཞལ་སྔ་ནས་ཀྱིས་རྒྱ་བོད་ཀྱི་དཔེ་དུ་མ་དང་བསྡུན་ནས་ཤིན་ཏུ་རྣམ་པར་དག་པ་མཛད་ཅེས་[1]པའི་སྐད་ཆ་དེ་མི་སྣང་བས། དེར་བརྟེན་སྔོན་གྱི་ཤེར་ཕྱིན་ཕྲིས་མ་དེ་ནི་དུས་རབས་13པའི་ནང་དུ་འབྲི་བཤུ་གནང་བའི་ཤེར་ཕྱིན་ཞིག་ཡིན་ནམ་ཡང་ན་ཤེར་ཕྱིན་དེའི་མ་དཔེ་དུས་རབས་12པའི་ཤེར་ཕྱིན་ཞིག་ལ་བཅོལ་ནས་བུ་དཔེར་ཕབ་པ་གང་ཞིག་ཡིན་པ་ཞུ་ཆོད་མ་ཐིག་ཅུང་། ཤེར་ཕྱིན་ཕྲིས་མ་དེ་ནི་ལྷ་སའི་དཔར་མ་བོད་ལྗོངས་དཔེ་མཛོད་ཁང་དུ་བཞུགས་པའི་ཤེར་ཕྱིན་ཏེ་དུས་རབས་15པར་མ་དཔེ་བཅོལ་བ་དེ་ལས་དུས་རབས་བཞི་ཙམ་གྱི་སྔ་བའི་འགྱུར་ཞིག་ཡིན་པ་འགྱུར་བྱུང་ལས་ཤེས་པ་མ་ཟད་འགྱུར་བཅོས་ཀྱང་ལན་གཅིག་མང་དུ་སོང་བ་དེ་གཅིག་ཤེས་ཀུན་གྲོལ་བྱུང་། དེ་དང་འདྲ་བར་ཤེར་ཕྱིན་ཡུམ་དེ་ལའང་འགྱུར་རྒྱུས་ལོས་ཀྱིས་དབང་གིས་ཟླ་འབུམ་རྒྱས་འབྲིང་བསྡུས་གསུམ་འབྱུང་ཡོད་དེ། རྒྱལ་པོ་ཁྲི་སྲོང་ལྡེའུ་བཙན་གྱི་སྐུ་དུས་སུ། ཊཀྐངས་ཁམས་པ་གོ་ཆས་འབུམ་ཐུགས་ལ་ཟིན་ནས་བོད་ལ་བྱོན། རྗེས་སུ་རྒྱལ་པོའི་དབུ་སྐྲ་དང་རམས་ལ་སྣག་ཚ་བྱས་ནས་ཕྲིས་པས་རེག་གཟིག་སྔོན་པོ་ཞེས་ཀྱང་མཚན་བཏགས་སྟེ། བཞི་དུམ་པ་ཡིན་སྐད། ལོ་དྲུག་གློགས་འདོན་བྱས། སྐུ་ཆེངས་མ་ཆེངས། ལྷུགས་ཀྱི་ཐུར་མ་ལ་བརྒྱུས་པས་མིང་ཡང་ལྷུགས་ཐུར་ཅན་དུ་གྲགས་སྟེ། སྔོན་བསམ་ཡས་ན་བཞུགས་

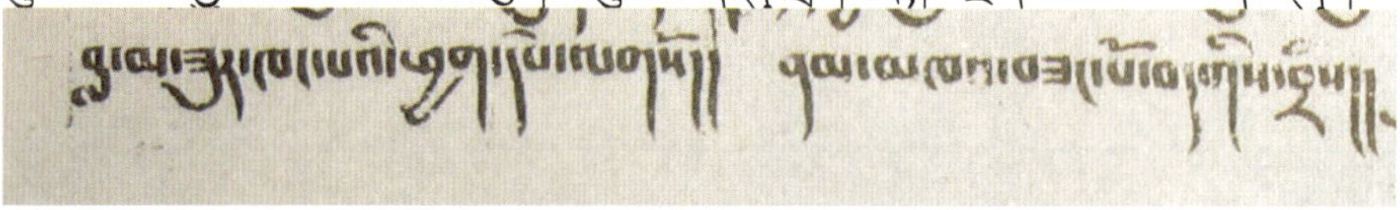

བཅོམ་ལྡན་རིགས་རལ་གྱི་གསུང་གི་མཛད་བྱང་།

པའི་ལྷུགས་ཐུར་ཅན་ནོ། ད་ལྟ་གཡོ་རུ་ཁྲ་སྣ་ན་བཞུགས་སོ། དེ་ཡང་འགྱུར་མ་རྒྱས་ནས་ཕྱིས་རྒྱལ་བུ་མི་ཏིག་བཙན་པོའི་ཐུགས་དམ་དུ་བཞེངས་སྐད།[2]ཅེས་པའི་ནང་གི་འགྱུར་མ་རྒྱས་ཞེས་པ་ལས་འགྱུར་དེ་ལེགས་འགྱུར་ཡོང་ཆེད་བསྒྱུར་གློས་ལས་ལ་མ་འཛེམས་པར་སྔོན་གྱི་ལོ་ཙཱ་བ་དག་གི་འབྲས་བུར་རྨང་བཅོལ་ནས་དུས་རབས་མི་འདྲ་བར་ལེགས་བསྒྱུར་གནང་

(1)བོད་ལྗོངས་དཔེ་མཛོད་ཁང་དུ་བཞུགས་པའི་ཤེར་ཕྱིན་དཔེ་རྟགས་1023གྱི་འགྱུར་བྱང་ཡིན།

(2)ཤེས་རབ་ཀྱི་ཕ་རོལ་དུ་ཕྱིན་པའི་བམ་པོ་དང་ལེའུ་དང་བཤད་དང་། ཚོགས་དང་། གྲངས་བཞུགས་པའི་ཚད་བསྟན་པ། ཁྲིས་མའི་ཤོག་གྲངས་4ལས་དྲངས།

ཡོད་པ་ལས་ལོ་རྒྱུས་ལས་རིགས་ནི་ཡིད་ཕམ་གྱི་ལས་རིགས་ཤིག་ཡིན་པ་ཞེས་པ་དེ་ཡང་བོད་ཀྱི་མཁས་པ་སྔ་མ་རྣམས་ཀྱིས་སྟོན་ནས་ལས་རིགས་དེའི་ངོ་བོ་མཚོན་འདུག་གོ།

བརྒྱད། ཡི་གེ་བའི་མཚན་སྙོམས་པའི་དགོས་པ།

གསུང་རབ་ཀྱི་མཇུག་བྱང་དུ་ཡི་གེ་བའི་མཚན་སྙོམས་དགོས་དོན་ནི། ཡི་གེ་བ་ཁོང་རང་གིས་ངོས་ནས་འཆད་ན་གཞུང་དེའི་བརྗོད་བྱའི་དོན་ཆད་ལུས་དང་རྗོད་བྱེད་ཀྱི་ཚིག་སྦྱོར་ལེགས་ཉེས་ཅི་ཞིག་ཡིན་པ་གསུང་རབ་ཀྱི་སྤྲུས་ཚད་འགན་འཁྲི་འཁུར་དུ་བཞེས་པར་མངོན། བོད་ཀྱི་ཤེས་རིག་ཅེས་པ་ལས་ཕྱག་དཔེ་འབྲི་བཤུ་བྱེད་སྐབས་ནོར་འཁྲོལ་མང་པོ་བྱུང་སྲིད་དཔེར་ན་ཡོ་རོབ་གླིང་དུའང་གནས་ཚུལ་དེ་འདྲ་ཐོན་ཡོད། ལྷག་དོན་དུ་ཕྱག་དཔེ་འབྲི་བཤུ་བ་རང་ཉིད་ཀྱི་གོམས་འདྲིས་སུ་སོང་བའི་དབང་གིས་ཡི་གེ་བསྡུ་ཡིག་གམ་སྐུང་ཡིག་འབྲི་བ། ཡང་ན་ཡི་གེ་ཆེས་མང་པོ་ཞིག་མུ་འབྲེལ་ལམ་ལྷུག་ཐག་མ་འབྲི་གནང་གི་ཡོད། དེར་བརྟེན་མཇུག་བྱང་དུ་འབྲི་བཤུ་མཁན་གྱི་མཚན་གསལ་པོ་བཀོད་དགོས་པའམ་ཞུ་དག་གནང་མཁན་གྱི་མཚན་ཡང་ཆབས་ཅིག་ཏུ་འགོད་དགོས།

དེས་ན་གོང་དུ་རང་རིགས་ཀྱི་གསུང་རབ་ཀྱི་མཇུག་བྱང་ལས་བྱུང་བའི་ཡི་གེ་བ་སོ་སོའི་མཚན་ཉིད་དང་ཆ་རྐྱེན། གལ་ཆེའི་རང་བཞིན་སོགས་ཕྱོགས་གང་ཅིའི་ཐད་ནས་རང་གི་ནུས་པར་དཔག་པའི་དཔྱད་པ་ཞུ་ཞུལ་བྱས་ཡོད་ཅིང་། བོད་ཀྱི་གསུང་རབ་རིག་པའི་ཕྱག་ལས་གནང་མཁན་རང་དང་ན་མཉམ་པ་དག་ལ་ཕན་དུ་རེ་བའི་བསམ་པའི་སྐུལ་སློང་གིས་བགྱིས་པ་ལགས། འོན་ཏེ་མཛད་བྱང་དུ་བཞུགས་པའི་ཡི་གེ་བར་གོ་བ་ཡང་དག་པ་ཞིག་ལེན་པའི་ཞོར་དུ་ལྟགས་རྩོམ་གནང་མཁན་དག་ཡི་གེའི་འདུ་བྱེད་ལ་མི་མཁས་པའི་བསམ་པའི་དོགས་གནས་དེ་མེད་པར་མཁྱེན། གང་ལགས་ཤེ་ན། རང་རེ་བོད་ཀྱི་གསུང་རབ་སྟེ་ས་སྐྱའི་ཐུགས་འཆང་ངག་དབང་ཀུན་དགའ་རྣམ་རྒྱལ་གྱི་གསུང་པོད་བྲིས་མ་པོད་ཀ་པའི་ནང་དུ་བཞུགས་པའི་ས་སྐྱ་གོང་མ་སྣ་ལྔ་ལ་སོགས་པའི་བསྟོད་ཚོགས་ཀྱི་ཆོས་ཚན་མཛད་བྱང་དུ་ཡི་གེ་བ་ཡང་རང་ཉིད་ཀྱིས་བྱས། ཞུས་དག་གོ།[1] ཞེས་པ་དང་བོད་ཀྱི་གསུང་རབ་སྣ

(1)ས་སྐྱའི་ཐུགས་འཆང་ངག་དབང་ཀུན་དགའ་རྣམ་རྒྱལ་གྱི་གསུང་འབུམ། བྲིས་མ་པོད་ཀ་པའི་ཤོག་གྲངས་26ལས་དྲངས།

བ་དུང་དཀར་བློ་བཟང་འཕྲིན་ལས་མཆོག་གིས་སྔ་དུས་བོད་དུ་མཁས་པ་ཆེན་པོ་ཧ་ཅང་གི་མང་པོ་བྱོན་པ་རྣམས་འཆད་རྩོད་རྩོམ་གསུམ་ཀ་ལ་བྱང་ཆུབ་པ་ཤ་སྟག་ཡིན། [1] ཞེས་གསུངས་པས་ཀྱང་དེའི་དོགས་གནད་ཆེས་ཆེར་སེལ་ལོ།།

(1)མཁས་དབང་དུང་དཀར་བློ་བཟང་འཕྲིན་ལས། གསུང་བོད་ཇ་པ། མི་རིགས་དཔེ་སྐྲུན་ཁང་གི་2004ལོའི་དཔར་མ། ཤོག་གྲངས་160ལས་དྲངས།

ལེའུ་བཅུ་གསུམ་པ། འབྲུལ་ཡིག་གི་སྐོར།

གཅིག འབྲུལ་ཞེས་པའི་གོ་དོན།

འཕྲུལ་འདི་མཐོ་བོད་བཙན་པའི་རྒྱལ་རབས་སུ་བྱུང་བའི་སྐབས་དེའི་སྤྱི་ཚོགས་ཀྱི་ཆབ་སྲིད་དང་དཔལ་འབྱོར། རིག་གནས་སོགས་ཀྱིས་ཐད་ལ་གཞན་གྱི་དོ་ཟླ་བྲལ་བའི་ལེགས་སྐྱེས་དང་ཕན་ནུས་འདོན་ཐུབ་པའི་མི་དང་རིག་གནས་ཀྱི་གཞི་འདུས་ཆེ་བའི་བྱ་དངོས་སོགས་གང་ཉུང་ལ་རང་རང་གི་བབ་དང་བསྟུན་ཏེ་དེའི་ཁྱད་བསྟོད་དུ་སྤྱིར་བ་ཞིག་རེད་འདུག དཔེར་ན། འཕྲུལ་གྱི་ལྷ་བཙན་པོ་དང་འཕྲུལ་བློན་འཛངས་མི་བདུན། ར་ས་འཕྲུལ་སྣང་དང་བང་སོ་རྒྱལ་ཆེན་འཕྲུལ། འཕྲུལ་ཡིག་སོགས་འཕྲུལ་གྱིས་ཆེ་བསྟོད་མཛད་པ་མང་པོ་ཞིག་འདུག དེས་ན་འཕྲུལ་ཞེས་པའི་ཚིག་འདིར་དམིགས་སུ་བཀར་ནས་དོན་འདི་འདྲ་ཞིག་གོ་དགོས་ཞེས་སྨྲ་བའི་འབབ་སྟེགས་བསྒྲུར་དཀའ་ཡང་། ཚིག་དེ་སྤྱིར་སའི་ཚིག་གྲོགས་དང་སྐད་ཆའི་འགྲོས་དང་བསྟུན་ཏེ་གོ་བ་ལེན་དགོས་པ་ཞིག་ཡིན་སྟེ་དཔེར་ན་རྗེ་བློན་འཕྲུལ་ནི་འཕྲུལ་གྱི་རྗེ་བློན་ཏེ་སྤྲུལ་པའི་རྒྱལ་བློན་བྱ་བ་དང་དོན་གཅིག[1]འཕྲུལ་བློན་ཞེས་པ་ལྟ་བུ་ནི་རིག་འཕྲུལ་དྲན་སྐྱེན་གྱི་བློན་པོ་[2]དང་འཕྲུལ་ཡིག་ཞེས་པ་ནི་བརྡ་ཡིག་དང་གཏེར་ཡིག་ལྟ་བུ་གསང་བར་སྤྱོད་པའི་ཡིག་གཟུགས་ཤིག་ལ་ཟེར་[3]ཞེས་པས་འཕྲུལ་གྱི་གོ་དོན་ཡང་ཤེས་སོ།

གཉིས། འཕྲུལ་ཞེས་པའི་བྱུང་བ།

འཕྲུལ་ཞེས་པའི་ཚིག་དེ་ནི་བོད་ཡིག་དཔེ་རྙིང་གི་ཡིག་གཟུགས་དང་མཐོ་བོད་བཙན་པོ་

(1)དགེ་འདུན་ཆོས་འཕེལ། དེབ་ཐེར་དཀར་པོ། ཤོག་གྲངས་182ལས་དྲངས།

(2)བོད་རྒྱ་ཚིག་མཛོད་ཆེན་པོ། ཤོག་གྲངས་1794ལས་དྲངས།

(3) དུང་དཀར་བློ་བཟང་འཕྲིན་ལས། དུང་དཀར་ཚིག་མཛོད། ཤོག་གྲངས་1391ལས་དྲངས།

དང་སློན་པོ། རིག་གནས་ཀྱི་གཞི་འདུས་ཆེ་བའི་ལྟེ་གནས་གཙུག་ལག་ཁང་སོགས་ཀྱི་མཚན་བསྟོད་དུ་འཕྲུལ་ཞེས་པ་འདི་འབྲི་བའི་སྲོལ་དེ་དུས་རབས་8པའི་སྐབས་ནས་ཡོད་པ་ཞིག་ཡིན་སྟེ། མཐོ་བོད་བཙན་པོའི་སྐུ་རིང་ལ་བཙུགས་པའི་རྡོ་རིང་ཁག་སྟེ། འཕྱོངས་རྒྱས་སྟག་རྩེའི་རྡོ་རིང་ཡི་གེར་འཕྲུལ་གྱི་ལྷ་བཙན་པོ་ཡབ་སྲས་ལྷ་དང་མིའི་རྗེར་གཤེགས་ཏེ། ཆོས་གཙུག་ལག་ནི་ལུགས་བཟང་། དབུ་རྨོག་བརྟན་པོ་ནི་ཅིན་དུ་ཆེའོ། [1]ཞྭ་ལྷ་ཁང་གི་རྡོ་རིང་དུ། གནམ་ལྷབ་ཀྱི་རྒྱལ་པོ། འཕྲུལ་གྱི་ལྷ་བཙན་པོ་ཁྲི་ལྡེ་སྲོང་བརྩན་གྱི། བཀས།[2] རྒྱལ་སྡེ་སྐར་ཆུང་གི་རྡོ་རིང་དུ། འཕྲུལ་གྱི་ལྷ་བཙན་པོ་ཁྲི་ལྡེ་སྲོང་བརྩན་གྱི་རིང་ལ། [3]འཕྱོངས་རྒྱས་རྡོ་རིང་དུ་བཙན་པོ་ལྷ་སྲས། ཁྲི་ལྡེ་སྲོང་བརྩན། ལྷ་འཕྲུལ་གྱི་ཞབ་སྔ་ནས། བང་སོ་རྒྱལ་ཆེན་འཕྲུལ་ཞེས་མཚན་པ་འདྲ་ལགས་སོ། [4]སྐྱིད་ལུང་མཚུར་ཕུ་དགོན་པའི་རྡོ་རིང་དུ། ཁྲི་གཙུག་ལྡེ་བརྩན་འཕྲུལ་གྱི་བཀའ་དྲིན།[5] ལྷ་སའི་གཙུག་ལག་ཁང་མདུན་གྱི་རྡོ་རིང་དུ། བོད་ཀྱི་རྒྱལ་པོ་ཆེན་པོ་འཕྲུལ་གྱི་ལྷ་བཙན་པོ་དང་། རྒྱའི་རྒྱལ་པོ་ཆེན་པོ་རྒྱ་རྗེ་ཧྭང་ཏེ། འཕྲུལ་གྱི་ལྷ་བཙན་པོ་འོ་ལྡེ་སྤུ་རྒྱལ།[6]ཞེས་པ་སོགས་སྦྱོན་དུ་བཀོད་པའི་རྡོ་རིང་དེ་དག་གི་ནང་དོན་ལ་བསམས་གཞིགས་ཤིག་བྱས་ཆོ། རྡོ་རིང་དེ་དག་ནི་ཆོས་རྒྱལ་ཁྲི་སྲོང་ལྡེའུ་བཙན།(755-797)ཁྲི་ལྡེ་སྲོང་བཙན།(797-804)ཁྲི་གཙུག་ལྡེ་བཙན་(815-838)བཅས་ཀྱི་སྐུ་དུས་བཙུགས་པའི་རྡོ་རིང་ཤ་སྟག་ཡིན་པ་[7]རྒྱལ་ཕྱིའི་བོད་རིག་པ་སྨྲ་བ་རྣམས་ཀྱིས་མཐུན་གཅིག་ཏུ་ཡིན་གཤིས། རྡོ་རིང་དེ་དག་གི་སྟེང་དུ་འཕྲུལ་གྱི་ལྷ་བཙན་པོ་ཁྲི་གཙུག་ལྡེ་བཙན་དང་འཕྲུལ་གྱི་ལྷ་བཙན་པོ་འོ་ལྡེ་སྤུ་རྒྱལ་ཞེས་པ་དང་ཏུན་ཧོང་ཡིག་ཆ་pt1085ཛོ་བྲང་ལྷན་དཀར་ནས། ······རྗེ་སློན་འཕྲུལ་གྱི་བཀའ་དྲིན་ཞེས་སོགས་བྱུང་བ་ལས། འཕྲུལ་གྱི་མཚན་བསྟོད་དེ་ནི་རྒྱལ་སྤྱིའི་བོད་རིག་པ་མཁས་པའི་གསུངས་སྒྲོས་ལྟར་བོད་ཀྱི་བཙན་པོ་ཁྲི་སྲོང་ལྡེ་བཙན་གྱི་སྐུ་དུས་སུ་འགོ་ཚུགས་པ་ཞིག་ཡིན་པ་རྡོ་རིང་གི་ཡི་གེ་དང་ཏུན་ཧོང་གི་ཡིག་རྙིང་ལས་

(1)འཕྱོངས་རྒྱས་སྟག་རྩེའི་རྡོ་རིང་ཡི་གེ་ལས་དྲངས།

(2)ཞྭ་ལྷ་ཁང་གི་རྡོ་རིང་ཡི་གེ་་ལས་དྲངས།

(3)རྒྱལ་སྡེ་སྐར་ཆུང་གི་རྡོ་རིང་ཡི་གེ་ལས་དྲངས།

(4)འཕྱོངས་རྒྱས་བཙན་པོའི་བང་སོའི་རྡོ་རིང་ཡི་གེ་ལས་དྲངས།

(5)སྐྱིད་ལུང་མཚུར་ཕུ་དགོན་གྱི་རྡོ་རིང་ཡི་གེ་ལས་དྲངས།

(6)གཙུག་ལག་ཁང་གི་རྡོ་རིང་ཡི་གེ་ལས་དྲངས།

(7)《法国藏学精粹》 郑炳林主编 耿昇译，甘肃人民出版社2011年4月出版 155页。

གསལ་བཤད་ཐུབ་ལ། ད་དུང་དུས་རབས་13པར་འབྲི་བཤུས་བགྱིས་པའི་དཀར་ཆག་འཕང་ཐང་མའི་ཞབས་ཤོག་ཏུ་འཕྲུལ་གྱི་ལྷ་བཙན་པོ་ཁྲི་སྲོང་ལྡེའུ་བཙན་[1]ཞེས་དང་དུས་རབས་12པར་འབྲི་བཞེངས་བྱས་པའི་གུ་གེའི་ལོ་རྒྱུས་རྒྱལ་རབས་ཟླ་རིགས་མར། སྐད་ན་མྱེས་སྲོང་རྩན་སྒམ་པོའི་སྐུ་རིང་ལ།། དམ་པའི་ཆོས་ཀྱི་སྲོལ་གཏོད་དེ། རས་འཕྲུལ་སྣང་གི་གཙུག་ལག་ཁང་བཞེངས་སུ་གསོལ། མདོ་སྡེ་དཀོན་མཆོག་སྤྲིན་མཆོད་གནས་སུ་མཛད། ལྷ་ཤག་ཀྱ་ཨུ་ནེ་སྤྱན་དྲངས། མཐོན་མྱིན་སམ་པོ་ར་དང་རྗེ་འབངས་ཀྱིས་ཡི་གེའི་དཔེས་གྲུབ་(རྣྀད་སྣྀ)་འཕྲུལ་གྱི་ཡི་གེའི་ཁུངས་བཏོན།[2]ཞེས་པ་དང་ལྷག་དོན་དུ་དུས་རབས་12པར་འབྲི་བཤུས་བགྱིས་པའི་ཆོས་འབྱུང་གི་ཡི་གེ་ཞིབ་མོར་ཡང་མེས་སྲོང་བཙན་རྗེ་བཙུན་སྤྱན་རས་གཟིགས་ཀྱི་སྤྲུལ་པར་འདུག དེའི་རྗེས་ལ་རྒྱལ་པོ་འཕྲུལ་མངའ་བ་ཡང་བྱོན་[3]ཞེས་པ་སོགས་གནད་དུ་འཕེབ་པའི་གསུང་དག་ལས་བཙན་པོ་ཁྲི་སྲོང་ལྡེ་བཙན་གྱི་སྐུ་དུས་ནས་བཟུང་ངོ་མཚར་གྱི་བྱེད་ནུས་པའི་ལྡན་པའི་མི་དང་བྱ་དངོས་སོགས་ལ་འཕྲུལ་གྱིས་ཁྱད་བསྔོད་བྱེད་པའི་སྲོལ་དེ་དར་བར་སེམས་སོ།།

གསུམ། འཕྲུལ་ཡིག་སྐོར།

འདིར་སྐབས་སུ་འབབ་པའི་དོན་ནི་གསུང་རབ་འབྲི་བཤུས་བགྱིས་པའི་ཡི་གེ་འཕྲུལ་ཡིག་གི་སྐོར་ཡིན་ཙ་ན། འཕྲུལ་གྱི་ཆེ་བསྟོད་བྱས་པའི་ཡི་གེ་ནི་གཉལ་གྱི་བྲག་ཡིག་དང་འཕན་པོའི་མལ་ཡིག སྣེ་མོའི་སྣེ་བྲིས་དང་ལྷ་རྒྱ་རིའི་ཨེ་བྲིས་བཅས་ཡོད་སྐབས་འདིར་དུས་རབས་མི་འདྲ་བའི་གསུང་རབ་བྲིས་མའི་མཇུག་བྱང་དང་བསྟུན་ཏེ་ཞུ་བར་བྱོ།

1 བྲག་ཡིག

སྔོན་གྱི་དུས་སུ་བྲག་ཡིག་ཅེས་པའི་ཐ་སྙད་ཅིག་ཡོད་པ་བདག་རང་ཉིད་ཀྱིས་ངོས་ནས་འཆད་ན་གོ་ཐོས་སུ་གྱུར་སྟོང་མེད་ཙང་། གནའ་དཔེ་སྨུང་སྐྱོང་གི་ལས་ཀ་དེ་སྒྲུབ་པ་ནས

(1)དཀར་ཆག་འཕང་ཐང་མ། བྲིས་མ། མཛད་བྱང་ལས་དྲངས།

(2)རྒྱལ་རབས་ཟླ་རིགས་མ། བྲིས་མ་ཧྲ་ལས་དྲངས།

(3)ཆོས་འབྱུང་གི་ཡི་གེ་ཞིབ་མོ། དཔེ་རྟགས། ཐྱི་ར། 185 བྲིས་མ། ལྡེབ་གྲངས་51ལས་དྲངས།

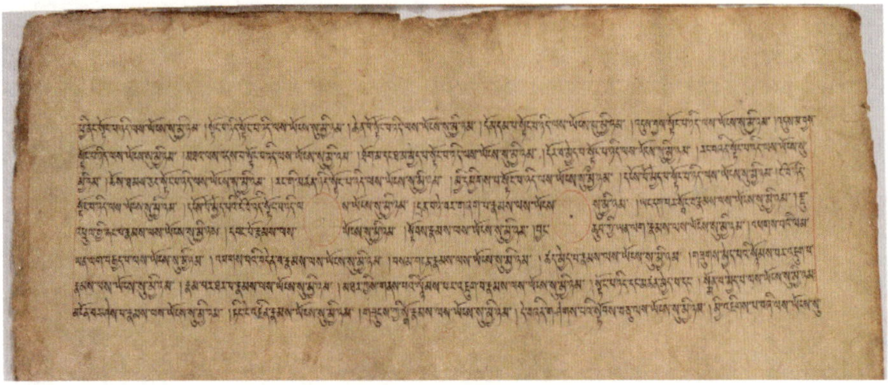

དུས་རབས་12སྐབས་ཀྱི་རྫོ་ཁའི་བྲག་ཡིག

བཟུང་། བྲག་ཡིག་ཅེས་ཡོད་པ་མཐོང་ཐོས་སུ་འགྱུར་བ་མ་ཟད་ཐ་ན་བྲག་ཡིག་གིས་འབྲི་ཤུས་བགྱིས་པའི་གནའ་དཔེ་ཡང་མི་ཉུང་བ་ཞིག་མཇལ་བྱུང་བ་སྟེ། དུས་རབས་11-12པའི་ནང་དུ་འབྲི་བཤུ་བྱས་པའི་ཤེར་ཕྱིན་གྱི་མཛད་བྱང་དུ།

༄།། ཀྱེ་བསྐལ་པ་བཟང་པོ་ལགས་།། ལྷ་ཆོས་ཁྱད་དུ་འཕགས་། །ཤག་ཐུབ་ངོ་མཚར་ཆེ་།།
ཡུལ་ཅིག་གཡུ་རུ་ལགས་། །དམྱལ་མོ་ཁྱད་དུ་འཕགས་། །མཆོ་དྲྭ་ངོ་མཚར་ཆེ་།།
ཡོན་བདག་བཞལ་པ་ལགས་།། གཡུང་སེང་ཁྱད་དུ་འཕགས་།། ནོར་རྫས་ངོ་མཚར་ཆེ་།།
ཁྱིང་པོའི་ལྷབ་ཤོག་ངོ་མཚར་ཆེ་།། དཀར་འཛམ་ཁྱད་དུ་འཕགས་།། ཡང་སྟོན་ངོ་མཚར་ཆེ་།།
རྒྱ་ཡི་སྟོང་ཀུན་ལགས་།། ཁ་དོག་ཁྱད་དུ་འཕགས་།། གཡུ་ལོ་ངོ་མཚར་ཆེ་།།
མཆོད་གནས་མཁས་རྒྱ་ལགས་།། འཕྲུལ་ཆེན་ཁྱད་དུ་འཕགས་།། བྲག་ཡིག་ངོ་མཚར་ཆེ་།།
བྱ་ཡི་རྗེ་བཙོན་ལགས་།། རྗེ་གསས་ཁྱད་དུ་འཕགས་།། གཉེར་པ་ངོ་མཚར་ཆེ་།།
གསུམ་པ་སྟོན་པ་ལགས་།། སྐྱུས་མ་ཁྱད་དུ་འཕགས་།། པོ་ཧི་ངོ་མཚར་ཆེ་།།
མཆོད་གནས་དྲྭ་འགར་ལགས་།། ལྷ་ཆོས་ཁྱད་དུ་འཕགས་།། གསེར་འབུམ་ངོ་མཚར་ཆེ་།།
བཞལ་སྟོན་རྗེ་ཡུ་ལགས་།། སེར་བ་ཁྱད་དུ་འཕགས་། །ཡིག་སྣ་ངོ་མཚར་ཆེ་།།
དཔོན་ཆེན་ཐེ་དྲྭ་ལགས་། །འཕྲུལ་ཆེན་ཁྱད་དུ་འཕགས་། །བྲག་ཡིག་ངོ་མཚར་ཆེ་།།
མཆོད་གནས་རྗེ་གཙུག་ལགས་། །གཏོང་སྒྱུར་ཁྱད་དུ་འཕགས་། །ཡིག་བརྒྱལ་ངོ་མཚར་ཆེ་།།
ཚིག་པར་ལྷུ་པ་ལགས་། །སྲིབ་ཕྱོགས་ཁྱད་དུ་འཕགས་། །ཚིག་ཤད་ངོ་མཚར་ཆེ་།། [1]ཞེས་པ་ལྟ་

(1)གྲོ་མཁར་ཆོས་སྡེར་བཞུགས་པའི་ཤེར་ཕྱིན་ཞིག་གི་མཛད་བྱང་ཡིན།

བུ་དང་ཡང་།

༄༅། །ཀྱེ་བསྐལ་པ་བཟང་པོ་ལགས་ས།། ལྷ་ཆོས་ཁྱད་དུ་འཕགས་ས།། ཤག་ཐུབ་ངོ་མཚར་ཆེ།།

ཡུལ་ཅིག་གཡུ་རུ་ལགས་ས།། དམྱལ་མོ་ཁྱད་དུ་འཕགས་ས།། ཚོ་སྒྲོ་ངོ་མཚར་ཆེ།།

ཁྱིང་པོའི་ལྷབ་ཤོག་ལགས་ས།། དཀར་འཛམ་ཁྱད་དུ་འཕགས་ས།། ཡང་སྟོན་ངོ་མཚར་ཆེ།།

རྒྱའི་ཧོང་ཀུན་ལགས་ས།། སྣག་ཚ་ཁྱད་དུ་འཕགས་ས།། གཡུ་ལོ་ངོ་མཚར་ཆེ།།

དམྱལ་གྱི་མཁས་གདམས་ལགས་ས།། བྲག་ཡིག་ཁྱད་དུ་འཕགས་ས།། འཕྲུལ་ཆེན་ངོ་མཚར་ཆེ།།

ཡོན་དག་ཇོ་གཙུག་ལགས་ས།། གཏོང་ཕོད་ཁྱད་དུ་འཕགས་ས།། ནོར་རྫས་ངོ་མཚར་ཆེ།།

མ་ཅིག་ཤེ་མོ་ལགས་ས།། བྱེད་ཕྱོགས་ཁྱད་དུ་འཕགས་ས།།། འཛངས་གྲག་ངོ་མཚར་ཆེ།།

ཉེན་ལམ་མཐའ་བཞི་ལགས་ས།། ཐྲ་སྟོན་ཁྱད་དུ་འཕགས་ས།། ཁོག་ཚུད་ངོ་མཚར་ཆེ།།

གསུམ་པ་སྟོན་པ་ལགས་ས།། པོ་ཏི་ཁྱད་དུ་འཕགས་ས།། དཀྲུས་མ་ངོ་མཚར་ཆེ།། [1]ཞེས་པ་སོགས་མཇལ་བྱུང་བས། དུས་རབས་12པའི་ནང་དུ་འབྲི་བཞེངས་བྱས་པའི་གོང་གི་ཤེར་ཕྱིན་གྱི་མཛད་བྱང་ལ་དཔེ་ཞིབ་རགས་ཙམ་ཞིག་བྱས་ན། དེའི་ནང་གི་དམྱལ་མོ་ཁྱད་དུ་འཕགས། མཚོ་དྲོའམ་ཚོ་སྒྲོ་ངོ་མཚར་ཆེ་ཞེས་བྱུང་བ་ལྟར་ན་དམྱལ་མོ་ཞེས་པ་ནི་ལྷོ་ཁ་གཉལ་སྨད་ལྷུན་རྩེ་ཁུལ་ལ་གཉལ་སྟོད་དང་གཉལ་སྨད་གཉིས་སུ་ཡོད་པའི་གཉལ་གྱི་འབྲི་སྲོལ་གཞན་ཞིག་ཡིན། མཚོ་དྲོའམ་ཚོ་སྒྲོ་ཞེས་པ་ནི་རྒྱལ་བ་ལྔ་པ་ངག་དབང་བློ་བཟང་རྒྱ་མཚོས་ཡར་ཀླུངས་ཀྱི་སྨད། མང་ཡུལ་ལྗོངས་ཀྱི་འདབས་སུ་བྱའི་རྒྱལ་པོ་གཤོག་བཟང་དང་འདབ་བཟང་གི་རིགས་ལས་མཆེད་པའི་བྱ་ཤ་ཀ་ལ་སྲས་ཇོ་རྗེ་ལེགས་པ་དང་ཇོ་རྗེ་དབང་ཕྱུག་གཉིས་བྱུང་བ་གཉལ་ཕྱོགས་སུ་བྱོན། རྒྱ་མཚོ་གྲོ་མཁར་བཏབ། [2]ཅེས་གསུངས་པ་ལས་མཚོ་གྲོ་དང་མཚོ་དྲོ་གཉིས་ཐ་སྙད་འབྲི་ཚུལ་མི་འདྲ་བ་ཙམ་ལས་དོན་གྱི་འབབ་ས་གྲོ་མཁར་ཆོས་སྡེ་ཡིན། གྲོ་མཁར་ཆོས་སྡེར་བཞུགས་པའི་ཤེར་ཕྱིན་ཆོས་རྒྱལ་བྱ་པའི་རྒྱུད་པ་བྱ་ཇོ་བརྩོན་དང་ཇོ་སྲས་གཉིས་ཀྱི་སྐུ་དུས་བཞེངས་པའི་བྲིས་མ་དེ་གཉིས་ཀྱི་སྣག་ཤོག་དང་འབྲི་གཟུགས་ཁྱད་ཆོས་སྐོར་ལ། ཁྱིང་པོའི་ལྷབ་ཤོག་ངོ་མཚར་ཆེ།། དཀར་འཛམ་ཁྱད་དུ་འཕགས་ས།། ཡང་སྟོན་ངོ་མཚར་ཆེ།། རྒྱ་ཡི་སྟོང་ཀུན་ལགས་ས།། ཁ་དོག་ཁྱད་དུ་འཕགས་ས།། གཡུ་ལོ་ངོ་མཚར་ཆེ།།

(1)གྲོ་མཁར་ཆོས་སྡེའི་ཤེར་ཕྱིན་བྲིས་མ་པོད་ག་པའི་མཛད་བྱང་ཡིན།

(2)རྒྱལ་དབང་ལྔ་པས་མཛད་པའི་དེབ་ཐེར་རྫོགས་ལྡན་གཞོན་ནུའི་དགའ་སྟོན། ཤོག་གྲངས་108ཏུ་གསལ།

དུས་རབས་17སྐབས་ཀྱི་འཕན་པོའི་མལ་ལུགས།

མཆོད་གནས་མཁས་རྒྱ་ལགས།། འཁྲུལ་ཆེན་ཁྱད་དུ་འཕགས།། བྲག་ཡིག་ངོ་མཚར་ཆེ། ཞེས་དང་ཡང་རྒྱ་ཡི་ཧོང་ཀུན་ལགས།། སྣག་ཚ་ཁྱད་དུ་འཕགས།། གཡུ་ལོ་ངོ་མཚར་ཆེ།། དཀྱིལ་གྱི་མཁས་གདམས་ལགས།། བྲག་ཡིག་ཁྱད་དུ་འཕགས།། འཁྲུལ་ཆེན་ངོ་མཚར་ཆེ།། ཞེས་བྱུང་བ་འདི་དག་ལ་བལྟས་ན། གནའ་དཔེ་འབྲི་བཞེངས་ཀྱི་ཤོག་བུ་ནི་ཡངས་ཤིང་མཉེན་པའི་གོང་པོའི་ཤོག་བུ་དང་སྣག་མདོག་གཡུ་ལོ་ཅན་གྱི་རྒྱ་ནག་གི་སྣག་ཚ་བེད་སྤྱོད་བཏང་སྟེ་ཡིག་མཁན་གཉལ་གྱི་མཁས་དམ་གྱིས་གཉལ་ཁུལ་དུ་དུས་རབས་11-12པའི་ནང་དུ་དར་ཁྱབ་ཆེ་བའི་ཡིག་གཟུགས་བྲག་ཡིག་ལས་འབྲི་སྐབས་དེའི་ཆེ་བསྟོད་དུ་འཁྲུལ་ཡིག་ངོ་མཚར་ཆེ་ཞེས་བཀོད་འདུག བྲག་ཡིག་དེ་དུས་རབས་12པའི་ནང་དུ་ལྷོ་ཁའི་ཡར་ཀླུང་སྟོད་སྨད་དུ་དར་ཁྱབ་ཆེ་བའི་ཡིག་གཟུགས་ཤིག་ཡིན་སྟབས། འོན་ཀ་ཙའི་མངའ་བདག་མགོན་ནེའི་ཐུགས་དམ་མདོ་མངས་མཐོང་སྨོན་དེའང་བྲག་ཡིག་གིས་འབྲི་བཤུས་བགྱིས་པ་ཞིག་ཡིན་པ་ནི། མདོ་མངས་མཐོང་སྨོན་དེའི་མཛད་བྱང་གི་ཚིགས་ཉམས་དང་སྒྲིག་གཞི་སོགས་གོང་གི་མཛད་བྱང་གཉིས་དང་གཅུ་ཁ་རང་འགྲིག་ཏུ་སོང་བ་ལྟ་བུ་ཞིག་འདུག་ལ་ལྷག་དོན་དུ་དེ་འབྲི་བཤུས་ཀྱི་ཡིག་མཁན་གཡོར་པོའི་མཁས་དམ་ལགས་ཞེས་པ་ཡིག་མཁན་གཅིག་གིས་མཚན་བྱུང་བ་ལས་མངའ་བདག་མགོན་ནེའི་ཐུགས་དམ་མདོ་མངས་མཐོང་སྨོན་དེའི་འབྲི་གཟུགས་ཀྱང་བྲག་ཡིག་ཡིན་པ་རྟོགས། དེས་ན་བོད་ཡིག་གི་འབྲི་གཟུགས་ལ་འཁྲུལ་ཞེས་པའི་དམིགས་བསལ་གྱི་ཚིག་དེས་ཆེ་བསྟོད་བགྱིས་པའི་དུས་ཚོད་ནི་དུས་རབས་8པའི་སྐབས་ནས་ཡོད་པ་ཞིག་ཡིན་པ་ནི། དུས་རབས་11པའི་ནང་དུ་འབྲི་བཞེངས་གནང་བའི་གུ་གེའི་ལོ་རྒྱུས་རྒྱལ་རབས་ཟླ་རིགས་མར་སླད་ན་མྱེས་སྲོང་རྩན་སྒམ་པོའི་སྐུ་རིང་ལ། དམ་པའི་ཆོས་ཀྱི་སྲོལ་གཏོད་དེ། རས་འཁྲུལ་སྣང་གི་གཙུག་ལག་ཁང་བཞེངས་སུ་གསོལ། མདོ་སྡེ་དཀོན་མཆོག་

སྤྱིན་མཆོད་གནས་སུ་མཛད། ལྷ་ཤག་ཀྱུ་མུ་ནེ་སྤྱན་དྲངས། མཐོན་མིན་སམ་པོ་རེ་དང་ཛེ་འབངས་ཀྱིས་ཡི་གེའི་དངོས་གྲུབ་(རྙེད་སྟེ་)འཕྲུལ་གྱི་ཡི་གེའི་ཁྲུངས་བཏོན། [1]ཞེས་པས་བོད་ཡིག་གི་ཡིག་གཟུགས་ཐད་ལ་འཕྲུལ་གྱིས་ཆེ་བསྟོད་བྱེད་པའི་སྲོལ་དེ་ཡང་བོད་བཙན་པོའི་མཚན་བསྟོད་དང་འདྲ་བར་དུས་རབས་8པའི་སྐབས་ནས་ཡོད་པ་ཞིག་ཡིན། དེར་བརྟེན་དུས་རབས་12པའི་གཉལ་གྱི་བྲག་ཡིག་དེར་ཡིག་གཟུགས་ཀྱི་ཐད་ལ་དམིགས་བསལ་གྱི་ཁྱད་ཆོས་ལྡན་ཙ་ན། བོད་བཙན་པོ་དང་བློན་པོའི་མཚན་བསྟོད་ཇི་བཞིན་འཕྲུལ་ཞེས་པ་དེས་ཆེ་བསྟོད་བགྱིས་པར་སེམས།

2 མལ་ལུགས།

སྔོན་གྱི་ལོ་རྒྱུས་དེབ་ཐེར་ཁག་ཏུ་འཕན་པོ་རིག་པའི་འབྱུང་གནས་ཞེས་བསྟོད་ཚིག་མི་ཉུང་བ་ཞིག་ཐུལ་ཡོད་པ་ནི། བོད་ཀྱི་རིག་གནས་ལ་མཉམ་འཛོག་གནང་མཁན་གྱི་སྐྱེ་བོ་མི་ཉུང་བ་ཞིག་གི་སྣན་ལམ་དུ་གོ་ཐོས་བྱུང་མྱོང་ཡོད་མོད། འོན་ཏེ་འཕན་པོའི་ཡུལ་དེར་ཡང་གྲགས་ཆེ་བའི་ཡུལ་ལུང་གཞན་དང་འདྲ་བའི་ཡི་གེའི་འབྲི་གཟུགས་དམིགས་བསལ་ཅན་ཞིག་ཡོད་པ་དེ་སྔ་ཕོ་བོས་གོ་ཐོས་མ་བྱུང་ཙང་། ལོ་ངོ་བཞི་ཙམ་རིང་བོད་ཡིག་གནའ་དཔེ་ཡོངས་བཤེར་དང་སྲུང་སྐྱོབ་ཀྱི་ལས་ཀ་སྒྲུབ་པའི་ནང་དུ་འཕན་ཡུལ་དུ་མལ་བྲིས་ཞེས་པའི་འབྲི་གཟུགས་ཞིག་ཡོད་པ་མ་ཟད་དར་ཁྱབ་ཀྱང་ཆེན་པོ་སྣང་། དེས་ན་མལ་ཡིག་གི་སྐོར་དེ་དུས་རབས་12-13ནང་དུ་འབྲི་བཞེངས་བགྱིས་པའི་ཤེར་ཕྱིན་བརྒྱད་སྟོང་བྲིས་མའི་མཛད་བྱང་ལས་ཞུས་ན།

༄༅། ཀྱེ་གསུམ་པ་ཀའི་རིགས།། ཕ་རོལ་ཕྱིན་པ་ལགས།། བརྒྱད་སྟོང་ངོ་མཚར་ཆེ།། ཡུན་དུ་གནས་པར་ཤོག།།

༄༅། ཀྱེ་བཅོམ་ལྡན་ཤག་ཐུབ་རིགས།། གནས་བརྟན་དར་གཡུང་ལགས།། ཐུགས་དམ་ངོ་མཚར་ཆེ།། ཀུན་གྱི་གྲུབ་པར་ཤོག།།

༄༅། ཀྱེ་ཁྲབ་འཇུག་ལྷ་ཡི་རིགས།། མལ་རྒྱགས་གཉིས་པོ་ལགས།། འཕྲུལ་ཆེན་ངོ་མཚར་ཆེ།། ཀུན་གྱིས་ཞུ་བར་ཤོག།།

---

(1)རྒྱལ་རབས་བླ་རིགས་མ། བྲིས་མ་ལས་དྲངས།

༄༅།། ཀྱེ་མགོན་མེད་ཟས་བཞིན་རིགས།། ཉེ་རོགས་འཁོར་བཅས་ལགས།། ཟ་མ་བཟང་པོ་ངོ་མཚར་ཆེ།། བྱང་ཆུབ་ཐོབ་པར་ཤོག།[1]ཅེས་པའི་ནང་གི་ཡིག་མཁན་མལ་རྩགས་གཉིས་པོ་ལགས། འཕྲུལ་ཆེན་ངོ་མཚར་ཆེ་ཞེས་བྱུང་བ་ལ་བལྟས་ན། མལ་དང་རྩགས་གཉིས་ནི་དུས་རབས་13པའི་དུས་འགོར་བྱོན་པའི་ཁྱད་དུ་འཕགས་པའི་ཡིག་མཁན་ཞིག་ཡིན་པར་སྣང་། གང་ཡིན་ཟེར་ན། བོད་ཡིག་གནའ་དཔེ་བྲིས་མ་དེའི་ཡིག་གཟུགས་དང་ཚིག་ཤད་ཀྱི་རྒྱུག་སྟངས། སྐད་ཆའི་འགྲོས་དང་ཤོག་རྒྱ་སོགས་ལ་བལྟས་ན་དུས་རབས་12-13ནང་གི་གནའ་དཔེ་བྲིས་མ་ཞིག་ཡིན་པའི་རྒྱུ་མཚན་གྱིས་སོ། ཡིག་མཁན་མལ་རྩགས་གཉིས་ཀྱི་སྐོར་ལ་བོད་ཡིག་གནའ་དཔེ་སྲུང་སྐྱོང་གི་ལས་ཀ་དེ་སྒྲུབ་རིང་དུས་རབས་མི་འདྲ་བའི་བོད་ཡིག་གནའ་དཔེའི་མཛད་བྱང་ཆེས་མི་ཉུང་བ་ཞིག་མཇལ་བའི་སྐལ་བ་བཟང་པོ་ཐོབ་ཀྱང་། དེ་དག་ཁྲོད་དུ་ཡིག་མཁན་རྩགས་ཀྱིས་འབྲི་བཞེངས་བགྱིས་པའི་གནའ་དཔེ་གོང་དུ་བརྗོད་པ་དེ་ཕུད་པའི་ད་བར་གཞན་མ་མཇལ་རུང་། ཡིག་མཁན་མལ་གྱི་རྒྱུད་པས་འབྲི་བཞེངས་བགྱིས་པའི་གནའ་དཔེ་ལྷ་ས་དང་གཞིས་རྩེ། ཆབ་མདོ་དང་ནག་ཆུ་སོགས་སུ་བཞུགས་པ་འགའ་ཤས་འདུག དཔེར་ན་རྒྱ་མ་ཁྲི་སྒང་རབ་རྒྱས་གླིང་དུ་བཞུགས་པའི་གསེར་བྲིས་ཤེར་ཕྱིན་བརྒྱད་སྟོང་པ་དེའི་དབུ་ཤོག་གི་ཞབས་འོག་ཏུ། །ཀྱེའི་དགེ་སྦྱོང་ཆེན་པོ་རིག་པའི་ལུགས་བཞིན་དུ།། ཡོན་བདག་བཀྲ་ཤིས་དཔལ་གྱི་དགོས་ཀྱི་གླེགས་བམ།། ཀྱེ་ཤྭ་དཀར་རྒྱལ་པོའི་འཕྲེང་གསུམ་འབྱོན་འདྲ།། འཇམ་དབྱངས་ཡང་སྤྲུལ་མཁས་པ་མལ་གྱིས་བྲིས།[2]ཞེས་པས་མལ་བྲིས་ཞེས་པ་ཞིག་ཡོད་པ་གོང་གི་མཛད་བྱང་ལས་རྟོགས་པ་མ་ཟད་མལ་གྱི་རྒྱུད་པ་དེར་ཤེས་རབ་ཀྱི་ལྷ་མཆོག་ཏུ་འགྱུར་པ་འཇམ་དཔལ་དབྱངས་ཀྱི་སྤྲུལ་པའི་མཚན་བསྟོད་ཡང་བྱས་འདུག་པ་ལ་གཞིགས་ན་ཡིག་མཁན་མལ་དེ་སྐབས་དེ་དུས་རིག་གནས་གང་ཅིའི་ཐད་ལ་ནང་བྱན་ཆུད་པའི་མཁས་པ་ཞིག་ཡིན་པ་ངེས་པ་རྙེད་མོད་ཀྱང་། ད་དུང་གལ་པོ་ཆེ་ལ་ནན་ཏན་ཟེར་བ་བཞིན་དུ་དུས་རབས་17-18བར་བཞེངས་པའི་ཆབ་མདོ་ཁུལ་གྱི་ཤེར་ཕྱིན་གསེར་བྲིས་ཤིག་གི་དབུ་ཤོག་གི་ཞབས་འོག་ཏུ། ཀྱཻ་རྣམ་ལོ་རྒྱལ་པོ་ཁྲི་ལོ་ལ།། དཔོན་དྲུང་ཡོན་བདག་དཔོན་འདིར་བ།། ཐུགས་དམ་འཇམ་གླིང་རྒྱན་མཆོག་གི།།

(1)བྱང་ཆུབ་གླིང་དགོན་དུ་བཞུགས་པའི་ཤེར་ཕྱིན་བོད་ཀ་པའི་མཛད་བྱང་དུ་གསལ།

(2)རྒྱ་མ་ཁྲི་སྒང་རབ་རྒྱས་གླིང་དུ་བཞུགས་པའི་ཤེར་ཕྱིན་གསེར་བྲིས་ཀྱི་དབུ་ཤོག་ལས་དྲངས།

སྲི་ཀ་འཁྲིང་གསུམ་འོད་འབར་འདི།། སློབ་དཔོན་མཁས་པ་མལ་གྱི་ལུགས།། དིང་སང་མཁས་པ་སང་འོད་ངས།། ཤེས་བྱའི་དངོས་གྲུབ་ཐོབ་པར་བྲིས།། དགེ། [1]ཞེས་པས་ཀྱང་སྔར་ལས་ལྷག་པའི་སྒོ་ནས་གསལ་བཤད་ཐུབ་པ་སྟེ་སྔོན་དུས་མལ་བྲིས་ཞེས་པ་ཞིག་ཡོད་པ་ནི་སློབ་དཔོན་མཁས་པ་མལ་གྱི་ལུགས། དིང་སང་མཁས་པ་སང་འོད་ངས་ཞེས་བྱུང་བ་ལ་དཔག་ན་མཁས་པ་སང་འོད་ཅེས་པ་ཁོང་གི་འབྲུངས་འདས་སོགས་མ་རྙེད་ཙང་ཤེར་ཕྱིན་དེའི་འབྲི་གཟུགས་དང་སྐུག་ཤོག་སོགས་ལ་དཔགས་ན་དུས་རབས་17-18པར་བྱོན་པའི་ཡིག་མཁན་ཞིག་མིན་ནམ་སྙམ།

གང་ལྟར་ཡང་ཡིག་མཁན་སང་འོད་ཀྱིས་སྔོན་གྱི་མཁས་པ་མལ་ལུགས་ཞེས་གསུངས་པ་ལས་སྔོན་དུས་འབྲི་གཟུགས་མལ་ལུགས་ཞེས་པ་ཞིག་ཡོད་པ་ནི་གདོན་མི་ཟ། འོ་ན་མལ་ལུགས་དེ་ནི་བོད་ཀྱི་ཡུལ་ལུང་ཅི་ཞིག་ལ་དར་ཁྱབ་ཆེ་བའི་ཡིག་གཟུགས་ཤིག་ཡིན་ནམ་ཟེར་ན། དེ་ནི་སྔོན་བཙན་པོ་གནམ་རི་སྲོང་བཙན་གྱིས་ཡུལ་ངས་པོ་ཆེར་འཕན་ཡུལ་དུ་བསྒྱུར་བའི་ས་དེར་དར་ཁྱབ་བྱུང་བའི་བྲིས་གཟུགས་ཤིག་ཡིན་པ་ནི། ནག་ཆུ་ཁུལ་གྱི་དུས་རབས་16-17སྐབས་ཀྱི་གསེར་བྲིས་དབུ་ཤོག་འབུར་མ་ཅན་ཞིག་གི་ཞབས་ཤོག་ཏུ། ཀྱིའི་བསྟན་པའི་སྦྱིན་བདག་འགྲུར་རྗེ་རོང་པོ་ཡི།། དཔོན་ཚང་འོད་ཟེར་ཡབ་སྲས་ཐུགས་དམ་ལ།། གསེར་གྱི་བརྒྱད་སྟོང་ལྟ་དཀར་འཁྲིང་གསུམ་འདི།། རིག་པའི་འབྱུང་གནས་ཕོ་འོ་འཕན་ཡུལ་བ།། མལ་ལུགས་གྲུ་བཞིར་བདགིས་བྲིས།། མཆྐལ།། ཞེས་[2]བྱུང་བ་དེས་མལ་བྲིས་དེ་ནི་འཕན་ཡུལ་དུ་དར་ཁྱབ་ཆེ་བའི་ཡིག་གཟུགས་ཤིག་ཡིན་པ་གོང་གི་འདྲུ་རྗེ་རོང་པའི་ཐུགས་དམ་གསེར་བྲིས་དབུ་དང་པོ་འབུར་མ་ཅན་དེའི་མཇུག་བྱང་ལས་ཤེས། དེ་ལས་ཀྱང་དགའ་འོས་པ་ཞིག་ལ་2012ལོར་ལོ་དགོན་པར་གནའ་དཔེ་བརྟག་དཔྱད་ལ་འགྲོ་སྐབས། དུས་རབས་13པའི་ཤེར་ཕྱིན་བྲིས་མ་པོད་ཐ་པ་ཞིག་མཇལ་བྱུང་བ་དེའི་མཇུག་བྱང་དུ། ༧༼༄། ཨེ་མའོ། གླིང་བཞིའི་མཆོག་སྟོའི་འཛམ་བུ་གླིང་། འཛམ་བུ་གླིང་སོགས་ཀ་སྲིད་པ་ཡུལ་གྱི་དབུས། ཡུལ་ལ་རྒྱན་ཆགས་འཕན་ཡུལ་གསེར་མོ་ལྗོངས། སའི་འདུད་པ་ཆེར་རྒྱུད་སྣང་ཏ་དེར། དགེ་དང་ཡིག་ཚང་འཛོམ་པ་མལ་གྱི་དར་པོ་གྲགས། བསགས་པ་ཆོས་ལ་གཏོང་བའི་སྐྱེས་ལྡུམ་ཙུན་

(1)ཆབ་མདོ་ཁུལ་དུ་བཞུགས་པའི་ཤེར་ཕྱིན་གསེར་བྲིས་ཀྱི་དབུ་ཤོག་ཞབས་འོག་ནས་བྲངས།
(2)ནག་ཆུ་ཁུལ་དུ་བཞུགས་པའི་ཤེར་ཕྱིན་གསེར་བྲིས་ཀྱི་དབུ་ཤོག་ཞབས་འོག་ནས་བྲངས།

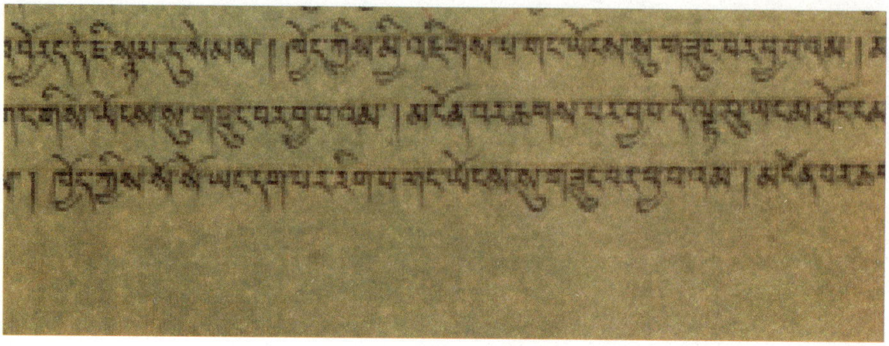

དུས་རབས་15-16སྐབས་ཀྱི་སྣེ་བྲིས།

ཆུང་འོད།། རྒྱས་པའི་ཞབས་བརྩུག་ཤིན་ཏུ་ངོ་མཚར་ཆེ། །ཞང་པོའི་སེམས་འཛིན་བྱེད་པའི་ཊོག་ཕྱུག་སྨོན་ལམ་འགོན། །ཚེ་འདི་བདེ་སྐྱིད་ཕུན་སུམ་ཚོགས་པར་ཤོག། །ཕྱི་མར་བླ་མེད་བྱང་ཆུབ་ཐོབ་པར་ཤོག།[1] ཅེས་བྲིས་འདུག མཛད་བྱང་དེས་མལ་བྲིས་དར་ཡུལ་འཕན་པོ་ཡིན་པ་སྨག་ཤོག་མང་པོས་འགྲེལ་མི་དགོས་པར་རྟག་ཐོབ་གཙུག་འཁེལ་ལྟ་བུ་ཞིག་གསུངས་འདུག་གོ། འཕན་ཡུལ་གྱི་མལ་བྲིས་དེ་ལ་ཡིག་གཟུགས་གཞན་དང་མི་འདྲ་བའི་ཁྱད་ཆོས་ནི་གསེར་བཏུལ་བཙོ་སྦྱངས་མཁས་པ་དང་ལྷག་དོན་དུ་སམ་བོད་ཀྱི་ཡི་གེ་འབྲུར་མ་འབྲི་བ་ལ་གཞན་གྱིས་ངོ་ཟླ་བྲལ་བ་ཞིག་རེད་འདུག དེ་ལྟར་བརྗོད་དོན་ནི་དུས་རབས་16-17པའི་ཞ་ལུ་དགོན་གྱི་ཤེར་ཕྱིན་གསེར་བྲིས་ཀྱི་སྨག་ཤོག་དང་འབྲི་གཟུགས་ཁྱད་ཆོས་སུ་གཞི་མ་ཤོག་བུ་གན་ཤོག་གཙང་མ་ལ།། གནག་ཙ་ཁྱད་འཕགས་རིན་ཆེན་གསེར་གྱིས་བཞེངས།། སྐྲིན་པར་བྱེད་པའི་འཕྲུལ་གྱི་ཡི་གེ་འདི།། དབུས་པ་གསུམ་གྱིས་ལུང་དང་མཐུན་པར་ནི།། གསེར་གྱི་བཟོ་དང་རྒྱ་གར་སྐད་ཀྱི་འབྲུར།། རིག་པའི་འབྱུང་གནས་དབུས་ཀྱི་འཕན་ཡུལ་ནས།། ཆག་ཚད་ལྡན་པ་གཞོན་ནུ་དར་གྱིས་བྲིས།[2] ཞེས་པས་འཕན་ཡུལ་དུ་དར་ཁྱབ་ཆེ་བའི་མལ་ལུགས་འདི་སྨག་ཚ་གསེར་གྱི་འབྲུར་མ་འབྲི་རྒྱུར་དམིགས་བསལ་གྱི་ཁྱད་ཆོས་ཡོད་གཤིས་འཕན་ཡུལ་མལ་བྲིས་ལའང་སྔོན་གཉལ་གྱི་བྲག་ཡིག་ཇི་བཞིན་འཕྲུལ་གྱི་ཆེ་བསྟོད་བྱས་པ་ནི་རྒྱ་མ་ཁྲི་སྣང་རབ་གསལ་ཁང་དང་དཔལ་ཞ་ལུ་དགོན་དུ་བཞུགས་པའི་ཤེར་ཕྱིན་ལས་རྟོགས། འཕན་ཡུལ་དུ་དུས་རབས་11པའི་སྔོན་ནས་བྲིས་གཟུགས་དམིགས་ཅན་ཞིག་ཡོད་པ་ནི་འོན་ཀེ་རུ་ལྷ་ཁང་གི་དུས་རབས་10-12བར་འབྲི་བཞེངས་

(1)ལོ་དགོན་དུ་བཞུགས་པའི་ཤེར་ཕྱིན་བྲིས་མ་པོད་ཐ་པའི་མཛད་བྱང་ལས་དྲངས།

(2)རྒྱ་མ་ཁྲི་སྣང་རབ་རྒྱས་གླིང་དུ་བཞུགས་པའི་ཤེར་ཕྱིན་གསེར་བྲིས་ཀྱི་དབུ་ཤོག་ལས་དྲངས།

བགྱིས་པའི་བརྒྱུད་སྟོང་སྐུ་བྲིས་ཞིག་གི་བམ་གྲངས་མཚམས་སུ་འཕན་ཡུལ་སྣན་གྱིས་བྲིས་པ་ལ་མ་འཕྱི་ཞིག [1] ཅེས་བྲིས་འདུག་པ་ལྟར་ན་ཡིག་མཁན་སྣན་འདི་ནི་སྤྱི་ལོ1027ལོར་སྐྱ་ནམ་རྡོ་རྗེ་དབང་ཕྱུག་གིས་ཕྱག་བཏབ་པའི་འཕན་པོ་རྒྱལ་ལྷ་ཁང་གི་མཁན་བརྒྱུད་དུ་ཕེབས་པ་ནི། འགོས་ལོ་གཞོན་ནུ་དཔལ་གྱིས་རྒྱལ་ལྷ་ཁང་གི་སྐབས་སུ། དགེ་བཤེས་སྣན་ས་ཕོ་སྦྲེའུ་ལོ་སྟེ་སྤྱི་ལོ1128ལོར་འཁྲུངས། རང་ལོ་དྲུག་ཅུ་རེ་གཉིས་པ་སྤྱི་ལོ1189ལོ་སྟེ་ས་བྱ་ལ་གདན་སར་བྱོན་ནས་ལོ་གསུམ་བཞུགས། རང་ལོ་དྲུག་ཅུ་རྩ་བཞི་པ་ལྕགས་ཕག་སྟེ་སྤྱི་ལོ1191ལོར་གཤེགས། ལྷ་ཁང་བཏབ་ནས་ལོ་འདི་ཡན་ལ་ལོ་བརྒྱ་དང་བརྒྱད་ཅུ་སོང་ངོ་། [2] ཞེས་གསུངས་པ་ལྟར་ན། ཡིག་མཁན་འཕན་ཡུལ་སྣན་ཞེས་པ་དེ་ནི་དུས་རབས་12པར་བྱོན་པའི་རྒྱལ་ལྷ་ཁང་གི་མཁན་རྒྱུད་ཡིན་པ་དང་གཅིག གཉིས་ཁོང་གིས་འབྲི་བཤུས་བགྱིས་པའི་ཤེར་ཕྱིན་སྐུ་བྲིས་དེའི་ལྡེབ་གྲངས་ངོས་སུ་སྔོར་ཐིག་ལ་མིག་བུ་ཕུག་ཡོད་པ་མ་ཟད། འབྲི་གཟུགས་ཀྱང་བཙན་པོའི་བླ་འབུམ་དང་ཏ་ཅང་ཐག་ཉེ་བའི་རྒྱུ་མཚན་བཅས་ཀྱིས་དུས་རབས་12སྔོན་ནས་འཕན་ཡུལ་ལ་འབྲི་གཟུགས་ཁྱད་འཕགས་ཅན་ཞིག་ཡོད་པ་ར་སྤྲོད་བྱ་ཐུབ་ལ་ཕྱོགས་གཞན་ཞིག་ནས་བརྗོད་ན་འང་འཕན་པོ་རིག་པའི་འབྱུང་གནས་ཞེས་པའི་མཚན་བསྟོད་དེ་རྒྱུ་མཚན་དེ་དག་ལ་བརྟེན་ནས་བྱུང་བར་སེམས་སོ།

3 སྒྲེ་བྲིས།

གཞུ་སྒྲེ་མོའི་སྒྲེ་བྲིས་ནི་བོད་ཀྱི་ཡིག་གཟུགས་སྐོར་ལ་ཞིབ་འཇུག་དང་དོ་སྣང་གནང་མཁན་རྣམས་ལ་ཚ་རྒྱུས་ཡོད་པ་ཞིག་ཡིན་པ་མ་ཟད་གོང་གི་ལེའུར་བརྗོད་ཟིན་ཀྱང་། སྐབས་དོན་འདི་དང་འབྲེལ་ཏེ་ཞུས་ན་སྒྲེ་བྲིས་ལའང་རང་རང་སོ་སོའི་ཁྱད་ཆོས་ལྡན་ཡོད་ཙང་། དེའི་ཁྱད་འཕགས་ཀྱི་ཆེ་བསྟོད་དུ་འཕྲུལ་སྦྱར་ཡོད་པ་སྟེ། དུས་རབས་13-14པའི་ནང་དུ་འབྲི་བཞེངས་བགྱིས་པའི་ཡུམ་རྒྱས་འབྲིང་བསྡུས་གསུམ་ལས་རྒྱས་པ་པོད་བཅུ་དྲུག་བཞུགས་པ་ཤིག་གི་མཛད་བྱང་དུ། ༄༅། ཨེ་མ་ཧོ། མཚན་མཆོག་དང་ལྡན་པ། དྲི་མེད་ཟླ་བའི་ཞལ། ཐུལ་བྲལ་ཕྱོད་འདྲ། སྲིད་པ་གསུམ་ལས་གྲོལ་། ཟླ་མེད་མཁྱེནད་ཅེན་། ཁྱེད་ལ་ཕྱག་འཚལ་སྟོད་། ཀྱི་

(1)འོན་ཀེ་ཙ་ལྷ་ཁང་དུ་བཞུགས་པའི་ཤེར་ཕྱིན་སྐུ་བྲིས་ཀྱི་བམ་མཚམས་ལས་དྲངས།

(2)འགོས་ལོ་གཞོན་ནུ་དཔལ། དེབ་ཐེར་སྔོན་པོ། ཤོག་གྲངས་119ལས་དྲངས།

དཀྱུ་སྔོན་མཐིང་གི་འོག། གསེར་ས་གྲུ་བཞིའི་སྟེང་། མཁས་པ་ལོ་བན་གྱིས། སྒྲ་སྒྱུར་བོད་དུ་སྒྱུར། ཅུ་བཞི་བོད་ཡུལ་དུ། ཡི་གེའི་བསྟན་པ་དར། འཕྲུལ་གྱི་ཡི་གེ་འདི། དཔལ་དགོན་དར་པོས་འཇིས། དཔོན་བསམ་ལུགས་སུ་བྲིས། ཕྱུགས་ཀྱི་གྲོང་གསར་དུ། ཡོན་བདག་ཡབས་གསས་གྱིས། རྒྱལ་འབྲིང་རྣམ་གསུམ་གཞིངས། བཟའ་བྲན་འཁོར་བཅས་ཀྱིས། ཞབས་ཏོག་ཚུལ་བཞིན་མཛད། པོ་ཏི་པ་འདི། ཆོས་དཔལ་ལྡན་གྱིས་གཞུང་བཟང་པོ་ངོ་མཚར་ཆེ། བཞུ་ནུ་སློ་གྲོས་དེས། གཉེར་ཀ་མཛད་པ་ངོ་མཚར་ཆེ། ཚན་དར་རྗེ་རིན་གྱིས། ཞུ་ཐུག་དག་པར་མཛད། ཀློགས་ཤིང་མཁན་པོ་རྩིགས་གསེར་གཟབས་ནས་མཛད། དགེ་བ་འདི་ཚོགས་སུ། ཟ་ནོར་གང་བཏང་དང་། ཡོམ་པ་གཅིག་པོར་བ། ཀུན་ཀྱང་ཐརད་པའི། ལམ་སྣ་ཟིན་པར་ཤོག འགྱུར་འདོག་མེད་པའི་ས་ལ་གནས་པར་ཤོག། བླ་མེད་བྱང་ཆུབ་ཐོབ་པར་ཤོག (1)ཅེས་པ་དང་ ༄༅།། ཨོ་མ་ཧེ་པད་མེ་ཧུ། ཐུགས་རྗེ་ཆེན་པོ་ལ་ཕྱག་འཚལ་ལོ། ཀྱེ་ཤག་ཐུབ་བསྟན་པ་ལ། དམ་པའི་ཆོས་དར་བས། སྙེ་མོ་ལུང་པའི་ནང་། ཡུལ་པོ་སྲས་ཤོང་དེར། ཕ་ཆེན་ཁྱུང་པོའི་བུ། དར་མ་བསོད་ནམས་དང་། རབ་ཏུ་ཆོས་ལ་འབྱུང་། ཡོན་བརྩུན་སྨོན་ནེ་གཉིས། ཕ་ཁུའི་དྲིན་ལན་དུ། རྒྱས་པ་མཐོང་སྨོན་བཞེངས། ཤོག་གུ་ཁྱད་འཕགས་ལ། ཅུ་བཞིའི་ཁྱད་པ་ཅན། ཡི་གེ་ངོམ་དུ་ཅང་། གཉེར་སྣ་ཤོག་ཆགས་དེ། དོར་དར་སྐྱོག་པོས་མཛད། དུང་རེང་རྩེ་ཆེན་དེ། རྒྱ་མའི་ནོར་གྱིས་བླུས། འཛངས་མ་ངོམ་དུ་ཅང་། དཔག་མོ་དཔལ་མོ་ལྡན། ཞབས་ཏོག་ངོམ་དུ་ཅང་། འོད་གསལ་ཡོན་བདག་མོ། སྤོད་འཛིན་ཁྱད་འཕགས་ལགས། ཐར་མགོན་གྱིས་མཛད། མཆོད་གནས་ངོམ་དུ་ཅང་། དཀོན་མཆོག་གྲོགས་ཚོ་ལགས། འཕྲུལ་ཆེན་ངོ་མཚར་ཆེ། བྱ་ཚ་དགས་པ་ཐོན། ནང་མ་བུ་དར་ཡིན། ལག་ཡད་ངོམ་དུ་ཅང་། གྲུ་བཞི་ཀློག་ལ་མཁས། བརྩན་དར་དཔོན་སློབ་བྱས། ཞུ་ཐིག་ངོམ་དུ་ཅང་། ཡོན་མཆོད་རྒྱས་པ་འབུམ། ཀུན་ལ་ངོམ་དུ་ཅང་། འདངས་ཤོག་དཀར་འཛམ་ལ། གནག་ཚ་གཡུ་ལོ་ཡིས། འཕྲུལ་ཡིག་ཚད་ལྡན་འདི། སྙེ་མོ་ཕུ་སུམ་པ། མེ་ཚབ་རྒྱལ་གྱིས་བྲིས། དེ་ལ་གཟིགས་པ་ཞུ། ཐོས་པ་ཆུང་བ་དང་། ཚིགས་གཅད་འཛོལ་བ་ན། ཡུམ་ལ་བཟོད་པར་གསོལ། ཡོན་མཆོད་ལ་སྩོགས་པ། མཐའ་ཡས་སེམས་ཅན་ཀུན་བྱང་ཆུབ་ཐོབ་པར་ཤོག། འགྲོ་དོན་བྱེད་

(1)སྙེ་མོ་མར་རྒྱང་མཁའ་མཆོད་དུ་བཞུགས་པའི་ཤེར་ཕྱིན་པོད་ཏ་པའི་མཛད་བྱང་ལས་དྲངས།

པར་ཤོག། ལེགས་པ་ཡིན།། དགེའོ།། བྲི་མོ་བགྱིས་པ་ལགས།། ཧེ་ཧེ་ཧེ།། ཞལ་རྡོ།།[1]ཞེས་བྱུང་བ་འདི་དག་ལ་བསམ་གཞིགས་བྱས་པ་ཡིན་ན། དུས་རབས་13-14པར་བཞེངས་པའི་ཤེར་ཕྱིན་ཡུམ་དེ་ནི་གཞུ་སྣེ་མོ་བའི་མི་དཔོན་རྣམས་ཀྱིས་སྦྱིན་བདག་མཛད་དེ་སྣེ་མོའི་ཤོག་བཟོ་བ་དང་ཡིག་མཁན་དང་ཞུ་དག་མཁན་རྣམས་ཀྱིས་འབྲི་བཞེངས་བགྱིས་པ་ནི་ཤེར་ཕྱིན་རྒྱས་པ་དེའི་མཛད་བྱང་དག་ལས་ཤེས་སོ། གོང་སྨོས་བཞིན་མལ་ཡིག་དང་བྲག་ཡིག་གི་ཆེ་བསྟོད་ལྟར་སྣེ་བྲིས་ཀྱིས་ཁྱད་བསྟོད་དུའང་འཕྲུལ་ཡིག་བགོལ་ཡོད་པ་སྟེ། འཕྲུལ་ཡིག་ཚད་ལྡན་འདི། སྣེ་མོ་ཕྱུ་སུམ་པ། མི་ཚབ་རྒྱལ་གྱིས་བྲིས་ཞེས་པས་དོན་གྱི་གསལ་ཁ་ཕྱིན་ཐུབ། དུས་རབས་17པར་བཞེངས་པའི་ཐུགས་འཆང་ངག་དབང་ཀུན་དགའ་རྣམ་རྒྱལ་གྱི་ཡུམ་བསོད་ནམས་བཟང་མོའི་ཐུགས་དམ་བསྟན་འགྱུར་དཔལ་མགོན་དང་དུས་རབས་14པར་བཞེངས་

དུས་རབས་17པའི་སྐབས་ཀྱི་ཨེ་བྲིས།

པའི་ཞྭ་ལུ་གསེར་ཁང་དུ་བཞུགས་པའི་སྐུ་ཞང་གྲགས་པ་རྒྱལ་མཚན་གྱི་ཐུགས་དམ་བཀའ་འགྱུར་བཅས་ཀྱི་ཡིག་མཁན་ཡང་གཡེ་དང་སྣེ་ནས་བྱོན་ཡོད་པ་སྟེ་སྣེ་མོ་བློ་བཟང་རྣམ་རྒྱལ་དང་གཡེ་ཡོན་ཏན་བག་གྲོ་སོགས་ཡིག་མཁན་མཁས་པ་བརྒྱ་འདུས་[2]ཞེས་པས་སྐབས་དེར་སྣེ་བྲིས་ནི་གཙང་ཕྱོགས་སུ་ཤིན་ཏུ་ནས་དར་ཁྱབ་ཆེ་བའི་འབྲི་གཟུགས་ཤིག་ཡིན་པའི་སྐབས་ཀྱིས་འཕྲུལ་ཡིག་གིས་ཁྱད་བསྟོད་བྱས་པར་སེམས། སྣེ་མོ་ཕྱུ་སུམ་ཞེས་པ་དེར་ད་ལྟ་ཡང་ཡིག་མཁན་མཁས་པ་ཡོད་པ་མ་ཟད་དཔར་བརྐོའི་ལག་རྩལ་ཡང་མ་ཉམས་རང་སོར་གནས་འདུག

4 ཨེ་བྲིས།

(1)སྣེ་མོ་མར་རྒྱང་མཁའ་མཆོད་ཀྱི་ཤེར་ཕྱིན་བརྒྱད་སྟོང་པོད་མ་པའི་མཛད་བྱང་ལས་དྲངས།

(2)བཀའ་འགྱུར་བསྟན་འགྱུར་དཔལ་མགོན་གྱི་དཀར་ཆག་བྲིས་མའི་ལྡེབ་གྲངས་12ལས་དྲངས།

ཨེ་བྲིས་ཞེས་པ་དེ་ཡང་རྫོ་ཁའི་ཁུལ་དུ་ལྷ་བྲ་ཁྲ་གསུམ་ཞེས་པའི་ནང་གི་ལྷ་རྒྱ་རིའི་ཁུལ་དུ་དར་ཁྱབ་ཆེ་བའི་ཡིག་གཟུགས་ཤིག་ཡིན་པ་སྐྱེ་བོ་ཀུན་གྱིས་ཤེས་གསལ་ལགས། ཨེ་བྲིས་ཀྱིས་བྲིས་པའི་གནའ་དཔེ་འཕྱིང་བ་སྟག་རྩེའི་དཔར་མ་དང་རི་བོ་ཤན་རྡི་པའི་དཔར་མ་སྟེ་རྗེ་སྒམ་པོ་པའི་རྣམ་ཐར་སོགས་དྭགས་པོ་བཀའ་བརྒྱུད་ཀྱི་སྐྱེས་ཆེན་དམ་པའི་རྣམ་ཐར་དང་གསུང་འབུམ་སོགས་འདུག དཔར་མ་དེ་དག་གི་དཔར་བྱང་ལ་ཉམས་ཞིབ་བྱུས་དེ་དག་གི་ཡིག་མཁན་ནི་སྤྱིར་གྱི་ཆ་ནས་ཨེ་པ་ཡིན་པ་སྟེ། རྗེ་སྒམ་པོ་བའི་རྣམ་ཐར་དཔར་བྱང་དུ། རྗེ་ཉིད་ཀྱི་དཔོན་པོ་སྤྱན་སྔ་ཆོས་ཀྱི་རྗེ་བསོད་ནམས་ལྷུན་གྲུབ་ཟླ་འོད་རྒྱལ་མཚན་བཟང་པོས། སྟོན་པ་མྱ་ངན་ལས་འདས་ནས་ད་ལྟའི་བར་ལ། ལོ་ཉིས་སྟོང་སུམ་བརྒྱ་གོ་བརྒྱད་སོང་ཞིང་། མགོན་པོ་ཉིད་བལྟམ་ནས་བཞི་བརྒྱ་ཞེ་གཉིས་སོང་ལ། མྱ་ངན་ལས་འདས་པ་ན་གསུམ་བརྒྱ་རེ་བདུན་སོང་བའི་ཤུགས་ཕོ་འབྲུག་གི་ལོ་ལ། བཀའ་བརྒྱུད་བསྟན་པ་སྤེལ་བའི་སླད་དུ། རི་བོ་ཤཱཀྱིར་པར་དུ་བགྱིས་པའོ། ཡི་གེ་པ་ནི་ཨེ་ཡི་བླ་འབྲིང་ནས། ཀུན་དགའ་རིན་ཆེན་ཤེས་བྱ་འདི་ལ་མཁས། བཀྲ་ཤིས་དཔལ་འབར་འཛམ་གླིང་བརྒྱན་དུ་ཤོག [1]ཅེས་པ་དང་དེ་མིན་ནོར་གླིང་དུ་བཞུགས་པའི་བཀའ་འགྱུར་གསེར་བྲིས་མི་དབང་སངས་རྒྱས་རྒྱ་མཚོའི་སྐུ་དུས་(1653-1705)བཞེངས་པ་དེའི་སྣག་ཤོག་དང་ཡིག་མཁན། དབུ་ཞབས་ལྷ་སྐུ་འབྲི་མཁན་གྱི་སྐོར་མཛད་བྱང་དུ། ཞུ་ཆེན་ཨེ་པ་ལྷ་མོ་རྒྱལ་པ་དང་སྒྲོལ་མ་ཚེ་རིང་ཅན་དྲུག ཤོག་ལས་པ་པོ་ཧོ་ཁྲི་ཕྲུག་དང་དཀར་རྒྱལ་ཅན་ཉི་ཤུ་ཐམ་པ། ཧོག་དཀར་བ་གོང་སྟོད་ཨོ་རྒྱན་ནོར་བུ། སྟོད་སྲིད་ཆོས་བཀྲ་ཤིས། སྣང་ཧོག་བློ་བཟང་པད་མ། ལྷུན་གྲུབ་ས་ནོར་བུ་བཅས་བཞིས་བཙོས་པའི་ཨེ་ནས་མཁས་བསྡུས་པོ་ནའི་ཡིག་མཁན་བརྒྱ་དང་བཅོ་བརྒྱད། དབུ་ག་པ་རྣམས་ཀྱི་དབུ་ལྷ་འབུར་དོད་བཞེངས་མི་ཨེ་པ་ལྷུ་འཛོམས་དང་བཙུན་ཆུང་། དེ་ཕྱིན་དབུ་ལྷ་བྲིངས་འདྲི་མི་པོ་བྲང་རབ་བརྟན་དང་རྡོ་རགས་བསྟན་འཛིན་ནོར་བུ་[2]ཞེས་པ་སོགས་ལས་མཐོ་བོད་བཙན་པོའི་གདུང་རྒྱུད་ཁྲིམས་སྐྱོ་རང་བཙན་ཡིན་པའི་ཨེ་ལྷ་རྒྱ་རིར་སྔོན་ནས་ཡིག་གཟུགས་དབུ་ཅན་དང་དབུ་མེད་འབྲི་བ་ལ་ཤིན་ཏུ་ནས་མཁས་ཤིང་སྣག་ཤོག་དམིགས་བསལ་ཅན་བཟོ་བའི་ལག་རྩལ་ཡོད་སྐབས། དུས་རབས་17པར་

(1)རྗེ་སྒམ་པོ་པའི་རྣམ་ཐར། རི་བོ་ཤཱཀྱིའི་དཔར་མའི་ལྡེབ་གྲངས་45ལས་དྲངས།

(2)བཀའ་འགྱུར་གསེར་བྲིས་པོད་ཆ་པ་དཀོན་བརྩེགས། ལྡེབ་གྲངས་420 ལས་དྲངས།

མི་དབང་སངས་རྒྱས་རྒྱ་མཚོས་གསེར་བྲིས་བཀའ་འགྱུར་བཞེངས་སྐབས་ཡིག་མཁན་དབུ་ཆེན་དང་ཡིག་བཟོ་དབུ་ཆེན། ལྷ་བྲིས་དབུ་ཆེན་སོགས་ཨེ་ནས་མཁས་བསྡུས་གནང་བ་དག་ལས་ཨེ་བྲིས་ཀྱི་ཁྱད་ཆོས་ཤེས། ཨེ་པ་རྣམས་ཀྱི་འབྲི་གཟུགས་ཚད་ལྡན་ཡིན་པའི་སྐབས་ཀྱིས་སྔོན་ས་གནས་སྲིད་གཞུང་ཕྱོགས་སུ་ཁྲལ་གཞན་རྒྱུག་མི་དགོས་པར་རི་ཟླུང་རྩ་ཚིག་སོགས་འབྲི་བཤུས་བགྱིས་ནས་ཁྲལ་གྱི་ངོད་དུ་བྱ་ཡི་ཡོད་ཅེས་གསུང་རབ་རིག་པའི་ཕྱུག་ལས་གནང་མཁན་དག་གི་གསུང་ལས་ཤེས་ལ་གསུང་རབ་སྣ་བ་དགེ་འདུན་ཆོས་འཕེལ་གྱིས་ཀྱང་གཞུང་ས་ཕྱོགས་ནས་སྐར་ཆུང་རྡོ་རྗེ་དབྱིངས་ཀྱི་རྡོ་རིང་སྲུང་སྐྱོང་ཞུ་རྒྱུའི་ཡི་གེའི་ནང་དུ། ཕྱོགས་མཚུངས་དེང་སྐབས་རྒྱལ་རབས་རྙིམ་འགྲོ་འདིར་ཤིན་ཏུ་མཁོ་བའི་རྩེ་ཞོལ་ཕྱི་མའི་རྡོ་རིང་གི་ཡི་གེ་དེ་བཞིན་དགོས་འདུག་པ་དག་གཞུང་སར་བཤུས་ཟིན་ཞིག་ཡོད་ན་གསོལ་ནས་དང་། མེད་ཚེ་ཨེ་པར་བཀའ་ཁྱབ་ཀྱིས་འཕྲལ་དུ་ཚར་གཅིག་བཤུ་བཅུག་གནང་ཐུགས་རྗེ་ཆེ་བ་ཞུ་རྒྱུའི་ཚིག་ཐོ་ཤོག་ལྷེ་སྙན་ཞུར་ཕུལ་(1)ཞེས་པའི་སྙན་ཞུའི་ནང་དུ་ཡང་རྡོ་རིང་གི་ཡི་གེའི་ངོ་བཤུས་མཁན་ཨེ་པ་ཞིག་ཡོང་རེ་གནང་བ་དེ་ལས་ཨེ་བྲིས་དེ་ཚད་ལྡན་གྱི་ཡིག་གཟུགས་ཤིག་ཡིན་པའི་གདེང་འཛོག་གིས་ཡིན། མ་གཞི་ད་བར་ཨེ་བྲིས་ཀྱི་ཁྱད་བསྟོད་དུ་འཕྱུལ་སྒྱུར་བ་མ་མཐལ་ཙང་དེའི་ཁྱད་འཕགས་ཀྱི་ཡོན་ཏན་མཚོན་པའི་ཁྱད་བསྟོད་དུ་འཕྱུལ་ཅེས་སྒྱུར་ནའང་དོན་ལ་གནས་པར་སེམས་སོ།

(1)《西藏文化博物馆根敦群培生平学术》熊文彬 张春生主编 中国藏学出版社 2012年9月版 114页。

ལེའུ་བཅུ་བཞི་པ། གནའ་དཔེ་བྲིས་མའི་ཐོག་གསལ་བའི་སྒོར་ཐིག

དཔར་གྱི་རིག་པ་དེ་མ་དར་བའི་ཡར་སྔོན་ནམ་རིག་པ་དེ་དར་ནས་བོད་ཀྱི་ཡུལ་ལུང་གང་སར་ས་ཁྱབ་རྡོ་ཁྱབ་ཏུ་མ་སོང་བའི་བར་དུ་བོད་ཀྱི་གསུང་རབ་ཁག་ཡི་གེ་མཁན་པོའི་སོར་མོའི་འདུ་བྱེད་ལ་བརྟེན་ནས་འབྲི་བཤུའི་ལས་བགྱིས་སྟེ་གསུང་རབ་འབྲི་བཤུ་གནང་ཡོད་པ་སྔོན་གྱི་གསུང་རབ་དག་གི་མཇུག་བྱང་ལས་རྟོགས་ཐུབ། གསུང་རབ་བྲིས་མ་དེ་དག་གི་སྟེང་དུ་རང་རང་སོ་སོའི་ཐེབ་གྲངས་ཀྱི་ཆེ་ཆུང་ལ་གཞིག་པའི་དེ་དག་གི་སྟེང་དུ་མཚལ་གྱི་སྒོར་ཐིག་ ⊙ ལེ་ཚད་3.5འདི་འདྲ་གཉིས་རེ་བྲིས་ཡོད་པ་མཇལ་རྒྱུ་འདུག དེར་བརྟེན་སྒོར་ཐིག་དེ་འབྲི་དགོས་པའི་དགོས་པ་དང་བྱེད་ནུས་གང་ཞིག་ཡིན་པའི་སྐོར་ལེའུ་འདིར་དཔྱད་པ་ཞུ་རྒྱུ་ཡིན།

གཅིག སྒོར་ཐིག་གི་བྱུང་བ།

སྒོར་ཐིག་དེ་ཡང་གཙོ་བོ་གསུང་རབ་ཀྱི་དཔེ་གཟུགས་གླེགས་བམ་མམ་སྣ་རིང་ཐོག་ཏུ་

དུས་རབས་15སྐབས་ཀྱི་རྒྱ་དཔེ་དར་ལྕང་ཅན།

བྲིས་གནང་ཡོད་པ་ལས་དེ་མིན་གཞན་དཔེ་གཟུགས་ཤོག་དྲིལ་དང་ལྷེབས་མགོ་ཅན། ཕྱི་མ་ལེབ་དཔེ་གཟུགས་ཀྱི་རྣམ་པའི་སྟེང་དུ་བྲིས་ཡོད་པ་མཇལ་ཡུལ་དུ་མ་མཆིས། སྔོར་ཐིག་བྲིས་པའི་དཔེ་གཟུགས་དེ་ནི་བོད་ལ་ཐོག་མར་རྒྱ་གར་འཕགས་པའི་ཡུལ་ནས་དར་བའི་དཔེ་གཟུགས་ཤིག་ཡིན་པ་ནི་ནེའུ་པཎྜི་ཏ་གྲགས་པ་སྨོན་ལམ་བློ་གྲོས་ཀྱིས་གསུངས་པ་ལས་བོད་རྒྱལ་ལྷ་ཐོ་ཐོ་རི་གཉན་བཙན་སྐབས་ལི་ཐེ་སེ་དང་ཐོ་གར་གྱི་ལོ་ཙཱ་བ་བློ་སེམས་འཚོ་གཉིས་ཀྱིས་རྒྱ་གར་ནས་དམ་པའི་གསུང་རབ་སྤྱན་དྲངས།[1] ཞེས་པ་དང་དཔྱོད་ལྡན་རང་རེ་རྣམས་ཀྱིས་བཀོལ་བའི་གླེགས་བམ་གྱི་ཐ་སྙད་ལས་ཀྱང་ངོ་སྤྲོད་ཐུབ་པ་སྟེ། པོ་ཏི་ནི་ཐོག་མར་ལེགས་སྦྱར་སྐད་དུ་པུསྟི་ཀ་གླེགས་བམ་གྱི་སྐད་དོད་ཟུར་ཆགས་པས་པོ་ཏི་[2]ཞེས་སྐྱོགས་སྟོན་རིན་ཆེན་བཀྲ་ཤིས་ཀྱིས་གསུངས་པ་ལས་ང་ཚོས་གླེགས་བམ་སྣ་རིང་གི་དཔེ་གཟུགས་དེ་ཐོག་མར་རྒྱ་གར་འཕགས་པའི་ཡུལ་ལས་དར་བ་ཞིག་ཡིན་པ་ཤེས་ཐུབ། དེས་ན་དེ་དང་དོད་མཚུངས་གླེགས་བམ་གྱི་ལྡེབ་གྲངས་སྟེང་དུ་གསལ་བའི་སྔོར་ཐིག་དེ་ཡང་གླེགས་བམ་དང་ལྷན་གཅིག་ཏུ་བོད་ཀྱི་ལྗོངས་སུ་དར་བ་ཞིག་ཡིན་པ་གཅིག་ཤེས་ཀུན་གྲོལ་བྱུང་ངོ་།

གཉིས། སྔོར་ཐིག་གི་བྱེད་ནུས།

གླེགས་བམ་མམ་སྣ་རིང་གི་དཔེ་གཟུགས་ཐད་དུ་གསལ་བའི་སྔོར་ཐིག་དེའི་བྱེད་ནུས་ནི་ཐོག་མར་རྒྱ་གར་འཕགས་པའི་ཡུལ་དུ་དུས་རབས་དང་པོ་དང་གཉིས་པའི་ནང་དུ་གསུང་རབ་ཁག་གླེགས་བམ་དུ་བསྒྲུབ་དུས་གསུང་རབ་དེ་དག་གི་སྟེང་དུ་ལྡེབ་གྲངས་དང་མཚན་བྱང་འགོད་སྲོལ་མེད་སྐབས་གསུང་རབ་བྲིས་མ་དེ་དག་གོང་འོག་འཁྲུགས་པ་དང་ཐ་ན་གསུང་རབ་ཀྱི་ལྡེབ་གྲངས་རྒྱབ་མདུན་ཡང་འབྱེད་དཀའ་བའི་གནས་ཚུལ་ཐོན་གྱི་ཡོད། གནས་ཚུལ་དེ་དག་མི་ཡོང་བའི་སླད་དུ་གསུང་རབ་ཀྱི་མདུན་ངོས་དེ་ངོས་འཛིན་སླ་བའི་

---

(1)ནེའུ་པཎྜི་ཏ་སྨོན་ལམ་ཚུལ་ཁྲིམས། ཐོན་བྱུང་གཏམ། བོད་ལྗོངས་བོད་ཡིག་དཔེ་རྙིང་དཔེ་སྐྲུན་ཁང་གིས་2005ལོར་དཔར། ཤོག་གྲངས་14ལས་དྲངས།

(2)སྐྱོག་སྟོན་རིན་ཆེན་བཀྲ་ཤིས། བརྡ་གསར་རྙིང་གི་རྣམ་གཞག་ལི་ཤིའི་གུར་ཁང་། མི་རིགས་དཔེ་སྐྲུན་ཁང་གི་1981ལོའི་དཔར་མ། ཤོག་གྲངས་16ལས་དྲངས།

དུས་རབས་8-9སྐབས་ཀྱི་སྔོར་ཐིག་ཨི་ཁུང་དུ་རྒྱུན་བུ་བརྒྱུས་པའི་གནའ་དཔེ།

ཆེད་དུ་ལྗེབ་གྲངས་ཀྱི་མདུན་ངོས་མགོ་འཛུགས་མ་ཐག་ཏུ་ཨོཾ་ཡིག་ལ་བཅོལ་གནང་གི་ཡོད་ཙང་གསུང་རབ་ཇི་ཙམ་འབྲུགས་ཀྱང་ང་ཚོས་གསུང་རབ་ཀྱི་མདུན་ངོས་དང་རྒྱབ་ངོས་གཉིས་འབྱེད་དཀའ་བའི་གནས་ཤིག་མིན་པ་ནི་གསུང་རབ་སྨྲ་བ་དགེ་འདུན་ཆོས་འཕེལ་གྱིས་དབུ་ཤོག་གི་དང་པོ་ལ་ཨོཾ་ཞིག་བྲིས་མ་གཏོགས་གཞན་ལྗེབ་རེ་རེའི་མགོ་ལ་ཏིང་ཀྱིག་སོགས་བྲིས་པ་ཡང་མི་སྣང་བས་ཁ་ཐོར་ཆེ་ལྗེབ་ཀྱི་ཉིན་སྲིབ་གང་ཡིན་ཡང་མི་ཤེས།[1]ཞེས་པ་འདིས་རྟོགས། གླེགས་བམ་གྱི་གླེགས་ཤིང་དང་ལྷན་གཅིག་ཏུ་སུམ་ཆ་གཅིག་ཙམ་གྱི་ཚད་ཟིན་ཏེ་དེར་ཁུང་བུ་ལི་ཚིད་3.5གཉིས་རེ་རེ་ཕུབ་ནས་དེའི་ནང་དུ་སྐུད་པ་བརྒྱུས་སྟེ་བདག་གཉེར་གནང་གི་ཡོད་པ་སྟེ། དེ་ཡང་བོད་ཀྱི་གསུང་རབ་སྨྲ་བའི་དབང་པོ་དགེ་འདུན་ཆོས་འཕེལ་མཆོག་གི་རྒྱལ་ཁམས་རིག་པས་བསྐོར་བའི་གསེར་ཐང་དུ་གསུངས་དོན། ཤིང་ཏ་ལའི་ལོ་མ་ལེགས་པར་འབྲུལ་བ་ན་དཔེ་རིང་གི་ཚད་དུ་བཅད། ལྗེབ་རེ་རེ་བཞིན་སུམ་ཆའི་མཚམས་ནས་ཁུང་བུ་གཉིས་ཤིག་ཕུག དེ་བཞིན་གླེགས་ཤིང་ལ་ཡང་ཕུག་ནས་ནང་དུ་སྐུད་པ་རིང་པོ་ཞིག་བྲངས་ཏེ་མདུན་དུ་མདུད་པ་བོར་ནས་སྐེད་པར་བཅིངས་ཏེ་འགྲོ། བཀའ་པོད་སྐེ་རགས་སུ་བཅིངས་བྱ་བ་དེ་འདྲ་ནས་བྱུང་བ་མིན་ནམ་སྙམ། གློག་རན་ཆེ་ཐག་པ་རན་པར་སྔོད་ནས་ལྗེབ་རྣམས་དལ་བུར་བསྒྱུར་ཏེ་འདོན། དེའི་ཕྱིར་ལྗེབ་འབྲུག་དོགས་མེད་པས་རྒྱ་དཔེ་ཕལ་ཆེར་ལ་ཁ་ཡིག་གམ་ལྗེབ་གྲངས་མ་བཀོད་པ་དེ་ཡིན།[2]ཞེས་དང་ད་དུང་ང་རང་གི་མྱོང་ཚོད་ལྟར་ན། སྟོན་པ་སངས་རྒྱས་བཅོམ་ལྡན་འདས་ཀྱིས་གསུངས་པའི་བཀའ་དང་བསྟན་བཅོས་ཇི་སྙེད་ཅིག་བཞུགས་པ་དེ་དག་ཚང་མ་ལྗེབ་གྲངས་ཀྱིས་ཚད་དུ་མི་གནང་བར་ཚང་མ་ཤྲཱ་ཡོ་ཀ་དང་བམ་པོའི་གྲངས་སུ་བཅོལ་གནང་ཡོད་པ་ཡང་། བོད་

(1)མཁས་དབང་དགེ་འདུན་ཆོས་འཕེལ། རྒྱལ་ཁམས་རིག་པས་བསྐོར་བའི་གཏམ་རྒྱུད་གསེར་གྱི་ཐང་མ་སྟོད་ཆ། ནུབ་བྱང་མི་རིགས་སློབ་ཆེན་གྱི་དཔར་མ། ཤོག་གྲངས་119ལས་དྲངས།

(2)མཁས་དབང་དགེ་འདུན་ཆོས་འཕེལ། རྒྱལ་ཁམས་རིག་པས་བསྐོར་བའི་གཏམ་རྒྱུད་གསེར་གྱི་ཐང་མ་སྟོད་ཆ། ནུབ་བྱང་མི་རིགས་སློབ་ཆེན་གྱི་དཔར་མ། ཤོག་གྲངས་119ལས་དྲངས།

བཙན་པོའི་སྐུ་དུས་སུ་བཏབ་པའི་དཀར་ཆག་གསུམ་ལས་ད་ལྟ་མཇལ་ཡུལ་དུ་མཆིས་པའི་དཀར་ཆག་འཕང་ཐང་མ་དང་ལྡན་དཀར་མ་གཉིས་ཀྱི་ནང་དུ་བཀའ་དང་བསྟན་བཅོས་འགྱུར་ཪོ་ཅོག་གི་མང་ཤུང་གྲངས་ཀྱིས་འཛལ་ཚད་དེ་ཚང་མ་ཤོ་ལོ་ཀ་དང་བམ་པོ། གླེགས་བམ་གྱི་གྲངས་སུ་བཅོལ་ཡོད་པས་ཀྱང་སྔོན་གྱི་གསུང་རབ་དེ་དག་ལ་ལྡེབ་གྲངས་འགོད་སྲོལ་མེད་པ་དེ་བདེན་པར་སེམས། དེས་ན་སྔོན་གྱི་གསུང་རབ་གླེགས་བམ་བྲིས་མ་དེ་དག་གི་གོ་རིམ་ཡང་སྔོན་གྱི་ཁྲུང་བུ་གཉིས་ལ་བཅོལ་ནས་གསུང་རབ་གླེགས་བམ་གོ་རིམ་མ་

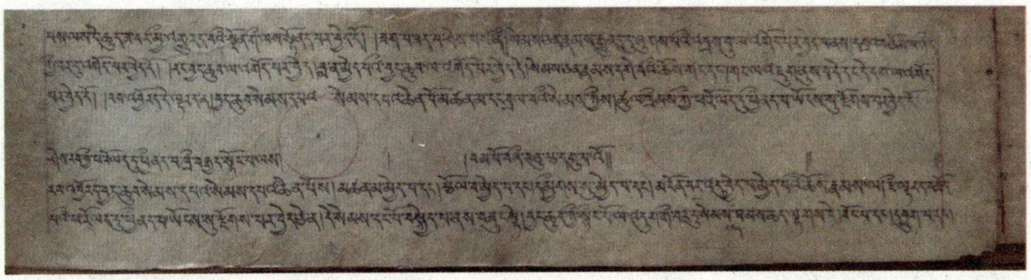

དུས་རབས་8-9སྐོར་ཐིག་དུ་ཨི་ཁྲུང་ཕུག་པའི་གནའ་དཔེ།

འཛོལ་བར་བསྒྲིགས་ཐུབ་པའི་ཆེད་དུ་ཡིན་པ་ཕོ་བྲང་པོ་ཏ་ལ་དང་དཔལ་ས་སྐྱའི་གཙུག་ལག་ཁང་གི་ནང་དུ་བཞུགས་པའི་རྒྱ་དཔེ་དེ་དག་ལ་གཟིགས་ན་མཁྱེན་ཐུབ། དེ་དག་གི་ལྡེབ་ངོས་སུ་མིག་བུ་གཉིས་ཕུག་ཡོད་པ་མ་ཟད་འགྲེང་བུ་བརྒྱུས་ཡོད་པ་ད་ལྟའང་མཇལ་རྒྱུ་འདུག གླེགས་བམ་དེ་རིགས་ལ་རང་རིགས་ཀྱིས་གླེགས་བམ་དར་ལྕུང་མ་ཞེས་འབོད་པས་ཀྱང་མཁྱེན་སླ། དེ་མིན་ད་དུང་གསུང་རབ་ཀྱི་དཔར་གཞི་རིག་པ་ཞེས་པའི་ནང་དུ་ཨུ་རུ་སུའི་དཔེ་མཛོད་ཁང་གི་ཤར་ཕྱོགས་ཕྱུཨུ་དུ་ཉར་ཚགས་གནང་ཡོད་པའི་མདོ་ཏེག་ཞིག་ཡོད་པ་དེ་ནི་རྩ་ཤོག་སྟེང་དུ་བྲིས་པ་ཞིག་ཡིན། དེ་ནི་དུས་རབས་ལྔ་པར་འབྲི་བཤུ་གནང་བ་ཞིག་དང་ཡིག་འཕྲེང་དྲུག་དང་ཡིག་འཕྲེང་ཁག་གི་ཡིག་གྲངས་དོ་མཉམ་མེད་པ། ལྡེབ་གྲངས་སོ་སོའི་སྟེང་དུ་ཁྲུང་བུ་གཉིས་རེ་ཡོད། ཁྲུང་བུའི་ཤུལ་དུ་ད་དུང་རྩ་ཐག་བརྒྱུས་ཤུལ་ཡོད་ཅེས་དང་པེ་ཅིང་དཔེ་མཛོད་ཁང་གི་གླེགས་བམ་སྨྲ་རིང་སྤེ་ཏུན་ཧོང་གི་ཡིག་རྙིང་སྤྱི་ལོ་786-848བར་མཐོ་བོད་ཀྱིས་ཏུན་ཧོང་ལ་དབང་བསྒྱུར་བའི་སྐབས་སུ་བཞེངས་པའི་མདོ་ཞིག་ཡིན། རྩ་ཤོག་སྟེང་དུ་བྲིས་པ། དཔེ་གཟུགས་སྨྲ་རིང་། དེའི་གླེགས་ཤིང་ལ་འགྲེང་བུ་བརྒྱུས་ནས་ཡོད་པ། གླེགས་ཤིང་དང་ལྡེབ་གྲངས་ཐོག་ཨེ་ཁྲུང་ཡོད། འགྲེང་ཐག་གི་སྟེ་གཅིག་

གླེགས་ཤིང་ལ་བཀྲུས་ནས་ཡོད་པ། གླེགས་ཤིང་དང་ལྡེབ་གྲངས་ཐོག་ཨེ་ཁྱུང་ཡོད། འགྲེང་ཐག་གི་སྣེ་གཅིག་གླེགས་ཤིང་ལ་བཀྲུས་ནས་ཕྱི་རུ་སྣང་ལ་སྣེ་དེར་མདུད་པ་ཆེན་པོ་ཞིག་བཀྱབ་ཡོད། སྣེ་གཞན་དེ་ཡང་གླེགས་ཤིང་དང་ལྡེབ་གྲངས་ལྷན་དུ་བཀྲུས་ནས་སྣང་། དེ་ནི་ད་བར་རང་རེ་རྣམས་ཀྱིས་མཐོང་ཐུབ་པའི་གླེགས་བམ་སྔ་ཤོས་ཀྱི་གྲས་ཤིག་ཡིན།[1]ཞེས་གསུངས་པས་མཚོན། གོང་དུ་བཤད་པའི་གླེགས་བམ་སྙིང་གི་སྙོར་ཐིག་གི་བྱེད་ནུས་དང་

དུས་རབས་17སྐབས་ཀྱི་སྙོར་ཐིག་མཚོན་བྱེད་ཙམ་བྲིས་པའི་གནའ་དཔེ།

གཅིག་མཚུངས་ཡིན་པ་བོད་ཀྱི་ཁྲམ་ཡིག་བསྡུས་པ་ཞེས་པའི་ནང་དུ་ཡང་འཁོད་དོན། ཁྲམ་བྱང་གི་གཡས་ངོས་སུ་མིག་བུ་རེ་ཕུག་ཡོད་པ་དེ་ནི་ཁྲམ་ཡིག་གི་ནང་དོན་ཚན་པ་སོ་སོར་ཕྱེ་ནས་འགྲེང་སྐུད་བཀྲུས་ཏེ་ཕྱོགས་གཅིག་ཏུ་བསྡུས་ནས་འཛོག་བྱེད་ཡིན་པས། བོར་བརླག་མི་སོང་བར་བདག་གཉེར་དང་བེད་སྤྱོད་བྱེད་བདེ་བ་མ་ཟད་གཏོང་ལེན་བྱེད་སྐབས་ཡིག་སྐྱེལ་བས་ལུས་ཐོག་ཏུ་བཏགས་ནས་འཁྱེར་བདེ་བ་བཅས་ཀྱི་ཁྱད་ཆོས་དང་། ཁྲམ་འགའ་ཞིག་གི་གཡས་ངོས་སུ་གོང་གོང་གྲུ་བཞི་རེ་བཟོས་ནས་ཡོད་པའི་དཀྱིལ་དུ་ཤུར་ཁའམ་མིག་བུ་རེ་བརྟོད་ཡོད། ཁྲམ་དེ་རིགས་ནང་ཚན་སོ་སོ་ཕྱེ་ནས་ཕྱོགས་གཅིག་ཏུ་བསྡམས་ཐོག་གོང་གོང་གི་དབུས་ན་ཡོད་པའི་འགྲེང་སྐུད་ཀྱི་མདུད་པའི་སྟེང་འབྲེལ་ཡོད་དཔོན་གྱིས་ཐེལ་ཙེ་བཀྱབ་ས་བྱས་ཡོད།[2]ཅེས་པས་ཀྱང་ཁུང་བུ་དེ་དག་གི་བྱེད་ནུས་གང་ཞིག་ཡིན་པ་ཏ་ཙང་ཁ་གསལ་ཞིག་གསལ་བཤད་བྱེད་ཐུབ། དེ་ནས་དུས་རབས་ཀྱིས་འཕེལ་འགྲོས་དང་བསྟུན་

(1)李志忠著《古书版本鉴定》北京图书馆出版社2007年版，58页。
(2)王尧 陈践编著《吐蕃简牍综录》文物出版社1984年版，5页。

ནས་མི་རིགས་ཀྱི་སྣ་ གྲོས་ལས་གསུང་རབ་ཁག་གླེགས་བམ་དུ་བྲིས་བཞེངས་གནང་དུས། གསུང་རབ་ཀྱི་པོ་ཏི་ཁག་ལ་ལྷེབ་གྲངས་འགོད་པའི་སྲོལ་དེ་གསར་དུ་གཏོད་པ་ནས་བཟུང་། སྨར་ཐིག་གི་ཁུང་བུའི་བྱེད་ནུས་ཀྱང་རིམ་པ་བཞིན་ཤོར་ཏེ་ལྷེབ་གྲངས་འགོད་པའི་སྲོལ་དེས་ཕ་གཞིས་བུས་འཛིན་པ་ལྟར་རྗེས་སུ་མི་རྣམས་ཀྱིས་གསུང་རབ་ཀྱི་གོ་རིམ་ཡང་ལྷེབ་གྲངས་ལ་བརྟེན་སྟབས། གསུང་རབ་ཀྱི་ལྷེབ་གྲངས་སྟེང་དུ་ཐར་སྲོལ་རྒྱུན་འཛིན་གྱི་ཚུལ་ཙམ་དུ་གསུང་རབ་ཀྱི་ལྷེབ་གྲངས་སྟེང་དུ་སྨར་ཐིག་རྣམ་པ་མཚོན་བྱེད་ཙམ་དུ་མཚལ་གྱིས་སྨར་ཐིག་དེ་བྲིས་པ་ཙམ་ལས་ཁུང་བུ་དངོས་སུ་ཕུག་མེད། དེའི་རྗེས་སུ་མི་རྣམས་ཀྱིས་བསམ་པའི་སྐྱིལ་སྙིང་གིས་གླེགས་བམ་ཐད་དུ་ཡོད་པའི་སྨར་ཐིག་དེ་སྟོང་པར་བཞག་ན་ཡིད་དུ་མི་འོང་

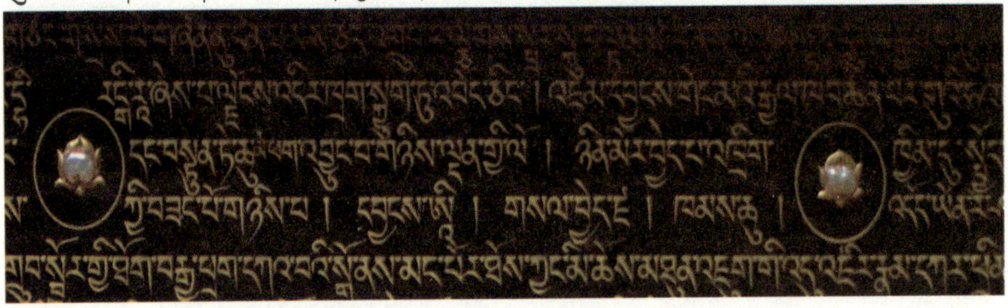

དུས་རབས་17སྨར་ཐིག་ཏུ་མུ་ཏིག་གིས་ཕྲ་བརྒྱན་བཏབ་པའི་གནའ་དཔེ།

བའི་འདུ་ཤེས་སྐྱེད་ནས་སྨར་ཐིག་དེའི་ནང་དུ་བོད་ཀྱི་མཛེས་ཆོས་དང་མཐུན་པར་གསུང་རབ་དེའི་ནང་དོན་དང་འབྲེལ་བའི་སངས་རྒྱས་དང་བྱང་སེམས། ཆོས་འཁོར་སོགས་ཀྱི་སྐུ་བརྙན་བཞུགས་སུ་གསོལ་པ་དེ་བྱུང་བ་རེད། བོད་ཀྱི་གསུང་རབ་སྨྲ་བ་དགེ་འདུན་ཆོས་འཕེལ་གྱིས་གསུངས་པར་བོད་ཀྱི་དཔེ་རྙིང་རྣམས་ལ་སྨར་ཐིག་འདུག་ཅིང་། དུས་ཕྱིས་བར་དུ་མཚལ་གྱི་སྨར་ཐིག་ཆེན་པོ་དེ་ནི་ཨེ་ཁུང་གི་ཐད་དུ་བྲིས་ནས་སྣང་། དེ་ནས་སྨར་ཐིག་དེ་སྟོང་པར་སྣང་བས་ནང་དུ་སྐུ་བརྙན་རི་བྲི་བའི་སྲོལ་ད་ལྟའི་བར་རེབ་གོང་གི་དོར་ཇེ་རྣམས་ཀྱི་བརྒྱུད་སྟོང་དཔར་མ་སོགས་ལ་འདུག་པ་དེ་ཡིན་ཞེས་དང་ད་དུང་ཁོང་གིས་རྒྱ་དཔེ་དུ་མའི་ཚིགས་བཅད་ཕྱོགས་བསྡུས་བྱས་པ་ལེགས་སྦྱར་བང་མཛོད་དུ་ལྷེབ་གཅིག་བཀོད་འདུག་འདི་སྔོན་དུས་བལ་པོའི་རྒྱ་དཔེ་ཤོག་སེར་གྱི་སྟེང་དུ་བྲིས་པ་དག་གི་རྣམ་པ་མཚོན་ཕྱིར་ཡིན། དབུས་ཀྱི་མིག་དེའི་ནང་དུ་དར་སྐུད་སྒོམ་པོ་དྲངས་ཏེ་ལྷེབ་རྣམས་མི་འཁྲུག་པར་བྱེད། བཀའ་འགྱུར་དཔེ་རྙིང་རྣམས་ལ་ཡང་དེ་ཡོད་ཅིང་དར་ལུང་མ་ཞེས་མིང་

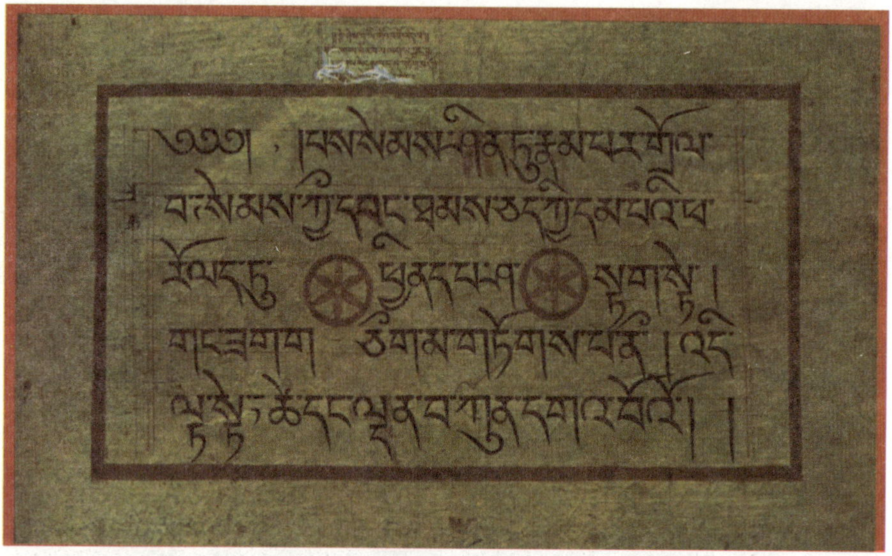

དུས་རབས་13པའི་གསུང་རབ་སྔོར་ཐིག་ཆོས་འཁོར་ཅན།

གྲགས། ཕྱིས་ཙ་ན་སྔོར་ཐིག་དེའི་དཀྱིལ་དུ་སེནྡྷི་གཞོང་གི་ལྷ་བཟོ་རྣམས་ཀྱིས་སྒྲོལ་མའི་སྐུ་བརྙན་སོགས་བྲིས་ཡོད་པ་དེ་ཡིན།[(1)] ཞེས་པས་སྔོར་ཐིག་གི་བྱེད་ནུས་ལ་འགྱུར་བ་ཅི་ཞིག་ཕྱིན་པ་ཁ་གསལ་ཞིག་ཤེས་ཐུབ་བོ།

གསུམ། སྔོར་ཐིག་ལས་གསུང་རབ་འབྲི་བཞེངས།

གསུང་རབ་བྲིས་མའི་སྟེང་དུ་གསལ་བའི་སྔོར་ཐིག་དེས་གསུང་རབ་ཐོར་ཞིག་དང་གོ་རིམ་འཛོལ་བ་དེ་འགོག་ཐུབ་པ་ཕུད་ད་དུང་གནད་དོན་གལ་ཆེན་ཞིག་ཤེས་ཐུབ་པ་སྟེ་གསུང་རབ་དེ་འབྲི་བཞེངས་ཀྱི་རྩ་འཛུགས་གང་ཞིག་བརྒྱུད་དེ། གནའ་དཔེ་འབྲི་བཞེངས་གནང་བ་དེ་ཡང་རྟོགས་ཐུབ་པའི་ནུས་པ་ཡོད་པ་སྟེ་བཙན་པོའི་སྐུ་དུས་སུ་བྲིས་བཞེངས་གནང་བའི་ཤེར་ཕྱིན་ཡུམ་རྒྱས་འབྲིང་བསྡུས་གསུམ་དང་ཚེ་དཔག་མེད་མདོ། རྡོ་རྗེ་གཅོད་པ་སོགས་དང་བསྟན་པ་ཕྱི་དར་ནང་དུ་བྲིས་བཞེངས་གནང་བའི་མདོ་མངས་དང་། བཀའ་བསྟན་འགྱུར་སོགས་བགྲངས་ལས་འདས་པའི་གསུང་རབ་བྲིས་མ་དེ་དག་གི་སྟེང་དུ་གསུང་

(1)མཁས་དབང་དགེ་འདུན་ཆོས་འཕེལ། རྒྱལ་ཁམས་རིག་པས་བསྐོར་བའི་གཏམ་རྒྱུད་གསེར་གྱི་ཐང་མ་སྟོད་ཆ། ནུབ་བྱང་མི་རིགས་སློབ་ཆེན་གྱི་དཔར་མ། ཤོག་གྲངས་119ལས་དྲངས།

པོད་རང་རང་གི་ལྡེབ་ཚད་ཀྱི་སུམ་ཆ་གཅིག་གི་མཚམས་དེར་ཟླ་རབས་ཡིན་ན་སྐོར་ཐིག་གཉིས་རེ་བྲིས་ནས་དེར་མིག་ཕུ་ཕུག་པ་ཡོད་པ་དང་ཕྱི་རབས་ཡིན་ན་བྲིས་ནས་སྣང་། སྐོར་ཐིག་དེ་གཉིས་ནི་ཐོག་མར་འབྲི་ཤོག་ཚད་དང་ལྡན་པ་ཞིག་སྐྱ་གོན་ཟིན་རྗེས་ལྡེབ་གྲངས་སོ་སོའི་ངོས་ལ་སྐོར་ཐིག་དེ་གཉིས་བྲིས་ནས་མིག་ཕུ་ཕུག་ཡོད། དེ་གཉིས་ཕུག་པའམ་བྲིས་ཟིན་རྗེས་གཞི་ནས་ཡིག་མཁན་གྱིས་སྔོན་གྱི་བླ་དཔེ་དང་བསྟུན་ཏེ་འབྲི་བཤུ་གནང་གི་ཡོད་པ་སྔོན་གྱི་བྲིས་མ་དེ་དག་མཐོང་བ་ཙམ་གྱིས་ཤེས་ནུས་སྟེ། སྔོན་བཙན་པོའི་སྐུ་དུས་སུ་བཞེངས་པའི་ཤེར་ཕྱིན་ཡུམ་རྒྱས་འབྲིང་བསྡུས་གསུམ་དང་བསྟན་པ་ཕྱི་དར་གྱི་དུས་འགོར་

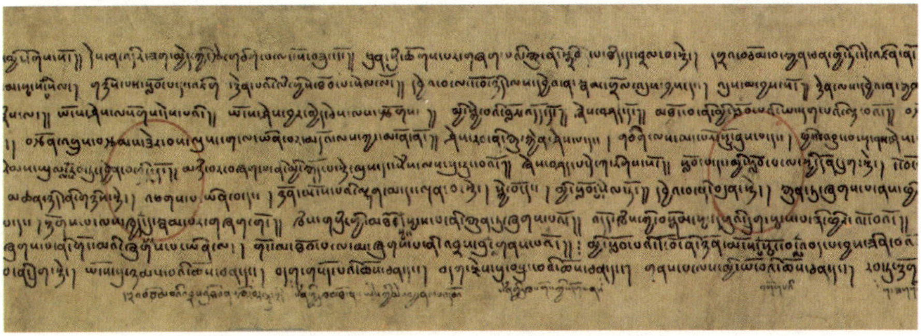

དུས་རབས་11སྐོར་ཐིག་ནང་དུ་འབྲི་བཤུས་བྱས་པའི་གནའ་དཔེ།

བཞེངས་པའི་མདོ་མངས་དང་བཀའ་བསྟན་སོགས་དཔོན་གཉེར་རམ་ཆེད་དུ་གཉེར་བའི་འབྲི་བཞེངས་ཀྱི་རྩ་འཛུགས་བརྒྱུད་ནས་འབྲི་བཞེངས་གནང་བའི་གསུང་རབ་ཅིག་ཡིན་ཆོ། ཆོས་རྒྱལ་ཕོ་པཊ་སྐུ་དྲིན་ཅན་རྣམས་ཀྱིས་གསུང་རབ་འབྲི་བཞེངས་ཀྱི་ལས་ཀ་དེ་ཆེས་ཐབས་པོ་ཆེ་ཞིག་ཏུ་བརྩིས་ནས་བྲིས་པའི་བཙན་པོའི་བླ་འབུམ་ཡུམ་རྒྱས་འབྲིང་བསྡུས་གསུམ་དང་མདོ་མངས། བཀའ་བསྟན་སོགས་ཀྱི་སྟེང་དུ་གསལ་བའི་སྐོར་ཐིག་གཉིས་རེ་ཕུག་པའམ་བྲིས་པ་དེས་ཟིན་པའི་ས་དེར་གཞུང་དོན་དང་འབྲེལ་བ་ཡོད་མེད་ཀྱི་ཡི་གེ་གང་ཡང་མ་བྲིས་པར་ངོས་གཙང་མར་འཇོག་པ་མ་ཟད། ཐ་ན་སྐོར་ཐིག་ཡོད་སར་སྔོན་འཇུག་དང་རྗེས་འཇུག་ཡང་འཇུག་སོགས་ཀྱིས་བརྒྱན་པའི་ཡི་གེ་འཕྲད་ཆོ། སྐོར་ཐིག་དེ་ངོས་གཙང་ཡོད་སྐབས་སྔོན་རྗེས་གཉིས་ཡ་བྲལ་ནས་བྲིས་གནང་འདུག གསུང་རབ་དེ་རིགས་ནི་སྔོན་བཙན་པོའི་སྐུ་དུས་ཀྱི་གསུང་རབ་འབྲི་བཞེངས་ཀྱི་རྩ་འཛུགས་ཚད་ལྡན་ཁོ་ན་བརྒྱུད་

ནས་བྲིས་བཞེངས་གནང་བའི་གསུང་རབ་ཅིག་ཡིན། དེ་མིན་པའི་གསུང་རབ་བྲིས་མ་ཁག་གི་ལྗིབ་གྲངས་སྟེང་དུ་སྒོར་ཐིག་སྔོན་མ་ཇི་བཞིན་བྲིས་ཡོད་མོད་ཀྱང་། སྒོར་ཐིག་དེ་དག་ངོས་གཙང་མར་མ་བཞག་པར་དེ་དག་གི་ནང་དུ་གཞུང་དོན་དང་འབྲེལ་བའི་ཡི་གེ་འབྲི་བཤུས་གནང་ཡོད། དེ་དག་ནི་དཔོན་གཉེར་གྱི་རྩ་འཛུགས་ཚད་ལྡན་དེ་མ་བརྒྱུད་པར་དཔེ་ཆ་བ་རང་རང་སོ་སོའི་སློབ་གཉེར་དང་ཞལ་འདོན་ལ་མཁོ་བའི་གསུང་རབ་དག རང་ཉིད་ཀྱི་འདོད་པ་ལྟར་འབྲི་བཤུས་གནང་བའི་གསུང་རབ་ཞིག་ཡིན་འདུག སྐབས་དེ་དུས་གཅིག་ནས་འབྲི་ཤོག་དཀོན་པོ་ཡོད་སྟབས་སྔོན་གྱི་སྒོར་ཐིག་དེ་སྟོང་པར་མ་བཞག་པར་འབྲི་བཤུས་བགྱིས་པ་ནི་འབྲི་ཤོག་གྲོན་ཆུང་བའི་ཆེད་དུ་ཡིན། གཉིས་ནས་གསུང་རབ་དེ་དག་ནི་སྤྱིར་གྱི་ཆ་ནས་བཀའ་བསྟན་མ་ཡིན་པར་གཙོ་བོ་འདོན་ཆ་དང་སློབ་གཉེར་ལ་མཁོ་བའི་གཞུང་ཆེན་བཀའ་པོད་ལྔའི་གྲས་ཤིག་ཡིན། གསུམ་གཞུང་ཆེན་དེའི་ཞབས་ཤོག་ཏུ་གྱུ་ཡངས་སོར་ལ་མ་བསྒོས་པར་མཆན་མང་པོ་བཏབ་པ་བཅས་ཀྱི་རྒྱུ་མཚན་གྱིས་གསུང་རབ་དེ་དག་དཔོན་གཉེར་འབྲི་བཤུའི་རྩ་འཛུགས་ནས་འབྲི་བཞེངས་བྱས་པ་ཞིག་མ་ཡིན་པར་མི་སྒེར་གྱིས་འབྲི་བཞེངས་བྱས་པའི་གསུང་རབ་ཤིག་ཡིན་པའི་ངེས་ཤེས་སྐྱེད།

མདོར་ན་གནའ་དཔེ་བྲིས་མའི་ལྗིབ་གྲངས་ངོས་སུ་གསལ་བའི་སྒོར་ཐིག་དེས་ཐོག་མར་གསུང་རབ་བྲིས་དཔར་གང་ཞིག་ཡིན་མིན་གཏན་འབེབས་ཐུབ་པ་སྟེ། དཔར་མ་ཡིན་ན་སྤྱིར་བཏང་སྒོར་ཐིག་དེ་བྲིས་མེད་པ་དང་ཐ་རབས་ཀྱི་བྲིས་མ་ཡིན་ན་སྒོར་ཐིག་དེ་བྲིས་ཡོད་པ་མ་ཟད་ཁུང་བུ་ཡང་ཕུག་ཡོད། དཔོན་གཉེར་གྱི་རྩ་འཛུགས་ཚད་ལྡན་ནས་འབྲི་བཞེངས་བགྱིས་པའི་གནའ་དཔེ་ཞིག་ཡིན་ན་སྒོར་ཐིག་ཏུ་གཞུང་དོན་དང་འབྲེལ་བ་ཡོད་མེད་ཀྱི་ཡི་གེ་བྲིས་མེད་ལ། གལ་ཏེ་དེ་ལས་ལྡོག་ཏེ་སྒོར་ཐིག་གི་ནང་དུ་གཞུང་དང་འབྲེལ་ཡོད་ཀྱི་ཡི་གེ་བྲིས་པ་དང་དེའི་ནང་དུ་གཞུང་གི་མཆན་བཏབ་ཡོད་ན་མི་སྒེར་གྱིས་འབྲི་བཞེངས་གནང་བའི་གནའ་དཔེ་ཡིན་པ་ཤེས་ཐུབ་བོ།

ལེའུ་བཅོ་ལྔ་པ། གནའ་དཔེའི་ལྷེབ་གྲངས་སྐོར།

གཅིག ལྷེབ་གྲངས་ཀྱི་བྱུང་བ།

དེ་ཡང་གསུང་རབ་ཀྱི་ལྷེབ་གྲངས་ཞེས་པ་ནི་བོད་ཡིག་དཔེ་རྙིང་གི་ཤོག་ལྷེབ་རྒྱབ་མདུན་གཉིས་མཉམ་དུ་སྦྱེབ་ནས་ཤོག་ངོས་གཅིག་ཏུ་བརྩིས་པ་དེ་ལ་གསུང་རབ་ཀྱི་ལྷེབ་གྲངས་ཞེས་བརྗོད་ཀྱི་ཡོད། གསུང་རབ་ཀྱི་སྟེང་དུ་ལྷེབ་གྲངས་འབྲི་བའི་སྲོལ་དེ་ནི་དུས་ནམ་ཞིག་ལ་དར་བ་ཡིན་ནམ་ཞེས་ན། སྔོན་གྱི་ལེའུ་དེར་བཤད་ཟིན་པ་བཞིན་གསུང་རབ་ཀྱི་སྟེང་དུ་ལྷེབ་གྲངས་འགོད་པའི་སྲོལ་དེ་མ་བྱུང་བའི་ཡར་སྔོན་དུ་གསུང་རབ་ཀྱི་ལྷེབ་གྲངས་ཀྱི་བྱེད་ནུས་དེ་ཡང་གསུང་རབ་བྲིས་མའི་སྟེང་དུ་གསལ་བའི་སྒོར་ཐིག་གི་མིག་ཕུའི་ནང་དུ་བརྒྱུས་པའི་རྒྱུན་བུ་དེས་བཟུང་ཡོད། སྤྱི་ལོའི་དུས་རབས་8པའི་ནང་དུ་ཆོས་རྒྱལ་གྱི་ཟླ་འབུམ་ལྕུགས་ཐུར་མ་ཞེས་བྱུང་བར་བསམ་གཞིགས་གཅིག་བྱས་པ་ཡིན་ན། ཟླ་འབུམ་དེ་ཉིན་མཚན་རྒྱུན་མཐུད་དེ་ལྟགས་གློག་ཞུ་སྐབས་སྒོར་ཐིག་གི་མིག་ཕུ་དེར་བརྒྱུས་པའི་རྒྱུན་བུ་དེ་ཚུང་ཟད་ཅིག་ལས་རྙོགས་སུ་མཐོང་ནས་གླེགས་བམ་གྱི་གོ་རིམ་དེ་སྔོན་རྒྱུན་བུ་བརྒྱུས་ས་དེར་ལྕུགས་ཐུར་རེ་བརྒྱུས་པ་ལས་གསུང་རབ་ཀྱི་སྒོར་ཐིག་གི་བྱེད་ནུས་ལྷེབ་གྲངས་ཕན་ཚུན་མི་འགྲུགས་པ་དེ་ཕ་གཞིས་བུས་འཛིན་པ་ལྟར་ལྕུགས་ཐུར་གྱིས་བཟུང་བར་སེམས། དེ་

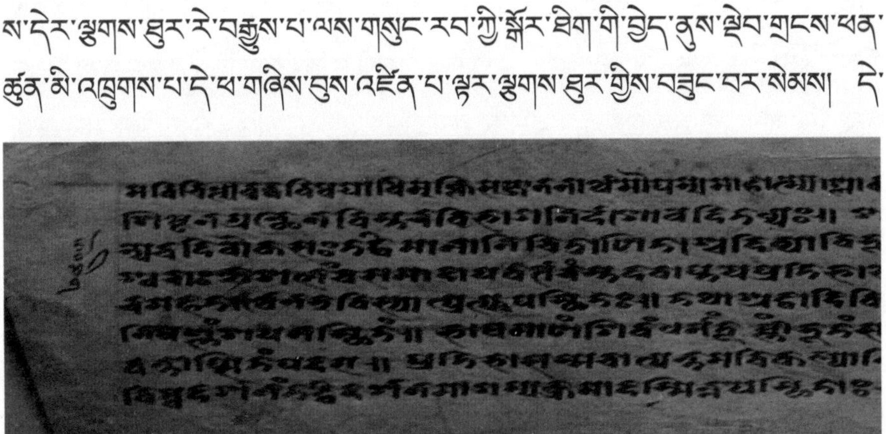

དུས་རབས་14རྒྱ་དཔེའི་ལྷེབ་གྲངས་བོད་ཨང་ཅན།

དུས་རབས་8-9གནའ་དཔེའི་ལྡེབ་གྲངས།

རྗེས་རིམ་པས་བཞིན་གནའ་དཔེ་ལྷུགས་གློག་དང་དོ་དམ་གྱི་དགོས་མཁོར་གཞིགས་ཏེ་གསུང་རབ་ཀྱི་ལྡེབ་གྲངས་དང་ལྷུགས་ཐུར་གཉིས་བསྡུར་ན། སྔོར་ཐེག་གི་མིག་ཕུར་བརྒྱུས་པའི་ལྷུགས་ཐུར་དེ་ཡང་སྐབས་མི་བདེ་བ་དང་ལྷག་དོན་དུ་གསུང་རབ་ཀྱི་ལྡེབ་གྲངས་གོང་འོག་མི་འཁྲུགས་པའི་བྱེད་ནུས་ཐད་ནས་བརྗོད་ན་སྐབས་བདེ་དང་ཕན་ནུས་ཞན་སྐབས། དེས་ན་རིམ་པས་བཞིན་གསུང་རབ་རང་ཉིད་ཀྱི་སྤྱན་ཁྱེར་རྒྱུའི་གཡོན་ངོས་སུ་ལྡེབ་གྲངས་འགོད་པའི་སྲོལ་དེ་དར་སྲོལ་བྱུང་བ་ལགས། རྗེས་སུ་གསུང་རབ་ཀྱི་དཔེ་གཟུགས་ཀྱི་འཕེལ་འགྲོས་དང་བསྟུན་ཏེ་དུས་རབས་མི་འདྲ་བའི་ཁྱད་ཆོས་ལྡན་པའི་ལྡེབ་གྲངས་འགོད་སྲོལ་དེའང་བྱུང་བར་མངོན། ཆེས་ཐོག་མའི་གསུང་རབ་དཔེ་གཟུགས་ཤོག་དྲིལ་དང་ལྷེབ་མགོ་མ་སོགས་ལ་ལྡེབ་གྲངས་བཀོད་མེད་པ་ད་ལྟ་མཛལ་ཡུལ་དུ་ཡོད་པ་མངའ་རིས་མཐོ་ལྡིང་དགོན་གྱི་གུ་གེའི་རྒྱལ་རབས་དང་སྐྱོ་ཁའི་དཀའ་ཐང་འབུམ་པ་ཆེའི་བོན་གྱི་གནག་རབས་སོགས་ཡིན། དུས་རབས་8-9པའི་ནང་གི་གནའ་དཔེ་འགའ་ཞིག་གི་ལྡེབ་གྲངས་སུ་གསུང་རབ་དེའི་གཡས་ཀྱི་སྤྱན་ཁྱེར་རྒྱུའི་ནང་དུ་ལྡེབ་གྲངས་ཀྱི་ཨང་གིའི་ཚབ་ཏུ་བོད་ཡིག་གི་ཀ་མད་བཀོད་པ་སྟེ་ཏུན་ཧོང་ནས་ཐོན་པའི་སྐྲ་སྦྱོར་བམ་གཉིས་དང་དུས་རབས་11པར་འབྲི་བཞེངས་བགྱིས་པའི་མར་པ་ལོ་ཙྪའི་འགྱུར་འབྲུག་དགོན་པར་བཞུགས་པ་སོགས་ཡིན། དེ་མིན་བཙན་པོའི་སྣ་འབུམ་དང་དུས་རབས་12པར་འབྲི་བཞེངས་བྱས་པའི་མཉེས་ཐང་སྒྲོལ་མ་ལྷ་ཁང་གི་ཤེར་ཕྱིན་འབུམ་ཤོག་མོ་ཆེ་དེ་དག་གི་ལྡེབ་གྲངས་དྲུག་ཅུ་ནས་རེ་དགུ་བར་གྱི་ལྡེབ་གྲངས་ལ་རེ་གཅིག་དང་རེ་དགུ་ཞེས་བཀོད་འདུག འོན་ཀེ་ཏུའི་མངའ་བདག་མགོན་ནེའི་མདོ་མངས་མཐོང་སྨོན་དང་མངའ་རིས་གུང་ཐང་དཔར་མ་སོགས་ཀྱི་ལྡེབ་གྲངས་ཀྱི་

བརྒྱ་གནས་དེ་དམིགས་བསལ་རྟགས་སྒྲ་ཚོགས་བཀོད་འདུག་པ་གཤམ་གྱི་རེའུ་མིག་ལྟར།

གཞུང་གི་མཚན་བྱང་།	ལྡེབ་གྲངས་འགོད་སྟོལ།	ལྡེབ་གྲངས་གསལ་བཤད།	དཔར་གཞི།
སྒྲ་སྦྱོར་བམ་གཉིས།	ཀ།	ཀ་མད་གི་གོ་རིམ་དེས་ལྡེབ་གྲངས་མཚོན་ཡོད།	ཏུན་ཧོང་ཡིག་རྙིང་།
བཙན་པོའི་བླ་འབུམ།	གསུམ་བརྒྱ་རེ་བརྒྱད།	ཁོད་ག་པར་ལྡེབ་གྲངས་368ཡོད་པའི་དོན།	བྲིས་མ།
ཤེར་རབ་ཀྱི་ཕ་རོལ་ཏུ་ཕྱིན་པ།	ཁ‡‡‡‡དོན་གཉིས་བྱོན།	ཁ་ནི་པོད་རྟགས་དང་རྟགས་འདིས་‡བརྒྱ་གནས་གཅིག་མཚོན། ཁྱོན་472ཡོད།	བྲིས་མ།
མངའ་རིས་འཁོར་ཆགས་དགོན་གྱི་ཤེར་ཕྱིན།	ག ×××རོ་དྲུག	ག་ཡིག་གིས་པོད་གྲངས་དང་རྟགས་འདིས×བརྒྱ་གནས་གཅིག་མཚོན། རོ་དྲུག་ཞེས་པ་ནི་རེ་དྲུག་སྟེ་པོད་ག་པར་ཁྱོན་ལྡེབ་གྲངས་368ཡོད།	བྲིས་མ།
མི་ལའི་རྣམ་ཐར་མཛོད་ནག་མ།	∫∫∫སུམ་ཅུ་བྱོན།	རྟགས་∫འདིས་བརྒྱ་གྲངས་གཅིག་མཚོན། པོད་འདིར་ཁྱོན་ལྡེབ་གྲངས་330ཡོད་པ་མཚོན།	བྲིས་མ།
ཐུགས་འཆང་ངག་དབང་ཀུནདགའི་གསུང་འབུམ།	ཀ××རེ་བདུན་བྱོན།	ཀ་ཡིག་གིས་གསུང་རབ་ཀྱི་པོད་གྲངས་མཚོན། ×རྟགས་འདིས་བརྒྱ་གྲངས་གཅིག་མཚོན། བྱོན་ཞེས་པ་ནི་པོད་ཀ་པ་རྫོགས་ཟིན་པའི་དོན། ཀ་པོད་འདིར་ལྡེབ་གྲངས་267ཡོད།	བྲིས་མ།
ཀོང་སྤྲུལ་ཡོན་ཏན་རྒྱ་མཚོའི་གསུང་འབུམ།	ག ××××ཐམ་ང་། ××བརྒྱད།	ག་ཡིག་གིས་པོད་གྲངས་དང་ཁྱོན་ལྡེབ་གྲངས་405ཡོད་པ་མཚོན། ང་ཡིག་དེས་པོད་ག་པའི་ཆོས་ཚན་བཞི་པ་མཚོན་ལྡེབ་གྲངས་208ཡོད།	གཙང་སྣམ་པོ་ཆེའི་དཔར།

མངའ་བདག་མགོན་ནེའི་མདོ་མངས།	ཁ—§—§—§—དྲུག	ཁ་ཡིག་གིས་ཐོད་གྲངས་དང་རྟགས་འདིས་§བརྒྱ་གནས་གཅིག་མཚོན། དེས་ན་ཁ་ཐོད་ལ་ལྡེབ་གྲངས་306ཡོད།	ཁྲིས་མ།
ས་པཎ་གྱི་ཚད་མ་རིགས་གཏེར།	ཀ། བརྒྱ་དང་གྱ་དགུ། 上二百八十九	རིགས་གཏེར་ཀ་ཐོད་ལ་ལྡེབ་གྲངས་189ཡོད། རྒྱ་ཡིག་ལྡེབ་གྲངས་གོང་འོག་སོ་སོར་བརྩིས་པའི་289ཡོད།	ཡོན་དཔར་མ།
སྡོམ་པ་གསུམ་གྱི་རབ་ཏུ་དབྱེ་བ་བཞུགས་སོ།	ཏ། དོན་གཉིས། 元上七十二、元下七十三	ཏ་ཡིག་ནི་ཐོད་གྲངས། ལྡེབ་གྲངས་72ཡོད། རྒྱ་ཡིག་གི་ཡོན་ནི་ཐོད་གྲངས་དང་གོང་འོག་རྒྱ་ཡིག་གི་ཨང་གྲངས་སྟེ། 元上七十二	ཡོན་གྱི་དཔར་མ།

འོན་ཏེ་རང་ཉིད་ཀྱིས་ད་བར་མཇལ་ཐུབ་པའི་གནའ་དཔེའི་ལྡེབ་གྲངས་སུ་ཐད་ཀར་བོད་ཨང་བཀོད་པའི་གནའ་དཔེ་ནི་གཅིག་ཙམ་ལས་མཇལ་མ་སྐྱོང་། གནའ་དཔེ་དེ་ནི་དུས་རབས་15པའི་ནང་དུ་སི་ཏུ་ཆོས་རིན་གྱི་དགོངས་རྫོགས་སུ་དཔར་དུ་བཞེངས་པའི་རྫོག་ལོའི་འགྱུར་ཞལ་དཀར་གྱི་དཔར་མ་དེ་ཡིན། དཔར་མ་དེའི་ལྡེབ་གྲངས་ཀྱི་ཉིན་ངོར་བོད་ཡིག་ཡིག་ཆེན་གྱི་ལྡེབ་གྲངས་བཀོད་པ་དང་སྲིབ་ངོས་སུ་བོད་ཨང་བཀོད་འདུག དེ་

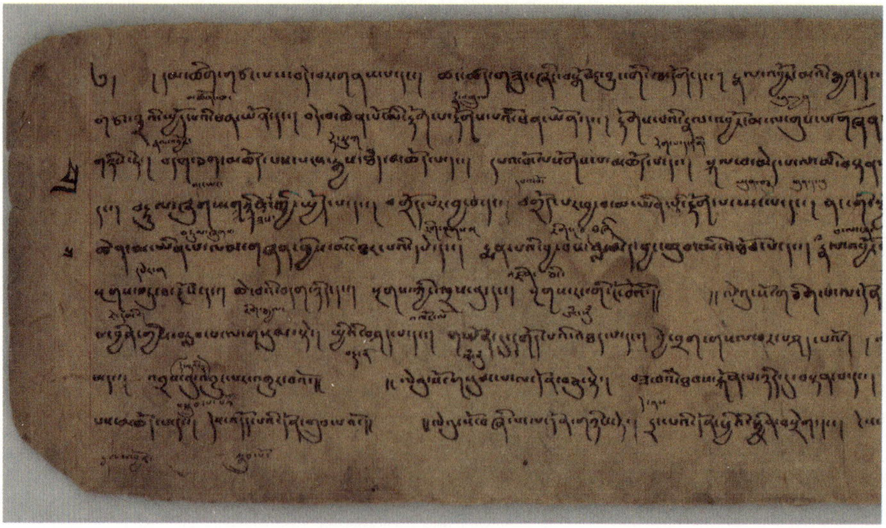

དུས་རབས་10-11གནའ་དཔེ་ཁྲིས་མའི་ལྡེབ་གྲངས།

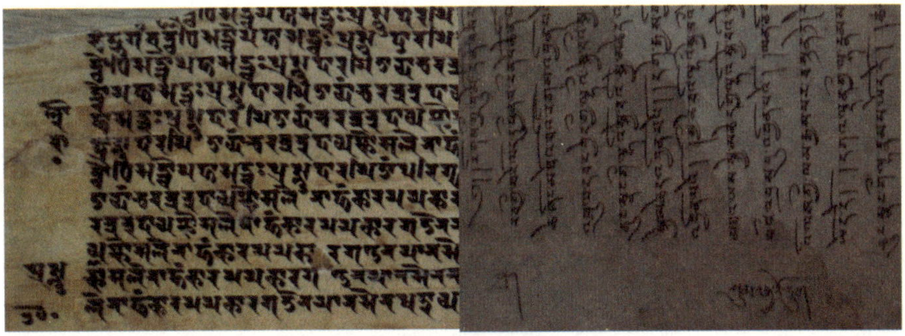

དུས་རབས་9-11གནའ་དཔེའི་ཞྭ་གྲངས།

ཞི་ད་བར་མཇལ་ཐུབ་པའི་ཤོག་གྲངས་དམིགས་བསལ་ཅན་གྱི་དཔར་མ་ཞིག་ཡིན། དེར་བརྟེན་བོད་ཡིག་གནའ་དཔེའི་ཤོག་གྲངས་སུ་ཐད་ཀར་བོད་ཨང་བཀོད་པའི་སྲོལ་དེ་དར་ཁྱབ་ཆེན་པོ་བྱུང་མི་འདུག དེ་ལྟར་མ་བྱུང་བའི་རྒྱུ་མཚན་ཡང་བོད་ཀྱི་གསུང་རབ་སློབ་དུང་དཀར་བློ་བཟང་འཕྲིན་མཆོག་གིས་བོད་ཨང་བདུན་འདི་༧དང་དགུ་ལ་༩འདི་འདྲ་བྲིས་ཡོད་སྐབས་བདུན་དང་དགུ། དགུ་དང་གཉིས་བཅས་ཕན་ཚུན་འདྲ་ཉེར་ཡོང་སླ་བས་ཡིག་གཟུགས་ལ་གཟབ་ནན་གྱིས་ལྟ་དགོས་ཞེས་གསུངས་པས་ཡིན་ནམ་སྙམ། འོན་ཏེ་བོད་དུ་བོད་ཨང་ནི་སྤྱི་ལོའི་དུས་རབས་8ནས་ཡོད་པ་ཞིག་ཡིན་པ་ནི་བོད་རིགས་ཀྱི་གནའ་རབས་ཨང་གི་ཞེས་པར་1984ལོའི་ཟླ་5པར་ཡུམ་བུ་བླ་མཁར་དུ་བཞུགས་པའི་གནའ་དཔེ་བྲིས་མ་འགའ་ཞིག་མཇལ་བྱུང་། དེ་དག་གི་ཁྲོད་ནས་བོད་ཨང་བཅུ་གནས་ཆ་ཚང་བ་ཞིག་རྙེད་སོན་བྱུང་ཞིང་དེར་བརྟག་དཔྱད་བྱས་པ་བརྒྱུད། བོད་ཨང་དེ་ནི་སྤྱི་ལོའི་དུས་རབས་8-10པའི་དུས་དཀྱིལ་དུ་བོད་ཀྱི་སྤྱི་ཚོགས་ནང་དུ་རྒྱ་ཁྱབ་ཀྱི་བེད་སྤྱོད་བྱེད་པའི་བོད་ཨང་ཞིག་ཡིན། དེ་ལ་མཐོ་བོད་བོད་ཨང་ཞེས་དང་ད་དུང་སྤྱི་ལོ་1984ལོའི་ལོ་མཇུག་ཏུ་ཀ་ཏ་ལྷ་ཁང་དུ་གནའ་དཔེ་ལེགས་སྒྲིག་བྱེ་སྐབས། དུས་རབས་དཀྱིལ་མའི་དཀར་ཆག་བྲིས་མ་བགྲེས་ཟད་དུ་སོང་བ་ཞིག་གི་ནང་ནས་ཡང་བོད་ཨང་བཅུ་གནས་ཆ་ཚང་བ་ཞིག་རྙེད་བྱུང་ཞིང་། དེ་དག་ལ་བརྟག་དཔྱད་བྱས་པ་བརྒྱུད། བོད་ཨང་དེ་ནི་དུས་རབས་དཀྱིལ་མའི་བོད་ཨང་ཞིག་རེད་འདུག[1]ཅེས་བརྗོད་པ་ལས་བོད་རིགས་ལ་བོད་ཨང་དེ་སྤྱི་ལོའི་དུས་8པའི་སྐབས་ནས་ཡོད་པ་དེ་ཤེས། བོད་ཨང་གི་འབྱུང་ཁུངས་ཐད་ལ་བོད་ཨང་

(1)牛治富编 《西藏科学技术史 》第二章（藏族古代的数字）西藏人民出版社2003年版。

ནི་མིའི་གཟུགས་པོའི་ཆ་ཤས་ཀྱི་གཟུགས་དབྱིབས་ལ་དཔེ་ལེན་ཏེ་བཟོས་པ་ཞིག་ཡིན་ཞེས་གནམ་རིག་སྐར་རྩིས་ཀྱི་ལོ་རྒྱུས་མདོར་བསྡུས་ཞེས་པར་གསུངས་འདུག དེའི་སྐོར་ལ་སྐུ་ཞབས་ལྷག་པ་ཕུན་ཚོགས་ཀྱིས་དཔྱད་པ་མཐིལ་ཕྱིན་བྱས་ཏེ་གསུངས་དོན། སྔོན་གྱི་བཤད་སྲོལ་དེ་ནི་འགྲོ་བ་མིའི་རིགས་ཀྱི་ཤེས་རིག་འཕེལ་རྒྱས་ཀྱི་རྩ་བའི་ཁྱད་ཆོས་དང་ཡོངས་སུ་མཐུན་པ་ཞིག་རེད། ང་ཚོ་འགྲོ་བ་མིའི་རིགས་ཀྱི་ཤེས་རིག་མང་པོ་ཞིག་གི་འབྲས་བུ་ནི་གདོད་མའི་མི་རིགས་ཀྱིས་ཆེས་རྒྱུས་མངའ་ཡོད་པའི་ས་ལས་འགོ་ཚུགས་པ་ཞིག་རེད། དེས་རང་ཉིད་རྒྱུས་མངའ་དང་ཤེས་རྟོགས་བྱེད་པ་ནི་གདོད་མའི་ཤེས་རིག་གི་འབྱུང་ཁུངས་གཙོ་བོ་དེ་ཡིན་ཞེས་པ་སོགས་ལས་བོད་རིགས་ཀྱི་ཨང་གིའི་འབྱུང་ཁུངས་ནི་ཆོས་ཉིད་དང་མཐུན་པ་ཞིག་ཡིན་པ་ཤེས། དེའི་སྐོར་རྒྱས་པར་གཟིགས་འདོད་ན་བོད་རིགས་ཨང་གིའི་ལོ་རྒྱུས་ཀྱི་གནས་བབ་དང་རིག་གཞུང་གི་རིན་ཐང་ཞེས་པར་གཟིགས་པར་འཚལ། མདོར་ན་བོད་རིགས་ལ་ཨང་གི་དུས་རབས་8པའི་སྐབས་ནས་བྱུང་ཡོད་ཀྱང་བོད་ཡིག་གནའ་དཔེའི་ལྷེབ་གྲངས་སུ་ཐད་ཀར་བཀོད་པའི་སྲོལ་དེ་དར་ཁྱབ་ཆེན་པོ་མ་བྱུང་དེ་ཤེས་སོ།

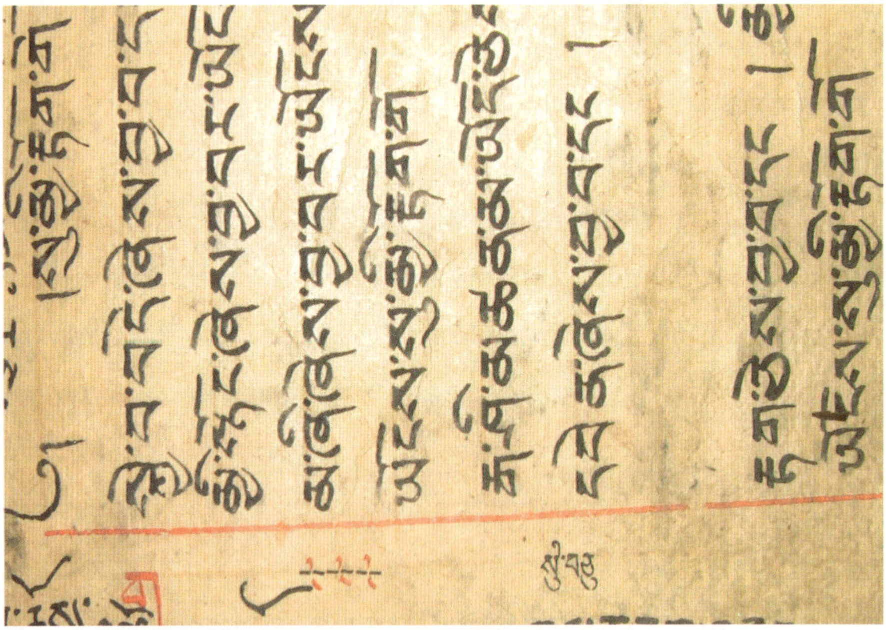

དུས་རབས་12གནའ་དཔེའི་ལྷེབ་གྲངས།

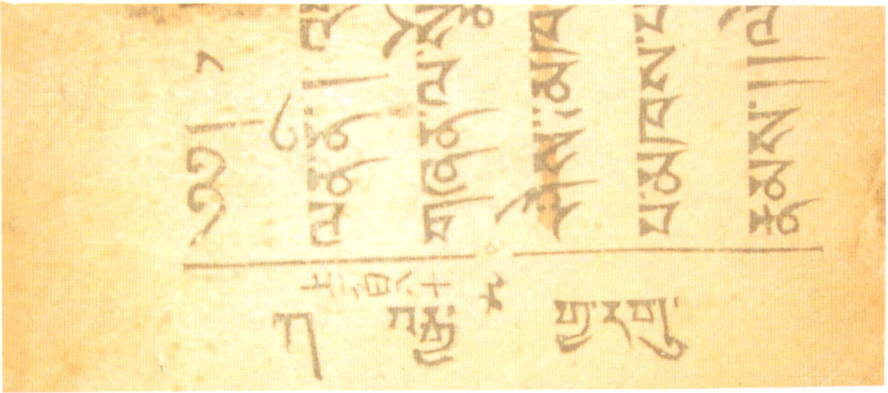

དུས་རབས་13སྔོན་དཔར་མའི་ལྷེབ་གྲངས།

གཉིས། ལྷེབ་གྲངས་ཀྱི་ཁྱད་ཆོས།

གོང་གི་རེའུ་མིག་ཏུ་བཀོད་པའི་ལྷེབ་གྲངས་དེ་དག་ལ་ང་ཚོས་བསམ་གཞིགས་ཤིག་བྱས་ན། ལྷེབ་གྲངས་འགོད་སྲོལ་མི་འདྲ་བ་དེ་ཡང་དུས་རབས་ཀྱི་འགྲོས་དང་བསྟུན་ཏེ་བྱུང་བ་ཞིག་ལགས། དུས་རབས་8པའི་སྐབས་ཀྱི་དཔེ་རྙིང་བྲིས་མ་འགའ་ཞིག་གི་ལྷེབ་གྲངས་སུ་བོད་ཡིག་ཡིག་ཆེན་གྱིས་མཚོན་པར་མ་བྱས་པར་དཔེ་རྙིང་དེ་དག་གི་སྤྱན་ཕྱིར་གྱི་རྒྱའི་ནང་དུ་ལྷེབ་གྲངས་ཀྱི་གྲངས་ཚད་དེ་བོད་ཡིག་གི་ཀ་མད་ཀྱིས་ཚད་ཟིན་པ་སྟེ་ཏུན་ཧོང་ནས་ཐོན་པའི་དཔེ་རྙིང་peli.tib0845སྒྲ་སྦྱོར་བམ་གཉིས་ལྟ་བུ་ཡིན་སྟབས། ང་ཚོས་གནའ་དཔེའི་སྤྱན་ཕྱིར་གྱི་རྒྱའི་ནང་དུ་ཀ་མད་བྲིས་ཡོད་པ་ཚང་མ་གནའ་དཔེ་དེའི་ཆོས་ཚན་དང་བོད་གྲངས་མཚོན་བྱེད་ཀྱི་དོན་དེ་མ་ཡིན་པའང་ཞོར་དུ་རྟོགས། དུས་རབས་8-12པའི་ནང་དུ་འབྲི་བཞེངས་བྱས་པའི་དཔེ་རྙིང་དག་གི་སྤྱན་ཕྱིར་གྱི་རྒྱའི་ནང་དུ་ག་སུམ་བརྒྱ་རོ་བརྒྱད། ང་སུམ་བརྒྱ་རོ་དྲུག ར་རོ་གཅིག་སོགས་བྲིས་ཡོང་གི་འདུག དེས་ན་ར་རོ་གཅིག་ཅེས་པ་ནི་སེམས་ཅན་ར་ལུག་སོགས་ཀྱི་རོ་གཅིག་ཅེས་པའི་དོན་མ་ཡིན་པར། ར་ཡིག་གིས་བོད་གྲངས་མཚོན་པ་དང་རོ་གཅིག་གིས་བོད་དེར་ལྷེབ་གྲངས་རེ་གཅིག་ཡོད་པའི་དོན་ཡིན། དེའི་ཐད་གོ་བ་སྔོན་ལྟར་བཏང་ཡང་སྲིད། གང་ཡིན་ཟེར་ན། དེ་སྔོན་ཏུན་ཧོང་ནས་ཐོན་པའི་དཔེ་རྙིགས་མང་པོ་ཞིག་ཀན་སུའུ་ཞིང་ཆེན་ཧེན་ཛས་བཤམས་མཛོད་དུ་ཉར་བའི་ཆོས་གཞུང་

དཔེ་རྙོགས་སྙིང་དུ་Db.t0611བཙན་ལེགས་ཀྱི་རོ་ཤོག་ཤོག་ངན་ཏེ་ཕྱུང་ངོ་།[1] ཞེས་པའི་ནང་གི་རོ་ཤོག་ནི་ལྷེབ་གྲངས་ཕན་མེད་དེ་དག་ལྷེབ་གྲངས་མང་པོའི་དཀྱིལ་ནས་ཕྱིར་ཕྱུང་བའི་དོན་ཡིན། བྲིས་དག་པའི་དཔེ་རྙིང་བཙན་པོའི་བླ་འབུམ་དུ་གསེར་རོ་ཞེས་[2]བྲིས་པའི་རོ་ཡིག་དེ་ནི་ཡིག་གཟུགས་ལེགས་པོ་བྲིས་པའི་དཔེ་རྙིང་གི་དོན་ཡིན་ནམ་སྙམ། དེས་ན་བཙན་པའི་སྐབས་སུ་རོ་ཡིག་དེ་བེད་སྤྱོད་མང་པོ་ཞིག་གནང་གི་ཡོད་པའང་ཤུགས་ལ་རྟོགས། དེ་མིན་དུས་རབས་11མན་ནས་འགོ་བཙམས་ཏེ་གསུང་པོད་ཀྱི་ལྷེབ་གྲངས་སུ། དམིགས་བསལ་གྱི་མཚོན་རྟགས་ x∫|§‡ +འདི་འདྲ་བེད་སྤྱོད་གནང་བའི་སྲོལ་བྱུང་འདུག འདི་དག་གིས་བརྒྱ་གྲངས་ཀྱི་དོད་བྱས་འདུག པོད་ལ་ལར་ལྷེབ་གྲངས་བརྒྱ་ལས་བརྒལ་བ་ཡིན་ན་པོད་ཡིག་དེ་བཀོལ་སྤྱོད་མ་གནང་བར་གྲངས་གནས་བརྒྱ་དེའི་དོད་དུ x∫|§‡ +རྟགས་འདི་དག་བྲིས་ཡོད། དཔེར་ན་ཉིས་བརྒྱ་ཡིན་ན་རྟགས་འདི་དག་ཉིས་ཟློས་སུ་བྲིས་པ་ནི་ xxའམ་ ++འདི་ལྟ་བུ་ཡིན། འདི་དག་ནི་པོད་ཀྱི་གསུང་རབ་བྲིས་མ་དག་གི་ལྷེབ་གྲངས་ཀྱི་དམིགས་བསལ་ཁྱད་ཆོས་སུ་འཁྱུམས་སོ། འོ་ན་དམིགས་བསལ་རྟགས་འདི་རིགས་ཀྱིས་ལྷེབ་གྲངས་མཚོན་པར་བྱས་པ་དེར་བརྟགས་ན། ནུབ་ཕྱོགས་ཀྱི་གནའ་དཔེ་བྲིས་མར་ཞིབ་འཇུག་གནང་མཁན་དག་གིས་བཞེད་པ་ལྟར་ན། གོང་དུ་བཀོད་པའི་དམིགས་

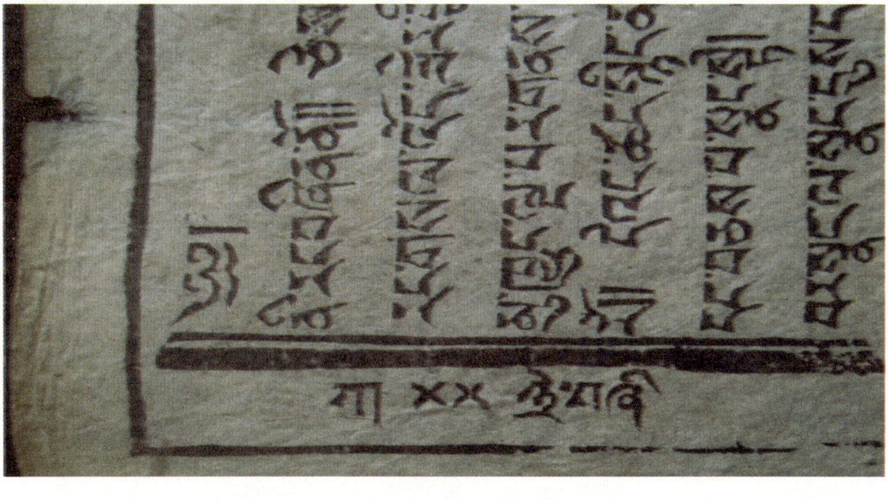

དུས་རབས་16མངའ་རིས་གུང་ཐང་དཔར་མའི་ལྷེབ་གྲངས།

(1)敦煌研究院编 《敦煌吐蕃文化学术研讨会论文集》甘肃民族出版社2009年版 395页。

(2)གྲོ་མཁར་ཆོས་སྡེར་བཞུགས་པའི་ཤེར་ཕྱིན་བྲིས་མ་པོད་ཆ་པ་ལས་དྲངས།

བསམ་རྟགས་དེ་དག་གིས་གནའ་དཔེའི་ལྡེབ་གྲངས་མཚོན་པར་བྱས་པའི་གནས་ཚུལ་དེ་འདྲ་ཀྲུང་ཡ་《中亚》ཡི་གནའ་དཔེ་བྲིས་མའི་ཁྲོད་དུའང་མཇལ་རྒྱུ་ཡོད་པ་ཞིག་ཡིན། དེའི་ཐོག་མའི་འབྱུང་ཁུངས་ནི་རྒྱ་གར་གྱི་ཡི་གེའི་གོ་རིམ་ལས་བྱུང་བ་ཞིག་རེད། རྒྱ་གར་དུ་དུས་རབས་6པར་བྱོན་པའི་སྐྱན་གྲགས་ཅན་གྱི་རྩིས་རིག་མཁས་ཅན་གནམ་དཔྱད་སྐར་རྩིས་མཁས་ཅན་ཨཱརྻ་ཨ་བྷ་ཊ་Aryabhataཡིས་རྩིས་རིག་སྟབས་བདེའི་ཆེད་དུ། ཡི་གེ་མི་འདྲ་བ་ཁག་དགུས་གཅིག་ཏུ་སྒྲིལ་ནས་དམིགས་བསལ་གྱིས་སྒྲིལ་ཐབས་གསར་པ་ཞིག་གསར་གཏོད་བྱས་པ་རེད། རྗེས་སུ་དུས་རབས་11པར་གནའ་དཔེ་བྲིས་མ་དང་རྫོ་རིང་སོགས་སུ་བེད་སྤྱོད་བྱས་པ་དེར་དམིགས་བསལ་གྱི་གསང་བའི་ལྡེབ་གྲངས་འགོད་ལུགས་ཞེས་རྒྱ་གར་ཛྷཱ་ནུབ་ཁུལ་དུ་གྲགས། དེ་ནི་གཏེར་ཡིག་གི་གོ་རིམ་མཚོན་པའི་གསང་བའི་གྲངས་འགོད་ཐབས་ཤིག་ཡིན། དེའི་དམིགས་ཡུལ་ནི་ཕྱིའི་མི་རྣམས་ཀྱིས་གསང་བ་བརྙོལ་དཀའ་བའི་གནས་དང་ནང་ཁུལ་གྱི་རིགས་གཅིག་སློབ་མ་རྣམས་ཀྱིས་གནས་དེ་རྟོགས་ཐུབ་པའི་ཆེད་དུ་ཡིན། རྒྱ་གར་དུ་ལོ་ངོ་སྟོང་ཕྲག་མང་པོའི་རིང་དུ་རང་སྤྱོད་བྱུང་བའི་རྣམ་པ་མི་འདྲ་བའི་མ་ལག་དེ་དག་གི་ཁྲོད་ནས་ཅིར་ཅི་ཐ་(吉尔吉特) གནའ་དཔེ་བྲིས་མའི་ཁྲོད་ཀྱི་ལྡེབ་གྲངས་འགོད་སྟངས་དེ་དཔལ་ས་སྐྱ་དགོན་དུ་བཞུགས་པའི་དུས་རབས་10-11པའི་གནའ་དཔེ་བྲིས་མ་དེ་དག་གི་ལྡེབ་གྲངས་འགོད་སྟངས་དང་གཙུ་ཁ་རང་འགྲིག་ལྟ་བུར་འདུག[1]ཅེས་པས་བོད་ཀྱི་གནའ་དཔེ་བྲིས་མའི་དམིགས་བསལ་ལྡེབ་གྲངས་འགོད་སྟངས་བྱུང་བ་ཅི་ཞིག་ཡིན་པ་ཞོར་དུ་རྟོགས། བོད་ཀྱི་ལྡེབ་གྲངས་ནི་ཤོག་ལྷེ་གཅིག་གི་རྒྱབ་མདུན་ནམ་ཉེན་ཤོག་གཉིས་གཅིག་ཏུ་དྲིལ་བ་ལ་ལྡེབ་གྲངས་གཅིག་བརྩིས་ཀྱི་ཡོད། དཔེར་ན་གསུང་རབ་སྒྲ་བའི་དབང་པོ་བཅོམ་ལྡན་རིགས་པའི་རལ་གྲིའི་གསུང་འབུམ་ལྟ་བུ་ཞིག་ལ་ཆ་མཚོན་ནས་འཆད་ན། གསུང་འབུམ་གྱི་གོ་རིམ་ནི་ཀ་མད་ཀྱིས་ཚོད་འཛིན་གནང་ཡོད་པ་སྟེ། དཔེར་ན་ཁོང་ལ་གསུང་པོད་བཅུ་གསུམ་ཡོད་ན། ཀ་མད་ཀྱི་གོ་རིམ་བརྩིས་ན་ཀ་ནས་ད་དབར་ཡིན། དེ་རྗེས་ཀ་པའི་ནང་དུ་ཆོས་ཚན་དྲུག་ཡོད་ན་ཀ་པོད་ནང་དུ་ཡང་ཀ་ནས་ཆ་བར་བྲིས་ཡོད། ལྡེབ་གྲངས་དེ་དག་གི་ཐད་དུ་བྲིས་པའི་ཁྱོན་ཡོངས་ཀྱི་ཀ་དེས་པོད་ཀ་པའི་ཆོས་ཚན་དང་དེ་ནས་གཞན་ཀ་དེས་ཀ་པོད་ཀྱི་ཆོས་ཚན་མཚོན་གྱི་ཡོད། འོ་ན་ལྡེབ་གྲངས་དེ་ལྟར་བཀོད་

(1)【瑞士】安·克麗丝蒂娜·谢勒-肖布著、《 敦煌与塔波古藏文写本研究方法论问题》法国汉学，第5期，中华书局，259页。

ན་ཕན་ཡོན་ཅི་ཡོད་དམ་ཞེས་ན། ང་རང་གིས་བལྟ་ཚུལ་ལྟར་ན། ཀ་མད་ཀྱི་གོ་རིམ་བཀོལ་བ་ལས་ང་ཚོས་མཛད་པ་པོ་དེའི་གསུང་པོད་ཕྱིན་མང་ཉུང་ཅི་ཞིག་ཡོད་མེད་ཐད་ཀར་གསུང་པོད་དེའི་སྤྱན་ཕྱིར་གྱི་ཆ་ལས་ཤེས་ཐུབ་ལ་ལྷག་དོན་དུ་ཀ་པོད་དེའི་ནང་དུ་ཀ་ནས་ཉ་བར་གྱི་ཆོས་ཚན་ཇི་སྙེད་ཅིག་བསྡུས་ཡོད་པ་ཡང་རྟོགས། ཆོས་ཚན་ཁ་པ་དེ་ཇོགས་ཟིན་པ་ཐད་ཀར་རྟོགས་ཤིང་དེའི་འོག་ཏུ་xxxཉེར་དྲུག་ཅེས་བྲིས་ཡོད་ན། གསུང་པོད་ཀ་པའི་ཕྱིན་ཡོངས་ཀྱི་ལྡེབ་གྲངས་གསུམ་བརྒྱ་ཉེར་དྲུག་ལ་ཐོན་པ་དེ་ཤེས་ཐུབ་པ་སོགས་ནི། གནའ་དཔེ་བྲིས་མ་དེ་དག་གི་ལྡེབ་གྲངས་ལས་ང་ཚོ་གནའ་དཔེ་རིག་པའི་ཕྱུག་ལས་གནང་མཁན་རྣམས་ལ་སྤྲིན་པའི་ཆ་འཕྲིན་གལ་ཆེན་ཞིག་ཡིན། དེ་ནི་གནའ་དཔེ་རྙོག་འཛིང་དུ་སོང་བ་དག་ལེགས་སྒྲིག་བྱེ་སྐབས་ཤིན་ཏུ་ནས་མཁོ་བ་ཞིག་ལགས་སོ།

བོད་ཀྱི་གསུང་རབ་སྨྲ་བའི་དབང་པོ་དུང་དཀར་བློ་བཟང་འཕྲིན་ལས་མཆོག་གིས་བོད་ཀྱི་མཁས་པ་ཚོའི་གསུང་རྩོམ་མང་ཆེ་བར་ཤོག་གྲངས་ལ་བོད་ཡིག་གི་ཡིག་ཆེན་འབྲི་བ་མང་ཞིང་། གནའ་རབས་ཀྱི་དཔེ་ཆ་འགའ་ཞིག་གི་ཤོག་གྲངས་ཨང་གི་འབྲི་བ་དང་། དེ་ཡང་གཅིག་ནས་དགུ་བཅུ་གོ་དགུའི་བར་ཡོངས་གྲགས་ལྟར་དང་། ཨང་གི་བདུན་ནི་༧འདི་འདྲ་དང་ཨང་གི་དགུ་ལ་༩འདི་བྲིས་ཡོད་སྐབས་བདུན་དང་དགུ་གཉིས་བཅས་ཕན་ཚུན་འདྲ་ནོར་ཡོང་སླ་བས་ཡིག་གཟུགས་ལ་གཟབ་ནན་གྱི་ལྟ་དགོས། ཨང་གི་བརྒྱ་ཐམ་པ་ལ་༡༠༠ ཉིས་བརྒྱ་ཐམ་པ་ལ་༡༡༠༠ སུམ་བརྒྱ་ལ་༡༡༡༠༠སོགས་ཚིག་སྟོང་བར་གྱི་གྲངས་ཀ་རྣམས་ལ་གུར་རྟགས་གོང་ལྟར་ཁ་སྐོན་བྱས་ཏེ་ཚིག་སྟོང་ཡན་ཆད་ཙམ་གྱི་ཨང་གི་རྒྱུན་སྤྱོད་ཨང་གི་དང་འདྲ་བར་འབྲི་སྲོལ་ཡང་འདུག[1]ཅེས་གསུངས་པས་ཀྱང་ར་སྤྲོད་བྱེད་ཐུབ། དེ་མིན་པའི་ད་དུང་བོད་ཀྱི་གསུང་རབ་དཔར་མ་འགའ་ཞིག་གི་སྟེང་དུ་རྒྱུན་སྲོལ་ལྟར་གཡས་ངོས་ཀྱི་སྤྱན་ཕྱིར་དུ་བོད་ཡིག་གི་ཡིག་ཆེན་གྱི་ཨང་གི་དང་གཡོན་ངོས་སུ་རྒྱ་ཡིག་གི་ཡིག་ཆེན་གྱི་ཨང་གི་བྲིས་པ་ཡོན་གྱི་དཔར་མ་ས་པཎ་གྱི་ཚད་མ་རིགས་གཏེར་དང་། འཇང་ས་ཐམ་གྱི་བཀའ་འགྱུར། ယུང་ལོའི་བཀའ་འགྱུར་སོགས་ཀྱི་ལྡེབ་གྲངས་ཀྱང་རྒྱ་བོད་ཟུང་དུ་བཀོལ་བའི་ཁྱད་ཆོས་དེ་རང་ལྡན་འདུག དེས་ན་གསུང་རབ་ཀྱི་ལྡེབ་གྲངས་རྒྱ་བོད་ཟུང་དུ་བཀོལ་

[1]དུང་དཀར་བློ་བཟང་འཕྲིན་ལས་ཀྱི་གསུང་རྩོམ་ཕྱོགས་བསྒྲིགས། ཀྲུང་གོ་བོད་ཀྱི་ཤེས་རིག་དཔེ་སྐྲུན་ཁང་གི་1997ལོར་དཔར་མ། ཤོག་གྲངས་387ལས་དྲངས།

བ་དེས་ང་ཚོར་གསུང་རབ་དེ་རིགས་ཚང་མ་རྒྱ་ནག་གི་དཔར་མ་ཡིན་པའི་ཆ་འཕྲིན་སྟེར་གྱི་ཡོད། གང་ཡིན་ཟེར་ན། དེ་ནི་སྔོན་མ་རྒྱ་ནག་ཏུ་དཔར་བསྐོའི་ལག་རྩལ་དེ་ཕུལ་དུ་བྱུང་བ་ཞིག་བྱུང་ཡོད་སྟབས་དཔར་པ་དེ་དག་གིས་མི་རིགས་གཞན་གྱི་ཡི་གེ་དཔར་ལ་བསྐོ་བའི་སྐབས། ཡི་གེའི་གཟུགས་པོ་ནར་བརྟེན་ནས་བསྐོ་འབྲི་བྱེད་དགོས་ཙང་དཔར་ལ་བསྐོ་བར་བྱ་བའི་གསུང་རབ་དེའི་གོ་རིམ་ཡང་རྒྱ་ཡིག་གི་ལྡེབ་གྲངས་པོ་ནར་བརྟེན་ནས་བསྐོ་འབྲི་བྱ་དགོས་པའི་རྒྱུ་མཚན་གྱིས་ཡིན། དཔེར་ན་ཡོན་གྱི་དཔར་མའི་དཔར་བྱང་དུ། བོད་ཀྱི་ཡི་གེ་པ་ཡིས་ཡི་གེར་བཀོད།། རྒྱ་ནག་བཟོ་པའི་ཚོགས་ཀྱིས་དཔར་དུ་བསྐོས།། པར་ལས་བརྒྱ་ཕྲག་དུ་མར་རབ་བཞེངས་ཏེ།།[1]ཞེས་པས་གོང་གི་གནས་ཚུལ་དེ་མགོ་བརྟགས་འབྱུང་ཐུབ། དེར་བརྟེན་གསུང་རབ་རིག་པའི་ཕྱུག་ལས་གནང་མཁན་དག་གིས་ཐ་ན་གསུང་རབ་ཀྱི་ལྡེབ་གྲངས་ཀྱི་ཁྱད་ཆོས་སོགས་ལ་སྣང་ཆུང་མ་བྱས་པར་གཙོགས་སུ་བཟུང་ནས། དེ་ལ་ཞིབ་འཇུག་མཐིལ་ཕྱིན་པ་གནང་སྟེ་དེའི་ཁྱད་ཆོས་ལག་ཐོག་ཏུ་ཡོད་ན་དེས་གསུང་རབ་ཀྱི་དཔར་གཞི་གཏན་ལ་དབབ་པར་གསུང་རབ་ཀྱི་མཇུག་བྱང་ལ་བལྟ་ཞིབ་མི་དགོས་པར་ཐད་ཀར་དཔར་གཞི་གཏན་འབེབས་ཐུབ་པའི་ནུས་པ་ཡོད་དོ།

(1)དུས་ཀྱི་འཁོར་ལོ་བསྡུས་པའི་རྒྱུད་ཀྱི་རྒྱལ་པོ། 1351ལོར་ཏི་ཤྲི་ཀུན་དགའ་རྒྱལ་མཚན་དཔལ་བཟང་པོའི་སྐུ་དུས་སུ་ཡོན་གྱི་དཔར་མའི་མཇུག་བྱང་ལས་དྲངས།

ལེའུ་བཅུ་དྲུག་པ། སྤྱན་ཁྲིར་རྒྱའི་སྐོར།

སྤྱིར་གྱི་ཆ་ནས་སྔོན་གྱི་མེས་པོ་དག་གི་གསུང་རབ་མི་འགྲུགས་པའི་ཆེད་དུ་རྒྱ་རིམ་པ་བདུན་གྱིས་བཏབ་ཡོད་པ་སྟེ། ཚིག་གི་རྒྱ་དང་། ཤད་ཀྱི་རྒྱ། ལེའུའི་རྒྱ། བམ་པོའི་རྒྱ། བམ་གྲངས་ཀྱི་རྒྱ། སྣེ་ཐིག་གི་རྒྱ། གདོང་ཡིག་གི་རྒྱའམ་སྤྱན་ཁྲིར་གྱི་རྒྱ་བཅས་གསུང་ཡོད་ཀྱང་། ཆོས་ཚན་ཇི་སྙེད་ཅིག་བཞུགས་པའི་གླེགས་བམ་དང་པོད་མང་པོ་ཞིག་དུས་རབས་དང་ལོ་རྒྱུས་དབང་གིས་དཔེ་རྙོག་ཏུ་སོང་ཡོད་སྐབས། དེ་དག་གོ་རིམ་བསྒྲིགས་པའི་སྐབས་ལ་གཙོ་བོ་གང་ཞིག་ལ་མགོ་བཏགས་བཅོལ་ཏེ་བསྒྲིགས་དགོས་སམ་ཞེས་ན། གདོང་ཡིག་གི་རྒྱའམ་སྤྱན་ཁྲིར་གྱི་རྒྱ་དེ་ལ་བཅོལ་ནས་གོ་རིམ་བསྒྲིགས་ན་འཕྲུས་སྐྱོ་ཚང་པོ་ཞིག་སྒྲིག་ཐུབ། བོད་ཀྱི་གསུང་རབ་ཀྱི་སྤྱན་ཁྲིར་གྱི་རྒྱའི་ནང་དུ་པོད་གྲངས་དེ་མཚོན་བྱེད་ཀྱི་ཀ་མད་གོ་རིམ་དང་། པོད་དེའི་ལྡེབ་གྲངས། པོད་དེའི་མཚན་བྱང་བཅས་སྤྱན་ཁྲིར་གྱི་རྒྱའི་ནང་དུ་བྲིས་ཡོད་ཙང་། སྤྱན་ཁྲིར་གྱི་རྒྱ་དེར་མགོ་བཏགས་བཅོལ་ནས་ལེགས་བསྒྲིགས་བྱས་ཚེ་སྤྲུས་དག་པོ་ཞིག་བྱ་ཐུབ།

གཅིག སྤྱན་ཁྲིར་རྒྱའི་བྱུང་བ།

བོད་ཀྱི་གསུང་རབ་དེ་ཀ་མད་ཀྱི་གོ་རིམ་ལ་བཅོལ་བའི་ལམ་སྲོལ་དེ་དུས་ཇི་ཙམ་ཞིག་ལ་དར་ཡོད་པའི་སྐོར་ལ་གདེང་ཚོད་འཁེལ་བའི་ཁ་ཚོན་གཅོད་མ་ཐུབ་ཀྱང་། བཙན་པའི་སྐབས་སུ་བཏབ་པའི་དཀར་ཆག་འཕང་ཐང་མ་དང་ལྡན་དཀར་མ་སོགས་ཀྱི་ནང་དུ་གསུང་འབུམ་གྱི་པོད་གྲངས་དེ་ཀ་མད་ཀྱི་གོ་རིམ་ལ་བཅོལ་གནང་ཡོད་པ་མཇལ་ཡུལ་དུ་མ་མཆིས། འོན་ཏེ་ཏུན་ཧོང་ནས་ཐོན་པའི་ཤེར་ཕྱིན་སྟོང་ཕྲག་བརྒྱ་པ་དང་ཚེ་དཔག་མེད་མདོ་སོགས་ཀྱི་སྤྱན་ཁྲིར་གྱི་རྒྱའི་ནང་དུ་པོད་གྲངས་ཀྱི་གོ་རིམ་དེ་ཀ་མད་ཀྱི་གོ་རིམ་ལ་བཅོལ་བ་མཇལ་རྒྱུ་འདུག་ལ། རྒྱ་མཚོ་གྲོ་མཁར་ཆོས་སྡེར་བཞུགས་པའི་བཙན་པོའི་བླ་འབུམ་ཡིན་ངེས་པའི་ཤེར་ཕྱིན་བོད་ལྷ་ཙམ་བཞུགས་པ་དེ་དག་གི་སྤྱན་ཁྲིར་དུའང་པོད་གྲངས་ཕན་ཚུན་མི་

འཕྲུག་པའི་ཆེད། བོད་གྲངས་ཀྱི་གོ་རིམ་དེ་ཀ་མད་ལ་བཅོལ་ཡོད་པ་དངོས་སུ་མཐའ་རྒྱུ་འདུག དེས་ན་གསུང་བོད་ཕན་ཚུན་མི་འཕྲུགས་པ་དང་མ་འཛིང་པའི་ཆེད་དུ་ཀ་མད་ཀྱི་གོ་རིམ་ལ་བཅོལ་བའི་སྲོལ་དེ་དུས་རབས་8-9པའི་སྐབས་ནས་ཡོད་པ་དེ་ཤེས་ཐུབ། དེ་རྗེས་དུས་རབས་13པའི་ནང་དུ་བྱོན་པའི་གསུང་རབ་སྨྲ་བ་བཅོམ་ལྡན་རིགས་པའི་རལ་གྲིས་བཀའ་འགྱུར་བོད་102ལ་ཉེ་བ་དེ་དག་གི་གོ་རིམ་ཀ་མད་ཀྱི་གོ་རིམ་ལ་བཅོལ་ཏེ་ཁོང་གིས་བཀའ་བསྟན་གྱི་དཀར་ཆག་བསྟན་པ་རྒྱས་པའི་ཉིན་བྱེད་ཅེས་མཛད་པ་དེ་ནས་བཟུང་། ཕྱིས་རབས་ཀྱི་མཁས་པ་རྣམས་ཀྱིས་བཀའ་བསྟན་ཙམ་མ་ཡིན་པར་བོད་ཀྱི་མཁས་པའི་གསུང་རབ་ཀྱི་གོ་རིམ་དེའང་ཀ་མད་ལ་བཅོལ་བའི་སྲོལ་དེ་རྒྱ་ཁྱབ་ཏུ་འཕེལ་ཞིང་། གསུང་རབ་ཀྱི་གོ་རིམ་ཀ་མད་ལ་བཅོལ་བ་དེས་བོད་ཀྱི་བཀའ་བསྟན་གྱི་སྒྲིག་གཞི་དེ་འཐུས་སྒོ་ཚང་བོ་ཞིག་ཏུ་སླེབས་ཐུབ་པ་ནི་ཁོང་གིས་བཀའ་དྲིན་ལགས། བོད་ཀྱི་གསུང་རབ་ཀྱི་གོ་རིམ་ཀ་མད་ལ་བཅོལ་སྲོལ་དེའང་ཐོག་མར་རྒྱ་གར་འཕགས་པའི་ཡུལ་གྱི་གླེགས་བམ་གྱི་གོ་རིམ་བཅོལ་སྲོལ་ལ་ལད་མོ་བགྱིས་ནས་བྱུང་བ་ཞིག་ཡིན་སྙམ། རྒྱ་གར་འཕགས་པའི་ཡུལ་དུ་སྟོན་པ་སྐུ་མྱ་ངན་ལས་འདས་པའི་རྗེས། བཀའ་བསྡུ་ཐེངས་གསུམ་ཙམ་ཞིག་བྱུང་བ་ལ་གཞིགས་ན། བཀའ་བསྡུ་བགྱིས་པའི་ནང་དུ་གསུང་བོད་ཀྱི་གོ་རིམ་མི་འཕྲུགས་པའི་སླད། རྒྱ་གར་གྱི་ཡི་གེའི་གོ་རིམ་ལ་བརྟེན་ནས་བསྡུ་སྒྲིག་གནང་ཡོད་ངེས་ལགས། ད་ལྟ་རང་རེ་རྣམས་ཀྱིས་མཐའ་ཡུལ་དུ་མཆིས་པའི་རྒྱ་དཔེ་ཤེར་ཕྱིན་སོགས་ཀྱི་སྟེང་དུའང་བོད་ཀྱི་གསུང་རབ་ཀྱི་སྤྱན་ཁྱེར་གྱི་རྒྱ་དང་འདྲ་བའི་བོད་གྲངས་རྒྱ་གར་གྱི་ཡི་གེ་དང་མཚན་བྱང་། ལྡེབ་གྲངས་བཅས་བྲིས་ཡོད་པ་མངའ་རིས་མཐོ་ལྡིང་དགོན་དུ་བཞུགས་པའི་རྒྱ་དཔེ་ཤེར་ཕྱིན་སྟག་ཤུན་མ་སོགས་ལ་འདུག རྒྱ་དཔེ་སྟག་ཤུན་མ་དེ་དག་ནི་དུས་རབས་11པའི་ནང་དུ་བྱོན་པའི་ལོ་ཆེན་རིན་ཆེན་བཟང་པོས་ཁ་ཆེའི་ཡུལ་ནས་བསྣམས་ཐེབས་པའི་རྒྱ་དཔེའི་གྲས་ཤིག་ཡིན་པ་ཁོང་གི་རྣམ་ཐར་འབྲིང་པོ་ཏུ་གསལ། རྒྱ་ནག་གི་ཡུལ་ལས་བརྗོད་ན་ཏུན་ཧོང་ནས་ཐོན་པའི་གསུང་རབ་མདོ་སྡེ་རྗེ་པད་མ་དཀར་པོ་དང་ཤེས་རབ་ཀྱི་ཕ་རོལ་དུ་ཕྱིན་པ་སོགས་ནི་ནང་བསྟན་གྱི་རྒྱུན་མཁོའི་མཆོད་བརྗོད་དང་ཞལ་འདོན་སོགས་ལ་མགོ་བཏགས་བཅོལ་ཡོད་པ་དང་དེ་མིན་རྒྱ་ནག་གི་བཀའ་བསྟན་ནི་རྒྱ་ནག་གི་ཁྱད་ཆོས་ལྡན་པའི་བྲིས་པ་བདེ་བླག་ཏུ་འཇུག་པའི་ཡི་གེ་སྟོང་ཅན་ལ་《千字文》གོ་རིམ་བཅོལ་

ནས་བསྒྲིགས་ཡོད་པ་བཅས་ཡིན། ཡི་གེ་སྟོང་ཙན་དེ་ནི་རྒྱ་ཡིག་སྟོང་གཅིག་ཙམ་གོ་རིམ་ལྡན་ཞིང་། བསྐྱར་ཟློས་མེད་པ། རང་བྱུང་ཁམས་དང་ལོ་རྒྱུས། སྤྱི་ཚོགས། མི་ཆོས་སློབ་གསོ་སོགས་ཤེས་བྱ་མང་པོ་འདུས་ཤིང་བྱིས་པ་བདེ་བླག་ཏུ་འཛུག་ཐུབ་པའི་གཞུང་ཞིག་ཡིན། སྦྱོར་བཏང་བྱས་པ་ཡིན་ན་ཡིག་ངོ་ཤེས་པའི་མི་རྣམས་ཀྱི་ངག་ན་ཡོད་པ་ཞིག་ཡིན། དེ་ནི་ཆེད་མངགས་བཀའ་བསྟན་གྱི་གོ་རིམ་ལ་བཟོས་པ་ལྟ་བུ་ཞིག་འདུག རྒྱ་ནག་གི་ཡི་གེ་སྟོང་ཙན་དེ་ནི་ཏུན་ཧོང་ནས་ཐོན་པའི་ཡི་གེར་བལྟས་ན། ཤུང་བྱུང་མའི་དུས་ཀྱི་གསུང་རབ་བྲིས་མ་ཞིག་དང་ད་དུང་དུས་རབས་ཁ་གསལ་མེད་ཙུང་འབྲི་ཤོག་དང་ཡིག་གཟུགས་སོགས་ལས་ཤེས་ཐུབ་པ་སྔེ་ཐང་རྒྱལ་རབས་ཀྱི་བྲིས་མ་ཡིན་ངེས་པ། དེ་དག་ལ་བལྟས་ན་ཏུན་ཧོང་ཀྲང་དབྱི་ཁྲོའོ་ཡིས་མངའ་དབང་བསྒྱུར་བའི་རྗེས་སུ། རྒྱ་ཡིག་གི་བཀའ་བསྟན་དེ་རྒྱ་ཡིག་སྟོང་ཙན་གྱི་གོ་རིམ་ལ་བཅོལ་བའི་སྲོལ་དེ་དར་ཁྱབ་བྱུང་། ཡི་གེ་སྟོང་ཙན་གྱི་རྒྱ་དེ་ནི་ཐང་གི་དུས་རབས་ཕྱི་མ་བྱུང་ནས་ཐང་རྒྱལ་རབས་ལྔ་པའི་བར་ལ་དར་སྲོལ་ཆེན་པོ་བྱུང་འདུག[1]ཅེས་རྒྱ་ནག་གི་ཏུན་ཧོང་ཡིག་རྙིང་སྦྱ་བ་མཁས་པ་ཧྥང་ཀོང་ཁྲའོ་ཡིས་གསུངས། དེས་ན་གོང་དུ་བརྗོད་པའི་སྤྱན་ཁྲིར་གྱི་རྒྱ་དེ་དག་ནི་མི་རིགས་སོ་སོའི་ཡི་གེ་དང་རིག་གནས་ཀྱི་ཁྱད་ཆོས་ལ་བརྟེན་ནས་གོ་རིམ་བཅོལ་སྲོལ་མི་འདྲ་བ་བྱུང་ཡོད་པ་དེ་དག་ཡིན།

གཉིས། སྤྱན་ཁྲིར་རྒྱ་གཞན་བཤད་པ།

དེ་མིན་གོང་དུ་བརྗོད་པའི་སྤྱན་ཁྲིར་གྱི་རྒྱ་ཕུད་པའི་རྒྱ་གཞན་དག་ཡང་ཡོད་པ་མཐའ་རྒྱ་ཡོད་པ་སྟེ། བོད་ཀྱི་གསུང་རབ་ལས་འཆད་ན་སྤྱན་ཁྲིར་གྱི་རྒྱ་ཙ་ཀ་མད་མ་ཡིན་པའི་ནང་བསྟན་གྱི་ཆོས་པ་ཁག་གི་ཞལ་དུ་ཡོད་པའི་མཆོད་བརྗོད་དང་མ་ཎི་ཡིག་དྲུག་སོགས་ལ་གོ་རིམ་བཅོལ་བ་ཡང་འདུག སྤྱན་ཁྲིར་གྱི་རྒྱ་དེ་ནི་གཙོ་བོ་གསུང་འབུམ་གྱི་པོད་གྲངས་མང་པོ་མེད་པ་པོད་དྲུག་ཟིན་པ་སོགས་ཡིན་ན་གོ་རིམ་མ་ཎི་ཡིག་དྲུག་ལ་བཅོལ་ཡོད་པ་སྟེ། ཐུགས་འཆང་ངག་དབང་ཀུན་དགའ་རྣམ་རྒྱལ་གྱི་གསུང་པོད་ཁ་ཤས་ཤིག་གི་གོ་རིམ་དེ་ཨོཾ་མ་ཎི་པད་མེ་ཧཱུྃ་ཡིན། དེ་དང་འདྲ་བར་རྒྱ་མི་རིགས་ཀྱི་གནའ་དཔེའི་གོ་རིམ་དེ་ཡང་

(1)方广锠《中国写本大藏经研究》上海古籍出版社2006年版，443页。

གོང་དུ་བརྗོད་པའི་ཡི་གེ་སྟོང་ཅན་པོ་ན་མ་ཡིན་པར། ཆོས་པ་རྣམས་ཀྱི་རྒྱུན་དུ་ནས་ཞལ་དུ་ཡོད་པའི་མཆོད་བརྗོད་དང་ཞལ་འདོན་ལ་བཙོལ་ཡོད་པ་སྟེ། དཔེར་ན་རྒྱ་ནག་གི་སྐད་དུ། 《无常偈》：诸行无常，是生灭法，生灭灭已，寂灭为乐。诸行无常等四《摩诃般若经》一部四十卷[1] འདུས་བྱས་ཐམས་ཅད་མི་རྟག་ཅེས་པ་རྒྱུན་དུ་དགེ་འདུན་རྣམས་ཀྱི་ཞལ་འདོན་དུ་ཡོང་སླ་བའི་ཚིག་དག་ལ་གོ་རིམ་བཙོལ་བའང་འདུག མདོར་ན་དགེ་འདུན་པ་རྣམས་ཀྱི་ཞལ་ན་ཡོད་པའི་ཚིག་དག་ལ་གོ་རིམ་བཙོལ་ན་གནའ་དཔེ་བདག་གཉེར་སླ་པོ་ཡོད་མ་ཟད། གླེགས་བམ་གྱི་གོ་རིམ་དེ་མི་རིགས་སོ་སོའི་རྩ་བའི་ཤེས་བྱའི་རྨང་གཞིར་མགོ་བཏགས་བཙོལ་གནང་ཡོད་ཙང་། ཡིག་ཚང་ཤེས་པའི་མི་རྣམས་ཀྱིས་ནང་བསྟན་ཁྱབ་བསྒྲགས་བྱེད་པར་ཡང་ནུས་པ་ལྷ་ལྷག་ཐོན་ཡོད།

གསུམ། སྤྱན་ཁྱེར་རྒྱའི་ཕན་ནུས།

བོད་ཀྱི་གསུང་རབ་ཁག་གི་གོ་རིམ་དེ་ཀ་མད་ལ་བཙོལ་ཡོད་པ་ཞིག་ཡིན། ཀ་མད་ལ་གོ་རིམ་བཙོལ་བ་དེས་བོད་ཀྱི་གསུང་རབ་རིག་པའི་ཕྱུག་ལས་གནང་མཁན་དག་ལ་ཕན་པ་ བླ་ན་མེད་པ་ཞིག་བསྐྲུན་ཡོད། གཅིག་བོད་ཀྱི་དགོན་སྡེ་དང་རི་ཁྲོད་ཁག་ཏུ་གསུང་རབ་མང་པོ་ཞིག་ཉར་ཚགས་གནང་ཡོད་ཙང་། དེ་དག་ལོ་རྒྱུས་དང་དུས་ཀྱིས་དབང་གིས་དཔེ་རྙིགས་སུ་ཕྱིན་པ་མང་པོ་ཞིག་འདུག དེ་དག་དུས་ཐུང་ཞིག་གི་ནང་དུ་ལེགས་བསྒྲིགས་བྱ་སྐབས་ཐབས་ཤེས་ཕྱུལ་དུ་བྱུང་བ་ནི་སྤྱན་ཁྱེར་དུ་བྲིས་པའི་ཀ་མད་དང་དཔེ་རྙིང་གི་མཚན་བྱང་ལ་མགོ་བཏགས་བཙོལ་ཏེ་ལེགས་བསྒྲིགས་བྱས་པ་ཡིན་ན་ལས་ཤོག་ཆེ་ཞིང་ཚུང་ཟད་ཡང་དག་པར་སྣང་། མངའ་རིས་ཕྱི་དབང་དགོན་དུ་དཔེ་རྙིགས་གཏོར་ཤིན་ཏུ་ཆེ་བ་ཞིག་ཉར་ཚགས་བྱས་འདུག དེ་དག་ལ་སྔོན་གླེགས་བམ་ཇི་ཙམ་ཞིག་བཞུགས་པའི་སྐོར་ལ་ལྡེབ་གྲངས་རེ་རེ་བཞིན་གྲངས་སུ་བགྲང་རྒྱུ་བྱུང་ན་ལེགས་མོད་ཀྱང་། དུས་ཚོད་ཀྱིས་རྐྱེན་པས་བསྒྲུབ་ཐབས་བྲལ། དེར་བརྟེན་ང་ཚོས་དཔེ་རྙིགས་དེའི་ཁྲོད་ཀྱི་སྤྱན་ཁྱེར་གྱི་རྒྱའི་ནང་དུ་ཉམས་ཞིབ་བྱ་སྐབས། ཀ་ནས་ཀྲ་བར་ཐོན་ཡོང་གི་འདུག་པ་ལ་གཞིགས་ན་དཔེ་རྙིགས་སུ་མ་སོང་བའི་སྔོན་དུ་དགོན་དེར་ཉུང་ཤོས་ལའང་པོད་120ཙམ་བཞུགས་ཡོད་པ་སྤྱུར་རྩིས་བྱ་ཐུབ། དུས་ཐུང་

(1)方广锠《中国写本大藏经研究》上海古籍出版社2006年版，443页。

གཅིག་གི་ནང་དུ་དེར་སྟོན་པོད་120ཙམ་བཞུགས་པ་རྫོགས་པ་དེ་ཡང་སྲུན་ཁྲིར་གྱི་རྒྱའི་དྲིན་ཡིན། བོད་ཡིག་ལ་ཀ་མད་སུམ་ཅུ་ཡོད་པ་དེ་བེད་སྤྱོད་ཟིན་རྗེས་གཞི་ནས་ཀ་མད་རེས་མོས་ཀྱིས་མཚམས་སྦྱོར་བྱས་དེ་བེད་སྤྱོད་བྱ་ཡི་ཡོད། དེས་ན་ཀྲཱ་ཞེས་པ་ཐོན་པའི་སྐབས་ལ་པོད་120ཐོན་ཟིན་པ་དེ་རང་བཞིན་གྱིས་རྫོགས། སྤྱིར་ན་སྲུན་ཁྲིར་གྱི་རྒྱའི་ནང་དུ་ཀ་མད་ཀྱི་གོ་རིམ་བྲིས་པ་གཅིག་མཚུངས་ཡིན་ཡང་དཔེ་རྙིང་གི་ནང་དོན་དང་བྲིས་བཞེངས་ཀྱི་ཁྱད་པར་མི་འདྲ་བའི་དབང་གིས་མཚན་བྱང་མི་འདྲ་བ་དང་ཀ་མད་ཀྱི་གོ་རིམ་དེ་ཡང་སྣག་མདོག་མི་འདྲ་བས་བྲིས་པ་ཡོང་གི་འདུག དཔེར་ན་འཁོར་ཆགས་དགོན་དུ་ཉར་བའི་གསུང་རབ་ཁག་གཅིག་གི་གཞུང་གི་ནང་དོན་སྣག་ཚ་ནག་པོ་བྲིས་ཡོད་ཀྱང་ཀ་མད་ཀྱི་གོ་རིམ་དེ་མཚལ་གྱིས་བྲིས་པ་ཤ་སྟག་ཏུ་སྣང་། དེ་དང་དོད་མཚུངས་པའི་སེ་ར་དགོན་དུ་ཉར་བའི་གཙང་པའི་བཀའ་འགྱུར་དང་རྒྱལ་རྩེ་དཔལ་འཁོར་དགོན་དུ་ཉར་བའི་བསྟན་འགྱུར་དཔེ་ཚུགས་ཅན་དེ་དག་ཚང་མ་གཞུང་དངོས་སྣག་བྲིས་ཡིན་ནའང་པོ་ཏིའི་ཀ་མད་ཀྱི་གོ་རིམ་དེ་མཚལ་གྱིས་བྲིས་འདུག དེ་དག་གི་ཁྱད་ཆོས་ལག་ནང་དུ་ཡོད་ན་གླེགས་བམ་གྱི་གོ་རིམ་སྒྲིག་ཐབས་ལ་ཕན་པ་ཆེན་པོ་ཡོད།

སྲུན་ཁྲིར་གྱི་ཀ་མད།	གཞུང་དངོས།	ཡིག་ཕྲེང་།	གསལ་བཤད།	བདག་གཉེར་ཚན་པ།
ད། རེ་གཉིས།	ཤེར་ཕྱིན།	10ཅན།	སྲུན་ཁྲིར་གྱི་ད་ཡིག་དེ་མཚལ་བྲིས་ཡིན།	ར་ལུང་དགོན།
ག གོ་གསུམ།	ཤེར་ཕྱིན།	8ཅན།	སྲུན་ཁྲིར་གྱི་ག་ཡིག་མཚལ་བྲིས།	འོན་ཀེ་རུ་ལྷ་ཁང་།
ཛ།ཉེར་དྲུག	ཤེར་ཕྱིན།	9ཅན།	སྲུན་ཁྲིར་གྱི་ཛ་ཡིག་མཚལ་བྲིས།	འཁོར་ཆགས་དགོན།
ཙྪ། གཅིག	ཤེར་ཕྱིན།	10ཅན།	ཙྪ་ཡིག་མཚལ་བྲིས།	དུང་དཀར་ཕྱི་དབང་།
ཉྟ། སོ་བཞི།	ཤེར་ཕྱིན།	11ཅན།	ཉ་ཡིག་མཚལ་བྲིས། ན་ཡིག་ནག་བྲིས།	དུང་དཀར་ཕྱི་དབང་།
ཨཱ། གོ་བཞི།	བསྟན་འགྱུར།	5ཅན།	ཨི་མཚལ་བྲིས།	རྒྱལ་རྩེ་དཔལ་ཆོས་དགོན།
ཁ+། གོ་གསུམ།	ཤེར་ཕྱིན།	7ཅན།	ཁ་ཡིག་ནག་བྲིས།	ཞ་ལུ་དགོན།

ལེའུ་བཅུ་བདུན་པ། གནའ་དཔེའི་རྟགས་ཐམ་སྐོར།

བོད་གྱི་གནའ་བོའི་དུས་རབས་མི་འདྲ་བའི་ནང་དུ་འབྲི་བཞེངས་གནང་བའི་ཡིག་ཚགས་དང་གསུང་རབ་ཀྱི་སྟེང་དུ་དུས་རབས་དེའི་ལག་རྩལ་གྱི་ཆུ་ཚད་དང་འབྲེལ་བའི་དམིགས་བསལ་གྱི་རྟགས་དང་དབྱིབས་གཟུགས་མི་འདྲ་བའི་ཐམ་གའི་ཁ་རིས་བཏབ་པའི་ཡིག་ཚགས་མི་ཉུང་བ་ཞིག་བོད་ཡིག་གནའ་དཔེ་ཡོངས་བཤེར་གྱི་སྐབས་སུ་མཇལ་ཐུབ་པ་བྱུང་གཤིས། དེར་བརྟེན་འདིར་ཡིག་ཚགས་དང་འབྲེལ་ཏེ་དམིགས་བསལ་རྟགས་སམ་རྟགས་ཐམ་གྱི་སྐོར་ལ་དཔྱད་པར་བྱའོ།

གཅིག གནའ་དཔེའི་སྟེང་གི་རྟགས་ཐམ་གྱི་བྱུང་བ།

བོད་ཀྱི་ཡིག་ཚགས་སྟེང་དུ་རྟགས་ཐམ་བཀོད་པའི་ལུགས་སྲོལ་དེ་སྤྱི་ལོའི་དུས་རབས་བརྒྱད་པ་ནས་བྱུང་ཡོད་པ་ཞིག་ཡིན་སྟེ། དཔེར་ན་ཏུང་ཧོང་ནས་ཐོན་པའི་ཡིག་རྙིང་སྟེང་དུ་ཕྱག་རྒྱས་བཏབ་པ་དང་སུག་རྒྱས་བཏབ་ཅེས་པ་དང་ལྷག་དོན་དུ་ཏུན་ཧོང་གི་ཡིག་རྙིང་pt1083རྒྱ་ཤ་བཙུ་བའི་བུ་མོ་འཕྲོག་མི་ཆོག་པའི་ཡིག་ཚགས་ཀྱི་སྟེང་དུ་ཁྲོམ་ག་ཆེན་པོ་ནས་རྟགས་བཀྱི་[1]ཞེས་པའི་རྟགས་ཐམ་བཏབ་ཡོད་པ་ད་ལྟ་ཡང་མཇལ་རྒྱུ་འདུག་ལ་ཁྲི་ལྡེ་སྲོང་བཙན་གྱི་སྤྱི་ལོ་812ལོར་བཙུགས་པའི་ཞ་ལྷ་ཁང་གི་རྡོ་རིང་ཞབས་འོག་གི་རྟགས་ཐམ་དང་ཤིན་ཅང་ནས་ཐོན་པའི་བོད་བཙན་པོའི་རྒྱལ་རབས་ཀྱི་གནས་ཚུལ་བཀོད་པའི་ཁྲམ་བྱང་། ཁྲམ་བྱང་དེའི་གཡས་སུ་གྲིས་གཤོག་བརྒྱབ་པའི་ནང་དུ་ཁྲམ་བྱང་གི་གལ་ཆེ་ཆུང་ལ་གཞིགས་པའི་རྟགས་ཐམ་བརྒྱབ་འདུག་ཅེས་ཁྲམ་བྱང་ཞིབ་འཇུག་པ་དག་གིས་གསུངས་འདུག་པ་དང་སྦྲགས་གོང་གི་ཡིག་ཚགས་དེ་གསུམ་ནི་བོད་བཙན་པོའི་རྒྱལ་རབས་ཀྱི་ཡིག་ཚགས་འཕྲུལ་མེད་ཅིག་ཡིན་པ་རྒྱ་སྤྱིའི་བོད་རིག་པ་མཁས་པ་དག་གི་མགྲིན་གཅིག་

(1)法国国家图书馆藏《敦煌藏文文献》〔10〕上海古籍出版社2009版,307页。

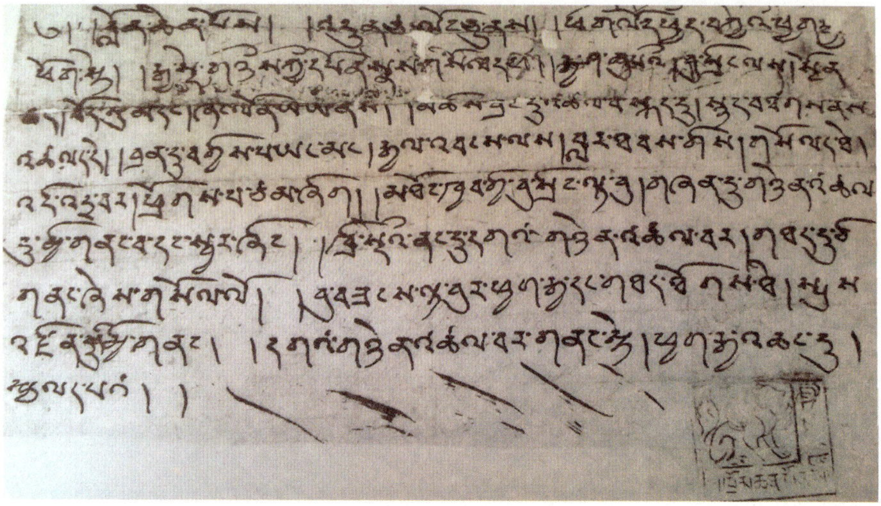

ཧུན་ཧོང་ཡིག་ཚགས་P+1083རྟགས་ཐམ་ཅན།

དང་དབྱངས་གཅིག་ཡིན་གཤིས། དེས་ན་བོད་ཀྱི་ཡིག་ཚགས་སྟེང་དུ་རྟགས་ཐམ་བཀོད་པའི་སྲོལ་དེ་ནི་དུས་རབས་8པའི་སྐབས་ནས་བྱུང་ཟིན་པ་དེ་ར་སྤྱོད་བྱ་ཐུབ། དེ་རྗེས་དུས་རབས་16ནས་བཟུང་སྟེ་བོད་ཡིག་གནའ་དཔེའི་སྟེང་དུ་དམིགས་བསལ་རྟགས་སམ་ཕྱག་ཐམ་བཀོད་པའི་ལུགས་སྲོལ་ཞིག་བྱུང་ཡོད་པ་ནི་བོད་ཀྱི་གསུང་རབ་སླྲ་བའི་དབང་པོ་དུང་དཀར་བློ་བཟང་འཕྲིན་ལས་མཆོག་གིས། བོད་དུ་དཔེ་ཆའི་ཤོག་རྟགས་ཐམ་འགོད་པའི་ལམ་ལུགས་ནི། ཏཱ་ལའི་བླ་མ་སྐུ་ཕྲེང་ལྔ་པ (1617-1682) དང་། པཎ་ཆེན་རིན་པོ་ཆེ་སྐུ་ཕྲེང་ལྔ་པའི་དུས་ནས་ཕྱག་དཔེའི་ཤོག་དཔེ་ཐམ་གནང་སྲོལ་བྱུང་ཞིང་། དེ་ཡང་སྐུ་སྐོར་གྱི་སྐུ་ཆས་དང་ཕྱག་དཔེའི་རིགས་ལ་དམིགས་བསལ་གྱི་བསྐྱོན་པ་གནང་བྱེད་མགུལ་ཐམ་ཞེས་པའི་རྟགས་ཐམ་ཆུང་ངུ་ཞིག་ཡོད་པ་དེ་ཕྱག་དཔེའི་དབུ་ཤོག་གི་ཁ་བྱང་གི་སྟེང་དང་། ཞབས་ཤོག་གི་ཟུར་དུ་བསྐྱོན་པ་གནང་ཡོད། དེ་སྔའི་བོད་ས་གནས་སྲིད་གཞུང་གི་ཡིག་ཆ་གང་ཡིན་ལ་མགོ་ཤོག་དང་ཞབས་ཤོག ཤོག་གྲངས་རེ་རེ་བཞིན་གྱི་གྲངས་ཀའི་ཤོག་དང་། ཟུར་མཚན་གྱི་འགོ་མཇུག ཡི་གེ་མེད་པའི་ཤོག་སྟོང་གི་ཟུར་བཅས་ལ་རྟགས་ཐམ་ཡོད། [1]ཅེས་གསུངས་པས་ལས་གནའ་དཔེའི་སྟེང་དུ་རྟགས་ཐམ་འགོད་པའི་སྲོལ་དེ་དུས་རབས་16པའི་ནང་དུ་དར་ཁྱབ་བྱུང་བ་མ་ཟད་རྟགས་ཐམ་རྒྱག་སའི་གནས་གང་ཡིན་པ་དེའང་ཁ་གསལ་ཞིག་ཤེས་སོ།

(1)དུང་དཀར་བློ་བཟང་འཕྲིན་ལས་ཀྱི་གསུང་རྩོམ་ཕྱོགས་བསྒྲིགས། ཀྲུང་གོ་བོད་རིག་པའི་དཔེ་སྐྲུན་ཁང་། 1997ལོའི་དཔར་མ། ཤོག་གྲངས་389ལས་དྲངས།

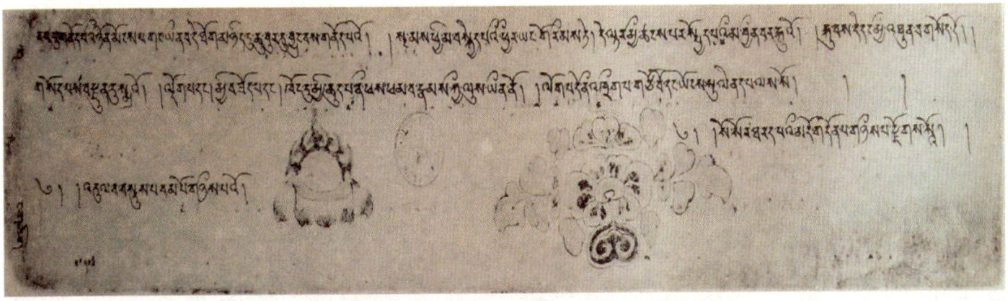

དུས་རབས་8-9པའི་སྐབས་ཀྱི་དམིགས་བསལ་རྟགས་བཀོད་པའི་གནའ་དཔེ།

གཉིས། དམིགས་བསལ་རྟགས་ཐམ་བཀོད་པའི་དཔེ་རྙིང་།

1 དམིགས་བསལ་རྟགས་ཐམ་བཀོད་པའི་ཡིག་ཚགས།

རྟགས་ཐམ་གྱི་ཁ་རིས་སྲོག་ཆགས་ཀྱི་གཟུགས་བརྙན་སོགས་བཀོས་པ་དང་ཆབས་ཅིག་དེའི་འོག་ཏུ་མཚན་བྱང་བཀོད་པའི་ཐམ་གའི་ཁ་རིས་ནི་ཏུན་ཧོང་གི་ཡིག་ཚགས་ཀྱི་སྟེང་དུ་གསལ། ཡིག་ཚགས་དེ་རིགས་ནི་མཐོ་བོད་བཙན་པོའི་རྒྱལ་རབས་ཏེ་དུས་རབས་9-10པའི་བར་གྱི་བོད་ཀྱི་ཡིག་ཚགས་ཤིག་ཡིན་པ་ནི་རྒྱལ་ཁབ་ཕྱི་ནང་གི་བོད་རིག་པའི་རིགས་གཅིག་མཁས་པ་རྣམས་ཀྱི་བཞེད་པ་གཅིག་མཐུན་ཡིན། མཐོ་བོད་རྒྱལ་རབས་ཀྱི་རྟ་ཕུར་པོ་ཉའི་ཐམ་གའི་དཔྱད་པ་ཞེས་པར་མཐོ་བོད་རྒྱལ་རབས་ཀྱི་ས་ཚུགས་གནའ་བོའི་ཐམ་གའི་སྐོར་ལ་བོད་ཀྱི་རིག་དངོས་ཞིབ་འཇུག་པས་ཐུ་ས་ནས་ཡོད་པ་ཞིག་ཡིན་པ་ནི་སྨོས་མ་དགོས་པ་ཞིག་ཡིན་སྟེ། ཏུན་ཧོང་ཕུག་པ་ལས་ཐོན་པའི་བོད་ཡིག་ཤོག་དྲིལ་སྟེང་ས་ཚུགས་ཀྱི་ཐམ་གའི་ཁ་རིས་གསལ་བའི་རྒྱུ་མཚན་གྱིས་ཡིན་[1]ཞེས་པ་དང་ཐམ་ག་འདིའི་ཁ་རིས་ལ་བལྟས་ན་རྟ་ཕུར་གྱི་གཟུགས་བརྙན་བཀོད་པ་དང་དེའི་མཚན་བྱང་དུ་བོད་ཡིག་མང་ཟེགས་རྒྱ་ཞེས་བྲིས་པ་དེ་དག་ལ་ཞིབ་འཇུག་བྱས་པ་ལྟར་ན། མང་ཟེགས་ཞེས་པ་ནི་མཐོ་བོད་ཀྱི་ས་ཚུགས་ག་གེ་མོ་ཞིག་གི་མིང་དང་རྒྱ་ཞེས་པ་ནི་མཐོ་བོད་བཙན་པོའི་སྐབས་ཀྱི་ཐམ་གའི་མིང་ཞིག་ཡིན། དེར་བརྟེན་གོང་གི་རྟགས་ཐམ་དེ་ནི་མཐོ་བོད་བཙན་པོའི་སྐབས་ཀྱི་མང་ཟེགས་ས་ཚུགས་ཀྱིས་བེད་སྤྱོད་པའི་རྟགས་ཐམ་ཞིག་ཡིན་པ་རྟོགས།[2]ཞེས་དང་ད་དུང་ཐྭ་རན་སེ་རྒྱལ་ཁབ་དཔེ་མཛོད་ཁང་དུ་ཉར་བའི་བོད་ཡིག་ཡིག་ཚགས་ཨང་རྟགས་1082སྟེང་

(1)《西部西藏的文化历史》中国藏学出版2008年版，35页。
(2)《西部西藏的文化历史》中国藏学出版2008年版，35页。

དུས་རབས་10-12སྐབས་ཀྱི་ཞབས་ཤོག་ཏུ་པད་མ་བྲིས་པའི་དཔེ་སྙིང་།

ད་ཕྱི་ཕྱུར་ཕོ་ཉ་དང་ཀན་སུའུ་ཏུན་ཧོང་ཛོང་རིག་གནས་ཁང་དུ་ཉར་བའི་ཡིག་ཚགས་རྟགས་0336སྙིང་གི་ཐམ་གའི་ཁ་རིས་མཆེའི་བྱིའུ་བ་ཞེས་པ་དང་ཏུན་ཧོང་ནས་ཐོན་པའི་ཡིག་ཚགས་pt1083རྒྱ་ཤ་ཙུ་པའི་བུ་མོ་འཕྲོག་མི་ཆོག་ཅེས་པའི་སྙིང་དུ་གསལ་བའི་ཐམ་གའི་ཁ་རིས་ཕྱི་གཤོག་པ་ཅན་དང་མཚན་བྱང་ཁྲིམ་ཆེན་པོ་ནས་རྟགས་སུ་བཀྱེ་ཞེས་བྱུང་བ་སོགས་ལ་བལྟས་ན་མཐོ་བོད་བཙན་པོའི་རྒྱལ་རབས་ཀྱི་ས་ཚུགས་དང་ཕོ་བྲང་ཁག་ནས་བེད་སྤྱོད་པའི་རྟགས་ཐམ་དེ་དག་གི་ཁ་རིས་ནི་སྲོག་ཆགས་ཀྱི་གཟུགས་དང་ལྷན་ཅིག་ཏུ་ས་ཚུགས་སོ་སོའི་མཚན་བྱང་བཀོད་པ་དེ་ཤེས། དེས་ན་སྔོན་གྱི་ཡིག་ཚགས་སྙིང་དུ་ཐམ་གའི་ཁ་རིས་སྲོག་ཆགས་ཀྱི་གཟུགས་བརྙན་དང་དེའི་ཞབས་འོག་ཏུ་མཚན་བྱང་བྲིས་ཡོད་ན་སྤྱིར་གྱི་ཆ་ནས་དུས་རབས་8-10བར་གྱི་ཡིག་ཚགས་ཤིག་ཡིན་པ་ངེ་ཚོས་ཤེས་ཐུབ།

2 དམིགས་བསལ་རྟགས་བཀོད་པའི་དཔེ་སྙིང་།

དུས་རབས་11-13བར་གྱི་གནའ་དཔེའི་སྙིང་དུ་རྟགས་ཐམ་བཀོད་ཡོད་པ་མཐའ་ཡུལ་དུ་མ་མཆིས་ཀྱང་དུས་རབས་11-13པའི་ནང་དུ་འབྲི་བཞེངས་བྱས་པའི་མངའ་བདག་མགོན་ནེའི་ཐུགས་དམ་མདོ་མངས་མཐོང་སྨོན་སོགས་ཀྱི་ཞབས་ཤོག་ཏུ་མེ་ཏོག་པད་མ་འདབ་བརྒྱད་དང་ཆོས་འཁོར་གྱི་གཟུགས་བརྙན་མཚལ་བྲིས་དང་བྱང་ཆུབ་ལྗོན་ཤིང་དང་མཆོད་རྟེན་བཀོད་པ་རེ་གཉིས་མཇལ་སྲིད་ཡོད། ཞབས་ཤོག་ཏུ་བཀོད་པའི་ཆོས་འཁོར་དང་པད་མ་འདབ་བརྒྱད་སོགས་ཀྱི་དམིགས་བསལ་རྟགས་དེ་དག་ནི་སྔོན་གྱི་དཔེ་སྙིང་དག་གི་འབྲི་བཞེངས་ལ་ལད་མོ་བགྱིས་ནས་དམིགས་བསལ་རྟགས་དེ་བྲིས་པར་སེམས། རྒྱ་

དུས་རབས་12དམིགས་བསམ་རྟགས་བྲིས་པའི་གནའ་དཔེ།

གར་འཕགས་པའི་ཡུལ་གྱི་དཔེ་སྙིང་དང་ཏུན་ཧོང་ནས་ཐོན་པའི་གནའ་དཔེ་དག་གི་ཞབས་ཤོག་ཏུ་དམིགས་བསམ་རྟགས་པད་མ་འདབ་བརྒྱད་དང་ཆོས་འཁོར། མཆོད་རྟེན་གྱི་གཟུགས་སོགས་བྲིས་ཏེ་འདུག དེ་དག་གི་མཚོན་བྱེད་ནི་འཕགས་པའི་ཡུལ་གྱི་ཆེས་གདོད་མའི་སངས་རྒྱས་ཆོས་ལུགས་ཀྱི་བཞེད་པ་ལྟར་དཔེ་སྙིང་དང་དགོན་སྡེའི་ཡོ་བྱད་རིམ་པར་བཀྲ་ཤིས་ཀྱི་རྟགས་ལུ་སྟོན་པའི་སྐུ་བརྙན་འབྲི་རྒྱུ་དེ་འཛེམས་བྱ་ཞིག་ཏུ་བརྩིས་ཀྱི་ཡོད་སྐབས། དེ་དག་གི་སྟེང་དུ་མཚོན་སྟངས་རིང་ལུགས་ཀྱི་རྣམ་པའི་ཐོག་ནས་སངས་རྒྱས་ཀྱི་གཟུགས་བརྙན་མངོན་པར་བྱ་ཡི་ཡོད་པ་སྟེ། བྱང་ཆུབ་ལྗོན་ཤིང་དང་ཆོས་འཁོར། བཞུགས་ཁྲི། གདུགས། ཞབས་རྗེས་སོགས་དམིགས་བསམ་རྟགས་ཀྱིས་སྟོན་པ་བཞུགས་པའི་ངང་ཚུལ་སྟོན་གྱི་ཡོད་[1]ཅེས་པས་བོད་ཡིག་གནའ་དཔེའི་ཞབས་ཤོག་ཏུ་དམིགས་བསམ་རྟགས་དེ་དག་འབྲི་དགོས་པའི་དགོས་པ་དེ་ཡང་རྟོགས།

དུས་རབས་14-15ཞབས་ཤོག་སྐུ་བརྙན་བྲིས་པའི་གནའ་དཔེ།

(1)王镛著《印度美术》中国人民出版2010年版，47页。

3 དཔར་ཁང་རྟགས་བཀོད་པའི་དཔེ་རྙིང་།

སློབ་དཔོན་ཞི་བ་ལྷས་མཛད་པའི་བྱང་ཆུབ་སེམས་དཔའི་སྤྱོད་པ་ལ་འཇུག་པ་དཔར་མ་ཞིག་གི་ཞབས་ཤོག་ཏུ་དམིགས་བསལ་རྟགས་སམ་རྟགས་ཐམ་མེ་ཏོག་གི་ལོ་མ་འདྲ་བ་ཞིག་བཀོས་འདུག གནའ་དཔེ་དེའི་དཔར་གྱི་ཡིག་གཟུགས་དང་ཤེལ་གྲངས་ཀྱི་ཡིག་འཕྲེང་7བྱོན་པ་དེ་དག་ལ་གཞིགས་ན་སློབ་དཔོན་ཞི་བ་ལྷས་མཛད་པའི་བྱང་ཆུབ་སེམས་དཔའི་སྤྱོད་པ་ལ་འཇུག་པ་ཞེས་པ་དེ་ནི་བོད་ཀྱི་གསུང་རབ་སྨྲ་བ་རྣམས་ཀྱི་གསུངས་པའི་དགའ་ལྡན་དཔར་རྙིང་ཞེས་གྲགས་པ་དེའི་གྲས་ཤིག་ཡིན་སྙམ། དཔར་མ་དེའི་དཔར་བྱང་དུ་ཆོས་ཀྱི་རྒྱལ་པོ་གྲགས་པ་རྒྱལ་མཚན་ཞེས་དང་དད་ལྡན་སྦྱིན་བདག་གཞོན་ནུ་དཔལ། ནམ་མཁའི་མིང་ཅན་ཚོགས་ཅན་རྣམས་ཞེས་བྱུང་བ་ལྟར། དགའ་ལྡན་དཔར་རྙིང་གི་སྦྱིན་བདག་གཙོ་བོ་ཕག་གྲུའི་དབང་གྲགས་པ་རྒྱལ་མཚན་གྱིས་སྐྱུལ་ནས་སྣེའུ་རྫོང་གི་དཔོན་ནམ་མཁའ་བཟང་པོ་དང་གོང་དཀར་རྫོང་གི་དཔོན་གྲ་ལྷའི་རྒྱལ་པོ། གོང་དཀར་སྡེ་པ་ནང་སོ་བཞི་འཛོམས། བྲག་དཀར་གསང་སྔགས་རྫོང་གི་དཔོན་སོགས་ཀྱིས་གནང་དེ་དཔར་ལ་བཏབ་པའི་རྒྱུ་མཚན་དང་གཅིག གཉིས་སློབ་དཔོན་ཞི་བ་ལྷས་མཛད་པའི་སྤྱོད་འཇུག་དཔར་མ་འདིའི་དཔར་བྱང་གི་ཡི་གེ་བའི་སྐོར་དེར་ཡང་དགའ་ལྡན་དཔར་རྙིང་གཞན་དུ་བྱུང་བ་ལྟར། དད་པའི་གསོལ་འདེབས་བཤེས་གཉེན་རིན་ཆེན་དཔལ། ཡི་གེ་པ་དང་བརྐོས་མཁན་ལས་བྱེད་སོགས་ཞེས་བྱུང་བས་ཀྱང་སློབ་དཔོན་ཞི་བ་ལྷས་མཛད་པའི་སྤྱོད་འཇུག

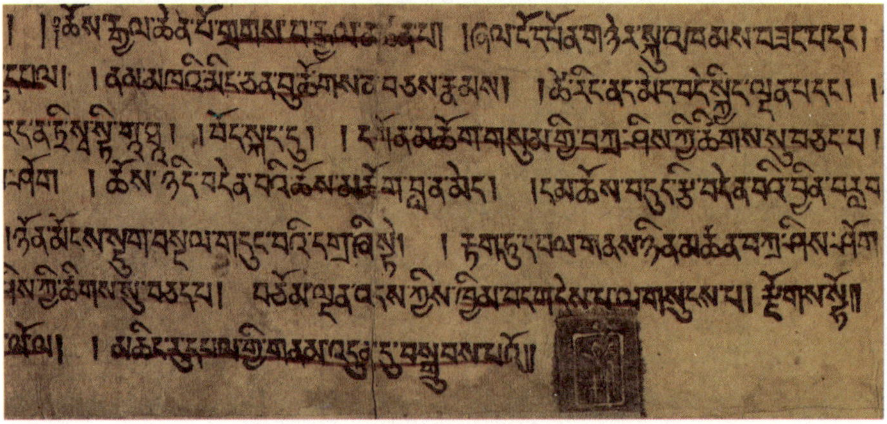

དུས་རབས་16-17སྐབས་ཀྱི་དཔར་ཁང་རྟགས་བཀོད་པའི་གནའ་དཔེ།

དེ་ནི་དུས་རབས་16པར་དཔར་དུ་བཏབ་པའི་དགའ་ལྡན་དཔར་རྙིང་གི་གྲས་ཤིག་ཡིན་པར་སེམས། དེ་དང་ཆབས་ཅིག་སློབ་དཔོན་ཞི་བ་ལྷའི་སྤྱོད་འཇུག་དགའ་ལྡན་དཔར་རྙིང་དུ་གྲགས་པ་དེའི་ཞབས་ཤོག་ཏུ་བཏབ་པའི་དམིགས་བསལ་རྟགས་སམ་རྟགས་ཐམ་དེ་ཡང་རང་བཞིན་གྱིས་དུས་རབས་16པར་བཏབ་པའི་རྟགས་ཐམ་ཞིག་ཡིན་པ་ཤེས། རྟགས་ཐམ་དེ་ནི་དཔར་ཁང་མཆིང་ཙ་དཔལ་གྱི་གནམ་འདུན་གྱི་རྟགས་ཐམ་ཞིག་ཡིན་པར་སེམས། གང་ལགས་ཤེ་ན། སྔོན་གྱི་གནའ་དཔེ་མང་པོ་ཞིག་དཔར་ཁང་ངམ་ཉར་ཚགས་ས་གནས་གང་དུ་གནང་ཡོད་མེད་ཐམ་གའམ་དམིགས་བསལ་རྟགས་བཀོད་སྲོལ་ཡོད་པ་སྟེ། ད་ལྟ་རང་རེ་བོད་ལྗོངས་དཔེ་མཛོད་ཁང་དང་བོད་ལྗོངས་རྟེན་རྫས་བཤམས་མཛོད་ཁང་གི་གནའ་དཔེ་གཙོགས་ཆེན་མང་པོ་ཞིག་གི་དབུ་ཤོག་གི་སྟེང་དུ། འབྲས་དང་དེའི་གཤམ་དུ་ཕྲེའམ་ནང་། དེའི་གཤམ་དུ་ཀ་མད་ཀྱི་གོ་རིམ་བཀོད་པ། དེའི་གཤམ་ཏུ་བོད་ཨང་བཅས་བྲིས་འདུག དེ་དག་ལ་དབྱེ་ཞིབ་རགས་ཙམ་ཞིག་བྱས་ན་དེའི་སྟེང་དུ་གསལ་བའི་ཀ་མད་བཀོད་པ་དེ་ནི་གནའ་དཔེ་དེའི་རིགས་ཚན་གྱི་རྟགས་ཡིན། དཔེར་ན་ཚ་ཡིག་ནི་ཚད་མའི་སྐོར་དང་ར་ཡིག་ནི་ལོ་རྒྱུས་ཀྱི་གནའ་དཔེ་ཡིན། དེའི་གཤམ་གྱི་བོད་ཨང་དེ་ནི་ཀུན་དགའ་ར་བའི་གྲལ་རྟགས་ཡིན་པར་སེམས། ཡི་གེ་འབྲས་ཞེས་པའི་དོན་ནི་དཔལ་ལྡན་འབྲས་སྤུངས་དགོན་གྱི་མཚོན་རྟགས་ཤིག་ཡིན། ཕྲེའམ་ནང་ཞེས་བྱུང་བ་ནི་དཔེ་རྙིང་གི་དཔེ་ཁུངས་བཛོད་པའི་རྟགས་ཤིག་ཡིན། གོང་གི་རྟགས་དེ་རིགས་མཚལ་བ་ཙམ་གྱིས་གནའ་དཔེ་དེ་ནི་དཔལ་ལྡན་འབྲས་སྤུངས་དགོན་གྱི་ཡིན་པ་ཐད་ཀར་ཐག་བཅད་ཆོག་ལ་དུས་རབས་ཀྱང་17སྔོན་གྱི་གནའ་དཔེ་ཡིན་པ་ནི། རྒྱལ་མཆོག་ལྔ་པ་ཆེན་པོ་དགོངས་པ་རྫོགས་(1682ལོ་)པའི་རྗེས་སུ་ལྔ་པ་ཆེན་པོའི་ཕྱག་དཔེ་རྣམས་དཀར་ཆག་བཟོས་པ་མ་ཟད། ལྔ་གླིང་དུ་བྱུས་ཞེས་པ་ལས་གནའ་དཔེའི་རྟགས་དེ་དུས་རབས་17པའི་སྐབས་སུ་བསྐྲུན་ཡོད་པས་མཚོན། དེས་ན་སློབ་དཔོན་ཞི་བ་ལྷས་མཛད་པའི་སྤྱོད་འཇུག་སྟེང་གི་དམིགས་བསལ་རྟགས་དེ་ཡང་དུས་རབས་16པའི་ནང་གི་དཔར་ཁང་གི་རྟགས་ཞིག་ཡིན་པ་གོང་གི་གནས་ཚུལ་དེ་ལས་མ་འདས་སོ།

4 སུག་རྒྱ་བཏབ་པའི་དཔེ་རྙིང་།

བམ་པོའི་རྗོགས་མཚམས་སུ་སུག་རྒྱ་གསལ་བའི་མདོ་བསྐལ་བཟང་དེ་ནི་དུས་རབས་14པའི་བར་གྱི་གནའ་དཔེ་བྲིས་མ་ཞིག་ཡིན་པར་སེམས། གང་ཡིན་ཟེར་ན། རྒྱུ་མཚན་ནི་མདོ་བསྐལ་བཟང་དེའི་ཚིག་དང་ཤད་རྒྱག་སྟངས་ནི་དུས་རབས་14སྔོན་གྱི་གནའ་དཔེ་ཇི་བཞིན་སུམ་རྟགས་གཞུང་གི་ང་ཡིག་མ་གཏོགས་ཡིག་ཤད་དབར་ཚིག་མེད་དེ་སོགས་ཞིབ་ཏུ་འབད་ཅེས་པར་བཀུར་བསྡེ་མ་ཞུས་པར་ཚིག་གྲུབ་ཀྱི་རྗོགས་མཚམས་ང་ཡིག་ལ་མ་ལྟོས་པར་ཚང་མར་ཚིག་དང་ཤད་བསྟན་འདུག་ལ་ད་དུང་གི་གུ་ཕྱིར་ཕྱོག་པ་ཡང་བྲིས་ཡོད་ཙང་དུས་རབས་14བར་གྱི་དཔེ་རྙིང་བྲིས་མ་ཞིག་ཡིན་པར་ངོས་འཛིན་བྱས་ཡོད། དེར་བརྟེན་མདོ་སྡེ་བསྐལ་བཟང་གི་བམ་པོའི་རྗོགས་མཚམས་སུ་སུག་རྒྱ་བཏབ་པ་དེ་ཡང་དུས་རབས་14པའི་ནང་དུ་བྱུང་བ་ཞིག་ཡིན་ནམ་སྙམ། གཞན་དུས་རབས་མི་འདྲ་བའི་ཐམ་གའི་ཁ་རིས་ཀྱི་སྐོར་དེ་ལེའུ་རྗེས་མར་ཐམ་ག་ལས་དཔེ་རྙིང་བརྟག་ཐབས་ཞེས་པར་བཤད་རྒྱུ་ཡིན།

དུས་རབས་16བམ་པོའི་མཚམས་སུ་སུག་རྒྱ་བཀོད་པའི་གནའ་དཔེ།

ལེའུ་བཅོ་བརྒྱད་པ། གནའ་དཔེ་བརྟག་ཐབས་སྐོར།

གནའ་དཔེའི་དཔར་གཞི་བརྟག་པའི་དམིགས་ཡུལ་ནི་གནའ་དཔེ་དེའི་མཛད་པ་པོ་དང་ཡིག་མཁན། དཔར་བརྐོ་མཁན། དབུ་ཞབས་ཀྱི་ལྷ་སྐུ་འབྲི་མཁན། འབྲི་བཞེངས་ཀྱི་དུས་ཚོད་དང་དཔེ་རྒྱུན་ཇི་ལྟར་འཕེལ་ཡོད་མེད་སོགས་གོ་ཤེས་ཐུབ་པ་བྱས་ཏེ་གནའ་དཔེའི་རིན་ཐང་གཏན་ལ་དབབ་རྒྱུ་དེ་ཡིན། གནའ་དཔེ་བརྟག་ཐབས་ཀྱི་སྐོར་ལ་དེང་གི་གནའ་དཔེ་ཞིབ་འཇུག་པ་ནུབ་ཕྱོགས་ཀྱི་མཁས་པ་དག་གིས་བཞེད་པ་ཇི་སྙེད་ཅིག་གསུང་ཡོད་པ་དེ་དག་རྨང་གཞིར་བྱས་ཏེ། དཔེ་སྙིང་གི་ཕྱིའི་ཁྱད་ཆོས་ཏེ་གླེགས་ཤིང་དང་གདོང་དར། དཔེ་རས་དང་ཞལ་ཁེབས། གླེགས་ཐག་དང་། གླེགས་བམ་གྱི་ཤོག་རྒྱ། སྣག་ཤོག ཡིག་གཟུགས། ཡིག་ཕྲེང་བཅས་ཕྱིའི་ཁྱད་ཆོས་དེ་དག་བསྟན་ཏེ་རང་ཉིད་དཔེ་སྙིང་ཡོངས་བཤེར་དང་ཐོ་འགོད། བརྟག་དཔྱད་བཅས་ཀྱི་ལས་ཀར་བཞུགས་རིང་ཐོབ་པའི་མྱོང་བ་དང་བསྡུན་ནས་གནའ་དཔེ་བརྟག་ཐབས་ཙམ་ཟད་ཅིག་བརྗོད་པར་བྱ།

གཅིག སྐོར་ཐིག་ལས་བརྟག་པ།

སྤྱིར་བཏང་བྱས་ན་གནའ་དཔེ་བྲིས་མ་དང་དཔར་མ་གང་ཞིག་ཡིན་པ་ནི་གནའ་དཔེའི་

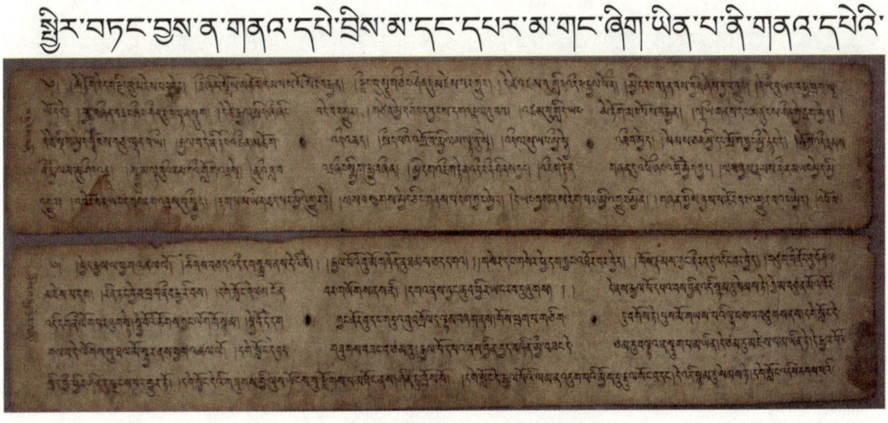

དུས་རབས་8-9སྐོར་ཐིག་ཏུ་མིག་ཕུ་ཕུག་པའི་གནའ་དཔེ།

ཤེས་བྱ་ཐྲན་བུ་ཡོད་པའི་སྐྱེ་བོ་ཞིག་གི་ངོས་ནས་འཆད་ན་དབྱེ་འབྱེད་བྱ་རྒྱུ་དེ་ལས་སླ་མོ་ཞིག་ཡིན་མོད། འོན་ཏེ་དུས་རབས་13པའི་ནང་དུ་བཞེངས་པའི་དཔར་མ་འགའ་ཞིག་བྲིས་མ་དང་གཅིག་མཚུངས་སུ་སྣང་། དཔེར་ན་བོད་ལྗོངས་དཔེ་མཛོད་ཁང་དུ་བཞུགས་པའི་ས་པཎ་གྱི་ཚད་མ་རིགས་གཏེར་ལྟ་བུར་ཆ་མཚོན་ན། ཚད་མ་རིགས་གཏེར་དེ་ཐོག་མར་མཇལ་བའི་སྐབས་སུ་གནའ་དཔེའི་ཤེས་བྱ་མི་དམན་པའི་མི་མང་པོ་ཞིག་གིས་ཀྱང་དེ་བྲིས་མ་ཡིན་པར་ངོས་འཛིན་བྱས་འདུག་ལ། མ་ཟད་རྒྱལ་ཁབ་རིམ་པའི་གནའ་དཔེའི་མིང་མཛོད་དུའང་དཔར་མ་དེ་བྲིས་མ་ཡིན་པར་ཐག་བཅད་དེ་བཞག་འདུག རྒྱུ་མཚན་ནི་རིགས་གཏེར་དེར་དུས་ཕྱིས་ཀྱི་དཔར་མ་ཇི་བཞིན་གཡས་གཡོན་གཉིས་ཐིག་དང་གོང་འོག་གི་སྟེ་ཐིག་རྒྱ་བཏབ་མེད་པ་དང་གཅིག གཉིས་ཡིག་གཟུགས་ཀྱི་ཐད་ནས་བརྗོད་ན་ཡང་དཔར་གྱི་རྗེས་ཤུལ་ཡེ་ནས་མེད་པར་ཡི་གེའི་འདུ་བྱེད་ལ་མཁས་པ་ཞིག་གིས་ཤོག་བུའི་ཐད་དུ་བྲིས་པ་ལྟ་བུ་ཞིག་སྣང་། དེ་དང་འདྲ་བར་སྔོན་དགའ་ལྡན་དཔར་རྙིང་དུ་གྲགས་པ་དེའང་ཡིག་གཟུགས་དཔེ་ཆ་ལག་བྲིས་མ་དང་ནོར་འགྲོ་བ་ལྟ་བུའི་པར་རྐོའི་ལག་རྩལ་ཏ་ལས་པ་ཞིག་འདུག་ཅེས་གསུང་རབ་སྨྲ་བའི་དབང་པོ་དུང་དཀར་བློ་བཟང་འཕྲིན་ལས་མཆོག་གིས་[1]གསུངས་པ་ལ་ཐུགས་ཤིན་ཏུ་མད། རྗེས་སུ་ཚད་མ་རིགས་གཏེར་དེ་མཇལ་བའི་སྐལ་བ་ཐོབ་པ་དང་བསྟུན། གནའ་དཔེ་དེའི་མཛད་བྱང་ལ་བལྟ་དུས། དེ་ནི་ཡོན་རྒྱལ་རབས་ཀྱི་བཙུན་མོ་བོལ་གན་དང་བཙུན་མོ་གོ་གོ་ཅན་གྱིས་དཔར་བོད་གཉིས་བརྒྱ་བརྒྱ་བཏབ་སྟེ་ནང་བསྟན་གཞུང་ལ་འཆད་ཉན་སྤེལ་བའི་ཕྱིར་ཕུལ་བ་དེའི་གྲས་ཤིག་རེད་འདུག དེར་བརྟེན་ང་རང་གི་བསམ་ཚུལ་ལྟར་ན་བྲིས་མ་དང་དཔར་མ་བརྟག་ཐབས་དེའང་བརྗོད་ན་བརྗོད་རེན་ཆོག་པ་ཞིག་འདུག དེས་ན་ཐོག་མར་བྲིས་མ་དང་དཔར་མའི་དབྱེ་བ་དེ་ནི་སྒོར་ཐིག་ལས་འཆད་ན་དོན་གོ་ཆེ་བ་ཞིག་ལགས། གནའ་དཔེའི་ལྡེབ་གྲངས་ཀྱི་ཉིན་སྲིབ་ཏུ་སྒོར་ཐིག་བྲིས་ཡོད་པ་དེ་དག་ནི་ སྤྱིར་བཏང་བྲིས་མ་དང་སྒོར་ཐིག་མེད་པ་དེ་ནི་སྤྱིར་བཏང་བརྒྱ་ཆ་བདུན་ཅུ་ཡན་དཔར་མ་ཡིན་པ་ཐག་བཅད་ཆོག གང་ཡིན་ཟེར་ན། ཉེ་དུས་སྔ་མོར་གནའ་དཔེ་བརྟག་དཔྱད་ལ་འགྲོ་སྐབས་སྤྱི་ལོ་1407ལོར་སི་ཏུ་ཆོས་ཀྱི་རིན་ཆེན་གྱི་

---

(1)དུང་དཀར་བློ་བཟང་འཕྲིན་ལས་ཀྱི་གསུང་རྩོམ་ཕྱོགས་བསྒྲིགས། ཀྲུང་གོའི་བོད་ཀྱི་ཤེས་རིག་དཔེ་སྐྲུན་ཁང་གི་1997ལོའི་དཔར་མ། ཤོག་གྲངས་422ལས་དྲངས།

དགོངས་རྫོགས་ལ་དམིགས་ཏེ་སྲས་ལྷ་བཙན་སྐྱབས་ཀྱིས་ལ་སྟོད་ཤེལ་དཀར་རྫོང་དུ་དཔར་བཏབ་པའི་མངོན་རྟོགས་རྒྱན་གྱི་འགྲེལ་ཆེན་དྲི་མེད་འོད་དཔར་མ་ཞིག་མཇལ་བྱུང་བ་དེའི་སྟེང་དུ་སྔོན་གྱི་བྲིས་མ་ཇི་བཞིན་སྒོར་ཐིག་གསལ་བའི་རྐྱེན་གྱིས་གོང་ལྟར་འཆད་པ་ལགས། དུས་རབས་13-14ནང་བོད་ཀྱི་ཡུལ་དེར་དཔར་གྱི་རིག་པ་དེ་ས་ཁྱབ་རྗེ་ཁྱབ་ཏུ་སོང་བའི་རྗེས་སུ་གནའ་དཔེ་ཁག་གི་མཛད་འཕྲིན་རྒྱ་ཆེར་སྤེལ་བའི་སྐད་དཔར་གྱི་རིག་པར་བརྟེན་ནས་གནའ་དཔེ་བཞེངས་དགོས་བྱུང་ཡོད། དུས་རབས་13-14པའི་མཚམས་སུ་སླེབས་དུས་གནའ་དཔེའི་སྟེང་གི་སྒོར་ཐིག་གི་བྱེད་ནུས་དེའང་ཡོངས་སུ་ཤོར་ཏེ་མེད་པར་འགྱུར་ཟིན་པའི་རྐྱེན་གྱིས་དཔར་ཤིང་གི་སྟེང་དུའང་གསལ་མེད། དེར་བརྟེན་གནའ་དཔེ་བྲིས་དཔར་གྱི་དབྱེ་བ་དེ་སྒོར་ཐིག་ལ་ཚད་འཛིན་ཏེ་བཤད་པ་ཡིན། དེ་ཡང་བྲིས་མའི་སྒོར་ཐིག་གི་ཁྱད་ཆོས་ལས་འཆད་ན་སྔོན་དུ་ཞུས་པ་བཞིན་སྤྱི་ལོའི་དུས་རབས་13སྔོན་གྱི་བྲིས་མར་ལྷེབ་གྲངས་ཀྱི་ཉིན་སྲིབ་ངོས་སུ་སྒོར་ཐིག་བྲིས་ཡོད། དུས་རབས་8པའི་ཡར་སྔོན་གྱི་གནའ་དཔེ་བྲིས་མ་ཞིག་ཡིན་ཕྱིན་བྲིས་མ་དེ་དག་གི་ལྷེབ་གྲངས་ངོས་སུ་སྒོར་ཐིག་གཉིས་རེ་ཡོད་པ་མ་ཟད། སྒོར་ཐིག་དེར་མིག་བུ་ཕུག་སྟེ་དེ་དག་གི་ནང་དུ་རྒྱུན་བུའམ་འབྲེང་པོ་བརྒྱུས་ཡོད་པ་སྟེ། ཏུན་ཧོང་ནས་ཐོན་པའི་ཤེར་ཕྱིན་རྒྱལ་ཁབ་དཔེ་མཛོད་ཁང་དུ་བཞུགས་པ་དེ་ནི་གསུང་རབ་སྨྲ་བའི་དབང་པོ་རྣམས་ཀྱིས་ཡིག་གཟུགས་དང་སྣག་ཤོག་ལ་ཚན་རིག་གི་ཐབས་ལམ་ལས་བརྟག་དཔྱད་བྱས་པ་བརྒྱུད། གནའ་དཔེ་དེ་ནི་དུས་རབས་8པའི་ནང་གི་གནའ་དཔེ་བྲིས་མ་ཞིག་ཡིན་པ་ཐག་གཅོད་གནང་འདུག གནའ་དཔེ་དེའི་སྟེང་དུ་སྒོར་ཐིག་གཉིས་གསལ་ཡོད་པ་མ་ཟད། དེའི་མིག་ཕུའི་ནང་དུ་འབྲེང་བུ་བརྒྱུས་ཡོད་གཤིས་དུས་རབས་8པའི་ཡར་སྔོན་གྱི་གནའ་དཔེ་ཡིན་པ་ཐག་བཅད་ཆོག དེ་རྗེས་དུས་རབས་9-11པའི་གནའ་དཔེ་ཡིན་ན། གནའ་དཔེ་དེ་དག་གི་སྟེང་དུ་སྔར་བཞིན་སྒོར་ཐིག་གཉིས་རེ་གསལ་ལ་མིག་ཕུ་ཡང་ཕུག་ནས་སྣང་། འོན་ཏེ་མིག་བུ་དེ་གཉིས་ཀྱི་ནང་དུ་སྔོན་གྱི་ལམ་སྲོལ་བཞིན་འབྲེང་བུ་དང་རྒྱུན་བུ་བརྒྱུས་མེད་པ་སྟེ། བོད་རྒྱལ་ཁྲི་ལྡེ་སྲོང་བཙན་ཁྲི་རལ་པ་ཅན་གྱི་ཀླ་འབུམ་དུ་གྲགས་པ་དཔལ་ལྡན་འབྲས་སྤུངས་དགོན་དང་གྲོ་མཁར་ཆོས་སྡེ། ཆབ་མདོ་ཁུལ་དུ་བཞུགས་པའི་གནའ་དཔེ་བྲིས་མ་དུས་རབས་9-10པར་བྲིས་པ་དེ་དག་གི་སྟེང་དུ་སྒོར་ཐིག་ལ་མིག་ཕུ་ཕུག་ཡོད་ཀྱང་དེ་དག་གི་ནང་དུ་རྒྱུན་བུ་སོགས་བརྒྱུས་མེད། དུས་

རབས་14-15ནང་དུ་བྲིས་བཞེངས་གནང་བའི་གནའ་དཔེ་ཡིན་ན། གནའ་དཔེ་དེ་དག་གི་ལྡེབ་གྲངས་ངོས་སུ་སྔོར་ཐིག་གཉིས་རེ་སྣར་བཞིན་གསལ་ཙུང་། མིག་ཕྱུ་མ་ཕྱུག་པར་དེའི་རྣམ་པ་མཚོན་ཆེད་ཙམ་དུ་མཚལ་གྱི་སྔོར་ཐིག་དེ་བྲིས་ནས་ཡོད་པ་ལྟོ་ཁའི་འོན་ཀ་ཙ་ལྷ་ཁང་དང་མངའ་རིས་འཁོར་ཆགས་དགོན། དུང་དཀར་ཕྱི་དབང་། གོང་དཀར་ཆོས་སྡེ་སོགས་སུ་ཉར་ཚགས་གནང་བའི་དཔེ་རྙིང་དེ་དག་ཡིན། དེ་རྗེས་དུས་རབས་15པའི་རྗེས་ཀྱི་གནའ་དཔེར་མཚལ་གི་སྔོར་ཐིག་དེ་དག་གསལ་ཙུང་སྔོར་ཐིག་དེ་སྟོང་པར་བཞག་ན། མིག་ལ་མཛེས་ཆ་མི་ལྡན་པ་དང་ཕན་མེད་དུ་ལུས་པ་ལྟ་བུའི་ཚོར་སྣང་ཞིག་རང་བཞིན་གྱིས་སྐྱེས་སྐབས། བོད་ཀྱི་མཛེས་ཆོས་དང་བསྟུན་ཏེ་སྔོར་ཐིག་དེའི་ནང་དུ་གཞུང་དེ་དང་འབྲེལ་བའི་སྐུ་བརྙན་བྲིས་པའི་གནའ་དཔེ་གཡའ་མ་རི་དགོན་གྱི་ཤེར་ཕྱིན་དང་མངའ་རིས་དགའ་ལྡན་བཤག་འཕེལ་གླིང་གི་མདོ་སྐལ་བཟང་སོགས་དང་། སྔོར་ཐིག་ཏུ་བཀྲ་ཤིས་རྟགས་བརྒྱད་དང་རྒྱལ་སྲིད་སྣ་བདུན་བྲིས་པ་མངའ་རིས་ས་ཁུལ་དུ་བཞུགས་པའི་ཤེར་ཕྱིན་ཡུམ། དུས་རབས་17པར་མི་དབང་སངས་རྒྱས་རྒྱ་མཚོས་བཞེངས་པའི་རྒྱལ་བའི་བཀའ་འགྱུར་མཐིང་ཤོག་གསེར་བྲིས་མའི་སྔོར་ཐིག་ཏུ་ཨུ་ཏིག་གིས་ཕྲ་བརྒྱན་བཏབ་པ་ནོར་གླིང་དུ་བཞུགས་པ་བཅས་སོ། །ལྷག་དོན་དུ་སྔོར་ཐིག་གིས་གནའ་དཔེ་དེ་བྲིས་བཞེངས་གནང་སྐབས་རྩ་འཛུགས་གང་ཞིག་གིས་འབྲི་བཞེངས་བགྱིས་པ་སྟེ། གནའ་དཔེའི་སྔོར་ཐིག་དེ་ལྡེབ་གྲངས་ཀྱི་ངོས་སུ་ནག་ནོག་གིས་མ་འགོས་པར་ངོས་གཙང་ཞིང་། སྔོར་ཐིག་གི་མཚམས་དེར་སླེབས་སྐབས་གཞུང་གི་རྗོད་བྱེད་ཀྱི་ཚིག་དོན་ལ་མ་ལྟོས་པར་སྔོན་འཇུག་དང་རྗེས་འཇུག་ཡ་ཕྲལ་ནས་བྲིས་པ་ལྟ་བུ་ཞིག་ཡིན་ན། གཞུང་ས་ཁག་གིས་ཆེད་མངགས་གནའ་དཔེ་འབྲི་བཤུ་མཁན་སྒྲིག་འཛུགས་བྱས་ནས་འབྲི་བཤུས་གནང་བ་མཚོན་པ་དང་། གལ་ཏེ་འབྲི་ཤོག་གི་སྟེང་དུ་སྔོར་ཐིག་གཉིས་གསལ་ཙུང་། སྔོན་གྱི་གོམས་སྲོལ་ཇི་བཞིན་མེད་པར་སྔོར་ཐིག

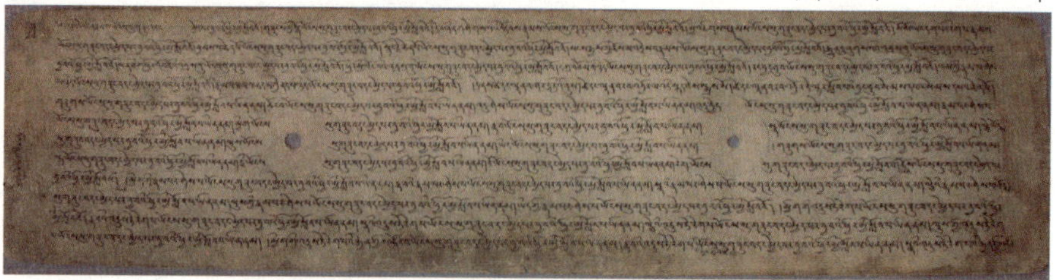

དུས་རབས་8-9སྔོར་ཐིག་ཏུ་མིག་ཕྱུ་ཕྱུག་པའི་གནའ་དཔེ།

གི་ནང་དུ་སྐབས་འབབ་ཀྱི་བརྗོད་དོན་དང་འབྲེལ་ཏེ་སྨོར་ཐིག་གིས་ཟིན་པའི་ས་དེ་སྟོང་པར་མ་བཞག་པར་བརྗོད་དོན་དཀྱུས་གཅིག་ཏུ་བྲིས་ཡོད་ན། གནའ་དཔེ་དེ་ནི་གཞུང་སའི་འབྲི་བཤུ་ནས་མ་ཡིན་པར་མི་སྒེར་གྱིས་རང་རང་གི་སློབ་གཉེར་ལ་མཁོ་བའི་གནའ་དཔེ་འབྲི་བཤུ་བྱས་པ་དེ་ཤེས། དེས་ན་སྨོར་ཐིག་ལས་གནའ་དཔེ་དེ་དུས་རབས་དང་བྲིས་མ་དང་དཔར་མ་གང་ཞིག་ཡིན་མིན་བརྟག་ཐུབ་བོ།

གཉིས། མཛུག་བྱང་ལས་བརྟག་པ།

བོད་ཡིག་གནའ་དཔེར་མཛུག་བྱང་མང་ཉུང་ལ་མ་ལྟོས་པའི་གཞུང་དེའི་ཇོགས་མཚམས་སུ་མཛུག་བྱང་ཞིག་སྦྱར་ཡོད་ངེས་ལགས། དེས་ན་མཛུག་བྱང་ལས་གནའ་དཔེའི་དུས་རབས་ཤེས་པ་སྟེ། དེ་ཡང་དུས་རབས་9པའི་སྐབས་སུ་སྦྱར་བའི་མཛུག་བྱང་ཞིག་ཡིན་ཕྱིན། དེ་དག་ལ་ཚིག་གི་རྒྱུས་སྤྲོས་མེད་པར་ཏུན་ཧོང་གི་ཡིག་རྙིང་ཕྲིད་དུ་བཞུགས་པའི་pt1286ནང་དུ་བྱུང་བའི་ཚིག་ཉམས་ཏེ། རི་མཐོ་ས་གཙང་སྤུ་རྒྱལ་བོད་ཀྱི་ཡུལ། ཞེས་པ་དང་། གནམ་གྱི་དབུས། ས་འི་ནི་དཀྱིལ། གླིང་གི་ནི་སྙིང་། གངས་ཀྱི་ནི་ར་བ། ཆུ་བོ་ཀུན་གྱི་ནི་མགོ་བོ།[1]ཞེས་པ་ལྟ་བུ་དང་ཤེར་ཕྱིན་ཡུམ་བྲིས་མའི་ལེའུ་མཚམས་སུ་ཡིག་མཁན་གྱི་མཚན་དང་། ཞུས་དང་ཞུས་གཉིས་ཞུས་སུམ་ཞུས་ཀྱི་མཚན་སྟེ་ཛེའུ་སྟག་ལེགས་བྲིས། དཔལ་དབྱངས་ཞུས། ཕབ་ཏང་ཡང་ཞུས། དེའུ་ཨེང་སུ་ཞུས།།[2]ཞེས་དང་གཞན་པའི་རྗེའི་སྐུ་ཡོན་དུ་ཞེས་པ་སོགས་ལས་མི་བྱུང་། དེ་ལྟར་མཛུག་བྱང་ཚིག་སྡུ་བསྡུས་ཤེང་རྗེའི་ཡོན་དུ་ཞེས་པ་ལས་མི་བྱུང་བའི་རྒྱུ་མཚན་ནི། དུས་རབས་9ཡར་སྔོན་དུ་རྗེས་མ་གཏོགས་འབངས་ཀྱིས་འབུམ་འབྲི་བཞེངས་མི་ཐུབ་པའི་རྐྱེན་གྱིས་ཡིན་པ་ནི་ཤེར་ཕྱིན་གྱི་ཚིག་དང་ཤད། ལེའུ་བམ་པོ་སོགས་ཀྱི་ཚད་བསྟན་པ་ཞེས་པ་སོགས་ལས་ཤེས། དུས་རབས་10-12གི་གནའ་དཔེའི་མཛུག་བྱང་དུ་སྔོན་གྱི་ཚིག་ཉམས་ཐོན་པའི་ཐོག་ལ། ཀྱེ་ཞེས་པའི་ངོ་མཚར་གྱི་འབོད་སྒྲས་སྔོན་བསུས་ཏེ་རྒྱ་གར་འཕགས་པའི་ཡུལ་དང་སྟོན་པའི་མཛད་པ་ཚིག་སྡུ་ཐུང་ངུས་བརྗོད་པ་དང་རི་མཐོ་ས

(1)དབང་རྒྱལ་དང་བསོད་ནམས་སྐྱིད། ཏུན་ཧོང་ནས་ཐོན་པའི་བོད་ཀྱི་ལོ་རྒྱུས་ཡིག་ཆ་གཅེས་བསྡུས། མི་རིགས་དཔེ་སྐྲུན་ཁང་གི་1992ལོའི་དཔར་མ། ཤོག་གྲངས་ 68ལས་དྲངས།

(2)གྲོ་མཁར་ཚོས་སྒེར་བཞུགས་པའི་ཤེར་ཕྱིན་བོད་ཀ་པའི་ལྷེབ་གྲངས་35ལས་དྲངས།

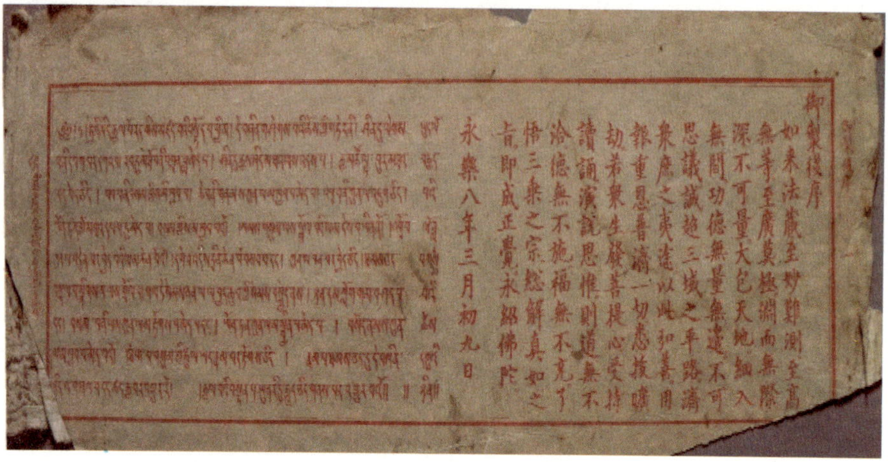

རྒྱལ་པོས་བཀོད་པའི་མཛད་བྱང་།

གཙང་སྨྲ་རྒྱལ་བོད་ཀྱི་ཡུལ་ཞེས་པ་སོགས་ཡུལ་གྱི་བསྔོད་པ་དང་གནའ་དཔེ་བཞེངས་པའི་སྐབས་ཀྱི་མཆོད་ཡོན་སྦྱིན་བདག་དང་བཞེངས་པའི་གནས་སོགས་བརྗོད་པ་དང་སྨྲགས་འབྲི་ཤོག་དང་འཕྲུལ་ཡིག་སོགས་ཀྱི་ཁྱད་ཚིག་ཏུ་ངོ་མཚར་ཆེ་ཞེས་པས་བརྒྱན་ཏེ་བྱང་ཆུབ་ཀྱི་ལམ་ཐོབ་པར་ཤོག [1]ཅེས་པའི་སྨོན་ཚིག་གིས་མཇུག་བསྡུས་པ་ཤ་སྟག་ཡིན། དུས་རབས་12-13བར་གྱི་མཇུག་བྱང་དུ་ཀྱི་དང་ཨེ་མ་ཧོ་ཞེས་པས་ཐོན་བསྒྲུས་ཏེ། གོང་གི་ནང་དོན་ཇི་བཞིན་བརྗོད་པ་དང་སྨྲགས་སྐྱག་ཤོག་གི་སྤུས་ཀ་ཅི་ཞིག་བཏང་ཡོད་པའི་གསལ་བཤད་ཡང་མཇུག་བྱང་གི་ནང་དུ་བསྟན་ནས་འདུག་ལ། མཇུག་གི་སྨོན་ཚིག་ཏུ་སངས་རྒྱས་ཀྱི་གོ་འཕང་འཐོབ་པར་ཤོག་ཅེས་ཡོང་གི་འདུག ལྷག་དོན་དུ་མཇུག་བྱང་དེ་དག་གི་ཁྲོད་དུ་དགོངས་དང་བསམ་ཞེས་པའི་ཚིག་དེའི་དོད་དུ་ར་ག་བཏགས་ག་ན་རོ་རྔོངས་ཞེས་དབུས་གཙང་མངའ་རིས་དང་བཅས་པར་བཞུགས་པའི་གནའ་དཔེ་དག་གི་ཁྲོད་དུ་སྤྱི་མཐུན་དུ་ཐོན་པ་དེའང་དུས་རབས་དེའི་ཁྱད་ཆོས་སུ་སེམས། དུས་རབས་13-14གནའ་དཔེའི་མཇུག་བྱང་དུ་ཨོཾ་སྭ་སྟི་ཞེས་པས་ཐོན་གྱི་ངོ་མཚར་གྱི་འཕོད་སྒྲ་ཀྱི་དང་ཨེ་མ་ཧོ་ཞེས་པའི་དོད་བྱས་ནས་ཐོན་གྱི་མཇུག་བྱང་གི་ནང་དོན་བཞིན་བྲིས་པ་དང་རྗེས་ཀྱི་སྨོན་ཚིག་ཏུ་རྒྱ་སྐད་ཀྱིས་མངྒ་ལམ་དང་སརྦ་མངྒ་ལམ་ཞེས་པའི་སྨོན་ཚིག་གིས་མཇུག་བསྡུས་ཡོང་གི་འདུག དེ་རྗེས་དུས་རབས་15-16བར་ཐོན་གྱི་མཇུག་བྱང་གི་ནང་དོན་ཐོན་ལྟར་ཇི་བཞིན་བཀོད་པ་དང་

(1)གྲོ་མཁར་ཆོས་སྡེའི་ཤེར་ཕྱིན་ཡུམ་གྱི་མཇུག་བྱང་ལས་དྲངས།

སྒྲུགས་མཇུག་བྱང་སྨོན་ཚིག་དེའི་ནང་དོན་རྒྱ་སྐད་ཡང་མཉམ་དུ་སྦྱར་ཡོང་གི་འདུག་ལ་དེས་མ་ཟད་མཇུག་བྱང་གི་དུས་ཚོད་དེ་བོད་ཀྱི་རབ་བྱུང་དང་སྟོན་པའི་འདས་ལོ་སོགས་ལ་སྦྱར་ནས་མཇུག་བྱང་བཀོད་གནང་བ་ཤ་སྟག་ཡིན། བོད་དཔེ་རྒྱ་ནག་དཔར་མའི་མཛོད་བྱང་ནི་ཡོན་རྒྱལ་རབས་སྐབས་སུ་དཔར་དུ་བཏབ་པའི་དཔར་བྱང་ནི་བོད་ཡིག་ཁོ་ན་དང་ཡུང་ལོའི་སྐབས་སུ་དཔར་དུ་བཏབ་པའི་དཔར་བྱང་ནི་བོད་རྒྱ་ཤན་སྦྱར་གྱི་ཐོག་ནས་སྦྱར་བ་དང་། གོང་མ་ལྷ་སྐྱོང་སྐབས་སུ་བོད་དཔེ་དཔར་དུ་བཏབ་པ་དག་གི་དཔར་བྱང་ནི་སུམ་འབོད་དེ་བོད་རྒྱ་ཧོར་བཅས་ཡིག་རིགས་གསུམ་གྱི་སྟེང་ནས་སྦྱར་བ་ཞིག་ཡིན། དེ་མིན་པའི་ཧོར་དཔར་ཡིན་པའི་གཞུང་དེ་དག་གི་དཔར་བྱང་དུ་དཔར་ལ་བོད་ཧི་ཙམ་ཞིག་བཏབ་ཡོད་པ་གསལ་བ་སྟེ། ཚད་མ་རིགས་གཏེར་བོད་ཉིས་བརྒྱ། ཚད་མ་རྣམ་པར་ངེས་པ་བོད་ལྔ་བརྒྱ། ཐེག་པོ་ཆེན་པོ་མདོ་སྡེའི་རྒྱན་བོད་ལྔ་བརྒྱ་བཏབ་ཞེས་པ་སོགས་ནི་ཡོན་གྱི་དཔར་མའི་དཔར་བྱང་ཁྱད་ཆོས་ཤིག་ཡིན་སྟབས་དེ་དག་ལས་གནའ་དཔེའི་དུས་རབས་གཏན་ལ་འབེབ་ཐུབ།

གསུམ། ལྡེབ་གྲངས་ལས་བརྟག་པ།

སྔོན་གྱི་གནའ་དཔེ་དེ་དག་ནི་དུས་རབས་མི་འདྲ་བའི་ནང་དུ་བྲིས་དཔར་བཏབ་པ་ཞིག་ཡིན་སྟབས། གནའ་དཔེ་དེ་དག་གི་སྤྱན་ཁྲིར་རྒྱའི་ནང་གི་ལྡེབ་གྲངས་འགོད་སྟངས་ཀྱང་མི་འདྲ་བ་བྱུང་འདུག དེས་ན་གནའ་དཔེའི་ལྡེབ་གྲངས་ཀྱི་ཁྱད་ཆོས་ལས་གནའ་དཔེ་བརྟག་ཐུབ་པ་སྟེ། སྔོན་གྱི་གནའ་དཔེ་དུས་རབས་10པ་ཡན་ཆད་ཀྱི་གནའ་དཔེ་ཞིག་ཡིན་ན་གནའ་དཔེ་དེ་དག་གི་ལྡེབ་གྲངས་འགོད་སྟངས་དེ་དུས་རབས་12རྗེས་དང་ཅུང་མི་འདྲ་བ་སྟེ། དུས་རབས་12ཡན་གྱི་གནའ་དཔེ་ཡིན་ན་དེ་དག་གི་ལྡེབ་གྲངས་དྲུག་ཅུར་ཕྱིན་ཆོ། གནའ་དཔེའི་སྤྱན་ཁྲིར་གྱི་རྒྱའི་ནང་དུ་ལྡེབ་གྲངས་རེ་གཅིག་ལ་རོ་གཅིག་དང་རེ་གཉིས་ལ་རོ་གཉིས་ཞེས་བྲིས་པ་བཙན་པོའི་ཟླ་འབུམ་དང་མཉེས་ཐང་སྒྲོལ་མ་ལྷ་ཁང་གི་འབུམ་ཤོག་མོ་ཆེ་སོགས་ལ་བྲིས་པ་ད་ལྟ་མཇལ་རྒྱུ་འདུག ཏུན་ཧོང་ནས་ཐོན་པའི་pel.tib0845སྒྲ་

དུས་རབས་12-13དམིགས་བསལ་ལྡེབ་གྲངས་ཅན་གྱི་གནའ་དཔེ།

སྦྱོར་བམ་གཉིས་ལྟ་བུ་ཡིན་ན། ལྡེབ་གྲངས་སུ་ཨང་གྲངས་མ་བཀོད་པར་ཐད་ཀར་ཀ་མད་གྱིས་ཨང་གྲངས་ཀྱི་ཚབ་བྱས་ནས་བྲིས་འདུག་ལ་ད་དུང་དུས་རབས་12པའི་ནང་དུ་བྱོན་པའི་ལོ་ཙཱ་བ་མར་པ་ཆོས་ཀྱི་དབང་ཕྱུག་གིས་མཛད་པའི་རྒྱལ་འབྱོར་མ་བླ་ན་མེད་པའི་རྒྱུད་ཐམས་ཅད་ཀྱི་བླ་མ་བདེ་མཆོག་བསྡུས་པ་ཞེས་པ་བྲིས་མ་ཆེས་རྙིང་པ་ལྡེབ་གྲངས་ལྡ་ཅན་ཞིག་འདུག་དེའི་ལྡེབ་གྲངས་ཀྱང་ཨང་གི་མ་བཀོད་པར་ཐད་ཀར་ཀ་མད་ཀྱིས་ཚབ་བྱས་པ་ཞིག་འདུག དུས་རབས་12ནས་འགོ་འཚུགས་ཏེ་གནའ་དཔེའི་ལྡེབ་གྲངས་བརྒྱ་ལས་འགལ་བ་ཡིན་ན། བརྒྱ་གྲངས་མཚོན་ཆེད་དུ་དམིགས་བསལ་རྟགས་བེད་སྤྱོད་གཏོང་བའི་སྲོལ་དེ་བྱུང་བར་མངོན། དཔེར་ན་འོན་ཀེ་རྡ་དང་ར་ལུང་དགོན། མངའ་རིས་ཀྱི་དུང་དཀར་ཕྱི་དབང་། རྒྱ་མ་ཁྲི་སྣང་དུ་བཞུགས་པའི་ཤེར་ཕྱིན་གྱི་ལྡེབ་གྲངས་ཀྱི་བརྒྱ་གནས་སུ་རྟགས་འདི་※དང་འདིས་‡མཚོན་པར་བྱས་ཡོད། ད་དུང་བོད་ཡིག་གནའ་དཔེ་བྲིས་མ་འགའ་ཞིག་གི་ལྡེབ་གྲངས་སུ་སམ་བོད་གཉིས་ཀྱིས་ཐོག་ནས་མཚོན་པར་བྱས་པའི་དཔེ་རྙིང་སྟོད་མངའ་རིས་མཐོ་ལྡིང་གཙུག་ལག་ཁང་དང་ཕོ་བྲང་པོ་ཏ་ལ་སོགས་སུ་བཞུགས་འདུག ལྡེབ་གྲངས་སམ་བོད་བཀོད་པའི་གནའ་དཔེ་དེ་དག་ནི་ལེགས་སྦྱར་གྱི་ཐོག་ནས་བྲིས་པའི་གཞུང་ཡིན་

པའི་ཐོག བོད་ཡིག་གིས་བསྒྱུར་མཚན་བཏབ་པའི་གཞུང་ཤ་སྟག་ཏུ་འདུག གནའ་དཔེ་དེ་རིགས་ནི་འཛམ་གླིང་ན་མཐོང་དཀོན་པའི་ཤིང་ཏ་ལའི་ལོ་མ་དང་གྲོ་ག་ཤིང་ཤུན་ཐོག་བྲིས་པའི་རྒྱ་གཞུང་མ་དཔེ་ཡིན་པས་ལེགས་སྦྱར་གྱི་ལྡེབ་གྲངས་གསལ་བ་དང་མ་ཡིག་ལེགས་སྦྱར་ལས་བོད་ཀྱི་ལོ་ཙཱ་བ་སྐུ་དྲིན་ཅན་དག་གིས་བོད་ཡིག་ཏུ་བསྒྱུར་བའི་རྐྱེན་གྱིས་བོད་ཡིག་གི་ལྡེབ་གྲངས་ཐོན་པ་ཞིག་ཡིན། སྤྱི་ལོ་1280ནས་བཟུང་བོད་ཡིག་གནའ་དཔེ་འགའ་ཞིག་གི་ལྡེབ་གྲངས་བོད་རྒྱ་ཟུང་དུ་འབྲེལ་ནས་བཀོད་པའི་སྲོལ་དེ་བྱུང་ཡོད་པ་སྟེ། དཔེར་ན་བོད་ཡིག་ལྡེབ་གྲངས་བརྒྱ་ལ་རྒྱ་ཡིག་གི་སྟེང་དགུ་བཅུ་གོ་དགུ་དང་སྨད་བརྒྱ་ཞེས་བྲིས་འདུག བོད་ཡིག་ལྡེབ་གྲངས་དེ་ལྡེབ་གྲངས་ཀྱི་ཉིན་སྲིབ་གཅིག་ཏུ་སྡེབས་ནས་ལྡེབ་གྲངས་གཅིག་དང་རྒྱ་ཡིག་གི་ཤོག་གྲངས་དེ་ཉིན་སྲིབ་སོ་སོར་བཀོད་འདུག ལྡེབ་གྲངས་དེ་རིགས་ཐོན་པའི་བྲིས་མ་དང་དཔར་མ་གང་ཞིག་ཡིན་ཙང་། གནའ་དཔེ་དེ་རིགས་ནི་དུས་རབས་མི་འདྲ་བའི་ནང་དུ་རྒྱ་ནག་ཏུ་འབྲི་བཞེངས་གནང་བ་ཞིག་ཡིན་པར་ཐག་བཅད་ཆོག གང་ཡིན་ཟེར་ན། དུས་རབས་13པ་ནས་བཟུང་བོད་ཀྱི་གནའ་དཔེ་མང་པོ་ཞིག་ཧྭ་དབེན་ཏི་ཤྲཱི་རིམ་བྱོན་གྱིས་བསམ་པའི་སྐུལ་སློང་འོག རྒྱ་ནག་གོང་མ་རྣམས་ཀྱིས་སྦྱིན་བདག་གནང་སྟེ་བཞེངས་པའི་གནའ་དཔེ་ཞིག་ཡིན། གནའ་དཔེ་དེ་དག་གི་སྟེང་དུ་ལྡེབ་གྲངས་བོད་རྒྱ་ཟུང་དུ་བཀོད་དགོས་དོན་ནི། དུས་རབས་13པའི་རྒྱ་ནག་གི་དཔར་མ་འགྲེལ་ཆེན་དྲི་མེད་འོད་ཀྱི་བསྡུས་དོན་གྱི་མཛད་བྱང་དུ། བོད་ཀྱི་ཡི་གེ་པ་ཡིས་ཡིག་གེར་བཀོད།། རྒྱ་ནག་བཟོ

དུས་རབས་9-10པའི་གནའ་དཔེའི་ལྡེབ་གྲངས།

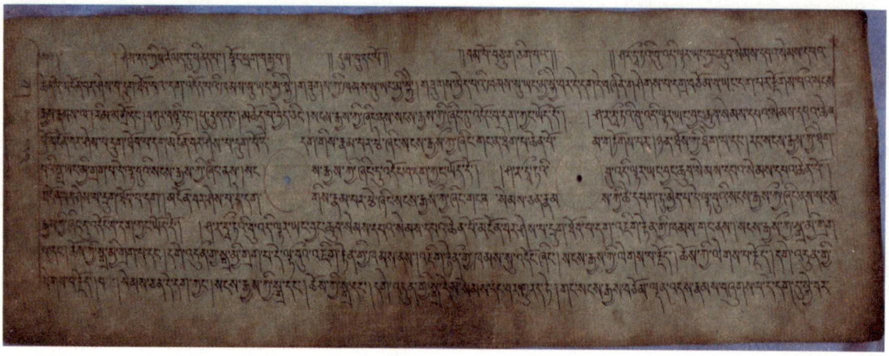

དུས་རབས་11-12དམིགས་བསལ་ལྡེབ་གྲངས་ཅན་གྱི་གནའ་དཔེ།

པོའི་ཚོགས་ཀྱིས་པར་དུ་བསྐོས།། པར་ལས་བརྒྱ་ཕྲག་དུ་མར་རབ་བཞེངས་ཏེ།། ཕྱོགས་བཅུར་ཆོས་ཀྱི་སྦྱིན་པ་བཏང་བ་ལགས།།[1] ཞེས་དཔར་བྱང་དུ་འཁོད་པ་ལ་གཞིགས་ན། རྒྱ་ནག་གི་དཔར་པ་རྣམས་ཀྱིས་བོད་ཡིག་ཡག་པོ་མ་ཤེས་པའམ་ཐ་ན་རྩ་བ་ནས་མ་ཤེས་པའི་རྐྱེན་གྱིས་བོད་ཡིག་གནའ་དཔེ་རྣམས་ཡིག་གཟུགས་ཕོ་ནར་བཅོལ་ནས་དཔར་ལ་བཏབ་དགོས་ཀྱི་ཡོད་ཚང་། དེའི་ནང་དོན་གོང་འོག་མ་འཁྲུག་པའི་སླད་དུ་དཔར་པ་རྣམས་ཀྱིས་རྒྱ་ཡིག་གི་ཤོག་གྲངས་ལ་གཞི་བཅོལ་ཏེ་དཔར་དུ་བཏབ་པ་དེ་ཤེས། དེར་བརྟེན་རྒྱ་ནག་ཏུ་བཞེངས་པའི་གནའ་དཔེ་དག་ལ་ལྡེབ་གྲངས་བོད་རྒྱ་འགོད་པའི་རྒྱུ་མཚན་དེའང་ཞོར་དུ་ཤེས། ད་དུང་གསལ་བཤད་ཞུ་དགོས་པ་ཞིག་ལ་རྒྱ་ནག་དུ་དཔར་ལ་བཏབ་པའི་བོད་ཡིག་གནའ་དཔེ་འགའ་ཞིག་གི་ལྡེབ་གྲངས་སུ་བོད་རྒྱའི་གྲངས་ཟུང་དུ་བཀོད་པ་མ་ཟད། རྒྱ་ཡིག་གི་

(1)དུས་འཁོར་འགྲེལ་ཆེན་དྲི་མེད་འོད་ཀྱི་བསྡུས་དོན། སྤྱི་ལོ་1351ལོར་ཡོན་གྱི་ཏི་ཤྲཱི་བཙུ་གཉིས་པ་ཀུན་དགའ་རྒྱལ་མཚན་དཔལ་བཟང་པོའི་སྐུ་དུས་ཡོན་གྱི་དཔར་མའི་དཔར་བྱང་སྨོན་ཚིགས་ལས་དྲངས།

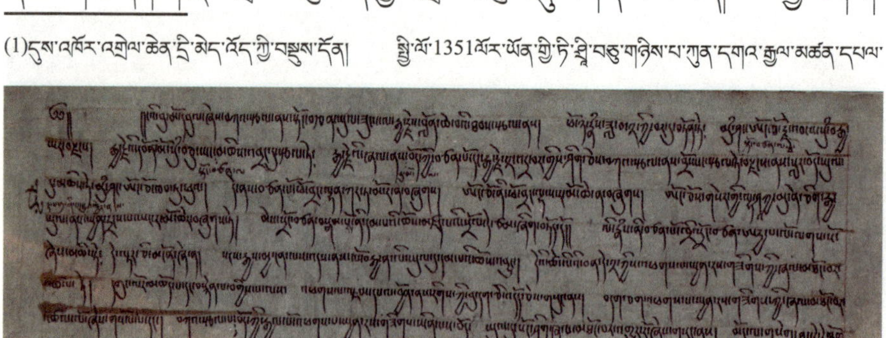

དུས་རབས་12-13པའི་དམིགས་བསལ་ལྡེབ་གྲངས་ཅན་དཔེ་རྙིང་།

ཤོག་གྲངས་མདུན་དུ་གནའ་དཔེ་དེའི་པོད་གྲངས་བོད་ཡིག་ཀ་མད་ཕྱུད་རྒྱ་ཡིག་གི་གོ་རིམ་ལའང་བཅོལ་ནས་ཡོད་པ་སྟེ། དཔེར་ན་ས་པཎ་གྱིས་མཛད་པའི་སྡོམ་གསུམ་རབ་དབྱེ་ལྟ་བུ་ཡིན་ན། གནའ་དཔེ་དེའི་སྟེང་དུ་ལྡེབ་གྲངས་བོད་རྒྱ་ཟུང་དུ་བཀོད་པ་ནི་གོང་དང་མཚུངས། ད་དུང་བོད་ཡིག་གི་པོད་གྲངས་དེ་བོད་ཡིག་ཀ་ཡིག་དང་རྒྱ་ཡིག་པོད་གྲངས་དེ་ཡོན་ཞེས་པས་ཟིན་ཡོད་པ་སྟེ།"元上二、元下三"[1]ཞེས་དང་། ཐེག་པ་ཆེན་པོ་མདོ་སྡེ་རྒྱན་གྱི་པོད་ཡིག་པོད་གྲངས་དེ་བོད་ཡིག་ཀ་དང་རྒྱ་ཡིག་པོད་གྲངས་དེ་རྒྱ་ཡིག་ཏི་བཀོད་ཡོད་པ་སྟེ།"地上二、地下三"[2]ཞེས་རྒྱ་ཡིག་གི་ཏི་དང་ཚད་མ་རྣམ་ངེས་ཀྱི་བོད་ཡིག་པོད་གྲངས་དེ་བོད་ཡིག་ཀ་དང་རྒྱ་ཡིག་པོད་གྲངས་དེ་ཐན་ཞེས་པ་སྟེ་"天上二、天下三"[3]ཞེས་པ་དང་དེ་མིན་ད་དུང་རྒྱ་ཡིག་པོད་གྲངས་ "月上二、月下三" དང་ "日上二、日下三" [4]ཞེས་པ་སོགས་བྲིས་འདུག ཤོག་གྲངས་དེ་དག་གི་མདུན་དུ་བྲིན་པའི་རྒྱ་ཡིག་པོད་གྲངས་ "日月，天地" ཞེས་པའི་རྒྱ་ཡིག་དེ་དག་ནི་རྒྱ་ནག་གི་གནའ་དཔེའི་པོད་གྲངས་ཀྱི་གོ་རིམ་བཅོལ་བའི་ཐབས་ཤེས་ཤིག་ཡིན། གང་ཡིན་ཟེར་ན། རྒྱ་ཡིག་གི་གནའ་དཔེའི་གོ་རིམ་དེ་ནི་རྒྱ་ཡིག་གི་བྲིས་པ་བདེ་བླག་ཏུ་འཇུག་པའི་ཡི་གེ་སྟོང་གཅིག་མ་《千字文》ཞེས་པ་དེར་བཅོལ་ནས་དཔར་བཏབ་པའི་སྲོལ་དེ་ནི་ཐང་གི་དུས་རབས་ནས་མགོ་འཛུགས་ཟིན་པ་ཏུན་ཧོང་གི་ཡིག་རྙིང་དག་ལས་ཤེས། དེས་ན་བོད་དཔེ་རྒྱ་ནག་ཏུ་དཔར་ལ་བཏབ་པ་དེ་དག་གི་ལྡེབ་གྲངས་བོད་རྒྱ་ཤན་བཀོད་དགོས་པ་དེའང་རྟོགས། སྤྱི་ལོ་1407ལོའི་ལ་སྟོད་ཤེལ་དཀར་གྱི་དཔར་མ་མངོན་རྟོགས་རྒྱན་གྱི་འགྲེལ་པ་དོན་གསལ་དེའི་ལྡེབ་གྲངས་ནི་ཉིན་ངོར་བོད་ཡིག་ཡིག་ཆེན་དང་སྲིབ་ངོར་བོད་ཨང་བཀོད་འདུག དུས་རབས་16པར་མངའ་རིས་གུང་ཐང་དུ་དཔར་ལ་བཏབ་པའི་ཐེག་མཆོག་མཛོད་དང་མི་ལ་རས་པའི་རྣམ་མགུར། མ་ཎི་བཀའ་འབུམ་གྱི་ལྡེབ་གྲངས་བརྒྱའི་མཚོན་ཆེད་དུ་དམིགས་བསལ་རྟགས་xའདི་བཀོད་འདུག དུས་རབས་15ནས་འགོ་བཙམས་སྟེ་དེབ་ལྷེབས་མགོ་མ་དེ་དར་ཁྱབ་ཤུགས་ཆེན་པོ་བྱུང་འདུག དེབ་ལྷེབས་མགོ་མ་དེ་ནི་གཙོ་བོ་རྒྱུན་སྤྱོད་ཆེ་བ་དང་གཞུང་སའི་

(1)སྡོམ་པ་གསུམ་གྱི་རབ་ཏུ་དབྱེ། ཡོན་གྱི་དཔར་མའི་ལྡེབ་གྲངས་འགོད་སྟངས་ལས་དྲངས།

(2)མདོ་སྡེ་རྒྱན། ཡོན་གྱི་དཔར་མའི་ལྡེབ་གྲངས་འགོད་སྟངས་ལས་དྲངས།

(3)ཚད་མ་རྣམ་ངེས། ཡོན་གྱི་དཔར་མའི་ལྡེབ་གྲངས་འགོད་སྟངས་ལས་དྲངས།

(4)མངོན་པ་ཀུན་བཏུས། ཡོན་གྱི་དཔར་མའི་ལྡེབ་གྲངས་འགོད་སྟངས་ལས་དྲངས།

ནང་མཛོད་དུ་བཞུགས་པའི་རྩིས་ཐོ་སོགས་ལ་བེད་སྤྱོད་པའི་དཔེ་གཟུགས་ཤིག་ཡིན། དེབ་དེའི་ལྡེབ་གྲངས་སུ་བོད་ཡིག་གི་ལྡེབ་གྲངས་བཀོད་པ་དང་ལྷན་ཅིག་དེའི་སྟེང་དུ་ཐམ་ག་བསྣུན་པའི་ལུགས་སྲོལ་དེ་འདུག ལྡེབ་གྲངས་ཐམ་གས་བསྣུན་པའི་དེབ་ལྡེབས་མགོ་མ་དེ་རིགས་ནི་གཙོ་བོ་བོད་ས་གནས་སྲིད་གཞུང་གི་གཙིགས་ཆེ་བའི་ཡིག་རིགས་ཀྱི་དཀར་ཆག་དང་ནང་མཛོད་དུ་བཞུགས་པའི་གསེར་དངུལ་སོགས་ཀྱི་ཐོ་བཀོད་སོགས་ཡིན།

བཞི། ཡིག་མགོ་དང་ཤད་ལས་བརྟག་པ།

བོད་ཡིག་གནའ་དཔེ་ནི་སྔོན་རྒྱ་གར་འཕགས་པའི་ཡུལ་གྱི་དཔེ་རྙིང་ལ་ལད་མོ་བགྱིས་ཏེ་བོད་ལ་དར་བ་ཞིག་ཡིན་གཤིས། བོད་ཡིག་གནའ་དཔེ་བྲིས་མ་དེ་དག་གི་ཡིག་མགོ་ཡང་ཐོག་མར་རྒྱ་གར་གྱི་གནའ་དཔེ་དག་ལས་བྱུང་བ་ཞིག་ཡིན་པ་ནི་བོད་ཀྱི་གསུང་རབ་སྨྲ་བའི་དབང་པོ་དགེ་འདུན་ཆོས་འཕེལ་མཆོག་གིས་གསུངས་པ་སྟེ། ཡིག་མགོའི་ཏིང་ཀྱོག་འདི་ཡང་ཨོཾ་ཡིག་ཏུ་ཤེས་ལ། རྒྱ་དཔེ་རྣམས་ལ་དབུ་ཤོག་གི་དང་པོར་ཨོཾ་ཞིག་བྲིས་འདུག་ཅིང་། སྔོན་དང་ད་ལྟའི་བར་གྱི་རྒྱ་ཡིག་ལ་ཨོཾ་གྱི་གཟུགས་ཙཾ་འདི་འདྲ་ཡིན་ཞིང་། དེ་ལས་ཀྱང་ཨོཾ་རིང་པོ་ནི་ཧཱུྃ་སྐད་དུ་ཀུན་མཁྱེན་བླ་མས། ཨོཾ་རིང་དངོས་ཀུན་རང་བཞིན་ཆ་མེད་རྟག གསུངས་པ་ལྟར་བྲམ་ཟེ་རྣམས་ཀྱིས་འགངས་ཆེན་དུ་བརྩིས་གཤིས། ཡིག་མགོ་སོགས་ན་ཨོཾ་རིང་པོ་འདི་རྟག་ཏུ་ཡོང་། ཨོཾ་རིང་གི་གཟུགས་རྒྱ་ཡིག་ལ་འདི་ཡིན་ཞིང་། དཔེ་

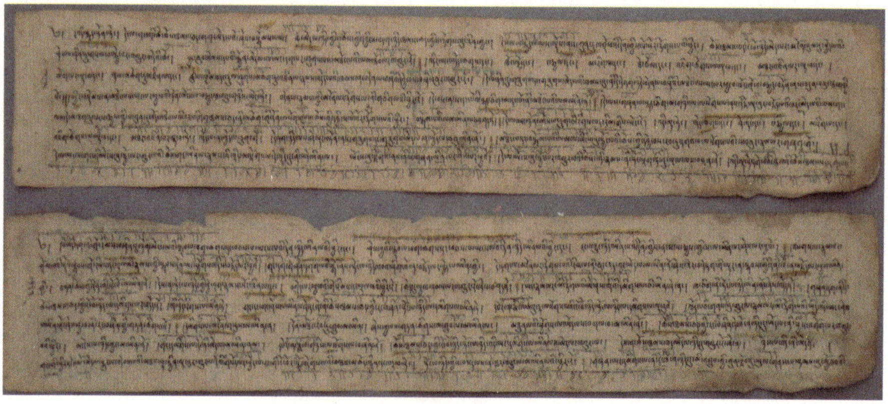

དུས་རབས་12-13པའི་གནའ་དཔེའི་ཡིག་མགོ།

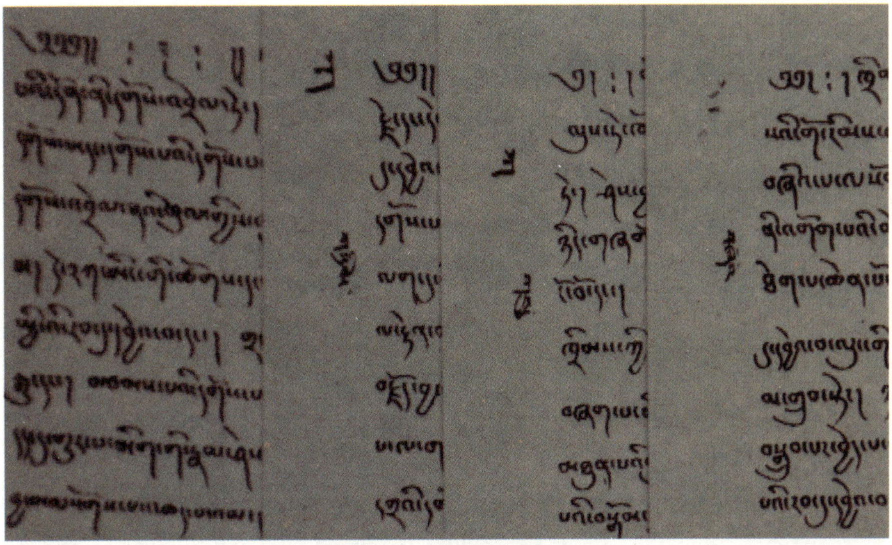

དུས་རབས་མི་འདྲ་བའི་ཡིག་མགོ།

སྙིང་འགའ་ལ་ཡིག་མགོའི་ཧིང་ཀྱུག་ཀྱང་། འདི་ལྟར་བྲིས་པ་མཐོང་བས་འདི་ཨོམ་ཡིག་གི་གཟུགས་འགྱུར་བ་ཡིན་ནོ། [1]ཞེས་དང་རྒྱ་དཔེ་སྔོན་མ་རྣམས་ཀྱི་དབུ་ཤོག་གི་དང་པོ་ལ་ཨོཾ་ཞིག་བྲིས་པ་མ་གཏོགས་གཞན་ལྷེབ་རེ་རེའི་མགོ་ལ་ཧིང་ཀྱུག་སོགས་བྲིས་པ་ཡང་མི་སྣང་བས་ཁ་ཐོར་ཆེ་ལྷེབ་ཀྱི་ཉིན་སྲིབ་གང་ཡིན་ཀྱང་མི་ཤེས། ཤོག་བུ་ལ་བྲིས་པའི་རྒྱ་དཔེ་རྣམས་ནི་ཤོག་བུའི་ཉིན་ལ་གུར་གུམ་གྱི་ཁ་བསྒྱུར་ཏེ་སེར་པོ་དང་སྲིབ་ཕྱོགས་རང་མདོག་བཞག་པ་ཤ་སྟག་ཏུ་སྣང་ཞེས་[2]དང་བོད་ཡིག་གནའ་དཔེ་བྲིས་མའི་ཞིབ་འཇུག་ཅེས་པར་བོད་ཡིག་བྲིས་མའི་འགོར་བྱོན་པའི་ཡིག་མགོའམ་དང་ཁྱུག་དེ་སྔོན་རྒྱ་གར་གྱི་ཡིག་སྲོལ་འཛིན་པ་ཞིག་ཡིན། ས་པཎ་གྱིས་སླང་པོ་ཆེའི་སྣ་དང་རྒྱ་གར་ལྡེ་ཕྱོགས་པ་རྣམས་ཀྱིས་དུང་དཀར་གྱི་གཟུགས་ལྟ་བུ་སྣང་། དེ་མིན་ད་དུང་གུཧྲའི་(悉昙)ཡི་གེར་ལས་མཆེད།[3]ཅེས་གསུངས་པ་ལས་བོད་ཡིག་གི་ཡིག་མགོའི་བྱུང་བ་ནི་རྒྱ་གར་དང་ཡིག་མགོའི་བྱེད་ནུས་གཙོ་བོ་ལྷེབ་གྲངས་ཐོག་མའི་མགོ་འཚུགས་ས། ལྷེབ་གྲངས་ཀྱི་ཉིན་སྲིབ་འབྱེད་པ་བཅས་ཡིན། ཡིག་

(1)དགེ་འདུན་ཆོས་འཕེལ། རྒྱལ་ཁམས་རིག་པས་བསྐོར་བའི་གཏམ་རྒྱུད་གསེར་གྱི་ཐང་མ། ནུབ་བྱང་མི་རིགས་སློབ་ཆེན་གྱི་དཔར་མ། ཤོག་གྲངས། 210ལས་དྲངས།

(2)དགེ་འདུན་ཆོས་འཕེལ། རྒྱལ་ཁམས་རིག་པས་བསྐོར་བའི་གཏམ་རྒྱུད་གསེར་གྱི་ཐང་མ། ནུབ་བྱང་མི་རིགས་སློབ་ཆེན་གྱི་དཔར་མ། ཤོག་གྲངས། 199ལས་དྲངས།

(3)克里斯汀娜·施考伯 乔治·博纳尼著 《用多种学科研究藏文古写本》 西部西藏的文化历史 中国藏学出版社2008年版， 311页.

མགོ་དེ་བོད་ལ་ཇི་ལྟར་བྱུང་བའི་སྐོར་ལ། ཅི་ཨར་ཅི་ཐེ་ (吉尔吉特) དང་ཁ་ཆེ། ལི་ཡུལ་སོགས་གྲོང་པ་ཁྱིམ་མཚེས་ཀྱི་ས་ཁུལ་ཁག་ནས་ཐོན་པའི་གནའ་དཔེ་དེ་དག་གི་སྟེང་དུ་ཡང་དང་འཁྱོག་དེ་བྲིས་འདུག ང་ཚོས་ཞིབ་འཇུག་བྱས་ཟིན་པའི་གནའ་དཔེ་བྲིས་མ་དང་ཇོ་རེད། ཙོང་གི་ཡི་གེ་ལས་གསལ་བཤད་ཐུབ་པ་སྟེ་ཉེ་འཁོར་གྲོང་པ་ཁྱིམ་མཚེས་ཁག་བར་གྱི་རིག་གནས་ལ་འབྲེལ་བ་ཧ་ཅང་དམ་པོ་ཡོད་པ་ཞིག་རེད། སྤྱི་ལོའི་དུས་རབས་6པ་ནས་འགོ་བཙུགས་ཏེ་ཡིག་མགོའམ་དང་ཀྱོག་དེ་རིགས་འདྲ་མིན་སྣ་ཚོགས་ཀྱི་རྣམ་པའི་ཐོག་ནས་འབྲི་སྲོལ་བྱུང་ཡོད། སྐབས་རེ་གནའ་བོའི་གུཙྪའི་ཡི་གེ་(悉昙)དང་མཉམ་དུ་ཐོན་ཡོད། རྗེས་སུ་ཁུ་ཁྲ་(库车)དང་ལི་ཡུལ་དུ་བྲམ་ཟེའི་ཡི་གེས་བྲིས་པའི་གནའ་དཔེའི་ཁྲོད་དུའང་བྲིས་ཡོད། གནའ་དཔེ་འབྲི་བཞེངས་ཀྱི་དུས་སུ་བེད་སྤྱོད་པའི་ཡིག་མགོའམ་དང་ཀྱོག་དེ་ཅི་ཨར་ཅི་ཐྭ་གནའ་དཔེ་ལི་ཡུལ་བརྒྱུད་ནས་བོད་དུ་དར་བ་རེད་ཅེས་[1]གསུངས། དེས་ན་སྔོན་དུས་རབས་9པའི་ཡར་སྔོན་གྱི་གནའ་དཔེ་ཡིན་ན། དེ་དག་གི་ཡིག་མགོ་ནི་ཅུང་སྟབས་བདེ་པོ་ཞིག་བྲིས་པ་སྟེ་ ༄༅།།འདི་ལྟར་རོ། དེ་ནི་ཨོཾ་ཡིག་གི་གཟུགས་ཕྱེད་འགྱུར་བའི་ངང་ཚུལ་ལྟ་བུ་ཞིག་འདུག དེ་རྗེས་དུས་རབས་12-13ནང་གི་གནའ་དཔེའི་ཡིག་མགོ་ནི་སྔོན་གྱི་དེ་ལས་འབྲི་གཟུགས་དག་པ་དང་ཅུང་ཟད་མཛེས་ཆ་ལྡན་པ་ཞིག་ཆགས་པ་སྟེ། ༄། ། འདི་ལྟར་ཡིན། དུས་རབས་14པའི་རྗེས་ནས་དཔར་གྱི་རིག་པ་དེ་དར་བ་དང་སྦྲགས་ཡིག་མགོར་ཡང་དམིགས་བསལ་གྱི་འགྱུར་ལྡོག་བྱུང་མེད། དུས་རབས་8-13བར་དུ་བྲིས་བཞེངས་གནང་བའི་གནའ་དཔེ་དེ་དག་གི་ཤད་ནི་དུས་རབས་14ནས་ད་བར་གྱི་ཤད་རྒྱུག་སྟངས་དང་མི་འདྲ་བ་ཡོད་པ་སྟེ། དུས་རབས་13སྔོན་གྱི་བྲིས་མའི་ཤད་ནི་སུམ་རྟགས་གཞུང་གི་རྩ་ཚོགས་ལྟར་ན་ང་ཡིག་མ་གཏོགས་ཡིག་ཤད་བར་ཚོགས་མེད་དེ་སོགས་ཞིབ་ཏུ་འབད་ཅེས་པའི་གཞུང་ལུགས་ལ་བཀུར་བསྟི་མ་བགྱིས་པར་ཚོགས་ཀྱི་རྫོགས་མཚམས་ཚང་མར་ཚོགས་དང་ཤད་བརྒྱབ་ཡོད་པ་སྟེ། རི་མཐོ་ས་གཙང་། སྤུ་རྒྱལ་བོད་ཀྱི་ཡུལ་། ཞེས་པ་དང་དུས་རབས་12པའི་ནང་བཞེངས་པའི་རྒྱ་ནག་གི་དཔར་མ་ས་པཎ་གྱི་ཚད་མ་རིགས་གཏེར་ལྟ་བུར་ཡང་བྲིས་ནས་འདུག དེ་ལ་གསུང་རབ་སློབ་དགེ་འདུན་ཆོས་འཕེལ་གྱིས་ཀྱང་། ཤད་ཐམས་ཅད་ཀྱི་གོང་དུ་ང་ཡིག་བཞིན་ཚེག་ཡོད་པ་དཔེར་ན། བདག་ནི་། བསམ་། འདི་ལྟ་བུའོ་ཞེས་

[1] 【瑞士】安・克麗兹蒂娜・谢勒-肖布著：《敦煌与塔波古藏文写本研究的方法论问题》 法国汉学 中华书局2000年版，257页.

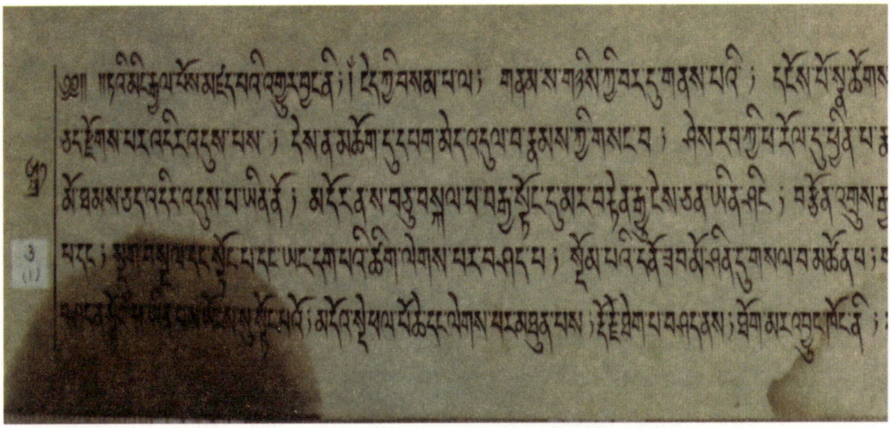

ཧའི་མིང་རྒྱལ་པོས་མཛད་པའི་འགྱུར་བྱང་ཚིག་དང་ཤད་དམིགས་བསལ་ཅན།

གསུངས་པས་ངེས་ཤེས་སྐྱེད། དེས་ན་རང་རེ་རྣམས་ཀྱི་གཏེར་ཚགས་ཞེས་བརྗོད་པ་༦འདི་ཡང་སྔོན་གྱི་དུས་རབས་12པའི་གནའ་དཔེ་དག་ལ་བྲིས་ཡོད་པ་མཇལ་རྒྱུ་འདུག ལྷག་དོན་དུ་དུས་རབས་12པའི་བྲིས་མ་དཔའ་བཞེད་དང་དཀར་ཆག་འཕང་ཐང་མ་སོགས་ཀྱི་ནང་དུ། དཔའ་ཡིས་དབང་པོ་དང་། འབའ་སང་ཤི་ལྔས་དཀོན་མཆོག་ཀྲིཥྞ་རྟེན་བཙུགས༔ ཡིས་དབང་པོ་ཆེ་འདས་ཀར་མི་མ་ཡིན་པ་དག་གིས་བསུ་ཞིང༔ དྲི་ཞིམ་པོ་དང༔ ཞེས་དང་ད་དུང་དུས་རབས་12པའི་ནང་གི་གནའ་དཔེ་བྲིས་མ་དབུས་གཙང་སྡེ་པ་འགྱེད་པའི་མདོའི་ནང་དུ། ངས་བསྙེན་རྫོགས་ཀྱི་སྡོམ་པ་ཐོབ་པ་ཡིན་ཏེ༔ མཁན་པོ་ན་རེ་དེར་བས་གསུང་བའི་ཕྱིར་རོ༔ ཞེས་ཟེར་བས་དེར་བས་ཀྱི་བསྙེན་རྫོགསུ་གྲགས༔ དེས་ཏ་ནག་ཕུའི་བྱ་ཚང་བཟུང༔ དེ་ནས་ཤངས་ཀྱི་བྲེ་ཕུག་བཟུང༔ བྱ་ཚང་ནས་མཆེད་པ་ལ་འཛད་ཀྱི་གནས་བརྒྱད་བྱུང༔ དེ་མཆོ་ལ་མཆེད་པ་རྣམས་ལ་གཙང་གི་འབྲེ་ཚོ་ཟེར་བ་ཡིན།།[1]ཞེས་པ་སོགས་སྔོན་གྱི་དབུ་ཅན་གྱི་གཏེར་ཚགས་དེ་དབུ་མེད་ཐོག་ཏུ་འགྱུར་ནས༔ འདི་ལྟར་སྣང་། དུས་རབས་13པའི་རྗེས་ནས་ཏ་ལམ་མཐོང་རྒྱུ་མེད་འདུག དེའི་སྐོར་ལ་དགེ་འདུན་ཆོས་འཕེལ་གྱིས་ཡིག་རྙིང་ཕལ་ཆེར་ལ་ཚིགས་སྟེང་འོག་གཉིས་རེ་རེའི་བར་ན་གང༔ དུ༔ སོང༔ ཡང༔ སོགས་འདིར་འདུག་ལ་ཚིགས་སྟེང་འོག་གཉིས་མཉམ་དུ་བསྲེས་པ་ལས་དབུ་མེད་ཀྱི་ཚིག་རིང་པོ་གང་དུ་སོང་ཡང་སོགས་འདི་ལྟ་བུ་བྱུང་བར་ཤེས་སོ།[2]ཞེས་པས་གཏེར་ཚགས

(1)དབུས་གཙང་སྡེ་པ་འགྱེད་པའི་མདོ། ཕྱི་ར་175། བྲིས་མ། ཤོག་གྲངས་5ལས་དྲངས།

(2)དགེ་འདུན་ཆོས་འཕེལ། རྒྱལ་ཁམས་རིག་པས་བསྐོར་བའི་གཏམ་རྒྱུད་གསེར་གྱི་ཐང་མ། ནུབ་བྱང་མི་རིགས་སློབ་ཆེན་གྱི་དཔར་མ། ཤོག་གྲངས་201ལས་དྲངས།

ཀྱི་འགྱུར་བ་དེ་རེད། ད་དུང་དུས་རབས་15སྐབས་ཀྱི་རྒྱ་ནག་ཏུ་དཔར་བཏབ་པའི་བོད་ཡིག་གནའ་དཔེ་འགའ་རེའི་གཉིས་བཤད་ཀྱི་ཚོད་དུ་རྒྱ་ནག་རང་གིས་རིག་གནས་ཀྱི་ཤན་བཞུགས་པའི་ངང་ཚུལ་མངོན་གསལ་དོད་པོ་ཡོད་པ་སྟེ། ༄༅། ཏ་མིང་རྒྱལ་པོས་མཛད་པའི་འགྱུར་བྱང་ནི; ༈དེད་ཀྱི་བསམ་པ་ལ; གནམ་ས་གཉིས་ཀྱི་བར་དུ་གནས་པའི; དངོས་པོ་སྣ་ཚོགས་རང་སོར་སྐྱེ་ཞིང་འཕེལ་བ; བསྒོམ་པའི་དོན་དམ་སྣང་བ་ནི; ཆོས་རྣམས་ཐམས་ཅད་རྫོགས་པ་འདིར་འདུས་པས; ……………………………………འཕགས་པ་རྣམས་ཀྱི་མཛད་འཕྲིན་རྒྱུད་པའི་རྒྱུ་ཡིན་ནོ།། ཡུན་ལོ་བཅུ་གསུམ་པའི་ལོ་ཟླ་བ་བཞི་པའི་བཅུ་བདུན་གྱི་ཉིན།།; །།ཞེས[1]སོགས་ཤད་ཀྱི་རྒྱུག་སྟངས་རིགས་མི་འདྲ་བ་བྱུང་བ་ལས་གནའ་དཔེའི་དཔར་གཞི་དང་དུས་རབས་གཏན་ལ་འབེབ་ཐུབ།

ལྔ། དབུ་ཞབས་ལྷ་སྐུ་ལས་བརྟག་པ།

དེ་ཡང་གནའ་དཔེའི་དབུ་ཞབས་ལྷ་སྐུ་ལས་གནའ་དཔེ་བརྟག་ཐུབ་པ་སྟེ་གསུང་རབ་སྨྲ་བ་དུང་དཀར་བློ་བཟང་འཕྲིན་ལས་མཆོག་གིས་གསུངས་པར་དགའ་ལྡན་དཔར་རྙིང་དུ་གྲགས་པ་དེའི་དབུ་ཞབས་ལྷ་སྐུ་ནི་དབུ་དང་སྐུ་གཟུགས་ཆ་སྙོམས་རེད། སྐུ་གཟུགས་ཀྱི་དཔྱང་ཞེང་ཆེ་ལ་སྐུ་སྐེད་ཕྲ་བ་ཞལ་རས་ཀྱང་དེ་ཙམ་ལེགས་པོ་མེད་པ་ཞིག་ཡོད་ཅེས་གསུངས་པ་ལས་དགའ་ལྡན་དཔར་རྙིང་གི་དབུ་ཞབས་ལྷ་སྐུའི་ཁྱད་ཆོས་རེད། དེས་ན་

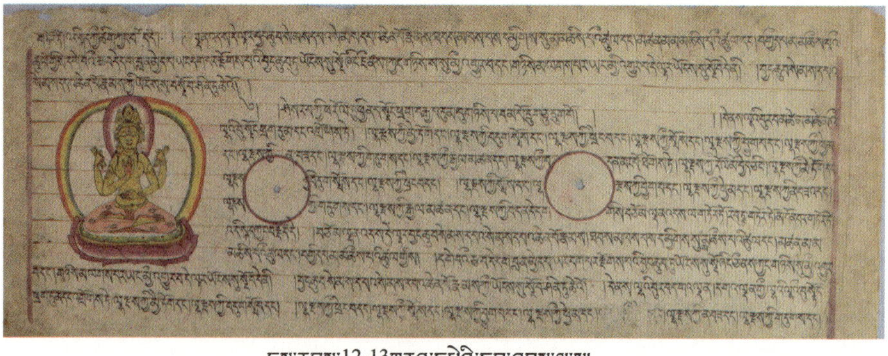

དུས་རབས་12-13གནའ་དཔེའི་དབུ་ཞབས་ལྷ་སྐུ།

(1)སྒྲོད་འཇུག་དང་ཀྱི་རྡོ་རྗེ་རྒྱུད་ཀྱི་རྒྱལ་པོ། ཡུང་ལོ་བཅུ་གསུམ་པ་སྟེ་1415ལོའི་རྒྱ་ནག་དཔར་མའི་དཔར་བྱང་ལས་བླངས།

དུས་རབས་13-14སྐབས་ཀྱི་དབུ་ཞབས་ལྷ་སྐུ།

བསྟན་པ་སྔ་དར་སྐབས་ཀྱི་གནའ་དཔེ་བྲིས་མ་མང་ཆེ་ཤོས་ཤིག་ནི་ཤེས་རབ་ཀྱི་ཕ་རོལ་ཏུ་ཕྱིན་པ་ཤེར་ཕྱིན་ཡུམ་དེ་ཡིན། ཤེར་ཕྱིན་གྱི་དབུ་ཞབས་ལྷ་སྐུ་ལས་བརྗོད་ན་དེའི་སྟེང་དུ་ཤེར་ཕྱིན་ཡུམ་བྲིས་ཡོད་སྙམ། རྒྱ་མཚོ་གྲོ་མཁར་ཆོས་སྡེ་དང་ཆབ་མདོ་ས་ཁུལ། དཔལ་ལྡན་འབྲས་སྤུངས་དགོན་དུ་བཞུགས་པའི་ཤེར་ཕྱིན་དུས་རབས་8-9པའི་ཡིན་ངེས་པའི་གནའ་དཔེ་དེ་དག་གི་སྟེང་དུ་དབུ་ཞབས་ཀྱི་ལྷ་སྐུ་ཡོད་པ་མཐོང་ཡུལ་དུ་མ་གྱུར་ཀྱང་། དབུ་ཞབས་ཀྱི་ལྷ་སྐུ་འབྲི་བའི་སྲོལ་དེ་ནི་དུས་རབས་8པའི་སྐབས་ནས་བྱུང་ཟིན་པ་སྔོན་གྱི་དབུ་ཞབས་ལྷ་སྐུའི་སྐོར་གྱི་ལེའུ་དེར་བཤད་ཟིན་པས་ངེས་འཐུས་སོ། གལ་ཏེ་ཤེར་ཕྱིན་ཡུམ་དེ་དག་གི་སྟེང་དུ་ཤེར་ཕྱིན་ཡུམ་ཕུད་པའི་སྦྱིན་བདག་བཙན་པོ་ཁག་གི་སྐུ་བརྙན་བཞུགས་ཡོད་ན། བྲུ་པ་བཀྲ་ཤིས་རྣམ་རྒྱལ་གྱིས་ཆོས་ལི་ཐོག་མ(སྲོང་བཙན་སྒམ་པོ་)ནི་ཆོས་རྒྱལ་སྐུ་ལ་ལ་ཐོད་དང་ན་བཟའ་ཐེར་དང་ཕྱག་སོར་བཟོང་རིས་ཅན། ཆོས་ལི་བར་པ(ཁྲི་སྲོང་ལྡེ་བཙན་)ནི་ཆོས་རྒྱལ་སྐུ་ལ་ལ་ཐོད་མེད་པ་ལ། དབུ་སྐྲ་ལན་བུ་གཡས་གཡོན་གཉིས་སུ་འཕྱངས། ཆོས་ལི་ཕྱི་མ(ཁྲི་རལ་པ་ཅན་)ནི་པད་སྟེངས་དབུས་སུ་རྒྱལ་པོའི་མཚན་གྱི་བརྒྱན། འདི་ནི་རྒྱལ་པོའི་ཐུགས་དམ་དུ་བཞེངས་ནས། གཟུངས་བཞུགས་རབ་གནས་ཕུན་སུམ་ཚོགས་པར་གྲགས། [1]ཞེས་གསུངས་པ་ལྟར་ན་དབུ་ཞབས་སུ་བཙན་པོའི་སྐུ་བརྙན་བཞུགས་ཡོད་ན་ཁྱད་ཆོས་འདི་ལས་མ་འདས་སོ། དུས་རབས་11པར་ཕྱག་བཏབ་པའི་མཉེས་ཐང་སྒྲོལ་མ་ལྷ་ཁང་དུ་བཞུགས་པའི་ཤེར་ཕྱིན་པོད་ང་པ་དེའི་བམ་པོ་རེ་རེའི་རྫོགས་མཚམས་སུ་ཤེར་ཕྱིན་ཡུམ་རེ་བྲིས་ནས་སྣང་། ཤེར་ཕྱིན་ཡུམ་དེའི་བྲིས་གཟུགས་བྱིན་ལེགས་པོ་རང་མེད་

(1)བྲུ་པ་བཀྲ་ཤིས་རྣམ་རྒྱལ། དཔྱད་དོན་རིན་ཆེན་འཕྲེང་བ། དཔར་མ། ཤོག་གྲངས་12ལས་དྲངས།

དུས་རབས་13-14གནའ་དཔེའི་དབུ་ཞབས་ལྷ་སྐུ།

ཅུང་དེའི་ཕྱག་མཚན་དེ་དུས་རབས་11པར་བཞེངས་པའི་མངའ་རིས་ཁུལ་ནས་བྱུང་བའི་ཤེར་ཕྱིན་ཡུམ་དང་། བོད་སྟོངས་དཔེ་མཛོད་ཁང་དུ་བཞུགས་པའི་ཤེར་ཕྱིན་རྒྱ་དཔེ་དུས་རབས་14-15པར་འབྲི་བཞེངས་གནང་བ་དེའི་གླེགས་ཤིང་ངོས་ཀྱི་ཤེར་ཕྱིན་ཡུམ། ཕོ་བྲང་པོ་ཏ་ལར་བཞུགས་པའི་ཤེར་ཕྱིན་གྱི་གླེགས་ཤིང་ལྷ་མགྲོན་གྱིས་བརྒྱན་པའི་ཤེར་ཕྱིན་ཡུམ་བཅས་དང་བསྡུར་ཆོག སྣེ་ཐང་གི་ཤེར་ཕྱིན་འབུམ་ཤོག་མོ་ཆེ་དེའི་ཡུམ་གྱི་ཕྱག་གཡས་པར་ཤེར་ཕྱིན་པོད་དང་ཕྱག་གཡོན་མར་རྡོ་རྗེ་འཆང་བ་ཞིག་ཡིན། དེས་ན་ཤེར་ཕྱིན་ཤོག་མོ་ཆེ་དེའི་ཡིག་གཟུགས་དང་ཡིག་ཕྲེང་13ཅན། གི་གུ་ལོག་པ། ད་དྲག་ཅན་དང་སྡེ་པ་གཅིག་གི་གསལ་བྱེད་ཕན་ཚུན་བརྗེ་རེས། སྔོར་ཐིག་ལ་མིག་ཕྱ་ཕྱུག་ཡོད་པ། ལེགས་སྦྱར་གཟུགས་འགྱུར་ཤ་ར་དྷ་ཧཱིའི་བུ་ཞེས་བྲིས་པ་བཅས་ལ་བལྟས་ན། ཤེར་ཕྱིན་ཤོག་མོ་ཆེ་དེ་དུས་རབས་11-12པའི་གནའ་དཔེ་ཞིག་ཡིན་པ་ངོས་འཛིན་བྱས་ཆོག དེའི་རྒྱུ་མཚན་གྱིས་དུས་རབས་11-12པའི་ནང་བཞེངས་པའི་ཤེར་ཕྱིན་ཡུམ་གྱི་ཕྱག་མཚན་དང་དུས་ཕྱིས་བཞེངས་པའི་ཤེར་ཕྱིན་ཡུམ་གྱི་ཕྱག་མཚན་བསྡམས་སྣང་མི་འདྲ་བའི་ཁྱད་ཆོས་ཤིག་མིན་ནམ་སྙམ། དུས་རབས་14པའི་ནང་དུ་བཞེངས་པའི་ཤེར་ཕྱིན་པོད་ག་པ་ཞ་ལུ་དགོན་དུ་བཞུགས་པ་དེའི་དབུ་ཞབས་ལྷ་སྐུ་ནི་བལ་ལུགས་ཀྱི་སྒྱུ་རྩལ་ལྡན་པའི་རི་མོ་ཞིག་འདུག ཨོན་ཀེ་ཙ་ལྷ་ཁང་དུ་བཞུགས་པའི་དུས་རབས་12པར་བཞེངས་པའི་ཤེར་ཕྱིན་དེའི་དབུ་ཞབས་ལྷ་སྐུ་ནི་ད་ལྟའི་སྐུ་བརྙན་ཇི་བཞིན་ལྷ་མགྲོན་གྱིས་བརྒྱན་མེད་པར་ཧ་ཅང་སྣབས་བདེ་ཞིག་སྣང་། དེ་ཕྱོད་པའི་ད་དུང་རབ་བྱུང་བཅུ་དྲུག་གི་ལྷ་སྲའི་དཔར་མ་མདོ་བསྐལ་བཟང་ཡིན་ཚེ་གནའ་དཔེའི་དབུ་ཞབས་ལྷ་སྐུར་སངས་རྒྱས་སྟོང་སྐུ་དང་རྒྱ་གར་རྒྱན་དྲུག་མཆོག་

གཉིས། དེ་རྗེས་བོད་རྗེ་ཆོས་རྒྱལ་མེས་དཔོན་རྣམ་གསུམ་དང་ས་དགེ་བཀའ་རྙིང་སོགས་གྲུབ་མཐའ་སོ་སོའི་སྲོལ་འབྱེད་སློབ་དཔོན་འབྲི་བཀོས་གནང་འདུག དུས་རབས་13པར་རྒྱ་ནག་ཏུ་བཞེངས་པའི་བྲིས་མ་དང་དཔར་མ་དག་གི་དབུ་ཞབས་ལྷ་སྐུ་ནི་རྒྱ་ནག་གིས་ཤན་བཞུགས་པའི་སྐུ་བརྙན་འབྲི་བཀོས་བྱས་འདུག་ལ་སྐུ་བརྙན་གྱི་མཚན་བྱང་ཡང་བོད་རྒྱ་ཤན་སྦྱར་རམ་བོད་སོག་ཤན་སྦྱར་ཡོད་པ་སྟེ། ཡོན་གྱི་དཔར་མ་ཧི་ཤྲི་གཉིས་པའི་སྐབས་སུ་དཔར་བོད་500བཏབ་པའི་ཚད་མ་རྣམ་འགྲེལ་དེར་དབུ་ཞབས་ལྷ་སྐུས་བརྒྱན་ཡོད། དབུ་ཤོག་གྱི་གཡས་སུ་སྟོན་པའི་སྐུ་བརྙན་དང་གཡོན་དུ་ཚད་མ་རིག་པའི་གཞུང་མཛད་མཁན་སློབ་དཔོན་ཆོས་གྲགས་ཀྱི་སྣང་བརྙན་བཀོས་ནས་འདུག སྐུ་བརྙན་དེ་དག་གི་མཚན་བྱང་ནི་སོག་ཡིག་དང་བོད་ཡིག་ཤན་སྦྱར་མར་འདུག དེར་བརྟེན་ང་ཚོས་གནའ་དཔེ་དེ་དག་གི་སྟེང་དུ་བྲིས་པའི་དབུ་ཞབས་ལྷ་སྐུའི་སྒྱུ་རྩལ་སྟེ། དུས་རབས་16པའི་ཡར་སྔོན་དུ་བྲིས་བཞེངས་གནང་བའི་མངའ་རིས་ཁུལ་དུ་བཞུགས་པའི་གནའ་དཔེའི་དབུ་ཞབས་ལྷ་སྐུར་གུ་གེའི་སྒྱུ་རྩལ་གྱི་ཉམས་དང་། དཔལ་ཞ་ལུ་དགོན་གྱི་དབུ་ཞབས་ལྷ་སྐུར་བལ་བོད་ཀྱི་ཉམས་དང་། དུས་རབས་16པའི་རྗེས་ནས་གཙང་ཁུལ་དུ་བཞེངས་པའི་གནའ་དཔེར་སྨན་ཐང་པའི་སྒྱུ་རྩལ་དང་ལྷོ་ཁ་གོང་དཀར་དུ་བཞེངས་པའི་གནའ་དཔེར་མཁྱེན་ལུགས་ཀྱི་ཉམས་དང་། རྩེད་ཐང་ངམ་ཡར་ཀླུང་རྒྱུད་དུ་བཞེངས་པའི་གནའ་དཔེའི་དབུ་ཞབས་ལྷ་སྐུར་བྱེའུ་སྣང་པའི་ལུགས། ཆབ་མདོ་ཁུལ་དུ་བཞུགས་པའི་གནའ་དཔེར་ཀརྨ་སྒར་བྲིས་ཀྱི་ཉམས་བཞུགས་ཡོད་པ་སོགས་ཡིན། འོན་ཏེ་གནའ་དཔེའི་དབུ་ཞབས་ལས་གནའ་དཔེ་བརྟག་པ་དེ་ཡང་མཐའ་གཅིག་ཏུ་ཡང་དག་པ་ཞིག་མིན་པར་སེམས། གང་ཡིན་ཟེར་ན་གནའ་དཔེ་འགའ་ཞིག་འབྲི་བཞེངས་ཀྱི་དུས་ཚོད་ཏ་ཙང་ཐུ་མོ་ཞིག་ཡིན་ཙང་། གནའ་དཔེ་དེ་འབྲི་བཞེངས་ཀྱི་སྐབས་སུ་དབུ་ཞབས་ལྷ་སྐུ་འབྲི་མཁན་མ་འབྱོར་བའི་རྐྱེན་གྱིས་རྗེས་སུ་ཁ་སྐོང་བའང་འདུག ད་ལྟ་ང་ཚོས་མཇལ་ཡུལ་དུ་མཆིས་པའི་རྒྱ་མ་ཁྲི་སྣང་གི་ཤེར་ཕྱིན་བྲིས་མ་འགའ་ཞིག་གི་ཕྱོགས་གཡས་གཡོན་དུ་ཐོག་མར་དབུ་ཞབས་ལྷ་སྐུ་འབྲི་རྒྱུའི་འཆར་གཞི་ཡོད་མེད་ཙང་། ལྷ་བྲིས་མ་འབྱོར་བའམ་ཡང་ན་གནས་ཚུལ་གང་ཞིག་གིས་རྐྱེན་པས་ཤེར་ཕྱིན་དེའི་གཡས་གཡོན་གྱི་དབུ་ཞབས་ལྷ་སྐུ་བཞུགས་ས་དེ་སྟོང་པར་ལུས་པ་དང་ཡང་ན་གནའ་དཔེ་མང་པོ་ཞིག་གཞུང་དངོས་བྲིས་མ་ཡིན་ཙང་དབུ་ཞབས་ལྷ་སྐུ་དེ་དཔར་ཤིང་

ལས་དཔར་བཏབ་པའི་རྒྱུ་མཚན་གྱིས་ཡིན་ནོ།

དྲུག སྣག་ཤོག་ལས་བརྟག་པ།

དུས་རབས་མི་འདྲ་བའི་དབང་གིས་གནའ་དཔེའི་འབྲི་རྫས་ཀྱི་རྒྱུ་སྤུས་ལ་རིགས་མི་འདྲ་བ་ཁ་ཤས་ཡོད་དེ་ཁྲམ་ཤིང་། ཏ་ལའི་ལོ་མ་དང་གྲོ་ག་ཤིང་ཤུན། སེམས་ཅན་གྱི་པགས་པ། རྒྱ་ཤོག ཀོང་ཤོག གནའ་ཤོག་སོགས་ཡོད། ཁྲམ་ཤིང་གི་སྟེང་དུ་ཡིག་ཚགས་འགོད་པའི་སྲོལ་དེ་ནི་དུས་རབས་9པའི་སྔོན་གྱི་གནའ་དཔེ་ཞིག་ཡིན། གྲོ་ག་ཤིང་ཤུན་གྱི་སྟེང་དུ་བྲིས་པའི་གནའ་དཔེ་དུས་རབས་12པའི་ཡར་སྔོན་གྱི་གནའ་དཔེ་ཡིན་པ་ད་ལྟའང་མངའ་རིས་མཐོ་ལྡིང་གསེར་གྱི་གཙུག་ལག་ཁང་དུ་དཔེ་གཟུགས་སྣ་རིང་དང་ལྟེབས་མགོ་མ་ནང་དོན་རྗེ་རྫེ་གཅོད་པ་དང་ཤེར་ཕྱིན་སོགས་བྲིས་པ་མཇལ་རྒྱུ་འདུག ཀོང་ཤོག་དང་ཁེང་ཤོག་གི་སྟེང་དུ་ཁུང་ཁུན་སྣག་ཚས་བྲིས་པ་འོན་ཀེ་ཙ་ལྷ་ཁང་དང་གྲོ་མཁར་ཆོས་སྡེའི་ཤེར་ཕྱིན་ཡིན། རྒྱ་ཤོག་གི་སྟེང་དུ་བྲིས་པའི་བཀའ་འགྱུར་ནི་དཔལ་ཞ་ལུ་དགོན་གྱི་བསེ་སྒོ་མ་ན་བཞུགས་པའི་སྐུ་ཞང་གྲགས་པ་རྒྱལ་མཚན་གྱི་ཐུགས་དམ་བཀའ་འགྱུར། གནའ་ཤོག་དང་མཐིང་ཤོག་སྟེང་དུ་བྲིས་པ་ནི་རྒྱལ་མཆོག་ལྔ་པ་ཆེན་པོའི་དགོངས་རྫོགས་ལ་བཞེངས་པའི་བཀའ་འགྱུར་སོགས་ཡིན། མཐིང་ཤོག་གི་སྟེང་དུ་གནའ་དཔེ་འབྲི་བའི་སྲོལ་ནི་བཙན་པོའི་རྒྱལ་རབས་ཀྱི་སྐབས་ནས་ཡོད་པ་ཙ་ཤང་རྫོ་རིང་དང་ཞོལ་ཕྱི་མའི་རྫོ་རིང་གི་སྟེང་དུ་གསལ་ཅུང་ད་ལྟ་དངོས་སུ་མཇལ་ཐུབ་པའི་གསེར་བྲིས་སྦྱོ་ཤོས་དེ་ཡང་དུས་རབས་15-16ནང་གི་ཡིན་འདུག དུས་རབས་8-9པའི་སྐབས་སུ་འབྲི་བཞེངས་བགྱིས་པའི་གནའ་དཔེ་དེ་དག་གི་ཤོག་རྒྱ་ནི་སྤྱིར་བཏང་བྱས་ན་ལི་སྨིད་27དང་ལི་སྨིད་70ཙམ་ཞིག་དང་ཡིག་ཕྲེང་12ཅན། མཚལ་གྱི་སྒོར་ཐིག་ལ་ལི་སྨིད་3.5-4.5ཅན་གྱི་རྣམ་པ་ཞིག་རེད་འདུག དེ་མིན་སྣག་ཚ་རིགས་མི་འདྲ་བས་བྲིས་པའི་གནའ་དཔེ་སྟེ། ཆོས་རྒྱལ་ཁྲི་སྲོང་ལྡེའུ་བཙན་ཐེག་ཆེན་གྱི་ཆོས་ལ་གུས་དད་ཤིན་ཏུ་ཆེ་བས་ཉིད་ཀྱི་མཚལ་ཁྲག་དང་ར་དགར་མོའི་འོ་མ་སྦྱར་ནས་བྲིས་པ་ཤེར་ཕྱིན་དུམ་བུ་བཞི་བྱུང་བ་ལ་རེག་ཟིག་དམར་པོར་གྲགས་པ་དེ་དང་མཚན་མཐུན་པ་མཁན་སློབ་ཆོས་གསུམ་གྱི་ཞངས་མཚལ་གྱིས་བཞེངས་པའི་འབུམ་དམར་སྤྲུལ་སྐུ་དྲི་མེད་ལྷུན་པོས་གཏེར་ནས་སྤྱན་དྲངས་པ་ཞིག་ཀོང་པོ་བུ་ཆུ་ན་བཞུགས་ཟེར། བཙན་པོའི་དབུ་སྐྲ་

དང་རིམས་བསྲེས་པའི་རེག་ཟེག་སྔོན་པོ་དྲུམ་པ་བཞི་པ་ལ་ལྷུགས་ཐུར་བརྒྱུས་པས་ལྷུགས་ཐུར་མ་ཡང་གྲགས་སོ།[1] ཞེས་བྱུང་བ་ལས་དུས་རབས་མི་འདྲ་བའི་བོད་ཡིག་གནའ་དཔེའི་སྣག་ཤོག་ཅི་འདྲ་ཞིག་ཡིན་པ་ཙུང་ཟད་ཅིག་རྟོགས་ཐུབ་མོད་ཀྱང་བྱ་པ་བཀྲ་ཤིས་རྣམ་རྒྱལ་གྱི་གསུང་ལས་རྫོག་བསྒྲིལ་ཏེ་ཞུས་ན། གསུང་བརྟེན་ཧོར་ཤོག་འབོལ་མཉེན་ཁྲོ་བོ་གཉིས། དང་པོ་ནླ་ཡི་ནག་ཤོག་ཅེས་སུ་གྲགས། ཕྱི་མ་ཧོར་གྱི་ཤོག་བུ་ཐྲལ་ས་སྐྱེ། རྒྱ་ནག་ཤོག་བུ་ཕལ་ཆེར་མཉེན་སོབ་མང་། གསེར་ལ་འཛམ་བུ་ཆུ་བོའི་གསེར་བཟང་པོ། ཚེ་རིང་བྱ་ཡིས་ཟོས་པའི་བྲུན་གྱི་གསེར། དཀར་སེར་ཁྲུག་པ་གསེར་གྱི་མཆོག་ཏུ་བཤད། མོན་ཤོག་ལ་སོགས་བརྟགས་པ་སླ་ཕྱིར་མཆོག དེ་དག་ལས་གྲུབ་གསུང་རབས་ཚོགས་རྣམས་ཡིན། ཁྱད་པར་གོས་ཤོག་ཅེས་གྲགས་མཉེན་ཞིང་འཇམ། དམར་སྐྱ་མེ་ཏོག་བཏྲུམ་བརྩེགས་རི་མོ་ཅན། བཻཌཱུཪྻ་ཡི་ཁྲུན་མ་སྦོ་སྐྱ་བྲིས། བཻཌཱུཪྻ་ཡིས་གླེགས་བམ་བཞེངས་པའོ། [2]ཞེས་པས་ཀྱང་གསུང་རྟེན་བརྟགས་ཐུབ་བོ།

བདུན། སོ་སྲིད་གཟུགས་འགྱུར་ལས་བརྟག་པ།

དུས་རབས་12-13པའི་གནའ་དཔེ།

(1)གསེར་ཏོག་བློ་བཟང་ཚུལ་ཁྲིམས་རྒྱ་མཚོའི་གསུང་འབུམ་པོད་ཏ་པ། ནླ་བྲང་བཀྲ་ཤིས་འཁྱིལ་གྱི་དཔར་མ། ཤོག་གྲངས་15ལས་དྲངས།
(2)བྱ་པ་བཀྲ་ཤིས་རྣམ་རྒྱལ། དཔྱད་དོན་རིན་ཆེན་འཕྲེང་བ། དཔར་མ། ཤོག་གྲངས་16ལས་དྲངས།

དུས་རབས་13ཡར་སྔོན་དུ་བོད་ཀྱི་ལོ་ཙཱ་བ་སྐུ་དྲིན་ཅན་རྣམས་ཀྱིས་མི་རིགས་གཞན་གྱི་ཡུལ་གྲུང་རིག་གནས་བོད་སྐད་དུ་བསྒྱུར་བའི་དུས་སྐབས་ཤིག་ཡིན། འགྱུར་ཡིག་དེ་དག་གི་ནང་དུ་མ་ཡིག་གང་ཞིག་ཡིན་པ་དེ་དག་གི་ཤན་བཞུགས་པ་ནི་ཡིག་བསྒྱུར་རིག་པ་ལས་གསུངས་པ་བཞིན་ཡིག་བསྒྱུར་ནི་ཡིད་འཕངས་ཀྱི་གཞུང་ལུགས་ཤིག་ཡིན་ཞེས་པ་ལྟར་མི་རིགས་གཞན་གྱིས་ཤན་བཞུགས་པས་ཡིན། སྔོན་རྒྱ་གར་ནས་བསྒྱུར་བའི་གཞུང་ཞིག་ཡིན་ན་ཐོག་མར་དེ་བསྒྱུར་བའི་མ་ཡིག་དེ་དག་ལ་རྒྱ་ཡིག་འབྲི་སྟངས་གཅིག་འགྱུར་མེད་པ་དང་རྒྱ་སྐད་ཀྱི་Buddhaཞེས་པའི་ཚིག་དེ་ཐོག་མར་སྒྲ་བསྒྱུར་གནང་བ་ནི་དཔེར་ན་དཔལ་ས་སྐྱ་དགོན་དུ་བཞུགས་པའི་ཤེར་ཕྱིན་བྲིས་མའི་མཛད་བྱང་དུ། འབུ་དྷ་ཡ། p.t.849ན་མོ་འབུ་ཐ་ཡཱ་ཞེས་བྱུང་། P.T.123སྒྲ་སྦྱོར་བམ་གཉིས་ཀྱི་མདུན་དུ་ཡང་ཤྭན་མོ་བུད་ཧླ་ཡ་ཞེས་དང་ལྟག་དོན་དུ་དུས་རབས་11པར་ལོ་ཆེན་རིན་ཆེན་བཟང་པོས་ཕྱག་བཏབ་པའི་འཁོར་ཆགས་དགོན་དུ་བཞུགས་པའི་འདུལ་བའི་སྐོར་གྱི་པོད་ཞིག་ཏུ། འབུཧྣ་ཏ་མཉེས་པ་དང་། རད་ནའི་རྫས་འཕྲོག་པ་དང་། འབུ་ཏའི་འཁོར་རྣམས་ཕྱོགས་དེ་སྤོང་བར་དམ་བཅས། དེ་ལ་འབུ་ཏས་གསུངས་པ། འབུ་ཏའི་རྒྱན་ཆན་གོན། འབུ་ཏའི་སློབ་མ་ཁྲིམས་དང་མི་ལྡན་ན། འབུ་ཏ་དང་ཐརད་པ་བས་མཐོ་རིས་ཐོབ་པ་ཡང་ག་ནས་འོང་། བྱང་སེམས་ལས་འབུ་ཏ་བྱུང་ལ། ཆོས་དང་ཆོས་འཛིནད་པ་ཐ་དད་མ་ཡིན་བསྒོ། ཆོས་སྤངས་དང་འབུ་ཏའི་རིགས་གཙོད་པར་

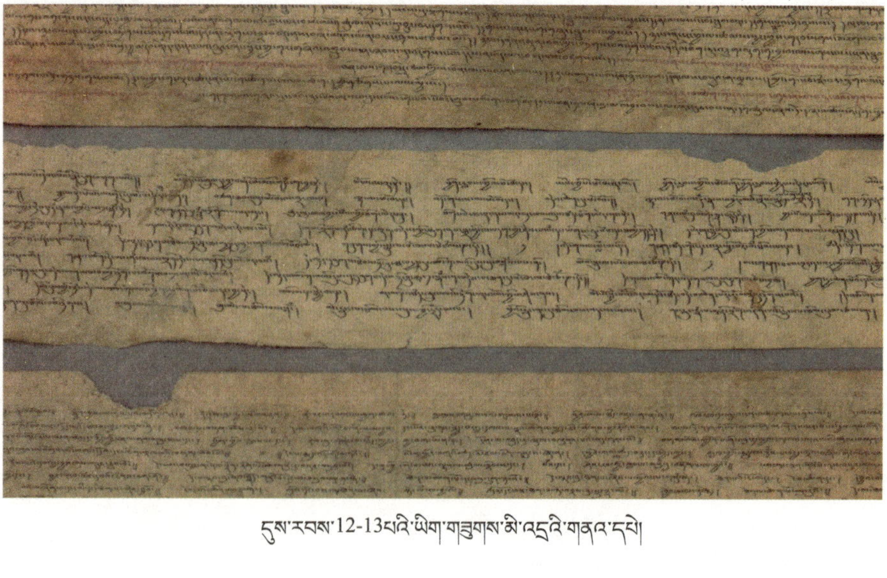

དུས་རབས་12-13པའི་ཡིག་གཟུགས་མི་འདྲའི་གནའ་དཔེ།

ཞུགས་པས་སོ།[1] ཞེས་དང་། དུང་དཔེ་རྙིང་གཞན་ཞིག་ཏུ་དཔེ་དེ་བཞིན་དུ་དགེ་རྩ་ཅི་བྱེད་ཐམས་ཅད་འབྲུ་ཏར་བསྔོས་ན་འབྲུ་ཏར་གསུང་། ཆུ་བོ་ཉལ་ཉིལ་དེད་པ་བཞིན་དགེ་རྩ་འབྲུ་ཏར་བསྔོས་ན་སྡིག་ཐམས་ཅད་འདག་པ་ཡིན་། དགེ་རྩ་འབྲུ་ཏར་བསྔོསཔས་འབྲུ་ཏ་མ་ཐོབ་བར་དུ་འཁོར་བའི་བདེ་བ་ཐམས་ཅད་དེ་ལས་ཡོང་གསུངས། དཔེ་དེ་བཞིན་དུ་དགེ་རྩ་བ་ཡང་རྫོགས་པའི་བྱང་ཆུབ་དུ་བསྔོས་ན་འབྲུ་ཏ་མ་ཐོབ་པར་དེ་ལ་ཟད་པ་མེད་དོ་ཞེས་གསུངས་། འབྲུ་ཏ་ཐོབ་ན་དག་ན་འཛད་གསུང་།[2] སོགས་ལས་རྒྱ་སྐད་ཀྱི་Buddhaཞེས་པ་དེ་བོད་ཡིག་སྒྲ་ཇི་མ་ཇི་བཞིན་འདོན་ཐབས་བྱས་ཏེ་དུས་རབས་མི་འདྲ་བའི་བྲིས་གཟུགས་མི་འདྲ་བ་སྟེ་འབྲུ་ཏ་དང་འབྲུ་ཐ། འབྲུདྡྷ་ཏ་དང་བུད་དྷ་ཞེས་སོགས་བྱུང་། དེ་དག་ལ་མཚོ་བསམ་བྱས་ཚེ་ཆེས་ཐོག་མར་འབྲུ་ཐ་དང་འབྲུ་ཐ྄་དང་དེ་རྗེས་འབྲུདྡྷ་ར་དང་བུད་དྷ། དེ་ནས་ད་ལྟའི་བུདྡྷ་ཞེས་པ་དེ་འབྲི་སྲོལ་བྱུང་བར་སྣང་། རྒྱ་ནག་གི་མཁས་པ་ཅིས་ཤན་ལིན་（季羡林）གྱིས་ང་ཚོས་འཛམ་གླིང་ཐོག་གི་ཕྱི་ནས་གསར་ཡོང་བའི་ཡིག་རིག་དེ་དག་ལ་ཉམས་ཞིབ་བྱས་ན་དེ་དག་ཚང་མར་ཐུན་མོང་གི་ཁྱད་ཆོས་ཤིག་ཡོད། ལྷག་དོན་དུ་སྒྲ་བསྒྱུར་བྱས་པའི་ཡི་གེ་གཅིག་ཐོག་མར་གཞན་ནས་གསར་ཡོང་བའི་སྐབས། ཆེས་མང་པོ་ཞིག་ཐོག་མའི་སྒྲ་གདངས་བཞིན་གནས་ཡོད་སྟབས་མི་རིགས་དེའི་ཕ་སྐད་དང་མཉམ་དུ་འདྲེས་ཐབས་མེད་པ་ལྟ་བུ་སྣང་། དེར་སུས་བལྟས་ཀྱང་ཐད་ཀར་ཕྱི་ནས་གསར་བའི་ཡི་གེ་ཞིག་ཡིན་པ་རྟོགས། དུས་ཀྱི་དབང་གིས་སྔོན་གྱི་རྣམ་པ་དེར་འགྱུར་ལྡོག་བྱུང་ནས་རིམ་བཞིན་རང་གི་ཕ་སྐད་དུ་འགྱུར་ཞེས་[3] གསུངས་པ་ལས་འབྲུ་ཐ྄་ཞེས་པའི་ཚིག་དེ་སྒྲ་བསྒྱུར་ཡིན་པ་ཤེས། རྗེས་སུ་ནང་བསྟན་ལ་གོ་བ་མཐིལ་ཕྱིན་པ་ཞིག་ཆགས་པའི་རྗེས་སུ་རྒྱ་སྐད་ཀྱི་(Buddha)འབྲུ་ཐ྄་ཞེས་པ་དེ་བོད་ཡིག་གི་དོན་སངས་རྒྱས་ཞེས་པའི་ཚིག་བྱུང་། དེ་དང་འདྲ་བ་རྒྱ་རིགས་ཀྱི་ནང་བསྟན་གཞུང་ལུགས་ནང་དུའང་མཐོང་རྒྱུ་ཡོད་པ་སྟེ། རྒྱ་སྐད་ཀྱི་Buddhaཞེས་པར་རྒྱ་ནག་གི་ཡི་གེར་浮屠དང་佛ཞེས་བྱུང་ཡོད་པའི་སྐོར་ལ་ཅིས་ཤན་ལིན་གྱིས་浮屠ཞེས་པའི་ཚིག་འདི་རྒྱ་གར་ནས་འགྱུར་བའི་རྗེས་སུ་ཆེས་ཉུང་ཤས་ཤིག་གིས་བེད་སྤྱད་པ་དང་རྗེས་སུ་ནུབ་ཁུལ་གྱིས་མཁས་པ་རྒྱ་ནག་ཏུ་སྒྲ་སྒྱུར་གནང་བར་ཕེབས་པ

(1)འཁོར་ཆགས་དགོན་དུ་བཞུགས་པའི་དཔེ་རྙིང་བྲིས་མ་འདུལ་བའི་སྐོར་གྱི་ལྡེབ་གྲངས་4ལས་དྲངས།
(2)འཁོར་ཆགས་དགོན་དུ་བཞུགས་པའི་དཔེ་རྙིང་དབུ་ཅན་བྲིས་མ་དབུ་ཞབས་མ་ཚང་བ་ཞིག་གི་ ལྡེབ་གྲངས་23ལས་དྲངས།
(3)季羡林 著《浮屠与佛 佛教十五题》 中华书局2006年版，83页。

ནས་བཟུང་佛ཞེས་པའི་མིང་ཚིག་དེ་བྱུང་བ་རེད། རྗེས་སུ་འབུ་ཐ་ཞེས་པ་ལས་སངས་རྒྱས་ཞེས་པ་དེ་གོ་བ་བླངས་བདེ་བའི་དབང་གིས་སངས་རྒྱས་ཞེས་པའི་ཚིག་དེས་Buddhaཞེས་པའི་ཚབ་བྱས་ཞེས་གསུངས།[1]དེས་ན་བོད་ཡིག་གནའ་དཔེ་དུས་རབས་13པའི་རྗེས་ཀྱི་གསུང་རབ་ཀྱི་Buddhaཞེས་པར་སངས་རྒྱས་ཞེས་པས་ཡོངས་སུ་ཁ་ལོ་བསྒྱུར། དེ་མིན་ད་དུང་དཀར་ཆག་ལྡན་དཀར་མར་བྱུང་བ་ལྟར་རྣམ་ཞུ་ཆེན་བྱས། p.t849ན་མོ་དར་མ་ཡཱ། IOL Tib J370 གནམ་བབས་ཀྱི་དར་མ་བམ་པོ་གཅིག་གོ ཙོན་ཀེ་ཏུའི་ཤེར་ཕྱིན་གྱི་མཛད་བྱང་། ན་མོ་འབུ་ཐ་ཡཱ། ན་མོ་དྷརྨ་ཡཱ། ན་མོ་སངྒ་ཡཱ་ཞེས་པ་དང་། ད་དུང་དུས་རབས་12པའི་གནའ་དཔེར་སྔོན་དང་འདྲ་བར་ཤཱ་རིའི་བུར་ཡང་འབྲི་གཟུགས་མི་འདྲ་བ་ཐོན་ཡོད་པ་སྟེ། ཤཱ་ར་དྭ་ཏའི་བུ་བདེན་པ་གཉིས་ལ་སེམས་ཅན་དམིགས་པ་མེད་དོ། [2]ཤཱ་ར་དྭ་འི་བུ་ཁོ་བོ་ནི། ཚེ་དང་ལྡན་པ་ཤཱ་ར་དྭ་ཏའི་བུ། ཤཱ་ར་དྭ་ཏའི་བུ། [3] དང་ཤཱ་ར་དྭ་ཏའི་བུ་བྱང་ཆུབ་སེམས་དཔའ་སེམས་དཔའ་ཆེན་པོ་དེས།[4]ཞེས་དང་ད་དུང་བཀྲ་སྤྱིན་ལ་ཀཽཤིཀཿསྟེ་འབྲི་གཟུགས་མི་འདྲ་བ། ཀེ་ཨུ་ཤི་ཀ་མཐར་ད་ཀྱིས་གནས་པའི་སྙོམས་པར་འཇུག་པ་དགུ་ནི་བཏགས་པ་ཙམ། ཀེ་ཨུ་ཤི་ཀ་དེ་ཅིའི་ཕྱིར་ཞེ་ན། ཀེ་ཨུ་ཤི་ཀ་གཟུངས་ཀྱི་སྒོ་རྣམས་ནི་བཏགས་པ་ཙམ་མོ།[5]ཀེཨུ་ཤི་ཀ་དེ་ལྟར་ལུས་འདི་ནི་རྣམ་པ་ཐམས་ཅད་མཁྱེནད་པ་ཉིད་ཀྱི་ཡེ་ཤེས་ཀྱི་གཞི་སྟེ། [6]ཞེས་པ་དང་ཀཽཨུ་ཤི་ཀ་ཡང་གལ་ཏེ་འགའ་ཞིག་གིས་དེའི་ལུས་ལ་དབྱིག་འམ། ཀཽཨུ་ཤི་ཀ་འདི་ལྟ་སྟེ་ཤེས་རབ་ཀྱི་ཕ་རོལད་ཏུ་ཕྱིན་པ་འདི་ནི་རིག་སྔགས་ཆེན་མོའོ།[7]ཞེས་པ་སོགས་བྱུང་བ་ལ་བལྟས་ན། ཐོག་མར་དུས་རབས་8-9པའི་བར་དུ་ཤཱ་ར་དྭ་འི་བུ་དང་ཀེ་ཨུ་ཤི་ཀ་དང་དུས་རབས་12པར་ཤཱ་ར་དི་ཏའི་བུ་དང་ཀེཨུ་ཤི་ཀ། དུས་རབས་13ནས་ཤཱ་རིའི་བུ་དང་ཀཽཤིཀཿཞེས་འབྲི་སྲོལ་བྱུང་བར་མངོན། དེས་ན་དགེ་འདུན་ཆོས་འཕེལ་གྱིས་ཀྱང་སྔོན་གྱི་དཔེ་རྙིང་རྣམས་ལ་རྒྱ་སྐད་རང་སོར་བཞག་པ་ཡང་མང་སྟེ། དཔེར་ན་བུདྡྷ་ལ་སྐྱབས་སུ་འགྲོ་བ་སོགས་དང་། གཙེན་ཨ་སོགས་ཡག་ཙཱཏྲའི་ལྟ་བ་སྲོལ་ཕྱེས་ཏེ་བྱ་བ་དང་། སྒྲ་

(1)季羡林 著《浮屠与佛 佛教十五题》 中华书局2006年版，83页。

(2)ཙོན་ཀེ་ཏུའི་ཤེར་ཕྱིན་པོད་ཀ་པ་ལས་དྲངས།

(3)ཆབ་མདོར་བཞུགས་པའི་དུས་རབས་8-9པའི་ཤེར་ཕྱིན་བྲིས་མ་པོད་ང་པ་ལས་དྲངས།

(4)བོད་ལྗོངས་སློབ་ཆེན་དུ་བཞུགས་པ། ཐུ་རི་དགོན་ནས་ཐོན་པའི་ཤེར་ཕྱིན་པོད་ཇ་པ། ཤོག་གྲངས་344་ལས་དྲངས།

(5)国家图书馆、古籍保护中心编《西域遗珍》（新疆历史文献暨古籍保护成果展图录）157页。

(6)སྣེ་ཐང་སྒྲོལ་མ་ལྷ་ཁང་དུ་བཞུགས་པའི་ཤེར་ཕྱིན་བྲིས་མ་པོད་ག་པ་ལས་དྲངས།

(7)【意大利】图齐著，魏正中、萨尔吉主编《梵天佛地》（第三卷）208页。

སྤྱིར་བཏམ་གཉིས་སུ་ཧྲམ་ཞུ་ཆེན་གྱི་སོགས་དང་། གཞན་ཡང་དཔལ་བརྩེགས་ཀྱི་མདོ་བསྡུས་བྱ་བ་བསྟན་འགྱུར་དུ་ཞུགས་པ་དེ་དཔེ་རྙིང་འབྲུལ་མེད་ཅིག་འདུག་པས་དོན་འདིབྲིནཧཱ་ལའི། བུདྡྷའི་སྲས་ནི་ཙཏྲུ་ལའོ།སོགས་རྒྱ་སྐད་མང་དུ་བྲིས་སོ། [1] ཞེས་པ་སོགས་ལས་གཞའ་དཔེ་དུས་ཇི་ཙམ་སྔ་བ་དེར་རྒྱ་སྐད་གཟུགས་འགྱུར་དེ་ཙམ་གྱི་མང་བ་བཞུགས་ཡོད་པ་དེ་རྟོགས།

བརྒྱད། མཇུག་བྱང་གི་ལོ་ཚིགས་ལས་བརྟག་པ།

བོད་ཡིག་གནའ་དཔེའི་མཇུག་བྱང་གི་ཁྲོད་དུ་གནའ་དཔེ་དེ་འབྲི་བཞེངས་གྲུབ་པའི་ལོ་ཚིགས་བཀོད་སྲོལ་བྱུང་ཡོད་པ་སྟེ། དུས་རབས་11པར་གྱི་ཇོ་བ་ཟླ་བའི་འོད་ཟེར་གྱིས་དུས་འཁོར་བོད་དུ་མ་བསྒྱུར་བའི་སྔོན་ལ། བོད་ཀྱི་ལོ་ཚིགས་དེ་ལོ་འཁོར་བཅུ་གཉིས་ལ་སྦྱར་ཡོད་པ་p.t1288དོན་ཆེན་གནད་བསྡུས་ཀྱི་ལོ་ཚིགས་སུ་འཁོད་པ་སྟེ། ༄༅།།བྱིའི་ལོ་ལ་བབ་སྟེ། ༄༅།།ཕག་གི་ལོ་བབ་སྟེ། ཞེས་པ་དང་ཕག་གི་ལོའི་དཔྱིད་སླ་འབྲིང་པོ་ཆོས་དགུ་ལ་ཁམས་ཅུལ་གྱི་རིང་ལུགས་བན་དེ་སྣ་ནམ་བློ་གྲོས་དབང་པོ་དང་། མྱང་སྟག་དགྲ་རྗོག་རྗེ་དང་། གཞི་འཛིན་བན་དེ་ཐུབ་བསྟན་གྲུག་པས་ལགས་ན་ཆོས་ཉེ་ཤུ་ལ་ཤུལ་སེ་རོང་དུ་གཤགས་ཏེ་རྗེས་བྱང་དུ་བྲིས་པའོ། [2] ཞེས་དང་ད་དུང་ཕྱོ་ཁ་གྲོ་མཁར་ཆོས་སྡེར་བཞུགས་པའི་བཙན་པོའི་ཟླ་འབུམ་གྱི་མཛད་བྱང་དུ། དབྱུ་ནི་དབྱར་སླ་ར་བ་ན་འཚུགས་སོ་ཞེས་པ་ལྟ་བུས་མཚོན་ནོ། དུས་རབས་12རྗེས་ནས་གནའ་དཔེའི་ལོ་ཚིགས་དེ་བོད་ཀྱི་རབ་བྱུང་ལ་མགོ་བཏགས་བརྩོལ་ནས་བྲིས་ཡོད་པ་ཞིག་ཡིན། རབ་བྱུང་དང་པོ་སྤྱི་ལོ1027ནས་མགོ་བརྩམས་པ་ཞིག་ཡིན། དུས་རབས་12རྗེས་ཀྱི་གནའ་དཔེ་ལ་ལ་ཞིག་གི་ལོ་ཚིགས་དེ་སྟོན་པའི་འདས་ལོར་བརྩོལ་ཡོད། སྟོན་པའི་འདས་ལོར་བརྩོལ་ཚུལ་མི་འདྲ་བ་དག་ལས་གནའ་དཔེ་དེ་གྲུབ་མཐའ་གང་ཞིག་གི་གནའ་དཔེ་ཡིན་པའང་རྟོགས། དུས་རབས་12པའི་རྗེས་ཀྱི་གནའ་དཔེ་རྒྱ་ནག་དུ་བྲིས་བཞེངས་གནང་བའི་གནའ་དཔེའི་ལོ་ཚིགས་དེ། རྒྱ་ནག་གི་རྒྱལ་རབས་ལ་ཁྲུངས་བརྩོལ་ཡོད་པ་དེ་ཡུང་ལོ་བརྒྱད་པར་བཞེངས་པའི་སློབ་དཔོན་ཞི་བའི་ལྷས་

---

(1)དགེ་འདུན་ཆོས་འཕེལ། རྒྱལ་ཁམས་རིག་པས་བསྐོར་བའི་གཏམ་རྒྱུད་གསེར་གྱི་ཐང་མའི་སྟོད་ཆ། ནུབ་བྱང་མི་རིགས་སློབ་ཆེན་གྱི་དཔར་མ། ཤོག་གྲངས་224ལས་དྲངས།
(2)敦煌法藏本Peltib 1025上海古籍出版社。

མཛད་པའི་སྤྱོད་འཇུག་དང་ཡུང་ལོའི་བཀའ་འགྱུར་སོགས་ཡིན། རྒྱ་གར་གྱི་གནའ་དཔེའི་ལོ་ཚིགས་དེ་བོད་ཀྱི་གསུང་རབ་སྨྲ་བ་དགེ་འདུན་ཆོས་འཕེལ་གྱིས་རྒྱ་དཔེ་འདི་གཉིས་བི་ཀྲ་མའི་ལོ་སྟོང་སུམ་བརྒྱ་བདུན་ཙམ་ལ་བྲིས་ཞེས་བྱུང་བས། སྐབས་ལོ་དེ་བར་ལོ་སྟོང་གཅིག་དང་དོན་བཞི་ཙམ་སོང་། རྒྱ་དཔེ་འགའ་རེའི་མཐར་རྟགས་ཏུ་ལོ་ཚིགས་འདི་བྱུང་ཞིང་། འཕགས་རྒྱལ་གྱི་རྒྱལ་པོ་བི་ཀྲ་མཱ་དི་ཏྱ་རྣམ་གནོན་ཉི་མ་བྱ་བའི་ཁྲི་ལོ་ནས་བརྩིས་པ་ཡིན་[1]ཞེས་དང་འཕགས་རྒྱལ་གྱི་རྒྱལ་པོ་འཁོར་ལོས་བསྒྱུར་བའི་བིཀྲ་མའི་ལོ་རྒྱུས་ནི་གཏམ་རྒྱུད་ཙམ་དུ་གནས་མོད། འོན་ཀྱང་འདིའི་ལོ་ཚིགས་ཤེས་པ་ཤིན་ཏུ་གལ་ཆེ་བས་སངས་རྒྱས་འདས་ནས་ལོ་དྲུག་གི་སྟེང་དུ་ཁྲི་བཟུང་བར་བྱེད་དགོས་ཤིང་། རྒྱ་གར་གྱི་སྐུ་བརྙན་དང་རྒྱ་དཔེ་བྲིས་མ་སོགས་ལ་རང་རེའི་རབ་བྱུང་གི་ཚོད་དུ་ལོ་ཚིགས་འདི་འགོད་པ་ཡིན་[2]ཞེས་པ་སོགས་ལས་བོད་དཔེ་དང་རྒྱ་དཔེའི་ལོ་ཚིགས་འགོད་སྟངས་མི་འདྲ་བ་གང་ཡིན་པ་དེ་རྟོགས།

དགུ སྣེ་ཐིག་ལས་བརྟག་པ།

དུས་རབས་8-12བར་གྱི་བོད་ཡིག་གནའ་དཔེ་བྲིས་མ་ཡིན་ན་སྤྱིར་གྱི་ཆ་ནས་གཡས་གཡོན་གྱི་སྣེ་ཐིག་གཉིས་ལས་དབུ་ཞབས་ཀྱི་སྣེ་ཐིག་དེ་འབྲི་སྲོལ་བྱུང་མི་འདུག གཡས་གཡོན་གྱི་སྣེ་ཐིག་དེ་ཡང་རྐྱང་ཐིག་ལས་གཉིས་ཐིག་འབྲི་བའི་སྲོལ་མེད་པར་སྣང་། སྤྱིར་གྱི་ཆ་ནས་བྲིས་དཔར་གྱི་གནའ་དཔེ་གང་ཞིག་ཡིན་རུང་དུས་རབས་ཅུང་སྔ་བའི་གནའ་དཔེ་ཞིག་ཡིན་ན་གོང་གི་ཁྱད་ཆོས་དེ་ཉིད་སྣང་། དུས་རབས་13པར་དཔར་བའི་གནའ་དཔེ་ལ་སྣེ་ཐིག་དེ་འབྲི་སྲོལ་བྱུང་འདུག འོན་ཏེ་དུས་རབས་12-13གྱི་གནའ་དཔེ་དཔར་མ་ཡིན་ན་དེ་དག་ལ་གཡས་གཡོན་སྣེ་ཐིག་སྔོན་གྱི་བྲིས་མ་ཇི་བཞིན་གཅིག་ཐིག་ཏུ་སྣང་བ་ནི། དུས་རབས་13པར་ཡོན་དུ་དཔར་བོད་ཉིས་བརྒྱ་བཏབ་པའི་ས་པཎ་གྱི་ཚད་མ་རིགས་གཏེར་ལ་

(1)དགེ་འདུན་ཆོས་འཕེལ། རྒྱལ་ཁམས་རིག་པས་བསྐོར་བའི་གཏམ་རྒྱུད་གསེར་གྱི་ཐང་མའི་སྟོད་ཆ། ནུབ་བྱང་མི་རིགས་སློབ་ཆེན་གྱི་དཔར་མ། ཤོག་གྲངས་13ལས་དྲངས།

(2)དགེ་འདུན་ཆོས་འཕེལ། རྒྱལ་ཁམས་རིག་པས་བསྐོར་བའི་གཏམ་རྒྱུད་གསེར་གྱི་ཐང་མའི་སྟོད་ཆ། ནུབ་བྱང་མི་རིགས་སློབ་ཆེན་གྱི་དཔར་མ། ཤོག་གྲངས་258ལས་དྲངངས།

དུས་རབས་14-15པའི་གནའ་དཔེའི་གཡས་གཡོན་སྣེ་ཐིག་མཆོད་པའི་ལྷ་མོ།

ཡང་ཁྱད་ཆོས་དེ་ལྟར་སྣང་། དུས་རབས་14-15ནང་གི་དཔར་མ་སྤྱི་ལོ་1407ལོའི་ལ་སྟོད་ཞེལ་དཀར་གྱི་དཔར་མ་མངོན་རྟོགས་རྒྱན་གྱི་འགྲེལ་པ་དྲི་མེད་འོད་ཟེར་དང་1426ལོའི་གཞི་ཀ་བྲག་དཀར་གྱི་དཔར་མ་རྗེ་རིན་པོ་ཆེའི་གསུང་བྱང་ཆུབ་ལམ་རིམ་སོགས་ལ་གཡས་གཡོན་གྱི་སྣེ་ཐིག་གཅིག་ལས་གོང་འོག་གི་སྣེ་ཐིག་མེད། དུས་རབས་16པར་དཔར་བཏབ་པའི་གུང་ཐང་དཔར་མ་རྗེ་བཙུན་མི་ལའི་རྣམ་ཐར་དང་གློང་ཆེན་རིན་པོ་ཆེའི་ཐེག་མཆོག་མཛོད། ནག་ཚོ་ལོ་ཙཱ་བས་མཛད་པའི་ཇོ་བོ་རྗེའི་བསྟོད་པ་སོགས་ལ་མཐའ་བཞིའི་སྣེ་ཐིག་བཏབ་འདུག དེ་རྗེས་དཔར་བསྐོའི་ལག་རྩལ་དེ་འཕྲོངས་པོ་བྱུང་བའི་རྐྱེན་གྱིས་དུས་རབས་17པའི་རྗེས་ཀྱི་གནའ་དཔེ་དཔར་མར་གཡས་གཡོན་གྱི་གཉིས་ཐིག་དང་གོང་འོག་གཉིས་ཐིག་དེ་བཀོ་སྲོལ་བྱུང་འདུག དེ་ནས་རིམ་པས་བཞིན་གནའ་དཔེ་བྲིས་དཔར་ཁག་གི་གཡས་གཡོན་དང་གོང་འོག་གཉིས་ཐིག་བར་ལ་རི་མོ་རྒྱ་ནག་གི་ལྷུགས་རི་དང་བཀྲ་ཤིས་རྟགས་བརྒྱད། རྒྱལ་སྲིད་སྣ་བདུན། མཆོད་པའི་ལྷ་མོ་སོགས་ཀྱང་བསྣན་པའི་སྲོལ་བྱུང་འདུག

བཅུ། བཙ་གསར་རྙིང་ལས་བཏག་པ།

བོད་ལྗོངས་སུ་བོད་ཡིག་གནའ་དཔེ་ཡོངས་བཤེར་དང་བརྟག་དཔྱད་ལ་བསྐྱོད་དེ་གནའ་དཔེར་བརྟག་དཔྱད་བྱ་སྐབས་སུ། བསྐལ་པ་བཟང་པོའི་མདོ་ལས་ཞེས་པ་དང་། སྔའི་སྨེ་སྒྲོན་ཕུལ་ཏེ་དང་པོ་བྱང་ཆུབ་ཕྱོགས་སུ་སེམས་བསྐྱེད་དོ། བྱང་ཆུབ་ཏུ་སྨོན་པའི་སེམས་དང་། བྱང་ཆུབ་ཏུ་ཆས་པའི་སེམས་ཅན་དེ་དག་ནི་ཤིན་ཏུ་དཀོན་ནོ། རྒྱལ་པོ་ཆེན་པོ་ནམ་བདེའ་བ་བཏང་བ་ཡིན་ནོ། འོནད་ཀྱང་རྒྱལ་པོ་ཆེན་པོ་བླ་ན་མེད་པ། རྣམ་པར་ཐརད་པ། ཟེལད་ཀྱིས། དབྱརད་ཀྱི་དུས། བསྒེན་ཛོགས། དབུགས་འབྱིནད་པ། [1] ཞེས་དང་༧ཿ།དབུ་ནི་དབྱར་སླ་ར་བ་ལ་དྲུལ་གཉིས་ལ་བཙུས་སོ།[2]སོགས་བྱུང་བ་ལ་གཞིགས་ན། གནའ་དཔེ་དེ་རིགས་ནི་དུས་རབས་11སྔོན་གྱི་གནའ་དཔེ་ཡིན་པར་ངོས་འཛིན་བྱས་ཡོད། གང་ལགས་ཤེ་ན། བོད་ཀྱི་ལོ་རྒྱུས་ཐོག་བཀས་བཅད་ཐེངས་གསུམ་ཙམ་ཞིག་བྱས་པ་སྟེ། བཀས་བཅད་དང་པོ་སྟེ་དུས་རབས་8པའི་སྐབས་བཙན་པོ་ཁྲི་སྲོང་ལྡེ་བཙན་གྱི་དུས་དང་པོ་བྱས། དེ་དག་ཏུ་ད་དྲག་དང་། དཔྱིད་སླ་ར་བ་སོགས་དང་། དེའ་ལའ་ནིའ་ཞེས་པ་ལྟ་བུ་འ་ཡིག་མཐའ་རྟེན་སྦྱར་བ་ནི་སུམ་རྟགས་ཀྱི་དགོངས་པ་ཡིན་ཀྱང་དོན་ལ་ཐོབ་པ་གཞིར་བཅས་ནས་ཡི་གེ་ཉུང་བའི་སྐད་དུ་བཞག་པ་ཡིན་[3]ཞེས་སྐྱོག་སྟོན་རིན་ཆེན་བཀྲ་ཤིས་ཀྱིས་གསུངས་པ་ལྟར་ན་འཕོར་ཆགས་དགོན་དུ་བཞུགས་པའི་སྟོན་པའི་སྐྱེས་རབས་དང་གྲོ་མཁར་ཆོས་སྡེའི་ཤེར་ཕྱིན་པོད་དེ་དག་དུས་རབས་10ཡར་སྔོན་གྱི་བྲིས་མ་ཡིན་པར་ངོས་འཛིན་བྱས་ཆོག དེ་མིན་ད་དུང་ལྷོ་ཁ་ས་ཁུལ་དང་ཆབ་མདོ་ཁུལ་དུ་བཞུགས་པའི་ཤེར་ཕྱིན་པོད་ག་པ་དང་ང་པར། བཅོམ་ལྡན་འདའས་ཀྱིས་བཀའ་བསྩལད་པའ་ཤ་ར་དྭ་ཏྭའི་དེ་ནི་དེ་ལྟ་མ་ཡིན་ཏེ། སའི་ཁམས་ནི་ཡོངས་མ་ཆེས་པའོ། ཆུའི་ཁམས་ནི་ཡོངས་མ་མཆིས་པའོ། བསམ་གཏན་རྣམས་ནི་ཡོངས་མ་མཆིས་། འཇིག་རྟེནད་ན་དེ་བཞིན་གཤེགས་པའ་འི་སྟོབས་བཅུ་སྟོང་ཞེས་བྱ་བར་སྟོནད་ཐོ། ཡོངས་སུ་མྱི་འཛིནད་ཡོངས་སུ་མྱི་འཛིནད་པས་ཉེ་བར་མྱིལེདན་ཏོ། [4]ཞེས་དང་ཐམས་ཆད་ཤེས་པ་ཉིད་ཀྱི་ཆོས་ཉིད། བྱང་ཆུབ་སེམས་དཔའ་

---

(1)མངའ་རིས་ས་ཁུལ་འཕོར་ཆགས་དགོན་དུ་བཞུགས་པའི་གནའ་དཔེ་སྐྱེས་རབས་ལས་དྲངས།

(2)གྲོ་མཁར་ཆོས་སྡེར་བཞུགས་པའི་ཤེར་ཕྱིན་པོད་ག་པའི་ལྡེབ་གྲངས་364ལས་དྲངས།

(3)སྐྱོག་སྟོན་རིན་ཆེན་བཀྲ་ཤིས། བརྡ་གསར་རྙིང་གི་རྣམ་གཞག་ལི་ཤིའི་གུར་ཁང་། ཤོག་གྲངས་2ལས་དྲངས།

(4)གྲོ་མཁར་ཆོས་སྡེའི་ཤེར་ཕྱིན་པོད་ག་པ་ལས་དྲངས།

དུས་རབས་9-10པའི་ཤེར་ཕྱིན་ཁྲིས་མ།

ཐམས་ཅད་ཀྱི་རྟེན་ཡིན། སེམས་ཅན་རྣམས་ཡོངས་སུ་སྨིན་པར་བགྱིད་པ།[1] ཞེས་པ་སོགས་ད་ལྟ་ང་ཚོས་མཇལ་ཐུབ་པའི་གནའ་དཔེ་ཁྲིས་མ་དེ་དག་གི་ནང་དུ། ཀ་སྡེའི་ནང་གི་ཀ་དང་ཁ། ཙ་སྡེའི་ནང་གི་ཙ་དང་ཚ། ཏ་སྡེའི་ནང་གི་ཏ་དང་ཐ། པ་སྡེའི་ནང་གི་པ་དང་ཕ་ཕན་ཚུན་བརྗེ་རེས་མཛད་པ་དང་གི་གུ་ཕྱིར་ལོག་པ། མ་ལ་ཡ་བཏགས་པ་སོགས་ཁྲིས་ཡོད་གཤིས་གནའ་དཔེ་ནི་དུས་རབས་9པའི་སྔོན་གྱི་ཁྲིས་མ་ཤ་སྟག་ཏུ་འཁུམས། རྒྱུ་མཚན་ནི་སྐྱོག་སྟོན་རིན་ཆེན་བཀྲ་ཤིས་ཀྱིས་བཀས་བཅད་དང་པོའི་སྐབས། མྱེད། མྱིན་སོགས་ཡ་བཏགས་པ་དང་རལ་གྱི་སོགས་ནི་ལོ་ཙཱ་བ་ཁ་ཅིག་གིས་ཡུལ་སྐད་ཤོར་བར་གྲགས་པ་ཡིན་ནོ་ཞེས་གསུངས་པ་ལས་དེ་དག་གི་གནས་ལུགས་ཤེས། དེས་ན་བཀས་བཅད་གཉིས་པ་དེ་ནི་མངའ་བདག་ཁྲི་རལ་པ་ཅན་ཡན་ཆད་དུ་སྐ་ཅོག་ཞང་གསུམ་ལ་སོགས་པས་མཛད་པ་ཡིན་ནོ། བཀས་བཅད་གསུམ་པ་ནི་ལྷ་བླ་མ་ཡེ་ཤེས་འོད་ཀྱི་དུས་སྲ་སྒྱུར་ལོ་ཙཱ་བ་ཆེན་པོ་རིན་ཆེན་བཟང་པོ་ནས་དཔང་ལོ་ཙཱ་བ་ཆེན་པོ་དང་སྔིགས་དུས་ཀྱི་སྐད་གཉིས་སྨྲ་བ་གཅིག་ཕྱུ་ལོ་ཆེན་རྣམས་ཕྱ་ལ་ཟླ་དྲའི་བར་བྱོན་པ་རྣམས་ཡིན་ལ། ལོ་ཆེན་གྱིས་ནི། གཉིས་ཟླ་ལ་ཉི་ཟླ་དང་། བསྟན་བཅོས་ལ་བསྟན་ཆོས་དང་། སྟུག་པོ་ལ་འཐུག་པོ། བསམ་གཏན་ལ་བསམ་གཐན་ཞེས་གསུངས་པ་ལ་བལྟས་ན། མཉེས་ཐང་སྒྲོལ་མ་ལྷ་ཁང་དུ་བཞུགས་པའི་ཤེར་ཕྱིན་དུ། ཐམས་ཅད་ཤེས་པ་ཉིད་ཀྱི་ཆོས་ཉིད། སེམས་ཅན་རྣམས་ཡོངས་སུ་སྨིན་པར་བགྱིད་པ། གེ་འུ་ཤེ་ཀ་དེ་ལྟར་ལུས་འདི་ནི་རྣམ་པ་ཐམས་ཅད་མཁྱེནད་པ་ཉིད་ཀྱི་ཡེ་ཤེས། ཆོས་ཀྱི་གནའས་ཉིད་འཇིག་རྟེན་ན་

(1)སྙེ་ཐང་སྒྲོལ་མ་ལྷ་ཁང་ཤེར་ཕྱིན་ཁྲིས་མ་པོད་ང་པ་ལས་དྲངས།

ཡོད་པ་ཡིན།[1]ཞེས་དང་གྲོ་མཁར་ཆོས་སྡེའི་ཤེར་ཕྱིན་དུ། བཅོམ་ལྡན་འདས་ཀྱིས་བཀའ་བསྩལ་པའ་ཤ་ར་དྭ་ཏའི་དེ་ནི་དེ་ལྟ་མ་ཡིན་ཏེ། སའི་ཁམས་ནི་ཡོངས་མཚིས་པའོ། བསམ་གཏན་རྣམས་ནི་ཡོངས་མ་མཚིས། ཡོངས་སུ་སྨྲི་འཛོནད་ཡོངསྨྲི་འཛོནད་པས་ཉེ་བར་སྨྲི་ལེནད་ཐོ་[2]ཞེས་སོགས་བྱུང་པ་ལ་གཞིགས་ན་གནའ་དཔེ་དེ་རིགས་ནི་དུས་རབས་10པའི་ཡར་སྔོན་གྱི་གནའ་དཔེ་ཡིན་པ་གོང་གི་བརྡ་རྙིང་འབྲི་སྟངས་ལས་ཤེས་ལ་ད་དུང་གནའ་དཔེ་དེ་དག་གི་ཡིག་ཕྲེང་དང་ཡིག་མཁན་དང་ཞུས་དང་ཞུས་བར་ཞུས་གསུམ་ཞུས་སོགས་ཀྱི་མཚན་བྱང་ལས་དུས་རབས་10པའི་ཡར་སྔོན་གྱི་ཡིན་པ་དེ་བས་ངེས་ཤེས་བརྟན་པོ་རྙེད།

བཅུ་གཅིག དཔེ་མིང་ལས་བརྟག་པ།

གནའ་དཔེའི་དཔེ་མིང་ཐད་ཀར་དབུ་ཤོག་གི་ངོས་སུ་འབྲི་བའི་ལུགས་སྲོལ་དེ་དུས་རབས་དང་པོའི་སྔོན་དུ་མེད་པར་སྣང་། གང་ལགས་ཤེས་ན། དགེ་འདུན་ཆོས་འཕེལ་གྱིས་སྔོན་གྱི་རྒྱ་དཔེ་རྣམས་ལ་ཁ་ཡིག་དང་ལེབ་གྲངས་མེད་ཞེས་གསུངས་པ་ལ་དཔག་ན་གནའ་དཔེར་ཐོག་མར་ཁ་ཡིག་འབྲི་སྲོལ་མེད་པ་དེ་ཤེས། རྗེས་སུ་གནའ་དཔེར་ཁ་ཡིག་འབྲི་སྲོལ་དེ་བྱུང་བ་ནས། བོད་དུ་དུས་རབས་13པའི་ནང་དུ་ས་སྐྱར་ཤོང་སྟོན་རྡོ་རྗེ་རྒྱལ་མཚན་གྱི་སྣན་ངག་མེ་ལོང་མ་བོད་དུ་མ་བསྒྱུར་བའི་སྔོན་དུ། གནའ་དཔེའི་མཚན་བྱང་དག་བརྡ་རྙིང་བྲིས་པ་ལས་ཚིག་རྒྱན་གྱི་མ་སྤྲས་པར་ཐད་ཀར་གཞུང་གི་ནང་དོན་རྟོགས་ཐུབ་པའི་དཔེ་མིང་སྟེ། དཔེར་ན་དུས་རབས་11པའི་ནང་འབྲི་བཤུས་བགྱིས་པའི་དབའ་བཞེད་དང་སྨན་གྱི་སྐོར་བཙན་པོའི་ཟླ་སྨན་ཞེས་པ་ལྟ་བུ་ཡིན། དུས་རབས་13རྗེས་ནས་བོད་ལ་སྙན་ངག་དར་ཁྱབ་ཤིན་ཏུ་ཆེན་པོ་བྱུང་བའི་སྐབས་ཀྱིས་གནའ་དཔེའི་མཚན་བྱང་ལའང་རྒྱན་གྱིས་སྤྲས་པ་མ་ཟད་སྔོན་གྱི་ཚིག་ལྷུག་དེ་ཚིགས་བཅད་ཀྱི་ལམ་ནས་འབྲི་སྲོལ་ཡང་བྱུང་བ་དེ། ཕོ་བྲང་པོ་ཏ་ལར་བཞུགས་པའི་གནའ་དཔེ་ཞིག་གི་མཚན་བྱང་ནི་འདི་ལྟར། སྙིང་དང་འདྲ་བའི་སློབ་མ་ལ། སྙིང་ནས་གདམས་པའི་བསླབ་བྱ་ནི། སྙིང་གཏམ་བཅུ་གསུམ་ཞེས་བྱ་བ། སྙིང་ཀྱི་གཏིང་

---

(1)མཉེས་ཐང་སྒྲོལ་མ་ལྷ་ཁང་ཤེར་ཕྱིན་པོད་ང་པ་ལས་དྲངས།

(2)གྲོ་མཁར་ཆོས་སྡེར་བཞུགས་པའི་ཤེར་ཕྱིན་པོད་ག་པ་ལས་དྲངས།

གནའ་དཔེའི་མཚན་བྱང་།

ནས་གདམས་པ་ལགས།   ཞེས་པ་ལྷ་བུ་སྨིན་གླིང་ལོ་ཆེན་ཆོས་དཔལ་བཟང་པོའི་(1654-1718)གསུང་འབུམ་གྱི་མཚན་བྱང་དུའང་དེ་འདྲ་ཡོད་པས་ཤེས། དུས་རབས་16པའི་རྗེས་ནས་གནའ་དཔེ་ཁག་གི་མཚན་བྱང་སུམ་འབེད་ཅན་ཞེས་པ་དེ་བྱུང་བ་ནི་དགེ་འདུན་ཆོས་འཕེལ་གྱིས་རང་རེ་རྣམས་ཀྱི་སུམ་ཀང་བྱ་བ་འབྲི་བའི་སྲོལ་འདི་ཐོན་གྱི་ལོ་ཙྪ་བ་ཉི་ཟླ་འདྲ་བ་དེ་དག་གི་རིང་ནས་བཟུང་། དུས་ཕྱིས་ཀྱི་རིགས་རལ། གློང་ཆེན། བུ་སྟོན། རྗེ་ཡབ་སྲས་ལ་སོགས་པའི་བར་དུ་ནི་མེད། དེ་ནས་རབ་བྱུང་བཅུ་གཅིག་པའི་ནང་ཙམ་ན། གཞུང་སའི་སྐུ་དྲག་ཆེན་པོ་རྣམས་ཀྱིས་མགོ་མཛད་པའི་སྐྲའི་ས་རིས་ཙམ་སྤྱངས་པ་ཐམས་ཅད་ཀྱིས་རང་རང་གི་གླེགས་བམ་རྩིག་ངོས་སྒོ་འགྲམ་སོགས་ཐམས་ཅད་དུ་སུམ་ཀང་ཚད་དང་ཚད་མེད་པར་བྲི་བའི་སྲོལ་དེ་མཆེད།[1]ཅེས་པ་ལས་མཚན་བྱང་སུམ་འབེད་ཅན་དེ་འབྲི་བའི་སྲོལ་དེ་རབ་བྱུང་བཅུ་གཅིག་པ་སྟེ་སྤྱི་ལོའི་དུས་རབས་17ཡས་མད་ལ་དར་བ་དེ་རྟོགས་ཐུབ་པོ།

བཅུ་གཉིས། དཔེ་གཟུགས་ལས་བརྟག་པ།

དུས་རབས་མི་འདྲ་བའི་ནང་དུ་དཔེ་གཟུགས་མི་འདྲ་བ་བྱུང་ཡོད་པ་སྟེ།   བོད་བཙན་

(1)དགེ་འདུན་ཆོས་འཕེལ།   རྒྱལ་ཁམས་རིག་པས་བསྐོར་བའི་གཏམ་རྒྱུད་གསེར་གྱི་ཐང་མའི་སྟོད་ཆ། ནུབ་བྱང་མི་རིགས་སློབ་ཆེན་གྱི་དཔར་མ། ཤོག་གྲངས་235ལས་དྲངས།

པོའི་སྐབས་ཀྱི་ཡིག་ཆ་དང་ཏུན་ཧོང་ནས་ཐོན་པའི་ཡིག་རྙིང་མང་པོ་ཞིག་གི་དཔེ་གཟུགས་ནི་ཤོག་དྲིལ་གྱི་རྣམ་པ་ཞིག་ཡིན། བོད་རྒྱལ་ཁྲི་སྲོང་ལྡེའུ་བཙན་(755-797)གྱི་བཙུན་མོ་འབྲོ་བཟའ་བྱང་ཆུབ་སྨན་གྱི་དགེ་འདུན་རྣམས་འབུམ་བཀླ་གློག་བདེ་བའི་སླད་དུ་འབུམ་གྱི་བམ་པོ་རེ་ཤོག་དྲིལ་བྱས་ཏེ་སྣོད་ཤ་སྦྲོ་ཅན་དུ་བླུགས་ཞེས་འབུམ་གྱི་བྱུང་བ་ཞེས་པའི་ནང་དུ་བྱུང་། དེ་རྗེས་དུས་རབས་12པའི་ནང་དུ་འབྲི་བཤུས་བགྱིས་པའི་དཀར་ཆག་འཕང་ཐང་

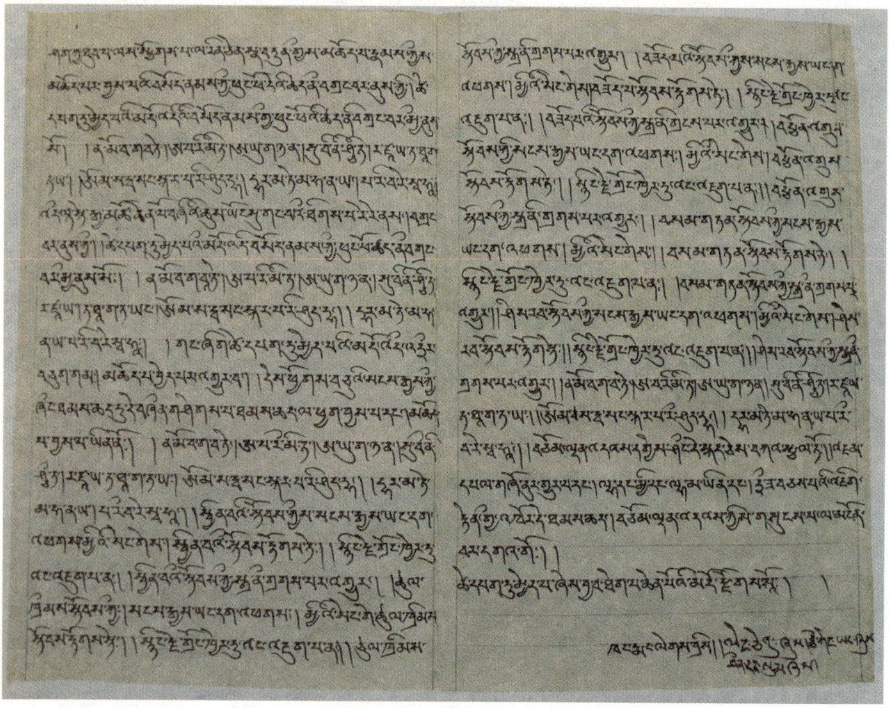

དུས་རབས་8-9སྐབས་ཀྱི་ཚེ་དཔག་མེད་ཀྱི་མདོ།

མ་དེའི་མ་དཔེ་ཡང་ཤོག་དྲིལ་གྱི་དཔེ་གཟུགས་པ་ཡིན་པ་བུ་དཔེའི་མཇུག་བྱང་ལས་ཤེས། དེས་ན་དུས་རབས་9པའི་ཡར་སྔོན་དུ་ཤོག་དྲིལ་གྱི་དཔེ་གཟུགས་དར་ཁྱབ་ཆེན་པོ་ཡོད་པ་དེ་ཤེས། གླེགས་བམ་གཟུགས་ནི་ནེའུ་པཎྜི་ཏ་སྔོན་ལམ་ཚུལ་ཁྲིམས་ཀྱིས་ལྷ་ཐོ་ཐོ་རི་གཉན་བཙན་སྐབས་བོད་དུ་དར་བ་ནས་བཟུང་། དུས་རབས་མི་འདྲ་བའི་ནང་དུ་ཤོག་རྒྱ་ཆེ་ཆུང་མི་འདྲ་བ་བྱུང་ཡོད་པ་སྟེ། མདའ་ཚད་མ། ལག་ངར་མ། ཤོག་མོ་ཆེ་ཞེས་པ་སོགས་བྱུང་ཡོད། ལྡེབས་འགྲིག་མ་ནི་ཐོག་མར་མ་ཧཱ་ཙི་ནའི་ཡུལ་ནས་དར་ཡོད་པ་སྟེ་བཀའ་འགྱུར་འཇང་

གུ་གེའི་རྒྱལ་རབས་ལྡེབས་མགོ་མ།

དཔར་མ་ལྟ་བུ་ཡིན་རང་རིགས་ཀྱི་དེ་ལ་བཀའ་འགྱུར་ཤོག་གཅིག་མ་ཞེས་ཀྱང་བརྗོད། ལྡེབས་མགོ་མ་ནི་ནོར་གླིང་གྲུ་འཛིན་ཕོ་བྲང་དུ་བཞུགས་པའི་གནའ་དཔེ་ཇེ་ཡོད་ཀྱི་ཆོས་ཚན་དཀར་ཆག་ལྟ་བུ་ཡིན། དེས་ན་ལྡེབས་མགོ་མ་དང་ལྡེབས་ཟུར་མ་ནི་བོད་བཙན་པའི་དུས་ནས་ཡོད་པའི་དཔེ་གཟུགས་ཀྱི་རྣམ་པ་ཞིག་སྟེ། 1996ལོར་གཏམ་ཤུལ་དགའ་ཐང་འབུམ་པ་ཆེ་ནས་རྙེད་པའི་བོན་གྱི་དཔེ་རྙིང་དང་མངའ་རིས་མཐོ་ལྡིང་དགོན་གྱི་གནའ་དཔེ་ཚ་ག་ཕུག་ལེན་དང་བོད་བཙན་པོ་དང་གུ་གེའི་རྒྱལ་རབས་བཀོད་པའི་དཔེ་རྙིང་ལྟ་བུ་ཡིན། ལྡེབས་མགོ་མ་དེ་ནི་ཕྱིར་གྱི་ཆ་ནས་རྒྱུན་སྤྱོད་ཆེ་བའི་སྨན་རྩིས་གཞུང་དང་ཚ་ག་ཕུག་ལེན་སོགས་ཀྱི་སྐོར་བྲིས་པའི་དཔེ་གཟུགས་ཤིག་ཡིན། ཏ་ལའི་ལོ་མའི་སྐོར་ལ་དགེ་འདུན་ཆོས་འཕེལ་གྱིས་རྒྱ་གར་ལྷོ་ཕྱོགས་རྣམས་ཀྱིས་ཏ་ལའི་ལོ་མའི་འདབ་མར་ལྕགས་ཁབ་ཀྱི་རྩེ་མོས་ཡི་གེ་འབྲི་བར་འདུག་སྟེ་ཀློག་བདེ་བ་མི་སྣང་མོད། ཡི་གེ་ཡང་ཆུང་མི་ཟ། སིདྡྷ་ལར་ཡང་ཐེ་སྣོད་ཀྱི་གླེགས་བམ་རྣམས་ལྕགས་ཁབ་ཀྱིས་འབྲི་ཡིན་འདུག གཞན་ཡུལ་དབུས་དང་བལ་

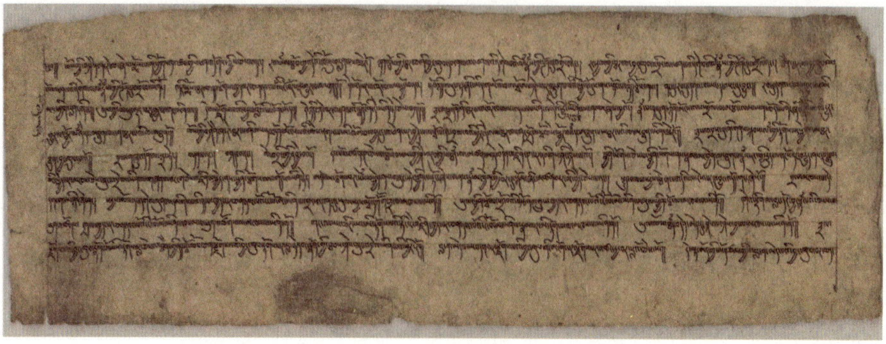

དུས་རབས་11-12དཔེ་གཟུགས་སྣ་རིང་།

ཡུལ་ནས་བྱུང་བ་རྣམས་ནི་སྣག་ཚའི་ཡི་གེ་ཤ་སྟག་ཏུ་སྣང་། ཕྱིར་དཔེ་ལྡེབས་རིང་པོ་འབྲི་བའི་སྲོལ་འདི་དང་པོ་ཏ་ལའི་ལོ་མར་བྲིས་པ་ལ་བརྟེན་ཏེ་རྒྱ་གར་དང་བོད་ཡུལ་སོགས་ལ་དར་བར་འདུག་ཅིང་། རྒྱ་གར་རྣམས་ཤོག་བུའི་མིང་ལ་ད་དུང་ཡང་ལོ་མ་ཟེར། གཞན་ཕྱོན་རང་རེ་རྣམས་ཀྱི་ཁྲིམས་ཡིག་སོགས་ཤོག་དྲིལ་ལ་ཡོད་དམ་སྙམ་ཞིང་། དེབ་བྱེད་པའི་སྲོལ་ནི་དང་པོ་རྒྱ་ནག་དང་དེ་ནས་ཏ་ཟིག་སོགས་སུ་གནའ་དུས་ཤིག་ནས་དར་བར་ཡིན་མོད། རང་རེ་ལ་སྲོལ་ཡེ་མ་བྱུང་། [1]ཞེས་གསུངས་པས་དཔེ་གཟུགས་ཀྱི་རྣམ་པ་ལས་གནའ་དཔེ་བརྟག་ཐུབ་བོ།

བཅུ་གསུམ། ཡིག་གཟུགས་ལས་བརྟག་པ།

བོད་ཡིག་ཡིག་གཟུགས་ཐད་ལ་སྔོན་གྱི་ཆོས་རྒྱལ་རྣམ་པས་ཀྱང་གཙིགས་མཐོང་གནང་ཡོད་པ་སྟེ། ཁྲི་གཙུག་ལྡེ་བཙན་རལ་པ་ཅན་གྱི་སྐུ་དུས་སུ(821-)དམ་པའི་ཆོས་སྒྱུར་བའི་ལོ་པཎ་རྣམས་ཀྱིས་དེ་སྔོན་ཡབ་མེས་ཀྱི་དུས་སུ་མ་བསྒྱུར་བའི་མདོ་སྔགས་ཀྱི་ཆོས་དཔེ་མང་པོ་བསྒྱུར་ཞིང་། ཡིག་གཟུགས་ལེགས་པ་རྣམས་ལ་གདན་གཡས་གྲལ་དང་བླ་ཡོན་འདོད་པ་དང་མཐུན་པ། འཚོ་རྟེན་ས་ཞིང་དོར་གཅིག་བཅས་གནང་བས་ཡིག་གཟུགས་གོང་འཕེལ་འགྲོ་བར་སྐུལ་ལྕག་ཆེན་པོ་ཐེབས་ཡོད།[2]ཅེས་པ་ལས་ཤེས། བོད་ཡིག་གནའ་དཔེ་ནི་དུས་

(1)དགེ་འདུན་ཆོས་འཕེལ་གྱིས་མཛད། རྒྱལ་ཁམས་རིག་པས་བསྐོར་བའི་གཏམ་རྒྱུད་གསེར་གྱི་ཐང་མ། ནུབ་བྱང་མི་རིགས་སློབ་ཆེན་དཔར་མ། ཤོག་གྲངས་200ལས་དྲངས།

(2)ཉང་ཉི་མ་འོད་ཟེར། ཆོས་འབྱུང་མེ་ཏོག་སྙིང་པོ་སྦྲང་རྩིའི་བཅུད། བོད་ལྗོངས་བོད་ཡིག་དཔེ་རྙིང་དཔེ་སྐྲུན་ཁང་གི་2010ལོའི་དཔར་

དུས་རབས་11གནའ་དཔེའི་ཡིག་གཟུགས།

རབས་མི་འདྲ་བའི་ནང་དུ་དར་སྲོལ་བྱུང་བའི་ཡིག་གཟུགས་ལས་བཞེངས་པའི་གནའ་དཔེ་ཞིག་ཡིན། གནའ་དཔེ་དེ་དག་གི་ཁྲོད་དུ་བསྟན་པ་སྔ་དར་གྱི་སྐབས་སུ་འབྲི་བཞེངས་གནང་བའི་གནའ་དཔེ་ཞིག་ཡིན་ན། སྤྱིར་གྱི་ཆ་ནས་འཁྱུག་ཡིག་གིས་བཞེངས་པ་ཤ་སྟག་ཡིན། འཁྱུག་ཡིག་ནི་དབུ་ཆེན་ཚད་ལྡན་མགྱོགས་པོར་བྲིས་ནས་བྱུང་བའི་ཡིག་གཟུགས་དེ་ལ་འཁྱུག་ཡིག་ཅེས་བརྗོད་པ་ཡིན་ནམ་སྙམ། དཔེར་ན་སྟོ་ཁ་གྲོ་མཁར་ཆོས་སྡེ་དང་འོན་ཀེ་རུའི་ཤེར་ཕྱིན་དག་གི་ཡིག་གཟུགས་ནི་བྲག་ཡིག་ཡིན་པ་ནི་གཞུང་དེ་དག་གི་མཛད་བྱང་ལས་འཁྱུག་ཡིག་ཪོ་མཚར་ཆེ་ཞེས་བྱུང་བ་ལས་ཤེས། དེ་རྗེས་དུས་རབས་12པའི་རྗེས་ནས་ཡིག་གཟུགས་དབུ་ཆེན་ནས་དབུ་མེད་ལ་འགྱུར་ལ་ཁད་ཀྱི་ཁྱད་ཆོས་བཞུགས་པ་དེ་མངའ་རིས་འཁོར་ཆགས་དགོན་དུ་བཞུགས་པའི་འདུལ་བའི་གཞུང་དང་། ལྷ་ས་གྲོང་ཁྱེར་སྲིད་གྲོས་ཁང་དུ་བཞུགས་པའི་དབའ་བཞེད་བྲིས་མ་སོགས་ཡིན། ཡིག་གཟུགས་དེ་དག་ནང་ནས་ཞ་ཡིག་དང་ཁ་ཡིག ཡ་བཏགས་དང་ར་བཏགས་སོགས་དབུ་ཆེན་ལས་དབུ་མེད་དུ་འགྱུར་སྐབས། རང་བཞིན་ཅུང་ཟད་འགྱུར་དཀའ་བའི་ངང་ཚུལ་བཟུང་ཡོད་པ་དག་ལས་ཤེས། དུས་རབས་12པར་འབྲི་བཞེངས་གནང་བའི་གནའ་དཔེ་དག་གི་ཡིག་གཟུགས་དབུ་མེད་ཡིན་ཀྱང་ཞབས་ཅུང་ཟད་རིང་བའི་ཁྱད་ཆོས་འདུག དེ་རྗེས་དུས་རབས་14པའི་ནང་གི་གསུང་རབ་བྲིས་མ་ཡིན་ན་ཡིག་གཟུགས་དབུ་མེད་ཞབས་ཐུང་དང་དབུ་ཆེན་ནི་ཕལ་ཆེར་སྣེ་བྲིས་དང་ཨེ་བྲིས་ཀྱིས་ཁྱད་ཆོས་ལྡན་ཡོད་པ་དེ། ད་ལྟ་ས་སྐྱ་དགོན་དུ་བཞུགས་པའི་བཀའ་འགྱུར་བསྟན་འགྱུར་དཔལ་མགོན་དུས་རབས་17སྐབས་བྲིས་བཞེངས་གནང་བ། བཀའ་འགྱུར་དེའི་ཡིག་མཁན་དབུ་ཆེན་སྣེ་མོ་བློ་བཟང་རྣམ་རྒྱལ་དང་གཡུ་ཡོན་ཏན་བག་

མ། ཤོག་གྲངས་380ལས་དྲངས།

གྲོས་གཙོས་ཡིག་མཁན་བརྒྱ་ལ་ཉེ་བ་ཞིག་གིས་སྨུག་བྲིས་གནང་བ་ཞིག་ཡིན། དེའི་སྣེ་བྲིས་ཀྱི་ཁྱད་ཆོས་ནི་དབུ་ཆེན་ཤ་ཆེ་ཞིང་མགོ་འདོགས་ཅན་གྱི་ཡི་གེ་དཔེར་ན། སྒྲིགས་ལྷ་བུ་ཡིན་ན་ས་མགོ་དེ་རྗེས་འཇུག་ག་ཡིག་གི་ཆེ་ཆུང་དང་དོ་མཉམ་པ་དང་མིང་གཞི་ག་ཡིག་དེ་མར་ཐིག་ཕྲེང་གཅིག་བཞོལ་ཏེ་ར་བཏགས་ཡང་དེའི་གཤམ་གྱི་ཐིག་གཅིག་ཟིན་པ་ལྷ་བུ་ཞིག་འདུག དེ་ནི་སྣེ་བྲིས་ཀྱི་ཁྱད་ཆོས་ཡིན། དགེ་འདུན་ཆོས་འཕེལ་གྱིས། དཔེ་རྙིང་ཐམས་ཅད་ལ་འ་ཡིག་ལ་ཡང་འ་རྟགས་འདི་བཞིན་བྲིས་དབུས་གཙང་ན་ཨེ་པ་རྣམས་ད་དུང་ཡང་དེ་ལྟར་འབྲི་བཞིན་ཞེས་པ་ལས་ཨེ་བྲིས་དང་སྣེ་བྲིས་ཀྱི་འབྲི་གཟུགས་ཁྱད་པར་ཡང་ཝོར་དུ་ཤེས་ལ་ཞིབ་པ་ཡིག་མཁན་གྱི་སྐོར་དེར་སོང་ཟིན་པས་དེར་གཟིགས་པར་འཚལ། དེ་རྗེས་དུས་རབས་16ནས་བཟུང་ཏེ་མཐིང་ཤོག་གི་སྟེང་དུ་དབུ་ཤོག་འབུར་མ་ཅན་གྱི་གསེར་དངུལ་བྲིས་མ་མི་ཉུང་བ་ཞིག་མཐོང་ཐུབ་ཀྱི་འདུག དེ་དག་གི་ཡིག་གཟུགས་ལ་མཁས་པ་མལ་གྱི་ལུགས་ཞེས་

དུས་རབས་10-11པའི་གནའ་དཔེའི་ཡིག་གཟུགས།

དུས་རབས་12-13པའི་ཡིག་གཟུགས་མི་འདྲ་བའི་གནའ་དཔེ།

བྲིས་ཡོད་གི་འདུག   མལ་ལུགས་འབྲི་མཁན་དེ་ནི་འཕན་པོ་རིག་པའི་འབྱུང་གནས་ཡིན་ཞེས་གཞིས་རྩེ་ས་ཁུལ་དང་ཆབ་མདོ་ས་ཁུལ།   ནག་ཆུ་ས་ཁུལ་སོགས་སུ་བཞུགས་པའི་དཔེ་རྙིང་གསེར་བྲིས་དག་གི་ཞབས་མཚན་དུ་བྲིས་ནས་འདུག

བཅུ་བཞི། མཛོད་པ་པོའི་གོ་མིང་ལས་བརྟག་པ།

མཛོད་པ་པོའི་གོ་མིང་ལས་གནའ་དཔེ་བརྟག་པ། པཎྜི་ཏ། དཀའ་བཅུ་པ། རབ་འབྱམས་པ། དགེ་བཤེས། ལྷ་རམས་པ། རྫོ་རམས་པ་སོགས་དུ་མ་ཡོད། དེ་དག་ལས་པཎྜི་ཏ་ཞེས་པ་ནི་དུས་རབས་13པར་བྱུང་བའི་གོ་མིང་ཞིག་སྟེ་ས་པཎ་དང་། དགེ་བཤེས་ཞེས་པ་ནི་དུས་རབས་11པར་བྱུང་བའི་གོ་མིང་ཞིག་སྟེ་དགེ་བཤེས་འབྲོམ་སྟོན་པ། རབ་འབྱམས་པ་ཞེས་པ་དེ་ནི་དུས་རབས་14པར་བྱུང་བའི་གོ་མིང་ཞིག་སྟེ་རབ་འབྱམས་པ་སངས་རྒྱས་འཕེལ། དཀའ་བཞི་པ་ནི་དུས་རབས་14པའི་སྨད་དུ་བྱུང་བའི་གོ་མིང་ཞིག་ཏེ་རེད་མདའ་པ་མན་ཆད་ནས་བྱུང་བ་ཞིག་ཡིན། དཀའ་བཅུ་པ་ནི་དུས་རབས་14སྨད་དུ་བྱུང་བའི་གོ་མིང་ཏེ་རྒྱལ་ཚབ་དར་མ་རིན་ཆེན། ལྷ་རམས་པ་ནི་དུས་རབས་16པར་བྱུང་བའི་གོ་མིང་སྟེ་པཎ་

ཆེན་སྐུ་ཕྲེང་བཞི་པ་བློ་བཟང་ཆོས་རྒྱན། ཚོགས་རབས་ནི་དུས་རབས་17སྟེ་མི་དབང་སངས་རྒྱས་རྒྱ་མཚོ་ནས་དབུ་ཚུགས་པ་ཞིག་ཡིན་སྟབས། མཇུག་གི་མཛོད་ཁྱང་དུ་མཁས་པའི་གོ་མིང་དེ་དག་ཐོན་པའི་སྐབས་སུ་མཁས་པ་དེའི་གསུང་རབ་དེ་དུས་ནམ་ཞིག་ལ་ལྷུགས་རྩོམ་གནང་བ་དེ་ཡང་ཆེ་ལོང་ཙམ་ཞིག་བརྟག་ཐུབ།

བཅོ་ལྔ། རྟགས་ཐམ་ལས་བརྟག་པ།

གནའ་བོའི་ཡིག་སྙིང་དང་རྟགས་ཐམ་བར་གྱི་འབྲེལ་བའི་སྐོར་དེ་ལེའུ་བཅུ་བཞི་པར་ཞུས་ཟིན་པས་དེས་འཕྲུས་པར་སེམས། སྐབས་འདིར་དམིགས་བསལ་རྟགས་སམ་རྟགས་ཐམ་ལས་གནའ་དཔེའི་དུས་རབས་གཏན་ལ་དབབ་ཐུབ་པ་སྟེ། དམིགས་བསལ་རྟགས་ནི་དུས་རབས་8-9བར་དུ་འབྲི་བཞེངས་བྱས་པའི་གནའ་དཔེའི་མཇུག་བྱང་དུ་དམིགས་བསལ་རྟགས་ཆོས་འཁོར་དང་མེ་ཏོག་པདྨ། མཆོད་རྟེན་སོགས་བྲིས་འདུག དེ་ལྟར་འབྲི་དགོས་དོན་ནི་སྐུ་གསུང་ཐུགས་གསུམ་གྱི་མཚོན་བྱེད་སྟེ། དཔེ་སྙིང་གིས་གསུང་དང་མེ་ཏོག་པདྨས་སྐུ་དང་མཆོད་རྟེན་གྱིས་ཐུགས་མཚོན་པ་བཅས་ཡིན། མེ་ཏོག་པདྨས་སྐུ་གཟུགས་མཚོན་པར་བྱེད་པའི་བྱ་ཐབས་དེ་ནི་དུས་རབས་ཏ་ཅང་གི་ཐོ་བའི་མཚོན་སྟངས་ཤིག་ཡིན་ཞེས་གནའ་བོའི་རྒྱ་གར་གྱི་ཤེས་རིག་ཅེས་པར་གསུངས་འདུག དུས་རབས་16པའི་གུང་ཐང་དཔར་མའི་དམིགས་བསལ་རྟགས་ནི་ཡིག་མགོ་དང་ཤད་གཉིས་ཀྱི་བར་དང་། ལེའུའི་རྫོགས་མཚམས་སུ་དམིགས་བསལ་རྟགས་དུང་གཟུགས་བཀོས་འདུག འབྲས་སྤུངས་དཔེ་མཛོད་ཁང་གི་དཔེ་སྙིང་ཡིན་ཆེ་དེ་དག་གི་དབུ་ཤོག་སྟོད་དུ་འབྲས་ཕྱིའམ་ནང་། དེའི་གཤམ་དུ་རིགས་དབྱེའི་རྟགས་ཀ་མད་དང་དེའི་གཤམ་དུ་ཀུན་དགའ་ར་བའི་གྲངས་རྟགས་སོགས་བྲིས་པ་ནི་དམིགས་བསལ་རྟགས་ལས་དབྱེ་འབྱེད་ཐུབ་པ་ཞིག་ཡིན། རྟགས་ཐམ་ནི་དུས་རབས་མི་འདྲ་བའི་ནང་དུ་བྱུང་བའི་ལག་རྩལ་ལས་བཟོས་པ་ཞིག་ཡིན་སྟབས་རྟགས་ཐམ་གྱི་དབྱིབས་གཟུགས་དང་ཁ་རིས་མི་འདྲ་བ་དེ་ལས་ཀྱང་གནའ་བོའི་དཔེ་སྙིང་གི་དུས་རབས་ངོས་འཛིན་ཐུབ་པ་སྟེ། དུས་རབས་8པའི་ཡར་སྔོན་གྱི་ཐམ་གའི་ཁ་རིས་ནི་སྲོག་ཆགས་ཡིན། ཕྱུག་རྒྱས་བཏབ་པའི་ཁ་རིས་ནི་སྒོར་དབྱིབས་ཡིན་ལ་ཆེ་ཆུང་ཡང་སྣ་ཚོགས་

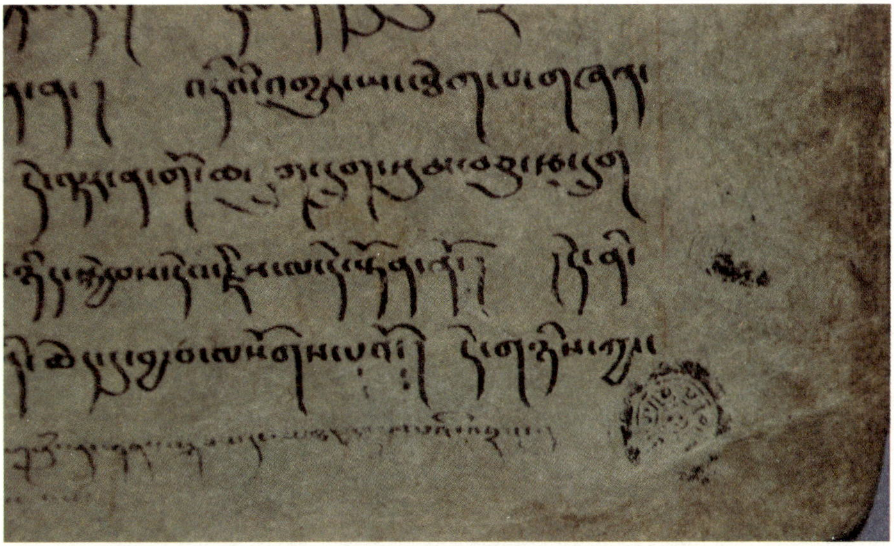

རྟགས་ཐམ་བཀོད་པའི་གནའ་དཔེ།

ཡོད། དེ་སྔའི་བོད་ས་གནས་སྲིད་གཞུང་གི་ཐམ་ག་ནི་དབྱིབས་གྲུ་བཞི་ཡིན། ས་སྐྱའི་སྐབས་བཀོལ་སྤྱོད་བྱས་པའི་ཐམ་ཁའི་ཁ་རིས་ནི་ས་དང་གཏྲ་པས་བེད་སྤྱོད་བྱས་པའི་ཐམ་ཀའི་ཁ་རིས་ནི་གཏྲ་ཡིན། ཡོན་རྒྱལ་རབས་དང་མིང་རྒྱལ་རབས། ཆིང་རྒྱལ་རབས་བཅས་ཀྱི་སྐབས་སུ་བོད་ཀྱི་སེར་སྐྱ་དཔོན་རིགས་ལ་གནང་བའི་ཐམ་གའི་ཁ་རིས་ནི། བོད་ཡིག་དང་སོག་ཡིག མན་ཡིག རྒྱ་ཡིག ད་དུང་འགྲོ་མགོན་འཕགས་པས་བཟོས་པའི་ཧོར་ཡིག་གསར་མ་བཅས་བཀོས་ཡོད། ཡོན་རྒྱལ་རབས་སྐབས་ཀྱི་ཐམ་གའི་ཁ་རིས་ནི་བོད་ཡིག་དང་ཧོར་ཡིག་གསར་མ་མང་། མིང་རྒྱལ་རབས་སྐབས་ཀྱི་ཐམ་ཀའི་ཁ་རིས་མང་ཆེ་ཤོས་ནི་རྒྱ་ཡིག་ཡིན། ཆིང་རྒྱལ་རབས་སྐབས་ཀྱི་ཐམ་ཀའི་ཁ་རིས་ནི་བོད་ཡིག་དང་མན་ཡིག རྒྱ་ཡིག་གསུམ་མམ་ཡང་ན་བོད་ཡིག་དང་མན་ཡིག རྒྱ་ཡིག་དང་ཧོར་ཡིག་བཅས་བཞི་མཉམ་དུ་བཀོད་ཡོད།[1] ཅེས་པ་ལས་ཐམ་གའི་དབྱིབས་གཟུགས་དང་ནང་གི་ཁ་རིས་སོགས་ཀྱི་ཁྱད་ཆོས་སོགས་ལག་ནང་དུ་ཡོད་ན། རྟགས་ཐམ་མི་འདྲ་བ་བཏབ་པའི་གནའ་བོའི་ཡིག་སྙིང་དང་ཡིག་ཚགས་སོགས་ཀྱི་ནང་དོན་ལ་དུས་ཡུན་རིང་པོ་བེད་སྤྱད་དེ་བརྟག་ཞིབ་མ་དགོས་པར་ཐམ་གའི་ཁ་རིས་དང་དབྱིབས་གཟུགས་གཉིས་ལས་དུས་རབས་གཏན་ལ་དབབ་ཐུབ་པ་མ་ཟད་ལས་ཤོག་ཀྱང་

(1)པད་མ་དབང་ཆེན་གྱི་བོད་ཀྱི་ཐམ་གའི་རིག་གནས་སྐོར། བོད་ལྗོངས་སློ་རྩལ་ཞིབ་འཇུག 2008ལོའི་དུས་དེབ་དང་པོའི་ཤོག་གྲངས་63ལས་དྲངས།

ཆེན་པོ་ཡོད་པ་བཅས་སོ།

བཅུ་དྲུག ཞལ་ཁེབས་ལས་བརྟག་པ།

ཞལ་ཁེབས་ནི་གནའ་དཔེའི་དབུ་ཤོག་གི་སྲིབ་ངོས་སུ་རིན་ཆེན་སྣ་ལྔས་ཡི་གེ་འབྲུར་བྲིས་སམ་གཞུང་དེའི་ནང་དོན་དང་མཐུན་པའི་སྐུ་བརྙན་བྲིས་པ་དེ་དག་ལ་བསྲེས་ཟད་མི་ཡོང་ཆེད་བཟོས་པ་ཞིག་ཡིན། དུས་རབས་8-9པའི་བར་དུ་བཞེངས་པའི་གནའ་དཔེ་དག་ལ་དམིགས་བསལ་གྱི་ཞལ་ཁེབས་ཡོད་པ་མཐོང་ཐོས་སུ་མ་མཆིས། དུས་རབས་10-12ནང་དུ་འབྲི་བཞེངས་གནང་བའི་གནའ་དཔེ་ད་ལྟ་མངའ་རིས་ས་ཁུལ་དུ་བཞུགས་པའི་གནའ་དཔེ་དག་ལ་ཞལ་ཁེབས་ཕུལ་ཡོད་པ་མཐོང་རྒྱུ་འདུག འོན་ཏེ་གནའ་དཔེ་དེ་དག་གི་ཞལ་ཁེབས་ནི་དུས་རབས་15པའི་ནང་དུ་བཞེངས་པའི་གསུང་རབ་བྲིས་མའི་ཞལ་ཁེབས་དང་མི་འདྲ་བ་སྟེ། གཞུང་དེའི་སྲིབ་ངོས་སུ་གཞུང་དེ་འབྲི་བཤུས་བྱ་བའི་འབྲི་ཤོག་དང་ཚུང་ཟད་མི་འདྲ་བ་འཇམ་ཤ་དོད་པའི་ཤོག་བུ་ཞལ་ཁེབས་སུ་བཏང་ནས་འདུག ཞལ་ཁེབས་སུ་བཏང་བའི་ཤོག་བུ་དེའི་སྟེང་དུ་གཞུང་དེ་འབྲི་བཞེངས་སྐབས་སུ་མཆོད་ཡོན་སྦྱིན་བདག་དང་ཡིག་མཁན། འབྲི་ཤོག་དང་སྣག་ཚའི་སྤུས་ཀ་སོགས་ཅི་ཞིག་བཏང་ཡོད་མེད་གཞུང་དེའི་ཡིག་གཟུགས་ལས་ཚུང་ཟད་ཆུང་བ་ཞིག་བྲིས་འདུག རྗེས་སུ་དུས་13-14བར་དུ་བཞེངས་

དུས་རབས་17པའི་ཞལ་ཁེབས་ལྷ་ལྷན་གྱི་བཀའ་འགྱུར།

པའི་གཞུང་འགའ་ཞིག་གི་ཞལ་ཁེབས་སུ་སྔོན་གྱི་ཞལ་ཁེབས་ཇི་བཞིན་ཤོག་བུ་མ་བཏང་བར། དེའི་ངོད་དུ་བྱང་དར་རམ་ཧོར་གོས་སོགས་ཞལ་ཁེབས་སུ་བཏང་འདུག དེ་ནི་སྐབས་དེ་དུས་དཔལ་འབྱོར་དབང་གིས་ཡིན་ནའང་འདྲ་ཡང་ན་སྒྲིན་བདག་གི་འཁོས་འབྱོར་ཞན་པའི་རྐྱེན་ཡིནའང་རེད། གང་ལྟར་ཡང་སྐབས་དེ་དུས་ཀྱི་གནའ་དཔེ་དག་ལ་སྤྱིར་གྱི་ཆ་ནས་ཞལ་ཁེབས་བྱང་དར་ལན་གཅིག་མ་བཏང་བ་མཇལ་རྒྱུ་མང་། དུས་རབས་15པའི་རྗེས་ནས་གནའ་དཔེའི་ཞལ་ཁེབས་སུ་བྱང་དར་དཀྱུས་མ་ལན་གཅིག་ནས་དར་ཚོན་སྣ་ལྔའི་ཐོག་བྲེ་འབྲུག་ཁ་སྤྲོད་དང་འབྲུག་ཚང་སྣོར་སོགས་ཀྱིས་རི་མོས་བརྒྱན་པའི་ཞལ་ཁེབས་སྤྲུས་ལེགས་ཀྱིས་སྤྲས་པའི་གནའ་དཔེ་དཔལ་ལྡན་ས་སྐྱ་དགོན་དང་ཕོ་བྲང་པོ་ཏ་ལ། ནོར་གླིང་སོགས་ཀྱི་ནང་དུ་བཞུགས་པ་མཇལ་རྒྱུ་འདུག

བཅུ་བདུན། ཆེད་སྤྱོད་ཐ་སྙད་ལས་བརྟག་པ།

བོད་ལ་བསྟན་པ་ཕྱི་དར་ནས་འགོ་ཚུགས་ཏེ་ཆོས་ལུགས་གྲུབ་མཐའ་མི་འདྲ་བ་མང་པོ་ཞིག་འཕེལ་ཡོད་དེ། རྙིང་མ་དང་ས་སྐྱ། བཀའ་བརྒྱུད་དང་དགེ་ལུགས། ཇོ་ནང་སོགས་ཡིན། ད་ལྟ་ང་ཆོས་མཇལ་ཐུབ་པའི་གནའ་དཔེ་མང་པོ་ཞིག་ནི་གྲུབ་མཐའ་དེ་དག་གི་སྲོལ་འབྱེད་མཁན་པོ་དང་དེའི་རྗེས་འབྲངས་ཀྱི་བུ་སློབ་དག་གིས་ལྷུགས་རྩོམ་གནང་ནས་བྱུང་བ་ཞིག་ཡིན། སྔོན་གྱི་གནའ་དཔེ་བཞུགས་པའི་དགོན་སྡེ་མང་པོ་ཞིག་ལོ་རྒྱུས་དང་དུས་ཀྱི་དབང་གིས་ཆོས་ལུགས་གྲུབ་མཐའ་གཞན་དུ་བསྒྱུར་བའང་ཡོད་པ་སྟེ། དཔེར་ན་གནའ་དཔེ་བཞུགས་སའི་དགོན་སྡེ་ག་གེ་མོ་ཞིག་ཐོག་མར་རྙིང་མ་དང་ས་ལུགས་གང་ཞིག་ཡིན་རུང་། རྗེས་སུ་དགོན་སྡེ་དེ་ཆོས་ལུགས་གྲུབ་མཐའ་དགེ་ལུགས་སམ་བཀའ་བརྒྱུད་གང་རུང་ཞིག་ཏུ་འགྱུར་ཡོད་སྐབས། དེར་དཔེ་རྙོགས་སུ་སོང་བའི་གནའ་དཔེ་མང་པོ་ཞིག་བཞུགས་ཡོད་པས་གནའ་དཔེ་དེ་དག་གྲུབ་མཐའ་གང་ཞིག་གི་གནའ་དཔེ་ཡིན་མིན་བརྟགས་པའི་སྐབས། ཡག་ཤོས་བྱུང་ན་གནའ་དཔེ་དེ་དག་ཆ་ཚང་ལྷུགས་ཀློག་ཞུས་ནས་གཏན་ལ་དབབ་དགོས་མོད་ཀྱང་། དུས་ཚོད་དང་ཆ་རྐྱེན་མ་འཛོམས་པ་ཡིན་ན་ཆོས་ལུགས་གྲུབ་མཐའ་ཁག་གི་ཆེད་སྤྱོད་ཐ་སྙད་ལས་གཏན་ལ་དབབ་ན་འཇོལ་ནོར་ཉུང་བ་དང་ལས་ཤོག་ཐོན་པ་

ཞིག་ཡོད། གནའ་དཔེ་ག་གེ་མོ་ཞིག་གི་གཞུང་དུ་གསལ་སྟོང་འཛིན་མེད་ཅེས་པའི་ཐ་སྙད་དེ་མང་པོ་མཇལ་ཐུབ་པའི་སྐབས་སུ་གནའ་དཔེ་དེ་ས་སྐྱ་བའི་གནའ་དཔེ་ཡིན་པར་ཐག་བཅད་ཆོག་སྙམ། གང་ཡིན་ཟེར་ན། བོད་ཀྱི་གསུང་རབ་སྣ་བ་དུང་དཀར་བློ་བཟང་འཕྲིན་ལས་མཆོག་གིས་ས་སྐྱ་རང་གི་ལམ་འབྲས་ཀྱི་ལྟ་བ་དེ་ལ་གསལ་སྟོང་འཛིན་མེད་ཟེར། དེ་ནི་ས་སྐྱ་རང་གི་ཆོས་ཀྱི་མིང་ཚིག་ཅིག་ཡིན་པས་བཀའ་བརྒྱུད་པ་སོགས་ཆོས་ལུགས་གཞན་ལ་གསལ་སྟོང་འཛིན་མེད་ཟེར་བ་དེ་གསུང་སྒྲོལ་མེད་ཅེས་[1]གསུངས་པས་གནད་དོན་དེ་མགོ་བཏགས་འབུད་ཐུབ། དེས་ན་གྲུབ་མཐའ་གཞན་གྱི་ལྟ་བའི་ཐ་སྙད་ཆེད་སྤྱོད་དེ། རྙིང་མའི་རྫོགས་ཆེན། བཀའ་བརྒྱུད་པའི་ཕྱག་ཆེན། ས་སྐྱ་པའི་གསལ་སྟོང་འཛིན་མེད། ཤངས་པ་བཀའ་བརྒྱུད་པའི་གཙུ་མ། དྭགས་པོའི་ལྷན་ཅིག་སྐྱེས་སྦྱོར། འབྲི་གུང་པའི་ལྔ་ལྡན། ཞང་གི་དཀར་པོ་ཆིག་ཐུབ། ཇོ་ནང་པའི་གཞན་སྟོང་སོགས་[2]གནའ་དཔེའི་ཕྱག་ལས་གནང་མཁན་དག་གི་བློ་ལ་ཡོད་ན་གནའ་དཔེ་དེ་གྲུབ་མཐའ་གང་ཞིག་གི་གནའ་དཔེ་ཡིན་མིན་ཐད་ཀར་གཏན་ལ་དབབ་ཐུབ། མདོར་ན་གོང་དུ་བརྗོད་པའི་གནའ་དཔེ་བརྟག་ཐབས་ཀྱི་ཚན་པ་དེ་དག་ནི་དེང་གི་ཕྱི་རྒྱལ་གྱི་བོད་རིག་པ་མཁས་ཅན་གྱི་ཞིབ་འཇུག་གི་འབྲས་བུ་རྨང་གཞིར་བྱས་ཏེ་རང་ཉིད་སྦྱོང་བ་དངོས་དང་བསྟུན་ནས་བྲིས་ཁུལ་བགྱིས་པ་ཡིན། དེར་བོད་ཀྱི་གནའ་དཔེར་མཁྱེན་རྒྱ་ཡངས་པའི་སྐྱེ་བོ་རྣམས་ཀྱིས་འཛོལ་ནོར་འཕྲུག་དང་ཀྱང་འགྱུར་ཞུས་སོགས་གང་མཆིས་པ་སྒྲོང་པོར་སྨྲ་བའི་རེ་བ་སྙིང་ནས་ཞུ་ཞུ།

---

(1)མཁས་དབང་དུང་དཀར་བློ་བཟང་འཕྲིན་ལས་ཀྱི་གསུང་པོད་ག་པ། མི་རིགས་དཔེ་སྐྲུན་ཁང་གི་2004ལོའི་དཔར་མ། ཤོག་གྲངས་475ལས་དྲངས།

(2)མཁས་དབང་དུང་དཀར་བློ་བཟང་འཕྲིན་ལས་ཀྱི་གསུང་པོད་ག་པ། མི་རིགས་དཔེ་སྐྲུན་ཁང་གི་2004ལོའི་དཔར་མ། ཤོག་གྲངས་559ལས་དྲངས།

མཇུག་བསྡུའི་གཏམ།

དེབ་འདི་ཕོ་བོས་ཞིབ་འཇུག་སློབ་མའི་སློབ་ཐོན་གྱི་དཔྱད་རྩོམ་རྨང་གཞིར་བྱས་ཏེ་དུས་ཡུན་བགྲང་བྱ་བཞི་ལྷ་ཙམ་གྱི་རིང་བོད་ཡིག་གནའ་དཔེ་ཡོངས་བཤེར་གྱི་ལས་ཀ་སྒྲུབ་པའི་བརྒྱུད་རིམ་ནང་ཐོབ་པའི་ལས་ཀའི་ཉམས་མྱོང་དང་བོད་ཡིག་གནའ་དཔེར་དེང་གི་ཞིབ་འཇུག་གི་ཐབས་ལམ་ལས་ཞིབ་འཇུག་བྱས་ཏེ་འབྲི་ཁྱུལ་བྱས་པ་ཞིག་ཡིན་ཏེ། དཔེར་ན་གནའ་དཔེའི་སྐོར་ཐིག་ལས་འཕྲོས་ཏེ། གནའ་དཔེའི་མཚན་བྱང་དང་ཤློགས་ཐག་གི་འབྱུང་ཁུངས། གནའ་དཔེའི་དུས་རབས་དང་གནའ་དཔེའི་ལྡེབ་གྲངས། བྲིས་མ་དང་དཔར་མའི་དབྱེ་བ། བར་འཇུག་གི་རི་མོ་དང་བྲིས་མའི་ལམ་ལུགས་གང་ཞིག་བརྒྱུད་ཡོད་མེད་སོགས་ལ་དཔྱད་པ་བྱས་ནས་འབྲི་ཁྱུལ་བྱས་ཡོད་པ་འདི་ལྟ་བུ་ཡིན། ཞིབ་འཇུག་བྱ་ཐབས་དེ་ནི་སྔོན་གྱི་མཁས་པ་དང་དེང་གི་ཞིབ་འཇུག་གི་ཐབས་ལམ་ལྟར། རྟོག་རྟོག་གཅིག་གིས་འགྲུབ་པ་ན་ཤེས་བྱ་ཐམས་ཅད་ཤེས་པར་འགྱུར་ཞེས་པ་ལས་རྩ་བ་བོར་ནས་ཡལ་ག་འཛིན་པའི་ངང་ཚུལ་དུ་སོང་མེད་སྙམ། འོན་ཏེ་བོད་ཡིག་གནའ་དཔེ་ནི་གྲངས་འབོར་ཆེ་ཞིང་ནང་དོན་ཕུན་སུམ་ཚོགས་པོ་ཞིག་ཡིན་གཤིས། དེའི་ཐད་ལ་ཞིབ་འཇུག་གི་གཏིང་མ་ཟིན་པ་དང་དགོས་སར་ཆད་པ་དང་མི་དགོས་སར་འཕྲོལ་པ་སོགས་ཀྱི་གནས་ཚུལ་ཡང་ཡོད་སྲིད། འོན་ཏེ་བོད་ཡིག་གནའ་དཔེ་ཡོངས་བཤེར་གྱི་ལས་ཀའི་འཆར་གཞིའི་དགོས་མཁོ་དང་བསྟུན་ནས་མཚམས་འདིར་མ་བཞག་དཀའ་མེད་དུ་བྱུང་། གང་ལྟར་ཡང་ལེགས་ཉེས་གང་ཡིན་རུང་རྩོམ་འདི་ལྟ་བུ་ཞིག་འབྲི་ཐུབ་པ་ནི་ཐོག་མར་བདག་གི་དགེ་རྒན་ལྡོ་ནུབ་མི་རིགས་སློབ་ཆེན་བོད་རིག་པའི་སློབ་གླིང་གི་དགེ་རྒན་ཆེན་མོ་བན་ཕོ་ལགས་ཀྱི་བཀའ་དྲིན་ཡིན། གང་ཡིན་ཟེར་ན། དཔྱད་རྩོམ་འདིའི་རྩོམ་གདན་ནི་ང་རང་གི་ཞིབ་འཇུག་སློབ་མའི་དཔྱད་རྩོམ་དེ་ཡིན། རྒན་ལགས་ཀྱིས་ཞལ་པར་གྱི་ཐོག་ནས་ང་རང་ཞིབ་འཇུག་སློབ་མར་ཡིག་ཚད་གཏོང་དགོས་པའི་བསླབ་བྱ་གནང་བ་ལས་བྱུང་། གལ་ཏེ་ཁོང་གི་བསླབ་བྱ་མེད་ན་ད་ལྟའི་ཞིབ་འཇུག་གི་འབྲས་བུ་དེ་ཡང་ཡོང་མི་སྲིད་པ་ཞིག་ཡིན། དེར་བརྟེན་རྒན་ལགས་ཁོང་ལ་

བཀའ་དྲིན་ཆེ་ཞུ་རྒྱུ་ཡིན། ད་དུང་དེབ་འདིའི་ནང་གི་དཔྱད་གཞི་མང་པོ་ཞིག་བོད་རང་སྐྱོང་ལྗོངས་གནའ་དཔེ་སྲུང་སྐྱོབ་ལྟེ་གནས་ཀྱིས་ལས་རོགས་པ་ཧོར་དཀར་ནོ་མོ་དང་སྤེན་པ་ཚེ་རིང་། འདར་དབོན་ཉི་ཤར་ལགས་བཅས་ཀྱི་རམ་འདེགས་འོག་བཙལ་རྙེད་བྱུང་བ་དང་ལྷག་དོན་དུ་དགོན་སྡེ་ཁག་གི་དགོན་བདག་རྣམས་ཀྱིས་རྙིང་ཞེན་བག་འཁུམས་མེད་པར་བོད་ཀྱི་གནའ་དཔེ་ཡོངས་བཤེར་ལ་གཞོགས་འདེགས་གནང་བ་བཅས་ལས་དཔྱད་རྩོམ་འདིའི་མ་འདང་བའི་ཆ་ཁ་སྐོང་ཐུབ་པ་ནི་ཁོང་རྣམ་པའི་བཀའ་དྲིན་ཡིན་པས་སེམས་ཀྱི་གཏིང་ནས་ཐུགས་རྗེ་ཆེ་ཞུ། ད་དུང་དགའ་འོས་པ་ཞིག་ལ་ད་ལམ་དེབ་འདི་དཔེ་སྐྲུན་ལ་ཉེ་བའི་སྐབས་འདིར་བོད་ཀྱི་རིག་གནས་ལ་མཁྱེན་རྒྱ་ཡངས་པའི་བོད་རང་སྐྱོང་ལྗོངས་རིག་གནས་ཐིང་གི་ཐིང་ཀྲང་ཉི་མ་ཚེ་རིང་ལགས་དང་སྤྱི་ཚོགས་རིག་གནས་ཛ་དམ་ཁྲེའུ་ཡིས་ཁྲེའུ་ཀྲང་ཉི་མ་ལགས་གཉིས་ཀྱིས་རང་ལྗོངས་ཀྱི་གནའ་དཔེ་ཡོངས་བཤེར་དང་སྲུང་སྐྱོབ་ཀྱི་ལས་ཀའི་དགོས་མཁོར་དམིགས་ཏེ་དཔེ་སྐྲུན་གྱི་ཐད་ལ་རྒྱབ་སྐྱོར་གནང་བས་དེ་བས་ཀྱང་སྙིང་གི་དབུས་ནས་ཐུགས་རྗེ་ཆེ་ཞུ།

ཟུར་བརྙའི་ཡིག་ཆ།

1 དབའ་བཞེད། ལྷ་ས་གྲོང་ཁྱེར་སྲིད་གྲོས་ཁང་དུ་བཞུགས། བྲིས་མ།

2 དཀར་ཆག་འཕང་ཐང་མ། བོད་ལྗོངས་རྟེན་རྫས་བཤམས་མཛོད་ཁང་དུ་བཞུགས། བྲིས་མ།།

3 དགའ་ཐང་འབུམ་པ་ཆེ་ནས་ཐོན་པའི་བོན་གྱི་ཡིག་རྙིང་། བོད་ལྗོངས་རྟེན་རྫས་བཤམས་མཛོད་ཁང་དུ་བཞུགས། བྲིས་མ།

4 དྲིན་ཅན་རྩ་བའི་བླ་མ་ངག་དབང་བློ་བཟང་རྒྱ་མཚོའི་ཐུན་མོང་ཕྱིའི་རྣམ་ཐར་དུ་ཀུ་ལའི་གོས་བཟང་གླེགས་བམ་གསུམ་པའི་འཕྲོས་བཞི་པ། ཕོ་བྲང་པོ་ཏ་ལར་བཞུགས། བྲིས་མ།

5 ཤེས་རབ་ཀྱི་ཕ་རོལ་དུ་ཕྱིན་པའི་བམ་པོ་དང་། ལེའུ་དང་། ཤད་དང་། ཚིགས་དང་། གྲངས་བཞུགས་པའི་ཚད་བསྟན་པ། སེ་ར་དགོན་དུ་བཞུགས། བྲིས་མ་ཁྲ་ཚད་མ།

6 གླེགས་ཤིང་ཕྱི་ངོས་སུ་བཀོས་ཤིན་ཏུ་ངོ་མཚར་ཅན་གྱིས་བརྒྱན་པ་དེའི་ནང་དུ་གསེར་ལས་བྲིས་པའི་མཚན་བྱང་། དཔལ་ཞ་ལུ་དགོན་དུ་བཞུགས།

7 བཀའ་འགྱུར་བསྟན་འགྲོའི་དཔལ་མགོན་གྱི་དཀར་ཆག བོད་ལྗོངས་རྟེན་རྫས་བཤམས་མཛོད་ཁང་དུ་བཞུགས། བྲིས་མ།

8 དཔེ་རྙིང་ཨང་རྟགས་4150ཅན། པེ་ཅིང་དཔེ་མཛོད་ཁང་དུ་བཞུགས། བྲིས་མ།

9 མངའ་བདག་མགོན་ནེའི་ཐུགས་དམ་མདོ་མངས་མཐོང་སྨོན། འོན་ཀེ་རུ་ལྷ་ཁང་དུ་བཞུགས། བྲིས་མ།

10 གྲགས་པ་རྒྱལ་མཚན་གྱིས་མཛད་པའི་ལྷ་བླ་མ་ཡེ་ཤེས་འོད་ཀྱི་རྣམ་ཐར། བྲིས་མ།

11 བཅོམ་ལྡན་རིགས་པའི་རལ་གྲིས་མཛད་པའི་བསྟན་པ་རྒྱས་པའི་ཉིན་བྱེད། བོད་ལྗོངས་དཔེ་མཛོད་ཁང་དུ་བཞུགས། བྲིས་མ།

12 དུས་རབས་8-9པའི་ཤེར་ཕྱིན་པོད་ཀ་པ་དང་ག་པ། གྲོ་མཁར་ཆོས་སྡེར་བཞུགས། བྲིས་མ།

13 ཤེར་ཕྱིན་མཛད་བྱང་། གྲོ་མཁར་ཆོས་སྡེར་བཞུགས། བྲིས་མ།

14 ཤེར་ཕྱིན་འབུམ་ཟིལ་འབྲུ་མ་པོད་ཁ་པའི་མཛད་བྱང་། རྒྱ་མ་ཁྲི་སྐར་དུ་བཞུགས་པ། བྲིས་མ།

15 ཤེར་ཕྱིན་པོད་ང་པའི་མཛད་བྱང་། མངའ་རིས་འཁོར་ཆགས་དགོན་དུ་བཞུགས། བྲིས་མ།

16 ཤེར་ཕྱིན་འབུམ་ཤོག་མོ་ཆེའི་མཛད་བྱང་། དཔལ་ར་ལུང་དགོན་དུ་བཞུགས། བྲིས་མ།

17 ཤེར་ཕྱིན་པོད་ཁ་པའི་མཛད་བྱང་། དཔལ་ར་ལུང་དགོན་དུ་བཞུགས། བྲིས་མ།

18 ཤེར་ཕྱིན་པོད་ག་པའི་མཛད་བྱང་། དཔལ་ས་སྐྱར་བཞུགས། བྲིས་མ།

19 དཔེ་རྙིང་འདུལ་བའི་སྐོར། མངའ་རིས་འཁོར་ཆགས་དགོན་དུ་བཞུགས། བྲིས་མ།

20 གསུང་རབ་བྲིས་མའི་མཛད་བྱང་ཡིན། ས་སྐྱ་དགོན་དུ་བཞུགས།

21 བཀའ་འགྱུར་བསྟན་འགྱུར་གྱི་དཔལ་མགོན་པོད་ཀ་པའི་ཞབས་མཆན། ས་སྐྱར་བཞུགས། གསེར་བྲིས་མ།

22 བཀའ་འགྱུར་མཛད་བྱང་། དཔལ་ཞ་ལུའི་གཙུག་ལག་ཁང་དུ་བཞུགས། བྲིས་མ།

23 འཕགས་པ་འདུས་པ་རིན་པོ་ཆེའི་མདོའི་མཛད་བྱང་། བཀྲས་ལྷུན་དུ་བཞུགས། བྲིས་མ།

24 ཀརྨ་བསྟན་སྐྱོང་དབང་པོའི་བཀའ་འགྱུར་པོད་ཀ་པའི་ཞབས་མཆན། སེ་ར་དགོན་དུ་བཞུགས། བྲིས་མ།

25 ཤེར་ཕྱིན་པོད་ཀ་པའི་མཇུག་བྱང་། དཔལ་ས་སྐྱ་དགོན་དུ་བཞུགས། བྲིས་མ།

26 རྒྱལ་བ་སྐུ་ཕྲེང་བདུན་པའི་བཀའ་འགྱུར་གྱི་མཇུག་བྱང་། ཕོ་བྲང་པོ་ཏ་ལར་བཞུགས། གསེར་བྲིས་མ།

27 ཤེར་ཕྱིན་པོད་ག་པའི་མཛད་བྱང་། དཔལ་ས་སྐྱར་བཞུགས། བྲིས་མ།

28 ཤེར་ཕྱིན་པོད་ཁ་པའི་མཛད་བྱང་། རྭ་ལུང་དགོན་དུ་བཞུགས། བྲིས་མ།

29 ས་སྐྱ་སྨན་གྲོང་པའི་མན་ངག་ཐུན་མོང་མ་ཡིན་པ་དངུལ་བྲི་མ། བོད་ལྗོངས་གསོ་རིག་སློབ་གླིང་དུ་བཞུགས། བྲིས་མ།

30 ལོ་ཙཱ་བ་བློ་ལྡན་ཤེས་རབ་ཀྱི་གསུང་འབུམ། དཔེ་རྟགས་འབྲས་ཕྱི་ཚ། བོད་ལྗོངས་དཔེ་མཛོད་ཁང་དུ་བཞུགས། བྲིས་མ་དཔར་སློག

31 དབུས་གཙང་སྡེ་པ་འགྱེད་པའི་མདོ། ལྷ་ས་གྲོང་ཁྱེར་སྲིད་གྲོས་ཁང་དུ་བཞུགས། ཕྱི་ར་175 བྲིས་མ།

32 ཤེར་ཕྱིན་བྲིས་མ་དཔེ་རྙིང་ཞིག་གི་བམ་པོ་གཉིས་པའི་ཡིག་མཁན་ལས་བྲངས། འོན་ཀེ་རུར་བཞུགས། བྲིས་མ།

33 བཅོམ་ལྡན་རིགས་པའི་རལ་གྲིའི་གསུང་འབུམ། བོད་ལྗོངས་དཔེ་མཛོད་ཁང་དུ་བཞུགས། བྲིས་མ་དཔར་སློག

34 རྒྱལ་བ་དགེ་འདུན་རྒྱ་མཚོས་མཛད་པའི་དཀར་ཆག་སྙན་ངག བོད་ལྗོངས་དཔེ་མཛོད་ཁང་དུ་བཞུགས། བྲིས་མ།

35 ཤེར་ཕྱིན་བརྒྱད་སྟོང་པ་ཤོག་མོ་ཆེའི་འགྱུར་བྱང་། ངོར་དགོན་དུ་བཞུགས། བྲིས་མ།

36 ཤེར་ཕྱིན་དཔེ་རྟགས་1023གྱི་འགྱུར་བྱང་། བོད་ལྗོངས་དཔེ་མཛོད་ཁང་དུ་བཞུགས། བྲིས་མ།

37 ས་སྐྱའི་ཐུགས་འཆང་ངག་དབང་ཀུན་དགའ་རྣམ་རྒྱལ་གྱི་གསུང་འབུམ། བོད་ལྗོངས་དཔེ་མཛོད་ཁང་དུ་བཞུགས། བྲིས་མ།

38 ས་པཎ་གྱི་ཚད་མ་རིགས་གཏེར། བོད་ལྗོངས་དཔེ་མཛོད་ཁང་དུ་བཞུགས། ཡོན་གྱི་དཔར་མ།

39 ཐེག་པ་ཆེན་པོ་མདོ་སྡེ་རྒྱན། བྲེ་མཁར་ཆོས་སྡེར་བཞུགས། ཡོན་གྱི་དཔར་མ།

40 དུས་འཁོར་འགྲེལ་ཆེན་དྲི་མེད་འོད་ཀྱི་བསྡུས་དོན། བོད་ལྗོངས་དཔེ་མཛོད་ཁང་དུ་བཞུགས། ཡོན་དཔར་མ།།

41 སྡོམ་པ་གསུམ་གྱི་རབ་ཏུ་དབྱེ་བ། བྲེ་མཁར་ཆོས་སྡེར་བཞུགས། ཡོན་དཔར་མ།

42 མདོ་སྡེ་རྒྱན། བྲེ་མཁར་ཆོས་སྡེར་བཞུགས། ཡོན་གྱི་དཔར་མ།

43 ཚད་མ་རྣམ་ངེས། བྲེ་མཁར་ཆོས་སྡེར་བཞུགས། ཡོན་དཔར་མ།

44 མངོན་པ་ཀུན་བཏུས། བྲེ་མཁར་ཆོས་སྡེར་བཞུགས། ཡོན་དཔར་མ།

45 བྱང་ཆུབ་སེམས་པའི་སྤྱོད་པ་ལ་འཇུག་པ། བོད་ལྗོངས་དཔེ་མཛོད་ཁང་དུ་བཞུགས། ཡུང་ལོའི་དཔར་མ།

46 ཚད་མ་རྣམ་འགྲེལ། བོད་ལྗོངས་རྟེན་རྫས་བཤམས་མཛོད་ཁང་དུ་བཞུགས། ཡོན་དཔར་མ།

47 འཛང་བཀའ་འགྱུར། ཆབ་མདོ་འགྲོ་འདྲེན་མགོན་དུ་བཞུགས། འཛང་དཔར་མ།

48 དུས་ཀྱི་འཁོར་ལོའི་བསྡུས་པའི་རྒྱུད་ཀྱི་རྒྱལ་པོ། བོད་ལྗོངས་དཔེ་མཛོད་ཁང་དུ་བཞུགས། ཡོན་གྱི་དཔར་མ།

49 ཨ་ལགས་ཤ་བསྟན་དར་ལྷ་རམས་གསུང་འབུམ་པོད་ཞ་པ། བོད་ལྗོངས་དཔེ་མཛོད་ཁང་དུ་བཞུགས། བླ་བྲང་དཔར་མ།

50 ཚེ་དཔག་མེད་མདོ། བོད་ལྗོངས་དཔེ་མཛོད་ཁང་དུ་བཞུགས། གོང་མ་ལྷ་སྐྱོང་དཔར་མ།

51 གསེར་ཏོག་བློ་བཟང་ཚུལ་ཁྲིམས་རྒྱ་མཚོའི་གསུང་འབུམ། བོད་ལྗོངས་དཔེ་མཛོད་ཁང་དུ་བཞུགས། སྐུ་འབུམ་དཔར་མ།

52 པོ་དོང་ཕྱོགས་ལས་རྣམ་རྒྱལ་གྱི་གསུང་འབུམ། ལྷ་ས་གྲོང་ཁྱེར་སྲིད་གྲོས་ཁང་དུ་བཞུགས། སྣ་དཀར་རྩེའི་དཔར་མ།

53 འགྲོ་མགོན་གཙང་པ་རྒྱ་རས་པའི་རྣམ་ཐར། ལྷ་ས་གྲོང་ཁྱེར་སྲིད་གྲོས་ཁང་དུ་བཞུགས། ལྷ་སྡིངས་དཔར་མ།

54 གུང་ཐང་བསྟན་པའི་སྒྲོན་མེའི་གསུང་འབུམ་པོད་གསུམ་པ། བོད་ལྗོངས་དཔེ་མཛོད་ཁང་། བླ་བྲང་བཀྲ་ཤིས་འཁྱིལ་དཔར་མ།

55 ཞང་སྟོན་བསྟན་པ་རྒྱ་མཚོའི་གསུང་འབུམ་པོད་གསུམ་པ། བླ་བྲང་བཀྲ་ཤིས་འཁྱིལ་དཔར་མ།

56 འཇུ་མི་ཕམ་གྱི་གསུང་འབུམ་པོད་ཅ་པ། བོད་ལྗོངས་དཔེ་མཛོད་ཁང་དུ་བཞུགས། སྡེ་དགེའི་དཔར་མ།

57 ཀུན་མཁྱེན་ཀློང་ཆེན་རབ་འབྱམས་པའི་ཆོས་ཉིད་མཛོད། བོད་ལྗོངས་དཔེ་མཛོད་ཁང་དུ་བཞུགས། གྲུང་ཐང་དཔར་མ།

58 ཡུང་ལོའི་བཀའ་འགྱུར་མཚལ་དཔར་མའི་གླེགས་ཤིང་། ཪ་བྲང་པོ་ཏ་ལ་དང་སེ་ར་དགོན་དུ་བཞུགས། མིང་ཡུང་ལོའི་དཔར་མ།

59 ཏ་ཚག་བསྟན་པའི་མགོན་པོའི་གསུང་འབུམ་པོད་ན་པ། ཪ་བྲང་པོ་ཏ་ལར་བཞུགས། ཞོལ་དཔར་མ།

60 སྡེ་སྲིད་སངས་རྒྱས་རྒྱ་མཚོས་མཛད་པའི་བེ་དཀར་གཡའ་སེལ། ཪ་བྲང་པོ་ཏ་ལར་བཞུགས། དཔར་མ།

61 ནེའུ་པཎྜི་ཏ་སྨོན་ལམ་ཚུལ་ཁྲིམས་ཀྱིས་མཛད་པའི་སྔོན་བྱུང་གཏམ་གྱི་ལོ་རྒྱུས་དེབ་ཐེར། བོད་ལྗོངས་དཔེ་རྙིང་དཔེ་སྐྲུན་ཁང་གི་1990ལོའི་དཔར།

62 མཁས་དབང་དགེ་འདུན་ཆོས་འཕེལ་གྱི་གསུང་འབུམ། ནུབ་བྱང་མི་རིགས་སློབ་ཆེན་གྱི་དཔར་སློག

63 མདོ་མཁར་ཞབས་དྲུང་ཚེ་རིང་དབང་རྒྱལ་གྱིས་བརྩམས་པའི་མི་དབང་རྟོགས་བརྗོད། སི་ཁྲོན་མི་རིགས་དཔེ་སྐྲུན་ཁང་གི་2002ལོའི་དཔར་མ།

64 བཀའ་གདམས་གསུང་པོད་ལྔ་པ། བོད་ལྗོངས་དཔེ་མཛོད་ཁང་དུ་བཞུགས། པེ་ཅིང་མི་རིགས་དཔེ་སྐྲུན་ཁང་གི་1992ལོའི་དཔར་མ།

65 རྒྱལ་དབང་ལྔ་པ་ངག་དབང་བློ་བཟང་རྒྱ་མཚོས་མཛད་པའི་དེབ་ཐེར་རྫོགས་ལྡན་གཞོན་ནུའི་དགའ་སྟོན། མི་རིགས་དཔེ་སྐྲུན་ཁང་གི་1988ལོའི་དཔར།

66 བུ་སྟོན་རིན་ཆེན་གྲུབ་ཀྱི་གསུང་པོད་བཅོ་ལྔ། དཔལ་བརྩེགས་དང་ཀྲུང་གོ་བོད་ཀྱི་ཤེས་རིག་དཔེ་སྐྲུན་ཁང་གི་དཔར་མ།

67 རྗེ་དགེ་འདུན་གྲུབ་ཀྱིས་མཛད་པའི་མངོན་པ་མཛོད་ཀྱི་འགྲེལ་པ། རྒྱ་གར་ཧྥི་ལའི་དཔར།

68 མཁས་དབང་དུང་དཀར་བློ་བཟང་འཕྲིན་ལས་མཆོག་གི་གསུང་འབུམ་པོད་ཁ་པ། མི་རིགས་དཔེ་སྐྲུན་ཁང་གི་2004ལོའི་དཔར།

69 ཞྭ་ཆེན་ཚུལ་ཁྲིམས་རིན་ཆེན་གྱིས་མཛད་པའི་བསྟན་འགྱུར་དཀར་ཆག ཀྲུང་གོའི་བོད་རིག་པ་དཔེ་སྐྲུན་ཁང་གི་2005ལོའི་དཔར།

70 སྨིན་གླིང་ལོ་ཆེན་ཆོས་དཔལ་བཟང་པོའི་གསུང་འབུམ། བོད་ལྗོངས་དཔེ་མཛོད་ཁང་དུ་བཞུགས། རྒྱ་གར་དཔར་མ།

71 བོད་དང་སཾ་སྐྲྀཏ་དང་ཨིང་ལི་ཤི་སྐད་གསུམ་ཤན་སྦྱར་གོ་བདེ་རིམ་བསྒྲིགས་ཚིག་དང་མིང་གི་རྣམ་གྲངས། རྒྱ་གར་གྱི་སྨྲ་བསྒྱུར་བའི་ལོ་པཎ་ཤི་ཤར་ཏ་ཙན་དྲའི་ཚིག་མཛོད། 1945ལོའི་དཔར་མ།

72 ཁང་དཀར་ཚུལ་ཁྲིམས་བསྐལ་བཟང་གིས་མཛད་པའི་བྱང་ཆུབ་ལམ་རིམ་ཆེན་མོའི་ལུང་ཁུངས་

བརྗོད་པ། ཉི་ཧྲོང་ཨོའི་ཐོ་ན་གཙུག་ལག་སློབ་ཆེན་གྱི་དཔར་མ།

73 འཇམ་དབྱངས་གྲགས་པས་རྩོམ་སྒྲིགས་བྱས་པའི་བྱང་ཆུབ་སེམས་དཔའ་རྟག་ཏུ་ངུའི་རྟོགས་བརྗོད་སྙན་ངགས་དཔག་བསམ་གྱི་ལྗོན་པ། མཚོ་སྔོན་མི་རིགས་དཔེ་སྐྲུན་ཁང་གི་2000ལོའི་དཔར།

74 དུང་དཀར་བློ་བཟང་འཕྲིན་ལས་ཀྱི་མཛད་པའི་དུང་དཀར་ཚིག་མཛོད་ཆེན་མོ། ཀྲུང་གོའི་བོད་རིག་པ་དཔེ་སྐྲུན་ཁང་གི་2002ལོའི་དཔར་མ།

75 ཀློང་རྡོལ་ངག་དབང་བློ་བཟང་གི་གསུང་འབུམ་པོད་གཉིས་པ། བོད་ལྗོངས་བོད་ཡིག་དཔེ་རྙིང་དཔེ་སྐྲུན་ཁང་གི་2002ལོའི་དཔར།

76 བཀའ་ཐང་སྡེ་ལྔ། མི་རིགས་དཔེ་སྐྲུན་ཁང་གི་1986ལོའི་དཔར་མ།

77 དཔའ་བོ་གཙུག་ལག་ཕྲེང་བས་མཛད་པའི་ཆོས་འབྱུང་མཁས་པའི་དགའ་སྟོན། སྟོད་ཆ། མི་རིགས་དཔེ་སྐྲུན་ཁང་གི་1986ལོའི་དཔར་མ།

78 ཀྲང་དབྱི་སུན་གྱིས་གཙོ་འགན་བཞེས་ནས་རྩོམ་སྒྲིག་བྱས་པའི་བོད་རྒྱ་ཚིག་མཛོད་ཆེན་མོ། མི་རིགས་དཔེ་སྐྲུན་ཁང་གི་1993ལོའི་དཔར་མ།

79 འགོས་ལོ་གཞོན་ནུ་དཔལ་གྱིས་མཛད་པའི་དེབ་ཐེར་སྔོན་པོ་སྟོད་ཆ། སི་ཁྲོན་མི་རིགས་དཔེ་སྐྲུན་ཁང་གི་1983ལོའི་དཔར།

80 སྦ་བཞེད། མི་རིགས་དཔེ་སྐྲུན་ཁང་གི་1982ལོའི་དཔར།

81 དུང་དཀར་བློ་བཟང་འཕྲིན་ལས་ཀྱི་གསུང་རྩོམ་ཕྱོགས་བསྒྲིགས། ཀྲུང་གོའི་བོད་རིག་པ་དཔེ་སྐྲུན་ཁང་གི་1997ལོའི་དཔར་མ།

82 བོད་ཀྱི་ལོ་རྒྱུས་རིག་གནས་དཔྱད་གཞིའི་རྒྱུ་ཆ་བདམས་བསྒྲིགས་དེབ་དགུ་པ། བོད་ལྗོངས་མི་དམངས་དཔེ་སྐྲུན་ཁང་གི་དཔར་མ།

83 ཚེ་ཏན་ཞབས་དྲུང་རྗེ་འཇིགས་མེད་རིགས་པའི་བློ་གྲོས་ཀྱི་གསུང་པོད་བཞི་པ། མི་རིགས་དཔེ་སྐྲུན་ཁང་གི་2007ལོའི་དཔར།

84 པ་སངས་དབང་འདུས་ཀྱི་བོད་ཀྱི་གནའ་རབས་རྗེ་རིང་སྐོར། བོད་ལྗོངས་སློབ་གྲྭ་ཆེན་མོའི་རིག་གཞུང་དུས་དེབ2009ལོའི་དེབ་དང་པོ།

85 ཀྲུང་གོ་བོད་རིག་པ་དུས་དེབ2008ལོའི་དུས་དེབ་བཞི་པ།

86 གསུང་འབུམ་དཀར་ཆག བོད་ལྗོངས་མི་དམངས་དཔེ་སྐྲུན་ཁང་གི་1998ལོའིདཔར་མ།

87 གསང་རྙིང་རྒྱན་དང་རོལ་མོའི་བསྟན་བཅོས། བོད་ལྗོངས་དཔེ་རྙིང་དཔེ་སྐྲུན་ཁང་གི་1996ལོའི་དཔར་མ།

88 ཀོང་སྤྲུལ་ཡོན་ཏན་རྒྱ་མཚོས་མཛད་པའི་ཤེས་བྱ་ཀུན་ཁྱབ། མི་རིགས་དཔེ་སྐྲུན་ཁང་གི་1982ལོའི་

དཔར་མ།

89 རྙིང་མ་རྒྱུད་འབུམ་དཀར་ཆག མི་རིགས་དཔེ་སྐྲུན་ཁང་གི་1993ལོའི་དཔར་མ།

90 དཔྱད་རྩོམ་འདེམས་བསྒྲིགས། (1986-1996) ཀྲུང་གོ་བོད་ཀྱི་ཤེས་རིག་དཔེ་སྐྲུན་ཁང་།

91 མཁས་པ་ལྡེའུས་མཛད་པའི་རྒྱ་བོད་ཀྱི་ཆོས་འབྱུང་རྒྱས་པ། བོད་ལྗོངས་དཔེ་རྙིང་དཔེ་སྐྲུན་ཁང་གི་2010ལོའི་དཔར་མ།

92 དབང་རྒྱལ་དང་བསོད་ནམས་སྐྱིད་ཀྱིས་བསྒྱུར་ཅིང་བཀྲལ་བའི་ཏུན་ཧོང་ནས་ཐོན་པའི་བོད་ཀྱི་ལོ་རྒྱུས་ཡིག་ཆ། མི་རིགས་དཔེ་སྐྲུན་ཁང་གི་1992ལོའི་དཔར་མ།

93 གཉའ་གོང་དཀོན་མཆོག་ཚེ་བརྟན་གྱིས་བརྩམས་པའི་བོད་ཀྱི་བརྡ་རྙིང་ཡིག་ཆ་བདམས་བསྒྲིགས། ཀྲུང་དབྱང་མི་རིགས་སློབ་ཆེན་གྱི་1995ལོའི་དཔར་མ།

94 ཇོ་ནང་ཏཱ་ར་ནཱ་ཐས་མཛད་པའི་རྒྱ་གར་ཆོས་འབྱུང་། བོད་ལྗོངས་མི་དམངས་དཔེ་སྐྲུན་ཁང་གི་2002ལོའི་དཔར་མ།

95 ངོར་ཞི་གདོང་དྲུག་སྐེམས་བློས་མཛད་པའི་སྐད་ངག་སྤྲིན་གྱི་ཕོ་ཉའི་འགྲེལ་པ་ཀུན་དའི་ཟླ་ཟེར། ཀན་སུའུ་མི་རིགས་དཔེ་སྐྲུན་ཁང་གི་2003ལོའི་དཔར་མ།

96 སྐྱོག་སྟོན་རིན་ཆེན་བཀྲ་ཤིས་ཀྱིས་མཛད་པའི་བརྡ་གསར་རྙིང་ཁྱད་པར་ལི་ཤིའི་གུར་ཁང་། པེ་ཅིང་མི་རིགས་དཔེ་སྐྲུན་ཁང་གི་1882ལོའི་དཔར་མ།

97ཉང་ཉི་མ་འོད་ཟེར་གྱིས་མཛད་པའི་ཆོས་འབྱུང་མེ་ཏོག་སྙིང་པོ་སྦྲང་རྩིའི་བཅུད། བོད་ལྗོངས་བོད་ཡིག་དཔེ་རྙིང་དཔེ་སྐྲུན་ཁང་གི་2010ལོའི་དཔར་མ།

རྒྱ་ཡིག་དཔྱད་གཞིའི་ཡིག་ཆ།

1宿白著《藏传佛教寺院考古》文物出版社，1996年版。

1方广锠著《中国写本大藏经研究》上海古籍出版社，2006年版。

2 李志忠著《古书版本鉴定》北京图书馆出版社，2007年版。

3王尧 陈践编著《吐蕃简牍综录》文物出版社，1984年版。

4 敦煌研究院编《敦煌吐蕃文化学术研讨会论文集》甘肃民族出版社2009年版。

5黄维忠著《8-9世纪藏文发愿文研究》北京：民族出版社，2007年版。

6《黄明信藏学文集：藏传佛教·因明·文献研究》中国藏学出版社，2007年版。

7方广倡著《佛教典籍百问》今日中国出版社，1989年版。

8 季羡林著《佛教十五题》中华书局，2006年版。

9 霍巍 李永宪主编《西藏考古与艺术》四川人民出版社，2004年版。

10曹林娣著《古籍整理概论》北京大学出版社，2007年版。

11 张舜微著《中国文献学》上海古籍出版社，2005年版。

12 金克木著《文化卮言》中国人民大学出版社，2006年版。

13尚慧鹏著《印度文化史》广西师范大学出版社2007年版。

14史金波，黄润华著《少数民族古籍版本》江苏古籍出版社，2003年版。

16《法藏国家图书馆敦煌藏文文献》西北民族大学、上海古籍出版社、法国国家图书馆。上海古籍出版社，2008年版。

16　曾雪梅、张延清著《甘肃省图书馆敦煌梵夹装藏文写经考录》中国藏学2008年第3、4期。

15 张长红、廖旸译主编《越过西马拉雅》四川大学出版，2000 年版

17王尧、王启龙主编《国外藏学研究译文集》第十八，西藏人民出版社，2007年版。

19王尧、王启龙主编《国外藏学研究译文集》第十七，西藏人民出版社，2004年版。

20【德】茨默著:桂林、杨福学译《佛教与回鹘社会》北京民族出版社，2007年版。

21【意大利】图齐著，魏正中、萨尔吉主编《梵天佛地》（第二卷）仁钦桑坡及公元1000年左右藏传佛教的复兴。上海古籍出版社、意大利亚非研究院，2009年版。

22【日】藤枝晃《敦煌出土长安宫廷写经》京都，1961年版。

23【日】山口益著肖平、杨金萍译，《般若思想史》上海古籍出版社，2004年版。

24 【美】范德康著刘翠兰译《小议藏文中bam po一词的意义和用法》《藏学学刊》第五期四川大学出版社。

25【日】高田时雄著《关于吐蕃期敦煌写经事业的藏文资料》。

26【英】托马斯著刘忠、杨铭译《敦煌西域古藏文社会历史文献》北京民族出版社，2003年版。

27【匈牙利】藏学家乌瑞考证，五行、天干与十二生肖等与汉地的甲子纪年法相同的方法在吐蕃早期就已经使用。后来《唐蕃会盟碑》使用的这种纪年已经比较成熟了。

28【法】石泰安著，耿升译，《西藏的文明,》中国藏学出版社，2005年版。

30【德】大卫·杰克逊著向红茄 谢续胜 熊文彬译《西藏绘画史》西藏人民出版社、明天出版社2001年版。

31【瑞士】艾利凯勒著赵能、廖旸译《西藏佛教艺术》文化艺术出版社，2008年版。

32【瑞士】安·克麗丝蒂娜·谢勒-肖布著王启龙译《敦煌与塔波古藏文写本研究方法论问题》法国汉学，第5期，中华书局2000年版。

34【法国】海瑟·噶尔美著熊文彬译《早期汉藏艺术》中国藏学出版社，1994年版。

དབྱིན་ཡིག་དཔྱད་གཞིའི་ཡིག་ཆ།

CrstinaScherrer-Schaub and George Bonani,Establishing a typology of the old Tibetan manuscripts:a multidisciplinary approach, China Tibetology publishing house ,Press,2008 .

བོད་ཡིག་གནའ་དཔེའི་རྣམ་བཤད།

རྩོམ་པ་པོ།	པདྨ་བཀྲ་ཤིས།
རྩོམ་སྒྲིག་འགན་འཁུར།	པ་སངས་དབང་ཆེན།
པར་གཞི་སྒྲིག་བཟོ།	པ་སངས་དབང་ཆེན།
པར་ཞུས་འགན་འཁུར།	ཚེ་རིང་གཡང་འཛོམས།
མདུན་ཤོག་འཆར་འགོད།	སྐལ་བཟང་ནོར་བུ།
དཔེ་སྐྲུན་འགྲེམས་སྤེལ་ཚན་པ།	བོད་ལྗོངས་མི་དམངས་དཔེ་སྐྲུན་ཁང་། (ལྷ་ས་གླིང་སྐོར་བྱང་ལམ་སྒོ་ཨང་20པ།)
པར་འདེབས་ཚན་པ།	སི་ཁྲོན་རང་བྱུང་ཁམས་པར་འདེབས་ཚད་ཡོད་ཀུང་སི།
དེབ་ཚད།	787×960 1/16
པར་ཤོག	23.5
ཡིག་གྲངས།	ཁྲི་16.2
པར་གཞི།	2013ལོའི་ཟླ་11པར་པར་གཞི་1བསྒྲིགས།
པར་ཐེངས།	2019ལོའི་ཟླ་4པར་པར་ཐེངས་2བཏབ།
པར་གྲངས།	3,001-6,000
དཔེ་དེབ་ཨང་རྟགས།	ISBN978-7-223-03986-4
རིན་གོང་སྒོར།	60.00